秦皇岛长城地域明清方志丛书

燕山大学中国长城文化研究与传播中心◎主编

乾隆临榆县志
———
光绪临榆县志

燕山大学出版社
·秦皇岛·

图书在版编目（CIP）数据

乾隆临榆县志 ；光绪临榆县志 / 燕山大学中国长城文化研究与传播中心主编 . -- 秦皇岛 ： 燕山大学出版社，2025. 1. --（秦皇岛长城地域明清方志丛书）. -- ISBN 978-7-5761-0755-5

Ⅰ . K292.24

中国国家版本馆 CIP 数据核字第 2024KS1365 号

乾隆临榆县志　光绪临榆县志

燕山大学中国长城文化研究与传播中心　主编

出 版 人：陈　玉		责任编辑：李　冉　唐　雷　刘韦希	
封面设计：方志强		责任印制：吴　波	
出版发行：燕山大学出版社 YANSHAN UNIVERSITY PRESS		地　　址：河北省秦皇岛市河北大街西段 438 号	
邮政编码：066004		电　　话：0335-8387555	
印　　刷：涿州市般润文化传播有限公司		经　　销：全国新华书店	

开　本：710mm×1000mm　1/16		印　张：44.75	字　数：670 千字
版　次：2025 年 1 月第 1 版		印　次：2025 年 1 月第 1 次印刷	
书　号：ISBN 978-7-5761-0755-5		定　价：225.00 元	

出版说明

　　长城是中华民族的代表性符号和中华文明的重要象征。秦皇岛域内的长城最早可以追溯至北齐时期，如今保存最为完好的是明长城，东起山海关老龙头，西到青龙满族自治县城子岭口，秦皇岛域内汇集了明长城精华的地段。典籍文献中保存了很多有关长城的记述，其中的重要文献就是明清地方志。秦皇岛地区的明清方志中，记载了长城地区的攻防战略、驻守长城将士的丰功伟绩、长城居民的生活状态、长城主题的文学作品等内容，有些内容与正史的记载不尽相同，这为我们了解、研究长城史和中华民族共同体形成史提供了不一样的视野和角度。

　　本丛书名为"秦皇岛长城地域明清方志丛书"，收录整理明清时期永平府、山海关、卢龙县、抚宁县和临榆县等今秦皇岛长城地域的地方志共 13 种。本丛书为燕山大学中国长城文化研究与传播中心主编，在征得整理者同意的前提下，采用了已有的点校本。分别是：2001 年中国审计出版社出版的董耀会主编、康占忠和阎醒之副主编的《秦皇岛历代志书校注》，1999 年天津人民出版社出版的山海关旧志校注委员会编的《山海关历代旧志校注》，2007 年中国文史出版社出版的李利峰编注的《抚宁县志校注》。以上校注本都由秦皇岛本地作者点校，且都成于 20 世纪末 21 世纪初，在当时资源不丰富，经费紧张，技术不发达的情况下，古籍的搜求、整理和出版极为不易，因此甫一出版便成为格外珍贵的研究资料。相比之下，在今天的信息化时代，古籍资源大量数字化，为古籍的获取和整理出版提供了很大的便捷性，但考虑到一般读者的阅读需求和推动古籍普及的需要，我们认为仍有必要修订这些旧志。

为尊重整理者的成果，现将本丛书原点校者姓名列之如下：

弘治十四年《永平府志》，原点校者：齐家璐、李岚；

万历二十七年《永平府志》，原点校者：李岚；

嘉靖十四年《山海关志》、康熙九年《山海关志》，原点校者：张椿林、司凤岐、刘金玉、何福成、高颖；

万历三十八年《卢龙塞略》，原点校者：齐庆昌；

康熙十八年《永平府志》（附康熙十二年《续补永平志》），原点校者：王继汾；

康熙五十年《永平府志》，原点校者：王凤华；

乾隆三十九年《永平府志》，原点校者：齐庆昌；

光绪五年《永平府志》，原点校者：康群、谢煜；

康熙二十一年《抚宁县志》、光绪三年《抚宁县志》，原点校者：李利峰；

乾隆二十一年《临榆县志》、光绪四年《临榆县志》，原点校者：张椿林、司凤岐、刘金玉、何福成、高颖。

本次修订，改正了原点校本的若干错误，统一删除了注释，并将旧志的插图影印后放在正文相应位置。限于编者水平，书中难免仍有舛讹之处，欢迎读者批评指正。

燕山大学出版社

2024 年 12 月

‖ 总目录 ‖

临榆县志

清·乾隆二十一年

‖ 目录 ‖

‖ 卷之首 ‖

临榆县志序

　　太史公曰：居今之世，志古之道，所以自镜，并以镜人。故邑志之作，稽一郡之职方，存当代之实录，是亦考镜得失之林也。今天下同文日盛，版图开阔，海宇乂安，所在山川、井邑、人物熙和，俱纂入《一统志》中，详矣。然属邑未能析载，第增入各府州之下而递而分之，有省志；又递而分之，有郡志；至邑志，则无乎不备者也。临榆近在山海关，旧为村落，前明设卫，属于抚宁，故娄大方为抚宁令，奏徙县治。论者谓其措置得宜，然未及临榆也。至本朝乾隆年间始置县，隶永平。其地负山带海，土疆寥阔，人烟繁稠，桑麻禾黍，盈畴遍野，门无击柝之声，邑静花村之吠，际斯盛者，抑何厚幸欤！然置建已定，而文献缺然无征，未必非莅兹土者之过也。余昔奉命分巡永平，曾过其境，邑令钟君以邑志请余曰："此证治之镜也，乌得而弗纂。然余观世之纂葺者，往往缀浮词而略实行，纵极意铺张，究无补于治道，奚足以传信而行远？愿考之务精，责之贵当。少暇，余间为采访，与子共勉之。"未几，余奉迁调，此志未遂。丙子冬，钟君书成，邮寄示余。余一一览其条序：先之星野，本乎天也；次之疆里、山川、城郭、宫室，因乎地也；次之户口、积贮，重其本也；次之边防、海防，慎其守也；次之秩官、人物，序乎爵而辩贤也；次之艺文、杂说，援乎古而证于今也。举凡制度典章、建置沿革，披图展阅，无不了如指掌，较若列眉，总以考据精核为主，至或有类于虚美饰伪与夸诞不经者，概从而正定之。嗟乎！此真足以传信而行远者矣。由是而证之于郡志、省志、一统志，而分合详略具见其源流。昔人云：云霞丽天，而文绣亦焕其彩；江河行地，而沟洫亦润其流。云霞江河自成其大，文绣沟洫自成其小，天地间正以小大并存，而益彰其盛。吾于此志亦云。后之宰此邑者，览其职方，参之实录，岂不足立人伦之鉴耶？令乞余序，因弁数语于简端。

乾隆二十一年岁次丙子十月，通奉大夫湖北布政使司布政使前分巡通永道常亮撰。

临榆县志序

志之体昉于《禹贡》，而《周礼》职方氏掌天下之图，内史掌四方之志，其职益详，下至土训掌道地图以昭地事，诵训掌道方志以诏观事。巡守则夹王车，备顾问，广献纳焉。嗣是汉唐以来，作者众矣，而常璩《华阳国志》、李吉甫《元和郡国志》、乐史《太平寰宇记》独见称述。明康海志武功，崔铣志安阳，区区一邑之书，而文人学士多爱重之，何欤？勿亦以其思精而体要，文赡而旨洁，征因革，知要害，物土宜，察风俗，有当于《禹贡》、《周礼》之遗者欤？临榆，故山海关地也，我皇上乾隆纪元之二年，改卫为县，易军而民，举屯所属之有司，所以一事权而课吏治，意至厚，典甚巨也。山海虽旧有志，而称名既异，核实亦殊，所当搜罗纂辑，以成一邑之编，以附《皇舆一统志》之列。而因以宣猷布化，仰副圣天子因时制宜之意者，责固有在矣。邑令钟君征考文献，网罗放纷，取山海旧志而增损之，按部就班，胪件系，发凡例，蔚然改观焉。岂徒补备遗缺，含咀英华，夸美于艺林已哉！临邑襟山带河，地险而土厚，孤竹之仁孝，昌黎之文学，在其密迩，其流风余韵犹有存者。夫征因革，则知措置之方；知要害，则思保障之功；物土宜而布其利，则生殖以繁；察风俗而谨其端，则训行有准；吾以知其志之勤，而卜其政之有成也。又况地当左辅，銮舆时巡，他日备顾问而广献纳之资，端有藉于是，是则志之为功大矣夫！

乾隆二十一年岁次丙子秋七月，赐进士出身中宪大夫知永平府事七十四撰。

临榆县志序

临榆故无志，以山海之志为志。志山海者，始于明尚书詹公，而南城张公增定之，商州邵公续补之，虞城范公合山石道并修之。至国朝，仪部余公乃据四志所载，征闻考见为《山海关志》，凡十卷，成于康熙八年，盖距今已八十有余岁矣。夫此八十余岁中，沿革损益无岁无之。而我皇上登极之初，改卫为县，则疆理之分合，官师之建置，礼乐兵刑钱谷诸政事之规划，靡不更定，又非仅小小之沿革损益而已。况地当左辅，锁钥两京，恭遇朝陵展礼，卜习将事，则辟驰道而迓銮舆，敞帷宫而驻清跸，胥于是乎。在世之所谓名都上郡，什伯倍蓰于临榆者，其山川、民物、田畴、庐舍欲一一邀宸鉴而入睿吟，有万不可必得者，而临榆固已数数得之，则又非止沿革损益之宜志已也。然而卒无有志之者，岂非官斯土者，或以无暇而不及为，或有暇矣，又以非急务而不肯为，前之人姑待后人为之，后之人复待后人为之，是终不可得而志也。是以官为传舍而不事其事也，是弁髦天子之制而不之守也。夫不守天子制与不事事者为旷职。旷职，罪也，余则何敢？用是起而为之，不敢以脱漏为简也，不敢以泛滥为博也，不敢以悬揣曲说为断也。本之省郡关卫各志，以求其端；博之史传杂记，以参其是；采之荐绅先生乡之耆考，以著其信；考之国宪、官守、土俗以证其合。信则传信，疑则传疑，勤勤勉勉，凡五阅月而卒业。夫以余之固陋，不能通知往事；又历岁浸远，无可质问。然而不敢辞者，惧其久而益失所据，而其后遂以无征也。呜呼！千寻之木起于径寸，万里之流始于滥觞，此志之作亦犹是耳，则补其缺失而正其谬误，责固有在矣。览是编者，其亦可谅余之心也夫！

乾隆二十一年岁次丙子三月朔，赐进士出身文林郎知临榆县事海昌钟和梅撰并书。

山海关志原序

自西汉书有地理志，后世递祖述之。于是郡各有纪，邑各有乘，方舆各有考，彬彬乎称盛已。予自簪笔直庐，从象胥氏所掌，略知环瀛大势。及趋车四方，齐、鲁、荆、扬、淮、徐、闽、粤之郊，踪迹殆遍，而久驻者莫如北平。北平，古幽州，辽右地也。自畿以东延袤七百里，群峰万壑争赴一门，山海关厥维旧哉！予既膺命观察是邦，凡会勘公事，例得戾止其地。戊申之役，董筑边墙千有余丈，信宿关上者再，角山耸翠，渝水流淅，四顾苍茫，忆怀今古。管关陈君因进佘仪部所辑志请序，上自象纬、日星、岁时、节候；下极山泽、户口、风俗、土田；中备人伦、庶类、兴废、沿革、奢俭、强弱之数，弘裁琐缀，罔不灿列。予因考其山川，按其图纪，升高以望形胜之区，仰见我圣朝绥靖以来，万邦咸宁，所在为乐土。关介两都之间，尤升平无事，民生不见兵革，靡有烽烟之警，战斗之虞。奋神武于当年，流湛恩于亿世。昔之风悲日曛者，今转而为岳峙波恬矣。猗欤休哉！予忝大夫之后，俯仰江山，歌功颂德，振雪后之轻裘，舒清啸于天末，亦何幸而际斯久安长治之时乎！爰阅全编，而为之序。

康熙八年仲秋之吉，北平观察使者武林钱世清撰。

考《周礼》，太史掌建邦之六典，又有外史掌四方之志、三皇五帝之书。夫所谓四方之志者，何也？即古诗十五国之风，今之郡邑志是也。然则方俗之有志由来尚矣。山海关城创自故明，因设卫治，分隶永平。中州范公编有成书，多载胜国旧事。至我世祖章皇帝龙飞辽左，定鼎燕都，一统之基实始于石河一战。逆闯既歼，大业遂定，薄海内外，车书礼乐制度典章，莫不焕然维新。矧兹关门又为圣化所首被乎其间，为创为因，为沿为革不知凡几，若不亟起而辑修之，久之文献淹而见闻泯，将欲表章休明，昭示来兹，其道无由。今年春，太史蒋公奉天子玺书督学畿辅，行部永平，考课之暇，搜讨故实，访求遗闻。会观察钱公重修郡志，相与扬扢风雅，凭吊古今，因索山海旧志，披览之余，悯其残缺，雅意更订，以宾兴旁午，较士他郡。观察公寻亦移驻潞河，两公皆由王事靡盬，不遑他及，以天植谬叨关篆，命寓书仪部佘公为董厥事。公与太史为同谱，友谊最笃，家食数年，效安石之高卧，仿虞卿之著书，阐性命宗旨，抉理道微言，上接千圣薪传，下开百世学统，洵乎盛朝之硕辅，当代之儒宗也。植于是与路、卫两君敦请公，公亦慨然以是任，阅三月而其志成，凡若干卷。综其大略，既纲举而目张，又每卷之中标其节数，更条分而缕悉。凡天道之变易，人事之隆替；山川之彝险，风俗之醇浇；与夫文德之显晦，武功之赫濯，宦迹之升沉，官守之清浊；以孝行著者几何人，以忠节显者几何族，以贞烈传者几何事；户口之增耗者何家，赋役之更定者何制，土田之孳生者何物，利之当兴何事，弊之当革何从；前之何以举，后之何以弛，莫不犁然毕具，开卷了如，令览者有观止之叹，猗欤盛哉！可不谓备美矣乎？昔司马迁作《史记》，年月有表，帝王有纪，律历、刑政有书，食货、品物有志，名臣、外戚有世家，儒林、游侠、佞幸有列传。及后班固、范晔、陈寿、沈约辈亦各成一家之言，以备一代之典册。今公所志山海，虽仅一隅之书乎要未尝不可作全史观也。自非其才之敏，学之博，识之精，如刘知几所言三长兼擅，曷克质文相剂，本末兼该，若此之详且赡哉？方今太史公督学事竣，正欲举八郡之吏治民，依文章风俗汇成一书以上报天子。则是志也，或亦可备陈诗纳价之一助云，是为序。

康熙己酉冬月之吉，直隶永平府山海管关通判陈天植顿首拜撰。

山海固用武之区也，我大清定鼎以来，易戎马为承平，此地实为乐土矣。然抚今日之雍熙，昔年之抢攘可念也。享一朝之安阜，一方之利弊宜悉也。考兴废，鉴古今，辨人物，明制度，莫善乎志。志者，邦域之史也。吾宗培生公为关别驾，奉督学蒋公、观察钱公之命，重修关志，就谋于余，爰偕卫司篆君请仪部佘公主笔焉。其纂修颠末，别驾公业详哉言之矣。余治军者也，请言军旅。粤稽明初建关，设一卫、十千户所，领军万人，以侯伯统之，兵制非不善也。厥后无事，兵渐分，守渐单，以部使管关，以守臣司兵，以本卫挥爵视篆，晏如也。迨中叶，朵颜三卫时有举发，则易守臣为参戎矣。旧额军士外，增游兵，募新兵矣。守臣原隶石门路，至是则割一片石为界，畀山海，屹然自为一路矣，兵制为之一变也。至末季有事于辽，则设经理，与南北二部为三镇，增兵十余万人，从此忽分忽合，互更互调，营制不一，最后则特为一镇，马步兵丁二万五千人，定为经制，与辽镇等，兵制又为之一变也。天祚有德，归于国朝。二十六年以来，典章文物灿然明备。先是撤镇，以副帅统其众，未几又撤副帅，以一游击领城守营。彼时兵犹存数千人，山海路参将改设都司矣。此后海防为重，乃设沿海三营，裁游击，以城守事务归并山海路，只存马步兵三百人。其撤部使以路将管关司管钥，自国初已然也。夫兵不限多寡，用惟其人。昔韩淮阴善用众，岳武穆善用寡，班仲升以三十六人平定西域，兵岂在多乎？况迤北则接石门路，同城有南海营，且协同满洲城守诸公共理关门，则甲士尤当今精锐也。忆明正德末，值妖卒之变，部使下设兵百名，彼时之制云：山海关守把官军一百一员名。今日之兵以之守边似不足，以之守关则已有余矣。此时边只须巡缉，可不守，即守则合满洲营路之兵，犹患不足哉！按志所载，为形势，为关隘，为边防，为军实，溯古及今，展卷了然。若夫钱谷礼乐，则有专司，余又何能越俎也。说者曰：前此修志皆关部任之，今公之所司，即昔年关部所司也。别驾公修志，所以必谋于公，公安诿乎？工既竣，不可无一言以弁简端，于是乎书。

时康熙己酉黄钟月之长至日，游击将军管山海路事陈名远谨序。

山海旧无志，有之自德平葛公始，盖明嘉靖乙未岁也。葛公属笔于乡先达詹角山先生，公雅重先生，不复更订，随付剞劂。越六十三年，万历丁酉，南城张公述旧编而增订之，一一出自手裁，视昔加详矣。又历十三年，商州邵公从而续之，不过补其所未及，匪云修也。至崇祯辛巳，虞城范公任关道，合所属而重加纂辑，命曰《山石志》，其距邵公志又三十年矣。逾三载，天命改革，大清继统，从前规制为之一变焉。二十七年以来，声名文物奕然改观，若不亟为纪注，后此几不可问矣。督学蒋公托金宪钱公以转属于关别驾陈公，陈公又偕路帅、卫司篆二陈公同造余庐而就谙焉，以余与修《山石志》，略习夙典也。盖《山石志》成于抢攘中，多舛错，未经考订，至今切切于怀。兹奉诸公之命，夫何敢以固陋辞！爰是合四志之所载，参以郡乘，采诸群书，访于众见，凡三阅月而书成。先缮写二册，请正于蒋、钱二公，然后发梓，匪敢谬附前贤著作之末，聊以备后人之搜择耳。窃追忆此志，自角山先生始主笔，迄今百三十六稔矣。昔人皆沦没已久，其间与修邵公志者，仅存吾乡吕夔翁一人，年已八旬有五，与修范公志者惟余不肖而已。文献不足，古今同慨。语云：贤者识大，不贤识小。余亦仅识其小者，以听大方取裁，又曷敢避固陋之诮，以负诸公惓惓之意乎？余为是书，不敢泯前人之功，为叙其原委如此。是役也，海营马公与有力焉，聊附及之。

康熙庚戌仲春中浣之吉，郡人佘一元书于读古斋中。

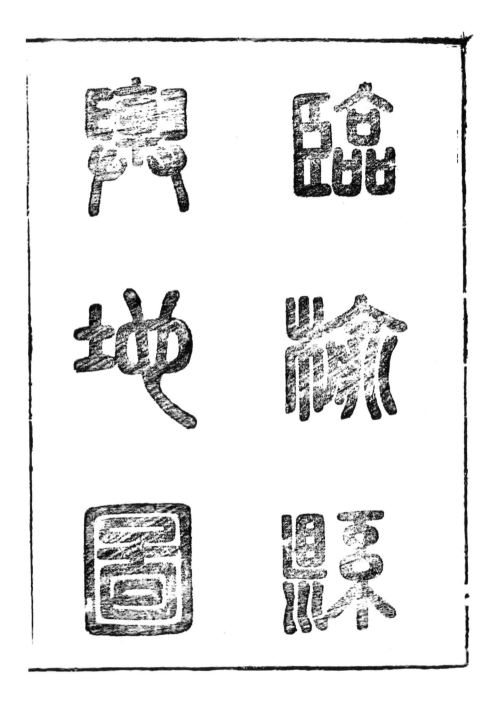

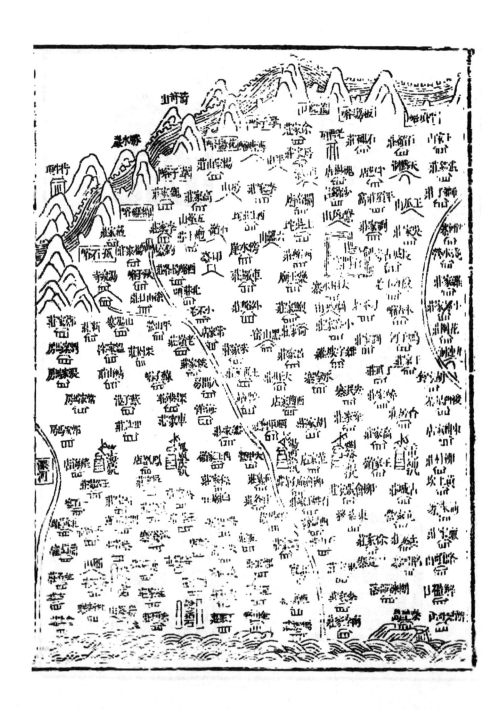

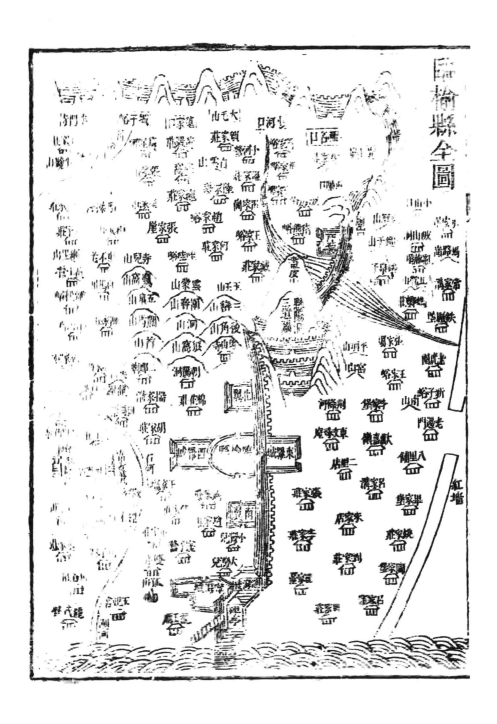

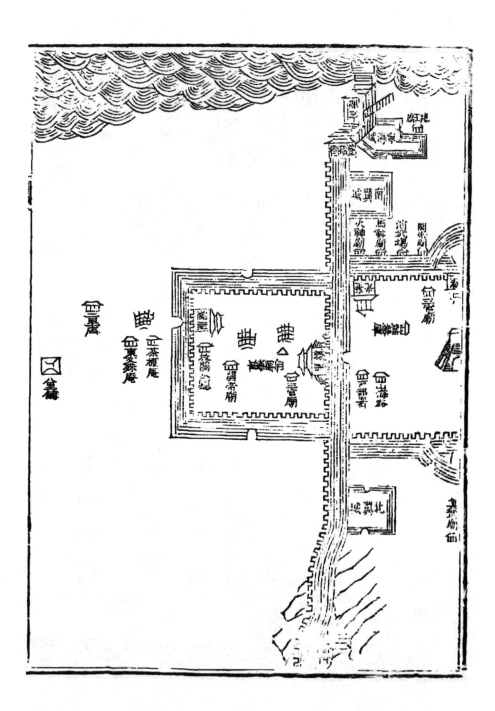

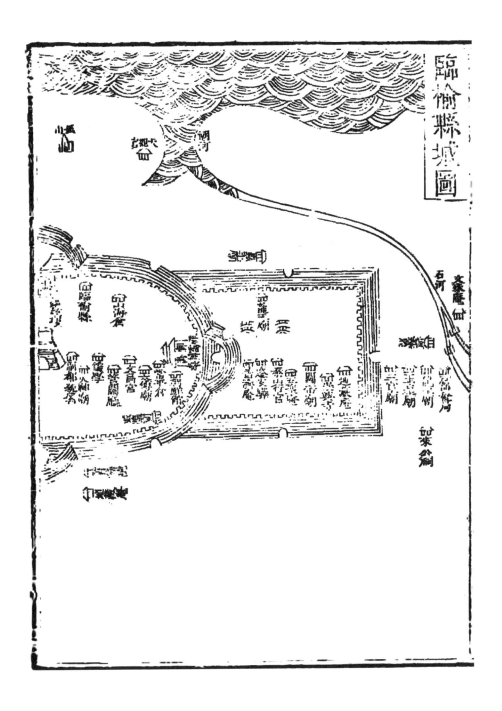

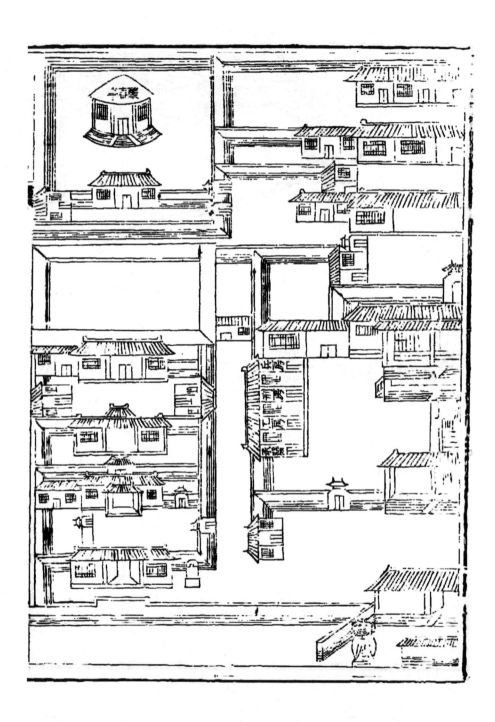

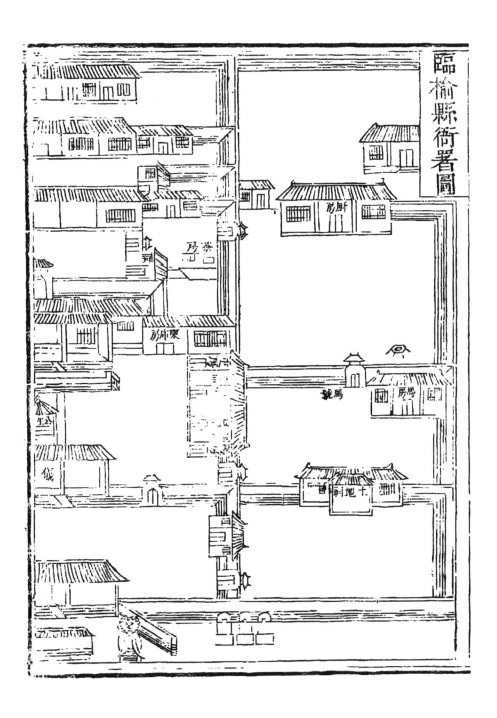

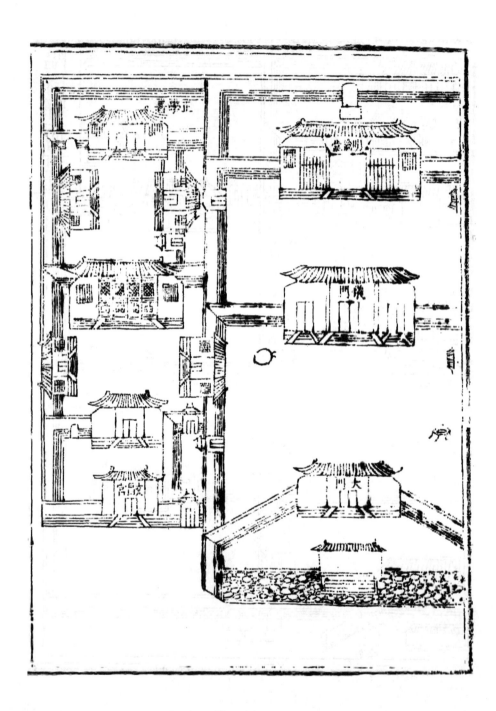

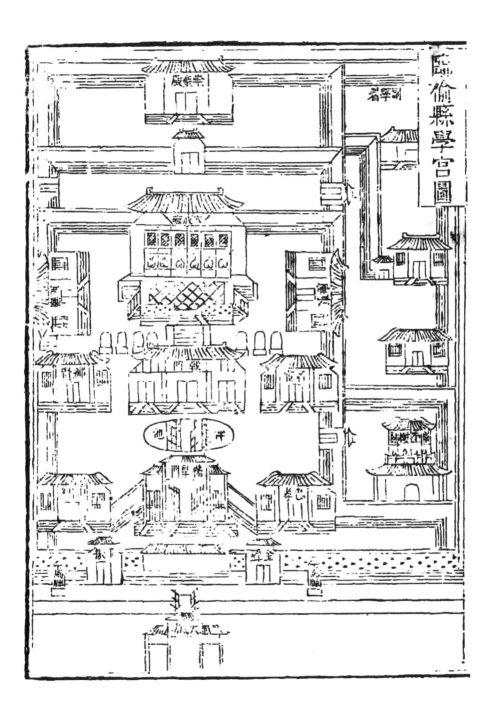

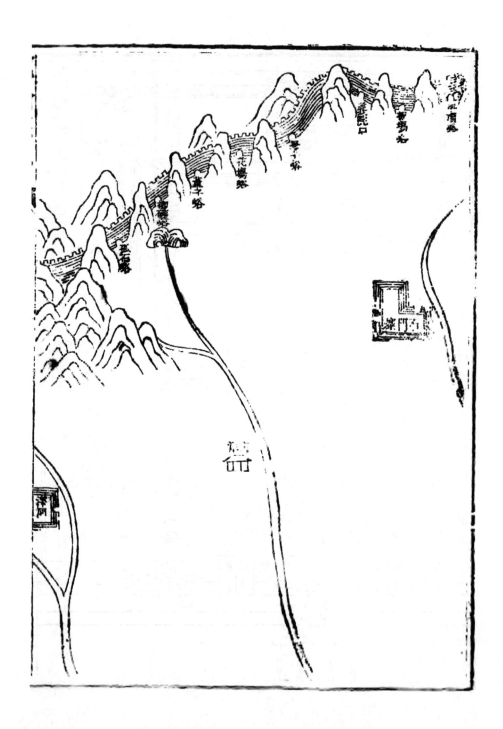

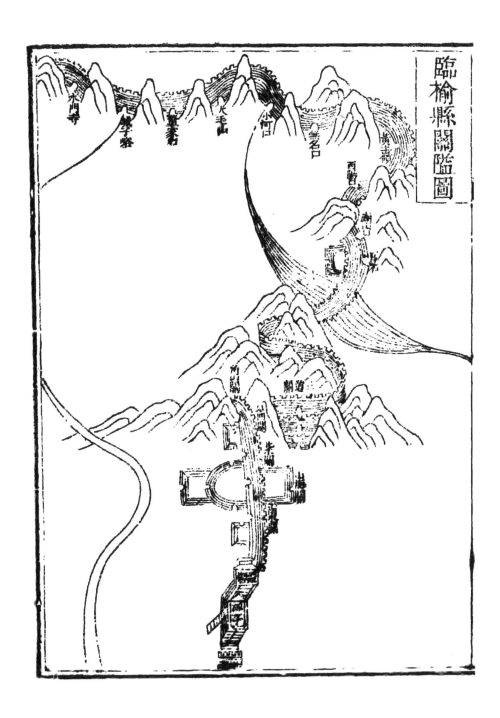

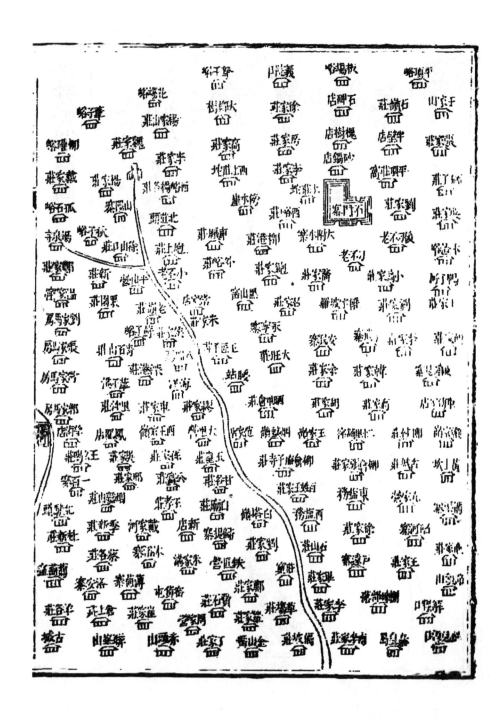

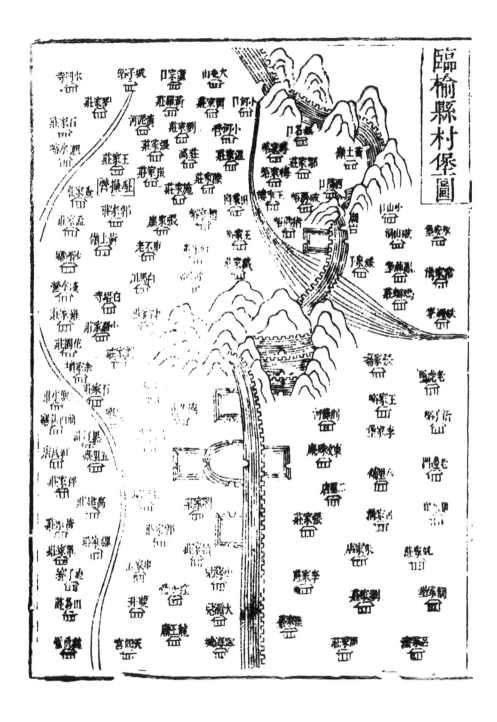

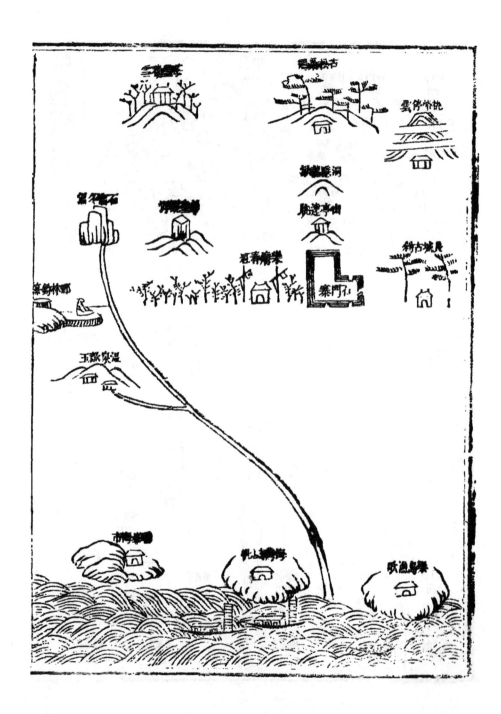

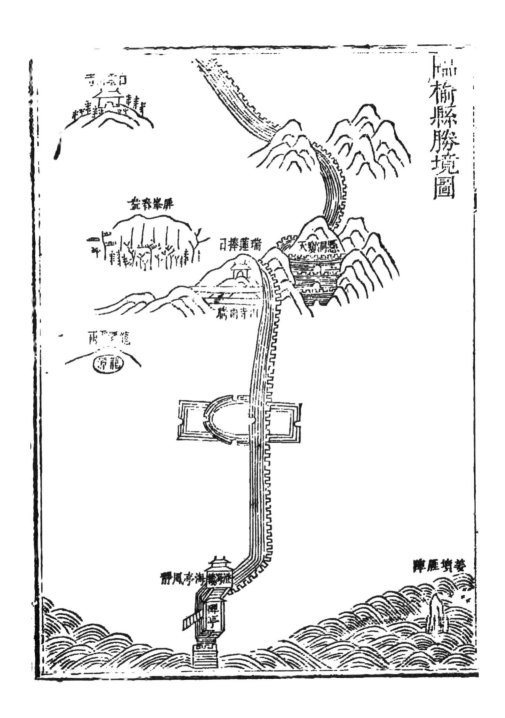

‖ 卷之一 ‖

沿 革

　　临榆地沿渝关，名仍汉县，依山阻海，锁钥两京，实为东陲重地，其建置沿革义不得略然。郡国之分合更变，代殊世界，况自唐末入于契丹，遗封故迹渐就沦芜，闻见互乖，名实相戾，欲使古今条贯，疆域井然，不其难欤？顾自汉以后，沿革之大凡粗有可考，谨列各史志所载而附管见于篇末云。

　　辽西郡（秦置属幽州），县十四。且虑（有高庙，莽曰钽虑），海阳（龙鲜水东入封大水、封大水，缓虚水皆南入海，有盐官），新安平（夷水东入塞外），柳城（马首山在西南，参柳水北入海，西部都尉治），令支（有孤竹城，莽曰令氏亭），肥如（元水东入濡水，濡水南入海阳，又有卢水南入元，莽曰肥，而应劭曰肥子奔燕，燕封于此），宾徒（莽曰勉武），交黎（渝水首授塞南入海，东部都尉治，莽曰禽虏，应劭曰今昌黎），阳乐，狐苏（唐就水至徒河入海），徒河（莽曰河福），文成（莽曰言虏），临渝（渝水首受白狼，东入塞外，又有候水北入渝，莽曰冯德），絫（曰官水，南入海，又有碣石水、宾水皆南入官，莽曰选武。）（《后汉书》）

　　辽西郡，五城。阳乐，海阳，令支有孤竹城（伯夷、叔齐本国），肥如，临渝（《山海经》曰：碣石之山，编水出焉，其上有玉，其下有青碧。《水经》曰：在县南。郭璞曰：在右北平骊城县海边山也）。（《后汉书》）

　　隋文帝开皇三年春，三月癸亥，城渝关。（《隋书》）

石城县中本临渝，武德七年省，贞观十五年复置。万岁通天二年更名，有临渝关，一名临间。(《唐书》)

营州城西四百八十里有渝关守捉城。(同上)

幽州北七百里有渝关，东临海，北有兔耳、覆舟山，山皆陡绝，并海东北有路，狭仅通车，其旁地可耕种，唐时置狭石、绿畴、黄花等戍。(《五代史》)

初幽州北七百里有渝关，下有渝水通海，自关东北循海有道，道狭处仅数尺，旁皆乱山，高峻不可越。北至进牛口，旧置八防御军，募土兵守之，田租皆供军食，不入于蓟幽州。岁致缯纩，以供战士衣。每岁早获，清野坚壁，以待契丹。契丹至，辄闭壁不战。俟其去，选骁勇据隘邀之，契丹常失利走。土兵皆自为田园，力战有功则赐勋加赏，由是契丹不敢轻入寇。及周德威为卢龙节度使，恃勇不修边备，遂失渝关之险，契丹每刍牧于营平之间。(《通鉴》)

榆州高平军下刺史，本汉临渝县地。(《辽史》)

迁州兴善军下刺史，本汉阳乐县地，圣宗平大延琳迁归州民置，来属有箭笴山，县一，迁民。(同上)

润州海阳军下刺史，圣宗平大延琳迁宁州民置，县一，海滨。(同上)

金世宗大定元年，冬十月己丑幸中都(贞元元年改燕京为中都)，十二月甲辰次海滨县(在今山海关东百二十步)，丁巳至中都。(《金史》)

元致和元年，八月丁酉，发兵守迁民镇，庚子发宗仁卫兵增守迁民镇，庚戌发平滦民堑迁民镇，九月上都诸王也先贴木儿、平章秃满迭儿自辽东以兵入迁民镇。(《元史》)

渝关在平州卢龙县东一百八十里。(《通典》)

润州在卢龙塞东北，西至渝关四十里，南至海三十里。(《北番地理书》)

迁州在临渝关东五十里，西至润州四十里，南至海二十里。(同上)

渝关在抚宁县东二十里，洪武初魏国公徐达始徙而东去旧关六十里，谓之山海关。（《明一统志》）

明洪武十四年，创建山海关，内设山海卫，领十千户所，属北平都指挥使司。永乐元年，革北平都司，设留守行都督府，以山海卫直隶后军都督府。（《山海志》）宣德五年，调左中二千户所于辽东，只领八千户所（此后遂以卫属永平府，遇大事犹具文后府）。

国朝顺治元年，设卫如故，撤关，（同上）二年复关。七年以卫地多拨补滦州，省抚宁卫入山海卫。（同上）乾隆二年置临榆县，治镇城，设知县一人，典史一人，分驻石门寨巡检一人。

按：两汉临榆县均属辽西郡，自晋以后废。至唐旋置旋改，后遂不复设。渝关之名始见《隋书》，唐改临渝为石城，而临渝关属县治，为历代重镇。辽、金、元三朝以关为腹里地，故址渐堙，考之《辽史》，榆州为汉临榆地，迁州、润州为汉阳乐地。《北番地理书》迁州在临渝关东五十里，南至海二十里。润州西至渝关四十里，南至海三十里。合之《通典》所载渝关各地界（说见前）则迁民县即古渝关地，金废为镇，元因之，山海关即元迁民镇，海滨县当在其西。旧志以今所指海洋城，为金封天祚为海滨侯故处是也。《永平府志》云：《通鉴》载褚匡说冯跋曰：章武郡临海，舟楫可通，出于辽西临榆不难也。《水经注》：渝水西南巡，由径一故城，以为河连城，疑是临榆之故城，渝水南流东屈与一水会，世名之曰槛伦水。《通鉴》槛卢城下注引，此大约在今抚宁县之东。据此则今县治为汉阳乐地，非临渝旧县也。

星　野

自古天官家类以箕尾为幽、燕分野，此所谓大界也。大界中各郡国封域于星亦有分焉，而其书已亡，故堪舆虽有郡国所入度，而康成谓非古数不复征引。今所传州郡躔次，率依陈卓、京房、谯周、张衡诸人之说为据，类而推之，似可坐致。然以弹丸之地而云适当某宿某度谓必无分秒之讹，吾知其难也。姑备采旧文，俟后之知星者考焉。

析木，燕也。（《周礼》注）

析木，燕之分星，幽州之星土也。（《周礼·总义》）

箕斗之间有天汉，故谓之析木之津。（《春秋·昭八年》《左传》注）

箕星散为幽州，分为燕国。（《春秋·元命苞》）

箕尾为燕。（《春秋·说题辞》）

尾箕，幽州。（《史记·天官书》）

燕地，箕尾分野，东有渔阳、右北平、辽西、辽东，西有上谷、代郡、雁门，南得涿郡之易、容城、范阳、北新城、故安、涿县、良乡、新昌及渤海之安次，皆燕分也，乐浪、元菟亦宜属焉。自危四度至斗六度谓之析木之次，燕之分也。（《汉书·地理志》）

自尾十度至南斗十一度为析木，于辰在寅，燕之分野，属幽州。（《晋书·天文志》）

右北平入尾七度，西河、上郡、北地、辽西东入尾十度。（同上）

自尾十度至南斗十一度为析木，属幽州。（《隋书·地理志》）

析木为云汉末派，山海极焉，故其分野自北河末派，穷北纪之曲，东北负海为析木，负海者以其云汉之阴也。（《唐书·天文志》）

尾箕，析木津也，初尾七度，终南斗八度。自渤海九河之北得汉河间、涿郡、广阳及上谷、渔阳、右北平、辽西、辽东、乐浪、元菟，古北燕、孤竹、无终之国，尾得云汉之末派，龟鱼丽焉，当九河之下流，滨于渤碣，皆北纪之所穷也。箕与南斗相近，为辽水之阳，尽朝鲜三韩之地，在吴越东南。（同上）

天宝九载八月，五星聚于尾箕，荧惑先至而又先去，尾箕燕分也。（同上）

瀛、莫、幽、易、涿、平、妫、檀、蓟、营、安东为析木津分。（《唐书·地理志》）

东方尾宿九星，按汉永元铜仪尾宿十八度，唐开元游仪同，旧去极百二十度，一云百四十度，今百二十四度，景祐测验亦十八度，距

度谓必无分秒之讹，吾知其难也。姑备采旧文，俟后之知星者考焉。

西行从西第二星去极百二十八度，在赤道外二十二度。乾象新书二十七度。箕宿四星，按汉永元铜仪箕宿十度，唐开元游仪十一度，旧去极百十八度，今百二十度，景祐测验箕四星十度，距西北第一星去极百二十三度。（《宋史·天文志》）

自尾十度至斗七度百三十五分而终，曰析木之次，辰在寅谓之摄提格，于律为应钟，斗建在亥，今燕分野。（《帝王世纪》）

尾九星，去极一百二十七度半，箕四星，去极一百二十一度半。（《文献通考》）

永平府、延庆州、保安州、万全都指挥使司天文尾分野。（《明统志》）

尾箕星曰析木，宫曰人马，时曰寅，州曰幽。（《山堂考索》）

永平府，《禹贡》冀州之域，尾分野。（《一统志》）

箕尾为幽燕分野，诸家言如一，惟《一统志》专以永平属尾，山海西逼平滦，其属尾之次当无疑。（《山海志》）

灾　祥

灾祥之志，所以敬天渝重民事也。废而不载，则以天变为不足畏，而人事荒矣。第日月星辰之异，垂象广远，似不得举一隅之地以当其变，而旧志率都采入。考之郡志，又详略互异，故断自前明，迄于今，兹只取水旱虫蝗及氛祲疫疠之见于其地者，著之于篇。

明嘉靖二年，夏，饥。七年，大水入西关厢，民舍有漂没家产者。二十三年，天方雨，忽雷火飞入镇东楼，摄梁间一斗拱出，坠于田间。二十五年，夏，霪雨四十余日。三十六年，岁大祲，疫病盛行。三十七年，秋七月，蝗。

隆庆元年，大水，石河流涨，涌入西关厢，卧牛桥坏。三年，四月朔，地震，声如轻雷。六年，秋七月，戴家河有海牛死，浮沙岸，高数丈，长十余丈。

万历元年，六月望，甘露降于学宫。二十三年，五月二十五日，地震有声，八月二十七日夜半，雷震异常，诘旦，镇东楼向北一柱有烟，掘之其下，得火大如球。二十五年，正月至五月，不雨，无麦。五月至七月，雨，饥。二十六年，大饥。二十七年，四月，地震有声。三十二年，大水。三十四年，三月，西南海市现，九月，蝗。四十七年，二月二十日风霾昼晦，黄尘四塞。七月，火神庙灾。四十八年，五月，圣庙殿前大松树无故自仆。

天启元年，二月，初八日大风霾。二年，霪雨，坏边墙无算，七月，地震有声，九月二十五日，火药崩西关厢崇兴寺。三年，三月朔，地震。六年，霪雨为灾。

崇祯七年，旱。八年，大疫。十一年，大水。十三年，旱，蝗。

国朝顺治十年，大水。十一年，大水，饥。十三年，蝗。

康熙元年，三月初八日，霾。二年，夏，大水，十月十二日，雷。四年，五月初三日，火药局火。六年，有年。七年，六月二十八日，大水入西罗城北门，卧牛桥坏。十七年，夏，六月热，喝死人畜甚众。三十四年，大水坏南北水关边城百余丈。三十五年，大水。三十六年，大水坏边城百余丈。四十五年，大水坏南水关百余丈。四十七年，有年。四十九年，秋，大有年，谷一茎二穗至五穗者甚多。五十年，秋，有年。五十四年，虫灾，饥。五十五年，大有年。五十八年，夏，大水坏拱辰门外龙王庙及城北水门。

雍正六年，夏，大疫。八年，八月十九日地震。十二年，春，三月虎入城。

乾隆六年，夏，五月，雹，不成灾。十八年，六月，蝗，不成灾。

‖ 卷之二 ‖

疆　域

按：山海卫治旧隶抚宁，自改县后，其以抚宁之地来属者十之五，以滦州之地来属者十之一，以卫地归抚宁、昌黎、乐亭者十之三。于是经界既正，版图式廓矣。吾闻天子曰四海，诸侯曰四境，雷封百里，亦古者诸侯之地也，可勿凛兹赐履，殊厥井疆欤。

临榆县东西广七十里，南北袤二百三十里。东至关外红墙、宁远州界十里。西至深河、抚宁县界六十里。南至海十里。北至义院口边七十里。自义院口至羊山岭、蒙古界一百五十里。东南至海十里。西南至戴家河、抚宁县界七十里。东北至条子边、蒙古界七十里。西北至码礤岭、抚宁县界七十里。西至京师六百八十里。至直隶会城千有十里。至永平府百七十里。至奉天八百里。

山　川（泉井附）

昔虞舜肇十有二州，封十有二山，而后之建国邑者，因之，必取名山大川，以表其封域。凡以含珍孕奇，财货所出，临深阻高，险隘可守，古所谓奥区神皋者用此。县当初建，志乘未备，苟不详群山脉络，众流源委，后之人欲尽山泽之利，以利兹上者，其将奚考焉？爰取山海旧封及新来属者，志其道里方位，联络盘互之势，庶按图考籍，灼于聚米矣。

角山，脉自居庸、古北、喜峰诸山，东迤逶延亘千余里，至是耸峙海面，长城枕之。控畿甸，界辽沈，郡之镇山也。距城北六里，双峰争向，宛如角立。兹山之北直抵沙漠，层峦弥望，邈乎不可穷矣。

后角山，去角山北十九里，高等角山，以前后相望，故名。

狼窝山，距城北十里，上有朝阳洞，洞中有水，可供人一日之用。前建大士殿，西有三教堂。

洞山，在首山西，距城北十里，当两角之冲，孤峰峭拔，悬崖空洞，倒蘸深潭，樵径纡引，其下有寺。

双松岩，在角山关北。

悬阳洞，在角山东，距城二十里。洞顶有穴，日光悬照。然从山上迹之，终莫得其穿漏之处。穴中乳水涓滴不绝，下有石如盆盎，积水其中，俗呼穴为"天井"，石为"地盆"。

围春山，自洞山入，东五里，山形四合若环堵然，明萧金事显筑别墅其中，有围春庄、墨香亭、荫秀亭。今废。

首山，距城西北十里，自北而南，此为诸山之首。上有二郎庙，东建一亭，名乐寿。北揽群山，南瞻大海，为县治胜地。

五泉山，距城西北十三里。有泉五，北流入于石河。

寺儿山，距城西北二十里，有寺，故名。

云蒙山，一名团云山，在寺儿山之右，距城西北二十五里。四时云气变幻无常。

鹰窝山，在后角山西北，距城十五里，崖巅有石如鹰。

蟠桃峪，又名蟠道峪，在鹰窝山西北，距城西北三十五里。

瞭角山，在石门城北里许，上结小亭，东望角山如在目前，故名。

平山，距城西北四十五里，环石门皆峡，旧志云：汉公孙瓒败乌桓处。

箭笥山，一名茶盆山，距城西北七十里，边外之山，盘薄于内，惟兹山为大。其峰万仞，窅深环碧，林壑幽靓，昔为胜游。今在苇子峪外半舍，上有无梁殿佛舍。

胜水岩，在茶盘山西南，府志云：人至半岩常闻下流水声，至其下无之，用竹于罅引而出之，名曰胜水。

尖山，距城西八里许。

联峰山，一名联蓬山，距城西南七十里，东西二峰相去三里许，上有观音寺。渝水自其西入海。

说话石，在联峰山东，有双峰若人立，相对语然。

骆驼石，距城西南六十里，高丈有五尺，长丈有八尺，广八尺。

金山嘴，距城西南六十里，半入于海。

孤山，距城南六里，去海四里，下临潮河，若砥柱然。

秦皇岛，距城西南二十五里，又入海一里，四面皆水，惟岛居中。

望夫石，距城东八里，在海岸，近姜女坟。

欢喜岭，亦曰凄惶岭，言戍辽者去而悲，还而喜也。距城东二里许，向东迤逦五里余，上有文殊庵，乾隆十四年毁于火，仅存佛像。（以上本《山海关志》）

三峦山，在角山北。多猿猴，物产苦之。

拦马山，在围春山西，壁立万仞，马不能行。昔之戍辽者多窜避于此。

玉王山，在拦马山东北，产银冶，下有突泉，为沙河源。

平林山，在黄土岭西，距城六十里。

六罗山，在黄土岭、上庄坨，距城四十五里，产煤。

傍水崖，在石门寨西北，距城西五十五里，峭壁悬崖，外平内险。明隆庆元年，黄台吉聚众由此出，戚南塘设伏歼敌于此，云雾中见关壮缪像。事平，立祠祀之，刻石纪其事。

石岭，在傍水崖东，距城五十里，产煤，佳于上庄。

房山，在石岭北，高峻可避兵。

溥塘山，在石岭北，内空洞深十余丈，水停为渊。

黑山，在石岭南，距城四十里，产煤。（以上诸山本《抚宁县志》）

平顶山，在张家场南，距城二十里。

窑山，在张家场南，距城二十五里。

南山，在李家堡，距城二十五里。

锤子山，在铁场堡西北，距城三十五里。

马鞍山，在铁场堡西北，距城三十五里。

鸡冠山，在铁场堡北，距城五十五里。近山各村无蝎。

马路岭，在永安堡南，距城七十里。

画皮山，在老边门东，距城三十里。

白云山，在温家庄西，距城五十五里。上有福庆寺，庙貌宏丽，为县治胜地。寺西有玉皇殿，像设以铜为之，相传出于神功，非人力所铸云。

老君顶，在义院口南，距城六十七里。上有老君庵，庵东丹炉遗迹犹在。

天然洞，在板场峪东南，距城六十九里，洞在山麓，内有铜佛像三。

大毛山，距城八十里。

半壁山，山形如削，亦名半劈山，在驻操营北，距城六十五里。

庙果山，在浅水营东北，距城四十里。

五峰山，在傍水崖，距城五十五里。

九连洞，在花园庄南，距城三十五里，洞在山半，中一环八，故名。

白塔岭，在石岭南，黑山之东，距县四十里，可以望海，上有白塔，今废。

王瓜山，在东不老西，距城五十五里。

汤泉山，去城西六十里，有泉，冬夏常温，建寺其旁，引泉为二池，浴之愈疾。

喇叭山，在大附水寨，距城三十五里，产黑矾红土。

团山，在一百寨南，距城五十五里。

烟燉山，在凤凰店，距城五十里。

金鸡石，在北门外，方圆丈余，以石击之，音如鸡声。

海，自直沽、新桥、赤洋东势渐北，如身之支，转折抵辽境金、复，南岸即登、莱二府界。明初通海运，山东一省钱钞花布由海道给辽，后废。明末复开，国朝顺治十六年禁止，康熙三十三年仍通运如故。

灙儿海口，去县西南十里，可渔。

石河，在县西，府志云：源出口外龙潭城子峪，过大、小毛山及柳河诸堡而西为石门，下山海南关外。由八里铺而西入关城右三里许红花店间，自南关入者会之。其石丛积，褰裳可涉。秋潦急涨，险不可厉矣。（今按：石河在西关外，其源自城西回马寨出山，经招练营转至文殊庵左，南流入海，与卫志不符）。

鸭子河，距城西北三十五里，柳罐西有温泉，东南而苇子、而花场，与东拿子谷合，其源出黑崖子，入由棒槌崖东流经傍水崖，下为鸭子河，凡四道，会于石河。此《水经注》清水入九道口而注海也。

温河，即张果老河，距城西三十里。府志云：源出孤石峪、温泉堡，裂头之派也，有二，西为汤河，东为张果老河，下而总入于海，此《水经注》之方城川及木完水也。

潮河，在孤山下，海潮止此，即石河下流。

南水关河，源出关外东北诸山，由南水关穿长城入，纤流如线，经雨潦辄汹涌，噬城决扉为患。稍西即分流，一为刘家河，一为边家河，俱归潮河入海。

北水关河，山原行潦，由北水关穿长城入，横西关厢南下，流入石河。

龙潭，在尖山下，水深洌不可测，相传有龙居之，遇旱取水祷雨。今砂石堙塞。（以上诸水本《山海关志》）

深河，源苏子峪，至戴家河入海。河西为抚宁县界。

帅府河，在城西南四里许，源于赵家亭泉，入潮河。

刘家河，即南水关河分流，在城西南三里许，遇潦，水入潮河。旱则涸。

边家河，即南水关河分流，在城西南三里许，遇潦，水入海。旱则涸。

李家堡河，无名，源于一片石炕儿峪，归奉天老君屯河入海。

饮马河，在石门寨北门外，源于龙王庙下地泉。

墨水池，在城内，积潦所聚，色如墨。久旱则涸。

华家湾池，距黄土营二里许，冬夏不竭。

莲花池，三，一在城东门咽喉桥之南；一在桥北，水浊，产美鲫；一在海洋镇上帝庙前，池莲甚茂。

老峰潭，在城东北隅边城外，水寒冽，产鲫。

温泉，在汤泉山。（见前）

石泉，二，在石碑庄。

龙泉，在白塔寺庄东，距城三十五里，旁建寺即名龙泉。

暖泉，在暖泉子庄土山下，水性温。

双文井，在儒学明伦堂前后，二井水均甘滑。

北浦新井，在山海路署后圃，味咸。

八角井，在县署射圃，味咸。

冯家井，在西罗城。西罗城诸井皆甘，此尤清冽。

新井，在关外里许，味甘。

苦水井，在山海仓左侧，味苦。

糖棒子井，在三道胡同，水清澹。

齐家井，在角楼湾，水清澹。

义泉井，在西关驿后，味甘。

新泉井，在西关三清观前，味甘。

大口井，在东罗城，水甘美，较诸井为胜。

满井，在城西七十里，百家环共汲之，随满，大旱亦然。

艾子井，在驻操营北门外，味甘美。

里　　市

京东州县民之土著曰社，迁发曰屯。临榆故军卫地率多屯营，自国朝休养生息百余年来，无征发戍役之事，爰改为县，编社废屯，而比户联甲，遂与他邑等。今详揭其村堡市集，虽未能如古比闾族党州乡之制，而有志经野者，欲均土地而稽人民，庶不为无据矣。

社，县属七社，曰天清，曰地宁，曰长治，曰久安，曰属国，曰年有，曰丰登，每社十甲，惟丰登社五甲，每甲各以什季一人领之。

乡，距县二里者一，曰魏家庄。四里者一，曰胡家庄。五里者二，曰五里台、揣家沟。六里者四，曰高建庄、黄家庄、单家庄、张家庄。八里者六，曰胡家套、黑汀庄、郑家庄、田家庄、圣水庄、石家庄。十里者八，曰余家坟、王家庄、古城庄、回马寨、红瓦店、沟渠寨、唐子寨、团练部落。十有二里者六，曰王家庄、前西星寨、后西星寨、丁武寨、瀱儿口、东傅家店。十有三里者二，曰孙家庄、半壁店。十有五里者凡十三，曰朱家店、荆条河、陷河寨、高家庄、柳村庄、刘家庄、徐家庄、李家庄、香房庄、魏家庄、西傅家店、亢家营、黄土坎。十有七里者一，曰户远寨。二十里者凡十三，曰陶家堡、东王家岭、盐务庄、东盐务庄、刘家店庄、西盐务庄、东李家庄、南李家庄、青石山庄、小高家庄、张家庄、田家沟、安民寨。二十二里者一，曰路头山。二十五里者八，曰李家堡、毕家堡、张家场、新子峪、王家峪、乔家庄、张家庄、外峪庄。二十六里者一，曰马房庄。二十八里者一，曰白马川。三十里者凡十四，曰老边门、九门、鸭子河、木渣峪、陈家庄、鲍家庄、狮子庄、刁不老、后刁不老、大附水寨、晒甲会庄、昌家庄、徐家庄、范家店。三十二里者十一，曰八间房、缪家庄、后腰站、张家庄、石家庄、柳会常家庄、铁匠庄、金家庄、庵子寺庄、百姓王家店、网匠庄。三十三里者六，曰陈家庄、韩家庄、杨家庄、吕家庄、邹家庄、西阳口。三十五里者八，曰铁场堡、花园庄、白塔寺、大旺庄、玉皇庙庄、廉家庄、李家庄、柳会张家庄。三十八里者一，曰孙家庄。四十里者二十有六，曰常家沟、蚂螂庄、黄土岭、破房峪、苇子峪、罗家庄、小罗家庄、张家庄、石门寨、浅水营、白塔岭、黑山窑、徐家沟、杂字坡罗、毕家庄、朱家庄、高家庄、海洋镇、郭家庄、新庄、栗园庄、侯家庄、大里营、西王家岭、吴家庄、孟家营庄。四十三里者二，曰暖泉子庄、里泮庄。四十五里者凡十三，曰田家冈、破山洞、乱麻堡、沙河寨、砂锅店、上庄坨、高家庄、李家庄、西上庄坨、西峪杨家庄、车家庄、白庙庄、邢家庄、偏坡庄。四十七里者三，曰潮水峪、槐树店、半壁店。五十里者凡二十，曰赵家峪、石岭庄、石碑庄、戴家庄二、庙山口、平房峪、猪熊峪、苇子港、青石山庄、温家洼、平山营、深港庄、苏子峪、王孝庄、王吆喝庄、王家庄、徐家庄、季新庄、凤凰店。五十五里者九，曰傍水崖、车厂庄、刘家庄、魏家庄、东不老、望海店、伙烟燉山庄、沐浴寨、落安寨。六十里者二十有七，曰黄土营、小河口、张家崖、王家峪、王家山、驻操营、孟家庄二、崔家庄、施家庄、温家庄、北庄头、深河营、一百寨、公富庄、窑货屯、永宁寨、炮上庄、蔡各庄、甘各庄、薄荷寨、赤头山、单家庄、马房店、郭家马房、常家马房、张家马房、刘家马房。六十一里者一，曰何家庄。六十三里者二，曰陈家庄、查家庄。六十四里者二，曰李家庄、徐家庄。六十五里者凡十五，曰娃娃峪、张家庄、房家庄、杨家山庄、刘家庄、草场庄、郑家庄、羊各庄、仓上庄、铁匠营、戴家河庄、葡萄洼、周家营、杜新庄、朱家沟。七十里者凡二十，曰王家楼、小河营、半壁山、义院口、拿子峪、板场峪、郭家庄、黄罗庄、张铁庄、王家庄、梅家峪、马家峪、贺家庄、邹家庄、刘家庄、永安堡、小山口、戴家河、驮头庄、费石庄。七十五里者二，曰丁家庄、陆家庄。七十八里者一，曰古城庄。八十里者七，曰大毛山、董家口、城子峪、水门寺、平顶庄窝、黄泥河。

市，城集：月之每旬一、六日，县署前；二、七日，南街；三、八日，西街；四、九日，北街；五、十日，西罗城。

乡集：石门寨以一、三、六、八日；驻操营以二、四、七、九日；义院口以四、九日；蔡各庄以一、六日；海洋庄以五、十日。

风俗（山海志附录于后）

一道德，同风俗，则深格幽阻，遍及荒远，靡所诡贸，况畿甸之近欤？然则刚柔异性，文质殊俗，虽圣人必因其宜，因其宜则猎较可以化鲁，不因其宜犹章甫之不可以适越也。故为举其大，略其细；举其异，略其同。不设浮辞通论，而俗之奢俭淳浇抑亦可睹矣。

士，幽燕之人性劲悍，明为边境，习金革。故佘仪部一元作《山海志》云：弦诵风微，技击习炽，盖余风犹在也。今去仪部时垂八十余载，渐渍文教，士皆宁静澹泊，不与户外事，而淹雅之材不数觏，以时之贤士大夫罕游其地，而负笈从师千里外，如古人者又绝少，故拘于闻见，振拔无自。然则养其所已至，而引其所未至。必有任其责者，如其礼乐以俟君子，余有厚望焉。

农，县境多山，崎岖复沓，可耕之地无几，其耕者尚大垅，植苗恒于脊，然砂碛硗薄，力田者寡，又不习水利，旱潦惟数，故少获。虽丰稔，无盖藏。惟人习劳苦，甘贫约，为近古云。

工，地鲜物产，无良材，故人无以艺名。制器者尚朴素去雕饰。奇技淫巧不鬻于市，即鬻亦莫有赏者，以是人罕习焉。

商，邑为辽沈孔道，商贾类皆取道于此，然无留者。凡贵重华美之物，非俗所尚，故鲜奇货。而土人之商于关以东，经数岁或数十岁不归者，往往而有。重利轻别，其商之性然欤。

婚，士夫庶民均纳聘后，即毕娶。娶之前一日，女家赍衾具至婿家，陈于室，至期以彩舆迎女来；既合卺，设燕款宾；翌日，女家戚属具筵（或代以仪）来馈，谓之"暖饭"，婿家亦款以燕；异日燕两姓戚属于堂，谓之"贺喜"，婿偕妇升堂谒客，客各有赠。其衾聘燕席馈赠均以贫富为丰俭，无定制。

丧，丧家于殁之次日晚，具筵于灵位前，戚友各以纸钱纸锭纸马来送，谓之"送路"；丧家具纸轿或纸车，孝子扶行，戚友咸往，至城隍庙焚之，谓之"领魂"；既归，乃焚各戚属所赍宴具于大门外；三日成服，吊唁者以香楮，至七日亦如之。每七日延僧诵经，间有不佞佛者，是日奠于灵，延礼宾，四人赞礼读祝，举殡日亦如之。礼宾率用诸生。

祭，岁于清明及七月望前，偕戚友诣墓前设奠，培土于冢，谓之"添土"。奠毕，以奠品即墓旁飨偕往者，谓之"散食"。十月朔飨祖祢于寝，剪五色纸为衣，焚于神位前。有未婚嫁而亡者，于大门外焚之，谓之"送寒衣"。三祭如在忧服，均哭如初丧，时岁遇生死忌日，各设祭于家，余日无之。

附山海旧志

詹公荣云：按，幽燕之俗，人性劲悍，习尚朴茂，厥来逖矣。迨国初，征四方人守之，习尚错杂。然山川所限，风气乃钟，渐而渍之者，人多负气任侠，慷慨激壮，犹席易水之遗烈。士习诗书，谈气节，少所让可。农瘠土寡获，甘劳苦，分省约。工乏良材，售多苦窳。商昧远大，机利逐，逐转十一，为糊口计。闺阃绝织作，里闬鲜声乐，乐事亡何，终岁澹然，其大都也。闻之乡耆老云：成化以前，率尚简实，中产之家犹躬薪水之役。积千金者，垣墉服饰若寒素。独昏丧赠遗从腆，达于实用。官无墨行，罔朘削于下。细民畏官府若神明，矧敢嚣讼？故间阎多厚藏而俗日敦。及今所睹记者，逞浮尚口，好讪人短长，且以势利相凌轧。家稍饶，辄竞纨绮，润屋庐以自侈。一遭颠踬，遂廉其直市之，计初置仅得三之一，是用荡然无遗。婚罔亲迎，丧用浮屠，病延巫祝，灼化者之户以骨葬，尤为丑薄。自鄞都黄公、新昌邬公出令诱禁之，而士大夫复衰然首倡，秀民之家稍知有礼法矣。惟视篆者终属介胄，多以剥削为恒，军民怼则讼牒兴，是故官日罹于犯，民日滋于伪，官犯则无耻，民伪则长奸。不有握机者挽而变之，吾惧江河之趋日下矣。

佘公一元云：（元按）关门风俗，明嘉隆以前，先达詹公荣之论业已得其大凡矣。万历以后，习染益靡，古道寖衰，浸淫至于末季，兵役繁兴，商贾辐辏，五方杂处若都会。然赖有大吏大帅弹压于斯，而地方无势绅豪富大侠之流足以作恶酿孽，所以经乱离而幸免屠戮，或以是欤？革命之初，兵撤旅散，间井萧条，民无素蓄，一旦食贫困惫，几不支矣。三十年来滋培生聚，较前渐有起色。但满汉杂处，农少商多，士不安恬退而尚嚣凌民，不务颛蒙而习狙诈，藐官凌长，间或有之。为妇者不娴闺训，徒抗夫家，一遇疾伤，众谋图赖。守业者不思固产，争欺鬻主，既得售价，复告增添。弦诵风微，技击习炽，且矜尚骄奢，罔思节俭，名分不立，人心日偷。风化之司，四民之首，若不亟思变计，共挽颓波，将来更不知所底止矣！尚其慎诸。

物　产

《禹贡》系皮服于夷岛，《尔雅》系筋角于幽都，《周书》系距虚于孤竹，元貘于不令支，青熊于不屠何。古之辨物者必著其地，所谓惟土物爱也。然志物产者，类多广搜图籍胪陈以示博，考之于今或十不得一二，岂古人传信之意欤？兹特依据《山海关志》增其所无者以备考，夸目务奢，余无取焉。

金类：铁。

土石类：白盐、土粉、红土、石灰、石炭、赭石、皮硝。

谷类：粳、黍、稷、粟、粱、豆、稗、蜀秫、大麦、芝麻、荞麦、小麦、酥子。

木类：松、柏、桧、槐、柳、椿、榆、桑、柘、椴、青杨。

果类：梨、桃、杏、李、枣、栗、榛、菱、莲、来禽、藕、花红、樱桃、石榴、葡萄、藤枣、核桃、郁李、羊枣、沙果、苹果、槟、桑椹、山葡萄。

蔬类：韭、蒜、苋、荸、葱、茄、芥、蕨、薤、赤根瓠、萝卜、芫荽、莴苣、白菜、芹菜、藤蒿、葫芦、花椒、薄荷、胡萝卜、水萝卜、山药、苦麻菜、撇兰、曲麻菜。

瓜类：冬瓜、西瓜、王瓜、丝瓜、菜瓜、甜瓜、香瓜、南瓜、北瓜、绞瓜。

药类：桔梗、苍术、黄芩、远志、黄精、防风、柴胡、紫苏、荆介、知母、升麻、麻黄、菊花、草乌、细辛、葛根、苦参、蒿本、瓜蒌、葶苈、兔丝、瞿麦、前胡、茯苓、朴硝、山查、麝香、牡蛎、海蛤、草麻、南星、黄柏、大黄、地黄、苍耳、百合、枣仁、沙参、枸杞、川芎、五味子、威灵仙、桑白皮、益母草、马兜铃、赤芍药、金银花、地骨皮、金精石、小茴香、白蒺莉、薏苡仁、郁李仁、覆盆子、草丛蓉。

花类：芍药、山丹、萱草、丁香、匾竹、凤仙、蔷薇、茨梅、石竹、金盏、月季、玉簪、鸡冠、珍珠、蜀葵、莺粟、牡丹、夏菊、素馨、马兰、葵、菊、榴、莲、满条红、转枝莲、落金钱、万年菊。

羽类：鸡、鹅、莺、鸭、燕、雉、鹊、鸠、雀、雁、凫、鹤、鹰、鸹、鸽、鹳、鹞、鹘、雕、鸢、画眉、鹈鹕、鹍鹏、鹭鸶、鸳鸯、鹌鹑、布谷、水鸭、天鹅、乌鸦、铜嘴、铁脚雀、黄鹂、百鸽、练雀、啄木、黄雀、酥雀、翠雀。

毛类：马、虎、牛、鹿、猪、獐、羊、驴、麋、骡、熊、豹、狐、狸、狼、麈、猴、野猪、山羊、兔、獾、刺威（又名伏虎）。

鳞介类：鲤、鲫、鳝、鲞、鳗、鲔、青鱼、鳢、石首、梭、石鲮、白眼、白条、鲁子、海胎、对虾、海蟹、蚌、蛎房、蛤蜊、蛏、鳖、鼋、海鹌鹑、海馒头、螃蟹、虫鱼、乌贼、鲇。

虫类：蝶、蝉、蜂、蛇、蝎、蚁、蟋蟀、鼠、蜻蜓、蜘蛛、螳螂、蝙蝠、蛴螬、鼠妇。

杂植类：木棉、蓝、苘麻、线麻、椵麻、叶子烟、蜂蜜。

附山海旧志

佘仪部一元云：按土产据旧志所载，有常产，有间生，弗为典要，即如鱼鸟之微，海胎、铁脚，关门美味也。海胎出于夏，至秋而肥。铁脚见于冬，至春而隐，然或早或迟，或多或寡，按志而求之，鲜有能惬其愿者矣。

卷之三

城　池

古者城必有池，城以为固，池以为阻，此大易所谓王公设险之用也。昔夫子答言游以城郭沟池为小安之事，而于子路之治蒲，则入境三叹，曰：城郭完，道途治，田野辟。然则为治者诚不事此以为固，而增墉浚隍，谓非守土之责欤。

县城，高四丈一尺，厚二丈，周八里百三十七步四尺，土筑砖包其外。门四，居东西南北四方，门设重键。其东门颜曰"天下第一关"，西门御书赐额曰"祥霭樽桑"（乾隆九年）。水门三，居东西南三隅，以泄城中积水。（明中山王徐达创卫立榆关，始建此城，其历年增修者为嘉靖中管关兵部主事吕荫、陈绾、孙应元，万历中王邦俊、杨植，员外郎邵可立，副将刘孔尹。国朝乾隆三年永平府知府梁锡藩，十八年临榆县知县钟和梅。）东门建楼曰"镇东"，高三丈，凡二层，上层广五丈，下层广六丈，深各半之。（明初建，历年增修者：嘉靖三十五年主事吕荫，万历十三年王邦俊，三十八年员外郎邵可立，国朝乾隆三年知府梁锡藩，十八年知县钟和梅。）西门曰"迎恩"（明初建，增修者：嘉靖三十七年主事陈绾，万历三十九年员外郎邵可立，副将刘孔尹，国朝乾隆三年知府梁锡藩，十八年知县钟和梅）。南门曰"望洋"（明嘉靖八年建，增修者万历三十九年员外郎邵可立、副将刘孔尹，国朝乾隆三年知府梁锡藩，十八年知县钟和梅）。北门曰"威远"，制均与镇东楼同。（明天顺七年建，万历三十九年员外郎邵可立、副将刘孔尹重修，今废，以建后城多火灾云。）奎光楼在城东南隅。（明初建，万历十五年主事杨植，三十九年员外郎邵可立、副将刘孔尹重修。）威远堂在城东北隅。（明初徐武宁欲建楼如奎光，旋归京师不果，嘉靖四十四年主事孙应元即故址建堂三楹，颜曰"威远"，今废。）临闾楼，接东罗城北隅。牧营楼接东罗城南隅，均在东城上（明万历十二年建，为防关屯兵之所，今废）。新楼在牧营楼南（明天启六年建，今废）。钟鼓楼在城中央，高二丈七尺，方五丈，穿心四孔。（明徐武宁建于城中之北，成化七年修。万历十四年参将谷成功移建于此，三十九年员外郎邵可立以堪舆家言去楼上层，今因之，国朝康熙五年管关通判陈天植、乾隆八年知县张楷、十九年知县钟和梅重修。）环城为池，深二丈五尺，广十丈，周千六百二十丈。外为夹池，深广半之，潴水四时不竭，四门各设桥以通往来。

北翼城，又名北新城，在北水关边城上，高二丈有奇，周三百七十七丈四尺九寸，门二，居南北二方。

南翼城，又名南新城，在南水关边城上，制与北翼城同。（两翼城明巡抚杨嗣昌建，今渐颓废。）

东罗城，傅大城东关外，高二丈三尺，厚丈有四寸，周五百四十七丈四尺，门一，在城东，即关门，为盛京孔道。建楼于上，曰"服远"。水门二，角楼二，附敌楼七。（明万历十二年主事王邦俊，永平兵备副使成逊建，初设三门，国朝康熙四年移关时通判陈天植、都司孙枝茂、守备王御春重修。因塞南北二门，即以东门为关门，旧设敌楼，今废。）环城为池，周四百二丈九尺。

西罗城，傅大城西关外。（明崇祯十六年巡抚朱国栋请建，工未毕遇改革中止。）门一，在城西，建楼曰"拱辰"。（城未建时即有是楼，不知始建何年，因土筑易圮，万历二十四年副将杨元改用砖石，副将蔺登瀛增置傍屋一区于楼下，今即作城西门。）

宁海城，在南海上，高二丈有奇，门二，居东北二方。（明杨嗣昌建，今渐颓废。）南城上建楼曰"澄海"，一名"知圣"，高三丈，广二丈六尺，深丈有八尺。（明兵部主事王致中建，国朝康熙九年通判陈天植、游击陈名远、守备陈廷谟，乾隆八年知县张楷重修。）御书楼额曰"元气混茫"，联曰"日曜月华从太始，天容海色本澄清"。（乾隆八年，皇上恭谒盛京祖陵过临榆，驻跸于此，因赐联额云云。）楼前建御碑亭，亭中碑一，楼壁间碑二，恭勒宸翰。（均乾隆十九年知县钟和梅建。）楼东碑一，题曰"一勺之多"。（明天启六年海运同知河东王应豫立。）又知圣楼碑一，通字迹漫漶，以手摹之，仅得其似。（其初建年岁无考）

一片石城，高二丈五尺，周二里。

石门寨城，高三丈六尺，周四里。

铁场堡城，高三丈一尺，周二百六十四丈。（今渐颓废）

黄土营城，高二丈，周一里。

驻操营城，高丈有五尺，周四里。

义院口城，高三丈四尺，周四百六十六步。

拿子峪城，板场峪城，永安堡城。（以上三城均就颓废）

公 廨

《周礼》官府掌于宫正，盖即王官治事之所，实为官署所。自始他若馆舍以待宾客，园土以居罢民，府库以纳金币，仓廪以入谷粟，莫不各有定制，历代因之。临榆自设县以来，其廨宇废置具有可考。若其前所创建，今已委之榛莽者，文献无征，见闻互异，不能无阙路矣。今只录其见存与非见存而犹有可据者，为后之人告焉。

县署，在城南门内（乾隆五年知县王毓德建，原系明户部署）。堂三楹，中甬道，中为亭，亭前为署。仪门又前为大门，门左右石狮二，南为照壁，临衢堂东西为库，库西及两序为吏舍，前为东西角门，门南两序为役舍，舍东为土地祠。堂后外宅门，门内二堂。又后为内宅门，门内三堂，堂均五楹，西为酿春亭（乾隆十八年知县钟和梅建，有记），亭旁为射圃，余非定制者不具。典史署，在县署仪门外，役舍之西（乾隆五年建）。巡检署，在石门寨（乾隆五年建，系察院旧址）。归化场大使署，在盐务庄。

山海关，户部监督署，在东门口（康熙三十三年建）。管关厅署，在城西北隅。

驻防，副都统署，在城西门内西街。右翼署，在城西北隅。（系旧养济院，明杨嗣昌改为火药局，后失火废，今建署）左翼署，在城东北隅。（原系递运所）

山海路，都司署，在城东门内。（原系公署，后察院，往来官员住歇，今本路都司署）千总署，在城内印锁胡同。把总署，在城东门口。

石门路，都司署，在石门寨城中。千总署，在石门寨北门。黄土岭把总署，在一片石。大毛山把总署，在城子峪。义院口把总署，在义院口。

南海口，把总署，在宁海城。

公署，察院，在城内文昌祠右。（系旧关内道署，今废）朝鲜馆，在城西门内北街。（系山海卫旧署）

库，钱粮库，在县署堂东（乾隆五年建）。赃罚库，在县署堂西（乾隆五年建）。神枪库，在东门月城内（今废）。神器库，在城东北隅（明阁部孙承宗建，今废）。

仓，山海仓，在县署西（原建十九所，乾隆七年管关厅翁甫生增建八所）。常平仓，在县署北（初未建仓，米均借贮他所，乾隆六年知县张楷始建仓廒二十间，十四年知县张秉义增建五间，十九年知县钟和梅增建二间，共二十有七间，系朝鲜馆故址）。社仓（即附贮常平仓）。山海关义仓（兵部主事葛守礼以旧山海库为之，今废）。山海卫预备仓（与义仓同所，今废）。学仓（在学门左，今废）。南海仓（巡抚杨嗣昌建，今废）。义仓之在各乡者九（各仓房三间，仓夫房一间），内距城二十里者二，曰李家堡、傅家店；距城三十里者一，曰范家店；距城四十里者三，曰海洋庄、石门寨、黑山窑；距城六十里者二，曰深河堡、蔡各庄；距城七十里者一，曰驻操营。草场二，一在山海仓东，一在东北隅。

狱，旧狱在城西北（明杨嗣昌建，今暂羁往来递送罪囚）。新狱在县西（乾隆五年建）。羁候所在旧狱后（明关内道王应豸建，以拘罪轻者，今废）。

驿，迁安驿在城西门外。递运所（废，为驻防左翼署）。

铺，泰字、化字、明字、美字、总字、保字、淳字、宪字八铺在城内，乾健、坤顺、巽武、艮辅四坊（地方四名），升、宁、晏、谧四铺在西罗城（地方二名），东罗城铺（地方一名），南翼城铺（地方一名），北翼城铺（地方一名），县前铺（铺兵三名），红瓦铺（铺兵二名），丰台铺（铺兵二名），张果老铺（铺兵三名），团山铺（铺兵二名。县前以下五铺各相距十里，向未设兵。凡有公文，以抚宁、昌黎二县递送。乾隆二年置县，即将二县铺兵拨付充役）。

坊，大成坊，在学宫棂星门前。蓟门锁钥坊，在西罗城拱辰楼。天日丹心坊，在西罗城关帝庙前。至道开天坊，在西罗城北门外三清观前。瀛海仙宫坊，在天妃庙前（明主事王邦俊建）。东岳庙坊，在东罗城东岳庙前（以上见山海志，今见存）。维藩首善坊，在山海路治右。屏翰三辅坊，在西街。节制四镇坊，在西街。安壤坊，在北街。布德宣威坊，在南街西胡同。关门大计坊，在南街。威扬瀚海坊，在南街西胡同。节镇榆关坊，在威扬瀚海坊右。迎恩坊，在西门吊桥西。辽海咽喉坊，在东罗城。亚元坊，为明萧显建，在东街。进士坊二，一为明萧显建，在城正中街东；一为明崔锦建，在南街。独乘骢马坊，在城正中街西，为明郑己建。豸府重光坊，在城正中街北，为明田跃建。麟经独步坊，在城正中街南，为明李伯润建。尚书坊，在钟鼓楼西，为明詹荣建。冬官貤封坊，在西街，为明刘汝祯建。忠愍坊，在张忠愍祠前。百岁荣封坊，在西街，为明程炬建。乡试题名坊，在东街。会试题名坊，在西街。孝义坊，在南街，为生员穆思文建。贞节坊二，一为张忠愍妻郭氏建，在西街；一为龙升妻黄氏建，在递运所南。（以上见山海志，今废）节贯金石坊，在西街，为刘碣妻赵氏建。冰霜壶范坊，在运粮胡同，为赵正功妻郭氏建。纯孝幽贞坊，在南街，为生员吉毓麟妻李氏建。陶孟幽芳坊，在东街，为生员张珣继室穆氏建。坚贞完节坊，在角楼湾，为马图妻曹氏建。

节孝坊，在东头道胡同，为赵英妻穆氏建。冰雪幽芳坊，在南马道，为周国富妻曹氏建。贞介如石坊，在西五道胡同，为石如星妻赵氏建。瑶池冰雪坊，在西罗城南后街，为监生范衡礼继室郭氏建。劲节荣褒坊，在六道胡同，为吕正德妻魏氏建。洁媲霜筠坊，在南街，为吕储元妻傅氏建。彰善坊，在西罗城大街，乾隆八年奉文建。

桥，大成桥，在学宫前。大明桥，在钟鼓楼北（明初建）。引龙桥，在南门内（明兵部主事陈果建，今淤）。卧牛桥，在西罗城，三门两栏，俱石筑，旁卧石牛。（初建无考，明万历二十四年主事张时显、国朝康熙八年通判陈天植、游击陈名远、守备陈廷谟重修）太平桥，在西罗城西门外。石河桥，在西门外二里许，用土木浮架，遇夏秋水涨撤去，冬涸复为桥以利涉，岁为常。探海桥，在南门外（明参将张守职建，以木为之。国朝重修，筑以石）。北镇桥，在北门外真武庙之左。咽喉桥，在咽喉坊之前。登仙桥，一名望仙，在东罗城东门外（以上见山海志）。地锁桥，在东街。望门桥，在东罗城大街。瀛门桥，在柴市南。永济桥，在浅水营西（康熙五十九年庄民杨大坤建）。太平桥，在蔡各庄。青龙桥，在石碑庄。响水桥，在猪熊峪（村民杨明川建）。无名石桥十，在龙王庙东西各一，在石河二（此二桥生员王名标捐建），在北门外、八里铺、浅水营、回马寨、崔家庄、魏家庄各一（回马寨桥监生董典捐修，魏家庄桥民人田茂捐修）。

渡，石河渡，船二，船长三丈五尺，广丈有二尺。（乾隆二年设，十九年知县钟和梅重修）唐家川渡，船三，制与石河船同。

养济院，在城北门外。（明嘉靖十四年主事葛守礼建，详见碑记，今额设孤贫十名，每名岁给银一两八钱。夫山海仓学田米十有八石，变价给发，额外孤贫无定额，每名日折给口粮银一分，于耗羡银内支销。）

漏泽园，一在南水门外，一在西水门外，一在给孤寺前，一在董家庄，一在石河沿，一在关门外，一在砂锅店，一在义院口，一在砚台沟，一在崔家庄，一在浅水营，一在周家庄，一在十家园（候选知县张雯舍，凡二十亩），一在回马寨（候选州同董典舍），一在红瓦店

（民人解良材舍），凡十有五处。

留养局，一在西关玉皇庙，一在范家店关帝庙，一在深河娘娘庙。（以上均乾隆十八年知县钟和梅劝捐，共银四百二十两，交商营运，每岁收息银百两有八钱，遇闰加银八两四钱。入交代册，自十一月至次年二月止。收养道路贫病无依之人及本地孤贫之不在额者，嗣因玉皇庙不敷栖止，又于庙侧建房五间，即支银营造不足，本县捐补。）

学　校

古者家有塾，党有庠，州有序，国有学，所以兴贤能、厚风俗也。故王泽竭而子衿刺，下邑化而弦歌闻，政治之本，隆替关焉。我皇上躬率祖训，崇礼先师，临雍释奠，幸鲁讲学，郁郁乎文教之盛，今古罕比。而临榆为近畿地，沉潜匝洽，较易他所，又历百有余载之久，宜乎士风民俗之蒸蒸日上也。惟是因卫学之旧，而登铏笾豆，傅器无多；羽籥笙镛，声容未协。余承乏兹土，行将次第新之，以奉扬圣天子之德，意用敢先述厥指，著之篇首焉。

儒学，在县署西（系山海卫学，明正统元年建，国朝乾隆二年设县后改为县儒学）。明伦堂，凡五楹（旧在大成殿后，明都指挥王整肇建，主事熊禄重修，崇祯七年巡抚杨嗣昌改建，庙西旧射圃废地，国朝康熙十二年管关通判安达里、乾隆十五年教谕胡坦、训导李廷对重修），前仪门，又前为大门，南照壁临衢，堂西为教谕署，庙东为训导署，其《山海志》所载东西两斋（原名文成、武备，后改崇德、广业，都指挥王整建，主事尚缙修）、敬一亭（旧在启圣祠前，巡抚朱国栋、关道范志完改建），明伦堂后尊经阁（即旧明伦堂，明巡抚朱国栋、关道范志完改建，拔各学诸生之俊者读书其中）、学官廨（在本学大门左，魁星楼后，原为生儒号舍，明嘉靖七年主事邬阅建，后教授、训导二署倾圮，遂改为公廨）、射圃（内有亭，在启圣祠右，明成化十九年主事尚缙始辟），今并废。

先师庙（明建学初，庙貌草创。至正统十四年，守备王整始饬材鼎建。成化九年，主事胡瓒增筑殿基，考前代名大成殿，嘉靖十年始改今名。其历年增修者：隆庆六年主事任大祚、万历二十四年主事张时显、二十七年遵化巡抚李颐、三十九年员外郎邵可立、崇祯十三年山永巡抚朱国栋、关道范志完、国朝顺治八年关道杨茂魁、康熙三年教授韩国龙、四十五年关厅周廷润、五十三年关厅陈大纯、乾隆十五年教谕胡坦、训导李廷对。其庙前石坝系康熙五十二年贡生周启德建，以捍霖潦积水冲击之患），在明伦堂东，中为大成殿、东西两庑（明天顺六年指挥刘刚补构。国朝康熙五年，西庑坏，通判陈天植重修），前为戟门（明成化十一年主事吴志补构，十三年主事苏章继葺），门外泮池为桥三（明成化十六年主事熊禄浚甃石桥一，隆庆六年主事任天祚改甃三桥）。南棂星门（明成化七年主事尚绹补构），又南为照壁，左金声门，右玉振门，门旁各设下马牌，为桥于照壁之南，曰大成殿，后为崇圣祠（明嘉靖十年建，名启圣公祠，国朝雍正元年改今名。其历年增修者：明万历二十四年主事张时显、国朝乾隆十五年教谕胡坦、训导李廷对），戟门东为名宦祠，又东为魁星楼（明万历三十二年主事李本纬建，国朝顺治十三年通判杨生辉重修），西为乡贤祠，又西为文昌宫（明万历十二年主事王邦俊建，三十二年主事李本纬、国朝康熙五十二年贡生周启德修），棂星门东为忠孝祠，西为节烈祠（二祠均雍正初年建），其《山海志》所载神厨（在戟门右）、更衣亭（在戟门左），今并废。

学生，廪生二十名，增生二十名，岁科试入学文童各十五名（卫学原额十八名，今裁三名），岁试入学武童十二名（原额十五名，今裁三名），其余学规均照学政全书定例遵行者不具。

学田，岁征米七百五石九斗有奇（旧额四百四石四斗六升六合九勺），内给廪生米每名十石六斗八升八合，贫士额四十名，每名六石六斗八升六合，均由管关厅征发。（卫志载：学田为明主事葛守礼、巡抚李颐、主事张时显、教授王世采、知府高邦佐、通判王修行置。廪田为明初关东瞭望地，居民私垦无赋。后中官守关括入私囊，主事黄景夔稽地归官，为廪饩。时廪生十二人，每人月给米五斗。后主事马扬续垦，廪饩增至八斗。嘉靖十三年主事葛守礼复籍垦近郭闲田，增饩至一石。万历三年，主事裴赐悉加丈量，共征米二百十一石九斗六升五合有奇，以后增减互异。至二十四年，主事张时显各将任内旧管新收开除实数，造册备稽，此系关部支给廪生，学院按院不入察盘。国朝裁关部归关内道，裁关内道归永平道征发。乡饮田为主事葛守礼置，祀田为主事王应期置，二项田亩后因廪生增至二十名，廪田所入不给，并收二租充饩，通谓学粮。至康熙元年，廪粮奉裁，备田均报部起解，而乡饮祀典之需均归本卫，另动公费矣。此卫志所载之沿革也。按廪饩之革由于军兴，嗣于康熙中复令支给，故考《永平府志》不载，裁饩之说其时已复故也。既准复支，则仍于应解学田米内扣支，其事可以理断，但支籍残缺，不能悉其详矣。至廪田向归永平道，何年拨归关厅，或关厅所掌者，乃学田、乡饮田、祀田。而所给廪饩即系此项田米，均未可定。然岁久无稽，且事非县掌，移文咨考，源委莫详，故仅录其见行之例，而附所见于后，以志阙疑之意云。）

　　社学，旧基在城东南隅，明弘治间，主事徐朴毁治淫祠为之。后万历十五年主事张栋一置城西门内廊房，一东关门外待柝厅，令士之有行者施教贫童，每名月给谷一石，俱在关部支领。二十年主事张时显定为岁额，并悬"社学"二匾，今并废。

秩　祀

　　周官大宗伯颁祀于都家乡邑，而宗人掌令祷祀，既祭复命，是乡邑之祀，咸命于天子矣。顾代不袭礼祀且多淫，非有圣人孰能正之？我朝列祀为三等而常雩，社稷为大祀，先师为中祀，帝均亲诸坛庙，且达其礼于天下，所以勤民而昌学也。至于天神则有风云雷雨之祀，地祇则有山川城隍之祀，人鬼则有关帝、马神、名宦、乡贤、忠孝、节烈之祀，蜡以为报，厉以为禳，莫不序而颁之，俾各斋祓将事，祇承神庥，是用谱厥典礼垂诸无穷，他若琳宫绀殿，代俗相沿，既非令甲所禁，抑或古迹攸存，类而书之，盖亦有举莫废之意云尔。

圣庙（明嘉靖十年诏，去像用木主，崇祯十三年关道范志完增笾簋俎豆，置乐器，设乐舞生八人。），岁于春秋仲月上丁致祭先师四配，以管关通判承祭，分献十哲，两庑以教谕、训导。崇圣祠以本县知县同日祭。魁星楼、文昌宫、名宦、乡贤、忠孝、节烈等祠，以本学生行礼。

风云雷雨山川坛，在西罗城南门外。社稷坛，在西罗城北门外。八蜡坛，在社稷坛后。城隍庙，在城西北隅（明洪武十六年建，万历十七年修，崇祯九年巡抚杨嗣昌、国朝康熙元年守备王御春重修）。马神庙，在演武场（一在迁安驿，不入祀典），岁于春秋仲月上戊致祭。关帝庙，在西罗城（一在东罗城，一在东月城，一在演武场西，一在旧招练营，其余不可胜载。惟石门寨西北二十里许有傍水崖，隆庆元年总兵张臣与蒙古战，获神默佑，立庙崇祀，宏敞壮丽，为东藩胜地），岁于春秋仲月遵礼部颁行定日及五月十三日致祭，均以管关通判行礼。

雩坛，在南门外，岁遵礼部颁行定日致祭。厉坛，在北门外，岁于清明、七月望、十月朔致祭。仓神祀于仓，以开仓日。狱神祀于狱，以清明、七月望，均以本县知县行礼。

旗纛神，岁以霜降日祀于演武场，以山海路都司行礼。

神之旧列祀典而今废者二：曰角山，曰海（明崇祯十三年关道范志完申请巡抚朱国栋增祀）。

神之不列祀典而祀于庙者二十有五：曰龙王庙，一在宁海城西（雍正四年奉敕建，为永佑寺内藏钦颁藏经六百八十部。有额二，一雍正四年御笔曰"四海永清"，一乾隆八年御笔曰"永庆清晏"，十九年知县钟和梅修），一在宁海城内，一在石河之滨，一在西罗城。曰火星庙，在管关厅署东（顺治八年通判朱仲铧、康熙七年通判陈天植修）。曰北镇庙，在北关外（明初建，国朝康熙六年参领朱廷缙修）。曰东岳庙，在东罗城。曰三皇庙，在北门月城。曰玉皇庙，在西关厢。曰三官庙，一在城东南，一在东门外，一在西关。曰显功庙，在儒学后（明景泰甲戌奉旨为徐中山武宁王建，国朝顺治十三年城守参领李国柄修）。曰增福庙，在南月城。曰虫王庙，在西南水门外。曰鬼王庙，在南水门外。曰二郎庙，一在南门外，一在西罗城外。曰三圣庙，在南街七道胡同。曰娘娘庙，在南街八道胡同。曰吕祖庙，在西水门内。曰罗汉庙，在左翼署东。曰鲁般庙，在都统署前。曰太傅庙，在管关厅西。曰玄帝庙，在白塔岭庄（明嘉靖元年庄民郭让建，内有古松二，状如虬龙，因名龙松）。

祀于宫者一：曰天妃宫，在永佑寺西（乾隆八年御书赐额曰"珠宫涌现"，十九年知县钟和梅修）。

祀于寺者十有三：曰给孤寺，在北门外。曰崇兴寺，在西罗城。曰地藏寺，一在西罗城，一在北门外。曰栖霞寺，在角山巅（先达萧公显、詹公荣常读书其中）。曰团云寺，在团云山。曰圆明寺，在城西北二十五里。曰蟠桃寺，在蟠桃峪（先达冯公时泰、刘公复礼俱读书其中）。曰鹰武寺，在鹰窝山。曰温泉寺，在温泉山。曰福庆寺，在白云山（详见山川志）。曰栖云寺，在团山。曰观音寺，在南海口。

祀于庵者十有二，曰普济庵，在西门外。曰白衣庵，一在西罗城外，一在南门外。曰文殊庵，在石河西。曰广嗣庵，在西门外。曰静衣庵，在南门外。曰弥勒庵，在狮子林。曰普贤庵，在关门外。曰慈愍庵，在城西街。曰女贞庵，在城东北隅。曰五泉庵，在五泉山。曰老君庵，在老君顶（详见山川志）。

祀于观者一，曰三清观，在西罗城北门外。

祀于阁者三：曰魁星阁，在东南城隅上。曰大悲阁，在南马道。曰观音阁，在北月城。

祀于堂者一，曰观音堂，在东罗城。

祀于祠者八：曰泰山行祠，在西罗城。曰五圣祠，一在西罗城，一在东罗城外，一在西罗城外。曰来公祠，在龙王庙后（为明兵部主事来公俨然立，初建西关外，后废，仅存木像，今改建于此）。曰陈公祠，在东月城（为明兵部主事陈公祖苞建）。曰张老相公祠，在弥勒庵。曰贞女祠，在望夫石之巅（明万历二十二年主事张栋建，二十四年南城张时显、崇祯十三年关道虞城范志完重修，置龛以本乡之烈女共十九人附祭）。

内祠庙之昔存而今废者四：曰海神庙，在南海口（明初通海运时建，万历十二年主事王邦俊修）。曰旗纛庙，在旧卫署东。曰小圣庙，在南海口。曰劝义祠（明参将张世忠建），曰忠爱流芳祠（乡民为历任关门之廉能著闻者建），均在西月城。

古　　迹

临榆之名见于汉，渝关之名见于隋，考经断史，古迹存焉。然而年世贸迁，古今阻绝，或名存而地改，或地异而名同，苟滥登于记载，遂永袭夫谬讹，故元凯注经多云地阙，道元释水亦曰靡详，诚慎之也。兹因山海之旧文，增临榆之新属，良见闻之未广，庶疑信之并传云尔。

长城，始于燕时，历代筑之，非一。《史记》燕筑长城自造阳至襄平，置上谷、渔阳、右北平、辽西、辽东郡，以拒胡。秦始皇帝使蒙恬筑长城，起临洮，至辽东万余里。《正义》引《括地志》：长城首起岷山西十二里，东入辽水。齐显祖天保六年，发民一百八十万筑长城，自幽州夏口西至恒州九百余里，七年，自西河总秦戍筑长城东至于海。后主天统元年，自库堆戍东距于海，随山屈曲二千余里，斩山筑城，置立戍逻五十余所。周宣帝大象元年，发山东诸民修筑长城，立亭障，西自雁门东至碣石。隋文帝开皇六年二月，发丁男十一万修筑长城，七年二月发丁男十万余修筑长城。长城之见于史者如此。今人言长城必曰秦时筑，考之晋太康《地理志》"长城起乐浪之碣石山"，《魏书·长孙陈傅》"为羽林郎，征和龙城，贼自西门出，将犯外围，陈击退之，追至长城下"，是长城在龙城之外。而《通典》亦言：蓟州北至废长城塞二百三十五里。然则今山海关之长城乃徐魏公所修之城，非古之长城也。

渝关，隋开皇三年城渝关。《贺娄子干传》“授渝关总管十镇诸军事”。《高丽传》“汉王谅师出临渝关”。关本以渝水得名，而史文或作“榆”，一书中两字互见，《唐书·地理志》“石城有临渝关，一名临闾关”，又云“营州城四百八十里有渝关守捉城”，《高丽传》“帝总飞骑入临渝关”，“郭英杰帅万骑及奚众屯榆关”。《贾循传》“为渝关守捉，使契丹传许钦澹徙军入临渝关”。《奚传》“鲁苏不能制，奔渝关”。《李忠臣传》“袭渝关”。《通鉴》“周德威为卢龙节度使，恃勇不修边备，遂失渝关之险”。《五代史》“幽州北七百里有渝关”。《通典》“渝关在平州卢龙县东一百八十里”。其渝关之见于载籍者甚多，而遗址久废不可考，然按《五代史》及《通典》所载道里即今之山海关无疑，其在抚宁东二十里者，乃驿递之所，取渝关为名耳。明《统志》谓徐魏公始徙而东去者非也。

临渝县，《汉书》有渝水、侯水，《后汉志》有碣石山，《水经注》“渝水，西南巡山经一故城，以为河连城，疑是临渝故城。渝水南流，东屈与一水会，世名之曰橀伦水。”《通鉴》橀卢城下注引此，《永平府志》谓在今抚宁之东，然终不可得而考矣。

海洋城，《山海志》云：在城西四十里，本汉故县，今废为社，属抚宁县，其遗址至今犹存。按：汉海阳县初为侯国。《史记·功臣表》“海阳侯，摇毋馀是也，传四世，至孝景四年改为县”，《汉书》言：龙鲜水、封大水、缓虚水皆南入海，有盐官。《水经注》《魏氏地记》曰：令支城南六十里有海阳城。《辽史》：隰州平海军海阳县，本汉县，地多碱卤，置盐场于此。据此则“洋”当作“阳”，然明《统志》谓在府城南三十里。《永平府志》谓在滦州东偏乐亭界，《关志》谓即今海洋城，未详孰是，姑存其说，以俟后人博采者。

海滨县，《辽史·地理志》：润州海阳军统县一，曰海滨，本汉阳乐县地，金人封天祚为海滨侯。《北番地理书》：润州在卢龙塞东北，西至渝关四十里，南至海三十里，据此似即今海洋城。山海旧志：在山海关东一百二十步，洪武中于其地置东关递运所，今移所于关内，其说似误。

迁民镇，《辽史·地理志》：迁州兴善军统县一，曰迁民，本汉阳乐地，今废为镇。《元史·文宗纪》：发兵守迁民镇者凡二。见《北番地理书》云：迁州在临渝关东五十里，西至润州四十里，南至海二十里，相传以为今之山海关云。

箭笴岭，《辽史·太祖纪》：天赞二年三月戊寅军于箭笴山，讨叛奚胡损，获之，射以鬼箭。《奚回离保传》：金兵自居庸关入，回离保知北院即箭笴山，自立号"奚国皇帝"。《地理志》：迁州有箭笴山，统县一，曰迁民。永平府旧志云：今石门寨茶盆诸山也。

五花城，在城西南八里，其城连环五座，相传为唐太宗征辽时所筑。《永平府志》谓：太宗征辽自发雒阳，春蔬亦不进，惧其扰民。但明斥侯不堑垒，士运粮草，骑野宿如中国，安得筑城于此？其说近理，《山海志》所载恐未足据也。

秦王岛，在城西南二十五里，海水环之，世传秦始皇求仙驻跸于此。

姜女坟，在城东南入海里许，其上有姜女祠，又有石出海上，其形肖冢，人以为姜女坟云。世传许姓居长故称孟，陕西同官人，其夫为范郎。秦筑长城，郎操版服役，久不归，女制衣送筑所，闻夫亡，向城痛哭而死，土人于高阜石上祠之，名曰"望夫石"，石上有乱杵踪。夫秦无称，陕亦无载范郎事者，当是因齐杞梁妻崩城之事，而附会其说，不知其所谓长城乃泰山下之长城，非辽东之长城。且按秦史，长城亦无至辽东者，识者详之。

秦皇井，在城西南八里，水甘冽异于常井，相传秦皇征东曾饮于此。

张果老墓，在城西北三十里许，无可考。

胜　　境

海山为天地巨观，而临榆奄有二，大其烟波云霞，触目成异，安用指数一二以为兹邑之胜？然而蕴真谁传，表灵莫赏，世无康乐，鲜同此慨矣，用即代俗相沿彰彰耳目者，志之以示后。

榆关十四景：

悬洞窥天，三道关右崖半有石如覆孟，内可容数十人，二孔直通天光，中有一仙字，不知何时所镌。

瑞莲捧日，角山顶将晓，遥望海中日出，红云四拥，恍如莲座，日升则座沉矣。

山寺雨晴，角山寺云雾聚散不时，或半山间大雨，其上晴明，若别为一天。

海亭风静，亭构海口最高处，海风时吼，四面扬沙，独亭中闲净莫觉。今更建为楼。

姜坟雁阵，姜女坟四周皆水，微露顶面，冬水稍涸，又冰滑不可登，惟飞雁翔集其上。

秦岛渔歌，岛于立夏后棹舟捕鱼，一时聚小艇数十，逐队上下，随波出没。晚归，渔歌互答，剩有佳趣。今禁海，犹有寺宇可供临眺。

屏风春盎，从洞山口入，群峰四面如列屏障，至春深日丽，紫翠交映，景物不容尽状，名曰围春山者以此。

石溜冬温，去平山营北，水自石隙中流出，虽隆冬尤温，可浴。

茶盘积雪，茶盘山高冠诸山，上有古刹仙迹，阴崖积雪，历夏不消。

桃峪停云，蟠桃峪三面皆山，禅院清幽，园林葱郁，云行其间为之停留不去云。

联峰海市，联峰即莲蓬山，蜃楼海市，土人往往见之。

海嘴风帆，在联峰之东南隅，即金山嘴是也，三面临海，凡东西往来风帆，独此处登眺最为可观。

龙潭灵雨，在尖山，详见山川志。

温泉喷玉，在汤泉山，林壑幽邃，春时梨花尤盛，凡十余亩，一望如雪，余详山川。

石门八景：

山亭远眺，在石门城北，可以望远。

药庙春红，石门城西有明制造运器局，今为药王庙。每岁春融，桃李掩映，弥望十里。

印台观海，药庙西山有方台如印，创自前明，或曰为瞭敌之地，可以望海。

洞隐龙湫，石门北郊有石洞，高可七尺许，中有深潭，遇旱虔祷辄应，故名龙湫。

长城古刹，石门有古寺曰长安，名实旧矣，崇祯癸酉兵使陈瑾养疴病寺中，拾砌下古瓦，有"长城寺瓦"汉隶四字，因用隶体书，额曰"长城古寺"，寺中松阴复沓，禽声上下，迥绝尘境。

古松巢鹤，石门城北八里许，地环山水，多乔松，水鹤数百常飞止其上。有勅建关帝庙，游人无远近咸集。

邓林钓台，明永平兵备道邓林朱国梓以流寇陷京，涕泣誓死，母夫人曰：死固其分，顾吾年岁七旬，汝死吾亦死，徒死无益，盍隐忍为复仇计乎？于是奉母归石门山村，即钓鱼台之北魏家庄也。常垂纶于台上，当事屡荐不出。后人传之名"邓林先生钓鱼台"。

白云山寺，去石门城二十里，深山万木，古寺岿然，古所谓"白云檐际宿"者，此其似之。

丘 墓

古者墓而不坟，又历世久远，无可识别，此狐兔成穴，童牧哀歌，任昉之所以致叹于卞壶也。嗟乎！死士之垄重于王侯，苟樵苏勿禁，何以系国人九原之思乎！比而书之，存厚也。

明

郑御史己墓，在城西北八里马家山。

萧金事显墓，在城北五里，角山阳，孙秦安令大谦附。

詹尚书荣墓，在城南六里大湾之间，敕葬，孙知府廷附。

刘太仆复礼墓，在城西北三里。

冯参议时泰墓，在城西十里丁武寨。

赠大理少卿刘同知思诚墓，在城北三里角山阳。

程尚宝继贤墓，在城西北三里。

刘将军渊墓，在城西十里红瓦店。

吕协镇鸣咸墓，在城北六里角山麓。

王都督廷臣墓，在城南七里。

烈女赵氏墓，在城北三十里一片石。

国朝

耿总督焞起墓，在城北三十里九门城东。

吕光禄鸣夏墓，在城北六里角山麓。

佘封君崇贵墓，在城北八里尖山上。

敕葬

刘封君愤墓，在城北三里朝练营。

佘郎中一元墓，在城西北十里七星寨。

刘知府克孔墓，在城西北十五里盛水庄西。

谭知州从简墓，在城北八里首山下。

谭副将纶墓，在城北三里棉花庄。

高知府选墓，在城西二十里铺。

穆封君思敬墓，在城北朝阳洞南，子郎中齐英墓附。

穆封君尔铉墓，在城西十三里七星寨，子都督廷栻墓附。

吕封君应科墓，在五泉寺西北，孙侍卫文英墓附。

王户部郎中允猷墓，在关门外鸡冠山下。

烈女平氏墓，在秦王岛。

烈女郭氏墓，在给孤寺前，离城里许。

卷之四

赋役（附经费）

尝读永平府之志赋役也，其言曰：赋虽量减，而一切差役仍旧，民力既窘，供亿繁难。又曰：民固困厄，官亦徭是多罹罪累，呜呼！何其言之戚也。自余来临榆，临榆故永平下邑，而民气和乐，俗俭不贫，又急于奉公，赋必时纳，勿烦追呼。虽两京公使、外藩陪臣岁不绝于道，而丝粟无用我民力者，呜呼！又何其人之乐也。今昔既殊，闻见相绝，岂所谓必世后仁者欤？不然何向者志言之过也。

户　　口

明洪武十四年设卫，领十所，每所统十百户。原额官军万户，共丁口三万二百五十有二名。

宣德五年，调拨中左二所于辽东，见在八千户所，并递运所官军八千五百二十五户，丁口万八百三十有二名。

嘉靖年间，编户如旧，额丁口共二万三百有七名。

万历二十三年，丁万三千六百十有四名，口万三千七百二十有六名。三十九年，审编见在军丁万三千七百八十五名，内占役九千九百八十三名，实在出差三千八百有二名，当铺流寓协差五十一名。

明末出差户口人丁四千二百三十一名。（以上山海旧志）

国朝顺治年间，原额人丁三千一百三十六名。

康熙五年，审编出差人丁四千一百四十二名。

　　附：抚宁卫出差人丁二千三百六十二名。两卫供丁共三百二名。（以上《山海志》）

康熙十年以后历年编审，至乾隆元年计之，山海卫出差人丁共七千六百三十六名，供丁百四十三丁。抚宁卫人丁共二千八百有二名，供丁百五十六丁。乾隆二年改卫为县，出差人丁由山海卫拨归抚宁县四百五十四丁、昌黎四十四丁、乐亭县一百二十五丁，见存七千十有三丁。由抚宁卫拨归抚宁县七百二十丁、昌黎县七百十七丁、乐亭县五百有三丁，见存八百五十二丁。由滦州拨归本县十有八丁，昌黎县拨归十有一丁，由抚宁县拨归三千六百三十五丁，共见存拨人丁万一千八百二十九丁。供丁由山海卫拨归抚宁县九丁，由抚宁卫拨归抚宁县七十二丁、昌黎县二十九丁、乐亭县八丁，山海卫见存百三十四丁，抚宁卫见存五十丁，共存百八十四丁。以上合计差丁供丁见额万二千十有三丁。

田　　赋

明

右所地二百六十七顷八亩八分八厘，征米豆九百二十一石八斗三升二合三勺，增银草五千百六十一束，秋青草百二十七束。

前所地二百二十四顷六十五亩四分九厘，征米豆七百六十八石三斗七升六合七勺，增银草四千三百一束，秋青草百有五束。

后所地二百十一顷七十八亩七厘，征米豆六百五十石七斗四升七合六勺，增银草三千六百四十三束，秋青草八十九束。

中左所地二百三十二顷六十五亩三分一厘，征米豆八百十有二石三斗九升四合五勺，增银草四千五百四十八束，秋青草百十有二束。

中右所地百二十二顷六十三亩三分二厘，征米豆四百九十四石四斗五升五合八勺，增银草二千七百六十八束，秋青草六十八束。

山海所地一百九十五顷八十三亩三分四厘，征米豆八百石二斗一升三合六勺，增银草四千四百八十束，秋青草百有十束。

中前所地二百三十四顷七亩九分六厘，征米豆八百三十四石四斗二升三合七勺，增银草四千六百七十一束，秋青草百十有五束。

中后所地二百十二顷八十八亩八分一厘，征米豆七百一石八斗九升六合四勺，增银草三千九百二十九束，秋青草九十六束。

镇抚司地三十七顷五十八亩三分二厘，征米豆百三十六石八升七勺，增银草七百五十二束，秋青草二十二束。

牧马草场地四十四顷五十亩四分六厘，实征租银百三十三两五钱一分四厘，内八十七两七钱二分七厘解兵部转发太仆寺交纳，又五十一两七钱八分七厘解永平府库。

开垦荒地八十五顷三十三亩四分六厘，实征谷二百五十六石三合八勺，年例于本卫预备仓上纳。

南海口边储地二十五顷四十三亩五分三厘，征米豆二百八十二石，山海仓上纳。

新增地一顷九十三亩五分三厘，征银一两九钱三分五厘三毫，解永平户部衙门转发卢龙县贮库存。（《山海旧志》）

国朝本卫原额屯地上、中、下共千六百七十顷六十九亩，于顺治四年尽数拨补滦州，续有投充退出地亩，见在照例征粮，上地百四十顷十有五亩六分四厘八丝，中地三百八十九顷七十六亩九分四厘七毫四丝，下地千一百四十顷七十六亩四分一厘一毫八丝，又实在退出并清丈荒地。起科屯地上中下不等，共折下地二百五十顷七十七亩二分六厘五毫，每亩征米豆各一升二合，草一分三厘九毫，征银一厘九毫七丝二忽九微二纤，共征银四十九两四钱七分六厘六毫八丝七忽五微八纤九沙八尘，内拨补丰润县中下地一顷二十亩，除米豆各一石九斗八升，草二十二束九分六厘八毫，银三钱二分五厘五毫三丝一忽八微，未拨之先俱解府库，应于本年余剩银两抵兑。粟米二百九十八石九斗四升七合一勺三抄，黑豆二百九十八石九斗四升七合一勺三抄，马草三千四百六十七束八分五厘二毫二丝八忽八微。

　　附：抚宁退出荒地，起科屯地上、中、下不等，共折下地百六十二顷二十亩四分，每亩征米豆各一升，草一分一厘六毫，征银一厘一毫五丝，共征银十有八两六钱五分三厘四毫六丝，粟米、黑豆各百六十二石二斗四合，马草千八百八十一束五分六厘六毫四丝，俱解永平府。

牧马草场地六十八顷七十九亩三分三厘三毫四丝三忽，每亩征银一分六厘七毫五纤八沙七厘八埃五渺，共征银百十有四两八钱八分四厘七毫七丝一忽六微八纤。

附：抚宁备荒地十有五顷二十四亩一分五厘一毫，每亩征银二分四厘，共征银三十六两五钱七分九厘八毫四丝。

太仓荒地三十一顷三十四亩六分五厘七毫，每亩征银一分，共征银三十一两三钱四分六厘五毫七忽。

附：抚宁太仓荒地六十二顷十有五亩七分七厘五毫一丝二忽，每亩征银一分，共征银六十二两一钱五分七厘七毫五丝一忽二微。

永镇荒田地四十顷六十一亩二分，每亩征银一分，共征银四十两六钱一分二厘。

附：抚宁永镇荒地三十三顷二十五亩六分三厘二毫，每亩征银一分，共征银三十三亩二钱五分六厘三毫二丝。

新垦荒地八顷六十六亩九分，每亩征银一分，共征银八两六钱六分九厘。

附：抚宁新垦并八年起科荒田地五十四顷三十七亩六分，每亩征银一分，共征银五十四两三钱七分六厘。

山抚二卫共征粟米、黑豆各四百六十一石一斗五升一合一勺三抄，马草共五千三百四十九束四分一厘八毫六丝八忽八微，俱在山海仓上纳。实征额外牧马草场籽粒并荒田地等银三百八十一两八钱八分二厘一毫八丝九忽八微八纤，解永平府库。

南海口边储地四顷九十四亩五分六厘，额征正项，增荒银十两五钱二分三厘四毫，解永平府库。粟米、黑豆各三石二斗八升五合，俱山海仓交纳。新垦荒地五十亩，每亩征银二分，共征银一两，解永平府库。

牛头崖边储地十一顷十有六亩六分五厘，额征正项增荒银一两三钱八分四厘三毫二丝五忽二微，解永平府库。粟米、黑豆各三十二石九斗五升八合七抄九撮六圭，俱山海仓上纳。

赤洋海口边储地九顷八亩一分五厘，额征正项增荒银二两二钱二分二厘六毫五丝七微一纤，解永平府库。粟米、黑豆各二十七石一斗

四升一合五勺一抄，俱山海仓交纳。（以上《山海志》）

山海原额屯地二百二顷四十二亩三分五厘五毫，又历年清丈地百二十九顷七十三亩八分三厘六毫八丝七忽一微四纤，内除拨补丰润县民人地一顷二十亩，改县后拨归抚宁县地八十二顷六十三亩五分四毫四丝六忽二微六纤，拨归昌黎县地八顷二十四亩一分六厘六毫六丝六忽六微。牧马草场地原额七十五顷十有七亩三毫四丝三忽。香火下地原额九十六亩七分四厘。太仓永镇各荒地百五十九顷五十二亩八分四厘七丝，内除改县后拨归抚宁县地三十二顷九十四亩六分，拨归昌黎县地三十二顷八十五亩九分，拨归乐亭县地四顷二十六亩，建造营房地二十一亩七分，实存屯地百二十九顷七十三亩八分三厘六毫八丝七忽一微四纤，每亩微银米豆草不等，共征银二十九两五钱八分八厘六毫七丝九忽二微二纤二沙三厘六埃七渺八漠八湖八虚，共征正耗米豆各百七十九石九斗六升八合八勺有奇（正米一石率加耗米三升，豆如之，下仿此），共征马草二千九十束八分六厘九毫一丝一忽有奇。实存牧马草场七十五顷十有七亩七分三毫四丝三忽，每亩征银不等，共征银百二十五两五钱四分六厘八丝九忽有奇。实存香火下地九十六亩七分四厘，每亩征银不等，共征银一两四钱五分一厘一毫（不均征丁匠）。实存太仓荒田地八十八顷二十四亩六分四厘七丝，每亩征银一分，共征银八十八两二钱四分六厘四毫七忽。

抚宁卫原额屯地百八十一顷七十九亩，内除改县后拨归抚宁县地四十一顷二十四亩九厘，拨归昌黎县地九十九顷八十五亩三分七厘，拨归乐亭县地三十八顷八十三亩八分七厘。太仓永镇备荒各荒地原额三百有十顷三十一亩六分一厘七毫一丝二忽，内除改县后拨归抚宁县地八十二顷十有三亩一分六厘七毫，拨归昌黎县地二百有三顷二十八亩七分一厘六毫，拨归乐亭县地七顷四十四亩七分六厘五毫。实存屯地一顷八十五亩六分七厘，每亩征银、米、豆、草不等，共征银二钱五分四厘一毫一丝有奇，共征正耗米豆各二石二斗九合七勺，共征马草二十五束六分三厘二毫有奇。实存荒田地二顷二十亩八分九毫一丝二忽，每亩征银一分，共征银二两二钱八厘九丝一忽二微，实存备荒地十有二亩，每亩征银二分四厘，共征银三钱。实收滦州拨补公富庄上地一顷六十二亩二分一毫，每亩征银四分五厘二毫八丝九忽，共银七两三钱四分五厘九毫八丝二忽；每亩征夏秋米一升一合四勺四抄，共米一石八斗六合四勺四抄；每亩征折草米四合五勺七抄，共米七斗四升一合五勺；每亩征草七厘一毫三丝五微，共草十有一束五分六厘五毫七丝四忽各有奇。下地一顷，每亩征银一分，共征银二两。实收抚宁县拨补上地八百三顷五十六亩四分七厘九毫一丝，每亩征银四分一厘三毫五丝二忽，共银三千三百二十二两九钱六分二厘二毫七丝五忽；每亩征米六合九勺，共米五百五十四石六斗四合三勺四抄；每亩征折草米二合九抄，共米百六十八石一斗五升三合九勺六抄；每亩征马草六厘五毫，共草五千二百二十三束一分七厘一毫一丝四忽各有奇。实收抚宁县、卢龙卫拨补民壮地共四顷三十五亩八分九厘六毫，每亩征黑豆七升四合九抄，共豆三十二石二斗九升五合七勺一抄各有奇。实收抚宁县拨补荒田地二百五顷五十三亩三厘，每亩征银一分，共银二百五十有五两五钱三分三毫。实收抚宁县拨补牧马草场地十有一顷七十四亩六分八厘一毫四丝，每亩征银二分九厘八毫四丝，共银三十五两五分二厘四毫九丝二忽有奇。实收昌黎县拨补上地六十一亩六分，每亩征银三分五厘九丝一微六纤，共银二两六分一厘五毫五丝三忽；每亩征夏秋米九合二勺四抄，共米五斗六升九合二勺一抄；每亩征折草米二合一勺六抄，共米一斗五升二合二抄；每亩征豆三合六勺六抄，共豆二斗二升五合五勺一抄各有奇。每亩征马草七厘八毫六丝六忽五微，共草四束八分四厘五毫七丝六忽四微。实收滦州拨补永平、卢龙、山海、抚宁四卫改归地五百四十四顷三十亩八厘一毫，每亩征米、豆、草折价并余地银不等，共银八百四十六两四钱一分八厘九毫有奇。开垦限满起科荒田地九十七亩，每亩征银一分，共银九钱七分。

以上共原存新增各地共千八百七十一顷五亩八分六厘八毫六丝二忽一微四纤，内除民壮地另征黑豆及香火地外，共征银四千六百六十八两六分五厘九毫九丝六忽九微八纤二沙一尘四埃二渺二漠四湖八虚，加征耗羡银共六百十四两六钱一分七厘六毫四丝有奇，均摊丁匠银，共征银九百六十六两一钱一分四厘四毫三丝八忽七微三纤二沙七尘九埃七渺八漠四湖六虚七澄六清九净，遇闰之年共加征银三十七两五分八厘四毫二丝二忽二微七纤八尘四埃四渺一漠三虚六澄九清七净，又征原加闰银九钱七分八厘八毫一丝三微九纤四沙七尘五渺二漠七湖三虚九澄，合前地粮除闰共征银五千六百三十四两一钱八分四毫三丝五忽七微一纤五沙九尘四埃九湖四虚七澄六清九净，共征正耗米九百三十石四斗三升二合二勺四抄九圭二颗三粒六黍五稷三糠，共征正耗豆二百二十一石一斗四升七勺三抄一撮九圭七粟七颗四粒一黍四稷，共征马草七千三百五十六束八厘四毫二丝八忽一微一纤一尘八埃八渺。（银于春秋二季征收，米豆草于秋季征收。）

旗退官租地六十顷三十二亩一分七厘二丝，共征小数租钱千二百八十千四百四十八文九毫二丝，解司库。

南海口边储地五顷四十四亩五分六厘，共征银七两一钱六分六厘四毫八丝八忽，米一石一斗一升六合六勺三抄，豆一石六斗一升七合七勺六抄九撮，各有奇。牛头崖边储地十一顷十有六亩七分五厘，共征银一两六钱八分一厘九毫一丝，米十有七石五斗六升五勺七抄，豆十有八石五斗四升四合九勺，各有奇。赤洋口边储地九顷八亩一分五厘，共征银二两七钱四毫五丝，米十五石二斗八升三合二勺四抄，豆十有七石四斗二合六勺四抄，各有奇。黄土岭边储地十有九顷七十五亩九分五厘，共征银十两四钱一分一厘六丝，米三十石二斗四升九合八勺七抄，豆三十四石八斗五升二合八勺八抄，各有奇。铁场永安二堡边储地五十七顷六十七亩六分，共征银三十一两六钱九分三厘六毫五丝五忽，米三十五石七斗六升六合二勺五抄，各有奇。（以上由县征收，米交山海仓，银解永平府库）大毛山边储地三十八顷五十三亩七分，共征银十有五两八钱九分，米五十八石五斗五升有奇，豆六十四石九斗五合有奇。义院口边储地三十七顷二十七亩二分，共征银十有八两五钱九分，米五十二石七斗七升有奇，豆五十七石八斗四升有奇。石门路边储地十一顷四十一亩三分，共征银六两六钱二分三厘，米一十八石九斗五合有奇，豆二十二石九斗六升有奇。（以上石门寨巡检征收，米交山海仓，银解永平府库。）

学田原额地八百三十顷有五亩（内明主事黄景夔捐地四千九百五亩，主事葛守礼、马扬等又捐地三百四十顷有奇），岁征米四百九十九石，又清丈出地（康熙三十三年）百八十八顷，岁征米二百六石九斗，共征米七百五石九斗有奇。（由管关厅征收，详见《学校志》。）

徭　役

明年例征收丁徭役千六百十两二钱，事产门银六十九两一钱五分，当铺流寓等银百十有五两三钱。（山海旧志）

国朝实在出差人丁上中下则不等，通折下下，则六千六百二十二则，每则征银千三百二十四两四钱，抽出供丁下下则百一十三丁，每丁征银二钱，共征银二十八两六钱。

> 附：抚宁实在出差人丁中，中下则不等，通折下下则二千五百十有二则，每则征银二钱九分七厘三毫，又门银一丁征银三钱，共征银七百四十七两一钱一分七厘六毫。抽出供丁下下则百五十九丁，每丁征银二钱九分七厘三毫，共征银四十七两二钱七分七毫。流寓人丁三十一丁，每丁征银二钱，共征钱六两二钱。（以上《山海志》）

临榆县见额出差人丁上中下则不等，通折下下则万一千八百二十九丁，内除优免绅衿人丁八十一丁，又除盛世滋生补剩余丁四百十有四丁，永不加赋外，实行差万一千三百三十四丁，内中中则一丁，征银一两，下上则十二丁，征银五两八钱五分一厘二毫五丝，下中则六百九十三丁，征银二百二十五两三钱五分一厘七毫，下下则九千九百七丁，征银千七百八十九两二分六毫，遇闰加征银百二十五两一分七毫五忽一微九纤八沙九尘六埃。顺治四年奉文优免抽出供丁下下则一百八十四丁，每丁征银不等，共征银四十一两六钱六分五丝，实在征银人丁共万一千五百十八丁，除闰共征银二千六十二两八钱八分三厘六毫。（总督李维钧题请照浙江等省之例，以雍正二年为始，将丁银均入地粮银内征收，穷黎称便。）

杂　税

典税，每典岁征银五两。牙税，每牙岁征银四钱六钱不等。煤税，每厂岁征银八钱。其余田房牲畜每银一两，率征银三分，均无定额，汇数尽解司库。

经　费

明

银差岁额用银千有五两七钱八分六毫（遇闰加银十一两九钱二分二厘六毫）。庆贺表文盘缠银十一两五钱。局料银百六十八两。操赏银百九十一两六钱。备用夫马并委官费银三十两。解太仆寺马草料银二十五两。年终攒造后府屯田粮草官军等册纸工银六两，协济卢龙卫局料等银十二两，守备衙门纸札银五两（遇闰加银四钱一分六厘）。本卫纸札银九两（遇闰加银七钱五分）。攒造查盘等册纸工银十两。经历柴马纸札银四十四两（遇闰加银三两六钱六分六厘）。本卫修理公署银三两三钱三分三厘。经历修衙银一两八钱三分三厘。二季丁祭银三十两。文昌祠祭银三两。文庙香烛纸银二两八钱八分（遇闰加银二钱四分）。教官二员马料银共十六两。教授纸札银一两八钱（遇闰加银一钱五分）。斋夫银共四十八两（遇闰加银四两）。太傅庙祭银四两。忠愍祠祭银二两。三坛祭银共七两。乡饮酒礼银四两。兵部分司二次置伞扇案衣坐褥银十五两。二次报监获军囚本册差官路费银共三两五钱。四季报外贡出入路费银共四两。四季报部武职贤否文册纸工路费银共四两二钱。修理衙门置家活银十两。轿夫四名，每名银十两八钱，共四十三两二钱（遇闰加银三两六钱，衣帽在内）。水夫一名，银七两二钱（遇闰加银六钱）。后府二次差官赍勘合及造册奏谢盘费等银八两。新年更换桃符门神银二两。参将衙门置家活银二十两。案衣等银九两。总府盐米银三十二两九钱三分八厘。答应上司过客修整伞扇明轿银八两。公馆三处修整铺垫银十三两。学院考试卷花红银二十两（遇赏另行申请）。季考银十五两。考贡生员盘费银四两。正贡旗匾花红路费银二十两。刷卷纸工银一两六钱六分七厘。会试举人酒席路费银六两六钱六分七厘。科举生员酒席路费银八两。武举会试银一两三钱三分，审录选册银六两。处决解官路费并重囚衣粮银八两。峰山河船只料价银四两六分六厘。教官到任家活银六钱六分六厘六毫。大清勾军册纸工银一两。小清勾军册纸工盘费银三两。修理北察院糊饰铺垫银五两。裁革递运所扛夫审编贮库银五十六两六钱。裁革迁安驿帮车舍余审编贮库银二十九两八钱。

力差，岁额招募各役工食该用银四百二十四两八钱（遇闰加银三十五两四钱）。掌印指挥牢伴十四名，共银六十七两二钱（遇闰加银五钱六分）。管屯指挥牢伴六名，共银二十八两八钱（遇闰加银二两四钱）。巡捕指挥牢伴八名，共银三十八两四钱（遇闰加银三两二钱）。管局指挥牢伴四名，共银十九两二钱（遇闰加银一两六钱）。经历牢伴六名，共银二十八两八钱（遇闰加银二两四钱）。九所牢伴九名，共银四十三两二钱（遇闰加银三两六钱）。儒学门子六名，共银四十三两二钱（遇闰加银三两六钱）。防夫四名，坟夫一名，共银三十六两（遇闰加银三两）。狱卒五名，共银三十六两（遇闰加银三两）。接递轿夫头二名，共银十四两四钱（遇闰加银一两二钱）。接递常候皂隶二名，共银十二两（遇闰加银一两）。公馆门子六名，共银二十一两六钱（遇闰加银一两八钱）。儒学库子一名，银七两二钱（遇闰加银六钱）。本衙护印看库夫二名，共银十四两四钱（遇闰加钱一两二钱）。本衙门子六名，共银十四两四钱（遇闰加银一两二钱）。

备用银三百十三两八钱七分六厘一毫（存贮、厅候、公费、公礼等项，临时请动登造循环）。

兵部分司新设跟用各役皂隶十名，每名每月工食银七钱五分，派编滦州四名、昌黎县三名、乐亭县三名、门子二名，每名每月工食银七钱五分，迁安县一名，抚宁县一名。（以上各役遇闰月俱加编工食，并按季解送山海卫贮库支领，系万历二十四年主事张时显呈部新设。）

（以上山海旧志）

国朝

支领款项：本卫进表银四十二两一钱六分二厘。乡饮银四两，立春芒神花杖银一两五钱，文庙丁祭银三十三两。祭西南坛银七两。造赤历纸张银三两。糊饰察院银九两。关厅考试童生供给银五两。本府考试童生供给银六两。修理桌凳银八两。学书支造生员方册纸张银一两五钱。学院考试生员试卷银二十八两。供给酒席银十八两。供给生童并协济府学果饼卷箱等银四十七两七钱。考试武童造册供给银二两五钱。赏格贡生生员花红银二十一两四钱。新进文生员花红盒酒银十一两五钱。学书支造武生童方册试卷银三两五钱。武生员花红银二两七钱。宾兴科举生员酒席银十两。造科举生员方册纸张银二两五钱。伴送科举生员委官路费银三两。科举生员二十五名，共银百十有七两五钱。朝审路费银八两。会试举人盘费银十五两，酒席银四两。岁贡路费银八两，正贡坊银二十两，匾银二两。造会试举人册纸银七钱七分七厘。答应过往夫皂银两每年多少无定额。本卫守备俸薪、蔬菜、烛心红纸张银百十有五两三钱九分四厘；门子二名，工食银十二两（遇闰加银一两）；快手二名，银十二两（遇闰加银一两）；牢役六名，银三十六两（遇闰加银三两）；伞夫二名，银十二两，（遇闰加银一两）；马夫一名，银六两（遇闰加银五钱）；千总俸薪银六十六两七钱六厘；门子二名银六两（遇闰加银五钱）；牢役四名，银二十四两（遇闰加银二两）；伞夫一名，银六两（遇闰加银五钱）；马夫一名，银六两（遇闰加银五钱）；儒学教授俸斋马草料银七十九两五钱二分，门子三名，银十八两（遇闰加银一两五钱）；狱卒四名，银二十四两（遇闰加银二两）；唐家川渡夫工食银二十四两；廪生膳夫银十三两三钱三分三厘三毫。管关厅跟用各役吏书六名，工食无，门子二名，每名每月工食银五钱（昌黎县解）；快手八名，每名每月工食银五钱（卢龙县解）；皂隶十二名，每名每月工食银五钱（迁安县解）；轿夫四名，伞夫二名，扇夫一名，每名每月工食银五钱（乐亭县解）；灯夫二名，每名每月工食钱五钱（昌黎县解）；仓中斗级八名，每名每月工食银五钱（道发）。（以上《山海志》）

乾隆二年撤卫置县，裁款起解。

一曰免解之项，兵部柴炭银七十四两七钱二分，人丁柴炭银二百二两二钱三分，各有奇。上部挑河夫银四十四两，太仆寺马价银三十两，草料银二十五两，以上应解户部，因丁银摊入地粮，征收摊缺，无解。

一曰全裁之项，西南坛岁祀银七两，进表笺银二十八两，守备、千总、教授、训导各官俸薪银二百八十三两一钱（内有历年递减以至全裁者，兹不具载，以康熙十四年以前原定之数为准，下仿此）。门子三名，快手二名，马快四名，牢役十名，伞夫、马夫、膳夫各二名，斋夫、门斗各三名，驿传接递皂隶四名，共工食银二百五十二两一钱三分三厘二毫，遇闰共银二十二两二钱一分一厘一毫，各有奇。春牛芒神花杖银一两五钱，糊饰察院纸工银九两，攒造赤历纸银三两，乡饮礼银四两。

一曰裁减之项，岁贡路费花红旗匾银二十六两六钱六分六厘六毫七丝，驿传正项银千五百二十六两六钱，遇闰十九两九钱二分有奇，以上裁减银两均解司库。

额设经费：

一曰匪颁之费，本县知县俸有四十五两，养廉银千两。典史俸银三十一两五钱二分，养廉银如之。石门寨巡检俸银养廉同。教谕四十两，训导同。

一曰岁祀之费，先师庙崇圣名宦乡贤祠岁二祭，共银三十两，关帝庙岁三祭，共银四十两，厉坛岁三祭，共银十两，先师庙朔望上香，岁共银一两。

一曰缮葺之费，龙亭仪仗，岁修银五钱，先师庙岁修银十两。

一曰授时之费，颁时宪书额设银三两。

一曰礼贤之费，举乡饮酒礼额设银十两。

一曰恤贫之费，给孤贫冬衣布棉额设银二两七钱八分三厘四毫九丝。

一曰众役之费，隶关厅者，山海仓斗级十四名（工食向由道发，今改由本县，余役如旧，例行不具。）。隶本县者门吏二名，皂隶十四名，轿夫六名，伞夫一名，民壮五十名，仵作二名，狱卒四名，仓中斗级四名，吹鼓手六名，铺兵十二名，更夫五名，火夫十名，先农坛农夫二名。隶典史者，门吏一名，皂隶四名，马夫一名；隶石门寨巡检者门吏一名，皂隶二名，弓兵十六名，马夫一名；隶深河堡巡检者，弓兵六名。隶儒学者，斋夫六名。每名均月给银五钱，遇闰增给如之。惟本县捕役八名，岁共给银百三十四两四钱，遇闰增银十一两二钱。儒学门斗二名，岁共给银十四两四钱，遇闰增银一两二钱。膳夫二名，岁共给十三两三钱三分三毫四丝，遇闰增银二两一钱一分一厘一毫一丝一忽。

一曰津渡之费，石河渡夫四名，岁共给银二十四两，遇闰增银二两；唐家川渡夫七名，内四名给银与石河同，三名（由永平卫裁并）岁共给银二十一两，遇闰增银一两七钱八分三厘四毫九丝。

一曰驿传之费，迁安驿额役工料银三千三百六两六钱，遇闰增银二百八两一钱五分，各有奇。

二年一次者曰乡贡之费，贡生花红旗匾银三两三分三厘三毫三丝。

三年一次者曰宾兴之费，会试举人路费银五两，举人牌坊银二十六两六钱六分六厘六毫六丝六忽，进士牌坊银三十三两三钱三分三厘三毫三丝四忽，武举花红旗匾银一两六钱六分六厘六毫六丝六忽，武进士花红旗匾银三两三钱三分三厘三毫三丝四忽，武乡试公费银四两。

以上经费，内除养廉银千有六十三两四分，扣支耗羡银两外，其不敷之数由司库支给，余经费银四千九百八十二两三钱九分二毫三忽二微，遇闰加支银三百十三两四钱一分九厘八毫六丝四忽九微六逡，应于地粮丁匠银内支用，所余地粮丁匠运解司库，正项银六百十有六两九钱六分一厘四丝七忽七微三纤七沙六尘七埃一渺一漠六湖二虚一澄五清二净，丁闰银三百三十八两四钱六分四毫七丝七微六纤九尘八埃五渺一漠八湖九虚三澄五清八净四逡。

　　备公银一百两于耗羡银内支留。

‖ 卷之五 ‖

积　贮

《周礼》：遗人掌邦之委积，以待施惠。于是艰厄、孤老、宾客、羁旅、凶荒，靡不有以待之，故有饥岁无饥民。后世常平、社、义各仓犹仿其制而行之，初非不善，久或为病，何也？敛散之间，息耗之数，师其法而不能师其意，且因缘为奸者多也。我朝加意积贮，前代良法罔有不备，而又因时变通，不泥于古。视成周乡里、门关、郊里、野鄙、县都各有委积以待时颁，其制更为详善。即如临榆一隅，而仓之设于城者三，设于乡者九，所以为民计者如此，其至推之天下可知也。故详志其见在粟人之数，而附明陈公绾书记二则于后，比而观之，良匪独为一邑之民幸矣。

山海仓（按《山海志》云：旧制设有仓官，自顺治八年，白芬具题归关厅，经收昌黎、乐亭、抚宁三县、山抚二卫、石门寨、大毛山、义院口、黄土岭各处米豆共七千三百石，草三万三千束），米万八千四百石（内学田米七百五石九斗有奇，支给廪饩二百十有三石七斗二升。抚宁、昌黎、乐亭、临榆四县及石门路、大毛山、义院口、界岭口、箭杆岭、青山口、黄土岭、赤洋口、牛头崖、铁永二堡等处屯米四千五百石有奇，又领司库银万三千二百两和买米万三千二百石，支给满洲防驻山石两路各官兵俸饷及两京官役过往行粮），豆千石，草二万束，各有奇（均与屯米一并征收，支给山石两路营兵），均管关厅掌其出入之数。

常平仓，谷万有一石二斗四升三合，米千二百六十七石五斗七升三合（原额谷六千三百四十二石，改县后历年买贮及捐纳监生，增谷三千七百三十六石五升七合，米千二百六十七石五斗七升三合有奇，内除历年支给安插人犯口粮谷七十六石九斗）。

社仓，谷二千九百五十六石七斗七升（原额二千六百八十五石六斗二升，自乾隆十二年以来，历收息谷二百六十六石一斗五升）。

李家堡义仓，谷四百六石五升，高粱三十八石二斗（以乾隆二十年现存谷数登载，下仿此）。

傅家店义仓，谷四百五石九斗八升。

范家店义仓，谷四百有六石。

石门寨义仓，谷千有二十七石五升。

黑山窑义仓，谷三百三十七石一斗四升。

海洋庄义仓，谷百二十三石二斗九升，米四十五石二斗，高粱六石八斗二升。

深河堡义仓，谷二百三十三石三斗四升。

蔡各庄义仓，谷十有八石四斗一升。

驻操营义仓，谷百十有二石三斗。

附陈绾《荒政记》（以下《山海志》）

嘉靖丙辰秋，岁大不登，辽民重困。初，关西人率仰给辽东，至是辽人悉出其银钱杂物以易粟关内，近关等处粟顿空。关西人乃浮山东之粟至丰台，辇运抵山海，展转接卖，比至其地，费已数倍，斗粟自三四钱至六七钱。富者犹倾囊自给，贫民遂无从得食，始剥木皮和糠秕食之，又刮苔泥作粉以啖，谓之土面，然多肿澧以死。乃相率离死人肉食之，久则掠生人食之，妇女童稚独出走道上辄为掠去，有桀黠者刬皮为套，贯以索，三五为伙，见人行则掩其后，套其首而索缢其喉，喑不能出语，即挹持去，脔共食之。官司禁不能得，捕至即承曰：食人应死，不食亦死，与其馁死，孰与饱而死也？初就杖杀之，后捕多不能如法，益无所惮。甚或子死父食，妻死夫食，曰："不则为他人食。"军士宰官马食，往往脱巾呼号，出不逊语，广宁为甚。当事亟为请年例银，夙所逋欠给发之，多不能厌其求。属国见辽境土民疲惫，常使人伏匿，间候粮米过，辄邀遮出塞道路阻塞，米益腾贵。春夏少雨，疫气盛行，民乏牛具籽粒，无力以种，极目荒碛，说者以为秋成复无望云。

论曰：古称人将相食，未必真相食也，至易子析骸杀奴妾等事皆在围城中，出万死不得已之计，未有饥馑若斯其极者也。盖辽境僻介绝域，其所容往来者止山海关一路，非通邑大都舟车辐辏之所也。又其地邻不毛，无竣鸥橡栗之产，故一意至此。夫全辽三十五卫，横亘二千余里，地大荒甚。即当事不能为之处，圣天子发粟赈贷，恩至渥矣。然转输难而博施未易，岂所谓尧舜犹病者欤？议者欲少宽海禁，使西引丰台之粟，东通登莱之贩，而尚未及行，然则救荒果无奇策矣哉！

附陈绾《与辽东巡抚诸公书》

夫辽东之荒极矣，敝关切近，触目刿心，愧不能上郑侠之图，亦尝抱邻父之忧，窃为议之。今之所谓救荒者，非请发内帑乎，非悉发官廪乎，非劝借富民乎？夫请发内帑，大工鼎兴，司农告匮，年例外不能多发矣。悉发官廪，辽之廪庚所积儿何？劝借富民，自霖雨坏盖藏，外国掠屯堡，富者转为贫矣。今之所恃，惟关西籴买一节耳。然蓟永、岁本不登，加以沿边籴买军饷，其资辽东者，所谓以升合之水救涸鱼也。

近以蓟永、米少，辽人籴买者多，则有商贩转市山东之粟，自天津等处下船，径抵丰台镇，辽人有力者从此转搬，无力者止赴山海，携十百文觅升斗于商贩之手。夫米价已腾贵，加以展转接买，大者驴驮，小者背负手携，盘桓中途计车脚之费浮于米值，然亦只可达广宁以西耳。辽阳以东不惟隔三岔河，而平陆沟渠车牛莫达其所，仰给者惟金、复等处及黄山一带些须之产，而关西之米逾河而东者绝少。夫转输不通，籴买无从，则米价日增，虽月散数金无益也。说者以为海禁少宽，使天津、直沽之船不抵丰台镇，得抵三岔河，不惟广宁以西可济，而辽阳以东岂至踣毙如今日哉！夫救荒如救焚溺，海禁固不可驰，然与活辽东千万旦夕之命孰重？夫权以济一时之急，而年丰禁复如故。是从权以活千万人之命，而禁复在也。

夫镇辽之隶山东者，本以通海道也。成化以前禁例未行，文移往来、花布钞绽解送皆取海上捷径，故有无相通，缓急相济。自禁例一行，公私船只尽废。究其所以，不过杜绝逃军之路，又或以为泛海恐引外寇也。夫欲绝逃军，惟严盘禁，若倭寇自刘江望海埚之捷其不至辽东者且百余年。就虑其至，不过远哨望、谨烽火而已。即如江南有倭寇，岂能使江海之间不行只艘乎？此所谓失火之家不火食之计也。呜呼！使辽境时和年丰，道路无梗则可，万一山海宁前咽喉一线之地少有隔阻，则辽境不孤悬绝域乎？即今盗窥衢路，转输万难，则咽喉之不塞者，直一门耳，其可不为寒心哉！且登、莱二府去金、复等州不浃日，而近考之《会典》，正统年间登州卫犹存海舟三十余只，海道既废，船亦无存。夫登莱阻山依海，商贾不行，其地有羡粟而无厚售。设若稍宽其禁，使金、复之人得以泛海贸易，则一苇航之，而辽阳以东皆可获济，其与广宁以西辇输关内之粟者，劳逸奚啻倍也？诚欲设为防范，则嘉靖二十一年抚按尝奏添边备佥事驻金州矣。今建议复添亦无不可，不然则专责守备等官时为督察，亦不至于滋奸而长弊，就使有之，较今日脱巾杆腹，恐恐然虑萧墙之变，利害不有间乎！夫斗米六七钱，人相食不顾，而犹泄泄然守惩噎之过计，愚窃以为过矣。惟仁人君子切痌瘝之念，而不惑于拘挛之议，当必有以处此者，生曷容赘。

驿　　递

往者驿隶于县，县为统辖。而典其事者，丞也。丞位卑，守是职者无远大之志，率多求赢余，不耻乾没。故马设额而或亏其数，车和雇而或出之民，夫计口而或短其直，甚者刍菽不饱，疲毙相继。经其地者则又有以闲客而烦邮吏，官骑而供私人，误公糜帑，驿务以荒。今裁丞归县，重其责矣。盘察既密，而公使驰传以及接递文檄，其期限时刻亦稍严，县官又各自爱，非甚无道必不袭故智，虽不能不委其事于左右仆隶，然而积弊殆绝。余来临榆无多时，不能通知旧事，曩之所闻未必为今之所见，聊于此发之，亦借以自鉴尔。

迁安驿（《山海志》云：在镇城西门外，役在昌黎，后为棍蠹包揽，贻害关民。明末仍归昌黎，应役有碑记），隶临榆县（初设驿丞一人，乾隆二年裁），额设马八十有六匹，每匹日支豆草麸银共七分五厘，岁支薪油药物赁房及修置铡刀筛钗汲器之费共银二百八十五两一分八厘，马之毙损买补岁准二十有五匹，每匹价银九两（内扣皮脏银五钱），车临时和雇，雇直额设银二百七十两（如不敷数，由县垫用，报部准销，请领还项），使客饩廪岁额设银二百五十两，夫役工食兽医一名，日支银五分四厘，马牌子一名，马夫四十三名，草夫三名，每名支银如之，抄牌字识一名，每名日支银四分二厘，轿夫扛夫共四十名，每名支银亦如之（内实支工食三十二名，存留八名工食，名曰留二，遇所用夫浮于三十二名之额，取以充用，如有余银仍申解藩库），岁共需工料银原额三千三百六两六钱，遇闰加银百三十九两八钱六分，分四季于藩库支领，岁给汇具用过银数册申藩司核销，余银申解藩库。

盐　　法

明洪武二年置河间长芦转运使，永平之济民、石碑、惠民、归化四场隶之。其法自嘉隆间来，率以土商包课。至国初乃招纲商，每引明时凡二百八十斤，今津盐视明减四十斤，永盐视津又减十五斤，改升斗为筐篮，而以秤权其轻重，法为加详矣。山海本附抚宁，卫志盐法不具，今设县则引有额，销有限，私有禁，胥于是责之是不可以不重，况昔之惠民废，入归化，场有分合，而丁地之增损，滩荡之芜治视此矣。故详书见行之例，而附注原委于各条之下，其无可考者阙焉。

临榆县每岁额销盐引千一百七十六道，每引盐三百一十五斤，率征银四钱二分三厘六毫四丝五忽三微八纤，按年销引完课。知县有督销之责，逾限未完者，依分数议处。嘉靖三十九年，户部派永平三千九百十八引，分属州县，官立循环簿，记买过引盐并水程期限，按季送盐院稽考。隆庆五年，盐院议额派商引，因边境不通，商贾故将盐引酌量州县大小计里分引，每引纳银一钱，题准减派为二千引，又于丁口食盐每百斤抽纳税银一分五厘，共银三百余两。本府印票发州县镇给卖者如数纳课，按季解司。至次年复加银，一州四县六卫共五百两，俱州县卫分建纳。至万历三年，将附郭一县三卫之课归之税课司，府给号票，每张纳银六分，卫具领送县投府而发，司如数给领，县径解司。若羡人之，府库登循环簿。其外二县有卫各附县。至十七年，山海亦归抚宁代征，每岁土人包纳库银，官给小票，行贩纳钱于官，自行买卖。至国朝顺治四年，户部奏定改引招商，以州县户口之多寡定额，每丁岁食盐十斤四两，府属共定五千八十六引，每引岁征银二钱六分。至十七年御史高而明奏增引至六千六百八十七道，因盐细如面，不能筑包，则不能秤掣，且系零煎零卖，无处拉运，是以按引包课。康熙十七年，御史傅廷俊调奏，遣官查永属丁册，生齿日繁，遂依按丁销引例，又增引六千四百六十八道，至四十四年，户部行令永属火盐改斗为秤，每秤二十三斤，凡十秤为一引，准用筐篮，以杜轻重手之弊，复增引五百七十二道，合旧额共万三千七百二十七道，而课亦历年递增至每引四钱三厘六毫四丝五忽二微八纤。乾隆二年改山海卫为临榆县，于抚宁县额引三千四十一道内分拨千一百七十六道，归临榆县督销。

县属归化场，场设大使一人，俸四十两（于场课银内扣支），养廉二百两（于盐法道库支领）。兵役六名，每名岁给工食银七两二钱（于场课银内支）。场界在盐务镇，距运司分司七百余里。南临海中秦王岛，北接抚宁县境至龙王庙，东至山海关界，西增惠民场域入昌黎县，接石碑场界，延亘四百余里。堡三，曰东，曰中，曰西。煎滩二处，一在盐务，一在赤头。

场户，本场灶户百五十有四，灶丁五百五十有二，又并惠民场，灶户四十有二，灶丁四百十有三。

场地，本场原额地二千九百六十四亩六分五厘八毫六丝七忽，草荡地六十七亩，锅百十有九面，又并惠民场原额草荡地四十四顷五十四亩二分三厘五毫八丝，锅百有七面。（直隶省志据雍正三年由单登载，今悉依省志，原文不敢有所增损。）

场课，一曰边布银。本场额征八十四两五钱七分九厘七毫，惠民八十五两九钱三分八厘三毫。（明成化六年，御史林诚以深州、海盈及益民、阜财、富民、富国、海丰、海阜、海润、越支、济民、石碑、惠民、归化十三场陆路弯远，商人不支盐课，遂致盐斤堆积，年久消折。请自本年为始，每盐二大引合为四小引，共重八百斤，折阔白布一匹，长三丈二尺，议价银三钱，征解通州通济库，以备折俸支用，是曰布盐，此边布所由名也。至嘉靖九年，御史傅炯奏：济民、石碑、惠民、归化四场，离小直沽批验所弯远，商人支掣实难，丁课例壅相继，商遂弃引不返。先年准纳布价，商灶称便。合将四场灶丁每引改折银一钱，解司给商收置，勤灶从之，此又边布折价之始也。率计每丁纳盐四引二十斤，每引折价银一钱。）一曰京山银。本场额征二十两七钱一分，惠民二十七两六钱六分。（明京山、顺庆、柘城、汝宁、嘉定、新昌、太和、景宁、建德、太康、阳夏、德平、荣阳、庆云十四藩府每年各给盐若干，每引折银一两三钱三厘，派于长芦运司，按年征给。国朝定长芦盐法，御史王秉乾以原系旧例，正名京山，派入各场地丁征解。）一曰锅价银。本场额征八两三钱三分，惠民七两四钱九分。（盐有煎有晒，而永郡独无滩可晒，率由煎成。煎之法每秋日采草于所分场中，至十一月间凿海冰藏之，春暖后淋其卤于锅煎之，周十二时为一伏火，凡干六锅，每锅约得盐百斤，诘旦出坑灰晒于场，候干仍实灰于坑以取卤，其试卤也，投以石莲子验浮沉，须莲子浮立卤面乃可入锅，将成盐必投皂角数片，盐始凝。至积灰则以年久者为良，卤水侵润，其成盐尤多。凡盐之成于煎者，其形散，名曰末盐，味高于鹽盐。鹽盐者，盐之由晒成者也。晒必资于滩，故滩有价，煎必资于锅，故锅有价，各场锅面率分远近，以上下其科云。）一曰白盐折价。本场额征银二十二两五钱三分二厘一毫六丝六忽六微六纤六沙六尘六埃五渺二漠九湖，遇闰加银一两六钱五分。惠民三十四两三钱三分二厘六毫六丝六忽六微六纤六沙六尘六埃四渺五漠七湖，遇闰加银二两四钱七分五厘。（康熙二十八年，贡盐令减半煎办，其所减之数折价解纳，其价每包折银七钱五分。五十年重定贡盐，折价额数迄今遵行。）一曰盐砖折价。本场额征银九两六钱三分八厘，惠民七两六钱三分八厘。（盐砖每块重十五斤，自前明至国朝顺治十六年照额解本色。十七年光禄寺题请折价每块银二钱八分。）一曰俸粮银。本场额征四十九两六钱一分二厘，遇闰加银一两七钱七分二厘。惠民四十八两六钱二分八厘，遇闰加银二两四分六厘六毫。一曰裁汰书办工食。两场各额征银六两。一曰裁并青衣工食。惠民场额征银十四两四钱。

关　法

　　门关之几尚矣，所以御暴诘奸、慎固封守也。山海近邻条子边，远通高句丽，为东陲要冲，虽地属畿甸，与边境等，且参貂为中土珍货，实产关外，懋迁往来，云集波骈，盘诘稍息，则奸乘之。故特详其禁令而附税课于后，以昭法守焉。

　　山海关关官，户部监督，掌征收税课（康熙三十二年设），笔帖式一员（今裁）。山海关副都统、山海路都司掌盘验出入（明设兵部职方官，掌关务。国初撤兵部，以山海路官管理。顺治十五年复令满洲城守章京协同管理）。山海关通判掌兵饷（明万历十七年移永平粮马通判于山海管关，后增经抚衙门，军务旁午，民事繁剧，且学政提调诸务本卫指挥不便弹压，俱归管关厅经理。及国朝仍存关内道，一应事务均管关守领管辖。康熙七年浙督赵廷臣题准监放山海路、石门路、南海营、大毛山、义院口、黄土岭兵饷。以上山海志旧文合之，见行惟经征山石两路屯米，放官兵俸饷米石犹循往例。而满洲驻防官兵米石亦归支放，至提调、学政则已归之本府，关务则归之副都统，都司名存实亡非一日矣。今例书于此，缘以管关名，官不得不尔也）。

关政，凡商民之出关者，具情呈临榆县，县给票，票注本人姓名、籍贯、年貌及以某事诣某所，并记簿存县。商民至关，呈票于官，盘验无疑乃放出。其入关者，验该地方官路引，放人亦如之。（初用永属州县文引，赴管关厅上号，至关验放。康熙二年，通判赵振麟详请停止，嗣后改用兵部路引。至雍正四年，城守尉马护善奏请免用兵部路引，改用卫票。至乾隆二年，置临榆县，始用县票。）

关税，岁征银三万二千二百两，内支给山海关驻防满洲官兵俸饷银二万二千两，本关吏役工食银百八十八两，各有奇，余银均解户部。

关禁，私贩东珠、人参、貂皮偷度过关者，罪犯解刑部，货物由副都统解内务府，载货车马赏给拿获官兵。私贩钢铁、硝黄及违禁等物，罪犯交临榆县审拟，货物入官，载货车马审明系知情和雇者入官，不知情者给还原主。旗逃由县审解，奸匪由县审拟详结。

‖ 卷之六 ‖

边海（兵制附见）

临榆负山阻海，扼塞中外，可称天险。而前代之设关隘远斥堠，其经画措置之道亦甚详且固矣，及其败也，拉而摧之易于枯朽，所谓在德不在险者非欤？我朝敷文偃德，中外永谧，铸剑戟为农器，犁烽燧为田畴，往日传烽增戍之所，有欲迹其处而十不得其一二者，抑亦可谓盛矣。然而故关废垒，昔人经国之心未容尽设，故备述曩志以存崖略，而山海要害亦用是可考云。

边　防

山石道

山海关（即城之东门），南海口关（城南十里），南水关（城南二里，关设二门，河自东来入之。先年边警不作，春夏则启之，以通水道，冬间则闭之，以防外盗。内止列木为栅，以后数有边警。嘉靖四十三年，主事孙应元集议呈部，添设铁叶闸板二扇，每扇阔一丈二尺，高一丈四尺，旁用大木柱，亦以铁叶包裹，柱上各有护朽石，柱下各有出水石，城上设悬楼，以蔽风雨，设滚水辘轳，以便启闭，无事则高悬城半，有事则闸至水底，卒遇警急可无虑云），北水关（城北三里，关设一门，河自东来入之，嘉靖四十三年添设闸板一扇，与南水关同），旱门关（城北六里，相传先年放夸人及故柩在此，今砌塞），角山关（城北十二里角山之巅，长城补截谷迂回其上。先年守备所属以此为界），三道关（城东北二十里），寺儿峪关（城东北三十二里，以上二关旧属石门寨，隆庆三年裁革守备，改设参将，拨付山海路管理），南水关敌楼（在本关城下），北水关敌楼（在本关城下，俱万历元年总督军门刘公应节建）。

边墙，嘉靖以前原额八千五百七十六丈六尺，万历七年增筑南海口入海石城七丈（都督戚公继光、行参将吴惟忠修，凡有损坏栅塌，制府行文本路修补）。

敌台，镇城五座，罗城一座，西关南北二座。靖卤一号台（在南海口尽头，屹立海水中。嘉靖四十四年主事孙应元建，实为敌台之始。隆庆四年总兵戚继光改名靖卤台，又旱门关外镇卤台一座，亦孙公建，后因边里筑台，遂废），王受二号台（万历二年军门杨公兆、行参将沈思学建），白铺三号台，北小铺四号台，大湾五号台，界牌六号台（俱万历十二年军门张公佳胤、行真定游击董承祺建），南水七号台（万历元年军门刘公节、行参将林岐建），北水八号台（万历二年军门刘公、行参将林岐建），腰铺九号台（万历十四年军门王公一鹗、行参将谷成功建），旱门十号台（万历二年军门刘公、行参将林岐建），角山东十一号台（隆庆四年军门谭公纶、行参将管英建），三道小口十二号台（隆庆五年军门刘公、行参将管英建），桃园东十三号台（万历六年军门梁公梦龙、行参将吴惟忠建），三道正关十四号台（隆庆三年军门谭公、行参将莫如德建），烂石十五号台（隆庆四年军门谭公、行参将管英建），唐帽十六号台（隆庆五年军门刘公、行参将管英建），唐帽西十七号台（万历六年军门梁公、行参将吴惟忠建），尖山东十八号台（万历五年军门杨公兆、行参将王有臣建），尖山十九号台（万历十五年军门王公、行参将谷成功建），松山东二十号台（隆庆三年军门谭公、行参将莫如德建），松山二十一号台（隆庆五年军门刘公、行参将管英建），松山西二十二号台（隆庆四年军门谭公、行参将管英建），横岭二十三号台（隆庆三年军门谭公、行参将莫如德建），以上敌台共二十三座，每座传烽墩十四处，炮空三十六位，设防守百总一名，南兵五名，北兵二名。统以千总一员，把总二员，每台置佛郎机八架，快枪八杆，火箭五百枝，铅子四千五百六十个，石炮三百位，火药五百斤，火器什物俱全。

烽堠，山海关共计一十四处，每军士六名，遇警旗炮接传，隆庆四年都督戚继光始设。

演武场，在南门外，有望军台。

新军营房，在城东南角。

石门路

石门城（旧城窄小，仅容居民二三十家。万历十八年本路参将刘承恩呈允展修东西南三面共四百六十丈。又城中无井，遇急不可守，万历二十四年参将管一方新浚三井，军民始不苦远汲，缓急无恐云），一片石关（去庙山口二里），庙山口堡（去西阳口三里），西阳口保（去黄土岭五里），黄土岭（去炕儿峪八里），炕儿峪堡（去大青山二里），大青山口关（去大毛山一十五里，俱属黄土岭提调官总之），大毛山口关（去董家口二里），董家口堡（去城子峪五里），城子峪关（去水门寺三里），水门寺（去平顶峪五里），平顶峪堡（去板场峪十五里，去长峪十五里，以上俱属大毛山提调总之），板场峪堡（去义院口五里），义院口关（去拿子峪三里），拿子峪堡（去花场峪十里），花场峪（去孤石峪二十五里），孤石峪堡（去甘泉十五里），甘泉堡（去平山营十五里，以上俱属义院口提调总之。近因抚夸冲关，改为守备职衔），老岭（原在旧边之外，山陡险难修边墙，后零贼每从窟窿山瞭望内地，乘虚肆掠。万历元年戚总理修边，始于其上建立敌台，以戒不虞云）。

按：蓟镇分东西中三协，而东协为路者四，嘉靖以前山海、石门共为一路，而山海仅设守备一员，暨三十六年石门改设参将，而山海守备实属之，俱燕河副总兵所辖。后嘉靖末隆庆初，兵屡犯山海等处，始题准仍设山海参将，割一片石以东三道关、寺儿峪改隶山海，而屹然列为二路矣。自万历四十八年始置道，于是山海、山石俱为所辖，然要害相连，声势相应，二而一者也。

《山海关志》：

关，同前。边墙（同前，康熙七年，永平道佥事钱世清、管关通判陈天植、山海路都司孙枝茂、游击陈名远、山海卫守备陈廷谟重修边墙，计工一千八百二十六庹）。敌台（明制同前），国朝现存十一座台，兵三十三名。官军，明嘉靖十三年，守备所辖原额官军四百八十七员名，四十年春奉例于山海卫，招垛军士一千名。隆庆三年，裁革守备，改设参将，拨过石门路所属寺儿峪、三道关二堡官军一百六十三员名，又召募军士一百名，家丁五十名。万历十五年奉例召募新兵七百名，十八年又增募南海口千总下家丁二十名，又节年收过各省清配军一百六十余名。以上官军共计二千六百六十五员名零，此其大略也。每年逃过丁绝，实在之数常不足。国朝经制见在兵丁三百名。马骡，明嘉靖十三年以后马骡共增至一千三十六匹头。国朝经制操备马六十匹。器械，明嘉靖十三年以后器械共增至八十万四千九百一十件，铜铁大将军共计三十六位。又罗城铁大将军三位，炮四位，佛郎机八架，大小火器俱全。国朝见在器械三万零（每年按季开销），火炮一百四十位。

　　附：石门路兵丁二百五十名（其黄土岭、大毛山、义院口俱属统辖，去一片石三十里）。

《永平府志》：

石门路，义院口守备下明季时所辖东至大毛山，西至界岭口、扒喇岭止共计空楼八十一座，顺治三年改设墩台十座，边隘口计长百里，每墩安设兵三名，共兵三十名；大毛山操守下明季时所辖东至黄土岭关交界起，西至义院口交界止，共计边六十里，计空楼七十六座，顺治三年本关楼台拨与黄土岭关二十四座，义院口关拨给本关楼台三十六座，东至董家口七十六号台起，西至板场峪一百七十四号台止，共计边长八十余里，共计楼台九十座，改设墩台十座，每墩兵三十名；黄土岭操守下明季时所辖东至山海路交界起，南山崖石黄一号台至新尖山六十二号台止，顺治二年奉文均拨大毛山空楼二十四座至董家口十六号台，西至大毛山交界止，共计八十六座，只存改设墩台十座，边长八十余里，每墩兵三名，共兵三十名。乾隆十一年更定经制。

关隘，山海关，南海口关，南水关（今残毁），北水关，旱门关

（砌塞），角山关（砌塞），三道关，寺儿峪关（砌塞），南水关敌楼（今废），北水关敌楼（以上建置详见前）。

边墙（敌楼烽台附见），自老龙头十五里至山海关敌楼七座，守兵十一名，又二十里至三道关敌楼七座，烽八号，守兵十二名，又二十里至画皮山中岭敌楼九座，烽六号，守兵九名（以上系山海路千总汛），又八十里至董家口，内一片石、庙山口、西阳口、黄土岭、无名口、小河口、大毛山凡七口，敌楼七十二座，烽三十五号，守兵二十三名（以上系石门路黄土岭把总汛），自董家口又八十里至板场峪，内城子峪、水门寺、平顶峪凡四口，敌楼七十九座，烽二十六号，守兵二十名（以上系石门路大毛山把总汛），自板场峪又百二十四里至吧拉岭（接抚宁界），内义院口、拿子峪、花场峪、苇子峪、柳罐峪、孤石峪凡六口，敌楼八十九座，烽三十一号，守兵十八名（以上系石门路义院口把总汛）。

大路拨，城西北十里至七星寨，又十里至长桥庄，又二十里至石门，又九里至老岭，又九里至小悖老，又十里至平山营，又十里至野庄，凡七拨，各设马兵四名，七星寨、老岭二拨各增设步兵一名（系旧制，今并废）。城西七里至五里台，又六里至栾家岭，又七里至二十里铺洼，又六里至烟墩岭，又七里至汤河沿，（以上五拨系山海路把总汛）又九里至凤凰店，又十里至望海店，（以上二拨系石门路把总汛，又西五里至抚宁界）凡七拨，每拨瞭望楼一座，烽墩五座，官房十二间（旧系土筑，乾隆四年知县王毓德改建瓦房砖墩），马兵二名，步兵三名。

兵　　制

山海路都司一人（明初设守备，嘉靖末年设参将，国朝顺治六年改设都司，驻县城），千总一人，把总一人（驻县城），经制外委把总一人，马兵四十二名，步兵百五十名，马四十二匹，铁甲胄四十三具，布甲胄百十有四具，虎皮衣帽八具，蠹鞭六十三具，箭二千七百有十枝，器械二百有九件，火器百九十有七件，大小生熟铁炮千一百三十位，铅铁子共四十八万七千八百四十有五个，火药三千五百有十斤，铅八千五十二斤，铁五万九百九十四斤，枪砂三十五斤，旗帜帐房全。

石门路都司一人（明设参将，国朝改设都司，驻石门寨），千总一人（驻石门寨），马兵九名，步兵四十五名，马十八匹，铁甲胄九具，布甲胄三十四具，虎皮衣帽二具，盾二，刀四十有五，鸟枪三十有三，炮百三十有二位，火药三千三百六十斤，旗帜帐房全。

黄土岭把总一人，马兵二名，步兵三十六名，马四匹，铁甲胄二具，布甲胄二十有一具，虎皮衣帽二具，盾二，刀二十有五，鸟枪二十，炮三百五十有一位，旗帜帐房全。

大毛山把总一人，马兵二名，步兵三十四名，铁甲胄二具，布甲胄二十有二具，虎皮衣帽二具，盾二，刀二十有六，鸟枪二十有二，炮二百九十有二位，旗帜帐房全。

义院口把总一人，马兵二名，步兵二十八名，马四匹，铁甲胄二具，布甲胄二十具，虎皮衣帽二具，盾二，刀二十有四，鸟枪二十，炮二百三十有一位，旗帜帐房全。

军政

操练军士岁于春秋仲月望日始，夏冬仲月晦日止，月之每旬一四七日习刀盾，二五八日鸟枪，三六九日步射，冬月山石二路各率所部出猎，月一次，凡三次乃止。

俸饷

都司月支俸薪银共十有一两七钱八分二厘八毫三丝。千总月支银四两。把总月支银三两。经制外委把总与马兵同，马兵月支饷银二两，米三斗。步兵月支饷银一两，米三斗。马每匹月支乾银五钱，豆二石七斗，草六十束（银于通永道库，米豆草于关厅山海仓，各按季支领）。

驻　　防

副都统一人，镇守山海关、一片石、石门寨等处，并辖永平、玉田、三河、顺义四城，冷口、喜峰口、罗文峪三边（康熙初设城守尉，二十七年改设总管，乾隆八年改设副都统）。其属左右翼协领各一人（乾隆八年设）。八旗佐领各一人，防御各一人，骁骑校各一人（均康熙初设，二十年裁，是年复设防御，三十三年复设骁骑校。乾隆八年复设佐领）。笔帖式八品一人，九品二人（康熙初设）。兵八百名，内每旗各设领催五名，前锋五名（康熙初设，二十二年裁四百名，二十七年裁三百三十四名，是年增设九十四名，三十三年增设四十名，乾隆八年增设六百名）。

军器

副都统以下，佐领以上官各纛一，海螺一。副都统纛用黄，余如其旗色。领催每名旗一，前锋每名旗一，色亦如之。甲胄囊鞬刀官兵人各一具，弓官二、兵一。箭副都统三百枝，协领各二百五十枝，佐领各二百枝，防御各百五十枝，骁骑校各百枝，领催前锋各七十枝，兵各五十枝。枪兵每人各一杆。炮八位，鸟枪三百七十有五杆，岁需火药七百五十斤，引药七斤三两八钱，大小铅子万六千三百六十个，帐房六百架。

军政

岁春秋仲月望日始，每夜逻卒于镇城四门，吹螺达旦，至季月朔日止。春秋演武各四十五日，合操各一次。秋季演炮凡十有五日，冬季行围凡四次。

俸饷

副都统岁给俸银百五十有五两，禄米百五十有五斛，心红纸张银十两。随甲二十名，每名月给银二两，遇闰每名加银二两。随役九名，每名月给银五钱，遇闰每名加银五钱。协领岁各给俸银百三十两，佐领俸银百有五两，防御八十两，骁骑校六十两，笔帖式八品二十八两，九品二十一两一钱五分。以上禄米有由管关厅支领者，有均给官地准抵者，领催前锋月给饷银三两，岁给米四十四解，兵月给银二两，米如之（俸银以春秋季，饷银以每月于山海关税务监督署支领，俸米以春秋季，兵米以四季于管关通判署支领。副都统公费、随甲、随役等银以四季由临榆县于藩库支领给发）。

海　防

明永乐七年，因倭寇乐亭，设赤洋、牛头崖、新桥海口三营。天启二年，阁部孙承宗设南海口龙武新营，今并废。国朝顺治十三年所设蒲河营属昌黎县，刘家敦营属抚宁县，均不具。

南海口营（顺治十三年设，隶天津水师镇标），本口分防汛守，凡老龙头、南海口、秦皇岛、白塔岭共四处，原设守备一人（康熙年间裁），把总一人，兵丁三百名，操备马四十六匹，器械二万一千二百七十四件，历年裁损。见在额设把总一人，马兵八名，步兵三十一名，布甲胄三十一具，号衣三十件，帽二十顶，弓十有一张，箭五百枝，刀三十一口，鸟枪二十杆，炮三十九位，铁子六百五十七，旗帜八杆，其余火器及炮废弃无用者共百二十一件，废铁四万九千六百六十斤。把总月支俸薪银三两，马兵每名月支饷银二两，米三斗，步兵每月支银一两，米三斗，马匹支乾银五钱，豆二石七斗，草六十束（均按季由昌黎县支给）。

附：海运明初徐武宁始通海运，马头庄有泊船遗址，后渐废。万历四十八年复开。国朝顺治十六年禁止，康熙三十三年仍开运，通商货，人咸便之。

‖ 卷之七 ‖

职　官（上）

　　山海自明以来，虽文武并设，然边境屯戍，率用武臣以理民事，本朝因之。我皇上御极之二年始设县置令，于是文武异任，各举厥职，而文治之休日益美茂，是不可以无志，谨备录其姓氏以昭规制，间有历岁久远，名逸无考则缺之，其有宦迹卓卓者，别为名宦以附其后。

明　世　勋

镇守大臣

徐达，大将军、魏国公，洪武十四年建关设卫。

耿瓛，都督，建文元年奉敕将兵屯山海关。

费瓛，都指挥同知，永乐二年奉命镇山海。

李隆，襄城伯，洪熙元年奉命镇山海。

朱冕，武进伯，宣德三年奉命镇山海。（以上见府志）

山海卫都指挥佥事

李鸣岗

指挥使

王服远、吕增业、李长春、张科、魏时行、符之麒、曹汝科、赵梦锐、于来龙

指挥同知

傅应奎、郭东光、王应龙、刘三杰、王应元、徐景泰、李承明、石维城、施怀长、戴承勋

指挥佥事

李泰、徐可用、徐时用、陈守节、刘大斌、张弘先、苏应诏、吕世疆、曹世爵、何万邦、任嘉胤、李卫国、赵世新、林应坤、周复初

正千户

任汤聘、李维业、孙绳祖、洪进孝、孙纪，王得用，徐尚德，孟锡麟，高凤鸣，杨储栋

副千户

邢政、李学颜，蔡天玺，赵应元，徐世功，李延芳，杜绳武，潘高魁，刘起凤，刘显，高荐，钟弘功，李朝栋，徐国宾

百户

曹鼎臣、李阳春，陈中道，刘联芳，张成功，张鹏，蒋维藩，徐霓，徐光先，张艮，张崇启，向朝明，李登先，张朝梁，傅国珍，潘应龙，谭应龙，周凤翔，赵继勋，陈献策，仇天爵，张一元，鲍朝明

国 朝 驻 防

佐领、防御、骁骑校等官姓氏多缺无考，故未及载。

副都统

富和，正蓝旗，满洲人，乾隆八年任。

常生，镶蓝旗，满洲人，乾隆十三年任。

总管

莫代，正白旗，满洲人，康熙四十四年任。

达廉，正白旗，满洲人，康熙四十八年任。

巴泰，正白旗，满洲人，康熙五十七年任。

白住，正白旗，满洲人，雍正元年任。

马护善，正白旗，满洲人，雍正四年任。

和尚，正白旗，满洲人，乾隆元年任。

四十八，正白旗，满洲人，乾隆三年任。

何雅图，镶黄旗，蒙古人，乾隆四年任。

城守尉

李悉怛，满洲人，顺治元年任。

塔不害，满洲人，顺治元年任。

朱登科，辽东人，满洲籍，顺治元年任。

吕逢春，辽东人，满洲籍，顺治元年任。

王镇伦，辽东人，满洲籍，顺治二年任。

李国柄，辽东人，满洲籍，顺治三年任。

石汉，满洲人，顺治五年任。

祁富哈，满洲人，顺治九年任。（事见名宦）

李兰芳，国柄子，顺治十五年任。

朱廷缙，登科子，顺治十七年任。

马归山，满洲人，顺治十七年任。

李奇芳，国柄侄，顺治十八年任。

李官舒，悉怛孙，康熙五年任。

马呈祥，归山子，康熙九年任。（以上见卫志）

花子，满洲人，康熙二十七年任。

车尔布赫，满洲人，康熙三十三年任。

协领（分左右翼）

左翼：何雅图，乾隆八年由总管改补。

准提保，镶黄旗，满洲人，乾隆十年任。

福尔禅，正蓝旗，满洲人，乾隆十三年任。

罗太，正蓝旗，满洲人，乾隆二十年任。

右翼：永福，正红旗，满洲人，乾隆八年任。

七十八，正黄旗，满洲人，乾隆十三年任。

监管高丽章京

富昂腊，满洲人，拖沙哈番。

双哥，满洲人，拖沙哈番。（以上见《山海志》）

文　阶

明督师经略

万历四十六年始设，后裁。

汪可受，湖广人，进士，万历戊午由密云驻扎山海，任总督。

杨镐，河南人，进士，万历戊午任经略。

熊廷弼，江夏人，进士，万历己未任经略。

袁应泰，陕西人，进士，泰昌庚申任经略，守辽阳，城破死之。

文球，河南人，进士，泰昌庚申驻扎山海，任总督。

熊廷弼，天启辛酉再任。

王象乾，新城人，进士，天启壬戌行边督师。

王在晋，太仓人，进士，天启壬戌任经略。

孙承宗，高阳人，进士，天启壬戌以内阁督师，事见名宦。

高第，滦州人，进士，天启乙丑任经略。

王之臣，陕西人，进士，天启丁卯任经略。

袁崇焕，广西人，进士，崇祯戊辰任经略。

孙承宗，崇祯己巳再任。

洪承畴，南安人，进士，崇祯辛巳任督师。

范志完，虞城人，进士，崇祯壬午任总督。

巡抚

天启二年始设，后裁。

阎鸣泰，保定人，进士，天启壬戌任。

喻安性，浙江人，进士，天启乙丑任。

刘宇烈，四川人，进士，崇祯戊辰任。

邱禾嘉，贵州人，举人，崇祯辛未任。

杨嗣昌，湖广人，进士，崇祯癸酉任，事见名宦。

冯任，浙江人，进士，崇祯乙亥任。

朱国栋，陕西人，进士，崇祯戊寅任，事见名宦。

马成名，南直人，进士，崇祯壬午任。

李希沆，陕西人，进士，崇祯癸未任。

明户部

白贻清，武进人，进士，天启辛酉任郎中。

郭竹征，胶州人，进士，天启壬戌任主事。

唐登俊，富顺人，进士，天启癸亥任员外郎。

杨呈修，华阴人，进士，天启甲子任主事。

王嘉言，寿阳人，进士，天启乙丑任主事。

孙如兰，陈留人，进士，天启丙寅任主事。

王玑，开州人，进士，天启丁卯任主事。

王建侯，山丹卫人，进士，天启丁卯任郎中。

阎顾行，蒲州人，进士，崇祯戊辰任郎中。

刁化神，江津人，进士，崇祯己巳任郎中。

林弦，莆田人，进士，崇祯庚午任郎中。

刘孔敬，建阳人，进士，崇祯壬申任主事。

王鳌永，淄川人，进士，崇祯癸酉任。

刘在朝，监利人，进士，崇祯癸酉任郎中，公余之暇劝士课文于榆庠，有造就之功。

严鉴，顺德人，进士，崇祯乙亥任主事。

郑仪凤，襄阳人，官生，崇祯戊寅任。

蒋三捷，广宁人，贡生，崇祯癸未任。

明兵部

罗恪，宜春人，进士，宣德九年任郎中。

刘钟，江夏人，举人，正统二年任郎中。

刘华，随州人，贡士，正统四年任主事。

张瓛，嵝县人，贡士，正统七年任主事。

萧余庆，华亭人，进士，正统十年任主事。

刘玑，堰城人，进士，正统十一年任主事。

王俊，清苑人，贡士，景泰元年任郎中。

郭瑾，高平人，贡士，景泰二年任郎中。

裴翱，洛阳人，监生，景泰五年任主事。

章瑄，会稽人，进士，天顺二年任主事。

杨琚，泰和人，进士，天顺八年任主事。

祁顺，东莞人，进士，天顺八年任主事。

冯续，昌邑人，进士，成化三年任主事。

梅愈，湖口人，进士，成化六年任主事。

尚绚，睢州人，进士，成化六年任主事。

胡赞，余姚人，进士，成化九年任主事。

吴志，遂昌人，进士，成化十一年任主事。

苏章，余干人，进士，成化十二年任主事。

熊禄，进贤人，进士，成化十六年任主事。

尚缙，绚弟，进士，成化十九年任主事。

朱继祖，高安人，进士，成化二十二年任主事。

张恺，无锡人，进士，弘治二年任主事，事见名宦。

黄绣，清江人，进士，弘治五年任主事，事见名宦。

陈钦，会稽人，进士，弘治八年任主事，事见名宦。

张玠，宛平人，进士，弘治十年任主事。

徐朴，上虞人，进士，弘治十三年任主事。性刚严，莫可犯，诸公私巨猾咸敛迹避，终代去无敢肆。暇则进诸生讲课，寒暑弗倦。

张时叙，沧州人，进士，弘治十六年任主事。

曾得禄，郧阳人，进士，弘治十七年任主事。

顾正，海盐人，进士，正德元年任主事。

汪瑛，处州卫人，进士，正德六年任主事。

丁贵，滨州人，进士，正德九年任主事。

李际元，阳谷人，进士，正德十一年任主事。

黄绶，鄞县人，进士，正德十二年任主事。

黄景夔，鄞都人，进士，正德十六年任主事，事见名宦。

刘序，长安人，进士，嘉靖三年任主事。

王冕，洛阳人，进士，嘉靖三年任主事，事见名宦。

徐子贞，余姚人，进士，嘉靖四年任主事。

马扬，上蔡人，进士，嘉靖四年任主事。

邬阅，新昌人，举人，嘉靖七年任主事。

楚书，宁夏左屯卫人，进士，嘉靖十年任主事。

葛守礼，德平人，进士，嘉靖十二年任主事，事见名宦。

吕调羹，濮州籍嘉鱼人，进士，嘉靖十五年任主事。

诸燮，余姚人，进士，嘉靖十七年任主事。

徐纬，山阴人，进士，嘉靖十八年任主事。

张敦仁，丽水人，进士，嘉靖十九年任主事。

王应期，蒲州人，进士，嘉靖十九年任主事。

张鹗翼，上海人，进士，嘉靖二十二年任主事。

方九叙，钱塘人，进士，嘉靖二十五年任主事。

谷中虚，海丰人，进士，嘉靖二十七年任主事，事见名宦。

吴仲礼，贵池人，进士，嘉靖三十年任主事。

王献图，宁陵人，进士，嘉靖王十年任主事。

吕荫，阳信人，进士，嘉靖三十三年任主事。

陈绾，上虞人，进士，嘉靖三十五年任主事，事见名宦。

孟重，渭南人，进士，嘉靖三十八年任主事。

商诰，平原人，进士，嘉靖四十一年任主事，事见名宦。

孙应元，承天卫籍钟祥人，进士，嘉靖四十三年任主事，事见名宦。

熊秉元，丰城人，进士，隆庆元年任主事。

王继祖，咸宁人，进士，隆庆二年任主事，事见名宦。

任天祚，天津卫人，进士，隆庆五年任主事。

裴赐，稷山人，进士，万历二年任主事。

王家栋，嘉兴人，进士，万历五年任主事。

孟秋，茌平人，进士，万历七年任主事，事见名宦。

王邦俊，鄜州人，进士，万历十年任主事，事见名宦。

杨植，阳城人，进士，万历十二年任主事，事见名宦。

马维铭，平湖人，进士，万历十五年任主事。

陈果，新安人，进士，万历十八年任主事。

张栋，安肃人，进士，万历二十年任主事。

张时显，南城人，进士，万历二十三年任主事，事见名宦。

吴钟英，高陵人，进士，万历二十六年任主事，时岁歉，值东饷十万集羁下，飞铙甚艰，公移书当道以折色，住民不病饥。

来俨然，三原人，进士，万历二十九年任主事，事见名宦。

李本纬，锦衣卫籍曲沃人，进士，万历三十年任主事，公葺庙学，建魁楼，修文昌祠并运甓厅，被淮珰奏，几为所陷。

李如桧，阳信人，进士，万历三十三年任主事，事见名宦。

邵可立，商州人，进士，万历三十六年任主事，任内加升员外，事见名宦。

王致中，太和籍凤翔人，进士，万历三十九年任主事，课士文有知鉴，科第多出其门。

吴光义，无为籍泾县人，进士，万历四十三年任主事。

邹之易，黄冈人，进士，万历四十六年任主事。

莫在声，灵川人，进士，万历四十七年任主事，廉谦逊敏，实心课士，力折叛兵。

林翔凤，崇善籍东莞人，举人，天启二年任主事，事见名宦。

陈祖苞，海盐人，进士，天启五年任主事，事见名宦。

陈民情，辽阳籍临川人，进士，天启六年任主事。

张元芳，蓟州人，进士，天启六年任主事。

赵广胤，肤施人，岁贡，天启七年任员外郎。

郭捍城，平乡人，进士，崇祯元年任郎中。

陈瑾，宣化人，举人，崇祯二年任郎中，清介谦恭，临事有守。

李国俊，芮城人，进士，崇祯五年任郎中。

黄廷师，晋江人，进士，崇祯六年任主事。

魏肯构，曲阜人，进士，崇祯九年任主事，廉明不苛，气象恟恟。

刘士名，颍州人，进士，崇祯十一年任主事，待士有礼，驭下执法。

朱国梓，前屯卫人，贡士，崇祯十三年任主事，事见名宦。

张延，谓南人，崇祯十七年任主事。

户部山海关监督

康熙三十二年设，例用旗员，随印笔帖式一人，期年满任。

李学圣，内务府郎中，康熙三十三年任。

恩格礼，内阁侍读学士，康熙三十四年任。

刘光美，内阁侍读学士，康熙三十五年任。

白良瓒，礼部员外郎，康熙三十六年任。

吴子桢，内阁侍读学士，康熙三十七年任。

王仕，吏部员外郎，康熙三十八年任。

沙浑，兵部郎中，康熙三十九年任。

费扬古，工部郎中，康熙四十年任。

安达里，工部郎中，康熙四十一年任。

佟猷，内务府郎中，康熙四十二年任。

吴达礼，吏部主事，康熙四十三年任。

查尔钦，理藩院员外郎，康熙四十四年任。

纳穆萨礼，内务府员外郎，康熙四十五年任。

三泰，太常寺读祝官，康熙四十六年任，留三年。

孙塔哈，户部郎中，康熙四十九年任。

哲而谨，宗人府理事官，康熙五十年任。

党阿赖，日讲官左春坊庶子，掌坊事，康熙五十一年任。

保柱，宗人府理事官，康熙五十二年任。

伊特海，兵部郎中兼佐领，康熙五十三年任。

何米，太常寺赞礼郎，康熙五十四年任。

白禄，内务府郎中，康熙五十五年任，留一年。

吴达海，考功司郎中，康熙五十七年任。

关保，刑部郎中，康熙五十八年任。

常明，御前侍卫兼参领，康熙五十九年任。

常柱，内务府员外郎，康熙六十年任。

本锡，理藩院郎中，康熙六十一年任。

瓦浑泰，内阁侍读学士，雍正元年任。

张保柱，礼部郎中，雍正二年任。

策林，户部郎中兼参领，雍正三年任。

常寿，户部员外兼参领，雍正四年任。

傅柱，兵部郎中，雍正五年任。

硕色，通政司左通政，雍正六年任。

德福，刑科给事中，雍正七年任。

布颜图，兵部员外郎兼参领，八年任。

常龄，吏部郎中，雍正八年任。

五格，户部郎中兼佐领，雍正十年任，留二年。

巴德堡，大理寺少卿，雍正十三年任。

李之纲，武英殿总管事务员外，乾隆元年任。

江都，内务府员外，乾隆二年任。

韩四格，内务府郎中，乾隆三年任。

富尔逊，刑部郎中兼佐领，乾隆四年任。

江都，圆明园总管事务，乾隆五年任。

明德，御前一等侍卫兼佐领，世袭骑都尉，乾隆六年任。

众神保，内务府郎中，乾隆七年任。

色勒，内务府郎中兼佐领，乾隆八年任。

四达子，汤泉总管，乾隆九年任。

富凯，工部郎中，乾隆十年四、五两月任。

阿敏尔图，兵部郎中兼佐领，乾隆十年至十三年任。

高恒，户部郎中，乾隆十四年任，留一年。

高诚，掌湖广道御史，乾隆十六年任。

双玉，内务府郎中，乾隆十七年任。

哲库讷，畅春园总管兼佐领，乾隆十八年任。

德安，户部浙江司郎中，乾隆十九年任。

福诚，内务府护军统领，乾隆二十年任。

卓尔岱，内务府坐办堂郎中，乾隆二十一年任。

明山石关内道

天启元年设，今裁。

陶珽，云南人，进士，天启辛酉任。

阎鸣泰，保定人，进士，天启壬戌任。

邢慎言，山东人，进士，天启壬戌任。

袁崇焕，广西人，进士，天启癸亥任。

刘诏，河南人，进士，天启甲子任。

刘永基，浙江山阴人，进士，天启乙丑任。

石维屏，山东人，进士，天启乙丑任。

王应豸，山东掖县人，进士，天启丙寅任。

张春，陕西同州人，举人，天启丁卯任，事见名宦。

孙毂，湖广巴陵人，进士，天启丁卯任。

梁廷栋，湖广鄢陵人，进士，崇祯戊辰任。

王楫，山东泰安人，进士，崇祯己巳任。

杨嗣昌，湖广武陵人，进士，崇祯庚午任。

陈瑾，广西人，举人，崇祯癸酉任。

杨于国，山西人，举人，崇祯乙亥任。

李时，山西人，举人，崇祯丁丑任。

王继谟，陕西府谷人，进士，崇祯甲寅任。

原毓宗，陕西蒲城人，进士，崇祯己卯任。

范志完，河南虞城人，进士，崇祯己卯任，事见名宦。

冯珍，陕西同官人，贡士，崇祯壬午任。

国朝

杨云鹤，彭县人，进士，顺治元年任。

吕逢春，辽东人，满洲籍，顺治二年任。

杨茂魁，辽东人，满洲籍，顺治五年任，十年裁。

管关厅

万历十七年始设。

明

吴天胤，金溪人，选贡，万历十七年任。

李岱，鄞都人，选贡，万历二十一年任。

罗大器，安宁人，举人，万历二十五年任，以被诬劾去，泣送者数百人。

江一蔚，婺源人，举人，万历二十八年任。

周三聘，三原人，举人，万历三十一年任。

马河图，嵩县人，举人，万历三十二年任。

常自修，来安人，选贡，万历三十三年任。

王修行，陈州人，进士，原户部郎中，万历三十五年任。

焦思忠，延津人，举人，原大理评士，万历三十八年任。

牛象坤，陕西人，举人，万历四十一年任。

邓武沆，江南人，选贡，万历四十四年任。

张文达，陕西人，选贡，万历四十六年任。

万有孚，偏头关人，选贡，万历四十七年任。

邵宗周，陕西人，选贡，天启二年任。

宋廷谠，山东人，选贡，天启三年任。

唐如渊，江南人，选贡，天启五年任。

孙正气，浙江人，例贡，天启六年任。

赵广胤，陕西人，贡生，天启七年任。

杨葆和，云南人，举人，崇祯元年任，事见名宦。

沈澄源，浙江人，例贡，崇祯二年任。

于锈，山西人，选贡，崇祯四年任。

阎盛德，山西人，选贡，崇祯五年任。

郑材，太原人，选贡，崇祯六年任。

李梦祯，延津人，选贡，崇祯九年任。

葛惺，平定人，选贡，崇祯十年任。

桂继攀，河南人，举人，崇祯十三年任。

林维藩，福建人，贡生，崇祯十六年任。

国朝

朱仲铧，山西人，贡生，顺治元年任。

王廷勷，山东人，举人，顺治三年任。

白辉，平定人，拔贡，顺治八年任。

杨生辉，辉县人，拔贡，顺治十二年任。

刘观澜，洛阳人，拔贡，顺治十五年任，事见名宦。

赵振麟，商南人，贡监，顺治十八年任。

陈天植，永嘉人，贡士，康熙三年任，宽和恬静，事治民安。至修边垣、修澄海楼、修关志，厥功尤伟。

安达里，满洲籍广宁人，监生，康熙十年任。

孔得孟，鹿邑人，贡监，康熙十六年任。

黄鸿猷，江宁人，监生，康熙二十二年任。

陈日登，诸暨人，监生，康熙二十五年任。

尚标，仁和人，监生，康熙三十年任。

叶允信，嘉善人，贡生，康熙三十九年任。

周廷润，上海人，监生，康熙三十九年任。

陈大纯，会稽人，监生，康熙四十七年任。

戴肇名，江南人，贡生，康熙五十六年任。

侯殷，陕西人，贡生，雍正四年任。

陈题，湖广人，监生，雍正七年任。

俞士恒，浙江人，监生，雍正九年任。

翁甫生，浙江人，贡生，雍正十一年任。

胡国定，陕西人，贡生，乾隆八年任。

钟邦秀，江南人，监生，乾隆十五年任。

叶弘图，湖南人，监生，乾隆十九年任。

海运厅

天启元年始设，崇祯十四年题改屯盐厅，后裁。

明

李曾，天启元年任同知。

徐廷松，掖县人，举人，天启元年任同知。

严鉴，广东人，进士，崇祯七年任。

刘祖生，通许人，举人，崇祯八年任。

许启敏，歙县人，举人，崇祯十二年任。

邹胤启，临安人，举人，崇祯十四年任。

国朝

卢传，晋州人，举人，顺治元年任，二年裁。

临榆县知县

乾隆二年设。

王毓德，奉天正红旗汉军，由监生，乾隆二年任。

朱一蜚，嘉兴县人，由贡生，乾隆五年十二月署任。

张楷，江宁县人，由贡生，乾隆六年四月任。

王式烈，云梦人，由进士，乾隆十三年十月署任。

张秉义，胶州人，由贡生，乾隆十三年十二月任。

程闰生，长州人，由举人，乾隆十七年二月署任。

钟和梅，海宁人，由进士，乾隆十七年八月由巨鹿县调任。

山海卫教授

正统元年设。

张恭，丹徒人，监生。

王浚，莱州人，监生。

周逵，淮安人，监生。

李英，饶州人，岁贡，事见名宦。

钱晋，登州人，监生。

何珍，惠州人，监生。

高升，临颖人，监生。

张良金，镇原人，岁贡，嘉靖十五年任。

宫善，洧川人，岁贡，嘉靖二十年任。

王儒，宁远卫人，岁贡，嘉靖二十五年任。

刘礼，新城人，岁贡，嘉靖二十八年任。

徐溥，归安人，选贡，嘉靖三十年任。

张怀远，富平人，岁贡，嘉靖三十二年任。

陈绥，卫辉人，岁贡，嘉靖三十四年任。

邵玶，凤翔人，岁贡，嘉靖四十年任。

王琨，开封人，岁贡，嘉靖四十二年任。

刘九成，钟祥人，岁贡，嘉靖四十五年任，和厚介严，随解绥去，部使苦留之不得。

陈铸，榆林人，岁贡，隆庆元年任，守正不苟合，待诸生贫富如一，后人思之。

陈言，历城人，岁贡，隆庆五年任。

许光祐，洛阳人，岁贡，万历二年任。

栗儒，保安州人，岁贡，万历四年任。

张大化，历城人，岁贡，万历七年任。

李永康，历城人，岁贡，万历九年任。

徐公敏，河间卫人，岁贡，万历十一年任。

周一夔，济宁州人，岁贡，万历十四年任。

徐崇仕，洛阳人，岁贡，万历十六年任，时值儒生新进报升王官，即束装归，赞仪不为意，高洁足尚。

张典，南阳人，岁贡，万历十八年任。

陈时雨，任县人，选贡，万历十九年任。

王世采，郧县人，岁贡，万历二十三年任。

王邦畿，故城人，岁贡，万历二十五年任。

党鲁，宝鸡人，岁贡，万历二十八年任。

王士林，太原人，岁贡，万历三十二年任。

侯国安，蓟州人，岁贡，万历三十四年任，正大宽厚，待诸生有礼仪，告致仕归。

陈尧春，福宁州人，岁贡，万历三十五年任。

严师曾，江都人，岁贡，万历三十八年任。

徐湖，蓬莱人，岁贡，万历四十三年任。

李克敬，长垣人，岁贡，万历四十八年任。

安国栋，广宁人，岁贡，天启五年任，赞画军务。

蔡宜升，霸州人，岁贡，崇祯三年任。

王卫民，隆平人，岁贡，崇祯七年任。

翟谦，定州人，岁贡，崇祯九年任。

单三极，复州人，岁贡，崇祯十年任。

李敏芳，安州人，岁贡，崇祯十一年任。

傅佳胤，抚宁人，岁贡，崇祯十二年任。

国朝

王养正，滦州人，岁贡，顺治元年任。

徐乃恒，广宗人，岁贡，顺治五年任。

姚舜臣，固安人，岁贡，顺治十年任。

梁国衡，饶阳人，岁贡，顺治十一年任。

徐乃恒，顺治十四年再任。

韩雄胤，高阳人，进士，原弘文院庶吉士，顺治十五年任。

韩国龙，密云人，岁贡，康熙元年任，修理学宫，殚竭心力。

韩雄胤，康熙四年再任。

钱裕国，顺天人，举人，康熙七年任。

孟赍予，滦州举人，康熙十八年任。

傅严，滑县举人，康熙二十一年任。

贾淑，晋州举人，康熙二十九年任。

臧际昌，宁津举人，康熙三十年任。

徐祖望，大兴贡生，康熙三十六年任。

张璞，盐山举人，康熙三十七年任。

王珍，卢龙进士，康熙五十年任。

邓俊，大兴举人，康熙五十二年任。

井镒，文安举人，康熙五十二年任。

夏御乾，滦州贡生，康熙五十七年任。

马子骧，灵寿贡生，康熙六十一年任。

吴一德，奉天举人，雍正四年任。

翟正经，卢龙进士，雍正六年任。

张瑁，丰润贡生，乾隆元年任。

临榆县教谕

乾隆四年教授改设。

沈廷奎，宛平举人，乾隆四年任。

董禧，奉天进士，乾隆十一年任。

阎珣，曲周举人，乾隆十一年任。

胡坦，清苑举人，乾隆十四年任。

贾天禄，辽阳贡生，乾隆二十九年三月由房山训导升任。

训导

正统元年设，国朝顺治十六年裁，康熙十五年复设，乾隆二年改卫学为县学，仍设如故。

明

曹选，邳州人，监生。

田登，山西人，监生。

王安，登州人，监生。

吕廷辉，建阳人，监生。

房巍，长清人，监生。

贾宗鲁，峄县人，监生。

牛仲和，宁阳人，监生。

张伦，沁水人，岁贡，嘉靖十五年任，事见名宦。

谢祯，山东人，监生，嘉靖二十年任。

赵钺，平遥人，岁贡，嘉靖二十七年任。

张廉，广宁卫人，岁贡，嘉靖三十二年任。

马铠，平顺人，岁贡，嘉靖四十年任。

梁楠，华州人，岁贡，嘉靖四十年任。

李璜，利津人，岁贡，嘉靖四十五年任。

何文绮，东宁卫人，岁贡，隆庆三年任。

王璧，宝坻人，岁贡，万历二年任，为新进生讲经义，不较束修。

田均，清源人，岁贡，万历九年任。

范梧，沈阳卫人，岁贡，万历十五年任。

朱良相，锦州卫人，岁贡，万历十八年任。

高彦良，东宁卫人，岁贡，万历二十五年任。

李守志，安平人，岁贡，万历二十七年任。

陈一本，文水人，岁贡，万历三十二年任。

齐登，广宁卫人，岁贡，万历三十七年任。

潘日益，锦州卫人，岁贡，万历四十二年任。

仇文斗，浚县人，岁贡，天启元年任。

单三极，复州卫人，岁贡，天启七年任。

傅延祚，锦州卫人，岁贡，崇祯三年任。

鲍登科，锦州卫人，岁贡，崇祯六年任。

张弘猷，锦州卫人，岁贡，崇祯十二年任。

国朝

苗有稢，顺天府人，岁贡，顺治五年任。

刘龙，曲阳人，岁贡，顺治九年任。

王晔，顺天府人，教习，顺治十六年任裁。

李昌宗，容城人，恩贡，康熙十六年任。

王芳范，铁岭人，贡生，康熙二十二年任。

贾圻，清苑人，贡生，康熙三十五年任。

梁薛一，沧州人，贡生，康熙四十一年任。

陈谦，大兴人，贡生，康熙五十九年任。

马汝翼，隆平人，贡生，雍正九年任。

毕清，东光人，贡生，乾隆四年任。

杨淑茂，灵寿人，贡生，乾隆十一年任。

李准中，任县人，贡生，乾隆十四年八月任。

李廷对，蔚县人，贡生，乾隆十四年八月任。

山海卫经历司

徐鼎，徐州人，监生。

许焕，山东人，吏员。

吴佩，浙江人，吏员。

张文，山西人，监生。

车桓，陕西人，吏员。

梁琨，陕西人，监生。

金玉，河州人，吏员。

杨尚信，山东人，吏员。

徐敞，山东人，监生。

郭寅，浙江人，吏员。

吴世赞，山东人，监生。

刘国学，江西人，吏员。

康思道，山东人，吏员。

傅奎，进贤人，吏员。

魏公道，山东人，吏员。

高宗恩，洛阳人，吏员。

韩宗学，泾阳人，吏员。

王景熙，泾县人，吏员。

周懋良，永康人，吏员。

沈澄源，浙江人，监生。

施溥，江南人，选贡。

国朝

武永成，太谷人，拔贡，通判改授，顺治八年任。

闵应奎，湖广人，吏员，顺治十三年任，裁。

归化场盐大使

康熙八年以前无考。

陈如麟，吏员。

薛天成，陕西人，吏员。

胡士杰，浙江人，吏员。

王琳，山东人，吏员。

王治章，河南人，吏员。

郭余芬，山东人，候选州同，雍正六年任。

景莪，河南人，举人，乾隆六年任。

江自岷，甘肃人，举人，乾隆十三年任。

石门寨巡检

乾隆三年设。

谢惟贤，浙江人，内阁供事，乾隆三年任。

赖定瑶，江西人，贡生，乾隆十二年任。

吴迪锽，浙江人，吏员，乾隆十二年任。

黄廷梓，浙江人，吏员，乾隆十七年由临榆县典史署任。

钱士贵，江南人，内阁供事，乾隆十七年任。

深河堡巡检

乾隆十一年设，抚宁、临榆分属。

金仪凤，浙江人，吏员，乾隆十一年任。

王楠，河南人，贡生，乾隆十七年任。

胡礼煌，浙江人，内阁供事，乾隆十七年任。

黄再英，四川人，吏员，乾隆二十一年任。

临榆县典吏

乾隆二年设。

沈钦，浙江人，吏员，乾隆二年由迁安驿驿丞改任。

金仪凤，浙江人，吏员，乾隆五年任。

张炯，河南人，吏员，乾隆四年任。

黄廷梓，浙江人，吏员，乾隆九年任。

钱士贵，江南人，内阁供事，乾隆十九年由石门寨巡检署任。

金简，四川人，监生，乾隆二十年任。

迁安驿驿丞

乾隆二年载。

徐上达，咸宁人，康熙十七年任。

张加慎，富平人，康熙二十二年任。

王元善，掖县人，康熙三十六年任。

冀学成，华州人，康熙四十一年任。

宋抚民，砀山人，吏员，康熙五十年任。

谢夫旺，博平人，吏员，康熙五十九年任。

赵可观，太平人，雍正十一年署任。

沈钦，浙江人，吏员，雍正十一年任。

卷之八

职官（下）（附名宦）

武 阶

山海镇总兵

明

万历四十六年设，各营副、参、游、都更定不一，不能备载。

杜松，陕西榆林卫人，万历四十六年任，率兵援辽，浑河大战死于阵。

柴国柱，万历四十六年任。

刘渠，顺天府人，万历四十七年任，事见名宦。

孙显祖，万历四十八年任。

江应诏，天启元年任。

马世龙，天启二年任经理镇。

王世钦，天启二年任南部。

尤世禄，天启二年任北部。

杨麒，天启五年任。

赵率教，天启六年任。

满桂，天启六年任。

杜文焕，天启七年任。

赵率教，崇祯二年再任，领兵援遵化阵亡。

朱梅，前屯卫人，崇祯二年任，事见名宦。

宋伟，崇祯三年任。

刘源清，崇祯四年任。

尤世威，榆林人，崇祯五年任。

张时杰，宣镇人，崇祯八年任。

侯拱极，崇祯九年任。

马科，崇祯十二年任。

于永绶，崇祯十四年任。

卢天福，永平府人，崇祯十五年任。

高第，榆林人，崇祯十六年任。

国朝

高第，榆林人，顺治元年任。

朱万寿，绍兴府人，顺治二年任，六年裁。

副总兵

夏登仕，榆林人，顺治六年任，九年裁。

城守游击

孙承业，顺天人，顺治九年任，十三年裁。

山海路

明守备（正统八年设，后改参将）

王整，羽林前卫人，正统八年任，事见名宦。

谷登，永平卫人，天顺三年任。

陈善，龙骧卫人，成化三年任。

陈宣，永平卫人，成化九年任。

李铨，锦衣卫人，成化十七年任。

李增，永清卫人，弘治元年任。

申宁，沂州卫人，弘治元年任。

王喜，济州卫人，弘治十四年任。

赵承文，锦衣卫人，弘治十五年任。

杨恭，府军前卫人，弘治十八年任。

王福，旗手卫人，正德三年任。

叶凤仪，锦衣卫人，正德七年任。

季英，锦衣卫人，武举，正德十年任。

田琮，大宁都司人，正德十四年任。

韩聪，金吾右卫人，武举，正德十六年任。

钟杰，抚宁卫人，嘉靖元年任。

宋琦，景陵卫人，嘉靖二年任。

田登，平谷人，嘉靖三年任。

九聚，金吾右卫人，嘉靖五年任。

宋经，金吾右卫人，武举，嘉靖六年任。

张世武，兴州右卫人，武举，嘉靖九年任。

栾锐，营州右卫人，嘉靖十三年任。

萧宝，永清右卫人，嘉靖十六年任。

赵仁，兴州后屯卫人，嘉靖十八年任。

龚廉，茂山卫人，嘉靖二十一年任。

胡潭，定州卫人，嘉靖二十三年任。

徐永贵，山海卫人，嘉靖二十四年任。

杨舟，镇朔卫人，嘉靖二十五年任。

李康民，永平卫人，嘉靖二十六年任。

胡宗舜，神武右卫人，嘉靖二十六年任。

唐承绪，东胜左卫人，嘉靖二十八年任。

戴卿，保定前卫人，嘉靖二十九年任。

何凤，忠义后卫人，武举，嘉靖三十一年任。

朱孔阳，保定中卫人，嘉靖三十三年任。

申维岳，遵化卫人，嘉靖三十四年任。

倪云鹏，天津卫人，嘉靖三十五年任。

谢隆，忠义后卫人，会举，嘉靖三十六年任。

周冕，神武左卫人，会举，嘉靖三十八年任。

杨四畏，定辽左卫人，武举，嘉靖三十九年任。

赵云龙，义州卫人，武举，嘉靖四十一年任。

王廷栋，东胜左卫人，嘉靖四十三年任。

周承远，太仓卫人，隆庆元年任。

张良臣，宁远卫人，隆庆三年任。

明参将（隆庆三年设）

莫如德，龙门所人，武进士，隆庆三年任。

管英，金吾右卫人，隆庆四年任。

孙朝梁，榆林卫人，隆庆六年任。

聂大经，大宁前卫人，隆庆六年任。

林岐，彭城卫人，万历元年任。

陶世臣，永平卫人，万历二年任。

沈思学，宿州卫人，万历二年任。

王通，榆林卫人，万历三年任。

王有臣，东宁卫人，武举，万历四年任。

吴惟忠，义乌人，万历五年任。

杨栗，延安卫人，万历七年任。

谷承功，永平卫人，万历九年任。

王守道，广宁左屯卫人，万历十一年任，事见名宦。

王有翼，铁岭卫人，万历十三年任。

谷承功，万历十四年再任。

张应种，广宁卫人，万历十五年任。

姜显宗，榆林卫人，万历十六年任。

张守职，彰德卫人，万历十八年任。

孙一元，宣府前卫人，武举，万历十九年任。

郭梦征，广宁中卫人，万历二十一年任。

李承祖，绥德卫人，万历二十二年任。

杨元，宁辽左卫人，武举，万历二十四年任。

蔺登瀛，龙骧卫人，武举。万历二十四年任。

聂钰，燕山右卫人，万历二十六年任。

李自芳，金山卫人，武进士，万历二十七年任。

朱洪范，武骧左卫人，会举，万历二十九年任，事见名宦。

姚洪，金吾右卫人，武举，万历三十一年任。

李获阳，保定中卫人，武进士，万历三十三年任。

李茂春，永宁卫人，万历三十六年任。

白慎修，榆林卫人，万历三十七年任副将，管参将事。

刘孔胤，怀来卫人，万历三十七年任副将，管参将事。

蔺登瀛，万历四十一年再任。

吴自勉，陕西人，万历四十五年任。

施洪谟，真定人，天启元年任。

高国祯，山西人，天启二年任。

宁宠，陕西人，天启六年任。

叶时新，江南人，天启七年任。

申其祐，遵化人，崇祯三年任。

张继发，辽东人，崇祯五年任。

崔秉德，辽东人，崇祯六年任。

赵应元，山海人，崇祯九年任。

王永福，顺天人，崇祯十年任。

慕继勋，定州人，崇祯十一年任。

国朝

朱运亨，辽东中前所人，武举，顺治元年任副将，管参将事。值开国初，供应军需，镇抚百姓，进剿流寇，捐奉给引，军民赖之。

刘朝辅，辽东人，满洲籍，顺治五年任参将。

都司（顺治六年设）

秦国荣，山海卫人，顺治六年任。

张开仕，江南淮安人，顺治十一年任。

陈锜，江南高邮人，武进士，顺治十六年任。

孙枝茂，宣府万全左卫人，武进士，康熙元年任。

陈名远，顺天人，武进士，康熙七年任。

钟声，江南淮安人，康熙十二年任。

严梅，陕西人，武进士，康熙十九年任。

齐明，河南人，康熙二十二年任。

王明，山西人，康熙二十六年任。

俞启相，江西人，武举，康熙二十七年任。

丁延祥，满洲人，康熙三十三年任。

洪建都，陕西人，康熙三十六年任。

许士隆，陕西人，康熙三十八年任。

冯西生，陕西人，康熙三十九年任。

马忠，陕西人，康熙四十三年任。

谭克明，陕西人，康熙五十一年任。

刘得紫，正红旗汉军，监生，康熙五十四年任。

王道义，顺天人，武进士，康熙五十七年任。

刘正，陕西人，雍正元年任。

许全武，福建人，雍正九年任。

骆文镇，保定人，雍正十一年任。

李挺，陕西人，雍正十二年任。

桂栖鹦，山西人，雍正十三年任。

额尔登额，镶蓝旗满洲侍卫，乾隆十一年任。

黑格，镶黄旗满洲步军校，乾隆十六年任。

千总

张海，榆林人，顺治二年任。

周永祚，山海人，顺治五年任。

马献祥，京卫人，顺治八年任。

沈登瀛，顺天人，武举，顺治十二年任。

李明道，抚宁人，顺治十三年任。

丁奇，京卫人，武举，顺治十七年任。

萧九韶，抚宁人，顺治十八年任。

唐克鼎，宣镇人，康熙四年任。

王日钦，直隶人，康熙六年任。

左国忠，遵化人，康熙八年任。

王日钦，康熙九年再任。

刘昌龄，顺天大兴人，武举。

杜自显，陕西人。

姜启猷，陕西人，行伍，康熙五十五年任。

刘恂，迁安人，武举，康熙六十一年任。

韦正，宣化人，雍正三年任。

田连登，山西人，雍正八年任。

刘祚印，陕西凉州人，雍正十二年任。

沈明，迁安县人，乾隆九年任。

刘大勇，河间县人，乾隆十四年任。

姚焕，江南人，乾隆十九年任。

把总

苗有年，山海卫人，顺治六年任。

张成名，直隶人，顺治十四年任。

孙定国，抚宁人，顺治十六年任。

赵天爵，榆林人，康熙元年任。

刘彪，保定人，康熙四年任。

徐臻睿，直隶人，康熙九年任。

武顺，山西人，雍正二年任。

赵廷全，抚宁县人，雍正七年任。

马良，河间县人，乾隆七年任。

山海卫守备（明系本卫指挥署篆）

焦毓秀，顺天人，武进士，顺治四年任。

郭之俊，宣镇人，武进士，顺治六年任，事见名宦。

董戴，直隶威县人，武进士，顺治十三年任。

王御春，永年籍陕西人，武进士，顺治十七年任，诚悫有实政，征缉不苛。

陈廷谟，顺天人，武进士，康熙六年任。

王天祐，京卫人，武进士，康熙十三年任。

罗宣，河南人，武进士，康熙二十年任。

曾起祚，河南人，武进士，康熙二十二年任。

杨汇吉，河南人，武举，康熙二十三年任。

刘光唐，宣化人，武举，康熙三十六年任。

贝廷枢，沧州人，武进士，康熙四十二年任，升陕西水师掌印都司。

王廷桂，顺天人，武举，康熙四十九年任。

秦元勋，陕西人，武举，康熙五十年任。

白焕枢，满洲人，武进士，雍正四年任。

戴肇名，通判署事，雍正四年任。

林镇岳，江南太仓卫人，由世袭，雍正六年任。

刘甲，柏乡县人，武进士，雍正十年任。

许承濂，河南人，武进士，雍正十一年任。

杨廷芝，满洲人，武进士，雍正十二年任。

张维新，湖广人，武举，乾隆元年任，二年裁。

石门路

明游击（后改都司）

龚廉，易州人。

王芝，保定人。

王允中，辽东人。

张勋，涿州人。

李章，大同人。

佟登，辽东人。

白文智，陕西人。

张功，山东人。以上俱嘉靖年任。

李信，绥德卫人。

董一元，陕西人。

李珍，榆林人。

张拱立，甘州左卫人。以上俱隆庆年任。

李信，再任。

王抚民，绥安人。

毛策，辽东人。

杨四德，辽东人。

戴朝弁，辽东人。

王锐，榆林人。

刘承恩，淮安人。

李应春，虎贲右卫人。

陈愚闻，绥德卫人。

樊崇礼，榆林人。

管一方，安东中屯卫人。

吴世芳，蓟州卫人。

王国梁，宣化府人。

丁世用，榆林人。

李芳春，平鲁卫人。

牛伯英，以上俱万历年任。

国朝

吴汝凤，顺天籍山东人，武进士，顺治元年任。

都司（原设游击，顺治六年改设）

王雍，清苑人，顺治六年任。

李三阳，顺天人，顺治十年任。

叚九功，直隶人，顺治十三年任。

文兴明，河南人，康熙二年任。

赵琳，唐县人，康熙十三年任。

朱琳，河南人，将材，康熙十六年任。

刘绍基，湖广人，武举，康熙二十二年任。

冯西生，陕西人，康熙三十六年任。

高从斗，陕西人，康熙三十九年任。

马忠，陕西人，康熙四十一年任。

王琳，陕西人，康熙四十三年任。

朱存桂，陕西人。

马清阿，镶红旗人。

甘洲，镶蓝旗人。

巴泰，正白旗人。

南泰，正红旗人。

邦俊，正黄旗人。

千总

王三光，福建人。

海升，镶白旗人。

林大节，福建人。

常清，正白旗人。

义院口把总

刘大勇，河间县人，乾隆三年任。

李琦，迁安县人，乾隆十三年任。

金忠，肃宁县人，乾隆二十年任。

大毛山把总

魏明才，甘肃靖远人，康熙六十一年任。

李若桐，卢龙县人，乾隆二年任。

钱尚礼，卢龙县人，乾隆十八年任。

黄土岭把总

蔡文煌，福建人，乾隆四年任。

绰海，镶白旗人，乾隆十九年任。

南海口营

守备（顺治十三年设）

崔吉，满洲籍辽东人，顺治十三年任。

俞宗舜，浙江人，顺治十六年任。

高世俊，直隶河间人，顺治十七年任。

马子云，陕西人，康熙七年任都司金书，管守备事。

陈万化，辽东人，康熙十三年任裁。

把总

刘天福、吕守忠、萧九韶、赵汝贵、王成功、许豹、□□□、□□□。

杜维邦，昌黎县人。

刘廷贵，玉田县人。

张遴，山西汾阳县人。

刘文正，天津县人，乾隆二年八月任。

名　宦

元

怀间公，皇庆初为瑞州答鲁花赤。时海滨县宣圣庙兵燹，后鞠为茂草，代官数十辈，咸置弗理。公至，邑人请之，遂慨然兴复，不十旬而庙告成。其崇儒慕义类如此。

明

徐达，凤阳人，洪武十四年，上以燕民新附，又地邻北边，命公镇之。乃依山阻海，创立关城，复修筑墙垣，阻塞隘口，联络周密，规度弘远。累官太傅中书右丞相，晋爵魏国公，追赠中山王，谥"武宁"。景泰年间士民感念功德，尸祝不废。当事者以其情请于朝，建专祠致享。

王整，羽林前卫人，正统八年来守山海。沉毅有谋，长于干济。时山海设守臣自公始。前此治尚草创，规制未备。公至，次第兴举，庙学、楼橹及廨舍之属多所增建。抚士驭下，宽而有体。仕十五年，军民畏而爱之。

杨琚，江西太和人，由进士，天顺五年以兵部主事莅任。公明练达，举措一中典型关法，自讯察外，无少留滞，人咸称便。时卫学始建，拘行伍子弟充，诸生弗乐。公雅意作人，士习用变，如郑侍御亲受指画，后为名宦，士民咸称颂不置。

刘刚，山海卫指挥佥事。天顺间视卫篆，以贤称。体统甚严，每侵晨诣卫公座，千户以下肃肃雁序，咸执属礼，罔敢哗者。虽器物食用之细宿购卫中，遇上官至，辄出以应，不敛诸下。于学校以提调自任，创建东西庑暨学舍，诸生违教者，辄廷责之，罔敢不服，其公严综密类此。

狄珍，字国宾，本卫中右所千户。少时与海钓萧公同肄举子业，志趋甚端，长承荫署所篆。文雅忠厚，岿然为流辈所推。比致仕，守关诸公慕其高致，咸以宾礼相遇，事鲜过举，身无苟行，初终一节，时人称之。

张恺，字元之，江南无锡人，由进士，弘治二年以兵部主事莅位。操守清严，有冰蘖声。关旧法止验籍与年，公始稽貌，以杜诈冒之弊，至今因之。其待士惠民，外内一致，虽黠诈者亦不忍欺云。

黄绣，字文卿，江南靖江人，由进士，弘治五年以兵部主事莅任。宅心平恕，政尚宜民。时关内薪水咸取给关外，公给木牌悬之，出入樵汲甚便。凡人经公一面，即能辨识，遇有冒顶者，辄指摘之，卒无敢欺。启闭有常期，虽祁寒暑雨及他务丛集亦弗爽。代去之日，男女夹道遮留，车马至不得行。后转巡辽东，再经其地，居民犹依恋不忍舍去。

陈钦，字亮之，浙江会稽人，由进士，弘治八年以兵部主事莅任。清简平易，卓有高致，终仕无苛扰之令，民甚德之。邃于诗学，雅好吟咏。迎养父教谕君于署，尝亲侍杖履游佳山水以娱其志，天伦至乐，虽途人咸知歆慕云。

黄景夔，四川郫都人，由进士，正德十六年以兵部主事莅任。旧部使与守臣敌体，公至，呈部革之，始执廷参礼。地方荐饥，举赈贷、兴义仓，居民赖以存活者众。禁浮屠、巫祝、淫祀及燔尸诸弊俗，民无敢挠者。卫学旧无廪饩，公垦田以租给之。暇则亲为校艺课业，士风彬彬兴起焉。

王冕，字服周，河南洛阳人，以进士起家，仕万安令。值逆濠之变，公召募勇敢继抚帅进，及逆兵衄安庆，趋还南昌。为釜鱼计，公率所部遏而擒之。迁兵部主事，嘉靖三年来守关，甫五旬，值辽妖卒变作，群丑啸呼，露刃阶下，侍吏拽公越民舍为潜避计，公正色拒，及贼以刃胁公使从，不屈，死之。抚臣上其事，赠光禄寺少卿。

李英，江西饶州人，由岁贡，嘉靖间任儒学教授。潜心圣贤之学，每事务躬行实践，期可盟以幽独，尤以师道自任，教人不专事举子业，谈理道，辨义利，谆谆不倦，徒辈有能厚人伦、尚义举者，奖进不容口。闻兄认，哀毁逾礼，见者感泣。因触时政，弃官归江右。素重清议，慎许可。理学中如胡敬斋与先生始终无间，一时并称胡李二先生云。

葛守礼，山东德平人，由进士，嘉靖十年以兵部主事为关使者。公平生敦礼法，谨言笑，提躬范物一准古道，至取予间虽一介不苟，关法肃然。时典章草昧，自公始行乡饮礼，风厉耆德，创养济院，著为令愒独赖之。

张伦，山西沁水人，由岁贡，嘉靖十五年任儒学训导。提躬严整，博学善诲。每以圣贤心身正大训迪士子，不屑屑章句间。博士俸及祭肉悉捐赈贫生。朔望振铎，诸生执弟子礼，勿敢或惰者。以故出其门者，咸以宦绩显，而刘太仆其较著者矣。

谷中虚，山东海丰人，由进士，嘉靖二十七年以兵部主事莅任。公英年登第，练达如老吏。视关政三年，澹泊宁静，一尘不淄。时边左承平，比屋殷富，以贱值市马而西者首尾相望。榷关者利其税纵之入，公独加厉禁。诸贩者皆领中官赀，久饕倍利，一旦失望，遂挟巨珰书并祈本兵为言，公执如初，不为屈。

陈绾，浙江上虞人，由进士，嘉靖三十五年以兵部主事莅任。公才气倜傥，熟谙边务，慷慨论事，下笔辄数千言，按之皆中利害，切时艰，如《守边赈荒诸论》，蓟辽大吏皆屈服。时关东西大饥，公疏通关政，煮粥铺之，民赖以全活者甚众。

商诰，山东平原人，由进士，嘉靖间以兵部主事莅任。壬戌岁蒙古数千薄关东，乡民奔避如蚁。议者请亟闭关，公曰：“是弃万人命矣。”大开关门纳之。少顷，敌攻旱门关甚急，公神气整暇，躬巡垛，指挥方略，励将士拒守，敌竟夺气遁去。议者谓：当时无公，阖城流血矣。事闻，被赉加秩，寻迁蓟州兵备。

孙应元，湖广承天卫人，由进士，嘉靖四十三年以兵部主事莅任。公长髯方面，望之有威，器识弘远，当机立断，素以才名推。由地曹调任，及抵关，精明练达，事治民安，南北敌台皆其所建，尤称硕画云。

王继祖，陕西咸宁人，由进士，隆庆二年以兵部主事莅任。公坦平简静，居官随所莅，咸有冰蘗声。时新添参将某有颉颃意，公持大体，不少借，一切馈遗却之。后陟守河间郡，以忤抚臣，去。随起守南阳，升四川宪副。乞归，再起，仍不赴。名挂仕籍三十年，历俸仅半之，盖古道自处，澹然利名者。

孟秋，山东茌平人，由进士，万历七年以兵部主事莅任。公研精理学，特立独行，蔬布自甘，不殊寒士，平生义利之辨尤严。青衿中有志请益者，乐于启发，竟日不倦。每念边方日弛，少有罚锾，尽捐以置神枪火器为战守具。或迁之，答曰："此夏官职也。"时江陵擅政，边帅竞以贿进，辽左尤狼藉。公当关，严检阅，不便载重，借京察谪之。后起，累官尚宝司少卿。

王邦俊，陕西鄜州人，由进士，万历十年以兵部主事莅任。公沉重端严，寡言笑，惟训课则谈吐不厌。时江陵当事遣一所憎者于辽，前部使恐其外逸，严禁关法，十余日始一放，出入不便，公尽复如故，关内外欢若更生。请建东罗城，修理楼堞，至今赖之。

王守道，辽东左屯卫都指挥使，万历十一年任山海路参将。十二年九月蒙古兵侵宁前，公率本路并延绥兵东援，遇敌却之。十月敌复合兵，夜半直驱关门，公同延绥将杭大才、中军盛庄列营城东，血战竟日，敌失利退去，关城以完。

杨植，山西阳城人，由进士，万历十二年以兵部主事莅任。公清介方正，居官三载，一切馈遗无受，各行俱用时估。执法严而不苛，留心惠养，免挂号一呈，军民咸感。训诲诸生谆谆不倦。操持冰霜，后人罕及。

张时显，江西南城人，由进士，万历二十三年以兵部主事莅任。公长于治材，精核整肃，重修关志，俱出亲笔主裁，学识赡雅。时征倭总兵陈璘幕下鼓噪，赖公抚定，宇获宁。

来俨然，陕西三原人，由进士，万历二十九年以兵部主事莅位。公居官端重严整。时税珰高淮煽虐，厚币馈遗公，尽却之。迎送过客不与同，事至有害于民者，力为解释，淮亦畏其清鲠，不敢纵恶。任未久，卒于官，士民痛之，立祠以祀。

朱洪范，京卫指挥，武进士，万历三十年任山海路参将。才品兼长，仪表修伟。整饬营伍，任用贤才。时值税监擅权，曲为护持，地方免害者甚众。长于吟咏，有樽俎折冲之概，当时推为儒将。

李如桧，别号太岩，山东阳信人，由进士，万历三十三年以兵部主事莅任。至性孝友，廉平莅官，坦和待物，课士评文如家人父子。准旧引填名，轸念民瘝。时税珰高淮虿尾鬼厉，公不吐不茹，绰然挽掖。及淮稔恶贯盈，军民激变，公调停息乱，拊淮出境，一时获免骚害。

邵可立，陕西商州人，由进士，万历三十六年以兵部主事莅任，加升员外。公廉直刚断，邃于理学，创文昌书院，购古今遗书充之，俊彦鼓箧其中，面受指画，乡会两试获隽者甚众。值岁饥，公令屯官清绝产，置牛具分给。贫不能婚者，有布花之施；不能葬者，有棺木之给。尝三劾貂珰，四减关税。修镇东楼，工师苦无大木，忽海上浮若干至，及落成无赢余者。亢阳不雨，公三祷三应。忠清正直，格于神祇，士民感叹异之。

刘渠，别号双泉，顺天人，万历四十七年总镇山海。体貌魁岸，武艺优长，而性情恂恂，有类文儒，投醪恤士，悬榻礼贤，严禁官价，不致扰民，有古良将风。迁镇广宁，临阵战死。

孙承宗，别号凯阳，直隶高阳人，万历甲辰廷试第二。为人沉毅豁达。天启壬戌，公以内阁督师关门，设三镇，置营房于城内外，军民异处，各安其所。蠲俸修学，广科举以兴人文。施谷济贫，惠及百姓。三载劳瘁，病告回籍。崇祯己巳特旨起，公匹马就关，躬督士民，多方守御，以底成功，关城赖以保全，大约公以文人掌军务，安详镇定，不动声色，有轻裘缓带之风。

陈祖苞，浙江海盐人，由进士，天启五年以兵部主事莅任。公一日坐堂上，忽有骤从关外入署，向堂上长鸣，公使人尾之，至一家直入，刨地得尸，廉得其状抵罪。又有四人失路，引回关中，官欲以奸细论，公持不可，竟得放归，以此致忤，蹶而复起，后历顺天巡抚。关民立祠肖像以祀。

张春，陕西同州人，由举人，天启丁卯任山石道，清正廉介。前为永平道，多惠政。及迁山海，任未久，以抗直忤当事，罢去。未几复起永平道监军，援大凌河，兵败，被执不屈。我太宗怜其忠，不忍杀，居辽十余年，卒，其子请觅骸骨归葬，许之。永平建有专祠。

杨葆和，云南大理府人，由举人，崇祯二年任管关通判。为人端毅正大，不附权要，勤政惠民，知人爱士。时余仪部初应童子试，公即以大受相期，勉望谆至。未几，以忤上官谢病归。

朱梅，别号海峰，辽东前屯卫人，崇祯三年总镇山海，先是值广宁失守，属国要赏，士民震骇，当事难之。时公为裨将，慨然自任，出抚于关东八里铺，詟以威灵，绥以恩信，群众帖服，罗拜而去，关门安堵。至招降丁、活难民、垦地筑垣，种种著绩。适辽兵溃还至关，公匹马独前，为宣恩威，相对抚膺流涕，无不感动。起补山海镇，不浃旬获奏成功，加秩世袭，及卒，晋阶谕祭以酬其勋。

杨嗣昌，别号文弱，湖广武陵人，由进士，秉宪山石将佐。凛如神君。寻晋府院，筑南北两翼城以固疆域。刊乡约，化民书，令有司师生朔望讲读，以正风俗。因学宫规制未备，捐俸改建，廓然改观。经营甫竣，迁秩去。自是以后，关门科第较前为盛，咸归功于公云。

朱国栋，陕西富平人，由进士，崇祯十一年任巡抚。公深毅，持大体。更定营制，军政肃然。上书修西罗城，以资捍卫。寻迁秩去，关人欲为建祠，时值改革，未果。

范志完，河南虞城人，由进士，崇祯十二年任山石道。公多材艺，优干三年百废俱举，峻城浚池，宽徭敕驿，鼓励行伍，振兴学校，崇秩祀，奖节孝，救荒恤困，一时政治为之改观。后迁山西巡抚，升总督，时不可为，未得以功名终，士论惜之。

朱国梓，辽东前屯卫人，总镇朱梅子，崇祯十三年以兵部主事莅任。清介周慎，关政修举。升永平道，值寇变，削发披缁居海上。未几，同吴三桂举义拒寇，功成不居。奉母隐居石门寨山中，母没哀毁，葬祭皆如礼，可谓敦忠孝之大节者矣。

国朝

郭之俊，宣镇人，由武进士，顺治七年任卫守备。慷慨有为，清正不苟，爱民如子，理政事如治家务。时抚宁卫归并山海，公视之如一，下民戴之。升任去，民遮送不忍舍。数年后解任，偶至关门，绅士商农奔走趋谒，犹依依如初至云。

祁富哈，满洲人，顺治九年任城守尉。为人清慎有守，常俸外绝无侵染。约束士卒，勿敢有生事扰民者。居数载，卒于官。关民至今称颂不衰。

刘观澜，河南洛阳人，拔贡，顺治十五年任管关通判。清惠敦谨，恤民爱士。适值时艰，悍卒抗衡，顽民狂逞，公劳心抚御，忧愤成疾，卒于官。贫不能丧，关人为敛赍归榇于其家，士民哀之。

于成龙，字振甲，镶红旗人，由荫生。康熙七年任乐亭令。宏才伟略，清正有为，念恤民艰，禁严科派。岁饥请赈，实惠均沾。缮城垣，除积弊，未两年，政通事举。以署滦篆讹误，士民叩阙保留。十年复任，由是修学宫，劝开垦，革里催，详除美化，屯额粮以恤丁绝，请退任丘拨补地亩，以免民赔累。礼贤爱士，缉盗安民。十八年升北通州知州，迁江宁府知府，擢江南按察司使，升副总河直隶巡抚加太子少保，晋升都察院左都御史、本旗都统、河道总督。功业赫赫，社稷倚重。崇祀名宦。

夏时美，满名安达里，字羡之，满洲籍广宁人，康熙十年任管关通判，文武兼长。时蒙古察哈拉部落谋为不轨，群情汹汹，公完守备御，关民恃以无恐。会屠将军统师进剿，公督运军需，飞刍輓粟供应无误，绝不派扰民间。巡抚金公纪功特荐。其洁己奉公，爱民重士，监饷公平，察关勤慎，修城赈饥，关民为之勒石建祠。康熙庚寅岁，郡守张公朝琮申请崇祀名宦。

‖ 卷之九 ‖

选 举

《周礼》宾兴取士之法，后世师其意，而代各殊制，明始定为乡会两试，文武设科，迄今因之。其得与甲乙榜者并得通籍，或有未与，文则以明经，武则以卒伍起家，致通显者莫可指数，得人之盛远轶曩古，然犹设恩科，广中额期必无遗贤而后止，至于士子自为诸生讫成进士，国家培养而恩礼之者，无所不用其极，则凡与此选者，宜何如其报称耶。临虽弹丸，有司率三岁贡其名于朝者，不乏其人。今类而志之，俾后之览者，庶感而思奋欤。

进 士

明

郑已，成化丙戌科登罗伦榜，二甲进士，选翰林院庶吉士，改贵州道监察御史。详见乡贤。

萧显，成化壬辰科登吴宽榜，二甲进士，授兵科给事中，历任福建按察司金事，进阶朝列大夫。详见乡贤。

崔锦，成化申辰科登李吴榜。三甲进士。

万义，嘉靖癸未科登姚涞榜。三甲进士。

詹荣，嘉靖丙戌科登龚用卿榜。二甲进士，授户部主事，累官兵部左侍郎，进从一品俸，以孙廷奏请，赠工部尚书，祭葬如例，崇祀乡贤。

穆宁中，嘉靖癸丑科登陈谨榜。三甲进士，授陕西三原县知县，升户部主事。

冯时泰，万历庚辰科登张懋修榜。二甲进士，授工部主事，升辽东广宁兵备参议，详见乡贤。

刘廷宣，万历癸丑科登周延儒榜。三甲进士，授河南仪封县知县，行取浙江道监察御史，巡按陕西，历任大理寺左少卿。详见乡贤。

国朝

佘一元，顺治丁亥科登吕宫榜，三甲进士，授刑部江南司主事，调礼部主客司主事，升本部祠祭司员外郎，历任仪制司郎中，加从四品。详见乡贤。

穆尔谟，顺治丁亥科登吕宫榜，三甲进士，授江南赣榆县知县，升礼部仪制司员外郎，升精膳司郎中，历任山东莱州府知府。

程观颐，顺治戊戌科登孙承恩榜，三甲进士，授直隶天津卫儒学教授，升山东淄川县知县。

张开第，康熙庚辰科登江绎榜，三甲进士，授广东曲江县知县。

牛天贵，雍正庚戌科登周需榜。三甲进士。

举　人

明

萧显，天顺三年己卯科，见进士。

郑己，天顺六年壬午科，见进士。

曾韬，成化十年甲午科山西应州学正。

崔锦，成化十九年癸卯科，见进士。

田跃，御史郑己之子，复姓田，弘治十四年辛酉科，山东金乡县知县。

李伯润，正德八年癸酉科，浙江永康县知县，调本省太平县知县，改补江南怀庆府学教授。

万义，嘉靖元年壬午科，见进士。

詹荣，嘉靖四年乙酉科，见进士。

谭坊，嘉靖二十五年丙午科。

穆宁中，嘉靖二十八年己酉科，府军前卫人，山海卫籍。见进士。

刘复礼，赠奉政大夫，照磨汝祯子，嘉靖三十一年壬子科，山西长子县知县，升本省浑源州知州，转工部都水司员外郎，升虞衡司郎中，历任四川保宁府知府，陕西行太仆寺少卿，兼理宁夏河东兵备按察司佥事。详见乡贤。

萧大谦，佥宪显之孙，嘉靖三十一年壬子科，山西怀仁县知县，改陕西秦安县知县。详见乡贤。

谭讷，坊之子，隆庆四年庚午科，陕西中部县知县。

张重立，县丞文选孙，万历元年癸酉科。

冯时泰，万历元年癸酉科，见进士。

刘思诚，教谕俊之孙，万历元年癸酉科，署顺天府学训导，升山东平原县知县，历任济南府同知，赠大理寺左少卿。详见乡贤。

刘廷宣，赠大理寺少卿，思诚子，万历三十四年丙午科，见进士。

吕鸣夏，训导大成子，万历四十三年乙卯科，授直隶清丰县教谕，补束鹿县教谕，升真定府同知，驻扎宣府，功升河南卫辉府知府，历任陕西固原道兵备副使，赠光禄寺卿。详见乡贤。

刘廷征，赠大理寺左少卿，思诚子，万历四十三年乙卯科，陕西雒南县知县。

穆尔鹏，训导齐正子，崇祯三年庚午科。

佘一元，赠礼部郎中，崇贵子，崇祯十二年己卯科，见进士。

国朝

穆维乾，无为州同知，尔鹗子，顺治二年乙酉科，授直隶滑县学教谕，升大宁都司教授，改保定左卫教授，升翰林典簿，崇祀乡贤。

沈所端，教授琇之孙，顺治二年乙酉科，会试副榜。

穆尔谟，封礼部郎中，齐英子，顺治三年丙戌科，见进士。

崔联芳，顺治三年丙戌科，崇祀乡贤。

程观颐，尚宝司卿继贤子，顺治八年辛卯科，见进士。

谭从简，坊之曾孙，讷之侄孙，顺治十一年甲午科，会试副榜，直隶故城县学教谕，升山西灵丘县知县，补河曲县知县，升云南晋宁州知州，崇祀乡贤。

张开第，康熙戊午科，宁晋县教谕，见进士。

王祚兴，康熙丁卯科。

穆宗道，廪贡维临子，康熙丁卯科，初任宁晋县学教谕，再任南宫县学教谕，入宁晋名宦。

张坦，康熙癸酉科。

张埙，康熙癸酉科，内阁中书。

程廷宣，康熙丙子科。

张肇吉，康熙己卯科。

高汝翼，康熙壬午科，博野县学教谕。

李作楫，康熙乙酉科，安肃县学教谕。

田永乾，康熙戊子科，考取内阁中书。

吕养浩，康熙戊子科，东光县学教谕。

张可宗，康熙癸巳科，居家孝友，持躬端慎，雍正三年府举乡饮大宾。

郭如柏，康熙甲午科。

赵纪，康熙甲午科，河南光州知州。

白受采，雍正癸卯科，高阳县学教谕。

牛天贵，雍正己酉科，见进士。

郭熟，雍正己酉科。

穆开聪，雍正乙卯科。

白龙光，乾隆丙辰科。

张嵩年，乾隆丙辰科。

常克从，乾隆丙辰科。

刁尚信，乾隆辛酉科。

刘景泰，乾隆丙子科。

恩拔岁副贡

明

曹广，成化三年贡。

王铎，成化五年贡，南直庐州府检校。

刘铭，成化七年贡。

苏豫，成化九年贡，陕西同州判官。

赵仁，成化十一年贡，山东博平县主簿。

李春，成化十三年贡，山东邹平县主簿。

张宁，成化十五年贡，河南磁州学训导。

刘鉴，成化十七年贡，鸿胪寺序班。

戴刚，成化十九年贡，山东黄县主簿。

蒋英，成化二十一年贡。

张弦，成化二十三年贡，陕西朝邑县县丞。

李琛，弘治二年贡，山东沂州卫经历。

房绾，弘治四年贡，江西分宜县主簿。

李敬，弘治六年贡，云南贵州卫知事。

陈策，弘治八年贡，山东莒州学训导。

赵纬，弘治九年贡。

侯荣，弘治十年贡，山西行太仆寺主簿。

杨聪，弘治十一年贡，德府典宝副。

萧鸣凤，金宪显之子，弘治十二年贡。

王道亨，弘治十四年贡，山东登州府学训导。

张礼，弘治十六年贡，南直靖江县主簿。

张谦，弘治十八年贡，山东新城县县丞。

何清，正德二年贡。

陶恕，正德四年贡，南直砀山县县丞，改四川开县县丞。

王相，正德六年贡，旗手卫经历。

赵聪，正德八年贡，山西临清州学训导。

王伟，正德九年贡。

李锦，正德十一年贡，陕西庄浪县知县。

马应奎，正德十二年贡。

李秉玉，正德十三年贡，山东沂州同知。

路通，正德十四年贡，三万卫教授。

萧大观，金宪显之孙，正德十六年贡，山东商河县县丞。

白九经，嘉靖元年贡。

毛傅，嘉靖三年贡，沈阳中卫训导，升山东潍县学教谕。

刘俊，嘉靖四年贡，河南安阳县学训导，升直隶新乐县学教谕。

沈渊，嘉靖六年贡，山东平度州同知。

田鹰，知县跃之子，嘉靖八年贡，静宁州判官。

高宁，嘉靖十年贡，浙江秀水县县丞。

萧瑞凤，金宪显之子，嘉靖十二年贡，湖广襄阳府推官，升山西大同府通判。

刘汝祯，序班鉴之子，嘉靖十二年贡，南直隶庐州府照磨，赠奉政大夫。

郭大伦，嘉靖十三年贡，辽东都司学训导，升山东博兴县学教谕。

曹钺，岁贡广之孙，嘉靖十五年贡，东城兵马司副指挥。

林锦，嘉靖十七年贡，南直长洲县县丞。

孙鸾，嘉靖十八年贡，广宁卫训导，升四川褒城县学教谕。

辛三畏，嘉靖十九年贡，陕西西宁卫教授，升山东文登县知县。

高肃，嘉靖二十一年贡，山东巨野县主簿，改河南临漳县主簿。

崔弘沛，进士锦之侄，嘉靖二十二年贡，山东平度州判官，升山西石楼县知县。

刘栋，知县李锦之子，改姓刘，嘉靖二十三年贡，海州卫学训导。

李承恩，嘉靖二十四年贡，山西广昌县学教谕。

鲁孟春，嘉靖二十六年贡。

曹蕙，兵马钺之子，嘉靖三十二年贡。

萧道远，金宪显之侄孙，嘉靖三十四年贡，山西泽州学训导，升山东武城县学教谕。

张德立，嘉靖三十六年贡，山东乐陵县知县。

冯瀛，嘉靖三十八年贡，山东平原县县丞。

张思聪，主簿礼之孙，嘉靖四十年贡，山东东阿县学训导，升河南洧川县学教谕。

毛恕，嘉靖四十二年贡，辽东金州卫学训导，升铁岭卫学教授。

何秉元，嘉靖四十四年贡，辽海卫学训导。

辛涵，知县三畏子，隆庆元年贡，山东寿张县学训导，升山西山阴县知县。

谭诗，隆庆元年恩贡，山西太原县知县，改山东高唐州学正，历三氏子孙学教授、开平卫教授，升晋府纪善。

曹芹，兵马钺之子，隆庆三年贡，直隶永宁县学训导，升山东齐东县学教谕。

李东升，隆庆五年贡，直隶交河县学训导，升河间县学教谕。

赵鹗，万历元年恩贡，山东成山卫教授。

鲁应芳，万历元年贡，南直定远县教谕。

郝宗元，万历三年贡，辽东锦州卫经历。

于思敬，万历五年贡。

王之藩，万历七年贡，山西兴县知县。

王从政，万历九年贡，山东莱阳县知县，多善政，被诬，莱民辩之，其子以死疏救，得白，居乡称孝，举乡饮大宾。

萧大咸，通判瑞凤子，万历十一年贡。

侯汝敬，主簿荣之孙，万历十三年贡，直隶怀来卫学训导。

张问明，万历十五年贡，直隶雄县学训导。

田汝籽，判官鹰之子，万历十七年贡，辽东前屯卫学训导。

何景奎，辽东卫籍山海人，万历十八年贡，辽东定辽右卫学训导。

于思明，万历十九年贡，直隶永清县学教谕，让兄产，见重乡评。

刘熙载，万历二十一年选贡，四川崇宁县知县，和易近人，尤精六壬。

袁钦，万历二十三年贡，顺天遵化县学教谕。

沈琇，万历二十五年贡，直隶广平府学教授，恬淡雅逸，与世无竞。

刘悰，万历二十七年贡，河南宜阳县学教谕，存心醇正，操行梗直。

王嘉宾，经历相之子，万历二十九年贡，顺天房山县学教谕。

邹大珍，万历二十九年恩贡，直隶兴济县学教谕。

程正，万历三十一年贡，南直合肥县学训导。

沈国兆，万历三十四年贡，山东堂邑县学训导。

刘思明，赠知县光大子，万历三十六年贡。

辛浚，知县三畏侄，万历三十八年贡，顺天香河县学训导，山东潍县学教谕，陕西宁夏卫学教授。

何志重，万历四十年贡，直隶曲周县学教谕。

房自新，万历四十二年贡，顺天府学训导，禀性冲和，精于行书，士多宝爱之。

吕大成，万历四十四年贡，直隶深州学训导，天质端重，敦于孝友，积学善训，门墙多成材之士。

吕际可，万历四十五年贡，陕西两当县知县，巡街鞠劳告终，抚台发银营葬。

蔡茂旸，万历四十六年贡，直隶吴桥县学教谕。

田大登，训导汝籽子，万历四十七年贡。

郭廉远，泰昌元年恩贡，江西南昌府通判。

刘廷召，同知思诚子，天启元年选贡。

吕鸣章，天启元年恩贡，初任河南许州判官，升京卫经历，未任丁忧。嗣随吴三桂起义剿贼，措饷录功，升户部山东司员外郎，转本部福建司郎中，历任陕西分守、关西道右参议。

刘克勤，天启元年贡，顺天丰润县学训导。

吕世臣，天启四年贡，直隶天津卫学教授。

穆齐方，主簿思恭子，天启六年贡，直隶柏乡县学训导。行谊克端，操持不苟，举乡饮大宾。

张翘，天启七年贡，河南卫辉府学训导。

何天祚，天启七年副贡。

刘廷讲，崇祯元年选贡，河南武安县主簿，升镇江府经历。

杨呈芳，崇祯元年恩贡，河南鲁山县知县，赠汝州知州。（见忠臣）

穆齐正，主簿思恭子，崇祯三年贡，直隶献县学训导，为人伉傥有气节。

刘克肃，教谕㦆之子，崇祯五年贡，顺天涿州学训导，曾中己酉科副榜，纯功邃养，设教有年，榆关知名之士多出其门。

何天宠，崇祯七年贡，河南获嘉县知县。

栾东龙，崇祯九年贡，山西平阳府同知。

刘应祯，崇祯十一年贡，山东荏平县学训导。

刘延龄，崇祯十三年贡，赠奉政大夫汝祯孙、少卿复礼侄，直隶顺德府学教授。

张朝栋，崇祯十五年贡，山东濮州学正。

毛应坤，崇祯十七年贡，山东东昌府通判。

国朝

郑允升，顺治二年恩贡，湖广善化县知县。

赵钺，顺治二年贡，陕西巩昌府通判。

潘凤翼，顺治二年副贡，陕西宁远县知县。

辛调羹，知县涵之孙，顺治四年贡，潼关卫学教授。

栾正馥，同知东龙子，顺治六年贡，直隶赵州学正。

穆尔鹗，训导齐正子，顺治八年恩贡，江南无为州同知。

冯九光，兵备时泰孙，顺治八年贡，直隶枣强县学训导。

吕爆如，参议鸣章子，顺治十年贡，湖广黄陂县知县。课艺讲学，以斯文自任。

程体乾，顺治十二年贡，房山县训导。

李集凤，顺治十二年拔贡，河南洛阳县县丞，见乡贤。

赵于陛，顺治十四年贡。

辛桂芬，教谕浚之子，顺治十六年贡。

郭重光，奉天籍山海人，顺治十六年辽学贡，云南腾越州判官。

沈所元，教授绣之孙，顺治十八年恩贡。

吕宪周，知县际可子，顺治十八年贡。

穆尔洪，训导齐正子，康熙二年贡，永清县学训导。

穆尔琰，训导齐方子，康熙八年贡。

王万祚，康熙十年贡。

王养凤，康熙十一年贡。

赵国屏，康熙十一年拔贡，庆都县教谕。

谭从易，康熙十三年贡。

沈所慈，康熙十四年贡。

宋应奎，康熙十五年恩贡。

谭可兴，康熙十五年贡，顺义县学训导。

穆熏，康熙十七年贡，武强县学训导。

任懋勋，康熙十八年贡，获鹿县学训导。

穆尔璨，康熙二十年贡。

张士达，康熙二十一年贡。

赵开城，康熙二十三年贡。

杨希震，康熙二十四年贡。

张可成，康熙二十五年拔贡，历任阜城元氏县学教谕。

赵三聘，康熙二十六年贡。

常维豫，康熙二十七年贡。

谭国枢，康熙二十八年贡。

高齐岱，康熙二十九年贡。

栾峤，康熙三十年贡。

唐世济，康熙三十一年贡。

王良弼，康熙三十二年贡。

魏天辅，康熙三十三年贡。

李辂，康熙三十五年恩贡。

贾景谊，康熙三十五年贡。

王承中，康熙王十六年恩贡。

张肇吉，康熙三十八年拔贡。

穆维临，康熙三十八年贡。

高映璧，康熙三十九年贡。

张霆，康熙四十年贡，考授内阁中书。

萧友良，康熙四十一年贡。

任衡，康熙四十二年贡。

张镇，康熙四十四年副贡，藁城县学教谕。

王天位，康熙四十五年贡，三河县学训导。

杨葵，本卫人，奉天宁远州学贡，魏县学训导。

夏见龙，本卫人，奉天宁远州学贡，柏乡县学训导。

李含芳，康熙四十六年贡。

房茂，康熙四十七年拔贡。

王道行，康熙四十七年恩贡。

杨煜，本卫人，奉天承德县籍，康熙四十七年恩贡，敦孝友，修内行，且让宅开道，乡里称之，督学戴公给匾奖之。

马世昌，康熙四十七年贡。

穆维赍，康熙四十八年贡。

韩照，本卫人，奉天承德县学贡，任安肃县学训导，再任永年县学训导。

张可宗，康熙五十年贡。

常天伟，康熙五十一年贡，涿州学训导。

李良才，康熙五十三年贡，安肃县学训导。

王子选，康熙五十四年贡。

魏良琇，康熙五十四年贡，霸州学正。

高汝明，康熙五十六年贡。

魏自道，康熙五十七年贡。

张汝楫，康熙五十九年贡。

洪士名，康熙六十年贡。

李庆生，雍正元年拔贡，两淮挤茶场盐课大使。

郭熟，雍正元年拔贡。

傅作楫，雍正元年恩贡。

高汝听，雍正二年贡，东明县学训导。

翟如鹍，雍正四年贡。

王元相，雍正五年贡。

刘荪，雍正七年贡。

李养和，雍正八年贡。

王著起，雍正十年贡，文安县学训导。

穆景惠，雍正十一年贡，天津府学训导。

刘家丰，雍正十三年恩贡。

郭衡，雍正十三年拔贡。

詹际唐，乾隆元年恩贡。

钟滨，乾隆元年贡。

刘汉裔，乾隆二年贡。

李哲，乾隆四年贡，井陉县学训导。

赵应甲，乾隆五年贡。

赵汝楫，乾隆七年贡。

白而诚，乾隆九年副贡。

王永瑞，乾隆九年贡。

赵文焕，乾隆九年贡。

田耕可，乾隆十年贡，大名府学训导。

张天祥，乾隆十一年贡。

赵兰，乾隆十三年贡。

曹东，乾隆十五年恩贡。

徐镕，乾隆十五年贡。

赵光美，乾隆十六年贡。

陈理，乾隆十七年贡。

郭悫，乾隆十七年贡。

施典，乾隆十八年拔贡，曲周县学训导。

沈德远，乾隆十九年贡。

董贯，乾隆二十一年贡。

功 例 贡 监

明

郑文楫，由廪生，嘉靖三十年例贡。

高儒，由廪生，嘉绪三十年例贡。

穆思恭，由附生，嘉靖四十三年例贡，山西河津县主簿，致仕回籍，耕读为业，敦请乡饮大宾。

马应瑞，由候廪生，天启七年准贡，辽东前屯卫学训导。

詹世烈，工部尚书荣之曾孙，知府廷之子，由增生，崇祯元年例贡，河南禹州判官。

郭仲金，由候廪生，崇祯八年准贡，湖广安陆府同知，入乡贤。

国朝

冯祥聘，兵备时泰侄，由廪生，顺治元年录功授山东齐河县知县，升湖广长沙府同知，事孀母曲承养志，教门徒善诱成材，文事而兼武备，参赞宣劳，学优而登仕途，循良著绩，齐河县建有专祠。

刘克望，赠汾州知府愦之子，由增生，顺治元年录功授山西马邑县知县，改补江南东流县知县，居乡丕振家声，出仕抚安百姓，入马邑县名宦。

高选，由廪生，顺治元年录功授山西交城县知县，仕致江西广信府同知，入乡贤。

曹时敏，由廪生，顺治元年录功授山西乡宁县知县，改补江南灵璧县知县，长材卓识，知人取友，藻鉴过人。

穆齐英，由增生，恩例，吏部题授训导，顺治元年录功授河南商城县县丞，见封赠。

马维熙，训导应瑞子，由庠生，拔贡，顺治三年录功授山西忻州同知，赠本州知州，见忠臣。

刘克孔，赠汾州知府愤之子，由庠生，拔贡，顺治三年录功授山东平度州同知，升浙江温州府通判、江南六安州知州、山西潞安府同知，历任汾州府知府，加一级。

朱时显，由庠生入监，顺治三年录功授直隶开州同知。

程启运，兵马信古子，由庠生，录功授江南常州府推官，补山东平阴县知县，升河南磁州知州。

孟曰吉，由附生，顺治四年入监，授陕西兴安州判官。

杨可楹，由庠生入监，录功授江西吉安府知府。

张瑞扬，由增生，录功任云南宾川州知州，升山西太原府同知。

李栖凤，由增生，录功任贵州思州府经历。

穆嘉桢，训导齐方侄，由庠生，录功任江南凤阳县县丞，升四川建昌卫经历。

辛宗尧，由庠生，录功任江西长宁县知县。

穆维泽，由庠生，改吏任江南宿州雎阳驿驿丞。

刘芳馥，知府克孔侄，由庠生，康熙六年以贡入监，侯选州同知。

赵云翰，由庠生，康熙七年入监。

高齐恒，由庠生，康熙七年入监。

赵三元，由庠生，康熙七年入监。

穆维浚，举人廷选弟，由庠生，康熙七年入监。

傅纶忠，副总兵尚谦子，由庠生，康熙七年入监。

穆维度，知府尔谟子，由庠生，康熙七年入监。

例 贡 监

明

萧大临，正德三年例贡，云南顺州吏目。

张文选，正德三年例贡，山东峄县知县。

张德禄，正德三年例贡，山西怀仁县知县。

栾表，正德三年例贡。

王鹤，正德三年例贡，河南汝阳县主簿，改山东金乡县主簿。

王鹭，正德三年例贡。

李镕，嘉靖十五年例贡。

牛希哲，嘉靖十五年例贡，山西寿阳县主簿。

栾大中，嘉靖十五年例贡，南直无为州吏目。

倪纶，嘉靖十五年例贡，陕西宁州吏目。

王缨，嘉靖十五年例贡，南直邳州吏目。

王廷辅，嘉靖十五年例贡。

王廷佐，嘉靖十五年例贡。

李铸，嘉靖十五年例贡，山西太原县主簿。

王守正，嘉靖十五年例贡。

王表正，嘉靖十五年例贡，南直庐州府知事。

刘楹，嘉靖十五年例贡，奉例加纳（署）指挥佥事，任三屯营千总。

郭世称，嘉靖二十七年例贡，南直邳州吏目。

郭东都，嘉靖三十年例贡，奉例加纳署指挥佥事，任界岭口提调。

穆锐，嘉靖三十年例贡。

萧大恒，嘉靖三十年例贡，湖广黄州府经历，改山东东昌府经历。

王大宾，嘉靖三十年例贡，陕西岷州卫经历。

栾养义，嘉靖三十年例贡。

栾养礼，嘉靖三十年例贡，山东益都县主簿。

张义资，嘉靖三十年例贡。

倪从政，嘉靖四十二年例贡，陕西泾州吏目。

穆思敬，隆庆元年例贡，南直临淮县县丞。诛草寇，灭土豪，子庶民，肃地方，上台屡有奖荐。

郭东沂，隆庆元年例贡。

郭东渊，万历十七年例贡，山东济宁州吏目，升王府典簿。

萧被远，万历十八年例贡。

程继贤，万历二十一年例贡，由中书，历任工部都水司员外郎，加尚宝司卿，详见乡贤。

王聘，万历二十一年例贡。

程继伊，万历二十四年例贡，京卫经历。

程信古，万历二十五年例贡，南京副兵马。

刘九仪，万历三十年例贡。

程法古，万历三十年例贡。

王文华，万历三十年例贡，东平州吏目。

徐时中，崇祯四年例贡，山东沂州吏目。

国朝

程印古，经历继伊子，例贡，加鸿胪寺序班，顺治元年录功任宁海州同知，升山西布政司理问。

刘芳颐，知县克望子，康熙七年例贡。

刘芳颖，知县克望次子，康熙七年例贡。

刘天爵，知州芳显子，康熙七年例贡。

张霖，康熙二十年例贡，任工部营缮司主事，历兵部车驾司郎中，陕西驿传道，安庆按察使，福建布政使。

郭如松，康熙三十一年例贡。

张开运，康熙三十一年例贡，教谕衔。

周启德，康熙三十五年例贡。

赵忻，康熙三十六年例贡，沙河县学训导。

魏家宣，康熙四十年例贡。

魏家和，康熙四十年例贡。

孙光宗，康熙四十七年例贡，捐州同。

孙辉祖，康熙四十八年例贡。

林琪，康熙四十八年例贡，阜城县学教谕，改补湖广衡阳县县丞，升广东高明县知县。

林瑛，康熙四十九年例贡，赞皇县学教谕，改补江南溧阳县县丞，升沐阳县知县。

马世祚，康熙四十九年例贡。

王曰恭，康熙四十九年例贡，保定府左卫学训导，升元城县知县，内升中书，借补交河县知县，升授大名府知府。

高鸣，康熙五十一年例贡。

王允猷，雍正元年例贡，行人司行人，升户部广东司郎中。

孙烈，雍正五年例贡，捐县丞。

孙然，雍正五年例贡，捐县丞。

傅作砺，雍正五年例贡，州同衔。

印廷秀，雍正五年例贡。

任永芳，雍正七年例贡。

王琛，雍正七年例贡。

徐全利，雍正八年例贡。

徐全禄，雍正八年例贡，捐州同。

孟卜熊，雍正九年例贡。

李宗隆，雍正十一年例贡。

王丕振，雍正十一年例贡。

程琛，雍正十一年例贡。

张玙，雍正十三年例贡。

计遇，乾隆九年例贡。

高容，乾隆九年例贡。

闺伟，乾隆十年例贡。

邬亮，乾隆十年例贡。

王璐，乾隆十年例贡。

王丕承，乾隆十年例贡。

计宏显，乾隆十年例贡。

范浚，乾隆十一年例贡，河间县学训导。

梁琨，乾隆十一年例贡。

孙汝英，乾隆十二年例贡。

程琠，乾隆十二年例贡，任清苑县学训导，再任文安县学训导。

田中玉，乾隆十三年例贡。

程式曾，乾隆十四年例贡。

程玮，乾隆十五年例贡。

李宗孟，乾隆十六年例贡。

王吉士，乾隆十六年例贡。

计通，乾隆十六年例贡。

王作乂，朗中允猷子，乾隆十七年例贡，捐中书科中书。

程式濂，乾隆十九年例贡，隆平县学训导。

邱永祥，乾隆十九年例贡。

刘朝纪，乾隆十九年例贡。

周维镐，乾隆十九年例贡。

王珮，乾隆二十年例贡。

王印祚，以下例贡十人，年分均无所考。

赵正勋，山西寿阳县知县。

程观光，国初召民有功，准作贡生，湖广衡州府同知。

杨时盛，邯郸县学训导。

姚九万，临汾县学训导。

谢丕显，大名县学训导，升河南汝阳县知县。

任宏杰，清河县学训导，升陕西郃阳县县丞。

张可兴，山东曹苑县知县。

王琳，例贡，州同衔。

王玫，例贡。

赵良玉，例监，福建海澄县县丞。

倪弘昌，例监，长州县典史。

孙国玉，例监，捐州同。

石文灿，例监，捐州同。

王金玉，例监，捐州同。

刘靖，例监，捐州同。

穆开璞，例监，捐主簿。

倪景隆，例监，捐县丞。

李奇生，例监，捐州同。

王永年，例监，捐州同。

李希曾，例监，捐县丞。

吕文谨，例监，捐州同。

徐日新，例监，捐主簿。

张思璞，例监，考授州同。

张羽翔，例监，捐州同。

宦达（不由选举登仕籍者入此）

国朝

房星煌，山海人，满洲籍，任福建漳州府知府。

房星焕，山海人，满洲籍，任山东武德道。

董奎武，山海人，以功历任广西苍梧道右参政。

冯允升，兵备时泰孙，满洲籍，任江南安庆府通判。

柯永远，山海人，满洲籍，任山东益都县知县，升兵科给事中。

李友松，详见忠义。

王之都，庠生，任广宁府横州知州。

武　进　士

明

张世忠，本卫镇抚，嘉靖丙戌科，历任偏头关参将，见忠义。

常润，本卫中前所人，嘉靖丙戌科，本所正千户。

熊文济，本卫籍，江西人，万历丙戌科，历任游击将军。

王养贤，本卫指挥应袭，万历己丑科，任将军石提调，升镇守中军、建昌游击。

国朝

张武扬，宣镇籍，本卫人，顺治己丑科，历任湖广荆州卫都司金书，管守备事。

穆廷梁，京卫籍，本卫人，顺治辛丑科，任广东廉平州守备，升广东惠镇右营都司。

穆廷栻，举人廷选弟，康熙丁未进士，任蔚州路守备，出粟救饥，遂知名，升四川游击，旋升副将，平滇蛮阿索，屡立战功，迁江南苏松水师总兵，改哨船制，至今使之。仕至福建陆路提督，时遇台湾告变，指挥而定，有古名将风，卒于官，赠左都督，谥曰："清恪"，功载国史。泉州民为立生祠，迄今犹崇祀弗衰也。

张朝臣，康熙庚戌科，详见忠义。

董恺，康熙壬戌科，授江宁守备，升潜山营游击，调苏松水师左营游击。

赵廷文，康熙万寿癸巳科，初任浙江杭州前卫掌印守备，加一级，调升宁波城守营中军守备。

吕文英，乾隆丙辰科，御前侍卫，历任福建邵武营及灌口汛都司缘事，离任起用候补，随征金川，抢贼碉卡，加一等功，金川平以都司暂署陕西神道领事卒。

李霖，乾隆己未科。

穆尧年，乾隆辛未科，任直隶塘务厅。

武　举

明

常润，嘉靖壬午科。

张世忠，嘉靖乙酉科，见进士。

谭璋，嘉靖丙午科。

吕铠，本卫指挥金事，嘉靖丙午科。

张昆，万历丙子科。

熊文济，万历乙酉科，见进士。

王养贤，万历戊子科，见进士。

任国琦，天启丁卯科，历任副总兵，管督师军门中军事，足智善谋，屡居要职，多所建立。

马中骥，崇祯丙子、己卯两科，历任都司金书，管山西平阳道标中军事。

国朝

贲鹏程，顺治戊子科，历任浙江都司金书。

张武扬，顺治戊子科，见进士。

王奋威，顺治丁酉科。

穆廷梁，顺治庚子科，见进士。

穆廷杙，康熙癸卯科，见进士。

张启元，康熙丙午科。

穆尔训，封礼部郎中齐英子，京卫籍，康熙己酉科，任陕西延绥柏林堡守备。

张朝臣，都司武扬子，康熙己酉科，见进士。

傅纬忠，副总兵尚谦子，康熙己酉科。

郭邦弼，河间籍，本卫人，康熙己酉科。

郭垣，康熙壬子科。

张震，康熙壬子科。

田廷宾，康熙壬子科。

赵三宣，康熙戊午科，浙江绍兴卫千总，加都司衔。

董恺，康熙辛酉科，见进士。

尹大成，康熙癸酉科。

郭镳，康熙癸酉科。

侯一位，康熙癸酉科。

曹文焕，康熙癸酉科。

刘丕振，康熙丙子科。

赵延绪，康熙己卯科。

解廷瑜，康熙己卯科，历任陕西固原、湖广黄州、常德水师营守备。

张霶，康熙己卯科。

赵廷文，康熙壬午科。

张联榜，康熙壬午科。

韩建勋，康熙壬午科。

高汝正，康熙戊子科。

马鹏程，康熙戊子科。

张开基，康熙戊子科，陕西临洮卫守备。

刘寅亮，康熙辛卯科。

穆景夔，增生，康熙甲午科。

曹维屏，康熙甲午科。

乔世荣，雍正癸卯科，任湖广襄阳卫千总，升湖州卫守备，调绍兴卫守备。

高曰训，雍正丙午科，绍兴卫千总。

董露，雍正己酉科。

吕文英，雍正壬子科，见进士。

侯来泰，雍正壬子科。

周维镛，乾隆丙辰科。

李霖，乾隆戊午科，见进士。

萧士屏，乾隆戊午科。

傅铭，乾隆辛酉科，江南建阳卫千总。

张云鹏，乾隆辛酉科，江南仪征卫千总。

赵亮，乾隆辛酉科，候选卫千总。

穆尧年，乾隆甲子科，见进士。

孙耀代，乾隆甲子科。

庞廷抡，乾隆甲子科。

萧士德，乾隆丁卯科。

杨国麟，乾隆庚午科。

杨秉乾，乾隆庚午科。

计宏经，乾隆庚午科。

吕澍，乾隆壬申科。

萧士标，乾隆壬申科。

李雯，乾隆癸酉科。

刘鹏，乾隆癸酉科。

萧士发，乾隆癸酉科。

徐瑾，乾隆癸酉科。

将　　选

明

刘江，总旗，历任中军都督府左都督，镇守辽东，封广宁伯，详见乡贤。

李洪，指挥，举将材。历任燕河营参将。

刘渊，刚之孙，指挥，举将材。历任后军都督府都督佥事，挂镇朔将军印。充总兵官，镇守宣府，改蓟州总兵。

赵卿，山东济宁指挥，调山海卫，举将材。历任后军都督府都督佥事，挂镇朔将军印，镇守宣府。

祝雄，辽东前屯卫指挥，调山海卫，举将材。历任后军都督府都督佥事，挂征西将军印，镇守大同，改蓟州总兵，官代刘渊。善养士乐为用，蒙古入塞，率子男为士卒先，子少却，立斩以殉，彼兵望旗即遁，名闻，书御屏。廉静自持，卒于官，私囊仅足以敛，蓟为立祠祀之。

唐大节，指挥同知，举将材。历任建昌营游击。

石美中，指挥同知，举将材。天寿山守备。

徐瓒，指挥使，举将材。辽东义州卫备御。

涂永贵，指挥同知，举将材。历任山海卫守备，改蓟州卫守备。

祝福，指挥佥事，总兵雄之子，举将材。历任前军都督府署都督佥事，镇守昌平，改保定总兵官。

张懋勋，参将世忠子，举将材。历任神枢营游击。

徐枝，指挥佥事，举将材。任右军都督府督都佥事，石塘岭副总兵。

任鹤年，指挥佥事，举将材。三河守备。

施国藩，指挥同知，功升指挥使。青山口提调。

张四维，指挥使，举将材。桃林口提调。

赵大纲，指挥佥事，举将材。青山口提调。

吕纳，指挥使，举将材。洪山口提调。

王杰，指挥同知，举将材。历任擦崖提调。

徐国桢，指挥使，举将材。白马关守备。

赵文明，指挥使，掌卫印，历任宁山参将。

赵勋，燕山卫武举，百户，调山海卫，历任五军营参将。

张效良，指挥使，举将材。历任罗文峪、将军石提调。

傅国忠，指挥佥事，举将材。历任一片石提调。

李逢阳，指挥同知，举将材。桃林口守备。

张继祖，游击懋勋子，举将材。义院口守备。

李天培，指挥使，举将材。桃林口守备。

任重，守备鹤年子，举将材。墙子岭提调。

傅崇德，指挥佥事，举将材。青山口守备。

于承芳，指挥使，举将材。大安口提调。

邢万民，蓟州卫千户，调本卫任马兰峪副总兵。

吕鸣咸，本卫指挥，历任后军都督府都督佥事，南部副总兵官，恪遵父命，承兄让职，为将，肃卒伍，戒侵掠，援京战蓟，累建殊功。生平无二色，军中获难妇，务全其操。

孙思坚，本卫千户，历任大宁都司。

朱尚义，本卫人，阳和副总兵，升榆林总兵。

戴天宠，本卫指挥，黄土岭守备。

郭东光，本卫指挥，历任开平打造局都司。

孟锡璘，本卫千户，任董家口提调，功升都司佥书。

施兆麟，本卫指挥，掌卫印，升陆运营都司。

林应坤，本卫指挥，任铁厂堡守备。

赵应元，本卫千户，历任北部副总兵。

李鸣岗，本卫都指挥，任镇标右营都司。

傅国珍，本卫百户，任花桑峪都司。

孙承业，都司思坚子，建昌路参将。

穆朝臣，本卫人，任经理镇标副总兵。

徐应第，本卫人，任军门标下署指挥同知，旗鼓守备。

徐可用，本卫指挥，掌卫印，任镇标副中军。

杜绳武，本卫副千户，历升遵化营副总兵。

张文善，本卫人，举将材。任老营堡参将。

孙思吴，本卫千户，任中后所城守游击。

朱尚义，榆林总兵。

国朝

傅尚谦，本卫人，举将材。历任江南寿春营副总兵。

詹世勋，本卫籍，以功历任江南副总兵。

赵世新，本卫指挥，任陕西高沟堡守备。

赵世泰，副总兵应元子，历任河南镇标参将，率兵剿寇，战没于军。

秦国荣，本卫籍，历任山海路都司，升金华府右营游击。

苗有年，本卫籍，山西保德营守备。

鲁士科，本卫籍，福建建宁道中军守备。

周永祚，本卫籍，浙江衢州营守备。

何万邦，本卫指挥，历任浙江水师营都司。

郭重显，本卫籍，开封府城守营中军守备。

孙遇吉，本卫籍，见任江南苏松镇标左营中军都司。

白尚信，本卫籍，任密云都标前营守备，管中军事，今总督直
隶、山东、河南标下守备。

涂鼐臣，本卫籍，浙江左营守备，管千总事。

陈应魁，本卫籍，任直隶提督标下守备，管千总事。

任嘉勋，本卫籍，任山西平阳府城守营守备，管千总事。

常怀忠，由军功加守备衔，补义院口坐营，升庄浪守备。

谭俊，广东右翼镇游击。

刘泽深，由将材，功加左都督，任浙江守备，历升宣化营参将，江南都标副将，广东石碣卫总兵。

谭纶，陕西略阳副将。

王度冲，由军功历任湖广援剿右路总兵官，左都督。

穆秉衡，提督廷枺子，举将材，江南提标千总。

穆秉常，提督廷枺子，任江南提标把总，升千总，卓异授守备，改补都司，历升江南广东游击，现任湖北抚标参将。

赵焞，三宣子，由兵部效力，任江南卫千总，功依守备。

林德门，由监生，捐选山东东昌卫运粮千总。

萧士龙，由武生，捐卫千总衔。

乔士杰，由武生，捐卫千总衔。

穆贻烈，由监生，捐卫千总衔。

封　　赠

明

萧福海，显之父，赠征仕郎，兵科给事中。

詹玉，荣之祖，赠通议大夫，都察院右副都御史。

詹通，荣之父，封承德郎，户部广东清吏司主事，赠通议大夫，都察院右副都御史。

刘刚，渊之祖，赠骠骑将军，后军都督府都督金事，详见名宦。

刘镇，渊之父，赠骠骑将军，后军都督府都督金事。

王荣，相之父，赠征仕郎，旗手卫经历。

刘汝祯，复礼父，赠奉政大夫，工部虞衡清吏司郎中。

冯琦，时泰父，赠承德郎，工部屯田清吏司主事。

刘光大，思诚父，赠文林郎，山东平原县知县。

刘思诚，廷宣父，赠大理寺左少卿。

程炬，继贤父，赠奉直大夫，工部都水清吏司员外郎。

国朝

佘崇贵，一元父，赠朝议大夫，礼部仪制清吏司郎中，加从四品。

穆齐英，尔谟父，封奉政大夫，礼部精膳清吏司郎中。

刘愤，克孔父，赠中宪大夫，山西汾州府知府，加一级。

穆思敬，廷栻曾祖，赠骁骑将军，镇守江南水师总兵官。

穆齐岱，廷栻祖，赠骁骑将军，镇守江南水师总兵官。

穆尔铉，廷栻父，赠骁骑将军，镇守江南水师总兵官。

谭有德，从简父，封孟津县知县。

谭让，纶之祖，封怀远将军。

谭有法，纶之父，封怀远将军。

穆尔铿，廷梁父，赠怀远将军，广东惠镇右营都司。

穆维淑，景惠父，貤赠修职郎，天津府学训导。

张自立，霖曾祖，赠光禄大夫，工部营缮司主事，加十级。

张仲科，霖之祖，赠光禄大夫，工部营缮司主事，加十级。

张希稳，霖之父，赠光禄大夫，工部营缮司主事，加十级。

吕铎，养浩父，貤赠修职郎，中光县儒学教谕。

赵云翰，三宣父，封宣武将军。

李师晟，庆生父，貤赠修职郎，两淮都转运盐使，通州分司，拚茶场盐课大使。

王允猷，作乂父，赠中宪大夫。

范衡礼，浚之父，貤赠修职郎，河间县儒学训导。

程鹏，瑛之父，貤赠修职郎，清苑县儒学训导。

常维谦，天伟父，貤赠修职郎，涿州儒学训导。

赵启富，延绪父，赠昭信校尉，江南宿州卫千总。

傅光显，铭之祖，貤赠昭信校尉，江南建阳卫宁太帮领运千总。

傅作霖，铭之父，封昭信校尉，江南建阳卫宁太帮领运千总。

解印德，廷瑜父，赠武德将军。

王向明，兴宗父，赠儒林郎。

吕国弼，文英曾祖，前封奉政大夫，御前侍卫，加一级，复封中宪大夫。

吕应科，文英祖，前封奉政大夫，御前侍卫，加一级，复封中宪大夫。

吕调升，文英父，前封奉政大夫，御前侍卫，加一级，复封中宪大夫。

恩　荫

明

詹于远，侍郎荣之子，嘉靖二十八年以三品俸考满。

詹廷，于远子，万历三十一年以父足疾移荫入监，历任云南广南府知府，详见乡贤。

国朝

吕焯如，赠光禄卿鸣夏子，顺治二年官监，仕江南高邮州知州。

吕焕如，都督佥事鸣咸子，顺治二年官监。

毛凤仪，通判应坤子，顺治二年官监，任陕西阶州同知。

刘芳显，知县克望侄，顺治二年官监，历任河南郑州知州，补陕州知州。

高进，知县选之弟，顺治二年官监。

吕炜如，赠光禄寺卿鸣夏次子，顺治六年恩荫，历任江西广信府同知。

佘瑜，礼部仪制司郎中、加从四品、一元子，顺治八年官监。

李栖凤，友松子，以功荫贵州思州府经历。

张振麟，都司张朝臣子，难荫卫千总。

穆秉宽，提督廷栻子，官监，考授光禄寺署正。

‖ 卷之十 ‖

人　物（上）

临邑为古辽西界，辽西故多武勇义烈之士，见于正史及省郡志者详矣，然不能考证别白，定为某邑某卫之人，是省郡志可以概登，而邑志未便滥采，惟山海旧志载北魏窦瑗一人，以临本阳乐界，而窦为阳乐人，故今仍之，余无所增。其自明以来则博考备书，首乡贤，次忠义、孝行、节烈、流寓、方技，而终以仙释。一如山海志之旧而续补之，据所见闻罔不登载，庶几善善欲长之意，观者谅焉。

乡　贤

北魏

窦瑗，辽西阳乐人，仕魏，为太常博士。从尔朱荣东平葛荣，封容城伯，乞以封让兄叔珍，得从其请。叔珍由是积官至廷尉卿。孝武时，释奠开讲，瑗为摘句，累迁至大宗正卿。官虽显要，窭素如布衣，清操为时所重云。

明

萧显，字文明，别号海钓，本卫籍，登成化壬辰进士，授兵科给事中。有武臣连中贵张大边功希重赏，显批奏尾驳之，直声振一时。会巫矫邪神煽惑，复抗章劾之，并请禁私创庵观，言极剀切，留中不报，一日召至左顺门，命中官面诘，显气定语畅，应对了了，乃谕遣之。又数日，巫逐矣，权倖愈嫉。显居省中八年，外迁镇宁同知，命下，显方对客作草书，手阅报付其子曰："趣治装。"仍终数纸乃罢。

莅镇宁八年，复迁衢州同知，又三年，擢福建佥事，所至皆尽心职业，无厌簿意。随赍万寿表人贺，时刑部尚书白昂欲有所荐，戚友皆乐为之援。不复顾恋，竟乞休归。显性醇笃，不妄言笑，尚义气，久而弗渝，所著有《海钓集》《镇宁行稿》，其书法沉着顿挫，传播朝鲜，珍重之。

郑己，字克修，本卫籍。天性颖敏，成童充邑弟子员，属俪句辄惊人。家贫刻意向学，寒夜燃薪读书达旦，用是博稽群书，登成化丙戌进士，选庶吉士。时刘文安公典教习，每阅己文，叹曰"山海乃有此子"。改监察御史，会廷推抚臣弗当，抗章论之，又累疏指摘辅臣及中贵，由此人多忌己者。巡按陕西，值甘凉灾沴，边境绎骚，乃上《匡时图治》等疏，得举赈济，饬边备。时有勋贵亲弟怙势凌下，监司莫敢问，捕而杖之几死，竟被累谪戍宣府，其镇总戎雅敬己，馆诸佛宫，士人受学者日众。有黠卒怨总戎，诬以不道，事累己，系阙下，上白其诬，放归。孝宗践祚，诏复其官。公亮节有气，嫉恶如仇。家居时，谈世事不平者，辄攘臂愤惋，常面诘人过，罔所避，以是弗享于官云。

刘江，本卫总旗，骁勇有谋略。洪武末，从文庙靖难，累建殊勋，升中军都督府左都督。永乐中镇守辽东，巡视诸岛，相地形势，请于金州卫之望海埚筑城堡，立烟墩瞭望。一日瞭者言寇将至，公亟率马步官军赴埚堡备之。翌日，倭寇数千乘海艑直逼埚下，公令犒师秣马，略不为意，伏兵山下，遣壮士潜烧贼船，截其归路。乃与众约曰：旗举炮鸣，伏兵奋击，不用命者以军法从事。既而贼至，举旗鸣炮，伏兵尽起，继以两翼并进，贼兵大败，奔樱桃园空堡内，追而围之。将士请入堡剿杀，不许，特开西壁以纵之，仍分两翼夹攻，生擒数百，斩首千余，间有潜逃走艑者，又为壮士所缚，无一人得脱。事闻敕赐褒美，封广宁伯，卒赠广宁侯。是后倭寇再不犯辽。

詹荣，字仁甫，别号角山，本卫籍。性敏学赡，举进士，授地曹主事。奉差榷税，廉能有声，转郎中。督大同饷，边军叛，杀主帅，闭城抗王师，官军不能下。公与武臣数辈歃血，计诛元恶，不成，期以阖门报国。谋既定，遂穴地达军门，报可乃示顺逆，激劝贼党马升等擒首恶出献。事闻于朝，上褒嘉，擢光禄少卿，历转都御史，巡抚甘肃。时大同总兵周尚文与抚臣左，庙议惟公足以服之，乃调抚大同。公与尚文处，得其死力，屡以功进右副都御史。居二年，宗室充灼等通逆，公廉得其实，先机发之，械送京师，随迁兵部右侍郎。值云中有警，公率将士堵截退敌，召还本兵左侍郎，会尚书缺，拟升公，适中风舆疾归，未数日卒大都。公为人忠信不欺，沉毅有谋，信赏必罚，人争效用。其制伏豪右，再平叛逆，盖有所本也。万历己酉孙廷上疏请恤赐祭葬，加赠工部尚书。

刘复礼，字曰仁，别号任斋，本卫举人。宅心坦易，提躬谨饬，宰长子有异政，民留去思，刺浑源州，以德化人，有苦井变甘之异，民为建祠立碑。迁冬官郎，革遵化铁场之累。守保宁郡，有回风返火之征。擢囧卿，驻宁夏。预知哱拜反，嘿为防闲，寻以丁艰遂致政。历官二十年，冰蘖自守，依居旧庐，泊如也。幼以孝闻，暮年与季弟同爨，每举箸必呼弟，倘他往，必辍不食。季弟有子，口授而教之，亦登明经科。里人有修郤者，相与质成，公譬晓之，各愧服，其素所取信然也。平生清而俭，简而有礼，无愧古人。崇祯戊辰入乡贤。

刘思诚，字性之，别号定宇，本卫举人。英姿卓识，廉直公平。领乡荐十余年，毫无请托，筮仕平原，谂编征赋，设法神速，邻邑咸效法之。遇荒多方拯救，理讼称平。儒学后有深壑，数科荒落，公为填起，建五桂祠，选有志青衿，课业给馔，伏腊不辍，由是科不乏人，且多世科。贫生有婚葬不举者，捐囊助之。招抚流民，盖官房百余间于郊外，创立集市，垦田十余顷，藉以为生。方春躬行郊野，见有勤农赏之。有争家财者，劝以孝弟，化为和顺。迁同知守济上署篆年余，吏每请盘库，辄斥之，将官支俸粮者以原封照给，不除其耗。有盐商犯律，以罂贮银二千，称攀乡绅馈酒，公当堂碎之，解入府库，竟无赦。当道议派民徭，公勃然色变，遂寝。终以忤贵拂衣归。公事母孝，每饭侍侧。旧产尽让弟，复捐金二百给之，弟亦不受。雅有德星里风。平原有生祠，入名宦，崇祯戊辰入乡贤。

萧大谦，字民服，别号益斋，金宪显之孙。天资浑朴，素履清贞，家计屡空，微不介意。游成均时，曾拾遗金，标贴示觅者还之。后领乡荐。就选先尹怀仁，再历秦安。耻结纳，专意实政。士民怀其拊字，当道恚无馈遗，竟取忤罢。返里日，行李萧然至不能充食指，公处之自如。暇辄濡墨攻书，或对客吟句。年八十有一卒。世谓厅事容旋马，薄田供馆粥，今昔侈为美谈。而公历宦三世，草舍仅可旋蜗，瘠田尤不充爨者，顾不愈称难耶！

冯时泰，号虞庭，山西汾州人，本卫籍。自幼勤敏好学，读书寒暑不辍，刻历精进，以此成进士，授冬官郎。管节慎库，明于算数，能核积久未清之弊，著声曹署，升辽东广宁道兵备参议。守正不阿，冰蘖矢操。筑造台堡，大定老军凡数十处，无不竭尽心力。边方有警，主帅不用命以致失事，公奉旨察勘，略无纤隐，有忤当事，反坐谴条，或以苟且请，公徐应曰："吾莅官惟'清慎'二字，可揭天日，况君父之事，乌容规避，绝不为辞。"寻以被逮。辽民无不称冤，欲诣阙号鸣。总督顾养谦止之，极为公雪，有并褫臣职以辨其有功无罪等语，具载疏中。赵相志皋、张相位石、司马星交章激切力诤，竟不白。公尝自叹曰："由来直道忤当权，过贬潮阳路八千。一掬忠肝天所鉴，几回血泪洒蛮烟。"居无何，抱郁以终。

刘廷宣，字化卿，号方壶，晚号本庵，赠卿思诚子。丰神清颖，廉直警识，由进士，筮仕仪封。励学官，恤鳏寡，课农桑，劝孝弟。黄河泛滥，公瀹治之，获名田几万亩，民赖以苏。输税正供之外，毫无所增，讼者自拘，不判赎锾。设保甲法，奸宄渐，而荷杵一切无名科派，省民锾不下巨万。钦取浙江道御史，弹章不避中贵，奏魏忠贤蠹国十四款，章经通政司霍维华以年谊对使焚云：何为起此大衅？公不先杨、左而摧虎喙者几希耳！出巡陕西，复命转大理丞。寻因母老，请告终养，以本寺左少卿归。岁甲戌公病卒，卒之冬，推巡抚闻于上，遣永平府知府谕祭。

詹廷，字忠卿，别号绍山，尚书荣之孙，由庠生补恩荫。筮仕南通政幕，以吏才著，升顺天别驾，廉能有声。晋南比部主事，迁本部郎中，继领云南广南守。时奢酋叛，滇南一带摇动，公赴任被围，贼胁降至再，公誓以全家殉。贼揣公志不夺，少纵。阅月得乘间出，遂诣各上台，备陈贼形及守御之策，捐俸助军需，二载，多善政，除衙蠹，爱士民，冰蘖自如，宽猛适济。奏最日公舆病归，广郡士民争负土祠公，未数月卒于荆州。公端正谨厚，忠孝持身，绘像滇南，推贤畿左，良不诬也。

国朝

吕鸣夏，字九三，本卫籍，天性孝友。有弟鸣云没于王事，遗貌孤抚训成立，婚娶、游庠，舆论凤重之，由乡荐筮仕清丰教谕，补束鹿。所在劝课有法，升真定二府，驻宣镇，以抗直取忤，挂冠归。明末寇逼关门，公时家居，从众迎摄政王，歼寇录功，起补卫辉府太守，维时天下初定，拊安百姓，有善政，绩最，迁陕西固原道兵备，甫下车，值叛将武大定等谋逆，变起仓卒，以兵胁公，不为屈，且历数其罪，骂不绝口，遂遇害。事闻，赠光禄寺卿，荫一子，造坟安葬，以酬其忠。康熙二十九年崇祀乡贤。

程继贤，号敬庵，本卫籍，以太学生初授中书舍人，历任尚宝司卿，封朝议大夫，从四品服俸。公行四，奉事二亲不诿，诸兄父享寿百岁，具奏建坊，乡人称孝。完长兄之产，抚三兄之子，极尽弟道。有旧好户曹郎邓公承简，粤西人也，以事羁京师八年，公每济其乏，久而不厌，后病没，为具棺殓归其丧。其乡一友人曾为钱法督理者，以三千金密令人夜送至寓，公正色拒之，又曲为之地，复用善言相沮，面陈利害，未几事果败，众服其识明操洁而且不负所知也。本卫设有均徭银两，每岁金派催头，大为民扰，公为陈诸当事，力除其弊，乡人感悦。年逾七旬，见后生虽童稚辈亦恂恂自下，绝无挟长态，以此乡人咸称为长者。岁甲申守官都门，不臣服于李逆，捶几至死。后侨寓天津，遇土寇忽起犯公，公不少屈，竟遇害。乡人痛惜之。顺治十八年入乡贤祠。

高选，由廪生，录功授山西交城令。升知平阳府事，改江西广信府司马。英敏练达，所至有声，其治交城尤久，迄今民尤德之。康熙五十三年崇祀乡贤。

穆维乾，字介公，号圭炎。天性孝友，学问渊博，领顺治乙酉乡荐，司谕滑县庠，及迁保定左卫教授。整饬学规，精勤课士。尝摄满城邑篆，值旱荒，设法赈济，全活甚众。巡抚金公疏荐云：行同濂洛关闽，才类韩柳欧苏，真定论也。升翰林院典簿，时修四书满汉讲义，至羔裘元冠不以吊，院长叶公芳蔼为犯圣祖讳，商于同僚，俱不能对。公曰：大字仍原字，尊经，小注改元字以避讳。院长询何所本？公曰：《中庸》慎独乃原字，小注改谨字。院长大悟，云：余自幼疑此，今始知朱子为避讳也。深加敬礼。归休林下，讲学论道，诱迪后辈，殷殷不倦。生平廉节自持，不慕权势。自筮仕及卒，五十余年，乡望特隆。康熙五十三年崇祀乡贤。

佘一元，字占一，号潜沧，登顺治丁亥进士。初授刑部主事，迁礼部历仪制司正郎。冰蘗矢操，端方谨饬，时以清正称，加从四品。告疾还里，闭户著书，屡征不起。立社讲学，启迪后进，未尝以事干当事，若事关学校及地方兴革大务，必力为救正，远近倚为师表。所著有《潜沧集》八卷，修《山海关志》。康熙二十九年崇祀乡贤。

李集凤，字翔升，生有异质，年十五饩于库，有声，屡蹶场屋，由拔贡为洛阳丞，卒于官，年六十有六。公性方严，不慕权势。其初应京兆试也，寓中贵宅，怀宗幸别殿，供张甚设，中贵邀往纵观，归辄自悔，责曰："若辈其可与为缘乎！"遂绝不与通。泊为丞，丞故卑位，毋得专治民事，守若令有以事委者，率以贿成，公力矫之，以廉明称。于学无所不窥，尤深《春秋》，尝手注之，凡六十五卷，论者推为麟经之功臣。康熙五十三年崇祀乡贤。

谭从简，康熙甲午举人，乙未会试副榜，授故城县教谕，训士有法。升灵丘令，以忧去官服阕。知江南娄县事，改调河南孟津，终云南晋宁州牧。所至有政绩，不事明察，而吏不能奸，催科寓于抚字，民故德之，咸乐输无后者。勤勤以教养为事，不博声誉，用是无赫赫名，而去后常令人思。性孝友轻财，能急人之难，好读书，尤邃于《易》，康熙五十三年崇祀乡贤。

郭仲金，字巩图，以明经任良乡县学博，迁平阴令，仕至湖北安陆府司马，事实无可考，康熙五十三年崇祀乡贤。

崔联芳，字子宗，康熙丙戌登贤书，有孝行（详孝子），数困公车，不以屑意，久之例选为令，以母老遂不复就。生平嗜学，手不释卷，至老弥笃。性方严，少所假借，苟非其人，未尝与言，殆古之所称狷者也。康熙五十三年崇祀乡贤。

忠　义

明

张世忠，字显甫，别号平山。公貌不逾中人，而神爽英发。总发时以世胄育胶库，随袭副千户荫，会武试，登孙堪榜，加授署指挥金事，寻掌卫篆，有清干声。迁秩守备天寿山，历升山西大同中路参将，严整步伍，矢立战功，会调应援有奇捷，闻上，得实授正千户。偶缘边事挂误，听勘回籍。未几，西陲告急，本兵疏名上请，特命移守偏头关。关兵频年失利，人为公危之，公跃然曰："此吾报国之秋也。"嘉靖二十一年，太原有警，公与同事者分五哨进，歃盟互援。适遇蒙古兵于六支村，公麾下健卒仅千人，挺身血战，自巳至酉，矢石俱尽，后援不至，敌且增轻骑合围，射公中额，寻殪其马，公犹跨墙对射，矢透公衣袖，死之。事闻上悯悼赐祭葬，赠右都督，谥忠愍。六支村、山海关俱准建祠享祀。

李国梁，本卫指挥，体貌丰伟，膂力绝伦。万历间从杜将军松出塞，与我大清兵浑河大战，没于阵，以功赠都指挥金事，子鸣岗袭荫。

边万里，本卫百户，以都司管中军事。崇祯己巳入卫京师，行至蓟州五里桥，适大清兵掩至，据桥大战，自未至酉，身被重围，力战死。

吕鸣云，本卫举人鸣夏弟，武健材勇，以守备为扬武营中军。崇祯庚午守永平，城破战死，追赠游击将军。

杨开泰，本卫百户。永平失守，泰以本路把总率兵侦探，至榆关西，遇大清兵至，对射良久，众寡不敌，死之。

杨廷栋，本卫百户。少以勇力称，为扬武营千总，共守永平，城破犹燃炮奋击，卒不能支，死之。

蔡国勋，本卫千户。率兵复遵化侦探，遇大清兵至，奋勇直前，战没于阵。阁部孙公承宗题恤，赠指挥金事。

严大宽，本卫千户。从总兵赵率教应援遵化，遇大清兵，与战时主帅亡，众溃，大宽犹力战，死之。

杨呈芳，字桂林，本卫籍，由恩拔授鲁山令。丰容伟干，居官平易。时土寇蜂起，与衙胥结通，公知事不克济，冠带坐堂上，贼环侍不忍加害，出入数四始戕之，为具棺敛停丧，后其弟往收其尸，经年启视，面貌如生，事闻赠汝州知州。

国朝

马维熙，字天御，本卫籍，由拔贡，录功授忻州同知，署偏关西粮厅篆。值姜镶之变，山右一带摇动，偏关阖城从叛，围公一所遣人守伺，久之，知不可屈，遂加害。事平，具闻，赠秩忻州知州。

李友松，字赤仙，本卫庠生，性刚毅，有学识。崇祯甲申春，流寇薄城，势甚危急，公慷慨倡议，率庠生高轮毂、谭邃寰、刘泰临、乡耆刘台山、黄镇庵赴营说贼缓军，遂遇害，然城卒赖以完。国朝录功，荫子栖凤为贵州思州府经历。

张朝臣，字鼎望，康熙庚戌进士，浙江处州都司，会遂昌土贼作乱，公率众往剿，至其巢，林木蓊蔚，山路险窄，仪容一骑。谕之改悔，不听。左右曰："崖高路狭，曷退避徐为后图。"公曰："吾受朝廷寄，顾见贼而走耶？见贼而退，不勇；临难而避，不忠。"遂身先之，被创坠马，徒步力战，犹手刃数人，死。事闻，赠都司金事加一级，赐祭葬，荫一子卫千总。

孝　行

明

张云鹏，本卫人。父病，夜不假寐，汤药亲尝。父没，丧敦古礼，庐墓三年。

赵文举，本卫人。幼极孝，母病疽，痛不可忍，医皆云不治。祝天愿代，日自所居三步一拜至神庙，焚香祈其母寿。家甚窘，供母具，即富者不过云。

萧韶凤，本卫人。十九岁父病蛊，迎医视之曰："得樟柳木根可愈"。城中求之不获，或告以产于海阳。时石河水暴涨不可渡，韶直前往觅，家人止之，泣曰："父病笃，阻水而止，于心忍乎？"竟涉至中流溺死，三日尸浮海上。闻者无不酸鼻。

张懋勋，都督世忠子也。痛父殁于王事，每语及辄流涕。事媚母三十余年，孝养备至。母卒，哀毁骨立，庐于墓侧，躬负土成冢，暑雨祁寒不辍。终制后乡人相率迎归，当道屡旌其门。

傅梦良，庠增生。性纯笃，与兄照事母孝，母殁，哀毁骨立，既葬，皆欲庐墓，良曰："兄弟共庐墓，则妻子安依？不如兄在家养眷属，弟代兄行。"照虽允之，犹哭奠于灵床前，日三次，终丧不懈。良庐墓侧穴居，负土筑坟，晨昏哭泣。秋夏霖雨累日，夜穴水盈尺，几无生。服阕还家，逆行五步一拜，哭尽哀，兄亦偕弟逆行拜哭，绅缙亲友郊迎，上官旌表其门。

穆思文，卫庠生。事继母孝，曲尽子骞之节。有二弟俱继母生，财产均分。后二弟家计寒窘，又为弟之子给产婚娶。督学汪公应元题请建坊曰"孝义"。

高士璜，庠生，父凌霄卒时，士璜年已六十，庐墓三年，朝夕哭奠，孺慕弥笃，母吴氏继卒，庐墓亦如之。

李明生，例监，孝友纯笃。母死，庐墓三年。工右军书法。雍正十一年选江南歙县巡检司，未莅任。

李标生，府学增生。母死，庐墓三年，工右军书法。

‖ 卷之十一 ‖

人　物（下）

节　烈

明

　　黄氏女，讳妙宣，年十七许嫁里人龙升，至十九未婚而升物故。女闻讣哀痛不食。久之有求聘者，女不可，父母强之，则以死誓。后知其不可夺，乃止。侍亲左右，极孝敬，饮食衣浣皆出其手。族叔婶俱亡，遗三尺孤，为抚养且教之成立。年逾七旬，颜发如童，天挺之节未易得也。

　　赵烈女，一片石军人赵来住之女，年十六未字。一日父母俱出，邻有同成军恶少搂之，女且骂且殴。母归，哭诉求自尽，因防守不获。既三日，诒其母曰："盍往理煤？"母出，阖户自缢。郡守张公世烈勘明置军于法，为之营葬树碑，以旌其烈焉。

　　张氏，张千户女，为李百户长男升之妇。升之病死，无子，晨夕哀恸，见者感动。舅姑强之嫁，七日自缢死。

　　郭氏，庠生何志道妻。年二十四，夫亡，舅姑子女俱无。父母怜其子处，取归养之，讽以别醮。誓不可，屡强之，乃伪许曰："即改嫁，须还何门。"及至，痛哭竟日，自缢死。部使商公诰旌之。

　　田氏，千户刘世龙妻，监生田路女也。世龙守界岭口，阵亡，时氏年二十九，矢死靡他，至八十七卒，孀居五十八年，备尝艰苦。部使商公诰旌之。

　　郭氏，都督张世忠妻，忠死时，氏年二十九，几欲捐生，戚属以抚孤劝，矢志二十余年卒。御史温公如璋疏称：夫为国而死忠，妻为夫而苦节，昭哉！双义允矣，可嘉，建坊旌之。

萧氏，庠生张云鹗妻，父萧大壮亦游庠。鹗卒，氏二十有六，遗子重立五岁。室如悬罄，苦心抚育，万历癸酉登乡荐。重立又卒，遗妻王氏及幼子三人。氏与子妇艰苦共守，抚诸孙成立，并改儒业。年七十五卒。部使孟公秋旌之。

林氏，卫卒罗荣妻，年二十七夫亡，家贫子幼，苦志自守，孀居六十九年，寿九十六卒。

郭氏，朱澄之妻，年二十二夫亡，无子，甘守孤贫，苦节垂六十年，寿八十卒。

倪氏，监生栾养义妻，年二十四夫亡，矢节抚二子，苦心训育，长武备，次文庠，俱成立，享年八十卒。巡抚李公顺题旌。

张氏，刘复初妻，年二十七夫亡，仅遗一女。语及改适，辄惭愤不欲生。孝养其姑，无敢违礼，至五十二岁卒。

王氏，庠生施允宸妻，年二十六夫亡，家贫，上无舅姑，下无子嗣，苦守三十余年，至五十九岁卒。

韩氏，千户高世勋妻，年二十六夫亡，遗孤尚忠方怀抱，韩坚志抚之，子袭职时，韩氏年七十。

刘氏，千户洪大金妻，年二十夫故，家徒壁立，遗孤仅二岁，抚之以迄成立。六十余年，冰操苦节，乡评钦重。

刘氏，监生萧被远妻，年二十八夫亡，子女俱无。孤守四十余年，闺门不出，笑言必谨，代巡吴公阿衡旌其门。

林氏，庠生程继忠妻，年二十六夫亡，引刀欲殉，毁容断发。代巡吴公旌其门，寿七十二而终。

罗氏，庠生郑廷献妻，年二十有二，夫亡，遗一子，守节不渝，子允升游庠补廪，而氏已老。代巡吴公旌之。

詹氏，庠生冯九鼎妻，年十九夫亡，遗孤方六月，艰苦自守，誓不他适，至四十七卒，乡人哀之。

魏氏，指挥李宗尧妻，年二十五夫亡，无嗣，守节六十年，屡经院道旌表。

王氏，庠生萧裕远妻，年三十夫亡，遗一女，守节不移，动遵礼法。代巡吴公旌之。

鲁氏，儒士穆齐仑妻，年十六夫亡，遗一子，氏当夫殁欲以身殉，因有子不果，剪发营葬，苦守四十余年，内外无间言。

郭氏，庠生李养士妻，年二十六夫亡，子方六岁，贫苦自守，以针工自给，至六十九而卒。

周氏，韩国祯妻，少嫠幼孤，断火绝粒，日事针指，抚子成立。

郭氏，徐承恩妻，年二十一夫亡，遗孤甫周岁，及墓临穴欲殉，舅姑亲属力劝乃止。苦守三十余年，至五十二卒。

张氏，儒士辛栋隆妻，年二十一夫亡，家甚贫，只一子，尚幼。孝养姑舅，日营女红以博升斗，课子游庠，代巡吴公旌之。

杨氏，庠生张翱妻，孝廉重立季子也。翱亡，氏二十，时孀姑王氏在堂，遗孤仅四岁，氏不辞贫寒，孝姑教子，始终如一，祖姑孙妇三世俱以节闻。

孙氏，廪生萧行远妻，年二十以室女继醮行远，克尽妇道。因夫无嗣，脱珥置媵未育。夫亡，伶仃无倚，守节四十余年，临终几贫不能殓。

郭氏，庠生谭有临妻，年二十夫亡，誓以死殉，姑多方抚慰，鞠养周岁儿，竟克成长，苦节垂四十余年。

范氏，千户张守诚妻，夫亡，矢志孤守，以针工自给，其苦节乡党称之。

陈氏，标兵马如麒妻，麒从镇将追剿叛兵，卸甲中风死，氏誓以身殉，时年二十五，子方四岁，比麒枢抵关北门外，陈即庐居枢旁，伏哭三昼夜，目不交睫，饮食不进，姑劝以抚孤，乃谓姑曰："若非尔子耶，二十六岁尚不能事姑以终天年，此茕茕者又何恃焉？"遂弃决不复顾，乘间自经死。关内道范公志完请于巡抚宋公国栋，令配享贞女祠。

国朝

穆氏，李天祚妻，顺治元年，天祚送妹入城，贼忽至，欲逼氏，怒骂不从，抱女投井而死，年二十有六。

王氏，生员郭声远妻，年十九夫亡，遗子未周，矢志靡他，事舅姑以孝闻，寿六十终。儒学申请旌奖。

郭氏，萧之高妻，年二十九夫亡，有遗腹子，抚孤入泮，苦守四十余年，殁年七十二。

徐氏，庠生郭重发妻，年二十六夫亡，只一女，苦守五十年，寿七十五。儒学申请旌奖。

李氏，郭重美妻，年二十八夫亡，子二。长子游庠又亡。家贫，以针工自给。苦守四十余年，寿终七十有一。

潘氏，王尔勤妻，年二十一夫亡，遗孤未周，艰苦抚育，立志不移。子长游庠食饩，守节垂六十年。

穆氏，廪生刘廷巩妻，年二十九夫亡，无子，孝事孀姑，抚三女，以勤织纴，苦守垂五十年。

王氏，谭有章妻，年二十三夫亡，遗孤甫三岁，翁姑相继逝，家业中落，日攻女红以课子弘道成诸生。艰苦自茹，几五十年，至七十三岁，发乌齿固，耳聪目明，手足强健，咸以为苦节之报云。

曹氏，刘世民妻，年二十七夫亡，遗孤四岁，抚子游庠，守节垂五十年。

郭氏，廪生刘秉乾妻，年十九夫亡，只一女，家贫，织纴养亲抚女，曲尽孝慈。女甫及笄又亡。孤苦茹茶，历五十余年，初终无间。

穆氏，赵梦辐妻，年二十九夫亡，家寒性俭，孝事孀姑，训子游庠。苦守垂三十余年。

林氏，魏士翰妻，年二十七夫亡，家贫抚孤，苦节自守，垂五十余年。

王氏，张口妻，旌表题曰"节孝坚贞"，余无考。

穆氏，庠生王钦明妻，年二十七夫亡，无子，矢志守节，垂三十余年。

冯氏，庠生任嘉彦妻，年二十九夫亡，二子俱幼，抚养维艰，矢志苦守，终身不渝。

董氏，庠生程体观妻，年二十九夫亡，一子尚幼，励志苦守，教子游痒，始终全节。

何氏，萧升妻，年二十七夫亡，子幼，敦节自守，孝事媚姑，终身靡懈。

蔡氏，国学生吕焕如妻，年二十一夫亡，遗孤甫周岁，家徒四壁，艰苦备尝，教子成立，事姑以孝称，本卫王公御旌其门。

董氏，国学生郭进妻，年二十七夫亡，无子，矢志坚贞，历三十余年，人无间言。

朱氏，庠生冯腾蛟妻，年二十七夫亡，子幼，与姑詹氏守节，甘贫历久弥厉。

杨氏，于应翔妻，年二十三夫亡，子幼，矢节靡他。母怜其小，与姑议令改适，不许。及服阕归宁，母强之，遂痛哭，反度不能免，诣夫灵前大恸，比暮自刎死。郡守张公朝琮旌其门。

解氏，冯九征妻，年十七夫亡，遗孤甫五月，坚贞自励，抚子游痒，殁年五十有七。

常氏，武举郭垣妻，年二十一夫亡，遗孤镮甫三岁。矢志苦守，辛勤教子，中癸酉武科，守节垂三十七年。郡守张公朝琮族其门。

刘氏，王慎修妻，夫亡，抚子成立，为娶妇张氏，子又亡。姑妇同抚一孙，苦守数十年，郡守张公朝琮旌其门。

吕氏，庠生程启元妻，年二十二夫亡，遗孤先登甫三岁。矢志守贞，孝事媚姑，后子游庠，垂守凡五十年，贞操皎然。

邢氏，庠生杨兆生妻，年二十九夫亡，矢节甚坚，勤俭持家，始终无间。抚三子成立，仲庠增生。殁年八十有五。郡守张公朝琮旌其门。

穆氏，吕时名妻，年二十二夫亡，遗孤承祖甫三岁，清贞砥节，辛勤织纺，教子游庠，垂守五十余年。

乔氏，詹宽妻，年二十二夫亡，遗一子三岁，一女在襁褓，贫苦无依，衣食常缺。氏矢节弥坚，资女红以给。及女适人，子长，贫不能娶，因于饥寒而卒，卒之时年四十有九。

房氏，庠生王成基妻，年二十二夫亡，家甚贫，子幼，冰蘖自励，资针工以抚育其子，垂守三十六年。郡守张公朝琮旌其门。

刘氏，郑遇时妻，年二十七夫亡，子三俱幼。氏孝事舅姑，得菽水欢。舅姑殁，殡葬如礼。抚三子皆成立，苦守凡四十余年。

陈氏，国学生任中杰妻，年二十九夫亡，矢志坚贞，勤劬纺绩，督课五子，四列胶庠。垂守三十六年。郡守张公朝琮旌其门。

刘氏，计可成妻，年二十二夫亡，家贫子幼，抚孤成立。生平勤俭严整，动循礼法。垂守三十余年。郡守张公朝琮族其门。

刘氏，牛文龙妻，年二十八夫亡，勤操家计，孝事孀姑，抚子良佐游庠，寿至八十而卒。

张氏，傅尚卿妻，年二十四夫亡，子幼，矢节抚孤，及长又夭殁。遗两孙，复抚之成立，皆游庠，曾孙亦入泮，守节甘贫，三世赖焉，寿至七十六卒。郡守张公朝琮旌其门。

房氏，儒士赵敏妻，年十六归赵，甫三月夫亡，誓死靡他。生遗腹女，抚训备至，择婿配之。苦节垂三十年。郡守张公朝琮旌其门。

刘氏，蒋元辅妻，年二十二夫亡，家徒壁立，矢志守贞，生遗腹子怀荩，日资纺绩，抚孤成立，垂守三十三年。郡守张公朝琮旌其门。

王氏，杜朝盛妻，年二十五夫亡，只遗二女，孤苦伶仃，织纴自给，垂守三十余年。

张氏，常进文妻，夫亡，遗两幼孤，氏矢节抚子，俱授室。次子时兴亡，妇徐氏年二十三，乳下孙仅二月。长子时泰候选经历，又亡，妇王氏年二十九。姑妇三孀，茕茕相守，抚育二孙，俱能树立，后名秉信者为郡庠生。郡守张公朝琮旌其门。

侯氏，庠生赵登云妻，年二十六夫亡，遗孤丹甫六月，抚养成立入泮，苦节四十余年，殁年七十有三。郡守张公朝琮族其门。

檀氏，林枝宗妻，年二十三夫亡，欲从死，舅姑曲谕抚孤大义，乃矢节尽孝，抚三岁子毓奇贡入太学，守贞五十余年。

张氏，王应新妻，年二十七夫亡，遗两幼孤，抚育成立，仲子加士娶妇郭氏，年二十三加士亡，遗孙三岁，氏与妇相依苦守，始终无间。郡守张公朝琮旌其门。

刘氏，潘天柱妻，年二十六夫亡，家贫子幼，或劝之嫁，氏誓死坚守，抚孤成立，垂守四十余年。

张氏，庠生马应运妻，年二十七夫亡，子幼，孤苦伶仃，饔飧不给，氏辛勤抚孤，绩纺度日，垂守三十余年，始终不渝。

傅氏，刘文登妻，年二十七夫亡，子幼，家业日窘，氏矢志抚孤，食贫无怨，教子有方，守节垂四十余年。

侯氏，高琳妻，年二十二夫亡，家贫事姑以孝闻。子二抚养成立，次子文绣入泮。垂守四十余年。郡守张公朝琮旌其门。

计氏，郡庠生王象贤妻，年二十一夫亡，无子，冰操自励，事媰姑以孝闻，卒年四十有三，郡守张公朝琮旌其门。

牛氏，国学生谢昌言继妻，年二十九夫亡，家贫，勤女红奉姑，生事死葬，靡不中礼。抚前室子女如己出，子丕显食饩郡庠。郡守张公朝琮旌其门。

王氏，周琏妻，年二十二夫亡，遗孤三岁，矢志靡他，抚子成立，守节垂三十年。

朱氏，赵德芳妻，年二十五夫亡，矢志靡他，纺绩自给，抚三子，课诸孙俱能成立，后孙游庠，苦节垂五十年。

柴氏，李起凤妻，年二十九夫亡，两子俱幼，教子成立，长联芳、次联捷俱入太学，贞守五十余年，寿至八十三卒。

李氏，何尔通妻，年二十九夫亡，守节教子，子昌运游庠，苦守垂四十年。

何氏，郭万里妻，年二十二夫亡，矢节苦守，抚子成立，始终不渝。

田氏，王云鸣妻，年二十七夫亡，遗孤二岁，矢志坚贞，抚子成立，苦守凡三十六年。

迟氏，张廷栱妻，年二十一夫亡，矢节不移，力勤绩纺，苦守垂四十余年。

杨氏，民人杨春先女，田养粹之妻，年二十四夫亡，上有舅姑，下有弱息，家又寒素，氏身任其事，日用薪水咸取办于十指，而甘旨无缺。训子义方，养生送死，罔不尽礼，寿至七十而终。

王氏，罗名世妻，罗两世同居，舅姑叔娣在堂，家素寒，名世谋食他乡，率数载一归，氏倾粝资以供甘旨。及姑娣殁，舅叔咸继娶，历事四姑，恪执妇道。年二十八夫客死，时舅已老，三子均幼稚，而家愈贫，氏常忍饥寒，推衣食，以衣食其舅若子，力勤纺绩，寒暑不辍，后子仲瑄为庠生，氏寿终八十有八。郡守张公朝琮旌其门。

郭氏，庠生马襄妻，年二十二夫亡，遗两子俱幼。矢志苦守，教子成立，其仲子游庠。寿终七十有三。郡守张公朝琮旌其门。

宋氏，监生罗鸿儒妻，年二十九夫亡，子国珍仅三月，抚养成立，旋殁，子妇傅氏年二十六，苦志共守，傅氏生三子，长纻游庠。郡守张公朝琮旌其门。

夏氏，庠生穆维节妻，年二十夫亡，贫无立锥，遗孤幼冲，苦志孀居，抚子成立，守节凡三十余年。郡守张公朝琮旌其门。

吕氏，穆宗孟妻，年十九夫亡，有子二岁，抚之长恒，自课读遂能文，补弟子员。寿终七十有五，郡守张公朝琮旌其门。

张氏，庠生穆维颐妻，年二十二夫亡，遗孤甫三岁，以长以教，恒昼夜绩纺，供其子膏火修脯之用，用是学成，饩于庠，有声黉序。事舅姑以孝闻，娣姒之茕独者典产助之。郡守张公朝琮旌其门，雍正十一年题旌。

王氏，监生贾朝聘妻，年二十四夫亡，家无期功强近之亲，有子二俱在抱，亲举丧葬，自誓终守，居家严肃，内外斩斩，教子成立，且授室矣。未几，二子相继殁，氏复为营葬。寿终七十有八。雍正十三年题旌。

杨氏，朱廷佐妻，年二十五夫亡，家贫孤立，抚子成人，寿七十有四。

冯氏，生员杨赓妻，年二十五夫亡，一子甫五岁，教养成立，饩于庠，旋殁，孙亦继夭，无嗣。

张氏，庠生李开芬妻，年二十五夫亡，无子，以侄承嗣，守节凡四十三年，年六十有八。

王氏，张希闵妻，年二十五夫亡，家贫亲老，氏励志节孝，养生送死，卒年七十有五，具题旌表。

魏氏，薛邦兴妻，年二十三夫亡，卒年七十，郡守张公朝琮旌其门。

董氏，程起云妻，年二十二夫亡，卒年七十有四，郡守张公朝琮旌其门。

徐氏，常时兴妻，年二十三夫亡，有子二，长秉忠候选经历，次秉信府庠生。殁时年八十有二。建坊旌表题曰"金石完节"。

穆氏，生员赵焕妻，年二十五夫亡，守志孝事舅姑，子方周岁余，抚养成立，游庠食饩。雍正十一年题旌。

黄氏，范思胜妻，年二十六夫亡，家贫，生子未周岁，执纺绩以给，馕粥抚育成人。殁年六十有七。

平氏，海洋社民平自得之女，年十八待字，邻人赵某窥其姿色，横加无礼，女潜以线缝衣，上下如织，自经于赵某之门，时康熙三十六年五月二十二日事也。赵惧罪，移尸庄前井中，众鸣之官，当事受贿诬女失节，竟宽赵罪，士论冤之，葬秦皇岛。郡守张公朝琮立石旌其墓。

刁氏，曹鼐妻，年二十一夫亡，家贫无子，矢志苦守，督学使者钱公陈群书额旌之。

蒋氏，庠生王文科妻，年二十五夫亡，子二，长守绪，次善述，抚育成人，俱游庠。雍正二年督学使者吴公应棻书额旌之。

沈氏，庠生吕世陛妻，年二十七夫亡，矢志守节，教子成立，卒年八十有四。乾隆元年题旌。

熊氏，施怀信妻，年二十八夫亡，有二子，家故赤贫，纺绩以资朝夕。长子邦佐旋亦病故，偕子妇抚其幼孙以迄成立。性勤俭，耻华饰，举动以礼，不苟言笑，处娣姒亲娅间，从容和厚，内外无间言。殁年九十有二。乾隆四年题旌。

詹氏，程廷对妻，年二十九夫亡，孤贫自守，上事姑舅，下抚子若孙，慈孝克备。雍正十三年题旌。

赵氏，吴恺继妻，年二十八夫亡，舅姑年老，前室遗子二，俱幼，氏生一子未周，家贫，纺绩度日，奉事舅姑二十余载，曲尽孝道，三子皆抚之成立。守节凡三十余年。

郭氏，刘士贤妻，年二十九夫亡，立志守节，断一指自誓，遂昏绝，力救复苏，卒成其志。后疾笃，梦大士告以食犬肉可愈，醒述其子琰，琰遂刲股作羹以进食之，果愈。后知子肉，茹素终身。

李氏，常维乾妻，年二十八夫亡，子天俊尚幼，氏立志守节，孝翁姑，事葬尽礼，课天俊严肃有法，天俊遂以文名，饩于庠。殁时年五十有五。

李氏，庠生穆廷遴妻，年二十六夫亡，无子，贫不能自活，资女红以济。孝事舅姑，和睦妯娌，养夫弟之子为嗣，抚之成立，苦守凡四十七载，寿七十有三。

刘氏，穆维丰妻，年二十五夫亡，遗孤甫十月，家徒四壁，执女红以自给，饔飧常竭，而节操弥坚，卒年六十有五。

谢氏，庠生穆宗霨妻，年二十六夫亡，遗孤甫二岁，苦守独励，教子开琛游庠食饩。上事翁姑，族党称孝。督学使者钱公陈群旌其门，见年六十四岁。子开琛娶魏氏，年二十六琛殁，生子未一月，魏誓不欲生，族众以事媚姑、乳幼子为劝，乃勉自活，未一载而子殇，氏昼夜悲啼，笃孝媚姑，守节凡十五载，年四十而卒。

赵氏，监生李馥生妻，年二十九夫亡，有子二，俱幼，氏矢志苦守，事继姑尽孝，勤俭持家，抚孤成立，殁年八十有二，乾隆二年题旌。

聂氏，庠生刘天德妾，年二十二夫亡，生一子，与正室唐氏共抚之，后子殁，继堂侄为嗣，唐氏旋殁，聂氏一人抚之成立，氏见年八十有八。郡守张公朝琮、管关厅周公廷润均旌其门。

郭氏，赵正功妻，年二十二夫亡，抚孤成立，贡于太学。殁年八十有二，乾隆四年题旌。

张氏，袁起云妻，年二十四夫亡，子二，苦志守贞。乾隆十一年，前令张公楷旌其门。见年八十有九。

佘氏，施邦佐妻，年二十九夫亡，矢志守节，事姑尽孝。家贫，躬亲纺绩无间，昼夜训子义方，俱各成立，见年七十有九，乾隆四年题旌。

高氏，李开香妻，年二十五夫亡，守志，见年七十有九。

郝氏，杨进朝妻，年二十八夫亡，教子读书，克有成立，苦节凡五十余载，乾隆十一年题旌。

郭氏，范衡礼继妻，年三十夫亡，无所出。抚元配子女如其所生。家故贫，然性好施与，邻高姓姑妇以子远客，饥寒不能自存，辄脱簪珥周之；又孙氏妇夫死，为出资以助其葬，其轻财好义如此。子浚由明经秉铎河间，孙方蔼亦游庠，氏见年七十有四，乾隆元年题旌。

程氏，陈四海妻，年二十七夫亡，抚孤子，纺绩度日，见年七十有三。

赵氏，刘碣妻，年二十一夫亡，抚子成长，授室旋亦亡，与子妇赵氏茕茕相守，冰蘖自持，见年七十有一，雍正十二年题旌。

王氏，傅国备妻，年二十八夫亡，课子读书，列黉序，见年七十有八。

李氏，庠生吉毓麟妻，年三十夫亡，翁老子幼，俯仰无资，氏冰霜自矢，孝慈克尽。乾隆四年题旌。

赵氏，吏员李惠民妻，年二十七夫亡，遗一幼女，矢志守节，事舅姑定省无缺，抚继子，教养有方，见年七十有四，乾隆十四年题旌。

张氏，庠生程廷升妻，年二十三夫亡，无子，守志不移，奉姑惟谨，年六十时有以请旌商者，氏闻之曰：吾不幸，夫早丧，理宜相从于地下，岂愿留姓氏于人间耶！不许。见年七十有六。

杨氏，李养植妻，年二十八夫亡，家贫，纺绩度日，辛勤训子，见年七十，乾隆二十年督学使者徐公以烜给额旌之。

涂氏，李时秀妻，年二十七夫亡，遗一子，纺绩教养，及长授室，子出关贸易，遂不复归，氏与其妇以女红度日，艰苦万状，闻者哀之，见年六十有六。

向氏，闫梅之妻，年二十二夫亡，舅姑衰老，遗孤才一岁，氏亲执女红度日，养生送死，克尽其道。子既长，授室，旋亦亡，与子妇周氏荼苦共守，见年六十有六。

谭氏，监生穆永清妻，提督廷栻子妇，年二十四夫亡，仅遗女二，矢志守贞，族人欲为请旌，氏曰："舅姑远宦南省，未尽一日侍奉，真天地间罪人，至守节乃未亡之人本分，何敢邀旌，如欲请旌，誓不留此残喘矣。"议遂寝。见年六十有六。

杨氏，齐进孝妻，年二十四夫亡，家贫，纺织教子，见年六十有三，乾隆八年督学使者赵公大鲸旌其门。

李氏，邵起云妻，年二十九夫出关堕海死，时有孕才四月，既而生子，抚之以长。其子采樵以养其母，母以纺绩助之，意泊如也。见年六十有五，乾隆二十一年督学使者徐公以烜给额"茹苦甘饴"旌之。

陈氏，温大妻，年二十八夫亡，遗腹三月，生一子，苦守三十有三年，教子成立，乡人称之。

宋氏，吉永泰妻，年十九夫亡，遗腹生一女，家无立锥，勤女红以奉媚姑，今姑八十余，氏见年亦六十矣。

甘氏，李道和妻，年二十四夫亡，遗孤才八月，家贫，氏执机杼孝事其亲，抚夫弟及幼子皆克成长，见年六十有九，乾隆二十年督学使者徐公以烜给额旌之。

陈氏，辛延邱妻，年二十九夫亡，子又不肖，或劝之改适，不从，卒守其志，见年六十。

郭氏，薛良斌妻，年二十八夫亡，抚孤成立，见年六十有一。

徐氏，赵子玉妻，年二十八夫亡，遗孤二月，舅姑衰老而家又甚贫，仰事俯育，氏咸办于十指，乡党称焉，见年六十有四。

田氏，赵昌绪妻，年二十八夫亡，遗二子，家贫饔飧不继，氏昼夜纺绩，抚孤成立，见年五十有九。

郑氏，刘中兴妻，年二十九夫亡，生子甫两月，抚之成立，见年五十有九。

高氏，赵升妻，年二十六夫亡，家贫，纺绩教子，见年五十有八。

连氏，张开甲妻，年二十六夫亡，遗孤五岁，教之成立，为名诸生。事舅姑以孝称于其乡，见年五十有四。

张氏，陈自贵妻，年二十五夫亡，遗孤至弱冠亦亡，抚其幼孙纺绩糊口，见年五十有六。

王氏，张谨至妻，年二十三夫亡，生子未弥月，舅姑又衰老而家又贫，氏事亲抚孤，养生送死，虽极困顿，未尝言瘁，见年五十有四。

赵氏，张彬继妻，年二十九夫亡，家徒四壁，遗孤三月，氏守志抚孤备极艰苦。有讽以改适者则失声流涕，曰：妇无二天，饥死奚恤，况弱息在抱，可使谓他人父乎？年五十有五子已授室，犹率其子妇朝夕勤执女红，足未尝逾阃也。

李氏，田尔渥妻，年二十三夫亡，子方周岁，家贫，纺绩度日，见年五十有二。

赵氏，刘朝典妻，年二十一夫亡，无嗣，氏上事舅姑，下抚夫弟，终身无倦色，见年五十有二。

何氏，王锡位妻，年二十六夫亡，无子，抚侄为嗣，事孀姑以孝，处妯娌以和，纺绩糊口，虽晓夜寒暑不以间，见年五十有九。

石氏，杨超妻，年二十八夫亡，无子，继侄为嗣，抚养教诲一如己出，督学使者张公泰开给额旌之。

罗氏，田吉妻，年二十一夫亡，遗一子，贫苦自守，纺绩自给，见年五十。

刘氏，王元良妻，元良偶他出，氏独处，邻人高七儿以言调之，氏怒詈，七儿遁去，少顷，元良归，氏诉其事，遂自经死，当事置高于法，乾隆十三年题旌。

谭氏，刘琬妻，年十八夫亡，子殇抚继子，今已成立，见年五十有一。

张氏，生员赵元英妻，年二十二夫亡，无子，姑舅皆已垂暮，贫不能养，见者哀之。或劝之嫁，答曰：人之患难死生皆由命定，余能与命争耶？卒不悔，凡十年以疾卒。乡人嘉其节，立石于墓，学教授井镃为之志。

杨氏，庠生张珣妻，年二十六夫亡，见年五十有六，题旌。

金氏，庠生张玮妻，年二十九夫亡，见年六十有一。

穆氏，监生周梦龙妻，年二十四夫亡，抚其子，子年三十有六亦亡，又抚其孙三人，已渐成立矣，见年七十有二。

曹氏，镶白旗满洲生员马图之妻，年二十夫亡，事姑训子，历三十年，题旌。

郭生姐，民人郭昶之女，年二十二许字族姑之子范彬，彬患疯无力婚娶，女还其原聘钗，又日以女红助伊姑薪水，逢令节必有所馈。姑不忍误其年少，持还婚帖，生姐遂自经，死时年二十有七，乾隆十八年题旌。

石氏，张瓒妻，年二十四夫殁，子甫二岁，誓不他适，纺绩课子成立，见年五十七岁。

范氏，郑镕妻，庠生范宏楷女，年二十四夫殁，无子，只一女才二岁，舅姑及其戚属咸劝之嫁，氏以死誓守。久之，姑得狂疾，人皆避不敢近，氏侍疾三载无倦色。既殁，事舅尤谨，家益贫困，资纺绩以给朝夕，舅不乐，必委曲譬解得其欢心而后止。舅殁后五载遘疾，氏曰：吾事毕矣。不药而卒，时年三十有六。

流　寓

明

鲁绍芳，浙江余姚人。性恬澹，积学有蕴藉。万历初，因祖戍山海，就而相依，乃设教关门，以《戴礼》专业，榆庠之有礼经自此始。穆太守以此成进士，后治理者多出其门。

朱国梓，字邓林，辽东前屯人，父梅尝为总戎。国梓以部使司关务，继升永平道佥事。值寇陷京师，赴关与总戎举兵复仇，比事成，奉身而退，侨寓石门寨山中，菽水养母，以琴书自娱，终隐不出。

国朝

赵廷臣，字君邻，奉天铁岭人，明末寄居山海。性至孝，父殁三年独居不入帷室。为人持正，有经济才。国朝以明经入仕，历官兵部尚书，总督浙江军务。

林时亮，字元寅，福建福清人。幼失怙，母杨氏抚育之。值兵乱，母与叔各抱孤儿避难相失，时亮为山海张某所得，赖以存养。长善贸易，娶秦氏，生计颇蕃，日以寻亲为念，祷于神，感关帝，降笔命入都访丙辰鼎元彭公，以彭解笔录，知未来事。至都城谒彭，拒不见，值韩宗伯慕庐先生他出，诣舆前哀恳具道所以，韩介以见彭，得示，遂南行寻母；时有族叔任山东游击，意有乡人可探母信，往见述幼时事，座中一客潸然，诘之则从弟某，其母即昔时同避难之叔母也。趋见叔母，叩其详，云：向遇乱兵，母惧辱，已从途中尽节矣，因大恸，迎叔母及弟归山海，然终以不得见母为恨。念关帝昔曾许之，时诣庙怼帝，因发狂疾，膂力异常，掷几空中。趋关帝庙取刀，刀重百二十斤，轮转如飞。高坐据案，掀髯执书，若世所图读春秋像。厉声曰："林某，吾以尔一念之孝，示知母耗，尔母死已久，奈何怨我？"观者大骇，伏地哀祷，遂偃仆，弗药而愈。至孝所感上格神明，迄今乡里传为美谈。卒年六十有六。子二，长琪，次瑛，俱入郡庠贡太学。

方　技

刘冠，原籍河南仪封人，祖浩从明太祖取张士诚有侦功，授都指挥，不受，愿就医籍，随武宁王调理军士，遂家山海。冠为医不轻试药饵，预知吉凶。时主政邬公阅艰嗣，宠姬多人，内有孕者，尝以疾求诊脉，冠曰："请以面盘印手"。印讫，冠曰："此非病，乃喜兆也，主生男。"后果验。詹少司马家居病痰，一医自京来，邀冠相陪，冠一见即告司马曰："亟送回此医，公疾无恙。"司马然而送之，至潞河驿，医为马轶踬死，所断不爽。诸如此类难以缕举，号为"神医"。

仙　　释

马真一，自称河南人，年一百八十岁，昔在华山学道。明崇祯初年入广宁，居北镇庙，采蘑菇拾野果为食。时宁前大旱，经略袁公使人致，至祈雨，次日甘霖大降。因举止疏放，语言狂率，袁公疑为妖异。羁居山海，官师咸重之，关道梁公尤加亲治，与谈休咎，皆应。关门士子相与趋造，谈经论艺，剖抉如流。饮食不拘荤素多寡，随便取足。诙谐之中，每成谶兆，然踪迹无常，人不能测，后不知所之。

‖ 卷之十二 ‖

艺　文（前）

　　洪惟我皇上以文思之圣化成天下，几务之暇，逊志典学，言为训谟，声为雅颂，琅琅炳炳，懿铄万古。而清问勤民，乘舆间出，则凡经幸之处，靡不承睿览，发天唱，以垂示永久，地亦用是增异，殊绝他所。然望幸者众，率难幸邀，不能无后我之叹。属乾隆八年，岁在癸亥，皇上抒追远之诚，荐馨合漠，躬诣盛京，展谒陵寝。越十载，癸酉重举祀典如初礼，而临榆为两京管钥，幸驻清跸。海山景物屡被吟赏，天藻所临，万象增丽，臣和梅与观盛美，窃独庆幸，用敢裒集御制及进廷臣联句诸诗别为一卷，冠之艺文，迎銮纪恩诸什即附其末，将以扬休命而摛无穷，非独为一邑光也。况我皇上大孝之慕，终身以之，非仅仅如视食献服，为汉唐令主间世一遇之事，将茂典之嗣是而举者不可一二数，则兹邑频经銮辂，叠焕龙章，续此编而广之者正未有量，敢不为后之载笔者倡耶！故于是乎志。

御　　制

登澄海楼望海作

　　轷辘金轩展祀旋，偶临杰阁眺齌漾。漫言此后难为水，试望当前不辨天。秦帝关存终失鹿，汉皇舟阻未成仙。拟澄坎部留吟句，只恐雕龙让广川。

十月望后一日再题澄海楼壁

　　我有一勺水，泻为东沧溟。无今亦无古，不减亦不盈。腊雪难为白，秋旻差共青。百川归茹纳，习坎惟心亨。却笑祖龙痴，鞭石求蓬瀛。谁能忘天倪，与汝共濯清。

乾隆八年十月十六日，自盛京蒇事还京，道入榆关，登澄海楼望海。雪霁千峰，波明万顷，天容海色，洵属奇观。时张照、梁诗正侍从，因与联句，凡字画涉水部者概不用，仿欧阳咏雪禁体也。

御制康回昔凭怒，使地东南倾。太始本无始，张照常盈是不盈。双丸出其里，元气鼓为营。岛屿藐拳石，御制轩楼敞绣甍。茏葱疑贝阙，仿佛见瑶京。鞭石桥终断，梁诗正嘘烟市乍更。星槎何处转，鳌柱若为擎。邈矣端倪谹，御制雄哉气象峥，禹功思四载，秦业剩孤城。万壑朝宗此，张照纤珠如纳并。由来无寸土，亘古只空明。直上到天险，御制横陈据地垗。目迷光晶皓，耳骇声砰轰。精卫填难尽，梁诗正长虹驾可成。三壶远萦带，重岙销飞鲸。赋羡木华博，御制吟推玉局英。平铺历劫雪，喜遇初冬晴。望叹曾闻若，张照来游谁逐蜻。内光含煜煜，阴火凉荧荧。绝域随风达，御制方诸应月呈。坎重不失信，天一乃居贞。比乐韶观止，梁诗正如山圣景行。空传香象蹈。谬执窄蠡评。有以谦能受，御制虚将白自生。苞乾恢度量，吐日焕晶莹。永奠寰区晏，仙乡底问程。

乾隆十有九年秋，由吉林至盛京恭谒三陵，礼成旋畔。以孟冬二日入关，再登澄海楼，距癸亥前游周一纪矣。星霜亟易，风景犹新，爰续举成例，命汪由敦、刘纶用禁体联叠前韵，既畅登临并志岁月云。

御制坤载既盘礴，坎德靡亏倾。脉属天地气，汪由敦量应朝夕盈。朱垠暨闽广，朔野奄幽营。再巡临碣石，御制重登俯雕甍。梁适侍子舍，张骞返仙京。壁诗犹好在，刘纶屋筹凡几更。螺丸大块点，屃负岑楼擎。霞标榜槛矗，御制雪峤罗窗峥。东叟寻蓬屿，巨蜃吹层城。雾露不辞受，汪由敦壑谷容来并。云锦织回紫，玉绳接通明。阳侯逞陵轶，御制岳祇恣磓抰。斫阵万马骇，突围千牛轰。禁体续前例，刘纶罚期严后成。巍毫蘸勺蠡，辖饵投长鲸。志怪迹谁核，御制求真才岂英。一杯纳日月，亿劫嘘阴晴。底事称白鹭，汪由敦奚从款红蜻。爰居享鞶帨，鲛室眩煌荧。藏积梵书列，御制巨最韩碑呈。何无复何有，曰虚亦曰贞。赤石灵运进，_{刘纶}绿绮成连行。远航越裳候，奇■贾胡评。隐娥归墟守，_{御制}飓母舶趋生。珊瑚周其址，蠙珠灿厥莹。壮观向空廓，邮签慢促程。

乾隆十有九年冬十月朔之二日再登澄海楼，叠前韵题壁。

拾级登岑楼，复此俯巨溟。寒暑幻冬夏，日月浴亏盈。界吞一线金，际天合色青。最巨斯绝类，守信故永亨。蹄涔易致涸，注兹恒为瀛。泾渭诚小哉，徒分浊与清。

附：

甲戌冬十月二日，皇上奉皇太后祗谒祖陵，旋跸山海关，幸龙王庙、天妃宫，遂登澄海楼，御制五言古诗一章，复进廷臣联句，得二十六韵。尚书汪由敦奉敕题壁。是日，士民夹道跪迎，天颜温霁，赏赉优渥。臣和梅以临邑下吏得随士大夫之后，仰瞻圣表，欢愉之私不能自已。退而恭纪其事，聊先耕凿之众，窃效击壤之意云尔。（臣钟和梅）

天回日御自兴京，澄海重登乐晏清。欲起蛟龙盘睿藻，待摩壶峤勒贞珉。雨师风伯随銮护，白叟黄童夹道迎。躬执扫除惭末吏，三呼犹得效嵩声。

皇上驻跸行在赐宴，宴诸大臣，命地方官与陪。张乐演剧，恩逮微臣，感激恭纪。（臣钟和梅）

宝鼎香浓帐殿春，钧天乐奏广筵陈。飘来法曲筝琶外，赐出宫壶雨露匀。述职课原输上考，入疆庆乃及微臣。琼林宴后才今日，重饫天庖拜紫宸。

卷之十三

艺文（中）

临之文，金、元以前无得而考，自明迄今，鸿篇巨制充溢缃帙，郁乎彬彬矣，然不能尽登录，其文之有关世教，诗之切于景物者，而以鄙作附之，非敢与诸贤齿，亦以在邑言邑，虽拙不废也，观者谅之。

祝　文

景泰四年钦降显功庙祝文

惟王开国辅运，为时元勋，缮治边疆，万世永赖，军民怀仰。祠祝以陈，神其鉴兹，荫佑无致，尚飨。

记

显功庙记 商辂

中山武宁王，早以雄才大略首从太祖高皇帝举义，平定天下，混一海宇。已而率师漠北，收其余民。比还，留镇于燕，慎固封守，为长治久安计，以平、滦、渝关土地旷衍，无险可据，去东八十里得古迁民镇，其地大山北峙，巨海南浸，高岭东环，石河西绕，形势险要，诚天造地设，遂筑城移关，置卫守之，更名曰山海关。内外截然，隐然一重镇也。自山海以西，若喜峰，若古北，大关小隘无虑数百，茸垒筑塞，既壮且固，所以屏蔽东北，卫安军民，厥功甚伟。景泰甲戌今左都御史李宾奉命巡抚，卫人萧汝得等合词告言：昔中山武宁王镇此，城池关隘皆其创建，边陲宁谧，殆将百余年矣，愿立庙祀以报王。公为请诸朝，许之，属岁屡歉，事未克就。成化辛卯李进擢院章追维前诏，因谋诸总戎募义敛财，卜日藏事，乃即山海卫治之西建王正殿三间，翼以两庑，树以重门，缭以周垣。兴造伊始，适巡抚左佥都御史张纲下车，锐意倡率。时镇守太监龚荣、总兵右都督冯宗及参将刘辅、李铭悉以俸资来助，用底完美，实癸巳春三月也。纲告成于上，赐额"显功"，仍降祝祠，命有司春秋致祭，岁以为常。山海军民闻命欢呼踊跃称快。有以见王之功德及于人者深且远矣。李以事之始末，属守关兵部主事尚纲述状，征予以记。谨按祭法有云：能捍大患则祀之。若王之设险守国，使百年之间，敌国莫能窥其隙，室家得以奠其居，其功不亦大乎？祠而祀之，岂不宜哉！虽然王为开国元勋，当时南取吴越，北定中原，东平齐鲁，西入关陕，王之功居多，独山海之人思慕之深者，盖王镇抚燕蓟十有余年，丰功盛烈非他处比，庙祀聿严有以也。夫王姓徐氏，讳达，凤阳人，累官太傅中书右丞相，进爵魏国公，追封中山王，谥武宁。其履历备载国史，兹不重著，惟述立庙之意，俾刻之坚珉，庶来者有考焉，谨记。

山海卫儒学记　李东阳

国朝建学之始，惟府州县有之。越自正统改元之诏，诸戍卫始得置学，而山海卫学实为建焉。然庙地湫隘，且规制弗称。十有四年，都指挥王侯整镇山海，始与卫学教授张恭建庙宇，为象，设构明伦堂五间，东西斋各三间，余尚未备也。天顺六年，指挥刘侯刚复构东西庑十间，学舍六间。成化七年，兵部主事睢阳尚君绸来守山海，建棂星门及制祭器若干。厥后余姚胡君赞别筑殿址，遂昌吴君志、余干苏君章继作栋宇，为戟门于棂星门之内。进贤熊君禄重修学堂，外为周垣，为泮池，池上为桥。今尚君弟缙复以主事来守，乃修斋舍，筑官廨，辟射圃，规制悉备，与所谓府州县学者相埒。盖始于甲午之夏，告成于丙午之春，历十有二年而后备，可谓难矣！教授周达、训导曹选谓岁月不可无纪，尝属兵科给事中萧君显、前监察御史郑君己请予记，比训导君率诸生李琛及给事君子鸣凤复具书以请于予。予惟唐虞以降治天下者，大抵以武功戡祸乱，以文治致太平，故草昧之世，不遑他务，及其久也。化甲胄为干羽，变韬略为经籍，故汉之学校至武帝始为之。宋初虽有国学，而仁宗之世州县学始遍天下，其功效次第有不得不然者也。先皇帝缵祖宗成业，偃武事，敷文德，休养生息，置天下于衣冠礼乐之域，故虽戎官武士亦为之置官建学，使出科贡与文士为伍。当是时，小大臣庶奔走祗奉之不暇。暨乎复辟之岁，乃复有断而兴者。今圣天子在上，绍志述功，日弘月著，出使者宣德意之休，居守者协寅恭之效，故虽关徼远地，拥衿佩而横诗书者与辇毂之下，畿辅之内殆无以异也。孔子谓："善人为邦百年，可以胜残去杀。"鲁两生亦云："礼乐百年而后兴。"况圣人过化存神之妙，宜有朝令而夕布者，而又积之以百有余年之久哉。故观学校者，当以时论，不当以人地论也。且古之胄子固未尝分文武为二途。今文士习科举，而仕者亦与兵事。武胄虽专荫袭，然亦有由科目以起者，名虽判而实亦相通也。况彝伦风俗天下所同，无彼此之间，则所以学为忠与孝者，其容以二乎哉！山海旧学固有取科目著名节者，不止乎甲胄弓矢之雄。后之学于斯者，其亦知所勉矣。盖国家之文教于是乎成，而有司之政于是乎始，故特为书之，俾观者有感焉。

重修儒学记 *唐皋*

山海隶京师，为濒海际边之地，连引长城，控制辽左，盖东北重镇也。故设重关以限内外，列戎卫以严捍御，其所任者将领，所临者卒伍，所闲习者戎武之备，黉序初未有设也。正统间奉明诏始建庙学于城之西北隅，聚武胄之子弟游肄其中，不数年间蜚英扬辉，掇科目，宾贡途，代相望也。顾营建之始，规制未备，久而圮，圮而葺者屡矣。皇上起自潜藩，入缵鸿绪。是岁冬，予同年黄君德和以夏官主事来董关守，躬谒庙学，谛瞻庭宇，制之自昔颓者弗振，缺者弗完也。慨然曰："是乌足以振士风，弘化理乎？"乃谋经费量工，锐意修葺，殿庑、堂斋、棂星、戟门以次具举。复移泮池于棂星门之内，而甃桥其上，别创神库以皮祭器，神厨以洁庖宰。习肄有室，都养有饩，昔所无者咸加备焉。其材用则撤淫祠之在境内者而充之；规费则皆行旅之冒禁而薄其罪者所乐输以佐巨役者也。已讫工，学之诸生张伯镇、詹荣等偕万进士义谒予请记。始，予奉使朝鲜，竣事还，弭节山海，尝偕君诣学，目睹敝陋，为之兴叹。乃今获闻增新其旧，岂无恔然于心乎！顾谫劣无能为役。窃惟祖宗以武功定天下，而兴道敷治必先文教，士之养于学宫而取诸科目者，类以明体适用为学，通经博古为贤，经非孔孟程朱之说，例摈弗用，盖以孔孟推明帝王之道，历万世而无弊。程朱折衷儒先之论，俟百圣而不惑。故学者能究程朱之旨，可以探孔孟之心，能探孔孟之心，可以语帝王之治。我朝百五六十余年，治平之效卓然，与唐虞三代比隆，用是故也。程朱之教人内外本末之论，知行先后轻重之训，盖深有意于学者，故不求诸内，而以文为主，不求诸本、而徒以考详略、采异同为务者，是诚无益于德，而君子弗之学也。且入德有序，以知为先；成德有等，以行为重。故足必资目以有见，而足之不履，虽见无所用之，二者不可偏废，乃可以入德而造成功之地矣。故学者笃信程朱之说，而加之沉潜玩索之功，允蹈实践之力，内外交修，知行并进，则固不惑于异说之人，流于曲学之规。以之治心，以之修身，以之事主，以之泽民，无所施而不得矣，非益之大者乎？然近时学士大夫或小程朱之说离而去之，至欲夺其壁而树之帜。徐而考之，高论有余而直内之功不足，富贵为累而道德之念何存？其于学者非徒无益而又害之，则固不若主敬以固聚德之基，定志以端趋途之始，可以要成功而资实用矣！黄君务宣德意而新是学，所以期望诸生之意将不在是乎？新学未几，万君以颖脱举进士，诸生其有继踵而奋起者矣，于是乎书。

附：张公时显《修学记》一段：

士君子诚于古所称三不朽者，毅然自期，伟然自竖，久之充积盛而发用光，得时，德施斯普功业被于苍生；不得时，著书立言，足以信今而传后，是之谓先自建而以之建学；匪靡文，是之谓先自修而以之修学，匪饰具于宫墙俎豆，不庶有休耶！倘不然谭邹鲁而行则违，迹步趋而心则远，甚至托兴学美名以自掩覆，如是虽备极轮负，而伯夷之室必耻筑非其类，以尼父之庙貌乃乐藉手于若人乎！显用是滋惧矣。

山海关义田记　王应期

山海奠畿东北，称雄海隅，惟不附于有司，是故制度纬画典礼系多未备。予抱关之暇，每询事采物，考制协轨，图肇举焉，而以财用为碛，访之先职方氏黄公，以关东瞭望地给为学田。至今居聚日繁，而垦辟益广，以租而输官者仅得其半，乃与诸生议曰，遗利以藏下，遗典以陋上，非所以成民，取彼益此何为而不可哉？遂命官度之，得地一万三百四十四亩，岁征租百七十二石，兹不惟供饩有余，而大事犹可以肇举也。乃虑事以授守备龚子相与量功略趾筮日，分司计财称畚平干，旬日告竣。建祭五：曰社稷，曰风云雷雨山川城隍，曰八蜡，曰无祀鬼神，曰东镇义勇武安王，举农政一，曰鞭春。咸修有坛宇，植有树木，祭有品物，办有粟米，计春秋粟米之费，共六十三石有奇。呜呼，是举也，庶工底绩，百度咸贞，嘉邑攸宣，礼文咸秩，均灵剡剡，蒸民憺憺，若将共恃之。夫先王之成民也，而后致力于神，是神导之趋也。委之典秩，示之从也，设之象魏，协之同也。律之禁令，故民乐于福而惕于祸，是以时和年登而神降之福，将或恃之以为不恐焉。故曰：神以幽之，君以明之。幽之故缓福，明之故训化。非缓奚惧，非训胡成，斯治之大防也，山海于是乎有赖矣。于是殚心综理则守备龚廉，翊力赞相则掌印指挥石美中，度亩计征则指挥赵伦、林洪，鸠工效力则指挥戴臣、符英、百户潘洪、王銮，嘉乐盛典适观通成则教授官善、生员李成恩等也。因并书以垂永云。

乡贤祠记 陈绾

山海旧无祠，立祠以祀贤，自海钓萧先生始，继此而祀者有克修郑先生、角山詹先生，祀只三先生，故曰"三先生祠"云。夫三先生名在海内，忠在朝廷，绩在治所，彰彰著矣。顾独于山海祀之何哉？盖山海三先生之梓里也。生斯长斯，没而魂魄游于斯，则固宜俎豆于斯，礼不忘其本。三先生之祀于斯也，重所本也，礼也。且夫贤才之生，岂偶然哉？彼太行之麓，蜿蜒东注，横亘塞垣，至山海则峭壁洪涛，耸汇南北，束若甕牖，其秀爽灵淑之气无所输泄，宜必产而为瑰伟卓特之士。而三先生者，实出其间。故即山海以祀三先生，昭地产也，不然将不谓秦无人哉？关令陈绾曰："《诗》云'高山仰止，景行行止。'余始至山海，询父老，访故实，即知有三先生。及考其行事与其言论风旨，未尝不为之降心焉。"三先生之言行已详于志乘，今姑举其大者。

夫海钓公振绝学于边僥，一旦释屩而处谏垣，不可谓不遇矣。使能毁方以徇时俗，其崇要可立致，乃独弹驳无所避忌，卒至流落黔中者数年。稍迁至闽臬，即抗疏东归，虽戚畹有力者欲为之援，公亦不暇顾，独于海内诸名公交，往来篇什，以泄其豪宕不羁之气，故人称萧先生曰"贤"。

郑御史以鲠介之资疾恶如仇，甫入道，即指摘天官阙失。巡按陕中，复侃侃论当世事，卒罹谗构，谪戍独石，几于不免。语云：木直者伐，羽奇者铩。然不如是，不足以见克修公之贤矣！

昔大同军士之变，杀总兵官李瑾，外阻中讧，计无所出。角山公以郎中督饷，独激于义，乃与游击戴廉等嚼血盟，因密通总制，阴令穴城蕲为内应，以擒首恶，不成，则以阖门报。呜呼！斯志也，虽以质鬼神可也，此乡党自好者不为，而公为之，岂不伟然贤丈夫哉！

论者曰：海钓公勇退完名，皭然不滓，有蘧伯玉之操；克修公抗言亮节，之死靡悔，有史鱼之直；角山公奋勇决谋，不避险难，有宁武子之愚。彼二先生者数奇，见绌遗佚放弃已矣。角山公宣劳边镇，晋位卿贰，望重台揆，乃竟沮于寿。悲夫！使得究其施用，其树立岂如是已耶！然皆有高世之想，以名节勋庸自砥砺，视得丧、死生若鸿毛，非气雄万夫、志坚百折者不能。其超逸绝尘、慷慨激烈之风，犹能使顽懦之士兴起于后代，所谓乡先生没而可祭于社者，非若而人欤！

学田记 黄景曔

治世养士，衰世使士自养。士自养，其弊三焉：上焉者，自食其志，无所事养，守其道甘死不悔，然其不遇也，其困也极矣；下焉者，自食其力，徙其业从而之他；其次焉者，诎于志而惰于力，不能自食，资于人以食。若战国四公子之养士，美恶淆而廉耻丧。冯骥之歌曰："长铗归来乎食无鱼"。可哀也，已非国之耻欤！三代盛时，其养士尚矣，然其详不可知已。后世乃有学田，然不能皆有。我朝无学田而有学粮，府州县有差，无地无之者，唯卫学则无焉。窃意当是时，介胄子弟罕学者，卫虽有学，仅存空名，故不为置粮，非法不备也。山海关东地民久私，景夔稽而归之公，仍令业焉，而出其租，地四千九百五亩，米七十三石五斗七升五合，得诸生经试优等者十二人，人月食五斗，载于籍以为恒。呜呼！尔士一夫一妇之养，此差足矣。此地今以前之士无养，然不闻弛业，奋而出者有人焉。今以后之士有养矣，奋而出如前焉，恒也。吾不尔异，其奋也倍焉，斯异矣。然吾愿尔士不惟是。《易》曰：颐贞吉。又曰：圣人养贤，以及万民，尔养尔贞。吾兹观尔、处尔、推尔及吾将俟尔仕哉！

乡饮田记 *詹荣*

与川葛子以天子职方氏出镇山海关，逾年为嘉靖甲午，法准弊裁，无扰无蠹，因次及便宜，爰图修复，乃询诸士民曰：乡饮为我明盛典，著在令甲，有司奉行罔怠以替，凡以兴行崇化焉尔。矧山海畿辅重镇，当首被声教，胡于是独缺？岂国典故靳于卫，抑所司者遗之也？或对曰：乡饮举于学，我高皇帝建学定制即有之。时山海未有学也，自正统改元之诏始得建学第，初事草卤，他制未遑。今人文彬彬然日渐以著，独兹缺典，举之是待我公。或对曰：用本于财，礼备诸物，无能越者，有司乡饮之供，取诸岁额，斯可常继。吾卫无乡饮额，胡取之？即取足目前，胡继之？处画是在我公。葛子曰：嗟哉，嗟哉！维兹山海虽称边隘，犹夫人也，乃摈诸恒典之外，若无与于化理焉者，殆非圣朝同仁之制。夫法无靳于卫，徒执往迹，无改于循习之弊。人自靳之，间有识者顾诿诸区区之费而止，是爱物而贱礼。呜呼！可吾天子使臣职得议法责与处分，是诚在我。乃查近郭闲田籍之官，得若干亩，岁取佃租若干，委官敛贮，乡饮之需取给焉。又下令于卫，若学俾慎选诸乡仕而休者，必恪乃官箴，完名高节，无以墨败者滥；其诸乡民必耆年宿德、六行允修，无以弗检者滥，主之者则卫视篆指挥也。乃正月既望，实为创举。肆筵簧序，宾偶毕来，始而迎翼如也，扬觯有词凛如也，读法有条肃如也，酒食旅献，乐章间作将将如也，雍雍如也。既醉而出，充然若有所得，环桥门以观听者，惕然深有所感矣。翌日，诸士民造詹子所请曰：匪创弗开，匪承弗永。

兹举也，葛公开惠吾人至矣，犹惧弗永也，子其记之以告承者。詹子曰：卫以即戎知方是急，学业俎豆养老所先，故卫弗学，厥方斯昧，学非乡饮，厥业斯荒，施之政教皆苟焉耳。山海自国初有卫，历数十年始学，又历数十年始乡饮。国朝作人覃化之制，至是大备。吾人果能务忠孝之实，兴仁让之风，以资亲上死长之效。遹观治隆俗美之成，庶几无负长人者之意。若曰：惟永是图则法罔或限，而用复弗窘，葛子亦既有言，承之者将无所诿也，奚惧其不永？

天妃庙记 祁顺

天地间海为最巨，海之神天妃为最灵。凡薄海之邦，无不祀天妃者，由能驱变怪、息风涛，有大功于人也。山海去城南十里许为薄海，汪洋万顷，不见涯涘。海旁旧有天妃祠，相传谓国初时，海运之人有遭急变而赖神以济者，因建祠以答神贶。历岁滋久，故址为浪冲击，几不可支，而堂宇隘陋亦渐颓毁。天顺癸未，太监裴公珰以王事驻节山海，谂神之灵，就谒祠下，顾瞻咨嗟，语守臣及其属曰："天妃显应，功利闻天下，而庙貌若兹，非所以崇名祀也，盍撤其旧而新是图。"遂施白金三十两以倡于众。时镇关兵部主事杨君琚及参将吴侯得各捐资为助，而凡好义者亦皆致财效力，以后为愧。于是市材傛工，择时兴役，崇旧基而加广焉。为祠前后各三间，坚致华敞，是历永久。其像惟天妃因旧以加整饬，余则皆新塑者，复绘众神于壁间，威仪跄跄，森列左右，远近来观莫不肃然起敬，以为前所未有也。肇工于甲申年秋七月，落成于是年冬十月。众以丽牲之石未有刻辞，征予纪其始末用传诸后。夫能御大灾，能捍大患，以安生人者，征诸祭法于祠，为称我国家，明制度，尊祠祀，岂无意哉！亦为生民计耳。尝闻东南人航海中者，咸寄命于天妃，或遇风涛险恶变怪将覆舟，即疾呼求救，见桅樯上火光灿然，舟立定。是其捍患御灾，功罕与比，故在人尤加敬事，而天妃名号居百神之上，亦莫与京焉。渤海之广，无远不通；神之流行，无往不在。人赖神以安，神依人而立。然则斯祠之建庸可后乎！当祠成之岁，居其旁者厄于回禄，势焰赫然及祠上，人远望之，见烟火中人影上下，意其为护祠者，既而旁居荡为灰烬，而祠一无所损，向所望烟中人影皆无之，乃知其神也。噫！神之显赫不可掩如此，所以惠福予是邦，岂浅鲜乎哉！顺既为叙其事，复作迎享送神之词，俾邦人歌以祀云。其词曰：苏壁兮药房，辛夷楣兮兰橑桂梁，杂芬菲兮成堂，神之奠兮海旁。吉日兮将事女，巫纷兮至止，惠淆蒸兮荐芳醴。衣采兮传范，吹参差兮舞婆娑，神不来兮奈何，辖风飐飐兮水扬波。神之来兮容与，载云旗兮驾风驭霆，成再拜兮传神语，旋焱不留兮使我心苦。神庙食兮无穷，神降福兮曷其有终，海波恬兮偃蛟龙，弭怪雨兮驱暴风，灾沴弗作兮时和岁丰，人有寿考兮无怀恫，永世不磨兮神之功。

烈女碑记 傅光宅

自孔孟著成仁取义之说，学士雅言之。然至于所以成、所以取，即世所称丈夫者，何寥寥也？安论妇人女子哉！大都生长于礼义之区，耳目之所见闻，庭帏之所训诲，讲之明而守之定。彼其慷慨捐躯从容就义者，世人尤以为两间正气所钟，称之不容口，岂非以仗节死义求之妇人女子，难也，况求诸边隅之妇人女子，不尤难之难哉！以今观于赵烈女当别论矣。

烈女者，一片石关成卒赵来住之女也。美姿容，性庄重，未尝轻言笑，年甫十有六，而女红娴习过人。时有比邻恶少马铎，瞰其父母他往，谬为借针而谩以淫词挑之，女即敛容骂曰："吾父母偶出，若何为者，敢窥吾室？且若以我为何如人乎？"挥拳殴之。已而其邻叔闻之，具陈所辖提调，将铎稍惩责。女自是不胜惭忿，欲自尽。已又私念曰："不面吾母，胡以自明？"次日母回，具述之，即痛哭不食。曰："人孰无死，迟速等耳，儿宁能以皎洁之身冒此亵辱于人世乎？已矣！"母知其志决，旦夕守之。又三日，女佯为解愠者，诒其母曰："若且往理煤，吾自居此。"母不虑其远己也，趋而往。女即闭门自缢死。其邻妇觉之，排闼入，已无及矣。悲夫！余惟赵女者，问其地，则边陲；问其家，则成卒。匪长育名阀，素谙姆训，其所渐染习闻未知于成仁取义之旨何如，而所为若此，其劲节刚肠真欲凌霄汉而薄日月，视流俗猥鄙之行不啻浼之，虽古竹帛所载，丹青所图，殆未能轩轾于其间矣。籍令女而丈夫显荣于时，其所以植纲常维名教者，岂其微哉！顾造物者奈何厚其所禀而虐其所遭，卒使之抱愤郁以殁也。天乎！虽然，女不遭恶少，身不亡，即使幸而称百岁姬，亦悉悉闷闷以老耳。然后知天之所以玉成斯女者，千百岁不死也。

重修汉前将军关壮缪公祠记 孙承宗

盖公之论丹诚也，曰：天有日，人有心。夫日在天，人人皆仰而终古常新，天下各据所见以为向慕，而日不知。故冬以为爱，夏以为畏。畏爱生于人心，而日在天，不亲于爱，不尊于畏。公之灵感在天下，每当狂恣横暴之晷，辄见夫龙旗火马，掀髯而逸群绝伦者，公也，则畏。及困厄蹙迫水火盗贼之变，呼天呼父母不可得而解者，公若为手提烦恼以列之清凉，则又爱。至习于所畏所爱，则祸乞为之免，福乞为之予，而且爱且畏。凡今之细民不习孔氏，而大人不佞佛，然罔不畏爱公，如其习孔氏而佞佛者殆如日，然天下各据其心所愿以享之。自有生民以来，未有盛于公也。

昭烈提三尺于汉末，公与邂逅，定王霸大略，谲强如孟德，议迁都以避险，杰如仲谋，愿结昏媾，公为詈斥不屑，公识略自足千古。《史记》公于武侯颇有小间，又羞与黄汉升同列，何也？陈寿于《蜀志》多涉微辞，或不无少诬，予谓公差有深意，非诬也。昭烈奔走狼戾，取国于他人，人心未定，所与如胶漆者，惟公及桓侯。诸葛为相，固无俟有所喻以明心，以山野书生骤冠百僚谋臣猛将，岂可以空言慑服？昭烈借公发鱼水之言，以晓喻将士，当时必自有说。汉升猛士耳，昭烈收降，推心任之，未必不虞其骄骜难制。公特示不平以寓藜藿不采之意，史遂据迹以书，不然将与相不和。将与相不和，汉何国之能为？公与昭烈谊同兄弟，誓结死生，苟利社稷，遑恤其他，而悻悻觖望偶语沙中，君臣将相间有遗议哉？呜呼！天有日，人有心，日不变冬夏，心不变险夷。公之心如日，吾之心如公。夫忠而得福，奸而得祸。惠吉逆凶，各以其心为影响，无不一一游公神威中。顷者，予与诸大吏将领盟于公之祠曰："试扪此心，有初终相戾，面背相渝，心口相逆，知性命不知忠义，知身家不知朝廷者，神其殛之。"

今诚与关人士提此语，以反此心，能无为予所盟叱者，其心之丹如公，即如日，又安在龙旗火马，须髯如戟，翩翩乘风云而降止者，为公也。天启甲子，予阅兵觉华，几殆阳侯之难，或言公降神佑护，一时喧传，以其语涉怪略，为辑祠于宁远，未暇为记，兹复莅关门，借二三吏士力，蒸蒸祝神之休，随其心所愿，以印公心于不穷，此公之所以为盛也。

祠立于山海卫城西关衢北，创于崇祯庚午，判山海沈承源、副将军叶时新等重修，视旧址扩十七八。予既取公语，为颜其坊曰"天日丹心"，又嘉诸将吏意，为之记。

山海石河西义冢记 余一元

尝读月令，孟春之月掩骼埋胔，王政也。夫王政行于上，泽及枯骨，其利溥矣。或有行之于下，以仰赞王政之所不及。在上好仁，在下好义，殆并行而不相悖者欤！山海旧有义冢数处，大抵湫隘倾仄，岁久，丘墓稠叠，几无余地。迩有绅士商民辈汇金作会，施棺济乏，积谷备荒，酌量多寡为便民事。未已也，爰就西郊文殊庵右，用价购抚宁县下地十五亩，益以本庵香火地五亩，扩为一大义冢区，建坊竖碑，冀垂永久。因忆昔甲申王师入关与流寇战，此地以西二三十里间，凡杀数万余人，暴骨盈野，三年收之未尽也。值旱，约贫民拾骨，一担给钱数十文，骨尽，窃取已葬之骸以继之，觉而遂止。彼时但就坑堑，或掘地作坎以合掩之耳。然所杀间多胁从及近乡驱迫供刍糗之民，非尽寇盗也，故瘗埋之举，上所不禁，况此累累者非羁旅之魂，则贫窭不能办茔地之槥，孰非并生并育之俦，安忍听其暴露抛弃而不亟为之所哉！盖普天之下皆王土也，率土之滨皆王民也，以王土葬王民即王政也。下之好义要本于上之好仁，方今圣人在上，为之下者相与培淳风，敦厚道，以为祈天永命之助。故为斯举者，事出众情，而命禀当事，慎勿视为愚贱之私惠，则庶几近于道矣。惟是在会诸姓名为不可泯，悉镌碑阴，俾后来者有其考据，知所观感焉，是为记。

重修山海火神庙记 陈天植

尝考之舆图，古未有山海关，关之设自故明始。东连辽海，西控畿辅，屹然称巨镇云。其间山川之雄阔，人文之蔚秀，风俗之淳茂，民物之康阜，甲乎一郡焉。余承乏斯土，六载于兹，凡一切宜兴宜废之事，亦因乎民之情而已矣。

署之东有火神庙，镇之福神也。关城人士事之惟虔，历年深久，风雨剥蚀，垣墉颓败，檐楹摧折，神像几委荒荆丛棘中。余时展谒神所，心焉悼之，欲谋所以鼎新之者，念生民凋敝已极，疮痍未起而复有所营造，不几重烦吾父老乎？有志未逮，会乡士大夫有重修之举，以余官斯地，且庙与署邻，欲余为之倡。余曰：此善果也，亦夙愿也。天下事有宜于创者，有宜于因者，创者难于虑始，因者易于图成。斯举也，余亦因之而已。曷因乎？仍旧也。匪惟仍旧，亦因乎民之利以利之而已。夫神为炎帝之精，作镇东土，上为国家开文明之治，下为斯民养和宁之福，神之为灵，固昭昭也。

迩年以来，烽烟无警，烈焰不惊，问人有夭札乎？曰无有；物有疵厉乎？曰无有；问岁有不登，民有阻饥乎？曰无有；水旱有失时，风雨有愆期乎？曰无有。允若兹神之眷尔民者至矣，宜民之戴其神者深也。民既戴神之德，而弗思妥神之灵，安乎？弗安乎？谋所以重修之，诚哉善果也。余既官斯土，敢不徇民之请以成兹盛事乎！爰捐尔俸，鸠尔工，庀尔材，计木值几何，砖石几何，陶瓦几何，匠作工费几何。先正殿，次大门，次前轩，再次后殿，数月之间次第落成。颓者以整，故者以新，栋宇流丹，榱题焕采，匪藉众力，何克臻此？固知山川之雄阔，人文之蔚秀，风俗之淳茂，民物之康阜，实维神之昭格也。

斯举也，董厥工者，耆老善士也；襄厥事者，荐绅先生也；观厥成者，城守与路卫诸众也；典厥香火者，学佛子道铧也；步诸君子后珥，笔以纪其事者，东瓯陈天植也。

重修山海卫城隍庙正殿碑记 余一元

夫城隍之神，固城而设者也。有城因有神，所以显壮金汤，而阴司保障者于是焉，在其所系顾不巨哉！

山海一城，古称临榆，又称榆关，其后寖废。至明徐中山王创卫立关，始名山海，盖因元迁民镇而建此城也。自兹以后，遂为畿东重地，蓟辽咽喉借此一线以通之。本朝盛京在东，燕京在西，两都孔道允系于斯，视昔尤为要区矣。城创三百余年，屡经兵警，从无攻克之虞。革命时两镇官兵据关拒寇，接战石河之西，相持竟日，夜王师适至，直抵西郊，一举而殄灭之，此城居然无恙也。虽云天命有在，事会适然，安知非城隍之神有以潜扶而默然佑之也哉！然神曰城隍，府州县在在有之，前代多加以公侯之号，明初一以除去，但以本号相称，昭代因之，不欲以人世爵秩亵诬神明耳。庙久，殿宇就圮，信官白尚信等纠众捐赀，为聿新计，重修正殿三间，抱厦三间，巍峨璀璨，较曩规倍增壮丽，藉以妥神，即资以福民，洵盛举也。工竣，求余一记其迹。余谓凡民有不畏名教，犹知畏功令者，抑有不畏功令，犹知畏神明者，神所以纲维名教而辅翼功令者也。知畏神明功令名教尚得由此以推致之，圣人神道设教岂无谓耶？况城隍之神至切，且近一方，冥庇实式凭之，非埒于高远幽微之不可知者，固知共成斯举者之不容已也。或疑山海籍属卫，城隍之神宜属卫，权固有尊于卫者，神之灵不虞有制乎？不知神不贵尊而贵专，夫惟上帝有专责，而神自具有灵爽，莅斯土者，果能推诚布公尽人事以感神明，立见神功之昭应矣。余为是说以记之，载取捐修姓氏勒诸碑阴，以为向善者之劝云。

重修澄海楼记　陈天植

史记秦皇帝筑长城，大发天下丁男，起临洮至辽海，延袤万有余里，以为长治久安策无逾此，讵蒙恬之役方罢，而孺子婴已衔璧迎沛公。呜呼！险亦安足恃哉！由汉晋以迄宋元，更姓改物不知经历几朝，然代有修筑。故明徐中山王守燕，依山阻海，规方度势，即元迁民镇拓而城之，建关设卫，领千户所十，置官军万人，屯田其地，名曰"山海关"，其亦赵充国屯守金城意乎。迨至中叶，中外岌岌多事，于是重兵宿将风屯云扰，关门遂为边疆要地焉。甲申贼破都城，横肆屠戮，我大清世祖章皇帝爰整六师入关，合关辽两镇兵，歼贼于石河之西，乃定鼎燕京。期年之间，南北浑一，六合之内罔不臣服。关城为向化首区，且其地东通奉天，西连畿辅，屹然称中腹重镇，因设章京四大人，为城守计用专讥察。向来越边者出入靡禁，当事者患之，遂谋修葺边墙。今上龙飞改元之七年，诏下大司农议：发内府金钱二万五千有奇，修筑坍垣。督抚行令北平，观察使钱公督其事，公因檄下山海，厅、路、卫分监厥工，予因是与路、卫两君昕夕仆仆于山榛水湄间。长城之杪又甃石为垒，截入海中，高可三丈许，长且数倍，曰"老龙头"。此则故明将军戚继光所筑，涛摧波撼，日就倾欹。又城之上有楼三楹，为明职方王致中所建，亦颓败不可登。予与两君监视城工，坐其下，时有戒心，尝共叹曰："危哉！斯楼不早为葺，行将化为冷风岩烟矣！"十阅月，城工告竣，会路帅孙君以病去，予宗殿扬君以廷试第三人奉天子命来镇是关，时时阅武海上，每至斯楼，慨然有重修意。过而问之子，予曰："是役也，固予之夙心也。矧又有守土之责乎？"按旧志形家言，关城势如飞凤，左右罗城为两翼，楼台高峙海涯，厥象首。若就圮，顾可令凤之首俯而不举乎！因集关之士大夫与子衿耆老佥为谋，咸称善，且曰："聚腋成裘，聚土成丘，斯楼之修要非一手足之力。"皆乐捐金，共襄其胜。予又与路、卫两君董厥成焉。工始于仲夏，落成于仲秋，众因请予为记。予不敢以不文辞，因思昔人兰亭、岳阳、竹楼亦各有记，以志景物。若斯楼也，面临巨壑，背负大山，高枕长城之上，波澄万里，嶂叠千重，又岂区区彭蠡、洞庭、会稽、山阴诸胜足媲其雄深哉！仍其旧颜曰"澄海"，绎斯义也，海不扬波，有圣人出。职方题名或以是欤。方今圣天子临御万方，东鰈西鲽，测水来王，鸟弋黄皮，望风受隶，以名澄海，岂虚语哉！若夫为翰、为屏、为锁、为钥，于以巩固雄关，奠安海宇，是在朝廷之得人，又不徒恃此长城之固与其楼之壮也矣！予愿后之君子登斯楼也，振叔子之轻裘，舒庾公之清啸，当念关之人士修葺艰难，捐助美善，加意拊循，勤思保障，庶不负予勒名而记之意。

重修山海卫学宫记　陈大纯

京之东五百里府曰"永平"，府之东二百里关曰"山海"，纲领紫塞，表里幽燕，襟带辽海，冯翊京师，岩险闻于天下。昔李自成之乱，先帝歌舞之师由此西向，一著戎衣，奄有四海。开国以来，旧为卫，奋武揆文，王化伊始，其学宫在卫治东，肇自有明区统以来，至于今凡三百年矣。康熙四十七年，大纯起复金判永平，分防关隘。下车之时，恭谒圣庙，低回瞻仰，乃喟然叹曰：方今皇上命式九围，光被四表，声教所罩遍于遐荒，疆场有守御之备，皇华来重译之臣，当此千里甸服之中，两京屏翰之会，而泽宫茂草，败瓦颓垣，荒凉乃尔，其何以励鼓箧之精神，耸远人之观听欤！退而咨询士夫，披览志乘，虽前此涂塈丹腾未尝无人。而风雨漂摇历有年所，苟非新作难复旧观，事如有待，诚在我矣。顾民财不可以私征，国帑不能以骤请，而薄俸又不足集事，因循者五年于兹。会郡守张公以修举卫学之议，谋于不佞，不佞谋先出俸钱，同城寮采及乡士大夫亦各捐赀以勤，厥事乃克。为之缮其垣墉，治其堂构，规模仍旧，丹腾维新。经始东作之时，讫工西成之吉，向之倾圮者，而今则岿然焕然矣。不佞于是乎有感焉。昔文翁治蜀郡，肇修儒术；虞博在鄱阳，肆力胶庠；胡安定以经义治事，雨化苏湖；杨椒山用范洛韶音，风动蛮貊。大纯虽不能媲美前贤，然窃念我皇上崇儒重道，前年诏进宋儒朱子配食先师，今夏又诏吏部铨补郡县学官，并令如京试可然后授职。然则此举也，大纯亦仰体圣天子寿考作人之雅化，故于教育人材之地加之意焉云尔。至若化民成教以俟后之君子，不佞有厚期焉，是为记。

重修山海卫学宫记 周廷润

山海卫学创自明天顺间，规制宏备，厥后增修者屡矣。然考旧志所载，已多废坠不举，至我朝龙兴以来，凡再修而再圮。庚辰冬，余奉命莅兹土，经理关务兼司学校。朔望瞻谒，见殿庑祠门以及彝堂两斋皆剥落蚀蠹，日旧倾颓，怵焉以忧，即与司教张君、司训梁君谋缮葺之。值时讪以体息为务，未暇遽兴工作。越二年，壬午，捐俸为倡，荐绅衿士共相资助。金谓武扬鲍君、庠生石君高子忠信可任，乃令董厥事，鸠工庀材，诹日营始，物料依时给价，匠作计日给饩。仆者植之，欹者整之，朽者易之，缺者补之，涂塈是加，丹腾是饰，再稔而工告竣。窃惟政治莫先教化，而教化必本学校。方今圣天子广立学宫，弘奖儒术于万几之暇，御制训饬士子文，颁示直省各学，训辞深切，海内士子靡不争自濯磨，蒸蒸然向风丕变矣。而山海处北平东鄙，风气近古，俗尚崇朴，导而为善也易。由博士弟子员出身，加民以勋业，显闻于一时者，代有其人。虽古称用武地哉，亦人文渊薮也。况今为两京管钥，皇华四牡络绎于道，玉帛职贡往来惟时，以故士习日趋于上，殆彬彬乎质有其文焉。继自今游于斯学者，睹宫墙之翼翼，缅美富之渊渊，相与敦实行，励实学，先器识而后文艺。泽躬于尔雅，抗志于古昔，处为真儒，出为名臣，于以光邦家而隆治化，岂不盛哉！若夫前作后承，因时缮理，车服礼器之地灿然常新，有以鼓舞士气而振起斯文，仰副盛朝崇儒右文至意，固官师之责也，又乌容因陋就简，苟且塞责而已乎？余不敏方慨初制未尽复，窃幸兹役之迄有成也。爰志岁月，勒诸珉石，俾后之君子有所考焉。

东罗城关帝庙碑记　牛天贵

东罗城关帝庙建自前明，为山海东镇。万历丙辰庙就荒，曾经修葺。自明及清又逾百年矣，旧址凋残，庙乏香火。雍正六年，住持僧照起置买庙后刘姓产，得瓦屋四间，岁取租为焚修费。又二年装神像八尊，补塞隙漏，极力周章。然庙貌之更新仍有志而未逮也。乾隆庚午秋八月，其徒普成承师志广募众善，重新殿宇，增修山门凡五间。越壬申复修东西两配廊十楹，恢宏旧制，妥侑神灵，厥功懋哉！今岁春三月，邑之善士贾仲栋捐修二重垂花门，普成复努力新钟鼓二楼，工告竣，嘱余作文勒诸石，余因之而有感矣。夫蜀汉去今千四百余年，沧海桑田不知几变易，而帝庙之建胡历久弥新，且聪明正直之谓神，帝正神也，祸福无私降，何有于庙之废兴？然而封帝封王，爵崇历代，馨香俎豆祀遍寰区，岂徒震威名而修享祀哉？世运有古今，人心有正气，维此正气之所钟，在天为星辰，在地为河岳，在人为忠义。夫惟气塞乎天地，则生有尽而神常留，极之凡有血气者，莫不心悦而诚服。当日者汉祚将倾，群雄蜂起，帝以超群绝伦之略而值乱离多事之秋，使其心稍诡乎正，则提一旅众，遨游十八诸侯国焉。往而不得志者，而乃遥择赤帝子之胄，相昭烈扶汉室，艰难险阻之间，曒日盟心，摧强破敌，呜呼，正矣！下邳之役，阿瞒冀帝为己用，隆礼

厚赠，燕享频加。惟帝秉心不渝，封还馈遗，鸿飞遐举，使孟德之老
奸可以络荀彧而不可以羁汉侯，其斩颜良以示神武者非直报曹，一点
丹心只为汉，盖欲谢阿瞒而归故主也。允矣，君子其德不回，夫非善
养浩然之气者乎？所惜却婚詈吴，厄于吕蒙，千载而下不无功败垂成
之恨。而汉贼不两立，权虽帝吴，汉寇也，如帝方将诛锄之不暇，而
又何论乎婚媾？善夫帝辞曹书，心在人之中，日在天之上。日，阳精
也，心之精如日，则气之盛蟠天，是以代几更，年几易，贵贱贤愚几
差等，而慑服乎帝之丹诚者，千世万世如一日。然则今日之役，普成
师若弟不可谓无功，而正气之充塞，感人心于不容自己者，其灵固自
昭昭也。笔而记之，亦固其所至，若背君亲，尚谄渎，冀倖而希福利
之报者，帝灵有赫，必将斥而远之，曰：获罪于天，无所祷也，尔其
务民之义也可。

酿春亭记 *钟和梅*

署西偏有前令江宁张君废圃地可亩许，缭以土垣，中为厅事三
楹，岁久倾圮穿漏，地亦丛为榛墟。壬申之秋，余自钜鹿量移兹土，
初政填委未遑他及，其明年事举政闲，乃即其地芟夷平治，艺桃、
杏、松、竹及诸草木之宜于其土者，撤败屋为亭，面城倚山，不雕不
饰，设射圃于旁，以时习艺。落成之夕，颜其亭曰："酿春"。而会僚
佐宾从于亭，觞酌既行，讴吟间作，因举酒属客曰：客亦知夫春之为
气乎，冠于四时，周乎四序，烟烟煴煴，无形与声，适然值之如善人
君子，可爱而不可名。故古人往往取以道，盛世太平之象，而窃叹有
其时而不及遇，遇其时而不及知，既遇且知矣，或不能珍重爱惜，以
期无负所遇之为，甚可惜也。余今者来守临榆，会得天幸，时和岁
丰，民安其拙，不知渝关古战地也。自唐迄明代困征戍，民多流亡，
俗日偷薄。我朝定鼎以来，扫除而更张之，润之以雨露，泽之以诗
书，秀升朴处，男恬妇嬉，民累世不见兵革。为问当日金戈铁马，豕
突鲸奔之状，有不知为何代事者，盖承平已有百余年矣。此非古所云
"登民于春台"者耶？然吾闻之，庸夫高枕者，时也；有道徒谷者，
耻也。士君子幸际休明，得备官守，苟不能仰体德意，勤恤民隐，或

尸位而不尽其心，或尽心而不得其道，亦犹种植失宜，灌溉无术，则阳坡岂无槁木，荣树亦有枯枝，况可剥丧而戕贼之哉！是以古之循吏不求赫赫之名，而去后常令人思，譬之厄酒，醇酿清冽，便体宁人，而不知酿之之道得也。此则余名亭之意也。客曰：善。请书其语于亭，使后之登者览焉。乃退而为之记。

传

名宦异泉李先生传　王世贞

李先生者，讳英，字文华，饶之余干人也。尝自号异泉，学者尊称之曰异泉先生。先生少好学，念邑中鲜有授礼经者，而余姚多知名士，因徒步千里，负笈往寻师，数年尽得其学。归而试博士弟子，它博士弟子无能抗者。遂食廪学宫，而至省试辄不利，先生怡然曰："我能工干禄，不能工命。"归而勤学如初，然竟不利。五十余，始以贡上春官，得教授山海卫。

山海，故中山武宁王达置戍，以限辽水为左辅，络其戍卒即冒青衿而以击技取大官，不甚晓书史，先生精心诲之，课业之暇相与反复开谕。归之忠孝礼让，咸彬彬质有其文矣。时中贵人瑾用事，鱼肉荐绅大夫，先生闻而叹曰："逢萌何人哉？"移书台使者，乞骸骨归，台使者三挽之不得。诸生前后追饯数百里外，先生示之书一束曰："偕我而来，偕我而往者，此耳。"因赋诗见志。先生归而道遇寇，略先生橐，亡所得，仅得其衣冠去。先生抵家犹褐裘，其婿张僎者，藩伯吉子也，以父衣冠遗之，先生却弗御，曰："吾岂倩他人衣冠者！"

先生性友让，其少时与兄弟分财必居少。伯兄病疫，早暮视之无间。或谓疫不虞染耶？先生曰："疫诚染者，吾亦不忍使吾兄独疫也。"其后里大饥，先生谋赈之不获遍，则捐郭外地为义冢，收瘗而瘗之。于书好诵小学，每谓使我终身行之不既。又好举赵阅道，夜必告天以昼所为事，及司马君实平生未尝不可对人言二语。宗戚子弟有小不善，辄谕之曰："得无不可告天乎！"又曰："君实不畏人知，若乃畏人知，何也？"以是诸宗戚交相戒，为不善何以面李先生。而其弗便先生者，谓先生伉不藏人过。顾有盗夜穿窬入，家人掩而缚之，呼请烛，先生曰："吾代若守缚，若取烛。"已解缚，纵使去。徐谓家人曰："民自急赡死耳，一烛而得其人，即纵之，何以自新？"其为长者又如此。先生澹然一切，无所嗜好，子弟即不布素不敢见也。前后邑令谢仪、马津、石简皆清峻，鲜所折节，独礼重先生，时时造门请质疑难先生，亦无所报谢。邑令每谓先生迹可数，非元旦乡饮我何能屈先生。盖寿至八十六无疾而终。后先生五年所而志山海者，以先生为名宦。其又若干年而志余干者，举先生乡贤。

王子曰：夫二志者，郡邑史其犹循古之道也。夫中山武宁王，国元勋，无两也。先生以儒官厕名而无愧色。余干有胡居仁伯仲、吴聘君而乃举先生，并称而无轻辞，其犹行古之道也夫。

松乔刘公传 *李道成*

古者人有懿德徽行综芳模者必为传，以昭示来祀，亦犹国有史，郡有志，家有谱，均之不可已也。博士刘公宦履所到，堪法、堪传，讵可令其泯泯耶？公讳延龄，字景仁，松乔其别号也。世为关门著姓，曾大父而下并为仕籍闻人，公尤岐嶷不凡，垂髫时即为伯父同卿公器重，曰："此吾家千里驹也，后数年祇见其追风绝景耳。"未几，补弟子员，旋食饩，金谓科弟可坐致，而竟格于数，需次贡春官，识者惋惜。明壬午，余谒选入都门，晤公长安客舍，见其貌恂恂，言烺烺，每恣谈名理娓娓，令人忘倦，不觉心折，遂与订交。亡何，余以分训江南，公亦司教任邑莅任矣。从此南北萍分，自谓相逢只梦寐。不意龙飞三载，余避乱还里，适公以新命掌教吾州，真奇遭哉！暇中手一编示余曰："此刘氏家乘也，兄辱爱深，曷知吾宗原委乎？"余捧读之，见其首列四代像与前人被命之词以及士绅贞珉之语，因喟然叹公用意深而贻谋远也。盖自启佑之道不明，家乘之修遂鲜，此无论前美弗彰，为遗忘厥祖，后即有贤胤，其何则焉？宜公恫焉忧之，汇为此书以贻后来。远者弗论，近若曾大父鸿胪公，以文学赞鸿序，垂誉朝班；大父奉政公，以俊才佐庐州，清流沚水；伯父同卿公，乙榜历官卿寺，善政格天，惠泽济众，到处勒岘思棠；其父耆寿公，韬光未耀，浑朴无欺，乃其高义拔俗，既孝且友，允足为乡闾表帅。公承四父之后，奋然以克振家声为己任，淑行莫可缕觇，其大者请伯父同卿公崇祀乡贤，殚厥心力，垂三十年，一旦修举，暨劝其父任伯兄给产就约，让丰以安义命，中外称其孝友。及捐腴田以修罗城，迄今犹输国课，公尔忘私，屡为直指使嘉赏，春风化雨，薰被良多。比年摩青霄而翔云路者，概出其门，以至广应试，入泮之额让需次递及之贡，尤人所难。

迨分教任邑，未匝月，而值大兵压境，众相视无人色，公慨然以兵事自任，戒饬警备，宿雉堞上者累月。适大兵攻城，俟丙夜鸡初鸣而发，公知其然，预令城中尽歼鸣鸡，传一鼓以达旦，由是兵不得逞。孰谓儒生不娴军旅哉？事平，檄书上台，蒙恩纪录。至于岁试举优遗劣，宁忤督学使而不恤，此又心綦仁而意綦厚矣。及其掌教吾州也，自甘淡泊，往往却寒士之馈。时陈一得，间或佐有司之筹，凡有制作无不资公手，片言只字，人人宝若南珠，此其才尤有大过人者矣。目今受知当路，属腾荐剡，然则公之底竖未可量也。公一子，讳允元，博学能文，蜚声黉序，有父风。

朱邓林先生小传　李集凤

先生姓朱，讳国梓，字子寿，号邓林，别号葵诚子，辽东前屯卫人也。父讳梅，以总戎屡建奇勋，先生其仲子也。少颖异，负经济才，以明经入仕籍，累官至永平兵备道，所在有治声。甲申流寇陷京师，时先生任永平，誓以死，母夫人诸氏曰："死固其分，顾吾年几七旬，汝死吾亦不能独生，母子徒死无益也，汝盍隐忍以终吾年，且因观变而为复仇计乎？"先生于是奉母归山海，毁冠祝发，庐先茔之侧而独处焉。未几，关辽兵倡义拒寇，先生乃率家骑入关，左右我兵而共图之。清兴，乱既平，奉母居石门。当事者屡荐于朝，陈情固不就，日以汤药侍慈闱，故其诗曰："国丧君何在，家危母更劬。输忠应致命，顾孝暂留躯，大义不容发，雄心独惜须。深山慈侍下，迂轴隐柴愚。"观此而先生之志可知矣。越十七载，母夫人以寿终，居丧合礼，哀毁骨立，几不欲生，允矣，忠孝性成者欤？先生无疾言，无遽色，无惰容，从之游者如坐春风。至其朗识沉谋，委折周至，不能测其涯涘也。先生善书，笔法遒媚，匠心入古。或鸣琴于明月之下，或垂纶于流水之间，萧萧茅屋，虽每绝粮，晏如也。盖其德宇深纯，养之者厚，而清风高节真足以立懦廉顽。易曰：鸿渐于逵，其羽可用为仪。吉先生之谓也。

关门三老传　余一元

古人以长年为瑞，商周二老尚矣。如唐之香山九老，宋之洛浦十三老，当时侈为盛事，后代播为美谈，允足脍炙人口而传徽迹于不朽矣！关门前辈固多名贤，迄今享耆德而膺眉寿者得三人焉。栾公，讳东龙，字云从，官至平阳郡丞，现寿九旬有二。吕公，讳鸣章，字大吕，号夔一，别号耐轩，官至陇右少参，现寿八旬有五。穆公，讳齐英，字羽宸，官至商城少府，以子贵封膳部正郎，现寿七旬有三。皆康强无异少年人。

栾公，榆关旧家，其为弟子员时，即见重于当事，有事辄咨询之。起家明经，司训灵寿，改补雄县，随在教法严整，堪为模范。迁府谷令，值兵乱，路阻归。未几，起补寿张，有治声。已擢平阳二府，以前任忤当道解任，尔时年逾七旬矣。抵家教子抚孙，俭素自守，不干预外事。子正馥，现今历仕畿南广文，孙三人皆游庠。公寿耄耋，耳聪目明，齿无缺，行健步，非所谓地行仙者耶。

吕公，世袭万户侯，至公让爵于弟，以遵父命；让产于弟，以顺母心；荫不予子而予侄，又为亡侄立嗣，无非从孝友起见也。幼攻儒业，棘闱再遇未获售，以选元授许州倅。当事重其材，俾专抚寇之任，深入寇垒能不辱命。比旋值降寇叛，焚劫仓库，掳掠妇女，公躬率家丁巷战，斩级，驱众遁去，保全阖城，百姓咸尸祝之。寻迁京秩，以母丧归。时当多事，抚道就商方略。一日有悍卒谋不轨，道标乡兵乌合辈侈言抵敌，听者信之。公乘夜亟入幕，止曰："此属夙号精兵，制以力必不胜，则祸及合城矣，不若同镇帅召其首领与议事，故延至旦，设法抚驭，可无虞也。"道镇从之，于是得消未形之患，凡所参谋议类此。革命时，山海关兴义旅，以老成推公纠绅衿，率乡勇，措糗糒。石河之战，公单骑入镇，督民饷士，诘旦迎王驾于欢喜岭，戮力歼寇，录功补户曹郎，与修《赋役全书》。擢陇西道，驻凤翔。离乱之后，民窜山谷，城市一空，公多方招徕，俾复业，民赖以安。忽忤过客，致还里，未究厥用。相国党公重惜之，不能挽也。归林下二十余年，问耕读，捐金赎所知女，抚若己出，为择名门嫁之。子�如，宰黄坡，卒于旅。有孙世壏游榆庠，克缵祖绪。公虽世宦，清素无异布衣，暇则吟咏倡和无倦色，天之所赋，洵有大过乎人者矣。

穆公，吾乡望族也。先世久积德，诗礼绵绵，至公有义方，教三子皆伟器。长尔谟成进士，以部郎擢守莱郡，次尔诰游京武庠，季尔训登武乡榜。诸孙济济，或游乡学，或跻成均。同族侄若孙辈，文武科第及明经入仕途者十余人，诸生辈复数十人。永郡族党之盛，无复出公右者矣。公少人黉宫，录功授司训，升商城二尹，未任，遇覃恩封奉政大夫。贵而能谦，敦义让，重然诺。两游子任，晚安故乡，恂如也。年逾古稀矍铄，复举一子，寿与福讵可量哉！

《诗》云："三寿作朋，如冈如陵。"其为三老咏欤！

教谕阎公传 施典

公讳峋，字嶙公，曲周人也。康熙甲午举人，丙寅授临邑教谕，秉性孤介，学问笃实，持己端，与人忠，临财廉，古貌古心，允足楷模多士。莅任初，诸生谒见，即谆谆告以读书做人之道，尝言读古人书须要发狠，读到苦时即苦个狠，读到乐时即乐个狠，方有精进。若不狠则圣贤旨趣无山而见，书自书，我自我矣！课文以清真雅正为准，理必程朱，法必先王，诸生中有笃行者，即啧啧称道不置，如庠生于藻，其兄瞽目，善事之。庠生孙炯，其兄笃疾，侍汤药进其诚。即具文申请给匾以励风俗。又如烈女平氏，事在康熙年间，当日虽入志乘，实未上闻，公念其事光名教，特详请题旌。事虽未行具，足见公之奖励人伦矣。至若敬礼圣贤肃清宫墙，则孜孜不倦，殿庑不时洒扫。崇圣祠后簷风霜剥蚀，淋雨渗漏，公即减俸修葺，勿请助于人，其于字纸尤加敬惜，每谓人曰："伏羲，一画开天，即一点一画亦断不可亵弃。"其真挚如此。居官三年，洁清自好，其所行事大抵不合时宜，常为人嗤，而公恬然自若。旋以疾请去，诸生呈诸府挽留，不得。两袖清风，几不能具行李，郡守卢公见，曾赠以匾曰"吾之畏友"，赠以诗曰："奇迂怪腐耳边盈，灾不须消誉早成。齐笑于陵终饿死，方知荆倩是真清。亲炊脱粟谈经日，高挂峨冠策杖行。饯送龙头诸弟子，怀钱谁敢馈先生。"盖公之定论云。

文

告石河文　范志完

榆关之西有水名石河者，从义院等口而入，盘旋于涧谷之间，奔腾于巉岩之内，砂碛流泻，四时不涸，秋夏更觉泛溢。欲为桥梁，则易于漂溃，欲驾舟楫，则梗阻胶滞不能通，行人往往褰裳拽骑，偶至中流，少一失足遂淹逝莫救。土人云："岁以为常，莫可谁何。"余闻而叹曰："噫嘻！夫水以卫国、济民、滋稼、通旅，为关河形胜，未闻作生民陷井一至于此。"昔昌黎公之治潮也，鳄鱼避之六十里；西门豹之治邺也，河伯遂不敢娶妇。完才虽不能望二公，岂石河之灵不及鳄鱼与河伯也耶？自告之后，安澜异于昔日，是石河之灵也，每岁春秋当遣官祭之。如其不悛，是石河之顽且残也。完忝为天子命吏，岂肯使顽残之孽为斯民害！予将合班军之力，塞筑边口，使石河从远方而来者，还归之外地，堂堂上国安用此一线恶渎哉！石河其听诸勿悔。（范公在关三年，河不为灾。）

告神驱虎文　余一元

生民野兽之各安其处也，从古已然。关门北山南海，前此居人樵采山谷间，并无野兽之扰，迩来频遭毒害，今岁尤甚。当此天下一统，新上御极百灵效顺之时，岂可容此残暴之畜数数戕人乃尔耶？窃闻兽得食，禀命于神，似此残恶荼毒，神不知何以为神？知之而故纵之，神之所职果何在也？况此皆天子百姓也，岂供野兽俎上之肉也？纠众合词，特具牲醴，仰叩明神，恳祈彰神之灵，鼓神之威，疾驱害民之兽于远方，以安我生人。俾后此不复罹其毒，或非神所辖之地，亦当转告互驱，务致各安其所，永佩神庥于不朽。

募修关门外石桥文　张秉义

王公设险，易垂守国之经；君子济川，礼著成梁之令。盖御暴固非为暴，而惠人尤在济人。是以洛水垂虹，永奠千秋波浪；芦沟印月，遥通万国车书。读匏叶之风诗，怜兹濡轨；观涉川之大象，示我周行。将思病涉无忧，端在为梁夙戒。临榆关外登仙桥者，素为两京孔道，四塞咽喉。雉蝶高骞，屹屹雄关冲北斗；汤池深护，洋洋曲水绕东城。龙脉羡当衡，瑞兆民安物阜，石梁横彼岸，泽通马骤车驰。带海襟山，中通一线；夕阳朝旭，上映三台，接王气于天源。欢喜岭头，帝子应飞龙之瑞，观天文于鼋背。奎光楼上，银河蜚太乙之精，第一关建第一桥。伟哉？形胜无双，地溥无双，利展也。要津服贾，懋迁百货如云，经此地开关通籴。千夫若水，过斯川矧夫海外来宾，人是长衫广袖。大荒归极道，通凿齿雕题服远表，危楼我客来，思当使临河分渡，登仙美桥号；嘉宾至此，岂容过涉迷津，乃自霪雨为灾。因而阳侯施势，沙淤穴孔，浪倾鼋足之根；水浸阛阓，波撼岳阳之角。诅洳据要地，谁云桥上可扬鞭；泥淖困征车，窃叹河干多露宿。本县才惭作楫，心悯渐车，槎泛斗牛，敢谓家声无忝，书传圯上，常愧已溺堪忧。今者承乏是邦，忝司人牧。临流怀济险，束余两袖清风；补地策鸠工，吃得一杯淡水。清波可转，独力难支。故址犹存，众擎易举，伏愿凡百君子，捐资修义。协力回溺，补残缺于川梁；重疏渡口，障波涛以堤堰，永固雄边，龙背生春，胜造浮图七极；凤城速驾，恍游瑶岛之山，从此载道皇华，望气羡云津之落彩：入关壮士，临风歌海国之无波。两岸济征夫，西门豹之遗风去人不远。长堤临水畔，苏子瞻之美利在昔犹今。善与人同，固宜商诸阛邑，梁成不日，是所望于群公。谨疏。

卷之十四

艺　文（后）

诗

塞上曲·送王元美 李攀龙

燕山塞影落高秋，北折渝关大海流。马上白云随汉使，不知何处不堪愁。

镇东楼 龚用卿

齐云结飞阁，跨岭限虹桥。积水平河汉，凭栏望海潮。蛟龙从变化，鹏鹗任扶摇。欲借凌风翼，翱翔上九霄。

前题 杨珺

高楼百尺枕城头，午夜裁诗月满楼。四座彩辉明似昼，一帘香雾冷于秋。解围犹说刘琨啸，乘兴应追庾亮游。徙倚栏杆正怀古，金波遥映海东流。

前题 尚纲

十二危栏百尺长，倚天杰构镇边疆。海山南北环千里，城郭高低匝四旁。入座云笼村树渺，隔帘风递野花香。太平时节登临好，暴客重门不用防。

前题 尚缙

试倚危栏趁午凉，清风真可傲羲皇。百川逝水归沧海，万里浮云阁太行。自合笑谈挥麈尾，肯将歧路泣羊肠。饮余欲奏南薰调，鼓角频催暮钥忙。

前题 萧显

城上危楼控朔庭，百蛮朝贡往来经。八窗虚敞堪延月，重槛高寒可摘星。风鼓怒涛惊海怪，雷轰幽谷泣山灵。几回浩啸掀髯坐，羌笛一声天外听。

前题 郑己

关横山海东藩壮，楼逼星河北极高。阴雨晴云朝暮变，吟风弄月古今豪。荒退俯控来重译，羽檄希传谢六韬。何处筹边夸第一，清朝锁钥属兵曹。

前题 黄景夔

城角声催独倚栏，海门斜月转云端。清辉近水应先得，永夜中天正好看。风露欲流平野阔，星河不动夕烽寒。早朝待踏长安路，清影疏槐带马鞍。

前题 陈绾

楼阁晴阴向晚开，海天秋思独徘徊。寒生绝塞砧声急，水落荒郊雁影来。关树不迷南国望，羽书频见朔风催。感时忽讶潘郎鬓，作赋应怜王粲才。

前题 王一鹗

百二金城保障哉，翩翩万雉拂天来。楼悬日月扶桑近，帐拥春风细柳开。三辅雄图环睥睨，五云佳气接蓬莱。汉家新画麒麟阁，燕市谁登骏马台。

前题 戚继光

楼前风物隔辽西，日暮平阑望欲迷。禹贡万年归紫极，秦城千里静雕题。蓬瀛只在沧波外，宫殿遥瞻北斗齐。为问青牛能复度，愿从仙吏换刀圭。

前题 陈名远

百尺镇东楼，遥临瀚海秋。怒涛吞乐浪，大漠接营州。月冷闺人梦，风高戍士愁。独怜章句友，空复羡封侯。

山海关 马文升

曾闻山海古渝关，今日经行眼界宽。万顷洪涛观不尽，千寻绝壁画应难。东封辽地三韩险，西固燕京百世安。来岁新正还筛日，拟图形胜献金銮。

前题 闵珪

幽蓟东来第一关，襟澄沧海枕青山。长城远岫分高下，明月寒潮共往还。贡入梯航通异域，天开图画落尘寰。老臣巡历瞻形胜，追想高皇创业艰。

前题 黄洪宪

关城风急扬征袍，潮落天门万籁号。槎泛银河浮蜃气，山衔紫塞捲秋涛。月明午夜鲛珠泣，沙白晴空雁影高。司马风流偏爱客，桃花羌笛醉蒲萄。

前题 陈天植

雄关划内外，地险扼长安。大海波光阔，遥峰杀气寒。疆场百战后，烟火几家残。塞草连天碧，行人不忍看。

山海关晚眺 黄洪宪

茫茫沙碛古幽州，日落乌啼满戍楼。万雉倒垂青海日，双龙高映白榆秋。虎符千里无传箭，鱼钥重关有捍撖。谁道外宁多内治，衣裀应轸庙堂忧。

关门秋夜 韩雄胤

静夜蟏蛸响，新凉蟋蟀吟。三山归远梦，一叶助悲心。月色凄团扇，霜华冷素襟。幽人寥落意，不待九秋深。

春日渡榆关闻远钟并闻海潮 范志完

榆关西去渡危桥，溪水涓涓月半霄。弹指三生俱梦幻，钟声遥带五更潮。

靖边亭 吕荫

高亭新构远尘寰，俯瞰苍溟座倚山。松壑当窗堪抱卷，鲸涛拍槛欲投纶。戍楼烽熄函金钥，龙塞风清掩玉关。常愿时安不负此，尽容樗散自开颜。

山城新修中心楼 冯时泰

城心又起一高楼，畿辅雄关益壮猷。鼓角日鸣寒叶落，钟声风静海波收。辽阳车马坚王会，蓟北山河拱帝州。闲上凌层西向望，五云深处瑞光浮。

殚忠楼　孙承宗

缥渺凭高百尺头，筹边何暇坐销忧。日穷江树家千里，笛倚风檐月一钩。藻井幕天开雁阵，鬟云结市失龙湫。白山黑水檿楤外，玉帐萧萧万垒秋。

晚登古长城戌楼　陈天植

薄暮高登古戌楼，长城雄峙海东头。燕山冷照秦时月，榆岭遥传白帝秋。浪说终军能款塞，独怜李广不封侯。当年谁设安边计，万里云寒似筑愁。

经傍水岩还石门作　杨嗣昌

石楼高竖忽如骖，松鬣层扳信似杉。满把烟云飞客梦，都忘风日炙征衫。荒湫怪少龙雷吼，乳洞低闻燕语喃。家在桃源殊不恶，几时青犬吠灵岩。

石门道上　范志完

四月边城始觉春，依依杨柳映青蘋。石桥隔岸遥相望，犬吠花村门倚人。

一片石道上　王致中

东望青峦列堠峰，秦城汉壁几重重。曾无日午三家市，空有风涛万壑松。桥隐断虹秋水涨，柝沈斜日石门封。疆场此日还多事，好向天山预挽弓。

一片石次孙洙滨韵　翟鹏

开国资元老，中山独壮猷。奇勋归太史，遗像肃荒陬。宿露迷寒戌，阴风起暮愁。不堪惆怅处，悲角咽楼头。

出义院口看屯　范志完

四月青葱八月黄，边城内外举霞觞。逢人莫问河边骨，且喜今朝稻满筐。

出大古路口烧荒　范志完

九月莎枯鸿雁鸣，将军跃马出长城。旌旗光闪风云变，钲鼓声催鸟雀惊。烟雾横峦驱虎豹，火光烛海吼鼍鲸。赭山不数秦皇事，焚泽应推伯益名。

春日观兵瀚海 范志完

阅武傍关城，挥戈铁马鸣。风云惊叱咤，霹雳震喧声。赤电空中起，珲环烟上呈。边烽何日靖，银汉洗天兵。

观海亭 李学诗

迢递关东道，留连海上亭。片云回岛屿，孤鹤下山城。浪漫濠梁意，风流斗酒情。浩歌看落日，尘世一浮萍。

又：览胜同骢马，停杯看午潮。天空水色合，风定浪花消。日月双丸转，乾坤一叶摇。桑田今几变，感慨意萧萧。

前题 朱之蕃

秦城万里俯遐荒，览胜都忘在异乡。坐待潮生宜日永，还从海阔信天长。塞鸿斜渡飞禽寂，珍错旋添牡蛎香。宾主不须辞尽醉，咏归堪继舞雩狂。

前题 葛守礼

亭畔邀嘉客，凌虚兴复清。游鱼分小队，野鹤导先旌。云出山含雨，潮来水溅城。且开沧海罂，何处觅长生。

前题 蔡可贤

城头望海海潮生，白浪乘风撼塞城。汉使不来槎自转，秦皇已去石还惊。桑田反覆千年事，云水苍茫万里情。此日流觞须尽兴，当时采药竟何成。

前题 戚继光

曾经泽国鲸鲵息，更倚边城氛祲消。春入汉关三月雨，风吹秦岛五更潮。但从使者传封事，莫向将军问赐貂。故里苍茫看不极，松楸何处梦魂遥。

前题 张时显

沧溟极目水连云，秋色遥看已半分。潮拥高城浮蜃气，剑横绝塞闪龙文。晚风落日何王岛，夜月飞涛此女坟。万里灵槎无计借，乘闲且自狎鸥群。

长城知圣楼　陈天植

长城万里海天悠，怀古登临醉倚楼。当日祖龙空筑怨，不知遗恨几千秋。

澄海楼（即知圣楼，系观海亭改建）　张登高

石势参差一径通，扪萝长望海天空。亭高下瞰扶桑日，野旷平临太乙宫。云起波涛飞几席，潮来风云满帘枕。行吟洞口青冥上，十二楼台暮霭中。

又：山海东来夏似秋，溟濛烟雾远沉浮。凉生枕簟千峰雨，水映楼台万里流。隐见龙窗攒石壁，嶙峋岛屿接仙洲。蓬瀛不远非天上，安得凌风一纵游。

前题　朱国梓

戍楼尽处接危楼，一槛凌空万象收。云水迷离潮汐古，沧桑泡幻见闻悠。平时游览多忘晓，今日相逢怕遇秋。破浪乘风有舟楫，安能歌笑不持瓯。

前题　周体观

祖龙鞭石神蛟怒，喝嗦横洋倾北注。九点烟州天尽头，丸泥封隘不封愁。踏断秦城回雁影，戍楼直取沧溟枕。冯夷起舞阆风寒，谁伐鼍鼓沸狂澜。折芦欲凌碧波去，自恨凡骨沉于石。桧可楫兮松可舟，员峤如何不可游。邈邈余怀望仙子，东拜贞娘能不死。借问陇西李细眉，一泓水泻幽梦时。而今白玉楼中看，俯身下视看不见。

前题　陈丹

长城万里跨龙头，纵目凭高更上楼。地近蓬壶仙作主，杯倾海屋酒添筹。大风吹日云奔合，巨浪排空雪怒浮。借得雄涛浇磊块，又看新月上银钩。

前题　尤侗

茫乎望洋向若叹，大哉归墟渺无岸。近视争看白马奔，远观不辨青霓断。似雷非雷声殷殷，鱼鳖颠倒腾千军。骇浪乍浮出地日，惊潮翻射垂天云。方丈蓬瀛疑咫尺，汉武秦皇心欲死。鲛室蜃楼有若无，瑶台琼阙非耶是。飘飘我亦凌云游，海风吹摇城上楼。援琴为奏水仙

操，鼓棹不见渔翁舟。东望独存姜女墓，精卫填成血泪注。纵使银涛万丈高，不到坟头草青处。西行更上海神祠，罗袜凌波来几时。雾髻烟鬟光窈窕，夜深鼍鼓舞冯夷。土人指点先朝事，十年以前风景异。关上皆屯细柳营，墙边乱蹴桃花骑。水犀之师蔽艎艅，木牛之粮衔舳舻。铁甲将军吹觱栗，胭脂小妇醉酡酥。只今眼中一事无，寒沙萧萧雁飞疾。仰头屹峙长城孤，惟有沧海依依在。沧海尚变桑田枯，而我感叹何为乎。

前题 陈天植

天风日夜吼，万里雄涛漾。元气接青冥，夕阳归岛上。蓬莱弱水隔，倚槛遥相望。何处觅神仙，孤怀独惘怅。爱此百尺楼，涤我尘中况。徘徊未能去，薄醉松花酿。

前题 钱裕国

横秋爽气水波明，荡漾遥涵逼太清。月照巍峨山作镇，云连浩渺海为城。沙沤俯瞰十洲小，杯酒登临一叶轻。自昔金汤称险堑，且凭谈笑坐蓬瀛。

前题 佘一元

海楼高耸势巍峨，暇日登临乐事多。巨浪无心含岛屿，洪涛有意纳江河。阴晴变处情形异，昼夜分时景色和。此去蓬莱应不远，长空一望尽烟波。

前题 张瑞扬

海楼一望渺无涯，飞浪奔涛卷雪花。声慘桑田栏外变，势推蓬岛日边斜。鲛宫夜濯七襄锦，蜃阁晴开五色霞。咫尺斗牛如可到，愿从博望借仙槎。

前题 王简

行行缓辔谩逶迤，极目空溟气象多。浪转风回迷泰岱，潮平日午露鼋鼍。欲随庾亮楼中兴，谁挽张骞海上过。草野臣民乐吟眺，万年宁静不扬波。

前题 姜希辙

太行山尽俯洪流，东枕陪京王气收。日静鲸波春景丽，珠明鲛室夜光浮。关前良会多朋好，客里论心慰旧游。落日衔杯情愈剧，鸣涛暮蔼满层楼。

前题 李铠

观海平生志，凭虚到十洲。乾坤涵万象，今古汇东流。绝岛鲛宫隐，遥天蜃市收。披襟舒望眼，高处落沙鸥。

其二

云气孤山起，风飙万里开。洪涛奔骇马，高浪蹴惊雷。楼阁须臾变，幽灵日夜来。望洋浑不测，俯仰兴悠哉。

其三

天水苍茫合，云山幻化殊。不知横海上，何处问方壶。禹德由来远，秦皇祇自愚。临轩一长啸，回首隘江湖。

前题 沈荃

杰阁临无地，危栏俯大荒。连山横睥睨，截海作金汤。岛屿临青岱，乾坤入混茫。皇威加绝域，万里尽梯航。

其二

浩荡天风发，空濛海气阴。良朋一樽酒，胜地此登临。日月通潮汐，沧桑阅古今。醉来还徙倚，欲听老龙吟。

澄海楼为王海若司马赋 韩原善

蓬莱咫尺望中移，员峤风来吹鬓丝。烟净玉门闲虎豹，浪翻银屋隐蛟螭。琼沙雪霁冰初泮，绣陌春回柳未窥。不信边头多气色，雄关新简丈人师。

其二

习习天风动客衣，登楼把酒送斜晖。眸随雪浪翻青海，梦逐春风入紫微。十载浮沉肝胆是，半生潦倒鬓毛非。樽前幸遇鲈鱼会，不到秋风已赋归。

观南海口 刘鸿儒

汪洋一派碧天低，何事潮龙不稳栖。喧吼波中横紫塞，风云静里对青齐。晓光登眺俗襟洗，曛暮尘遮彼岸迷。久拟仙槎从性适，餐霞高友愿相携。

和刘都谏韵 吕鸣章

晴波万里海云低，水碧沙明鸥鸟栖。潮打石城声若咽，烟连晓雾色争齐。浪花雪滚纹生幻，帆影星摇望欲迷。庾兴南楼良不浅，愧余杖履未追携。

望海 陈天植

上方高极目，海气薄晴空。万里生寒浪，千山咽朔风。马驱沙碛里，鸟度夕阳中。几历沧桑变，堪嗟是塞翁。

秦皇岛望海歌 宋荦

渤海之岸耸断山，横截巨浪排空烟。人言此是秦皇岛，回冈辇道留依然。白头山僧茸古屋，晨炊远汲荒村泉。危矶荦确带沙石，荡胸万里开长川。天吴出没老蛟舞，百灵仿佛惊涛前。我来榆塞正秋晚，苍鹰叫侣摩青天。靴纹波细风忽止，白鸥容与殊清妍。俄顷变幻不可测，归墟岂必非桑田。秦皇已去汉帝至，孤台野岸空千年。蓬莱方丈在何处，一眉新月来娟娟。解鞍脱帽便此住，斫松煮薇容高眠。移情爱鼓水仙曲，无须真到三神山。秦碑磨灭藓花绣，谁能与结翰墨缘。欲鞭蛰龙作海市，良惭玉局登州篇。

莲蓬山观海歌 赵景裒

骊城形势临卢龙，塞垣千里当要冲。两京拱峙咽喉通，背枕溟渤开鸿蒙。滨海有岭号莲蓬，悬崖削就金芙蓉。海光山势相争雄，怒涛隐隐凌太空。我来登时秋正浓，澎湃上下吹天风。双螭初起驭祝融，元气磅礴涵苍穹。咫尺蜃楼变化中，早潮欲上雷隆隆。登莱城郭烟雾朦，三山何处求秦童。祖龙鞭石杳无踪，征辽遗迹推唐宗。张骞无复乘槎功，采芝徒羡安期翁。俯仰古今谁复同，八荒吞吐归心胸。酒酣拔剑喷长虹，光芒倒射鲛人宫。安得骑鲸直向烟波中，倏忽已抵扶桑东。

石河 尚纲

奔流一派北山隈，乱石交冲怒若雷。剩有湍澜从海去，更无舟楫渡人来。窥鱼鹭向沙边立，送客骑于岸上回。最是秋来偏泛涨，应怜弱水隔蓬莱。

石河吊古　陈廷谟

二十年前战马来，石河两岸鼓如雷。至今沙上留残血，夜夜青磷照绿苔。

角山寺　黄景夔

爱尔栖霞胜，乘秋来寺中。山高天气肃，萧瑟多凄风。崖枯惊落叶，露重湿草丛。感此四时序，代谢何匆匆。君看盈墟理，退者在成功。智哉张留侯，千载名无穷。栖霞复栖霞，无以官为家。

其二

古寺乱峰里，岚光四映碧。出城指郊路，游赏恣所适。俗吏苦纷挐，久抱山水癖。跻高力未倦，惬愿如有获。远蹈想幽人，安得卜一宅。径曲便通樵，蕨长柔可摘。白昼鸣林禽，寒甃汲泉脉。藤萝萦崖树，鼪鼯挂石壁。信步陟绝巘，去天不盈尺。颎洞睹海氛，光景相薄射。旷哉此时怀，迥与尘世隔。长风吹襟袖，清啸万里客。

前题　马扬

夙抱烟霞癖，无缘脱鞅掌。百虑荡内机，庶事劳外像。忽忽青阳暮，遥忆山林赏。薄言寻蹊磴，所希绝尘网。佳气纷郁葱，宝地开虚敞。泉声清且幽，物色何骀荡。莓苔染阶碧，松露滴石响。举觞临东风，悠然任来往。长歌故徘徊，古洞恣偃仰。归来憩空堂，芳树日初上。

其二

人生常怀忧，流光只虚过。逍遥对珠林，忘形依石坐。鸟驮烟霞还，猿穿藤萝破。雨霁觉景幽，衣冷耽云卧。不求东海仙，近访西山饿。

其三

元云邈且复，飘渺绀园扬。登临一以眺，上有白玉堂。堂中何所有，一人披霓裳。借问何所为，诵经餐霞浆。夙怀慕真隐，悠悠逾十霜。相逢兴不浅，谈空殊未央。山烟横野碧，洞林带晨光。泉水照禅心，松日窥石床。幸兹寡尘虑，讵复论圭璋。

前题 刘隅

紫塞双峰接，丹梯万仞缘。魂摇山入海，目断水涵天。白石留仙篆，青松覆绮筵。不辞今日醉，潦倒愧高贤。

前题 闻人诠

履险真成癖，探奇思不禁。禅房高士枕，鸡黍故人心。去国应千里，行囊只一琴。杖藜僧舍近，钟磬有余音。

前题 刘仑

云锁空林寺，盘旋石蹬长。细泉清滴滴，深树蔼苍苍。海气侵禅幄，岩阴落酒觞。归来烟市晚，犹觉雨花香。

其二

绝巘藤萝迥，凉生五月秋。野心同海鹤，尘梦愧沙鸥。远塞阴重蔽，平城雾薄收。神京何处是，缥缈五云头。

前题 陈绾

每日城中见角山，入山始觉远人寰。香云细袅龙宫静，石藓斜侵鸟道斑。殿阁影从沧海落，梵钟声度碧空还。关门吏隐浑无事，犹羡僧斋尽日闲。

前题 白瑜

山灵招隐已多年，穿石扳藤肯让先。谩说太行穷地尽，惊看溟海与天连。低徊眼界尘凡外，笑傲身疑牛斗边。不是恩宽容选胜，当关犹税买山钱。

前题 梁梦龙

曾缘国计访蓬莱，劳扰还从碣石回。东北两观沧海日，幽青一览角山台。遐荒玉帛风云护，岩邑金汤天地开。手握泥丸封要害，武宁经略亦雄哉。

前题 陈天植

振策最高处，危峰接大荒。云归辽海白，沙涌蓟门黄。野草匝初地，秋风冷战场。不堪重吊古，把酒酹斜阳。

前题 张瑞扬

金碧何年降法猊，翠微遥映海云低。幡飞龙凤虹双引，灯挂琉璃水一携。东揖蓬瀛还珮玦，西瞻衮冕拜轮蹄。山头向晚笼归辔，万里长边襟带齐。

前题 彭延羲

已登望海楼，更游角山寺。石磴盘山阿，回环阅佳致。力倦席草坐，息定还飏屃。精舍忽在眼，布置存古意。烹茶品名泉，俯仰穷天地。云水何渺茫，城市灿若织。伊余丘壑性，未遂栖隐志。徒羡山中僧，日看海潮至。

角山精舍次吕岹野韵 詹荣

百二泥封镇日闲，肩舆乘兴到空山。萧疏野径蒙携酒，风雪柴门为启关。绝调岂云齐唱和，高情劳忆旧追扳。留君坐对寒宵月，暮柝频催未许还。

重九登角山遇雨 刘鸿儒

振腕登高菊正菲，翠微深处绀宫依。岁荒山寂游人少，秋老边寒过雁稀。开代战场眼底阔，旧时烽塞岭头巍。欢酬萸盏情何极，妒雨催归恨落晖。

和刘都谏韵 吕鸣章

袅袅翠微菊弄菲，梯云寻胜步同依。贝甍清映游丝净，衲榻幽闲俗客稀。眼底洪涛晴愈渺，峦头密雾雨添巍。会心似有山灵助，潦倒萸樽任落晖。

登角山忆昔偶作 陈廷谟

角山几度展边筹，凭吊长城千万秋。昨岁鸠工方得济，踌躇犹带五更愁。

角山登眺 陈廷谟

日出浑疑吐海鳌，沙边春浪涌洪涛。倚栏遥向东南望，雉堞氤氲百尺高。

重九登角山 陈丹

揽胜登高九日秋，茱萸香泛兴偏遒。双峰插髻青螺见，万壑亭松翠盖浮。飞将有灵怅薎遁，封姨多事帽难留。几回徙倚巉岩上，海外三山一望收。

重九登角山陪陈比部　刘允元

十年不到角山游，今我来游重九秋。门下青松欹翠岫，路旁红叶点丹丘。新禾酿酒菊花味，旧契投欢梅雪讴。揽胜追随能几许？浮沉沧海任东流。

仲夏重游角山书舍　穆宗道

曾记当年雾隐时，云封烟锁任栖迟。孤峰顶上结茅舍，万木丛中养凤姿。去后松涛浑怨我，归来山月欲迎谁？一声长啸丹崖震，海市何妨货鬓丝。

前题　李养和

重到深山访旧斋，芸窗吟榻委尘埃。谁能忘却青灯夜，不觉愁生绿蚁杯。种树已随松老去，落花空逐鸟飞来。请看石上题诗处，梅雨淋漓点翠苔。

登角山　李养和

青霄万仞削芙蓉，杖策先登第一峰。满径草香俱是药，半山松老尽成龙。采芝力倦年非壮，对酒裁诗兴转浓。搔首几番寻绝壁，旧题多被紫苔封。

围春山　洪钟

翠拥螺攒四面高，淡烟疏雨景偏饶。始怜径路稀车马，便觉林泉隔市朝。薜荔香邀麋鹿狎，笙簧声度燕莺娇。寻常诗酒皆堪乐，莫怪渊明懒折腰。

围春庄杂感　萧显

三十年来走宦途，乞归白发半头颅。依山结屋尘偏静，临水观鱼兴不孤。野老崎岖寻橡实，林僧谈笑断松腴。离家复作还家梦，一夜团栾骨肉俱。

其二

买断山庄景最奇，也堪临水静垂丝。畏途自庆归来蚤，安枕何妨睡起迟。适兴聊沽陶令酒，感怀频咏杜陵诗。插头挂杖堂前坐，绕膝儿孙嬉戏时。

登首山　佘一元

郁怀历久未登山，晴日同游开笑颜。列嶂参差烟雾霭，一川环绕水云闲。巍巍神宇层台上，翼翼孤亭落照间。绿树覆阴花放蕊，暮看黎首荷锄还。

其二

林下生涯借胜游，云山渺渺水悠悠。南瞻大海波涛涌，北顾群峰苍翠浮。刍牧牛羊遵陇陌，耦耘禾黍遍田畴。临风把酒陶然醉，策蹇归来似泛舟。

前题　陈丹

重阳过半又登高，大将开筵拥节旄。山领群峰排翠嶂，海当停午涌银涛。采花共泛杯中菊，剖蟹争持醉后螯。传道荒陬多虎豹，暮归共欲控弓刀。

重九登首山　佘一元

佳节宜登高，杖履首山隅。冠盖集僚友，绅儒接欢娱。大海亘苍茫，层峦积崎岖。一水纡曲流，怪石蟠覆盂。樵采互来往，烟云乍有无。古庙罗盘餐，亭址飞浓醹。樵竖向我言，猛虎初负嵎。醉后厉声呼，我辈叱咤驱。薄暮联镳散，山空秋月孤。

首山　李养和

如画晴峦顶上亭，烟花面面透疏棂。撼阶沧海铺明镜，欹枕青山列翠屏。云水何心知远俗，利名无定笑浮萍。黄鹂似说荣枯事，自擘双柑倚树听。

洞山　刘泽渊

半壁青峰插碧旻，纡回石蹬隔凡尘。巨波沆漭平如掌，深窟崚嶒险似唇。法像雕橼舞蚼燕，贤侯高冢卧麒麟。眼前即是桃源径，谁向渔郎就问津。

午日登朝阳洞　佘一元

野兴久不发，随众一高登。病躯怯攀跻，凭仆须渐乘。群公业早集，待我事俨承。莲宫瞻礼毕，古洞罗烹蒸。饱食转西廊，列嶂积崚嶒。芳树环巨石，台砌揖同升。艾叶采斜插，薄觞酌互腾。乐奏边城曲，情联道义朋。醉翁非为酒，昌黎岂奉僧。欢娱尽此日，世事究何凭。

秋日登朝阳洞 　李养和

猩红数点醉藤萝，不饮其如景物何。丘壑胸中含锦绣，霞烟影里奏弦歌。三春花鸟飘零尽，千古登吟感慨多。惟有朝阳山下水，东流依旧咽寒波。

悬阳洞 　朱洪范

僻关偏雅趣，石洞隐山阿。万草丛生合，群峰壁立多。迹稀迷小径，夕照渺崇坡。欻欻朝天窍，层层辟俗窝。造兹新大士，称彼旧弥陀。边臣欣胜集，游子乐风和。剧饮忘归去，高怀发浩歌。一经题品处，万古偕山河。

阇黎洞 　刘廷宣

爱僻寻闲得不闲，更穿云窟学猿攀。谈倾白马公孙社，气散青牛尹子关。老树笙簧杂霡雨，石泉环珮淡潺湲。酒阑客倦鱼歌歇，醉倚崚岑未忍还。

望联峰山 　翟鹏

不踏联峰麓，匆匆二十年。山灵犹识否？兰若自依然。勿假移文却，终当辟谷还。多情林外鹤，来往故翩翩。

雨后西五峰 　宋琬

袯被星河近，人同野鸟栖。片云孤嶂起，一雨万松迷。城郭微微见，峰峦漠漠低。不辞苔径滑，更欲杖青藜。

东五峰 　宋琬

已谓西峰好，东峰更不群。悬崖疑削刃，古木善藏云。海色朝来变，泉声雨后分。何年此高卧，自剪薜萝裙。

登五峰山 　王日翼

青旻丹嶂合，攀陟最高头。海气朝成雨，松阴曙欲秋。石幢迎露洗，云窦泛泉流。吏况同僧拙，登临足胜游。

东五峰中秋看月 　张元复

玉虬初驾冰轮上，一片清光发岭东。素魄传来松际影，幽香时送桂边风。乘凉身在瑶台畔，踏影人行水荇中。坐久不知霜露冷，褰裳拟入广寒宫。

登五峰山望海 彭延禨

北平山水称五峰，五峰屹立摩苍穹。秋来绝顶试登眺，林壑如画烟濛濛。地尽忽惊天水合，怒潮千丈腾蛟龙。山僧指点为东海，沐日浴月波涛红。昔我鼓棹江湖内，茫茫已叹排长空。谷王真与凡水别，百川巨细皆朝东。吁嗟乎，秦皇汉武意无穷，渡海欲寻蓬莱宫。只今三岛杳何处，秋日遥射玻璃中。

秦皇岛 陈绾

闻说秦皇海上游，至今绝岛有名留。不知辽海城边路，多少秦人骨未收。

前题 张瑞抡

秦岛荒凉石磴闲，千年遗迹海云间。清风皓月天长久，渚雁沙鸥日往还。自谓有功过五帝，谁怜无计到三山。残碑断碣仆波底，蝌蚪文封玳瑁斑。

前题 杨琚

岧嶢神山峙海边，始皇曾此驻求仙。羽翰飙驾今何在，方丈瀛洲亦杳然。古殿远连云缥缈，荒台俯瞰水潺湲。红尘不动沧溟阔，芳草碧桃年复年。

前题 邵逵

徐福楼船去不回，銮舆曾此驻丛台。千寻浪泊纷如雪，万叠潮来吼似雷。草树尚然笼碧嶂，烟霞依旧锁苍苔。追思漫忆长生药，回首沙丘事可哀。

观海亭望秦皇岛 陈天植

孤亭百尺接微茫，秋日高登神易伤。古堞连云横大麓，雄涛飞雪溅危樯。秦皇漫设筹边计，徐福空谈采药方。自昔兴亡浑莫问，一声长啸寄子狂。

箭笴山 陈名远

箭笴峰高朔气横，松楸谡谡晚飔鸣。云中遥度征鸿影，沙际寒嘶

牧马声。辽海波光浮岛屿，蓟门秋色拥关城。苍茫一望魂销尽，废垒
犹传汉将营。

鹰窝山 李养和

几年栖在碧岩阿，劲翮钩锋敛若何。不敢飞腾霄汉去，恐惊星斗
落江河。

显功庙 陈绾

太傅提兵出塞还，更因榆塞起榆关。石驱到海南成堞，垒筑连云
北倚山。辽水至今来靰鞨，蓟门终古镇填颜。岁时伏腊犹祠庙，麟阁
勋名孰与班。

云峰寺 刘廷宣

梵声响落最高峰，一驾茅龙万壑钟。春色奚囊收不尽，剑花昨夜
吐芙蓉。

长城古寺 刘承鉴

万松峡里长城寺，长夏森森锁翠云。殿角风声消酷暑，山容日落
带微醺。间关鸟语时相换，断续樵歌偶一闻。可好安禅驯豹虎，草中
狐兔不堪群。

前题 朱锦

松岭依然入画图，城头蔓草望来殊。残基万里留余恨，古寺秦碑
一字无。

浴温泉寺 陈廷谟

禅窟新从仙灶分，玉房丹夜尚氤氲。客情去后知何似，都化泉亭
一片云。

游蟠桃寺 刘允元

入口观不尽，登临趣尚多。苍松环寺立，溪水绕村过。月阔听山
静，林深思鸟歌。涛声疑海上，春雪压岩莎。

魁星楼成勉诸生 李本纬

魁躔岂亦好楼居，壮尔仙才射斗墟。槛落彩云飞翰墨，窗含奎宿
映图书。篝灯夜夜烧藜杖，荷橐人人佩玉鱼。咫尺星门森武库，也知
文战预犀渠。

其二

莪朴联翩化雨年，泽宫济济奋多贤。蠹鱼不老儒生志，萤火偏成幼妇篇。九万扶摇骞远到，三千献纳吐真诠。由来禹惜珍分晷，莫放流波白日延。

春日游桃花庵 李养和

庵里夭桃胜锦红，年年歌舞醉东风。花开花谢春长在，人去人来岁不同。流水有源终入海，白云归洞又横空。回翔绣岭多啼鸟，似说荣枯紫陌中。

敕建永佑寺 李养和

参差楼阁压潮头，突兀危檐界斗牛。天上祇闻传贝阙，世间何处访瀛洲。层云暗展庭前画，孤棹斜飞镜里舟。到此几忘归路远，心随凫鹭晚悠悠。

贞女祠 陈天植

迢迢长城路，纤纤弱女身。不惮万余里，寻夫辽海滨。夫婿从征役，劳劳多苦辛。耐此霜雪威，白骨委黄尘。寒衣刚送到，不见燹廖人。对兹筑愁者，翻令蛾眉颦。登高遥怅望，水石空粼粼。可怜妾薄命，哀怨难俱陈。夫魂不可招，泪血倾城国闉。妇心金石坚，此生聊以殉。长城役方罢，二世已亡秦。至今千载下，贞女祠犹新。东海有沧桑，斯坟无沉沦。偶来凭吊生，悲歌当蘩蘋。

前题 李养和

镜破鸾孤不再圆，空传遗像海楼边。波涛尚泻崩城泪，眉黛犹颦去国年。千里寻夫悲雨雪，片云和血染山川。芳魂寂寞归何处，烟树苍茫水拍天。

姜女坟 陈绾

姜身本在深闺里，十五嫁夫作胥靡。赭衣就役筑长城，闻在辽东今已死。姜身本为从夫来，夫死妾身朝露耳。间关万里竟何归，只合将身葬水涘。孱躯虽死心未灰，化作望夫石垒垒。江枯海竭眼犹青，望入九原何日起。

前题 张瑞抡

长城不为祖龙存，千载谁招姜女魂。海底有天还正气，潮头无日起沉冤。月明华表三更鹤，风吹天涯五夜猿。应是当年飞血泪，春来冢上化苔痕。

其二

烟云无际水茫茫，姜冢岿然峙海洋。环珮久经眠渤澥，梦魂儿度见沧桑。风掀鼍鼓催潮速，月照鲛梭织泪长。呜咽涛声思旧怨，坟前夜夜诉秦皇。

吊赵烈女坟 傅光宅

一冢青山下，经过感慨深。家贫依草莽，塞远对荒林。正气来天地，芳名自古今。崔嵬一片石，千载见贞心。

和韵 朱国梓

残碣列贞迹，和诗敬服深。生为婧处子，死表丈夫林。不学何须问，古维自范今。九关石一片，不转万年心。

和韵 吕鸣章

孤贞一片石，凭吊引悲深。洁骨凌霜色，丹精化碧林。杀身逼视古，正气轶无今。断臂堪同烈，哀哉赵女心。

和韵 李集凤

不独姜坟古，闻风感倍深。冰操一处子，霜烈入寒林。英爽浑如昨，馨香直到今。年年片石下，夜月对孤心。

题汉飞将军射虎石 陈天植

猿臂将军勇绝伦，提戈万里净烟尘。至今渝水沙边石，犹畏当年射虎人。

幕客云日为惊蛰节憬然有作 孙承宗

谁负旋乾手，当春起蛰虫。鱼龙惊寂寞，天地喜昭融。墐户身方远，昂霄意已雄。俗聋谁与破，子欲问噎醨。

读史吊詹角山司马 叶向高

司马高名霄汉间，乞身一疏动龙颜。兵戈已息云中警，剑履仍辞阙下班。心似归鸿依雁塞，功如车骑勒燕山。九天雨露何时洒，冷落松楸傍汉关。

山庄秋兴　　冯祥聘

皎月照新秋，浮云过眼流。樽前山色翠，雨后水声悠。静坐思三省，忙中遣四愁。诗魔降不住，忽上五更头。

邓林钓台怀古　　梁洪

三百年来万恨余，文章功业两成虚。风沙孤岭将军庙，烟火深沟处士庐。挂壁山猿啼不住，依人水鹤意何如。溪回路转寻幽径，满眼模糊满故墟。

临榆六景诗　　钟和梅

临榆之景备详前志，余之所咏未免漏略，然非亲览其胜不敢为盘烛之说，故止于是。顾余自来兹土，与民便安，若蒙幸尸位不以谴去，更得一二年以暇，以便行当目览口吟，补所未具，然非意所敢望。故先即其已经者，各志其略而系之以诗。

乐寿亭

亭在首山之巅，北倚层峦，南临大海，波光云气，一日百变，俯瞰深谷曲径，樵人如线如蚁，宛然画图。余甲戌春适至其地，颜其额曰"乐寿"，以亭兼山水之胜，且为斯土之民人祝也。

公余倚策上孤亭，万里乾坤一抹青。峦势北来蹲伏虎，涛声南下走惊霆。有情猿鹤闻幽语，无事鱼龙息幻形。山水问谁通至性，摩崖剥藓记初经。

五泉庵

庵在五泉山中，以山有五泉，故名。群峰环列，松木掩映，松声禽语，繁于弦管，颇称幽胜。而庭院尤多名卉，扫叶瀹泉，啜茗久坐，辄令人意远也。

闲访名泉到上方，山容树色郁苍苍。五星化石珠连穴，小杓分瓶月满塘。雨过云霞无定景，风回花草散诸香。偶来饮水明初志，满酌匏樽自在尝。

汤泉寺

汤泉山以泉得名，寺临泉上，浴者可以愈疾。烟云林壑，境绝幽邃，春时梨花盛开，约十数亩，一望如云，尤为大观。

不漱寒泉浴暖泉，穿云扪石叩诸天。此心冰雪原无垢，濯足沧浪偶作缘。最爱疏林宜散发，欲回流水入鸣弦。谁同坡老梨花梦，拟醉浓香碎玉边。

庆福寺

白云山去城凡六十五里，寺二在山中，下寺至上寺约二里许。夹道多长松，皆数百年物，虬枝铁干，天矫盘屈，亏蔽云日，无风而声，谡谡不绝于耳。上寺冠峰顶出万山上，俯视群峰，或伏或起，或面或背，或人立，或兽搏，或断若斧削，或涌若涛奔，奇诡万状。觉昌黎南山之诗不足以尽其变也。左有自然碑，右有观音阁，幽花异草，绣簇锦团，山海之景此焉为最。每岁四月八日，男女杂沓云集，蚁聚秽山灵，积习莫变，余闻禁之，此风始绝。

山藏古寺翠千层，路曲飞蛇直引绳。到顶祇余红日近，穿松浑与白云升。花争笑面香难辨，草藉重茵唾不能。却怪游尘最无赖，东风吹上佛前灯。

蟠道峪

峪在鹰窝山西北，林峦苍秀，岭路诘曲，多栽桃杏，春中花发，烂如霞锦，有寺名蟠桃，昔人常读书其中。

绿净红酣不染尘，峰回路转欲迷人。梦中曾作桃源客，塞上重逢杏苑春。但偶青山留宿诺，未归盘谷负闲身。爱花差拟河阳令，休沐能来不厌频。

悬阳洞

洞在角山之东，出关凡十五里，历三道关，徒行越二里始达。依山为庵，洞在庵中，望之窅然深黑，自下面上约行数百步，中有二穴，可以通日，石室内有石鼓，击之逢逢作声，由是而登，豁然开朗，树林丛茂，怪石嵯峨，有天桥天门诸胜，山多花木，深秋果熟，野猿成队，颇擅林壑之美焉。

问谁凿破碧玲珑，古洞悬阳见化工。针孔线光穿屈曲，云根驹隙度虚空。昌明应识无私处，普照都怜在暗中。欲誓丹心指冬日，望天人许覆盆通。

角山寺　<small>李廷对</small>

凭临巅顶万山低，高阁深深觉路迷。寺隐岩阿惟月到，峰藏老干许云栖。沧桑日涌铜钲丽，古堞墙高翠嶂齐。爱煞清秋将夜半，松声细细杂猿啼。

联峰山

水色苍茫碧四围，临风独立瞰危矶。乍惊白鹭冲波去，旋见渔舟逐浪飞。岸柳浮沉供野绿，樯帆出没挂斜晖。遥看日落双峰外，醉拂春风踏月归。

瞭角山

孤亭高倚夕阳东，槛外晴光八面通。芳草近涵春水碧，落霞低衬野花红。云添山外重重色，树透帘前细细风。得意几忘归路杳，不知村店雨濛濛。

胜水岩

晶帘斜挂白云边，寒逼深林笼夕烟。响度松风吟细细，光涵梨月影娟娟。岩巅铺碧摧琼玉，峡口喷珠点翠钿。闲卧绿苔寻鹤梦，湔湔流恨不成眠。

金山嘴

一峰压水似浮沤，三面晴波漾白鸥。满月凝辉浮素碧，微风催浪送轻舟。衔山远堞横飞练，隔岸危楼倒影流。无限云涛消不尽，应知此处即瀛洲。

褒郭烈女

梦断憨郎不忍言，更怜姑老泣黄昏。惨归前聘空奁匣，勤事女红供清温。死节投缳追赵烈，含悲入土伴姜魂。孤鸿独晓当年苦，影落坟头点泪痕。

临榆十景诗　<small>（茗溪）陆开泰</small>

余自辰秋游学畿辅，迄今十载矣，前寓任邑五年，绝少山水趣。嗣应韵圃钟君聘东来山海，历览名胜，未能缕述，而其最著者莫如十景，其间亭池、花鸟、月露、风云无不美备，但古来迁客名流间有吟咏，尚多遗漏。余因撷拾俚言共成十律，虽已补所未备，亦止写其大略云尔。

悬阳窥天

峰环路折草芊芊，岩窦深藏别有天。光透覆盆飞碧落，阳回葭管印珠圆。云留一线疑方吐，月映千寻似到烟。静卧洞中深寂寂，遥听石鼓和潺湲。

瑞莲捧日

万里晴空绚早霞，云含曙色现奇葩。飞来太液千重瓣，涌出红盆十丈花。光射龙宫惊电转，辉流蓬阙散珠华。只因时傍金乌力，频见朝朝映海涯。

山寺雨晴

寺拓岩扉古堞边，苍松蔚蔚薜萝牵。云沉野树潭光冷，雾敛遥峰月色妍。千古溪山长不改，一朝晴雨却频迁。凭轩尽日看无厌，才识壶中别一天。

海亭风静

海天一色小亭横，万里晴空曙色清。忽讶狂飙翻碧浪，漫惊弱柳宿流莺。檐前铁马几沉响，塞上悲笳亦咽声。浅酌静消闲昼永，独留秋月夜分明。

姜坟雁阵

粼粼片石肃秋霜，塞雁悲鸣欲断肠。愁阵排空沉夜月，孤音哀婉泣寒塘。影横雪浦泪千点，怨写云间字一行。欲吊香魂何处是，竞传孤冢尚流芳。

秦岛渔歌

一湾柳色欲依人，深港维舟绕绿苹。碧浪光摇村火暗，渔郎调弄楚歌新。忽凭远笛随风送，更杂蛙声入梦频。拟向祖龙鞭石处，醉眠烟艇下丝纶。

屏峰春盎

望中四面万山遮，引入桃源石径斜。欲锁晴霞新黛色，不留断嶂漏春华。苔深低衬幽岩翠，日暖斜飞阆苑花。惆怅刘郎归去杳，到今何处熟胡麻。

石溜冬温

坎止清流映碧空，竞传涓滴出离宫。冬迎春令晴光暖，阴得阳交窦乳融。煮雪漫邀松火力，烹泉却赖石炉功。最怜点水梨花片，香送杨妃浴后风。

茶盘积雪

叠嶂回环曲径通，问谁栽玉满山中。妒来明月无痕迹，愁放梨花亦色空。冷谷将春寒翠积，幽岩入夏白云笼。楚江秋碧浑无赖，飞到蓬山逐晓风。

桃峪停云

古寺深藏隐棘扉，雨余花发景霏微。频惊桃艳因风落，长抱晴云作帐围。疑是香浓僧入梦，更愁月淡鹤忘归。依依别后东回首，犹带轻烟绕客衣。

临榆县志

清·光绪四年

‖ 目 录 ‖

卷之二十四

‖ 卷之首 ‖

临 榆 志 序

昔江淹有言：修史之难，无出于志，非博极群书，熟于掌故者，莫能操觚，此谓国史之志也。至郡县之志，虽史家之支流，实亦史家之粉本。余自丙子春续修《永平府志》，谕七属官绅士庶广为采访。时以山川、古迹、风俗、人物诸端条上者源源而来，其间可用者固多，不可用者亦复不少。惟临榆所上有条有理，较他属为优。吾即其采访之善，早卜其县志之成为易易矣。今郡志告成，临志亦付剞劂。

夫临榆旧志修于乾隆二十一年邑令钟君，然亦不过踵有明詹尚书荣、国朝佘仪部一元之《山海志》而增葺者也。詹、佘二公皆本卫人也，新志之成亦本邑士绅之力居多，而犹必延他郡名流为之秉笔，不肯自居其名者何哉？吾因之有感矣。以本邑人修本邑志，闻见最切，谗谤亦易起，去取人物恩怨之府也。昔毛西河受宁绍分巡之聘修《越人物志》，而辞之不得，至凿坏而遁，岂无故哉？人物志，传体也，仅志中一端而已。余修郡志于永平，人物录旧增新，其有无漏滥不敢知，而山川隘塞、水利屯田，古人战守之迹，成败之由，必考之惟详。诚以志乘为佐治之书，前事可为后事师也。临榆襟山带海，在永平为尤要，边患虽纾，海防宜讲，昔人守关之善策，未始不可移为今时防海之良谟，是在人神而明之耳。书成问序于余，余嘉临邑诸君子用心用力之公勤，出资襄助之慷慨，乃又让名不居，迹似避嫌者然，而叹临志成书之易，转以叹古今著书之难也。爰弁诸简端如此。

光绪四年孟冬月，永平府知府新化游智开谨序。

重修临榆县志序

志之体由史而分，而其义实与经为准。其志星野，则《周礼》保章之制也；其志山川，则《禹贡》疆域之辨也；志田赋而则壤之等昭；志庙社而寅清之典肃；志户口、学校而可识厚生正德之经；志官师、人文而可得彰往训来之义。所以厚民风，兴民行，使民日迁善远恶，而为政者亦得以自镜焉，则志之有裨于治也大矣。

临榆自汉以来，代为辽右重镇。我朝设县治，置官守屏藩左辅，拱卫两京，规制视前尤备。前令钟君综山海旧志为《临榆县志》，文约事赅，为一时完制。惟自乾隆丙子而后，旷百二十年未有踵而续之者。允祜以同治戊辰乏斯土，受事数月，调署广宗之明年己巳回任。每单骑问民疾苦，相井田土物之富，察关隘边防之要，爬梳搜剔历岁四周，调署望都。去岁丙子，望都九龙泉工竣，复奉檄回任。思前者两次遄征，攀馈塞路，允祜风尘仆仆，讫未克有造于兹土，赧孰甚焉！会上宪重修《畿辅志》《永平郡志》，檄取邑乘旧本。允祜据今所闻，考之旧所志者，河渠有变迁矣，建置有废兴矣，食货有减增，经制有裁复矣，民风、政治、礼仪、时事之今昔异宜。循吏、名贤、节义、人文之后先媲美，载笔无征，传闻失据，是亦守土者之咎也。爰谋之高学博汉墀开局重修，遴文学之士分任采辑，延河间高敷民水部秉笔，而以诸绅耆襄其事。邑南澄海楼，历圣驻跸之所，杰构巍峨，宸章炳焕，敬以弁之卷首，次目若干，卷若干，自星宿迄山川原野以至人民事物，靡不搜残订讹，一一荟萃而衷益之，然后百二十年淹没不著之迹，灿然复明，于世后之官斯土者，因以览山川之形胜，民物之兴衰，风尚之贞浊，政事之得失，未必不于此获少补焉。若夫搜讨之未精，编辑之未当，增损之未必皆宜，笔削之未能尽善，迫于校刊之促，不及一一是正。后有作者综史之长，约经之有用，以垂一邑不刊之令典，则尤余所厚望也夫。

时光绪四年，岁在戊寅季秋之月，知临榆县事常熟赵允祜谨序。

临榆县志序

　　汉阳萧春田先生于癸巳视篆吾邑，创建东溟书院，筹议续修邑乘，约集乡前辈搜罗裒辑，删误补遗。距初修将及八十年，考献征文，原不能克期蒇事，况规模虽定，而经费待筹，先生未及观成，奉调威县而去。濒行谆谆以二事相嘱，所以期望吾邑者甚殷，正风俗而育人才，所关甚巨。惟是人存政举，自古为昭，天下事经始极难，踵行亦大不易。未几而书院基址已废，修志之议尤属寂然无闻剥复之机，良堪浩叹。式曾与郭廉夫比部同出先生之门，亟承青眼相加，亟思偿此志愿，而无财不可以为悦。又荏苒二十余年，甲子冬入觐京师，请假旋里，欣知渝关书院工竣，悉由廉夫独力经营。有志竟成，厥功伟矣！自念边隅远宦，于梓乡事一无所裨，邑乘未修，能无滋愧，且惧乡前辈所采访者日久，或散佚不全。廉夫先得我心，毅然以汇存自任。式曾奉檄领澧州牧，受篆后搏节廉俸，积成千金，致书于郭定甫明经、王少湘孝廉，发商生息，以五百金津贴书院膏火，以五百金储备邑乘锓版之需，非敢僭比倡捐，只冀有同志之人，庶几众擎而易举也。戊寅三月，式曾又以郡守卓异，召对入京，同庚高君敷民新铨浙江遂安大令，曩游赵子受邑候幕府，邑乘为其所纂订，询悉甫经脱稿，但未编次成书。窃谓日月如驰，岁不我与，所有刊印工费，若待裘成集腋，不几俟河之清乎？拟在都招募手民，较乡间之工精且捷。爰与廉夫定议，所虑者经费不敷耳。适值同乡张奕扬司马来京，与式曾葭莩至谊，其为人慷慨好义，近年重修五泉山寺，亦系独力经营者也。闻其久存续志之心，一言而即允助不给。遂函促定甫、少湘两君子，延致友人，分类编次，陆续录稿驰寄，由廉夫始终董成，并聘定郭黼臣茂才专司校对。式曾因程期已迫，不能效尺寸之劳，赖有良友周亲相助为理，藉可无负春田先生之期望，岂非厚幸也夫！询谋佥同，廉夫敦属缀言，遂倚装记其颠末如此。

　　光绪四年中秋月既望，邑人魏式曾谨序。

临榆县志旧序

　　太史公曰：居今之世，志古之道，所以自镜，并以镜人。故邑志之作，稽一鄙之职方，存当代之实录，是亦考镜得失之林也。今天下同文日盛，版图开扩，海宇乂安，所在山川、井邑、人物熙和，俱纂入《一统志》中，详矣。然属邑未能析载，第增入各府州之下而递而分之，有省志；又递而分之，有郡志；至邑志，则无乎不备者也。临榆近在山海关，旧为村落，前明设卫，属于抚宁，故娄大方为抚宁令，奏徙县治。论者谓其措置得宜，然未及临榆也。至本朝乾隆年间始置县，隶永平。其地负山带海，土疆寥阔，人烟繁稠，桑麻禾黍，盈畴遍野，门无击柝之声，邑静花村之吠，际斯盛者抑何厚幸欤！然置建已定，而文献缺然无征，未必非在兹土者之过也。余昔奉命分巡永平，曾过其境，邑令钟君以邑志请余曰："此证治之镜也，乌得而弗纂！然余观世之纂葺者，往往缀浮词而略实行，纵极意铺张，究无补于治道，奚足以传信而行远？愿考之务精，择之贵当。少暇余间为采访，与子共勉之。"未几，余奉迁调，此志未遂。丙子冬，钟君书成，邮寄示余。余一一览其条序：先之星野，本乎天也；次之疆里、山川、城郭、宫室，因乎地也；次之户口、积贮，重其本也；次之边防、海防，慎其守也；次之秩官、人物，序乎爵而辨贤也；次之艺文、杂说，援乎古而证于今也。举凡制度典章、建置沿革，披图展阅，无不了如指掌。朗若列眉，总以考据精核为主。至或有类于虚美饰伪与夸诞不经者，概从而正定之。嗟乎！此真足以传信而行远者矣。由是而证之于郡志、省志、一统志，而分合详略具见其原流。昔人云：云霞丽天，而文绣亦焕其彩；江河行地，而沟洫亦润其流。云霞江河自成其大，文绣沟洫自成其小，天地间正以小大并存而益彰其盛。吾于此志亦云。后之宰此邑者，览其职方，参之实录，岂不足立人伦之鉴耶？令乞余序，因弁数语于简端。

　　乾隆二十一年岁次丙子十月，通奉大夫湖北布政使司布政使前分巡通永道常亮撰。

　　志之体昉于《禹贡》，而《周礼》职方氏掌天下之图，内史掌四方之志，其职益详，下至土训掌道地图以诏地事，诵训掌道方志以诏观事。巡守则夹王车，备顾问，广献纳焉。嗣是汉唐以来，作者众矣，而常璩《华阳国志》、李吉甫《元和郡国志》、乐史《太平寰宇记》独见称述。明康海志武功，崔铣志安阳，区区一邑之书，而文人学士多爱重之，何欤？毋亦以其思精而体要，文赡而旨洁，征因革，知要害，物土宜，察风俗，有当于《禹贡》《周礼》之遗者欤？临榆，故山海关地也，我皇上乾隆纪元之二年，改卫为县，易军而民，举屯所属之有司，所以一事权而课吏治，意至厚，典甚巨也。山海虽旧有志，而称名既异，核实亦殊，所当搜罗纂辑，以成一邑之编，以附《皇舆一统志》之列。而因以宣猷布化，仰副圣天子因时制宜之意者，责固有在矣。邑令钟君，征考文献，网罗放纷，取山海旧志而增损之，按部就班，胪件系，发凡例，蔚然改观焉。岂徒补备遗缺，含咀英华，夸美于艺林已哉！临邑襟山带河，地险而土厚，孤竹之仁孝、昌黎之文学在其密迩，其流风余韵犹有存者。夫征因革，则知措置之方；知要害，则思保障之功；物土宜而布其利，则生殖以繁；察风俗而仅其端，则训行有准；吾以知其志之勤，而卜其政之有成也。又况地当左辅，銮舆时巡，他日备顾问而广献纳之资，端有籍于是，是则志之为功大矣夫！

　　乾隆二十一年，岁次丙子秋七月，赐进士出身中宪大夫知永平府事七十四撰。

　　临榆故无志，以山海之志为志。志山海者，始于明尚书詹公，而南城张公增定之，商州邵公续补之，虞城范公合山石道并修之。至国朝，仪部余公乃据四志所载，征闻考见为《山海关志》，凡十卷，成于康熙八年，盖距今已八十有余岁矣。夫此八十余岁中，沿革损益无岁无之。而我皇上登极之初，改卫为县，则疆里之分合，官师之建置，礼乐兵刑钱谷诸政事之规划，靡不更定，又非仅小小之沿革损益而已。况地当左辅，锁钥两京，恭遇朝陵展礼，卜习将事，则辟驰道而迓銮舆，敞帷官而驻清跸，胥于是乎。在世之所谓名都上郡，什伯倍蓰于临榆者，其山川、民物，田畴、庐舍，欲一一邀宸鉴而入睿吟，有万不可必得者，而临榆固已数数得之，则又非止沿革损益之宜志已也。然而卒无有志之者，岂非官斯土者或以无暇而不及为，或有暇矣，又以非急务而不肯为，前之人姑待后人为之，后之人复待后人为之，是终不可得而志也。是以官为传舍而不事其事也，是弁髦天子之制而不之守也。夫不守天子制与不事事者为旷职。旷职，罪也，余则何敢？用是起而为之，不敢以脱漏为简也，不敢以泛滥为博也，不敢以悬揣曲说为断也。本之省郡关卫各志以求其端；博之史传杂记以参其是；采之荐绅先生乡之耆者，以著其信；考之国宪、官守、土俗以证其合。信则传信，疑则传疑，勤勤勉勉，凡五阅月而卒业。夫以余之固陋，不能通知往事，又历岁浸远，无可质问。然而不敢辞者，惧其久而益失所据，而其后遂以无征也。呜呼！千寻之木起于径寸，万里之流始于滥觞，此志之作亦犹是耳，则补其缺失而正其谬误，责固有在矣。览是编者，其亦可谅余之心也夫！

乾隆二十一年岁次丙子三月朔，赐进士出身文林郎知临榆县事海昌钟和梅撰。

山海关志序

自西汉书有地理志，后世递祖述之。于是郡各有纪，邑各有乘，方舆各有考，彬彬乎称盛已。予自簪笔直庐，从象胥氏所掌，略知环瀛大势。及驱车四方，齐、鲁、荆、扬、淮、徐、闽、粤之郊，踪迹殆遍，而久驻者莫如北平。北平，古幽州，辽右地也。自畿以东延袤七百里，群峰万壑争赴一门，山海关厥维旧哉！予既膺命观察是邦，凡会勘公事，例得戾止其地。戊申之役，董筑边墙千有余丈，信宿关上者再，角山耸翠，渝水流渐，四顾苍茫，忾怀今古。管关陈君因进余仪部所辑志请序，上自象纬、日星、岁时、节候；下极山泽、户口、风俗、土田；中备人伦、庶类、兴废、沿革、奢俭、强弱之数，弘裁琐缀，罔不灿列。予因考其山川，按其图纪，升高以望形胜之区，仰见我圣朝绥靖以来，万邦咸宁，所在为乐土。关介两都之间，尤升平无事，民生不见兵革，靡有烽烟之警、战斗之虞。奋神武于当年，流湛恩于亿世。昔之风悲日曛者，今转而为岳峙波恬矣。猗欤休哉！予忝大夫之后，俯仰江山，歌功颂德，振雪后之轻裘，舒清啸于天末，亦何幸而际斯久安长治之时乎！爰阅全编，而为之序。

康熙八年仲秋之吉，北平观察使者武林钱世清撰。

考《周礼》，太史掌建邦之六典，又有外史掌四方之志、三皇五帝之书。夫所谓四方之志者，何也？即古诗十五国之风，今之郡邑志是也。然则方俗之有志由来尚矣。山海关城创自故明，因设卫治，分隶永平。中州范公编有成书，多载胜国旧事。至我世祖章皇帝龙飞辽左，定鼎燕都，一统之基实始于石河一战。逆闯既歼，大业遂定，薄海内外，车书礼乐，制度典章，莫不焕然维新。矧兹关门又为圣化所首被乎其间，为创为因，为沿为革不知凡几，若不亟起而辑修之，久之文献淹而见闻泯，将欲表章休明，昭示来兹，其道无由。今年春，太史蒋公奉天子玺书督学畿辅，行部永平，考课之暇，搜讨故实，访求遗闻。会观察钱公重修郡志，相与扬扢风雅，凭吊古今，因索山海旧志，披览之余，悯其残缺，雅意更订，以宾兴旁午，较士他郡。观察公寻亦移驻潞河，两公皆由王事靡盬，不遑他及，以天植谬叨关篆命寓书仪部佘公为董厥事。公与太史为同谱，友谊最笃，家食数年，效安石之高卧，仿虞卿之著书，阐性命宗旨，抉理道微言，上接千圣薪传，下开百世学统，洵乎盛朝之硕辅，当代之儒宗也。植于是与路、卫两君敦请公，公亦慨然以是任，阅三月而其志成，凡若干卷。综其大略，既纲举而目张，又每卷之中标其节类，更条分而缕悉。凡天道之变易，人事之隆替；山川之彝险，风俗之醇浇；与夫文德之显晦，武功之赫濯，宦迹之升沉，官守之清浊；以孝行著者几何人，以忠节显者几何族，以贞烈传者几何事；户口之增耗者何家，赋役之更定者何制，土田之孳生者何物；利之当兴何事，弊之当革何从；前之何以举，后之何以弛，莫不犁然毕具，开卷了如，令览者有观止之叹，猗欤盛哉！可不谓备美矣乎？昔司马迁作《史记》，年月有表，帝王有纪，律历、刑政有书，食货、品物有志，名臣、外戚有世家，儒林、游侠、佞幸有列传。及后班固、范晔、陈寿、沈约辈亦各成一家之言，以备一代之典册。今公所志山海，虽仅一隅之书乎要未尝不可作全史观也。自非其才之敏，学之博，识之精，如刘知几所言三长兼擅，曷克质文相剂，本末兼该，若此之详且赡哉？方今太史公督学事竣，正欲举八郡之吏治民，依文章风俗汇成一书以上报天子。则是志也，或亦可备陈诗纳价之一助云，是为序。

康熙己酉冬月之吉，直隶永平府山海管关通判陈天植顿首拜撰。

山海固用武之区也，我大清定鼎以来，易戎马为承平，此地实为乐土矣。然抚今日之雍熙，昔年之抢攘可念也。享一朝之安阜，一方之利弊宜悉也。考兴废，鉴古今，辨人物，明制度，莫善乎志，志者，邦域之史也。吾宗培生公为关别驾，奉督学蒋公，观察钱公之命，重修关志，就谋于余。爰偕卫司篆君请仪部佘公主笔焉。其纂修颠末，别驾公业详哉言之矣。余治军者也，请言军旅。粤稽明初建关，设一卫、十千户所，领军万人，以侯伯统之，兵制非不善也。厥后无事，兵渐分，守渐单，以部使管关，以守臣司兵，以本卫挥爵视篆，晏如也。迨中业，朵颜三卫时有举发，则易守臣为参戎矣。旧额军士外，增游兵，募新兵矣。守臣原隶石门路，至是则割一片石为界，畀山海，屹然自为一路矣，兵制为之一变也。至末季，有事于辽，则设经理与南北二部为三镇，增兵十余万人，从此忽分忽合，互更互调，营制不一，最后则特为一镇，马步兵丁二万五千人，定为经制，与辽镇等，兵制又为之一变也。天祚有德，归于国朝。二十六年以来，典章文物灿然明备。先是撤镇，以副帅统其众，未几又撤副帅，以一游击领城守营。彼时兵犹存数千人，山海路参将改设都司矣。此后海防为重，乃设沿海三营，裁游击，以城守事务归并山海路，止存兵马步三百人。其撤部使以路将管关司管钥，自国初已然也。夫兵不限多寡，用惟其人。昔韩淮阴善用众，岳武穆善用寡，班仲升以三十六人平定西域，兵岂在多乎？况迤北则接石门路，同城有南海营，且协同满洲城守诸公共理关门，则甲士尤当今精锐也。忆明正德末，值妖卒之变，部使下设兵百名，彼时之制云：山海关守把官军一百一员名。今日之兵以之守边似不足，以之守关则已有余矣。此时边只须巡缉，可不守，即守则合满洲营路之兵，犹患不足哉！按志所载：为形势，为关隘，为边防，为军实，溯古及今，展卷了然。若夫钱、谷、礼、乐，则有专司，余又何能越俎也。说者曰：前此修志皆关部任之，今公之所司即昔年关部所司也。别驾公修志，所以必谋于公，公安诿乎？工既竣，不可无一言以弁简端，于是乎书。

康熙己酉黄钟月之长至日，游击管山海路事陈名远谨序。

山海旧无志，有之自德平葛公始，盖明嘉靖乙未岁也。葛公属笔于乡先达詹角山先生，公雅重先生，不复更订，随付剞劂。越六十三年，万历丁酉，南城张公述旧编而增定之，一一出自手裁，视昔加详矣。又历十三年，商州邵公从而续之，不过补之所未及，匪云修也。至崇祯辛巳，虞城范公任关道，合所属而重加纂辑，命曰《山石志》，其距邵公志又三十年矣。逾三载，天命改革，大清继统，从前规制为之一变焉。二十七年以来，声名文物奕然改观，若不亟为纪注，后此几不可问矣。督学蒋公托金宪钱公以转嘱于关别驾陈公，陈公又偕路帅、卫司篆二陈公同造余庐而就诹焉，以余与修《山石志》，略习凤典也。盖《山石志》成于抢攘中，多舛错，未经考订，至今切切于怀。兹奉诸公之命，夫何敢以固陋辞！爰是合四志之所载，参以郡乘，采诸群书，访于众见，凡三阅月而书成。先缮写二册，请正于蒋、钱二公，然后发梓，匪敢谬附前贤著作之末，聊以备后人之搜择耳。窃追忆此志，自角山先生始主笔，迄今百三十六年矣。昔人皆沦没已久，其间与修邵公志者，仅存吾乡吕夔翁一人，年已八旬有五，与修范公志者惟余不肖而已。文献不足，古今同慨。语云：贤者识大，不贤者识小。余亦仅识其小者，以听大方取裁，又何敢避固陋之诮以负诸公惓惓之意乎？余为是书，不敢泯前人之功，为叙其原委如此。是役也，海营马公与有力焉，聊附及之。

康熙庚戌仲春中浣之吉，郡人佘一元书于读古斋中。

历代修志年分职名

明

嘉靖乙未年，兵部分司主事德平进士葛守礼创修《山海卫志》。（邑进士詹荣主笔）

万历丁酉年，兵部分司主事南城进士张时显增定山海旧志。

万历庚戌年，兵部分司主事商州进士邵可立续补山海旧志。

崇祯辛巳年，山石关内道虞城进士范志完修《山石志》。

国　朝

康熙己酉年，管关通判永嘉进士陈天植修《山海关志》。（邑进士佘一元主笔）

乾隆丙子年，临榆县知县海昌进士钟和梅修临榆县旧志。

道光甲午、乙未年间采辑存稿职名

邑恩贡生王一士（诺人）。

邑岁贡生袁国弼。

原任吉林宁古塔学正，邑举人程儒珍（珠船）。

邑副贡生侯士芹（泮辉）。

赐同进士出身，江西广丰县知县，邑人刘钟洛（卜轩）。

邑恩贡生李逢暄（东阳）。

候选同知，邑举人李培元（砚耕）。

邑附贡生张燕绪（莫昆）。候选直隶州州判，邑副榜贡生王朴（守愚）。邑廪膳生王大𫓧（度三）。

重修临榆县志职名

总裁

诰授朝议大夫，永平府知府，新化游智开（子岱）。

钦加运同衔，赏戴蓝翎，临榆县知县，常熟赵允祜（子受）。

监修

临榆县教谕，三河郝浩（子江）。

钦加光禄寺署正衔，临榆县训导，通州高汉墀（象阶）。

纂修

赐同进士出身，钦加同知衔，赏戴蓝翎，新授浙江瑞安县知县，献县高锡畴（敷民）。

校定

赐同进士出身，现官刑部总办，秋审四川司员外郎，邑人郭长清（廉夫）。

协修（兼采访）

候选教谕，邑恩贡生郭永清（定甫）。

兼袭云骑尉世职，高邑县训导，邑举人王定元（少湘）。

五品衔候选内阁中书，邑举人郭之桢（筱琴）。

候选教谕，邑恩贡秦彦博（约吾）。

候选训导，邑廪贡计关保（子合）。

参订（兼采访）

内阁中书衔，邑举人张春山（寅谷）。

候选直隶州州判，邑恩贡张吉元（蓉第）。

候选训导，邑岁贡张鸣盛（诗臣）。

候选训导，邑岁贡田庆年（雨农）。

邑廪膳生郭之栋（树庭）。

绘图

从九品衔，邑人常遇林（向时）。

校对（兼采访）

邑增广生王敬熙（缉轩）。

满洲举人恒谦（益亭）。

邑廪膳生郭之梁（仲桥）。

邑廪膳生张林（儒臣）。

邑廪膳生王钟琇（晋亭）。

邑廪膳生田国钧（伯衡）。

督梓

候选巡检，邑附生郭之荣（黼臣）。

捐修

钦加运同衔，赏戴蓝翎，临榆县知县，常熟赵允祜。（银一百两）

钦加盐运史衔，即补道湖南永顺府知府，邑举人魏式曾。（银七百两）

钦加知府衔，候选同知，邑监生张国英。（银七百两）

采访

钦加五品衔，原任栾城县训导，邑举人常清任（尹轩）。

钦加同知衔，拣发知县，邑举人傅元博（铁松）。

钦加四品衔，现官刑部福建司候补郎中，邑举人余文骧（云侯）。

赐进士出身，现官刑部山西司额外主事，满洲讷钦（子襄）。

钦加六品衔，邑增贡生郝漳（巨源）。

钦加同知衔，赏戴蓝翎，候选训导，邑廪贡王汝襄（陛陈）。

原任内阁中书，邑举人田恩照（蓉镜）。

候选训导，邑廪贡计关佑（子纯）。

邑廪贡生李允培（因之）。

邑廪贡生杨德兰（纫秋）。

邑廪贡生吕大椿（荫华）。

邑廪膳生王大椿（桂培）。

邑廪膳生侯大振（声铎）。

邑附生李文焕（尚之）。

邑附生艾俊宝。

邑附生李彭年。

邑附生王燧（鹤琴）。

邑附生郝乔龄（晋年）。

六品衔，府经历用前署山西左云县典史，邑监生鲁应泰（东泉）。

议叙训导衔，邑附生周玲。

邑附生穆绅。

邑附生都建寅。

邑附生梅汝芬。

分缮

议叙七品衔穆文藻。

文童张用舒。

凡　　例

　　旧志门类太繁，今本山海志暨新修府志目录变而通之，以绘图为前导，而开卷恭录列圣宸翰，若史家首列本纪之义。以下则有表，以便检阅。舆地以下则统名曰编。盖志为史之一体，县志一书，凡所记载皆志也，若再别其篇目曰志，似志之中又有志也，今以编名谓，按志之次第而编辑之耳。至于名宦、乡贤、忠孝、节烈各门，初议拟称列传，嗣加酌议，似觉未安，盖国史立传，体例綦严，区区小邑例得立传者能有几人，而可概称列传乎？湘南李次青纂辑《先正事略》不敢称传，所见甚是。查公举名宦、乡贤、孝节各案例应胪列事实，今议于宦迹、乡型、列女各门，均定为事实编，与前舆地等编统归一体。

　　——旧志绘图，县境有总无分，其中村落之方位远近，水道之源流归合，皆有舛错，且详于口内而略于口外，似于全境未备。今于县境分口内、口外，而于口内外又分南境、北境。为图十一幅，按方计里，山水、桥梁、村落、道路各详其远近、来去，以期明析其他。城图、衙署图、镇保、义仓各图悉于旧加详。至名胜未能遍绘，惟绘北山、南海之图以见大概，余皆从省。

——此次新修郡邑各志，皆省艺文一门，将各类之传记、诗词分注各条之后，既省篇幅，亦便检阅，相应依照。惟临邑为两京孔道，列圣东巡，天章具在，非同臣民之著作可以分注各类，兹特恭录于简端，以昭钦仰。

——沿革用表以归简易，次职官，次选举，皆变志为表，以便检阅。文武官阶自前代以来屡经变更，今分文武秩各为一卷，以清眉目。

——旗营之长官为都统，其品尊于绿营各官，宜列在前；然绿营官有仍前代之旧者，固宜联络而记；若旗营，则建自本朝，其时在后亦循其序而已。

——文科之后，凡由例贡监而登仕籍者，附之武科之后；凡由行伍出仕者，附之封赠荫袭，附于选举之后；其由贡监得虚衔与候选未出仕者，皆不录虚衔，请封者亦如之；驻防但为本营官者，归职官表；出外任则附选举。

——官职、选举中见后宦迹、乡型事实编者，则注曰"有事实"，若事迹无多而有可传者，则撮要注一二语于表，此不没人善之意也。

——旧志无提纲门类，无统属，不便检阅。兹分舆地、建置、武备、赋役各门，各以类附，俾阅者易于披览。

——修志有立"天文志"记星野者，以为仿《史记·天官书》，不知《史记》统括古今，固宜如彼；及班固《汉书》，则并星野于地理志，盖以历代非各有一天，国史如此，况志惟记一隅乎？今于舆地编首列星野，省天文志，遵《汉书》之例；然象纬推测不易，故惟援引各家之书，皆标出处，毫不参以臆说，庶可免管窥坐井之讥。

——旧志有疆域而无形胜，似属阙略，盖疆域所以正经界，形胜所以固封守。山海古称要地，非以其金汤之险胜于他邑乎？兹援引古今，增形胜一门，虽当承平之世亦欲守斯土者，安不忘危也。

——山水一门多承旧志，惟石河，则旧志知郡志旧文之讹而仍录之，虽另有注解，亦属自相矛盾。今访于土人于其源流之曲折，归合之远近，过某村墟，开某津渡，无不朗若列眉，似可补旧志之所未详。

——旧志于屯社有里数而无方向，阅者殊难了了。兹分东、西、南、北，照地方之牌堡，记其距城里数，虽异乡人披览此籍亦不迷于所向矣。

——新修各志皆删去胜景一门，以为此仿陆稼书先生之志灵寿，窃谓灵寿或无名山佳水，固自应尔。若临榆之胜景非若他邑以寻常丘壑勉强凑合者，旧虽有渝关十四景、石门八景，犹有未尽之妙，兹于旧志全录之，非故立异也，盖实不可没也。

——胜景分注诗句，藤琴居士、成亲王俱系亲藩，均列于国朝士大夫之前，以表尊崇。

——旧志有灾祥一门，《春秋》记灾不记祥，所以示戒也，况渝关百里天象之异，非区区小邑所能尽，其间水旱偏灾则记之宜矣。而渝关在昔为用武之地，兵革之事前代恒有。兹按年编记，为记事一编，附于舆地编末，谓有关于地方疾苦且凡异常之事，亦按年纂入，以备参考。

——建置以城池为重，盖以卫民也，故凡惠民之政悉附之，其次则公署。而修志者往往以学署之建连属学宫，故附记于学校而不见于公署。夫以佐杂干把之末僚尚列其署，何独至于学而遗之？兹于县署之次即书学署所在，注曰：详见学校。而于学校再言其建置，则公署门有学署，庶不视教官如庙祝矣。

——新修各志于文庙配享从祀诸贤俱为详载，然此究系天下所同，自有《会典》诸书可稽，无须详于邑乘。至于名宦、乡贤、忠孝、节烈各有事实，叙其从祀，故仍依旧志一概从省以归简易。

——书院为育材之地，所宜详考。以前关县诸志皆无此条，所以旧榆关书院若无遗坊，孰知其处？今与东溟书院并记之，且于见在之渝关书院加详焉。虽至代远年湮，人皆知有此建置也。

——旧志凡一切建置昔有今废者，并存于策，就本条下注明，不没往迹也。今依旧例以识今昔之感，且以备有志兴复者，可以考其基址也。

——旧志附营制于边海防，虽亦相类，然营制原系要务，不轻于边海。今于营制、边防、海防各立一门，而海运附记，似觉不失轻重而眉目亦清。

——旧志人物一门曰乡贤、曰忠义、曰孝行，立义似觉太严，而官师先达一政一事有可传者，碍难并载，且名宦又附职官之后，似亦未合。今易名宦为宦迹，易乡贤为乡型。已祀名宦乡贤者，于事实编内叙明，而凡有善政善行之可传者，皆得附入。至乡型编内则分为政事、行谊、忠烈、文学，而统曰乡型，庶不失善善从长之道也。

——旧志先节孝而后流寓、方技、仙释，终紊男女先后之序；今于乡型后即记流寓、方技、仙释。

——旧志于人物多未详尽（如于刘复礼，则笼统虚写；于郭仲金，则曰事实无考之类），且有舛错（如程继贤纂入国朝之类）。今于事实编或考正史，或采畿辅等志暨各家行述、家乘、墓铭而更正详录之，注明参录何书；若仍旧者，则注曰“旧志”；而新增事实亦注明所本，其无注者，系采访原稿未详加出处者也。

——烈女凡有娴闺训习母仪者，固皆可载。惟女子以贞节为先，必有可称之节而后并述其事亲、相夫、训子诸懿行，盖贤因节传，欲人知所重也。

——驻防虽不隶县籍，而与土著相处已二百年，久相浃洽，其中之忠义节孝多有可传者，故于选举事实编中因类载之。

——旧志有一事两见、一人两见者（如各仓详于积贮，已先附公廨；朱国梓既入名宦又见流寓；崔联芳既入乡贤又见孝行之类），今皆归并以昭专一，非若学署与各署并重，又宜详其建置之必宜两见也。

——事实记人一生之事，不若职官、选举，只书履历，原宜盖棺论定，故生存者不录；若节孝，则年合、旌例、没存皆载。

——志乘为立教之一端，必须无论智愚皆可披读，庶有所观感兴起，非专供学士大夫之博览，无庸典赡。兹于诸家采访太尚词藻者，皆易以明显易解字样，但付梓太急，未及细检，恐其中尚有费探索者。

——新修各志皆有辩讹，今但即查核已，确与旧志两歧者，于每条更正旧志之文，识者参新旧而阅之，是非自见。

——于编辑垂成复有采访送局者，且搜罗落选稿中尚有可存者，难于概行弃置，因立诸编补遗一门，亦照卷中篇目，各分类以附之。

——于事之不甚关于人心风俗而可广见闻者，虽不纂入正志而亦不可淹没，则有志余一篇以收其轶。

——纂修新志已经二年，有道光甲午、乙未间萧春田，明府任内诸前辈所采访者，暨前数年采访送省局、府局底稿为之资，又经现在邑绅诸君子公勤协理，庶无遗谬。然钟志之修在乾隆丙子，迄今百二十三年，在官者文案或多散轶，在民者故老之传闻或少证据，又或限于耳目所未经，不无阙误，惟即所可凭者编记之，以冀博雅君子匡救焉。至于旧志，虽云简略，皆经当时修辑名人考订，新志多就取裁。原板仍存，以备征信。

河间高锡畴识
邑人郭长清订

‖ 卷之一 ‖

恭录列圣宸翰

圣祖仁皇帝

杂著

山海关澄海楼，旧所谓关城堡也。直峙海浒，城根皆以铁釜为基。过其下者，覆釜历历在目，不知其几千万也。京口之铁瓮，徒虚语耳。考之志册，仅载关城为明洪武年所建，而基址未详筑于何时？盖城临海冲，涛水激射，非木石所能久固。昔人巧出此想，较之熔铁屑炭，更为奇矣。

山海关（并序）

连山据海，地固金汤，明时倚为险要，设重镇以守之。我朝定鼎燕京，垂四十年，关门不闭。既非设险，还惭恃德，偶赋数言，聊以记事。

重关称第一，扼险倚雄边。地势长城接，天空沧海连。戍歌终岁苦，插羽不时传。作镇隆三辅，征输困百年。笳寒龙塞月，甲冷雉楼烟。历数归皇极，纲维秉化权。漫劳严锁钥，空自结山川。在德诚非易，临风更慨然。

登澄海楼观海

危楼千尺压洪荒，骋目云霞入渺茫。吞吐百川归领袖，往来万国奉梯航。波涛滚滚乾坤大，星宿煌煌日月光。阆苑蓬壶何处是，岂贪汉武觅神方。

蒙恬所筑长城

万里经营到海涯，纷纷调发逐浮夸。当时用尽生民力，天下何曾属尔家。

姜女祠

朝朝海上望夫还，留得荒祠半仞山。多少征人埋白骨，独将大节说红颜。（见《盛京通志》及《御制诗集》）

入山海关

长城尽处海山奇，守险无劳百万师。寰宇苍生归历数，当年指顾定鸿基。

世宗宪皇帝

登望海楼

观海登楼日未斜，晴空万里净云霞。才经一阵风过槛，倏起千堆雪卷花。贝阙鳌峰如可接，鹏津蛟室岂终遐。诡词未许张融赋，到此方知语不夸。

登望海楼

极目瞻沧海，涵泓无所从。量包天地外，色染古今容。浪起思鲲化，云飞羡鹤踪。坐观渊默里，万派自朝宗。

望海楼二首

凌霄杰阁耸层楼，碧海苍茫远望收。混一乾坤云水阁，濯磨日月浪花浮。百川输委盈襟带，万类涵濡任泳游。闻道此中覃帝泽，几曾汪泻有停流。

其二

朱栏画栋最高楼，海色天容万象收。海底鱼龙应变化，天中云雨每蒸浮。无波不具全潮势，此日真成广汉游。仙客钓鳌非我意，凭轩惟是羡安流。（见《御制诗集》）

高宗纯皇帝

山海关　恭依皇祖圣祖仁皇帝原韵

取豫严扃钥，思蒙拓海边。耕桑三辅接，形胜两京连。羽卫初冬度，期门晓漏传。桥山瞻此日，龙步想当年。列巘余晴雪，遥林散曙烟。迎眸浑似画，抚序正为权。事异丸封谷，心期舟济川。拳拳思在德，大训更昭然。

山海关　仍恭依皇祖原韵

长塞沧瀛倚，雄关碣石边。抱环四城接，延亘万峰连。两度銮舆历，千秋圣制传。小阳仍问景，弱水不论年。禾稼纳场圃，人家富井烟。抚兹偃武会，敢怠诘戎权。战迹余平野，人情譬涉川。丹陵回望远，揽辔意拳然。

姜女祠

凄风秃树吼斜阳，尚作悲声吊乃郎。千古无心夸节义，一身有死为纲常。由来此日称姜女，尽道当年哭杞梁。常见秉彝公懿好，讹传是处也何妨。

又

丛祠旧筑海山边，善哭偏因姜女传。金铸应嫌范蠡谄，墨胎可比伯夷贤。萧风枯树哀弦写，明月清波古镜悬。路便一临缘节义，订讹意已具前篇。

又

墨胎可比伯夷贤，戊戌曾经此泐篇。应劭又云国君姓，千秋究史轶真传。

登澄海楼望海作

辌辘金轩展祀旋，偶临杰阁眺瀹瀁。漫言此后难为水，试看当前不辨天。秦帝关存终失鹿，汉皇舟阻未成仙。拟澄坎部留吟句，只恐雕龙让广川。

再题澄海楼壁

我有一勺水，泻为东沧溟。无今亦无古，不减亦不盈。腊雪难为白，秋旻差共青。百川归茹纳，习坎惟心亨。却笑祖龙痴，鞭石求蓬瀛。谁能望天倪，与汝共濯清。

再登澄海楼叠前韵题壁

拾阶登岑楼，复此俯巨溟。寒暑幻冬夏，日月浴亏盈。界翳光并耀，际天色同青。最巨斯绝类，守信故永亨。蹄涔易致涸，注兹恒为瀛。泾渭诚小哉，徒分浊与清。

题望夫石

执役当时为护边，陨城坚节孟姜传。牧儿遗火咸阳燎，片石赢他磨海田。

澄海楼联句

乾隆八年十月十六日，自盛京葳事还京，道入渝关，登澄海楼望海。雪霁千峰，波明万顷，天容海色，洵属奇观。时张照、梁诗正侍从，因与联句，凡字画涉水部者概不用，仿欧阳咏雪禁体也。

御制康回昔凭怒，使地东南倾。太始本无始，臣张照常盈是不盈。双丸出其里，元气鼓为营。岛屿藐拳石，御制轩楼敞绣甍。龙葱疑贝阙，仿佛见瑶京。鞭石桥终断，臣梁诗正嘘咽市乍更。星槎何处转，鳌柱若为擎。邈矣端倪豁，御制雄哉气象峥。禹功思四载，秦业剩孤城。万壑朝宗此，臣张照纤城茹纳并。由来无寸土，亘古只空明。直上到天险，御制横陈据地拎。目迷光晶皓，耳骇声砰轰。精卫填难尽，臣梁诗正长虹驾可成。三壶远萦带，重罍销飞鲸。赋羡木华博，御制吟推玉局英。平铺历劫雪，喜遇初冬晴。望叹曾闻若，臣张照来游谁逐蜻。内光含煜煜，阴火凉荧荧。绝域随风达，御制方诸应月呈。坎重不失信，天一乃居贞。比乐韶观止，臣梁诗正如山圣景行。空传香象蹈，谬执窄蠡评。有以谦能受，御制虚将白自生。苞乾恢度量，吐日焕晶莹。永奠寰区晏，仙乡底问程。

乾隆十有九年秋，由吉林至盛京恭谒三陵，礼成旋跸。以孟冬二日入关，再登澄海楼，距癸亥前游周一纪矣。星霜亟易，风景犹新，爰续举成例，命汪由敦、刘纶用禁体联叠前韵，既畅登临并志岁月云。

御制坤载既盘礴，坎德靡亏倾。脉属天地气，臣汪由敦量应朝夕盈。朱垠暨闽广，朔野奄幽营。再巡临碣石，御制重登俯雕甍。梁适侍子舍，张骞返仙京。壁诗犹好在，臣刘纶屋筹凡几更。螺丸大块点，屃负岑楼擎。霞标傍槛矗，_{御制}雪峤罗窗峥。东叟寻蓬峤，巨蜃吹层城。雾露不辞受，_{臣汪由敦}壑谷容来并。云锦织回紫，玉绳接通明。阳侯逞陵轶，_{御制}岳祇恣磓揿。斫阵万马骇，突围千牛轰。禁体续前例，_{臣刘纶}罚期严后成。爇亳蘸勺蠡，辖饵投长鲸。志怪迹谁核，_{御制}求真才岂英。一杯纳日月，亿劫嘘阴晴。底事称白鹭，_{臣汪由敦}奚从款红蜻。爰居享鞮鞈，鲛室眩煌荧。藏积梵书列，_{御制}巨最韩碑呈。何无复何有，曰虚亦曰贞。赤石灵运进，_{臣刘纶}绿绮成连行。远航越裳候，奇赍贾胡评。隐娥归墟守，_{御制}飓母舶趠生。珊瑚周其趾，蟒珠灿厥莹。壮观向空廓，邮签慢促程。

知县钟和梅纪事诗二首并序

甲戌冬十月二日，皇上奉皇太后祗谒祖陵，跸旋山海关，幸龙王庙、天妃宫，遂登澄海楼。御制五言古诗一章，复进廷臣联句，得二十六韵。尚书汪由敦奉敕题壁。是日，士民夹道跪迎，天颜温霁，赏赉优渥。臣和梅以临邑下吏得随士大夫之后，仰瞻圣表，欢愉之私不能自已。退而恭纪其事，聊先耕凿之众，窃效击壤之意云尔。

天回日御自兴京，澄海重登乐晏清。欲起蛟龙盘睿藻，待摩壶峤勒贞珉。雨师风伯随銮护，白叟黄童夹道迎。躬执扫除惭末吏，三呼犹得效嵩声。

皇上驻跸行在赐宴，宴诸大臣，命地方官与陪。张乐演剧，恩逮微臣，感激恭纪。

宝鼎香浓帐殿春，钧天乐奏广筵陈。飘来法曲筝琶外，赐出宫壶雨露匀。述职课原输上考，入疆庆乃及微臣。琼林宴后才今日，重饫天庖拜紫宸。

澄海楼联句

乾隆四十年秋展谒祖陵，跸途出入俱由山海关，回銮因登澄海楼，距甲戌之临虽越二纪，而澄瀛胜概凭览依然。因命于敏中、梁国治再叠前韵联句，诗中禁体亦循曩例也。

_{御制}归墟日为纳，尾闾日为倾。倾纳两无竭，_{臣于敏中}墟间互相盈。远裨或仿佛，邃古畴经营。前巡阅二纪，_{御制}叠至临城甍。凭轩

望蓬岛，回舆辞陪京。壁惜张迹佚，_{臣梁国治}碑抚汪体更。界垠琼阁竦，联藻标霞擎。声胪紫极动，_{御制}目回青霄峥。横阵接云宇，直入余石城。尔时如何筑，_{臣于敏中}今域偕来并。连山险宁恃，聚米觇愈明。辽矣广轴振，_{御制}苍然圆窦抾。喷雪白非晦，敛日黄徒轰。朝夕信弗舛，_{臣梁国治}宗都量以成。珠胎孕灵蚌，金背腾横鲸。出素屑霜采，_{御制}升旭辉若英。地脉绵永劫，阴火然恒晴。楼台气吹厣，_{臣于敏中}村舍居罗蜻。望秩昭盼龟，卜祠焕晶荧。景象俟分集，_{御制}端倪自全呈。东南坦崖堑，西北拓安贞。周还识体大，_{臣梁国治}嘘吸通乾行。搏风庄叟喻，志怪齐谐评。有经验博物，_{御制}惟错征含生。寻仙鄙徐福，运杼孰祖莹。三番咏一韵，可以命归程。

澄海楼观海二首

乾隆四十三年叠癸亥旧韵

包括乾坤转复旋，瀹瀹孰得测瀁瀁。凭楼有兴重斯日，浮渤无边接远天。谁见沧桑经变幻，虚传壶峤隐神仙。俯临惟羡廓然量，何以从容纳百川。

乾隆四十三年八月初二日，内阁奉上谕：海为众水朝宗，最昭灵应，乃各处海神咸有庙祀。惟北海自山海关至盛京一带，向未专建庙宇，以隆禋祀，尚属阙典。朕此次前诣盛京恭谒祖陵，跸途循海而行，瞻望甚近，宜先申虔祭以迓灵庥。著该部于滨海地方择地望祭，派庄亲王永瑺行礼，所有应行事宜，各该衙门即速照例备办。并著总督周元理于山海关澄海楼相近处所，度地建立北海神庙，即行绘图呈览，候朕降旨发帑兴工，俾庙貌崇闳，以安神佑，钦此。

维乾隆四十五年岁次庚子十月丙午朔，越十有九日甲子，皇帝遣诚亲王弘畅致祭于北海之神。日障东绩，巨还辽沈，以钟灵润，下功全汇渤溟而拱极，作庙聿彰。夫轮奂展，诚宜荐以馨香，惟神清晏，贻麻朝宗，率职位居乎坎众流枧，翕受之宏德旺于冬，亿载启滋生之福，仰钧基之肇造，溯源而永护黄图，承惠泽之旁，敷衍派而遥通黑水。忆昨途遵瀛溮，肃遣宗藩即今制，备榱题懋昭秩，祀神其鉴虔祸之悃协，顺应之模，景运长绵，应并山高而致享崇仪，勿替益符川，至以凝祥式，是凭依格兹芬苾。

北海神庙

乾隆四十八年

戊戌重经渤海堰，命修神庙致诚虔。祈恬瀚浪恒福国，永佑桑田默赞天。是日帛香瞻匼窟，千秋俎豆奠垓埏。钦维二祖躬开创，早荷帡幪此济川。

澄海楼望海二首

乾隆四十八年再叠前韵

又自陪都转旆旋，城楼拾级望溶漾。今来古往只一水，汉跸秦巅无二天。不几聊因闻咏句，徐舡何必远求仙。却缘悟得汤汤者，纳自诸河及小川。

秦皇心实侈，筑城骑洪溟。由旬语固诞，兹存里诚盈。是果何为乎，水白山仍青。留此供笑谈，茅见塞匪亨。儒臣擒联句，亦足诩登瀛。虚受奚拣择，河浊江自清。

澄海楼联句

乾隆四十八年秋，自热河取道边外，四诣陪都恭谒祖陵。礼成回跸入山海关，经澄海楼，计自癸亥联句及甲戌、戊戌叠韵，中间四十年矣。命梁国治、董诰仍依禁体赓和前吟。

御制云上于天解，近著众听倾。至理非创说，臣梁国治归墟岂辞盈。辖运实一气，揲卦凡四营。宗都斯会极，御制关塞此飞甍。乾体有时下，坎象无与京。旷然翕辟际，臣董诰廓矣阴阳更。双丸所出入，八柱交撑擎。鹏路从绵邈，御制鳌山戴峻峥。方圆罗壶峤，金银惟阙城。谈天志骄诞，臣梁国治筑石嗤秦并。手披星闼回，眼拓霞窗明。鹢舟帆似点，御制鲛室机谁抡。文势露形重，武声雷掀轰。向若悟损益，臣董诰微禹思平成。晓市奇吐蜃，秋风怒吞鲸。精灵配广大，御制颢气含鲜英。黑色昼亦晦，红光夜如晴。雪瓜种传鹄，臣梁国治绀幡名辨蜻。螺蚌锦文被，珊瑚华采荧。是惟神祇宅；御制岂徒琛宝呈。弗扬四方会，来朝万邦贞。蹻乘期羡觌，臣董诰航远欧罗行。韩碑百灵纪，木赋前良评。谷王知弗让，_{御制}月霸候哉生。具阴火耀焰，不尘珠剖莹。捉成五字吟，记予四度程。

仁宗睿皇帝

姜女祠

免罪吊庐义懔然，翻因善哭迭讹传。齐东野语虽难究，节烈堪褒闺阁贤。

北海神庙

考建神祠渤海滨，瓣香虔礼展精禋。安澜遍沐平成福，恬浪咸沾化育仁。薄雾笼庭含远甸，灵风拂旆映重闉。试登杰阁舒瞻眺，浩渺沧波欲问津。

嘉庆十年秋澄海楼联句，敬依皇考禁体原韵（有序）

乾隆八年癸亥冬十月既望，皇考自盛京展谒祖陵，还京道入渝关，登楼望海，是时雪霁波澄，因仿欧阳修咏雪诗体，凡字画涉水部者禁不用，与张照、梁诗正联句。迨后甲戌、戊戌、癸卯三度过此，皆命侍臣赓和一如前例。煌煌圣制，允与于廓，灵海同其广大矣。予小子勉绍宏猷，宪章前典，诹吉于乙丑秋七月恭诣三陵，九月礼成旋跸。临莅斯楼，仰瞻天藻，咸韶在耳，奎画如新，亦命尚书戴衢亨、侍郎赵秉冲依体叠韵，敬和尧章，虽未免于望洋或庶几于学海云尔。

_{御制}卯秋昔扈侍，赓歌耳敬倾。天葩瞻永焕，_{臣戴衢亨}坎德盅不盈。峣然级更拾，廓如月重营。纤萝静鲛室，_{御制}榑桑丽翠甍。一勺未可量，无际莫与京。点螺山闿碧，_{臣赵秉冲}飘芥舟程更。幻市埶驾构，灵居谁支擎。岂伊神仙窟，_{御制}独向鳌首峥。三千里一越，十二楼五城。说自庄列创，_{臣戴衢亨}诞遂嬴刘并。那知神禹功，朗若三光明。枝分别歧幻，_{御制}胼胝勤撑牚。斡运地轴转，嘘噏雷车轰。屑雨火并灭，_{臣赵秉冲}熬雪盐田成。慕化递驯雉，负秽戕狂鲸。被除鱼龙宅，_{御制}迸苗珊瑚英。群鸥舞屿下，孤鹤摩天晴。维时际揫敛，_{臣戴衢亨}咽露无蛰蜻。瓦霜华薂薂，岛旭丹荧荧。登丰率土乐，_{御制}望远东

云呈。缅维万方协，端在百度贞。懿兹三五德，_{臣赵秉冲}憬彼星日行。遵典扩壮观，继声细推评。赋傞小言愧，_{御制}歌谐大风生。亿年此关塞，四壁辉琼莹。广轮遍包括，元会钦式程。

嘉庆二十三年澄海楼联句

敬依皇考禁体原韵

_{御制}周环六合外，曾说康回倾。天一始邃古，_{臣姚文田}谷百看徐盈。岩关峙巉岏，纂釜工经营。连云排雉堞，_{御制}拔地骞雕甍。登楼瞩贝阙，旋辔来旧京。大观已三度，_{臣吴信中}次舍刚一更，阆风凤盖苁，晓月骊珠擎。藻扃启虚敞，_{御制}榆塞峨峣峥。遥挹列仙岛，下贯秦皇城。劳力不知止，_{臣姚文田}遗迹空兼并，嘉名缅知圣，杰构追前明。静疑巨鳌奠，_{御制}撼绝神鳅揿。迎眸光闪烁，入耳声砰轰。胜览易视听，_{臣吴信中}宏纳无亏成。振羽翻白鹭，掉尾祛长鲸。蓬莱见瑶室，_{御制}若木舒琼英。日月互吞吐，箕毕分阴晴。层阁气嘘蜃，_{臣姚文田}巨舟飞点蜻。万怪戢变幻，百宝腾晶荧。上善聃史阐，_{御制}虚受羲经呈。无边接霄远，不息含气贞。四极健德聚，_{臣吴信中}重坎中道行。尧文昔屡咏，木赋今再评。来游睿襟畅，_{御制}即目吟情生。晖高扶旭朗，光蕴怀珠莹。叠韵偕翰苑，摛词日纪程。

宣宗成皇帝

姜女祠

当年抗节塞门风，凄惨孤芳付海东。一点灵犀通冥漠，想他好合两心同。

道光九年澄海楼朕句（有序）

乾隆八年癸亥十月，皇祖高宗纯皇帝自盛京旋跸入山海关，登澄海楼望海，命侍臣即景联句，仿欧阳修《聚星堂·咏雪》体，凡字画涉水部者禁不用。自是甲戌、戊戌、癸卯三度登楼，皆用前韵禁体，遂成故事。嘉庆乙丑、戊寅，皇考仁宗睿皇帝两诣盛京，驾还入关，登临联咏亦依成例。藐躬嗣统，于今九年，属以回疆平定，敬告三陵。诹吉于八月十有九日，驾言徂东，礼成回銮。时维十月，入关之日登楼凭眺，幸际岁丰人乐，寰海镜清，敬仰天章，如亲盛轨。爰命侍臣依例联句，词仍禁体，韵则新拈，敢云继向鸿篇，庶几倾心蠡测云尔。

御制雄关襟榆塞，臣曹振镛巨壑冠岑楼。六飞岁时莅，御制一览乾坤收。阳春启孟序，臣穆彰阿颢气余高秋。告功礼仪蒇，御制旋跸旌旆悠。尧章舜载咏，臣祁寯藻星烂云常留。维皇缵先绪，御制扈圣思夙游。和銮此时迈，臣许乃普巨典初躬修。岁美雨旸若，御制边绥兵甲休。天祖实眷佑，臣曹振镛川岳胥怀柔。西戎已即叙，御制东驾爰咨诹，京原缅鞞琫。臣穆彰阿坰野观驷骝。伟哉医间望，御制睒焉碣石求。严城信蠢蠢，臣祁寯藻杰阁何娄娄。仰瞻天盖回，御制俯瞰地轴幽。三山耸其髻，臣许乃普六鳌戴以头。委输纳百谷，御制嘘吸函九州。占风入象译，臣曹振镛搓日来螺舟。空传嬴氏岛，御制讵慕安期俦。荒唐彼贝阙，臣穆彰阿奠定兹金瓯。鼍梁岂侍架，御制鹭堞何烦揪。戈船靖蛟鳄，臣祁寯藻琛舶闲凫鸥。兼通粳稻利，御制一试云帆道。聚米数壶峤，臣许乃普飞槎贯斗牛。归墟赖地力，御制望若钦神庥。乃知厚德载，臣曹振镛实惟上善优。旷观契太始，御制远驭厪宏猷。絷铁负崇堞，臣穆彰阿鞭石藩荒陬。重镇昔扼险，御制丽谯今设邮。凭栏玩翠蜃，臣祁寯藻鼓鬣看银鳅。朝阳玛瑙瓮，御制夜月珊瑚钩。舳舻任喷喝，臣许乃普岩岫争雕镂。珍符贡图牒，御制慈寿胪歌讴。灵蚪竞舞曲，臣曹振镛仙骥纷衔筹。虹橑翼凤輂，御制雉扇纤龙游。舆情既霭若，臣穆彰阿峻赏方夷犹。迎銮遍辽蓟，御制授简联枚邹。登高怀共骋，臣祁寯藻绘景思先抽。赋才那数木，御制诗例仍循欧。新赓叶肆好，臣许乃普互酌如旅酬。川增窃效颂，御制万纪长环周。

观海（有序）

夫众星以辰极为宗，百川以沧溟为壑。细流不择，见函育之无遗；鸿波不扬，识太平之有象。伟兹巨浸，实汇雄关。列圣銮辂所经，登临成什。予昔叨扈跸，曾赓观海之章。今值省方，适幸销兵之会。沐日浴月，百宝腾其菁英；阙阳阙阴，万汇资其润泽。凭高游目，揽胜摅怀，匪夸木赋之工，缅想禹功之美。三十首七言载咏义，取成章上下平，全韵分胪，情殷监水。

停骖旷揽海天东，秋回萧萧下远风。回忆当年登眺处，岁华迁易怆予衷。

洪波入望势何汹，不见秦皇第几峰。试问天涯还地角，仙人曾否一相逢。

海天漠漠映虚窗，无际平沙雪浪撞。想得秋清明月夜，流云空外漾银红。

虚受从知造化奇，汤汤浩浩括坤维。回环万里循常道，大矣朝宗朝夕池。

风帆云岛望依稀，日出扶桑㴡曙晖。千里目穷如昔曰，情怀暗叹是耶非。

曾闻渤澥纪归墟，不止不盈大尾闾。惟有无心云几片，空明镜里卷还舒。

无边深广接天隅，精卫殷勤若个愚。坎德无为宣地脉，洪滑不择就卑污。

遐观浩瀚海云齐，空外峰峦尽觉低。我是望洋徒向若，岂同曼倩欲倾蠡。

地纪滔滔莫与侪，秋澄玉宇喜晴佳。碣来驻马舒心目，深戒求仙物外怀。

谁云沧海幻楼台，目极洪涛亦壮哉。想得大荒分混沌，茫茫岂辨劫前灰。

无分寒暑与冬春，振古如兹斡大钧。烂漫云霞腾贝阙，浮天望处浪翻银。

八维巨浸有前闻，不见元虚赋海文。浑濩溟茫看不尽，非烟非雾觌层氛。

沙边高下落潮痕，足底惟余浪影掀。到此超然豁心虑，空明上下脱尘樊。

鸿濛一气太虚宽，渤海重临壮大观。好是天空风静候，裁吟遐瞩凭危栏。

海外徒闻更有山，金银宫阙岂容攀。乐天知命一言蔽，堪笑奔波空往还。

谁云苍海变桑田，清浅蓬莱只浪传。终古波澜如一日，津壖眼底幻云烟。

楼上平临万里迢，秋阳杲杲丽晴霄。深翻坤轴疑无地，输委无讹子午潮。

苍然无外混茫包，浩浩淘淘风雨交。何必空如希彼岸，铁峰粟颗喻观泡。

海云漠漠海山高，豪放何人策六鳌。几片秋云写秋色，凌波爽籁拂征袍。

损益须参一勺多，六根可度波罗伽。想他航海秋风客，栖寄不知身在何。

举头讵可望津涯，潮去潮来万里沙。象外游心心旷远，都无世俗一尘遮。

长风飒飒色苍苍，云际依稀认海樯。惟有去来波不定，滔滔终古望奔忙。

善纳何分浊与清，包含度量永持盈。谁去东海海东岸，更有碧海徒传名。

混灝云形无定形，阴阳开合毓精灵。不风不雨亦溟漠，登眺层楼两度经。

渺渺难分浪几层，海边乍觉晓寒凝。云流空外弥寥阔，济荡遥分旭日升。

天墟地轴古洪流，冷露金风万里秋。隐约帆樯云外见，三三两两若萍浮。

凌虚楼阁重登临，渤澥何人测浅深。渺矣三山不可望，只余空阔海烟沉。

金山玉海总空谈，一色苍茫映蔚蓝。鉴止自应参妙谛，无终无极悟虚涵。

日用民生煮海盐，也劳筋力悯穷阎。长空纵目舒怀抱，卅首成吟韵乍拈。

秽浊无嫌自古咸，天边几点认归帆。观于海者难为水，鼓荡乾坤出世凡。

‖ 卷之二 ‖

沿革·职官（上）

沿　革

　　临榆，北负群山，南襟渤海，旧为边阨，今管冲途，洵东陲之重地也。自古迄今，分合更变，世异代殊，其沿革不无可考。然按籍而稽，欲其一目了然，非详细缕陈不足以资镜证。爰稽史传，按历代之画境称名，或沿或革，谨表以纪之。

　　唐　属幽州。（《山海志》）

　　虞　营州（《府志》），舜肇封十二州，分冀州，自卫水以北为并州，医巫闾之地为幽州，碣石以东接青州之北为营州。

　　夏　省营州入冀。

　　商　属孤竹国。

　　周　属燕。

　　秦　并燕以其地属辽西郡（《前汉书》）。秦置辽西部，县十四（且虑、海阳、新安平、柳城、令支、肥如、宾徒、交黎、阳乐、狐苏、徒河、文成、临渝、絫。案：临渝县始此）。

　　汉　高帝五年，属卢绾，十三年复灭绾，定燕，置四县（肥如、令支、骊城、海阳）。武帝元封三年，徙乌桓于辽西。献帝初平四年，属公孙瓒。建安四年，没于袁绍，十年没于曹操，置卢龙郡。

　　晋　愍帝建兴元年，慕容廆攻假氏于徒河、新城。至阳乐时，中国流民归廆者数万家，廆以冀州人为冀阳郡，豫州人为成周郡，青州人为营丘郡（《水经注》渝水南流，经营丘地，西南入于海），并州人为唐国郡。元帝太兴四年没于石勒。成帝咸康三年没于慕容皝。帝奕太和五年没于苻坚。孝武帝太元九年复没于慕容垂，置平州乐浪郡。安帝隆安三年没于拓跋魏。

南北朝 北魏太延二年，拔卢龙改属辽郡，以乐浪为北平郡。东魏武定八年，没于高齐。齐承光元年没于宇文周。周大象元年没于隋。

隋 炀帝大业十年初置北平郡，有长城，有关官，有临渝宫。（见《隋书·地志》注）

唐 高祖武德七年省临渝。太宗贞观十五年复置。武后万岁通天二年，更名石城县，有临渝关，一名临间关。有大海关，有碣石山，有温昌镇。（见《唐书·地理志》注，案：唐以前临渝"渝"字皆从水。）

五代 仍其旧。（《通鉴》：幽州北七百里有渝关，下有渝水通海。自关东北循海有道，狭处才数尺，旁皆乱山，高不可越。旧置八防御军，募土兵守之。田租皆供军食，岁致缯纩以供衣。每岁早获，清野坚壁。契丹至，则闭壁不战，俟其去，选骁勇据隘邀之，契丹常失利。土兵皆自为田园。力战有功则赐勋加赏，由是契丹不敢轻入。及周德威镇卢龙，恃勇不修边备，遂失渝关之险。契丹每刍牧于营平之间。）

宋（辽、金） 以石城赐名临间。辽为迁民县，属迁州。（《辽史》：迁州兴善军下刺史，本汉阳乐地。圣宗平大延琳迁归州民置，县一，迁民，属有箭笴山。润州海阳军下刺史，圣宗平大延琳迁宁州民置，县一，海滨。《北番地理书》：润州在卢龙塞东，北至榆关四十里，南至海三十里；迁州在临榆关东五十里，至润州四十里，南至海二十里。案：渝字改书作榆自辽始。）金废为镇。

元 因其旧，为迁民镇。

明 太祖洪武十四年，创建山海关，设卫。（《明统一志》：榆关在抚宁县东二十里，洪武初魏国公徐达始徙而东，去旧关六十里，谓之山海关。）

国朝 顺治元年，设卫仍旧，撤关，二年复设关，七年以卫地多拨补滦州，将抚宁卫并归山海卫。乾隆二年置临榆县。（参录《山海志》《临榆县旧志》）

佘仪部一元曰：自辽至明，合府志及山海志观之，则山海关确属元迁民镇无疑。

职官（上）（世勋·文阶）

建长立两，郡邑所同，繁剧之区，僚属宜备。临榆昔为边海岩疆今作两京要路，比于他邑官职为繁。兹将自镇而卫，自卫而县，其间之或置或罢，或沿或革，兼总而条贯之，后之人披图而阅，其如视诸掌乎！

世 勋

明

镇守大臣

徐达，大将军，魏国公，洪武十四年建关设卫。（有事实）

耿巘，都督，建文元年奉命将兵屯山海。

费巘，都指挥同知，永乐二年奉命镇山海。（有事实）

李隆，襄城伯，洪熙元年奉命镇山海。

朱冕，武进伯，宣德三年奉命镇山海。

山海卫都指挥佥事

李鸣冈、霍鹏（有事实）

指挥使

王服远、吕增业、李长春、张科、魏时行、符之麒、曹汝科、赵梦锐、于来龙

指挥同知

傅应奎、郭东光、王应龙、刘三杰、王应元、徐景泰、李承明、石维城、施怀长、戴承勋。补遗：郭旺、郭正、郭综

指挥佥事

李泰、徐可用、徐时用、陈守节、刘大斌、张弘先、苏应诏、吕世爵、何万邦、任嘉胤、李卫国、赵世新、林应坤、周复初、刘刚（有事实）

正千户

任汤聘、李维业、孙绳祖、洪进孝、孙纪、王得用、徐尚德、孟锡麟、高凤鸣、杨储栋、狄珍（有事实）

副千户

邢政、李学颜、蔡天玺、赵应元、徐世功、李延芳、杜绳武、潘高魁、刘起凤、刘显、高荐、钟弘功、李朝栋、徐国宾

百户

曹鼎臣、李阳春、陈中道、刘联芳、张成功、张鹏、蒋为藩、徐霓、徐光先、张艮、张崇启、向朝明、李登先、张朝梁、傅国珍、潘应龙、谭应龙、周凤翔、赵继勋、陈献策、仇天爵、张一元、鲍朝明

文　　阶

明

户部分司（天启元年设）

白贶清，武进进士，元年任郎中。

郭竹征，胶州进士，二年任主事。

唐登俊，富顺进士，三年任员外郎。

杨呈修，华阴进士，四年任主事。

王嘉言，寿阳进士，五年任主事。

孙如兰，陈留进士，天启六年任主事。

王玑，开州进士，天启七年任主事。

王建侯，山丹卫进士，天启七年任郎中。

阎顾行，蒲州进士，崇祯元年任郎中。

刁化神，江津进士，崇祯二年任郎中。

林弦，莆田进士，崇祯三年任郎中。

刘孔敬，建阳进士，崇祯五年任主事。

王鳌永，淄川进士，崇祯六年任主事。

刘在朝，监利进士，崇祯六年任郎中，公余劝士课文，渝库承其造就。

严鉴，顺德进士，崇祯八年任主事。

郑凤仪，襄阳官生，崇祯十一年任主事。

蒋三捷，广宁贡生，崇祯十六年任主事。

兵部分司（宣德九年设）

罗恪，宜春进士，宣德九年任郎中。

刘钟，江夏举人，正统二年任郎中。

刘华，随州贡士，正统四年任主事。

张瓒，崞县贡士，正统七年任主事。

萧余庆，华亭进士，正统十年任主事。

刘玑，郿城进士，正统十一年任主事。

王俊，清苑贡士，景泰元年任郎中。

郭瑾，高平贡士，景泰二年任郎中。

裴翱，洛阳监生，景泰五年任主事。

章瑄，会稽进士，天顺二年任主事。

杨琚，泰和进士，天顺八年任主事。（有事实）

祁顺，东莞进士，天顺八年任主事。

冯续，昌邑进士，成化三年任主事。

梅愈，湖口进士，成化六年任主事。

尚绌，睢州进士，成化六年任主事。

胡赞，余姚进士，成化九年任主事。

吴志，遂昌进士，成化十一年任主事。

苏章，余干进士，成化十二年任主事。

熊禄，进贤进士，成化十六年任主事。

尚缙，绌弟，进士，成化十九年任主事。

朱继祖，高安进士，成化二十二年任主事。

张恺，无锡进士，弘治二年任主事。（有事实）

黄绣，清江进士，弘治五年任主事。（有事实）

陈钦，会稽进士，弘治八年任主事。（有事实）

张价，宛平进士，弘治十年任主事。

徐朴，上虞进士，弘治十二年任主事。（有事实）

张时叙，沧州进士，弘治十六年任主事。

曾得禄，郧阳进士，弘治十七年任主事。

顾正，海盐进士，正德元年任主事。

汪瑛，处州卫进士，正德六年任主事。

丁贵，滨州进士，正德九年任主事。

李际元，阳谷进士，正德十一年任主事。

黄绶，鄞县进士，正德十二年任主事。

黄景夔，酆都进士，正德十六年任主事。（有事实）

刘序，长安进士，嘉靖三年任主事。

王冕，洛阳进士，嘉靖三年任主事。（有事实）

徐子贞，余姚进士，嘉靖四年任主事。

马扬，上蔡进士，嘉靖四年任主事。

邬阅，新昌举人，嘉靖七年任主事。

楚书，宁夏左屯卫进士，嘉靖十年任主事。

葛守礼，德平进士，嘉靖十二年任主事。（有事实）

吕调羹，濮州籍嘉鱼进士，嘉靖十五年任主事。

诸燮，余姚进士，嘉靖十七年任主事。

徐纬，山阴进士，嘉靖十八年任主事。

张敦仁，丽水进士，嘉靖十九年任主事。

王应期，蒲州进士，嘉靖十九年任主事。

张鹗翼，上海进士，嘉靖二十二年任主事。

方九叙：钱塘进士，嘉靖二十五年任主事。

谷中虚，海丰进士，嘉靖二十七年任主事。（有事实）

吴仲礼，贵池进士，嘉靖三十年任主事。

王献图，宁陵进士，嘉靖三十年任主事。

吕荫，阳信进士，嘉靖三十三年任主事。

陈绾，上虞进士，嘉靖三十五年任主事。（有事实）

商诰，平原进士，嘉靖四十一年任主事。（有事实）

孙应元，承天籍钟祥进士，嘉靖四十三年任主事。（有事实）

熊秉元，丰城进士，隆庆元年任主事。

王继祖，咸宁进士，隆庆二年任主事。（有事实）

任天祚，天津进士，隆庆五年任主事。

裴赐，稷山进士，万历二年任主事。

王家栋，嘉兴进士，万历五年任主事。

孟秋，茌平进士，万历七年任主事。（有事实）

王邦俊，鄜州进士，万历十年任主事。（有事实）

杨植，阳城进士，万历十二年任主事。（有事实）

马维铭，平湖进士，万历十五年任主事。

陈果，新安进士，万历十八年任主事。

张栋，安肃进士，万历二十年任主事。

张时显，南城进士，万历二十三年任主事。（有事实）

吴钟英，高陵进士，万历二十六年任主事。（有事实）

来俨然，三原进士，万历二十九年任主事。（有事实）

李本纬，锦衣卫籍曲沃进士，万历三十年任主事，葺庙学，建魁楼，修文昌祠并运甓厅，被权珰奏，几为所陷。

李如桧，阳信进士，万历三十三年任主事。（有事实）

邵可立，商州进士，万历三十六年任主事，任内加升员外郎。（有事实）

王致中，太和籍凤阳进士，万历三十九年任主事，课士文有知鉴，科第多出其门。

吴光义，无为籍泾县进士，万历四十三年任主事。

邹之易，黄冈进士，万历四十年任主事。

莫在声，灵川进士，万历四十七年任主事，廉谦逊敏，实心课士，力折叛兵。

  林翔凤，崇善籍东莞举人，天启二年任主事。

  陈祖苞，海盐进士，天启五年任主事。（有事实）

  陈民情，辽阳籍临川进士，天启六年任主事。

  张元芳，蓟州进士，天启六年任主事。

  赵广胤，肤施岁贡，天启七年任员外郎。

  郭捍城，平乡进士，崇祯元年任郎中。

  陈瑾，宣化举人，崇祯二年任郎中，清介谦恭，临事有守。

  李国俊，芮城进士，崇祯五年任郎中。

  黄廷师，晋江进士，崇祯六年任主事。

  魏肯构，曲阜进士，崇祯九年任主事。廉明不苟，气象恂恂。

  刘士名，颖川进士，崇祯十一年任主事，待士有礼，驭下执法。

  朱国梓，前屯卫贡士，崇祯十三年任主事。（有事实）

  张延，渭南人，崇祯十七年任主事。

  督师经略

  汪可受，湖广进士，万历四十六年由密云移驻山海关任总督。

  杨镐，河南进士，万历四十六年任经略。

  熊廷弼，江夏进士，万历四十七年任经略。

  袁应泰，陕西进士，泰昌元年任经略，守辽阳，城破死之。

  文球，河南进士，泰昌元年驻扎山海任督师。

  熊廷弼，天启元年再任。

  王象乾，新城进士，天启二年行边督师。

  王在晋，太仓进士，天启二年任经略。

  孙承宗，高阳进士，天启二年以内阁督师。（有事实）

  高第，深州进士，天启二年任经略。

  王之臣，陕西进士，天启七年任经略。

  袁崇焕，广西进士，崇祯元年任经略。

  孙承宗，崇祯二年再任。

  洪承畴，南安进士，崇祯十四年任督师。

范志完，虞城进士，崇祯十五年任总督。

巡抚

阎鸣泰，保定进士，天启二年任，始设。

喻安性，浙江进士，天启二年任。

刘宇烈，四川进士，崇祯元年任。

邱禾嘉，贵州举人，崇祯四年任。

杨嗣昌，湖广进士，崇祯六年任。（有事实）

冯任，浙江进士，崇祯八年任。

朱国栋，陕西进士，崇祯十一年任。（有事实）

马成名，南直进士，崇祯十五年任。

李希沆，陕西进士，崇祯十六年任。

山石道

陶珽，云南进士，天启元年任，始设。

阎鸣泰，保定进士，天启二年任。

邢慎言，山东进士，天启二年任。

袁崇焕，广西进士，天启三年任。

刘诏，河南进士，天启四年任。

石维屏，山东进士，天启五年任。

刘承基，山阴进士，天启五年任。

王应豸，掖县进士，天启六年任。

张春，同州举人，天启七年任。（有事实）

张毂，巴陵进士，天启七年任。

梁廷栋，鄢陵进士，崇祯元年任。

王楫，泰安进士，崇祯二年任。

杨嗣昌，武陵进士，崇祯三年任。

陈瑾，广西举人，崇祯六年任。

杨于国，山西举人，崇祯八年任。

李时，山西举人，崇祯十年任。

王继谟，府谷进士，崇祯十二年任。

原毓宗，蒲城进士，崇祯十二年任。

范志完，虞城进士，崇祯十二年任。（有事实）

冯珍，陕西贡士，崇祯十五年任。

管关通判

吴天胤，金溪选贡，万历十七年任，始设。

李岱，鄿都选贡，万历二十一年任。

罗大器，安宁举人，万历二十五年任，被诬劾去，泣送者数百人。

江一蔚，婺源举人，万历二十八年任。

周三聘，三原举人，万历三十年任。

马河图，蒿县举人，万历三十二年任。

常自修，来安选贡，万历三十三年任。

王修行，陈州进士，万历三十五年任。

焦思忠，延津举人，万历三十八年任。

牛象坤，陕西举人，万历四十一年任。

邓武沆，江南选贡，万历四十四年任。

张文达，陕西选贡，万历四十六年任。

万有孚，偏头关选贡，万历四十七年任。

邵宗周，陕西选贡，天启二年任。

宋廷谔，山东选贡，天启三年任。

唐如渊，江南选贡，天启五年任。

孙正气，浙江例贡，天启六年任。

赵广胤，陕西贡生，天启七年任。

杨葆和，云南举人，崇祯元年任。（有事实）

沈澄源，浙江例贡，崇祯二年任。

于锈，山西选贡，崇祯四年任。

阎盛德，山西选贡，崇祯五年任。

郑材，太原选贡，崇祯六年任。

李梦祯，延津选贡，崇祯九年任。

葛惺，平定选贡，崇祯十年任。

桂继攀，河南举人，崇祯十三年任。

林维藩，福建贡生，崇祯十六年任。

海运厅（崇祯末题改屯盐厅，后裁）

李曾，天启元年任同知，始设。

徐廷松，掖县举人，天启元年任同知。

万起鹏，天启三年任同知。

王应豫，山西举人，天启五年任同知。

张珍，山东选贡，天启七年任通判。

赵宋儒，浙江举人，崇祯元年任通判。

黄登云，崇祯二年任通判。

施王政，崇祯三年任通判。

臧嗣光，山东举人，崇祯四年任通判。

霍萃芳，山西选贡，崇祯五年任通判。

罗九有，云南人，崇祯八年任通判。

刘德溥，崇祯十年任通判。

郭敦，陕西选贡，崇祯十一年任通判。

李梦祯，河南选贡，崇祯十二年任通判。

王国臣，陕西拔贡，崇祯十三年任通判。

理刑推官

李增，陕西举人，天启二年任，始设。

陈祖苞，海盐进士，天启四年任。（有事实）

黄师夔，福建进士，崇祯五年任。

严鉴，广东进士，崇祯七年任。

刘祖生，通许举人，崇祯八年任。

许启敏，歙县举人，崇祯十二年任。

邹胤启，临安举人，崇祯十四年任。

教授（正统元年设）

张恭，正统以后丹徒监生。

王浚，正统以后，莱州监生。

周逵，正统以后，淮安监生。

李英，正统以后，饶州岁贡。（有事实）

钱晋，正统以后，登州监生。

何珍，正统以后，惠州监生。

高升，正统以后，临颍监生。

张良金，镇原岁贡，嘉靖十五年任。

宫善，洧川岁贡，嘉靖二十年任。

王儒，宁远卫岁贡，嘉靖二十五年任。

刘礼，新城岁贡，嘉靖二十八年任。

徐溥，归安选贡，嘉靖三十年任。

张怀远，富平岁贡，嘉靖三十二年任。

陈绶，卫辉岁贡，嘉靖三十四年任。

邵坪，凤翔岁贡，嘉靖四十年任。

王琨，开封岁贡，嘉靖四十二年任。

刘九成，钟祥岁贡，嘉靖四十五年任，和厚介严，随解绶去，部使苦留不得。

陈铸，榆林岁贡，隆庆元年任，守正不苟合，待诸生贫富如一，后人思之。

陈言，历城岁贡，隆庆五年任。

许光佑，洛阳岁贡，万历二年任。

栗儒，保安州岁贡，万历四年任。

张大化，历城岁贡，万历七年任。

李永康，历城岁贡，万历九年任。

徐公敏，河间岁贡，万历十一年任。

周一夔，济宁州岁贡，万历十四年任。

徐崇仕，洛阳岁贡，万历十六年任，时值儒生新进报升王官，即束装归，贽仪不为意，高洁足尚。

张典，南阳岁贡，万历十八年任。

陈时雨，任县选贡，万历十九年任。

王世采，郧县岁贡，万历二十三年任。

王邦畿，故城岁贡，万历二十五年任。

党鲁，宝鸡岁贡，万历二十八年任。

王士林，太原岁贡，万历三十二年任。

侯国安，蓟州岁贡，万历三十四年任。

陈尧春，福宁州岁贡，万历三十五年任。

严思曾，江都岁贡，万历三十八年任。

徐湖，蓬莱岁贡，万历四十三年任。

李克敬，长垣岁贡，万历四十八年任。

安国栋，广宁岁贡，天启五年任，赞画军务。

蔡宜升，霸州岁贡，崇祯三年任。

王卫民，隆平岁贡，崇祯七年任。

翟谦，定州岁贡，崇祯九年任。

单三极，复州岁贡，崇祯十年任。

李敏芳，安州岁贡，崇祯十一年任。

傅佳胤，抚宁岁贡，崇祯十二年任。

训导（正统元年设）

曹选，正统以后邳州监生。

田登，正统以后山西监生。

王安，正统以后登州监生。

吕廷辉，正统以后建阳监生。

房巍，正统以后长清监生。

贾宗鲁，正统以后峄县监生。

牛仲和，正统以后宁阳监生。

张伦，沁水岁贡，嘉靖十五年任。（有事实）

谢祯，山东监生，嘉靖二十年任。

赵钺，平遥岁贡，嘉靖二十七年任。

张廉，广宁岁贡，嘉靖三十二年任。

马镗，平顺岁贡，嘉靖四十年任。

梁楠，华州岁贡，嘉靖四十年任。

李璜，利津岁贡，嘉靖四十一年任。

何文绮，东宁卫岁贡，隆庆三年任。

王壁，宝坻岁贡，万历二年任，为新进生讲经义，不较束修。

田钧，清源岁贡，万历九年任。

范梧，沈阳卫岁贡，万历十五年任。

朱良相，锦州卫岁贡，万历十八年任。

高彦良，东宁卫岁贡，万历二十五年任。

李守志，安平岁贡，万历二十七年任。

陈一本，文水岁贡，万历三十二年任。

齐登，广宁卫岁贡，万历三十七年任。

潘日益，锦州卫岁贡，万历四十二年任。

仇文斗，浚县岁贡，天启元年任。

单三极，复州卫岁贡，天启七年任。

傅延祚，锦州卫岁贡，崇祯三年任。

鲍登科，锦州卫岁贡，崇祯六年任。

张鸿猷，锦州卫岁贡，崇祯十二年任。

卫经历

徐鼎，正统以后徐州监生。

许焕，正统以后山东吏员。

吴佩，正统以后浙江吏员。

张文，正统以后山西监生。

车桓，正统以后陕西吏员。

梁琨，正统以后陕西监生。

金玉，正统以后河州吏员。

杨尚信，嘉靖年间山东吏员。

徐敞，嘉靖年间山东监生。

郭寅，嘉靖年间浙江吏员。

吴世赞，嘉靖年间山东监生。

刘国学，嘉靖年间江西吏员。

康思道，嘉靖年间山东吏员。

傅奎，嘉靖年间进贤吏员。

魏公道，嘉靖年间山东吏员。

高宗恩，嘉靖年间洛阳吏员。

韩宗学，嘉靖年间泾阳吏员。

王景熙，嘉靖年间泾县吏员。

周懋良，嘉靖年间永康吏员。

沈澄源，嘉靖年间浙江监生。

施溥，嘉靖年间江南选贡。

以上任年皆无考。

国朝

山石道

杨云鹤，彭县进士，顺治元年任。

吕逢春，辽东满洲籍，顺治二年任。

杨茂魁，辽东满洲籍，顺治五年任，十年裁。

理刑推官

卢传，晋州举人，顺治元年任，二年裁。

卫经历

武永成，太谷拔贡，通判改授，顺治八年任。

闵应奎，湖广吏员，顺治十三年任裁。

管关通判

朱仲铧，山西贡生，顺治元年任。

王廷勷，山东举人，顺治三年任。

白辉，平定拔贡，顺治八年任。

杨生辉，辉县拔贡，顺治十二年任。

刘观澜，洛阳拔贡，顺治十五年任。（有事实）

赵振麟，商南贡监，顺治十八年任。

陈天植，永嘉贡士，康熙三年任。（有事实）

安达里，满洲籍广宁监生，康熙十年任。（有事实）

孔得孟，鹿邑贡监，康熙十六年任。

黄鸿猷，江宁监生，康熙二十二年任。

陈日登，诸暨监生，康熙二十五年任。

尚标，仁和监生，康熙三十年任。

叶允信，嘉善贡生，康熙三十九年任。

周廷润，上海监生，康熙三十九年任。

陈大纯，会稽监生，康熙四十七年任。

戴肇名，江南贡生，康熙五十六年任。

侯愬，陕西贡生，雍正四年任。

陈题，湖广监生，雍正七年任。

俞士恒，浙江监生，雍正九年任。

翁甫生，浙江贡生，雍正十一年任。

胡国定，陕西贡生，乾隆八年任。

钟邦秀，江南监生，乾隆十五年任。

三常，满洲举人，乾隆十九年署任。

叶宏图，湖广监生，乾隆十九年任。

戴棻，江苏举人，乾隆二十八年署任。

张应钧，河南监生，乾隆二十八年任。

和隆鄂，满洲举人，乾隆二十九年任。

杨有祐，广东贡生，乾隆二十九年任。

清格，满洲，乾隆三十三年署任。

王模，山东监生，乾隆三十四年任，次年改管粮通判。

教授

王养正，滦州岁贡，顺治元年任。

徐乃恒，广宗岁贡，顺治五年任。

姚舜臣，固安岁贡，顺治十年任。

梁国衡，饶阳岁贡，顺治十一年任。

徐乃恒，顺治十四年再任。

韩雄胤，高阳进士，原弘文院庶吉士，顺治十五年任。

韩国隆，密云岁贡，康熙元年任。修理学宫，殚竭心力。

韩雄胤，康熙四年再任。

钱裕国，顺天举人，康熙七年任。（有事实）

孟赍子，滦州举人，康熙十八年任。

傅岩，滑县举人，康熙二十一年任。

贾淑，晋州举人，康熙二十九年任。

臧际昌，宁津举人，康熙三十年任。

徐祖望，大兴贡生，康熙三十六年任。

张璞，盐山举人，康熙三十七年任。

王珍，卢龙进士，康熙五十年任。

邓俊，大兴举人，康熙五十二年任。

井镃，文安举人，康熙五十二年任。

夏御乾，滦州贡生，康熙五十七年任。

马子骥，灵寿贡生，康熙六十一年任。

吴一德，奉天举人，雍正四年任。

翟正经，卢龙进士，雍正六年任。

张瑁，丰润贡生，乾隆元年任，四年改教谕。

训导

苗有械，顺天岁贡，顺治五年任。

刘龙，曲阳岁贡，顺治九年任。

王晔，顺天教习，顺治十六年任、裁。

李昌宗，容城恩贡，康熙十六年任，复设。

王芳范，铁岭贡生，康熙三十二年任。

贾圻，清苑贡生，康熙三十五年任。

梁薛一，沧州贡生，康熙四十一年任。

陈谦，大兴贡生，康熙五十九年任。

马汝翼，隆平贡生，雍正九年任，乾隆二年改县学训导。

山海关监督

康熙三十二年设，例用旗员，随印笔帖式一人，期年任满。同治五年改设道员。

奉锦山海兵备道

同治五年设，驻没沟营。

李学圣，内务府郎中，康熙三十三年任。

恩格礼，内阁侍读学士，康熙三十四年任。

刘光美，内阁侍读学士，康熙三十五年任。

白良瓒，礼部员外郎，康熙三十六年任。

吴子桢，内阁侍读学士，康熙三十七年任。

王仕，吏部员外郎，康熙三十八年任。

沙浑，兵部郎中，康熙三十九年任。

费扬古，工部郎中，康熙四十年任。

安达里，工部郎中，康熙四十一年任。

佟猷，内务府郎中，康熙四十二年任。

吴达里，吏部主事，康熙四十三年任。

查尔钦，理藩院员外郎，康熙四十四年任。

纳穆沙礼，内务府员外郎，康熙四十五年任。

三泰，太常寺读祝官，康熙四十六年任，留任三年。（有事实）

孙塔哈，户部郎中，康熙四十九年任。

哲而谨，宗人府理事官，康熙五十年任。

党阿赖，左春坊庶子，康熙五十一年任。

保柱，宗人府理事官，康熙五十二年任。

伊特海，兵部郎中兼佐领，康熙五十三年任。

何米，太常寺赞礼郎，康熙五十四年任。

白禄，内务府郎中，康熙五十五年任，留任一年。

吴达海，考功司郎中，康熙五十七年任。

关保，刑部郎中，康熙五十八年任。

常明，御前侍卫兼参领，康熙五十九年任。

常住，内务府员外郎，康熙六十年任。

本锡，理藩院郎中，康熙六十一年任。

瓦浑泰，内阁侍读学士，雍正元年任。

张保柱，礼部郎中，雍正二年任。

策林，户部郎中兼参领，雍正三年任。

常寿，户部员外郎，雍正四年任。

傅柱，工部郎中，雍正五年任。

硕色，通政司左通政，雍正六年任。

德福，刑科给事中，雍正七年任。

布颜图，兵部员外郎兼参领，雍正八年任。

常龄，吏部郎中，雍正八年任。

五格，户部郎中兼佐领，雍正十年任，留任二年。

巴德保，大理寺少卿，雍正十三年任。

李之纲，武英殿总管事务员外郎，乾隆元年任。

韩四格，内务府郎中，乾隆二年任。

江都，内务府员外郎，乾隆三年任。

富尔逊，刑部郎中兼佐领，乾隆四年任。

江都，圆明园总管事务，乾隆五年任。

明德，御前一等侍卫兼佐领，世袭骑都尉，乾隆六年任。

众神保，内务府郎中，乾隆七年任。

色勒，内务府郎中兼佐领，乾隆八年任。

四达子，汤泉总管，乾隆九年任。

富凯，工部郎中，乾隆十年四、五两月任。

阿敏尔图，兵部郎中兼佐领，乾隆十年至十三年任。

高恒，户部郎中，乾隆十四年任，留一年。

高诚，掌湖广道御史，乾隆十六年任。

双玉，内务府郎中，乾隆十七年任。

哲库纳，畅春园总管兼佐领，乾隆十八年任。

德安，户部浙江司郎中，乾隆十九年任。

福诚，内务府护军统领，乾隆二十年任。

卓尔岱，内务府坐办堂务郎中，乾隆二十一年任。

瑚玖，宗室宗人府理事官，乾隆二十二年任。

特克慎，内务府会稽司正郎，乾隆二十三年任。

鄂弼，太常寺少卿，乾隆二十四年任。

伊里布，内府都虞司郎中，乾隆二十五年任。

广安，吏部考功司郎中兼佐领，乾隆二十六年任。

六十九，内府广储司郎中兼六库事务，乾隆二十七年任。

海成，刑部云南司员外郎，乾隆二十八年任。

金简，内务府会稽司员外郎兼佐领，乾隆二十九年任。

富拉地，畅春园管理事务兼佐领，乾隆三十年任。

阿敏达，户部山东司郎中，乾隆三十一年任。

存格，宗人府理事官，乾隆三十二年任。

申保，户部福建司郎中，乾隆三十三年任。

舒泰，内府广储司郎中，乾隆三十四年任。

苏楞额，礼部仪制司郎中，乾隆三十五年任。

平泰，宗人府理事官兼佐领，乾隆三十六年任。

永德，内府奉宸院郎中，乾隆三十七年任。

观光，兵部武选司郎中兼车驾司，乾隆三十八年任。

玛彦，吏部文选司员外郎，乾隆三十九年任。

福德，刑部贵州司郎中，乾隆四十年任。

文光，刑部山西司郎中，乾隆四十一年任。

德义，户部陕西司郎中，乾隆四十二年任。

额尔登布，内府郎中，乾隆四十三年任。

文兴，工部郎中，乾隆四十四年任。

苏成额，宗室工部郎中，乾隆四十五年任。

宜兴，宗人府理事官，乾隆四十六年任。

敷森布，兵部武选司郎中，乾隆四十六年接任。

董椿，内府三库郎中兼武备院，乾隆四十七年任。

十格，内府郎中，乾隆四十八年任。

佶山，内府掌仪制司郎中，乾隆四十九年任。

巴宁阿，内府会稽司郎中，乾隆五十年任。

富昆，内阁侍读学士，乾隆五十一年任。

董楷，内府奉宸院郎中，乾隆五十二年任。

德纶，兵部员外郎，乾隆五十三年任。

百福保，内府郎中兼骁骑参领，乾隆五十四年任。

常福，内府三库郎中兼佐领，乾隆五十五年任。

多善，宗人府理事官兼公中佐领，乾隆五十六年任。

宝淑，吏部稽勋司员外郎，乾隆五十七年任。

普德，工部屯田司郎中，乾隆五十八年任。

景庆，礼部祠祭司郎中，乾隆五十九年任。

朝庆，内府广储司六库郎中，乾隆六十年任。

德新，工部营缮司郎中，嘉庆元年任。

承露，刑部四川司郎中，嘉庆二年任。

钱宝，内府郎中，嘉庆三年任。

佛喜宝，刑部江南司郎中，嘉庆四年任。

五诚额，兵部职方司郎中，嘉庆五年任。

百贵，户部山西司员外郎，嘉庆六年任。

永龄额，宗人府理事官，嘉庆七年任。

德元，内府郎中，管理三旗银两庄头处，嘉庆八年任。

智凝，兵部郎中，嘉庆九年任。

广泰，内府郎中，嘉庆十年任。

常亮，山海关协领，嘉庆十年署理。

龄椿，衔阶失考，嘉庆十年接任。

奇玖，内部郎中，嘉庆十一年任。

明山，刑部郎中，嘉庆十二年任。

富勒礼，衔阶失考，嘉庆十三年任。

伊满泰，衔阶失考，嘉庆十四年任。

多赉，步军统领衙门郎中，嘉庆十五年任。

恒敬，衔阶失考，嘉庆十六年任。

珠尔松阿，山海关协领，嘉庆十六年署理。

兴科，衔阶失考，嘉庆十七年任。

倭臣布，兵部郎中，嘉庆十八年任。

景福，吏部郎中，嘉庆十九年任。

保昌，礼部郎中，嘉庆十九年接任。

耆宁，宗人府理事官，嘉庆二十年任。

增保，步军统领衙门郎中，嘉庆二十一年任。

海昌，刑部郎中，嘉庆二十二年任。

岳安，工部郎中，嘉庆二十三年任。

存宁，宗人府理事官，嘉庆二十四年任。

成贵，户部郎中，嘉庆二十五年任。

重喜，刑部郎中，道光元年任。

辅廷，吏部员外郎，道光二年任。

海忠，步军统领衙门郎中，道光三年任。

吉勒章阿，宗人府理事官，道光四年任。

珠尔杭阿，吏部考功司掌印郎中，道光五年任。

春昭，刑部郎中，道光六年任。

恒谦，工部郎中，道光七年任。

苏成额，礼部郎中，道光八年任。

善庆，吏部郎中，道光九年任。

存兴，工部郎中，道光十年任。

翔凤，宗人府理事官，道光十一年任。

爱朋阿，吏部验封司郎中，道光十二年任。

咸龄，步军统领衙门郎中，道光十三年任。

奕毓，宗人府理事官，道光十四年任。

重豫，步军统领衙门郎中，道光十五年任。

福兴阿，礼部郎中，道光十六年任。

龄鉴，工部都水司郎中，道光十七年任。

多龄，户部云南司郎中，道光十八年任。

景福，内府郎中，道光十九年任。

秀毓，步军统领衙门郎中，道光二十年任。

书元，工部营缮司郎中，道光二十一年任。

富泰，吏部文选司郎中，道光二十二年任。

豫本，宗人府理事官，道光二十三年任。

塔清安，山海关左翼协领，道光二十三年署理。

庆年，内府武备院郎中，道光二十四年任。

福海，刑部督捕司郎中，道光二十五年任。

祥逵，刑部郎中，道光二十六年任。

存诚，宗人府理事官，道光二十七年任。

恒廉，兵部武选司郎中，道光二十八年任。

德谦，兵部郎中，道光二十九年任。

文发，工部营缮司掌印郎中，道光三十年任。

春保，吏部验封司员外郎，咸丰元年任。

哈当阿，礼部仪制司郎中，咸丰二年任。

宝龄，内府郎中，咸丰三年任。

达绥，工部虞衡司郎中，咸丰四年任。

成善，刑部郎中，咸丰五年任。

忠淳，户部云南司郎中，咸丰六年任。

毓贵，内府六库掌印郎中，咸丰七年任。

清醇，刑部郎中，咸丰八年任。

诚明，内府正郎兼护军参领，咸丰九年任。

寿昌，礼部郎中，咸丰十年任。

乌勒洪额，内府大臣衔奉宸院卿，咸丰十一年任。

福瑞，内府广储司银库员外郎，咸丰十一年任。

和盛阿，山海关左翼协领，咸丰十一年署理。

凤安，刑部郎中，同治元年任。

英元，宗人府副理事，同治二年任。

宝章，兵部武库司郎中，同治三年任。

成林，总理衙门总办即补郎中，同治四年任，留任一年，五年改道员接署。

俊达，同治六年任奉锦山海兵备道。

贵宝，同治九年任。

庆爱，锦州府知府，同治十一年署理。

景福，同治十二年任。

荫德泰，同治十三年署。

高同善，奉天府治中，同治十三年接署。

景福，光绪元年回任。

松林，奉天驿巡道，光绪四年任。

山海关管粮通判

即前管关厅，乾隆三十五年改为管粮通判。

王模，山东监生，乾隆三十五年由管关改任。

德楞额，满洲生员，乾隆三十八年任。

阮亦昂，嘉庆十七年任。

张槐，钱塘监生，道光十二年任。

刘奋南，广东香山拔贡，道光十八年任。

聂有瀚，湖南衡山监生，道光二十二年任。

张祐安，浙江仁和县人，任临榆县知县，道光二十九年代理。

兆安，镶黄旗满洲人，道光二十九年任。

乌林泰，镶黄旗蒙古拔贡，道光二十九年任。

汪先培，桐城人，咸丰二年任。

兆安，咸丰三年回任。

富昌，镶黄满洲人，咸丰八年任。

续昌，镶黄满洲人，咸丰九年署任。

庆恩，正蓝蒙古官生，咸丰九年任。

唐津，满洲人，任永平府同知，同治十三年代理。

丁体勤，贵州平远州监生，光绪元年任，军饷无缺乏，管伍颂德。

知县

王毓德，正红汉军监生，乾隆二年任，始设。

朱一蜚，浙江嘉兴贡生，乾隆五年署。

张楷，江南江宁贡生，乾隆六年任。（有事实）

王式烈，湖南云梦进士，乾隆十三年署。

张秉义，山东胶州贡生，乾隆十三年任。

程闰生，江南长洲举人，乾隆十七年署。

钟和梅，浙江海宁进士，乾隆十七年任。（有事实）

周承业，吴县举人，乾隆二十三年署。

袁鲲化，宝应人，乾隆二十三年任。

田澍，山东信阳举人，乾隆三十一年任。

王建中，云南剑州拔贡，乾隆三十四年任。

陶淑，江西南城进士，乾隆三十四年任。

祁标，山阴人，乾隆三十九年任。

凌世御，乾隆四十三年任。（有事实）

丁日升，江苏吴县贡生，乾隆四十九年任。

杨鲲，举人，嘉庆□年任。（有事实）

周衡，嘉庆十年任。

王百龄，陕西西安进士，嘉庆十五年任。（有事实）

常荣锦，湖南卢氏监生，嘉庆十七年任。

朱□□，安徽全椒举人，嘉庆十七年任。

阮亦昂，山海关通判，嘉庆十七年兼署。

冯承恩，昌黎知县，嘉庆十八年代理。

马锡书，山西介休监生，嘉庆十八年任。

何继志，奉天宁海举人，嘉庆十九年代理。

马锡书，嘉庆十九年回任。

陈景登，广西马平举人，嘉庆二十二年署。

马锡书，嘉庆二十四年回任。

魏彦仪，江苏阳湖供事，道光三年代理。

马锡书，道光三年回任。

张汝敦，安徽凤台举人，道光三年署。

魏彦仪，道光四年代理。

马锡书，道光四年回任。

卢兰馨，安徽无为州监生，道光八年任。

张槐，钱塘监生，本任通判，道光十二年代理。

李伯鸾，道光十二年署。

萧德宣，汉阳进士，道光十三年任。（有事实）

王汝兰，凤阳举人，道光十五年署。

觉罗桂荃，镶蓝廪生，道光十六年任。

都尔逊，满洲官学生，道光十六年任。

伊铿额，满洲进士，道光十七年任。

刘奋南，香山拔贡，本任通判，道光十八年署。

郭时亮，湖北应城举人，道光十八年代理。

伊铿额，道光十八年回任。

沈如渊，会稽监生，道光十八年任。

郭时亮，道光十九年代理，二十年回任。

孔昭然，曲阜进士，道光十九年任，二十年回任，二十三年回任。

陆为棣，元和监生，道光二十一年任。

石芬，铁岭拔贡，道光二十八年代理，二十九年回任代理。

章桂联，山阴贡生，道光二十八年任。

张祐安，仁和人，道光二十九年任。

乌林泰，蒙古拔贡，任通判，咸丰元年署。

玉简，满洲官学生，咸丰二年任。（有事实）

曹联城，新建拔贡，咸丰四年任。

廷桂，满洲生员，咸丰四年任。

袁守植，江夏监生，任府经历，咸丰六年代理。

许忠，吴县供事，咸丰六年任。

丛坛，山东文登进士，咸丰七年任。

恩泰，蒙古生员，咸丰九年任。（有事实）

袁守直，咸丰十一年代理。

瑞恒，满洲举人，咸丰十一年任。（有事实）

许忠，同治元年回任。（有事实）

张庆奎，湖北东湖监生，同治五年署。

宋彭寿，溧阳监生，同治六年任。

赵允祐，常熟供事，同治七年任，八年回任，光绪二年回任。

同煊，满洲笔帖式，同治八年署。

陈以培，安徽合肥监生，同治十二年署，严于缉惩，奸宄屏息。

观祜，满洲廪贡，同治十三年署。

教谕

沈廷奎，宛平举人，乾隆四年任，始设。

董禧，奉天进士，乾隆十一年任。

阎珣，曲周举人，乾隆十一年任。（有事实）

胡坦，清苑举人，乾隆十四年任。

贾天禄，辽阳贡生，乾隆二十年任。

王馆，通州举人，乾隆十八年署。

杜师，怀柔举人，乾隆二十八年任。

崔鹤仪，宁河贡生，乾隆二十八年任。

田元枢，通州举人，乾隆二十九年任。

王临，锦县进士，乾隆三十三年署。

赵璧，安州举人，乾隆三十三年任。

段震，大兴举人，乾隆三十四年署。

金铨，通州举人，乾隆三十五年任。

涂鹏翔，宛平廪贡，嘉庆二年任。

杨遇隆，嘉庆十一年任。

杨调元，清苑举人，嘉庆十五年任。

戚诚，武邑举人，嘉庆十六年任。

杜林化，赞皇拔贡，嘉庆二十五年任。

贺逢吉，顺天贡生，道光六年署。

杨云锦，道光七年回任。

赵锦文，道光十九年任。

何豫纶，大兴举人，道光二十年任。

及树勋，交河举人，道光二十七年任。

韩庆绂，静海举人，道光二十八年任。

王荫谷，河间举人，同治七年任。

侯煐，南皮举人，同治七年任。

李树桐，深州贡生，光绪二年署。

扈茂，清苑附贡，光绪三年署。

郝浩，三河举人，光绪三年任。

训导

马汝翼，隆平贡生，乾隆二年从卫学改任。

毕清，东光贡生，乾隆四年任。

杨淑茂，灵寿拔贡，乾隆十一年任。

李准中，任县贡生，乾隆十四年任。

李廷对，蔚县贡生，乾隆十四年任。

王锟，通州举人，乾隆二十三年任。

杜师，怀柔举人，乾隆二十八年署。

段文时，栾城廪贡，乾隆二十八年任。

赵德仪，深州拔贡，乾隆三十三年署。

段震，大兴举人，乾隆三十三年任。

贺逢吉，顺天贡生，道光□年任。

金梁，通州举人，道光九年任。

姚佩，顺义人，道光十三年任。

张鹏程，阜平副贡，道光十四年任。

杨孚甲，丰润举人，道光十四年任。

徐文焕

刘重桃，蓟州岁贡，道光二十六年任。

何澄清，乐亭教谕兼署。

范清选，交河附贡，道光二十八年任。

侯邦典，武清附贡，道光二十九年任。

刘广停，义州人，道光二十九年署。

李鸿鬻，道光三十年任。

王指南，曲阳廪贡，道光三十年任。

张重貌，威县廪贡，咸丰三年任。

杨大铼，天津恩贡，咸丰四年任。

张锦观，安肃举人，咸丰七年任。

高汉墀，通州廪贡，咸丰八年任。

典史

沈钦，浙江吏员，乾隆二年由驿丞改任。

金仪凤，浙江吏员，乾隆五年任。

张炯，河南吏员，乾隆四年任。

黄廷梓，浙江吏员，乾隆九年任。

钱士贵，江南供事，石门巡检，乾隆十九年署。

金简，四川监生，乾隆二十年任。

周光祖，山阴人，乾隆二十九年任。

任朝瑞，汉阳人，乾隆二十九年署任。

马骈，钱塘人，乾隆二十九年任。

周大勋，湖南人，乾隆三十一年署。

郭元治，南昌人，乾隆三十二年任。

刘宏庆，江南旌德人，乾隆三十四年任。

杨乐咸，武进士，乾隆三十五年任。

宋邦选，太仓州监生，嘉庆十三年任。

宋辉远，山阴议叙，嘉庆十三年任。

郭兴汾，太谷监生，嘉庆二十一年任。

陈邦泰，石门巡检兼署。

宋辉远，嘉庆二十一年回任，二十五年回任。

吴世熔，石门巡检兼署。

萧鲁藩，山阴吏员，道光元年署。

戴锡福，吴县监生，道光二年任。

吴文杰，深河巡检兼署。

刘文典，如皋监生，道光四年署。

夏廷枢，新建监生，道光五年任。

胡凤诰，石门巡检兼署。

夏廷枢

章尔泰，石门巡检代理。

余俊千，会稽吏员，道光十二年署。

徐金声，山阴监生，道光十三年任。

岳魁龄，江夏吏员，道光十四年任。

章尔泰，道光十四年署。

岳魁龄，回任。

钱万青，会稽供事，道光十九年任。

汤绍先，石门巡检兼署。

钱万青，道光二十年回任。

归淦，常熟监生，道光二十年任。

何瑛福，灵石监生，道光二十一年任。

朱澄，道光二十一年任。

龚元理，道光二十四年任。

王日钦，石门巡检兼署。

刘垂荫，南丰监生，道光二十九年任。

吴治恺，临湘监生，道光二十九年任。

朱体召，长沙监生，咸丰四年任。

吴治恺，回任。

杨惠均，石门巡检兼署。

张锐，善化监生，咸丰五年代理。

高醴泉，仁和供事，咸丰五年任。

沈城，山阴监生，咸丰九年任。

李元昺，山阴儒士，同治三年任。

陈鸿彬，归安监生，同治四年任。

方珽，桐城监生，同治九年任。

丁松年，湖南清泉监生，同治九年任。

高思涵，池州监生，光绪二年署。

丁松年，光绪三年回任。

归化场大使（康熙八年以前无考）

陈如麟，康熙年间吏员。

薛天成，康熙年间陕西吏员。

胡士杰，康熙年间浙江吏员。

王琳，康熙年间山东吏员。

王治章，康熙年间河南吏员。

郭余芳，山东候选州同，雍正六年任。

景莪，河南举人，乾隆六年任。

江自岷，甘肃举人，乾隆十三年任。

何绍图，湖南举人，乾隆二十三年任。

梁珽，贡生，乾隆二十七年任。

朱光德

郑慧清

叶经邦

庄敦

娄一元

孟衍筠

徐嵩年，以上皆道光二十六年以前任。

卢承勋，武屋荫生，道光二十六年任。

徐述溶，太仓州监生，道光二十九年任。

祥芝，南皮举人，咸丰十一年任。

许芝泰，镇江运同衔花翎，同治二年任。

曹日增，苏州监生，同治□年署。

赵邦彦，镇江举人，同治□年署。

崔焔，河南监生，同治□年署。

李儒林，左云附贡；同治八年任。

钱凤辉，天津吏员，同治十一年署。

张师夏，怀庆附贡，同治十三年任，邦办河南团练，攻克荒坡等处贼寨，赏提举衔花翎。

石门寨巡检（乾隆三年设）

谢惟贤，浙江供事，乾隆三年任。

赖定瑶，江西贡生，乾隆十二年任。

吴迪镗，浙江吏员，乾隆十二年任。

黄廷梓，浙江吏员，乾隆十七年由典史署。

钱士贵，江南供事，乾隆十七年任。

易东，湘乡人，乾隆二十三年任。

何德辉，保昌人，乾隆二十九年任。

周钰，嘉庆十五年任。

王考芳，山阴吏员，嘉庆十五年署。

陈邦泰，山阴吏员，嘉庆十五年署。

汪文渊，安徽监生，嘉庆二十三年署。

吴世铭，安徽监生，嘉庆二十三年任。

朱承黼，道光四年任。

陈学灏，山阴监生，道光五年任。

胡凤诰，湖南监生，道光七年任。

江禹绩，安徽监生，道光七年署。

章国泰，会稽供事，道光九年任。

王栋，监生，道光十六年代理。

吴焘，道光十五年任。

吴恩绅，道光十六年署。

朱炳南，湘潭监生，道光十六年任。

李兰，道光十九年任。

汤绍先，阳湖监生，道光十九年任。

王日钦，阳湖监生，道光二十六年任。

师平章。道光二十七年任。

汤岑名，阳湖人，道光二十八年署。

彭良臣，卢陵监生，咸丰二年任。

杨惠均，河南监生，咸丰三年任。

沈序时，归安吏员，咸丰五年任。

周宗信，山阴供事，咸丰五年任。

宋成泉，咸丰八年代理。

李仙椿，南丰监生，咸丰八年任。

汪川如，仁和供事，咸丰八年任。

王从酉，汉阳供事，咸丰十年署。

薛济唐，山阴监生，同治十一年代理。

顾景臣，太仓州人，同治十二年任。

毕振邦，歙县人，同治十二年任。

迁安驿丞（乾隆二年改典史）

榆关驿丞（管深河堡巡检事。乾隆十一年设，抚宁、临榆分属）

徐上达，咸宁人，康熙十七年任。

张加慎，富平人，康熙二十二年任。

王元善，掖县人，康熙三十六年任。

冀学成，华州人，康熙四十一年任。

宋抚民，砀山吏员，康熙五十年任。

谢夫旺，博平吏员，康熙五十九年任。

赵可观，太平人，雍正十一年任。

沈钦，浙江吏员，雍正十一年任，后改典史。（以上迁安驿丞）

金仪凤，浙江吏员，乾隆十一年任。（以下深河堡巡检）

王楠，河南贡生，乾隆十七年任。

胡礼煌，浙江供事，乾隆十七年任。

黄再英，四川吏员，乾隆二十一年任。

任文，四川清溪人，乾隆二十九年任。

周光祖，山阴人，乾隆二十九年任。

韩志溥，成都人，乾隆二十九年任。

徐国柱，广东镇平人，乾隆三十年任。

赵守谦，合肥人，乾隆三十四年任。

刘邦均，山阴廪贡，乾隆四十年任。

顾德炜，乾隆四十三年任。

凌鸿，广东监生，乾隆四十五年任。

孙德嘉，江西监生，乾隆四十五年任。

南山，江都人，乾隆四十七年任。

贾锽，汾阳监生，乾隆四十八年任。

严廷亮，安徽监生，乾隆四十九年任。

邓江维，江西监生，乾隆四十九年任。

严仁瑞，山阴监生，乾隆五十一年任。

周觐阶，湖南拔贡，乾隆五十五年任。

萧栋，广东监生，嘉庆元年任。

李熙，安徽供事，嘉庆二年任。

梁增康，广东廪生，嘉庆二十一年任。

王玉堂，山东监生，嘉庆二十二年任。

王景芳，山阴议叙，嘉庆二十三年任。

唐绳武，历城人，道光三年任。

徐廷桢，山阴从九，道光三年任。

翁新福，吴县监生。

余湘甲，浙江监生，道光五年任。

顾光燮，元和监生，道光六年任。

胡云生，桐城监生，道光十二年任。

王宗沂，山阴监生，道光十六年任。

张彰，山阴供事，道光十七年任。

朱增华，山阴监生，道光二十二年任。

孙忠洁，江苏吏员，道光二十三年任。

丁康安，河南阌乡监生，道光二十四年任。

陈烈，会稽人，咸丰二年任。

章景春，山阴人，咸丰九年任。

杨同昌，同治元年任。

楼桂馨，山阴人，同治元年署。

张文杰，江宁人，同治二年任。

张廷楷，山阴人，同治七年任。

施廷柱，山阴人，光绪元年署。

傅煌，河南人，光绪二年署。

王世兴，锦县人，光绪二年任。

卷之三

职官（下）

武秩·驻防

明

山海镇总兵

万历四十六年设各营副将、游都，更定不一，不备载。

杜松，陕西榆林卫人，万历四十六年任，援辽阵亡。（有事实）

柴国柱，万历四十六年任。

刘渠，顺天府人，万历四十七年任。（有事实）

孙显祖，万历四十八年任。

江应诏，天启元年任。

马世龙，天启二年任，经理镇。

王世钦，天启二年任南部。

尤世禄，榆林卫人，天启二年任北部。

杨麒，天启五年任。

赵率教，天启六年任。

满桂，天启六年任。

杜文焕，天启七年任。

赵率教，崇祯二年再任，援遵化阵亡。

朱梅，前屯卫人，崇祯二年任。（有事实）

朱伟，崇祯三年任。

刘源清，崇祯四年任。

尤世威，榆林人，崇祯五年任。

张时杰，宣镇人，崇祯八年任。

侯拱极，崇祯九年任。

马科，崇祯十二年任。

于永绥，崇祯十四年任。

卢天福，永平人，崇祯十五年任。

高第，榆林人，崇祯十六年任。

山海路守备（正统八年设）

参将（隆庆三年裁守备设）

王整，羽林前卫人，正统八年任。（有事实）

以下守备：

谷登，永平卫人，天顺三年任。

陈善，龙骧卫人，成化三年任。

陈宣，永平卫人，成化九年任。

李铨，锦衣卫人，成化十七年任。

李增，永清卫人，弘治元年任。

申宁，沂州卫人，弘治元年任。（有事实）

王喜，济州卫人，弘治十四年任。

赵承文，锦衣卫人，弘治十五年任。

杨恭，军府前卫人，弘治十八年任。

王福，旗手卫人，正德三年任。

叶凤仪，锦衣卫人，正德七年任。

季英，锦衣卫人，武举，正德十年任。

田琮，大宁都司人，正德十四年任。

韩聪，金吾右卫武举，正德十六年任。

钟杰，抚宁卫人，嘉靖元年任。

宋琦，景陵卫人，嘉靖二年任。

田登，平谷人，嘉靖三年任。

九聚，金吾右卫人，嘉靖五年任。

宋经，金吾右卫人，武举，嘉靖六年任。

张世武，兴州右卫人，武举，嘉靖九年任。

栾锐，营州右卫人，嘉靖十三年任。

萧宝，永清右卫人，嘉靖十六年任。

赵仁，兴州后屯卫人，嘉靖十八年任。

龚廉，茂山卫人，嘉靖二十一年任。

胡潭，定州卫人，嘉靖二十三年任。

涂永贵，山海卫人，嘉靖二十四年任。

杨舟，镇朔卫人，嘉靖二十五年任。

李康民，永平卫人，嘉靖二十六年任。

胡宗舜，神武右卫人，嘉靖二十六年任。

康承绪，东胜左卫人，嘉靖二十八年任。

戴卿，保定前卫人，嘉靖二十九年任。

何凤，忠义后卫人，武举，嘉靖三十一年任。

朱孔扬，保定中卫人，嘉靖三十三年任。

申维岳，遵化卫人，嘉靖三十四年任。

倪云鹏，天津卫人，嘉靖三十五年任。

谢隆，忠义后卫人，会举，嘉靖三十六年任。

周冕，神武左卫人，会举，嘉靖三十八年任。

杨四畏，定辽左卫武举，嘉靖三十九任。

赵云龙，义州卫武举，嘉靖四十一年任。

王廷栋，东胜左卫人，嘉靖四十三年任。

周承远，太仓卫人，隆庆元年任。

张良臣，宁远卫人，隆庆三年任，是年裁守备。

莫如德，龙门所武进士，隆庆三年任，以下参将。

管英，金吾右卫人，隆庆四年任。

孙朝梁，榆林卫人，隆庆六年任。

聂大经，大宁前卫人，隆庆六年任。

林岐，彭城卫人，万历元年任。

陶世臣，永平卫人，万历二年任。

沈思学，宿州卫人，万历二年任。

王通，榆林卫人，万历三年任。

王有臣，东宁卫人，武举，万历四年任。

吴惟忠，义乌人，万历五年任。

杨栗，延安卫人，万历七年任。

谷承功，永平卫人，万历九年任。

王守道，广宁左屯卫人，万历十一年任。（有事实）

王有翼，铁岭卫人，万历十一年任。

谷承功，万历十四年再任。

张应种，广宁卫人，万历十五年任。

姜显宗，榆林卫人，万历十六年任。

张守职，彰德卫人，万历十八年任。

孙一元，宣府前卫人，武举，万历十九年任。

郭梦征，广宁中卫人，万历二十一年任。

李承祖，绥德卫人，万历二十二年任。

杨元，定辽左卫武举，万历二十四年任。

蔺登瀛，龙骧卫人，万历二十四年任。

聂钰，燕山右卫人，万历二十六年任。

李自芳，金山卫武进士，万历二十七年任。

朱洪范，武骧卫武举，万历二十九年任。（有事实）

姚洪，金吾右卫武举，万历三十一年任。

李获阳，保定卫武进士，万历三十三年任。

李茂春，永宁卫人，万历三十六年任。

白慎修，榆林卫人，万历三十七年任副将，管参将事。

刘孔胤，怀来卫人，万历三十七年任副将，管参将事。

蔺登瀛，万历四十一年再任。

吴自勉，陕西人，万历四十五年任。

施洪谟，真定人，天启元年任。

高国桢，山西人，天启二年任。

宁宠，陕西人，天启六年任。

叶时新，江南人，天启七年任。

申其祐，遵化人，崇祯三年任。

张继绂，辽东人，崇祯五年任。

崔秉德，辽东人，崇祯六年任。

赵应元，山海人，崇祯九年任。

王永福，顺天人，崇祯十年任。

慕继勋，定州人，崇祯十一年任。

金斌，浙江人，有事实。

石门路游击

龚廉，易州人。以下嘉靖年间任。

王芝，保定人。

王允中，辽东人。

张勋，涿州人。

李章，大同人。

佟登，辽东人。

白文智，陕西人。

张功，山东人。

李信，绥德卫人。以下隆庆年间任：

董一元，陕西人。

李珍，榆林人。

张拱立，甘州左卫人。

李信，再任。以下万历年间任。

王抚民，绥安人。

毛策，辽东人。

杨四德，辽东人。

戴朝弁，辽东人。

王锐，榆林人。

刘承恩，淮安人。

李应春，虎贲右卫人。

陈愚闻，绥德卫人。

樊崇礼，榆林人。

管一方，安东中屯卫人。

吴世芳，蓟州卫人。

王国梁，宣化府人。

丁世用，榆林人。

李芳春，平鲁卫人。

牛伯英

国朝

山海镇总兵

高第，榆林卫人，顺治元年任。

朱万寿，绍兴府人，顺治二年任，六年裁。

镇守副将

夏登仕，榆林人，顺治六年任，九年裁。

山海路参将

朱运亨，辽东中前所武举，顺治元年任。（有事实）

刘朝辅，辽东满洲籍，顺治五年任，六年改设都司。

城守游击

孙承业，顺天人，顺治九年任，十三年裁。

石门路游击

吴汝凤，顺天籍山东人，武进士，顺治元年任，六年改设都司。

南海口守备

崔吉，满洲籍辽东人，顺治十三年任。

俞宗舜，浙江人，顺治十六年任。

高世俊，河间人，顺治十七年任。

马子云，陕西人，康熙七年任都司佥书，管守备事。

陈万化，辽东人，康熙十三年任、裁。

山海卫掌印卫守备（明系本卫指挥署篆）

焦毓秀，顺天武进士，顺治四年任，始设。

郭之俊，宣镇武进士，顺治六年任。（有事实）

董戴，威县武进士，顺治十三年任。

王御春，永平籍陕西人，武进士，顺治十七年任，诚恳有实政，征稽不苟。

陈廷谟，顺天武进士，康熙六年任。（有事实）

王天祐，京卫武进士，康熙十三年任。

罗宣，河南武进士，康熙二十年任。

曾起祚，河南武进士，康熙二十二年任。

杨汇吉，河南武举，康熙二十三年任。

刘光唐，宣化武举，康熙三十六年任。

贝廷枢，沧州武进士，康熙四十二年任，升陕西水师掌印都司。

王廷桂，顺天武举，康熙四十九年任。

秦元勋，陕西武举，康熙五十年任。

白焕枢，满洲武进士，雍正四年任。

戴肇名，通判署事，雍正四年任。

林镇岳，太仓卫世袭，雍正六年任。

刘甲，柏乡武进士，雍正十年任。

许承濂，河南武进士，雍正十一年任。

杨廷芝，满洲武进士，雍正十二年任。

张维新，湖广武举，乾隆元年任，二年裁卫立县。

屯田千总

马献祥，京卫武举，顺治八年任。

沈登瀛，顺天武举，顺治十三年任。

丁奇，京卫武举，顺治十七年任。

山海路都司

吴尽忠，任县人，国初任。（有事实）

秦国荣，山海卫人，顺治六年任。

张开仕，江南淮安人，顺治十一年任。

陈锜，高邮州武进士，顺治十六年任。

孙枝茂，万全左卫武进士，康熙七年任。

陈名远，顺天武进士，康熙七年任。

钟声，淮安人，康熙十二年任。

严梅，陕西武进士，康熙十九年任。

齐明，河南人，康熙二十二年任。

王明，山西人，康熙二十六年任。

俞启相，江西人，武举，康熙二十七年任。

丁延祥，满洲人，康熙三十三年任。

洪建都，陕西人，康熙三十六年任。

许士龙，陕西人，康熙三十八年任。

冯西生，陕西人，康熙三十九年任。

马忠，陕西人，康熙四十三年任。

谭克明，陕西人，康熙五十一年任。

刘得紫，汉军监生，康熙五十四年任。

王道义，顺天武进士，康熙五十七年任。

刘正，西安人，雍正元年任。

许全武，福建人，雍正九年任。

骆文镇，保定人，雍正十一年任。

李挺，陕西人，雍正十二年任。

桂栖鹦，山西人，雍正十三年任。

额尔登额，满洲侍卫，乾隆十一年任。

黑格，满洲人，乾隆十六年任。

玛尔清阿，满洲人，乾隆二十二年任。

色勒，满洲人，乾隆二十八年任。

六十九，满洲人，乾隆三十五年任。

苏三泰，满洲人，乾隆三十八年任。

舒林，满洲人，道光十一年任。

雅尔杭阿，满洲人，道光十五年任，二十二年移拨大沽，改设游击。

千总

张海，榆林人，顺治二年任。

周永祚，山海人，顺治五年任。

李明道，抚宁人，顺治十三年任。

萧九韶，抚宁人，顺治十八年任。

唐克鼎，宣镇人，康熙四年任。

王日钦，直隶人，康熙六年任。

左国忠，遵化人，康熙八年任。

刘昌龄，大兴人，康熙四十九年任。

杜自显，陕西人。

刘恂，迁安武举，康熙六十一年任。

韦正，宣化人，雍正三年任。

田连登，山西人，雍正八年任。

刘祚印，凉州人，雍正十二年任。

沈明，迁安人，乾隆九年任。

刘大勇，乾隆十三年任。

姚焕，乾隆十九年任。

毛凤仪，乾隆三十五年任。

于得庆，天津人，道光十一年任。

把总

苗有年，本卫人，顺治六年任。

张成名，直隶人，顺治十四年任。

孙定国，抚宁人，顺治十六年任。

赵天爵，榆林人，康熙元年任。

刘彪，保定人，康熙四年任。

徐臻睿，直隶人，康熙九年任。

李进善，康熙四十九年任。

武顺，山西人，雍正二年任。

赵廷全，抚宁人，雍正七年任。

马良，河间人，乾隆七年任。

李存福，乾隆二十三年任。

陈兆麟，乾隆三十七年任。

李起，卢龙人，道光十一年任。

山海路游击

蒋益辉，广西人，道光二十二年任，始设。

龚继荣，广西人，道光二十二年任。

润普，满洲人，道光二十三年任。

景福，满洲人，道光二十五年任。

景瑞，满洲人，道光二十六年任。

明廉，沧州蒙古，道光二十七年任，次年移驻永平府。

中军守备

王万年，汉军人，道光二十二年任。

王恩鸿，天津人，道光二十三年任。

陈毅亭，天津人，道光二十五年任。

汪荫甲，天津人，道光二十六年任。

李起，卢龙人，道光二十六年署。

刘承翼，天津人，道光二十七年任。

王清保，保定人，道光二十七年任。

平坤，易州人，道光二十七年任。

千总

李芳栋，道光二十八年移隶左营。

王清泰，天津人，道光二十八年移隶右营。

张云峰，河间人，白塔岭汛，道光年间移隶右营。

高清科，滦州人，道光二十八年任海阳汛。

把总

金连城，通州人，道光年间任，以下同。

唐永维，顺天人。

张进英，乐亭人。

杨兆雄，密云人。

宁琳，卢龙人，宁海城。

孔广泗，密云人。

（以上移隶右营）

山永协副将

善凌，满洲人，道光二十八年任，由府城移驻。

魁明，满洲人，道光二十九年任。

穆隆额，满洲人，咸丰元年任。

立祥，都司，咸丰三年护理。

和升，满洲人，咸丰六年接署。

关立，本关驻防，咸丰八年调署。

双庆，满洲人，咸丰九年任。

伊克精额，协领，咸丰十年接署。

海绥，满洲人，同治元年任。

吉庆，都司，同治三年兼护。

沈萃钿，广西人，同治三年任。

李炳业，汉军人，同治八年署。

常远，满洲人，同治十年任。

陈飞熊，湖北人，同治十年署。

麟绂，满洲人，光绪二年任。

左营都司

祥山，满洲人，道光二十八年移驻。

王捷元，汉军人，道光二十九年任。

嵩桩，满洲人，咸丰元年任。

立祥，满洲人，咸丰二年任。

吉庆，满洲人，咸丰六年任。

罗铭，守备，光绪元年接署。

清保，汉军人，光绪三年任。

右营守备

平坤，道光二十八年由中军分拨。

张永寿，清苑人，道光二十九年任。

平坤，咸丰元年回任。

叶舒青，泉州人，咸丰二年任。

刘润，密云人，咸丰三年任。

詹启伦，黄州人，咸丰八年任。

罗铭，襄阳人，咸丰十年任。

倪开玕，宝庆人，光绪元年任。

罗铭，光绪二年回任。

千总

李芳栋，道光二十八年移隶左营。

王清泰，道光二十八年移隶右营。

张云峰，河间人，白塔岭汛，移隶右营。

高清科，滦洲人，道光二十八年任海阳汛。

张进英，乐亭人，咸丰四年任，俱右营。

刘云清，天津人，同治元年任。

王胜雄，顺天人，同治十一年任，俱左营。

王德成，天津人，光绪二年任右营。

把总

金连城、唐永维、杨兆雄、宁琳，以上移隶左营。

张进英、孔广泗，以上移隶右营。

张云龙，乐亭人，咸丰元年任。

苏纯，顺天人，咸丰二年任，以上左营。

郭承恩，卢龙人，咸丰二年任，有事实。

蒋临兆，庆云人，咸丰三年任。

赵云起，乐亭人，咸丰三年任。

王金声，大名人，咸丰四年任，以上右营。

金连城，通州人，咸丰四年任。

王连科，天津人，咸丰五年任。

张起发，天津人，咸丰六年移乾沟，以上左营。

都隆阿，满洲人，咸丰八年任右营。

史得升，天津人，咸丰十年任城守。

长春，满洲人，同治元年任城守。

胡觐光，涿洲人，同治三年任宁海城。

冯振邦，乐亭人，同治十一年任，以上左营。

田永禄，密云人，光绪二年任右营。

英善，满洲人，光绪四年任左营。

石门路都司

王雍，清苑人，顺治六年任。

李三阳，顺天人，顺治十年任。

段九功，直隶人，顺治十三年任。

文兴明，河南人，康熙二年任。

赵琳，唐县人，康熙十三年任。

朱琳，河南将材，康熙十六年任。

刘绍基，湖广武举，康熙二十二年任。

冯西生，陕西人，康熙三十六年任。

高从斗，陕西人，康熙三十九年任。

马忠，陕西人，康熙四十一年任。

燕纲，康熙六十年任。

傅得胜，武昌人，雍正二年任。

哈元贵。

朱存桂，乾隆元年任。

马清阿，满洲人，乾隆四年任。

甘洲，满洲人，乾隆七年任。

巴泰，满洲侍卫，乾隆七年任。

南泰，满洲人，乾隆七年任。

邦俊，满洲人，乾隆十七年任。

达色，蒙古侍卫，乾隆二十年任。

济兰泰，蒙古人，乾隆二十三年任。

福明，满洲人，乾隆二十六年任。

喜住，蒙古人，乾隆二十九年任。

六十九，满洲人，乾隆三十三年任。

苏三泰，满洲人，乾隆三十五年任。

额璘亲，蒙古人，乾隆三十八年任。

广恒，汉军人，道光二十二年任。

王恩向，天津人，道光二十五年任。

兴山，汉军人，道光二十七年署。

庆祥，满洲人，咸丰元年任。

韦昭，密云人，咸丰二年护理。

庆祥，咸丰四年回任。

高清科，海阳千总，咸丰六年护理。

成禧，满洲人，咸丰七年任。

王之珍，天津人，咸丰八年署。

罗铭，右营守备，同治元年署。

贵胜，满洲人，同治二年署。

景隆，满洲人，同治三年任。

周成善，清苑人，同治六年署。

李邦庆，宁河人，同治七年署。

文锦，满洲人，同治八年任。

林得胜，武陵人，光绪三年署。

存城千总，道光二十二裁拨海防把总，裁千总设。

李国兴，雍正元年任。

武顺，宁武关人，雍正七年任。

武江，井陉人，乾隆元年任。

李天禄，长安人，乾隆二年任。

海升，满洲人，乾隆九年任。

林大节，乾隆十五年任。

常清，满洲人，乾隆十九年任。

毛凤仪，密云人，乾隆二十五年任。

李德明，汉军人，乾隆三十五年任。以上千总。

阿勒斌，满洲人，同治八年任把总。

义院口把总

胡忠尽

范珙，正定人，康熙六十一年任。

陈启忠，固原人，雍正十二年任。

胡大勇，河间人，乾隆二年任。

李琦，乾隆十三年任。

金忠，肃宁人，乾隆二十年任。

曹可显，卢龙人，乾隆二十四年任。

刘镈，迁安人，乾隆二十五年任。

李元成，福建同安人，乾隆三十三年任。

金长龄，宁河人，同治五年任。

大毛山把总　道光二十二年改外委。

干沟镇把总　道光三十年设。

魏明才，康熙六十年任。

张永，三屯人，雍正五年任。

顾文辉，雍正八年任。

米香，雍正十二年任。

张拱星，乾隆元年任。

李若桐，卢龙人，乾隆二年任。

钱尚礼，卢龙人，乾隆十八年任。以上大毛山。

张起发，天津人，同治五年任，以下干沟汛。

伊奇善，满洲人，同治十年任。

黄土岭把总

白魁元

韦青，康熙五十九年任。

贾瑞豹，雍正二年任。

李尚忠，卢龙人，雍正五年任。

潘麟，卢龙人，乾隆元年任。

蔡文煌，福建龙溪人，乾隆四年任。

绰海，满洲人，乾隆十九年任。

韦驮保，满洲人，乾隆十九年任。

孟一禄，密云人，乾隆二十九年任。

陈维纪，正定人，乾隆二十九年任。

武建功，宁河人，同治十一年任。

山海关驻防城守尉（后改总管）

李悉怛，满洲人，顺治元年任。

塔不害，满洲人，顺治元年任。

朱登科，辽东满洲人。

吕逢春，辽东满洲人。

王镇伦，辽东满洲人，顺治二年任。

李国柄，辽东满洲人，顺治三年任。

石汉，满洲人，顺治五年任。

祁富哈，满洲人，顺治十五年任。（有事实）

李兰芳，国柄子，顺治十七年任。

朱廷缙，登科子，顺治十七年任。

马归山，满洲人，顺治十七年任。

李奇芳，国柄侄，顺治十八年任。

李官舒，悉怛孙，康熙五年任。

马呈祥，归山子，康熙九年任。

花子，满洲人，康熙二十七年任。

车尔布赫，满洲人，康熙三十五年任。以上城守尉，以下总管。

莫代，正白满洲，康熙四十四年任。

达廉，正白满洲，康熙四十八年任。

巴泰，正白满洲，康熙五十七年任。

白柱，正白满洲，雍正元年任。

马护善，正白满洲，雍正四年任。

和尚，正白满洲，乾隆元年任。

四十八，正白满洲，乾隆三年任。

何雅图，镶黄蒙古，乾隆四年任，后改设副都统，缺裁。

监管高丽章京

富昂腊，满洲人，拖沙哈番。

双哥，满洲人，拖沙哈番。

副都统

富和，正蓝满洲人，乾隆八年任，始设。

常生，镶蓝满洲，乾隆十三年任。

舒泰，正黄满洲，乾隆二十五年任。

富当阿，正蓝满洲，乾隆二十六年任。

富玉，镶黄满洲，乾隆二十九年任。

伊拉图，正白满洲，乾隆二十九年任。

素保，正红满洲，乾隆三十年任。

岱星阿，镶红满洲，乾隆三十五年任。

扎什扎木素，正红满洲，乾隆四十一年任。

都尔嘉，镶红满洲，乾隆四十三年任。

塔章阿，镶红满洲，乾隆四十四年任。

果兴阿，正黄满洲，乾隆四十八年任。

萨克慎，正蓝满洲，乾隆四十九年任。

宝琳，镶白满洲，乾隆四十九年任。

琳宁，正蓝满洲，乾隆五十年任。

海禄，镶蓝满洲，乾隆五十三年任。

台费音，正白满洲，乾隆五十六年任。

积尔敏，镶白满洲，乾隆五十六年任。

永德，镶黄满洲，乾隆五十六年任。

德福，镶白满洲，乾隆五十七年任。

绵佐，镶蓝宗室，乾隆五十八年任。

韦陀保，正蓝满洲，嘉庆二年任。

来仪，正黄满洲，嘉庆八年任。

福疆阿，镶红满洲，嘉庆十年任。

额勒金布，镶白满洲，嘉庆十三年任。

文孚，正黄满洲，嘉庆十九年任。

富兰，镶黄满洲，嘉庆二十年任。

福桑阿，正蓝满洲，嘉庆二十五年任。

哈兴阿，镶红满洲，道光三年任。

松福，正黄满洲，道光四年任。

福祥，镶黄满洲，道光五年任。

富克京阿，正白满洲，道光六年任。

存华，镶白宗室，道光六年任。

左廷桐，正黄汉军，道光十二年任。

张仙保，镶白满洲，道光十二年任。

孟魁，镶白满洲，道光十三年任。

常德，正黄满洲，道光十五年任。

祥厚，镶红宗室，道光十七年任。

裕瑞，正黄满洲，道光十九年任。

扎拉芬太，正黄宗室，道光二十年任。

富勒敦太，满洲，道光二十一年任。

定福，镶蓝汉军，咸丰六年任。

舒京阿，正蓝满洲，咸丰七年署。

成保，满洲，咸丰九年任。

宝山，正黄满洲，咸丰八年署。

庆春，正黄满洲，同治元年任。

长善，镶黄满洲，同治二年任，奏清加县学额，停立盐汛。

玉亮，正红满州，同治七年任。

常星阿，镶蓝满州，同治十二年任。

宝珣，镶黄满州，同治十三年任。

崇礼，正白内府，光绪元年任。

祥亨，镶白宗室，光绪二年任。

左翼协领

何雅图，乾隆八年由总管改补。

准提保，镶黄满州，乾隆十年任。

福尔禅，正蓝满洲，乾隆十三年任。

罗泰，正蓝满洲，乾隆二十年任。

富住礼，镶白满州，乾隆二十四年任。

福珠里，乾隆三十五年任。

恒德，乾隆四十四年任。

法保，乾隆五十七年任。

特通额，嘉庆四年任。

常亮，嘉庆五年任。

六十七，嘉庆十九年任。

倭恒额，嘉庆二十五年任。

德庆，道光四年任。

六十一，道光五年任。

塔清安，道光十四年任，署山海关监督。

和盛阿，同治元年任，署山海关监督，护理副都统，奏添步甲。

伊克唐额，同治十三年任。

右翼协领

永福，正红满州人，乾隆八年任。

七十八，正黄满洲，乾隆十三年任。

赛音禄，镶红满洲，乾隆二十五年任。

穆通阿，正黄满洲，乾隆三十六年任。

老格，乾隆四十年任。

伊凌阿，嘉庆二年任。

松凌，嘉庆九年任。

珠尔松阿，嘉庆十三年任。

恒青，嘉庆十八年任。

珠尔松阿，嘉庆二十年再任。

托克通额，道光五年任。

德凌阿，道光十四年任。

阿凌阿，道光二十一年任。

关立，道光二十三年任。

顺廷，咸丰八年任，先投军营，署江宁副都统，同治八年再任。

伊克精额，咸丰八年任。

和明阿，光绪元年任。

英喜，光绪三年任。

佐领

庆福、庆寿、德存、德克登额、顺凌、阿克善、志广、特吞布、玉兴、乌林布、庆年、祥瑞、丰伸布、巴颜布、佛尔果春、常林、增喜、伊经阿、扎普善、达崇阿、音登安。

防御

苏崇阿、顺成、增喜、增常、福忠阿、塔克兴额、萨斌、多林太、永谦保、惠文、特和布、海隆阿、德奎、玉兴、庆云、宽恩、科兴阿、硕隆武、双英、德新、果兴阿、霍忠武、宝琳、锡林、永谦布、多奎。

骁骑校

赓寅保、湍多、德青、富昌、和腾阿、吉瑞、讷钦保、富珠隆阿、伊勒兴阿、伊什善、和通阿、英瑞、福禄、经文那、木腾额、图拉笔善、乌林泰、托云保、郎林、都隆武、倭冷额、兰山。

笔帖式

塔清安、庆林、丰伸布、科兴阿、和腾阿、讷钦布、嘎拉杭阿、和通阿、托金保、吉瑞、法式善、杨桑阿、永谦保、景祥、讷勒和保、阿尔罕保、普林。

卷之四

选 举（上）

文科（附职贡·宦达）

论秀书升朝廷之典，家修廷献学者所宜。邑之科第，虽非鼎盛，而文则有郑克修、萧海钓、詹角山之有为有守；武则有张忠愍之尽力尽忠，皆不愧科名者也。我朝治教休明，更见士风丕振，故凡学通三策，艺明一经，或谒选于藤厅，或呈材于蓬矢者，皆为表而彰之，冀多士之继兹兴起焉尔。

明

进士

郑己，成化二年丙戌。罗伦榜二甲，选翰林院庶吉士，改贵州道监察御史。有事实。

萧显，成化八年壬辰。吴宽榜二甲，授兵科给事中，历任福建按察司佥事，进阶朝列大夫。有事实。

崔锦，成化二十年甲辰李吴榜三甲。

万义，嘉靖二年癸未姚涞榜三甲。

詹荣，嘉靖五年丙戌龚用卿榜二甲，授户部主事，累官兵部左侍郎，进从一品俸，以孙廷奏请赠工部尚书，祭葬如例。（有事实）

穆宁中，嘉靖三十二年癸丑陈谨榜三甲，授陕西三原县知县，升户部主事。

冯时泰，万历八年庚辰张懋修榜二甲，授工部主事，升辽东广宁

兵备参议。（有事实）

刘廷宣，万历四十一年癸丑周延儒榜三甲，授河南仪封县知县，行取浙江道监察御史，巡按陕西，历任大理寺左少卿。（有事实）

举人

萧显，天顺三年己卯，见进士。

郑己，天顺六年壬午，见进士。

曾韬，成化十年甲午，山西应州学正。

崔锦，成化十九年癸卯，见进士。

田跃，弘治十四年辛酉，御史郑己子，复姓田，山东金乡县知县。

李伯润，正德八年癸酉，浙江永康县知县，调太平县知县，改补河南怀庆府教授。

万义，嘉靖元年壬午，见进士。

詹荣，嘉靖四年乙酉，见进士。

谭坊，嘉靖二十五年丙午。

穆宁中，嘉靖二十八年己酉。府军前卫人，本卫籍，见进士。

刘复礼，嘉靖三十一年壬子，照磨汝桢子，山西长子县知县，升浑源州知州，转工部都水司员外郎，升虞衡司郎中，历任四川宝宁府知府，陕西行太仆寺少卿兼理宁夏河东兵备按察司金事。（有事实）

萧大谦，金宪显孙，山西怀仁知县，改陕西秦安县知县。有事实。

谭讷，隆庆四年庚午，坊之子，陕西中部县知县。

张重立，万历元年癸酉，县丞文选孙。

冯时泰，见进士。

刘思诚，教谕俊之孙，署顺天府训导，升山东平原县知县，历任济南府同知，赠大理寺左少卿。（有事实）

刘廷宣，万历三十四年丙午，赠卿思诚子，见进士。

吕鸣夏，万历四十三年乙卯，训导大成子，署清丰县教谕，补束鹿县教谕，升真定府同知，驻扎宣府。国朝录功，升河南卫辉府知府，历任陕西固原兵备副使，赠光禄寺卿。（有事实）

刘廷征，赠卿思诚子，陕西雒南县知县。

穆尔鹏，崇祯三年庚午，训导齐正子。

佘一元，崇祯十二年己卯，赠郎中崇道子，见进士。

贡生

曹广，成化三年岁贡，下不注者同。

王铎，成化五年，南直庐州检校。

刘铭，成化七年。

苏豫，成化九年，陕西同州判官。

赵仁，成化十一年，山东博平县主薄。

李春，成化十三年，山东邹平县主薄。

张宁，成化十五年，河南磁州训导。

刘鉴，成化十七年，鸿胪寺序班。

戴刚，成化十九年，山东黄县主簿。

蒋英，成化二十一年。

张铉，成化二十三年，陕西朝邑县县丞。

李琛，弘治二年，山东沂州卫经历。

房绾，弘治四年，江西分宜县主簿。

李敬，弘治六年，云南贵州卫知事。

陈策，弘治八年，山东莒州训导。

赵纬，弘治九年。

侯荣，弘治十年，山西行太仆寺主簿。

杨聪，弘治十一年，德府典宝副。

萧鸣凤，弘治十二年，金宪显之子。

王道亨，弘治十四年，山东登州府训导。

张礼，弘治十六年，南直靖江县主簿。

张谦，弘治十八年，山东新城县县丞。

何清，正德二年。

陶恕，正德四年，南直砀山县县丞，改四川开县县丞。

王相，正德六年，旗手卫经历。

赵聪，正德八年，山东临清州训导。

王伟，正德九年。

李锦，正德十一年，陕西庄浪县知县。

马应奎，正德十二年。

李秉玉，正德十三年，山东沂州同知。

路通，正德十四年，三万卫教授。

萧大观，正德十六年，金宪显孙，山东商河县县丞。

白九经，嘉靖元年。

毛傅，嘉靖三年，沈阳中卫训导，升山东潍县教谕。

刘俊，嘉靖四年，河南安阳县训导，升直隶新乐县教谕。

沈渊，嘉靖六年，山东平度州同知。

田鹰，嘉靖八年，知县跃子，靖宁州判官。

高宁，嘉靖十年，浙江秀水县县丞。

萧瑞凤，嘉靖十二年，金宪显子，湖广襄阳府推官，升山西大同府通判。

刘汝桢，嘉靖十二年，序班鉴子，南直廉州府照磨，赠奉政大夫。

郭大伦，嘉靖十三年，辽东都司学训导，升山东博兴县教谕。

曹钺，嘉靖十五年，岁贡广孙，东城兵马司副指挥。

林锦，嘉靖十七年，南直长洲县县丞。

孙鸾，嘉靖十八年，广宁卫训导，升四川褒城县教谕。

辛三畏，嘉靖十九年，陕西西宁卫教授，山东文登县知县。

高肃，嘉靖二十一年，山东钜野县主簿，改河南临漳县主簿。

崔弘沛，嘉靖二十二年，进士锦侄，山东平度州判官，升山西石楼县知县。

刘栋，嘉靖二十三年，知县李锦子，改姓刘，海州卫训导。

李承恩，嘉靖二十四年，山西广昌县教谕。

鲁孟春，嘉靖二十六年。

曹蕙，嘉靖三十二年，兵马钺之子。

萧道远，嘉靖三十四年，金宪显侄孙，山西泽州训导，升山东武城县教谕。

张德立，嘉靖三十六年，山东乐陵县知县。

冯瀛，嘉靖三十八年，山东平原县县丞。

张思聪，嘉靖四十年，主簿礼之孙，山东东阿县训导，升河南洧川县教谕。

毛恕，嘉靖四十二年，辽东金州卫训导，升铁岭卫教授。

何秉元，嘉靖四十四年，辽海卫训导。

谭诗，隆庆元年恩贡，山西太原县知县，改山东高唐州学正，历三氏子孙学教授，开平卫教授，升晋府纪善。

辛涵，隆庆元年，知县三畏子，山东寿张训导，升山西山阴县知县。

曹芹，隆庆三年，兵马钺子，直隶永宁县训导，升山东齐东县教谕。

李东升，隆庆五年，直隶交河县训导，升河间县教谕。

赵鹗，万历元年恩贡，山东成山卫教授。

鲁应芳，万历元年，南直定远县教谕。

郝宗元，万历三年，辽东锦州卫经历。

于思敬，万历五年。

王之藩，万历七年，山西兴县知县。

王从政，万历九年，山东莱阳县知县，多善政，被诬，莱民辨之，其子士倜以死疏救，得白。居乡称孝，举乡饮大宾，详见其子士倜事实。

萧大咸，万历十一年，通判瑞凤子。

侯汝敬，万历十三年，主簿荣孙，怀来卫训导。

张问明，万历十五年，雄县训导。

田汝籽，万历十七年，判官鹰子，辽东前屯卫训导。

何景奎，万历十八年，辽东卫籍山海人，定辽右卫训导。

于思明，万历十九年，永清县教谕，让兄产，见重乡评。

刘熙载，万历二十一年癸巳选贡，四川崇宁县知县，和易近人，尤精六壬。

袁钦，万历二十三年，顺天遵化县教谕。

沈琇，万历二十五年，广平府教授，淡泊雅逸，与世无竞。

刘悰，万历二十七年，河南宜阳县训导，存心忠正，操行梗直。

王嘉宾，万历二十九年，经历相子，房山县教谕。

邹大珍，万历二十九恩贡，兴济县教谕。

程正，万历三十一年，南直合肥县训导。

沈国兆，万历三十四年，任山东堂邑县训导。

刘思明，万历三十六年，赠知县光大子。

辛浚，万历三十八年，知县三畏侄，任香河县训导，山东潍县教谕，陕西宁夏卫教授。

何志重，万历四十年，曲周县教谕。

房自新，万历四十二年，任顺天府训导。禀性冲和，精于行书，人多宝爱之。

吕大成，万历四十四年，任深州训导。天质端重，敦于孝友，积学善诱，门墙多成材之士。

吕际可，万历四十五年，陕西两当县知县，巡街鞠劳告终，抚台发银营葬。

蔡茂旸，万历四十六年，任吴桥县教谕。

田大登，万历四十七年，训导汝籽子。

郭廉远，泰昌元年恩贡，任江西南昌府通判。

吕鸣章，天启元年恩贡，任河南许州判官，转京卫经历，升户部员外郎，转郎中，历任陕西分守关西道右参议。（有事实）

刘廷召，天启元年辛酉选贡，同知思诚子。

刘克勤，天启元年任丰润训导，捐俸置学田四百亩，以充公费，士子感戴，为立碑。

吕世臣，天启四年，任天津卫教授。

穆齐芳，天启六年，主簿思恭子，任柏乡训导，行谊克敦，操持不苟，举乡饮大宾。

何天祥，天启七年丁卯副贡。

张翘，天启七年，任河南卫辉府训导。

杨呈芳，崇祯元年恩贡，任河南鲁山县知县，赠汝州知州。（有事实）

刘廷讲，崇祯元年戊辰选贡，任河南武安县主簿，升镇江府经历。

穆齐正，崇祯二年庚午副贡，主簿思恭子，任献县训导，为人伉爽，有气节。

刘克肃，崇祯五年，教谕㥉之子，任深州训导，纯功邃养，设教有年，知名之士多出其门。

何天宠，崇祯七年，任河南获嘉县知县。

栾东龙，崇祯九年，任山西平阳府同知。

刘应桢，崇祯十一年，任山东茌平县训导。

刘延龄，崇祯十一年，赠奉政汝桢孙，少卿复礼侄，任顺德府教授。（有事实）

张朝栋，崇祯十五年，任山东濮州学正。

毛应坤，崇祯十七年，任山东东昌府通判。

国朝

进士

佘一元，顺治四年丁亥，吕宫榜二甲，授刑部江南司主事，调礼部主客司，升祠祭司员外郎，历任仪制司郎中，加从四品衔。（有事实）

穆尔谟，三甲，江南赣榆县知县，荐升礼部郎中，知山东莱州府。

田国足，江西饶州推官。

程观颐，顺治十五年戊戌，孙承恩榜三甲，天津卫学教授，升山东淄川知县，有事实。

张开第，康熙三十九年庚辰，汪绎榜三甲，知广东曲江县。

应综文，康熙四十八年己丑，赵熊诏榜二甲。

牛天贵，雍正八年庚戌，周霭榜三甲，奉天府学教授。（有事实）

孙曰秉，乾隆二十六年辛巳，登王杰榜二甲，奉天籍，历任山东江宁布政使，云南贵州巡抚。

刘征泰，乾隆二十八年癸未，秦大成榜二甲。翰林院庶吉士，改山西代州繁峙县知县，升沁州、绛州、直隶州知州。著有《东村诗草》。

王鹏，乾隆四十六年辛丑，钱棨榜二甲，任内阁中书、武英殿行走。

吴鼎臣，嘉庆四年己未□□榜三甲，户部郎中，升江西赣州府知府。（有事实）

刘钟洛，道光十八年戊戌，钮福保榜三甲，署江西彭泽、安福县知县，任广丰县知县，军功赏加同知衔。（有事实）

郭定柱，道光二十七年丁未，张之万榜三甲，历任山东费县、掖县、泰安县知县，升临清直隶州知州。

珂克僧额，咸丰三年癸丑，孙如瑾榜三甲，任刑部主事。

郭长清，咸丰六年丙辰，翁同和榜三甲，现官刑部四川司员外，总办秋审。

田植仁，同治元年壬戌，徐郙榜三甲，选云南姚州知州，改工部都水司员外郎。

解煜，同治二年癸亥，翁曾源榜二甲，官翰林院编修，丁卯河南副主考，癸酉湖北正主考，清碧堂行走，洗马衔。

李铁林，同治十年辛未，梁耀枢榜二甲，翰林院庶吉士，改授河南夏邑县知县，光绪乙亥河南乡试同考官。

李桂林，光绪二年丙子，曹鸿勋榜二甲，现官翰林院编修。

讷钦，光绪三年丁丑，王仁堪榜二甲，现官刑部主事。

举人

穆维乾，顺治二年乙酉，同知尔鹗子，任渭县教谕，升大宁都司教授，升翰林院典簿。有事实。

沈所端，教授琇孙，会试副榜。

穆尔谟，顺治三年丙戌，郎中齐英子，见进士。

崔联芳，有事实。

田国足，见进士。

程观颐，顺治八年辛卯，尚宝司卿继贤子，见进士。

谭从简，顺治十一年甲午，坊曾孙，讷侄孙，会试副榜，故城县教谕，署山西灵邱县，补河曲县知县，升云南晋宁知州，有事实。

张开第，康熙十七年戊午，见进士。

王祚兴，康熙二十六年丁卯。

穆宗道，维临子，任宁晋南宫县教谕，入宁晋名宦。有事实。

张坦，康熙三十二年癸酉，官大理寺寺丞。（有事实）

张勋，内阁中书。（有事实）

程廷宣，康熙三十五年丙子亚元。

张肇吉，康熙三十八年己卯。

高汝翼，康熙四十一年壬午，任博野县教谕。

李作楫，康熙四十四年乙酉，任安肃县教谕。

田永乾，康熙四十七年戊子，考取内阁中书。

吕养浩，东光县教谕。

张可宗，康熙五十二年癸巳，居家孝友，持躬端慎，雍正三年举乡饮大宾。

郭如柏，康熙五十三年甲午，考取内阁中书。（有事实）

赵纪，河南光州知州。

庆绮文，康熙五十六年丁酉，原籍大兴，任衡水县教谕。

应综文，科无考。

白受采，雍正元年癸卯，高阳县教谕。

牛天贵，雍正七年己酉，见进士。

郭熟，有事实。

穆开聪，雍正十三年乙卯。

白龙光，乾隆元年丙辰。

张嵩年

常克从

刁尚信，乾隆六年辛酉。

刘征泰，乾隆二十一年丙子，见进士。

李廷谟，乾隆二十四年己卯，任山西潞安府襄垣县知县，岢岚州知州。

穆开聘。

贲领，四川隆昌县知县。

孙日秉，见进士。

王寿三，乾隆二十五年庚辰，宁远籍，归本籍，任内邱县教谕，内阁中书，户部山西司主事。

牛汇征，乾隆二十七年壬午。

吴希灏，四川名山县知县。

何士麟，密云县训导，霸州学正。

刘文英，署山西垣曲、灵石等县知县。

董高龄

刘元吉，乾隆三十年乙酉，由教习任河南唐县知县，河南开封、山东曹州等府知府，署汝颍道。（有事实）

魏行方，乡贤文通子，历任河南桐柏，沈邱、上蔡等县知县，改曲州教谕，著有《敬直斋文稿》。

傅璿，乾隆三十三年戊子，署河南招城息县知县，改威县训导。

冯迈

张亮

郭陛宗，任清苑县教谕。

杨培干，乾隆三十六年辛卯。

计肇龙，乾隆三十九年甲午。

吴希洛，乾隆四十二年丁酉，吏部拣选知县。

郭瑾，任湖北安陆县知县，代理武黄同知，戊申湖北乡试同考官。生平无书不读，尤长于诗，著有《清贻堂剩稿》《淮西课余录》。

萧国章，任湖南临武县知县。

王鹏，乾隆四十四年己亥，郎中作义子，主事寿三侄，见进士。

张云鹏，任广平府曲周县训导，通州学正。

李茂，乾隆四十五年庚子解元，任新乐县教谕，有事实。

毛大来

魏行敏，乾隆四十八年癸卯，乡贤文通子，历任甘肃崇信、灵台等县知县，借补藩库大使，升平凉盐同知，嘉庆丙子陕甘乡试同考官。

刘士林

张绅，乾隆五十一年丙午亚元，任柏乡县教谕，延庆州学正。

吴鼎臣，乾隆五十三年戊申，见进士。

李树穀，任江西泸溪县县丞。

邬廷梁，乾隆五十四年己酉，任蔚州学正。

魏思诚，乾隆五十七年壬子，历任山东文登、惠民、淄川、利津、蓬莱、沂水、范县知县，德州知州，历充嘉庆丁卯、庚午、癸酉等科文武乡试同考官，有事实。

郭锡汾，吏部拣选知县。

贾泰征，乾隆五十九年甲寅。

程兰言，乾隆六十年乙卯，选盐山县训导。

辛永禄，嘉庆五年庚申，选宁河县训导。

董衡，选唐山县训导。

刘相，嘉庆六年辛酉，任武强县训导。

杨汝雨，任新河县训导。（有事实）

高鹭飞，嘉庆九年甲子、同治甲子重赴鹿鸣。

计鹏年，任密云县训导。

程端，嘉庆十三年戊辰，任蠡县训导，平山县教谕。

范坦，嘉庆十八年癸酉，任奉天复州学正，置直隶固安县教谕，任东滇县训导。

计肇忠，嘉庆二十一年丙子，游击宏谟子，任静海县训导。

李树勋

吴骏声，嘉庆二十四年己卯，任雄县训导。

程儒珍，道光元年辛巳，吉林宁古塔学正。（有事实）

李荫昆

李国麟

傅德谦，道光二年壬午，由教习任陕西韩城、三原、府谷等县知县，著有《四碧山房诗稿》。

马式游，选南河县教谕。

李育德，道光十一年辛卯、癸巳会试誊录，国吏馆议叙，宣府延庆州学正。（有事实）

郭定生，任山西洪洞县知县。

高峦，道光十二年壬辰，任衡水县教谕。

杨赐麟，吏部拣选知县。

应杓，道光十四年甲午，任唐县训导。

马学和，任山东昌邑县知县，咸丰乙卯山东同考官。

常清任，任栾城县训导，军功赏加五品衔。（有事实）

刘钟洛，道光十七年丁酉，见进士。

黄锦，任天津府庆云县训导。

王元熙，道光十九年己亥副榜，朴侄，拣发广东，署感恩、昌化、东安等县知县。

郭定柱，岁贡上林子，山西知县定生弟，见进士。

魏式曾，道光二十年庚子，教谕行方孙，历任湖南麻阳、长沙、武陵等县知县，郴州、澧州、直隶州知州，升知永顺府即用道。

傅大鲲，历任晋州训导，雄县教谕。

珂克僧额，旗籍，见进士。

计鹏翀，任静海县训导，钦加光禄寺署正衔。

李培元，道光二十三年癸卯，直隶州州判，职城工议叙同知衔。（有事实）

郭长清，训导焘曾孙，见进士。

张汝绳，道光二十六年丙午，学正绅之孙，任三河县教谕。

穆继谋，选涿州学正。

王桂齐，中书鹏孙，大兴籍。

田植仁，道光二十九年己酉，教谕耕可元孙，见进士。

郭志清，训导焘曾孙，议叙州同衔。

潘楷，浙江试用知县。

王定元，咸丰元年辛亥，吉安通判保庸子，选高邑县训导，兼袭云骑尉世职。

傅元博，襄办奉省军务，保奏知县同知衔。

曹广滋，咸丰二年壬子。

余文骧，现官刑部福建司郎中，四品衔。

解煜，见进士。

马沛昌，咸丰五年乙卯，国子监学录。

张春山，咸丰八年戊午，内阁中书衔。

杨士玉，署博野县教谕，选浙江遂安县知县，告近改河南历鄢陵、通许、密县知县，同知衔，赏戴蓝翎。

田恩照，咸丰十一年辛酉，任内阁中书。

马近思，内阁中书衔。

祥瑞，同治六年丁卯，旗籍，游击珠龙武子，知府富隆武侄，甲戌会试誊录，襄办奉省军务，保奏知县加同知衔。

李铁林，副榜，书田侄孙，见进士。

李桂林，见进士。

讷钦，旗籍，见进士。

董余庆

祥顺，同治九年庚午，旗籍，奉省知县祥瑞堂弟，吏部拣选知县，光绪丁丑会试誊录。

王璘，同治十二年癸酉。

恒谦，旗籍。

托龙武，光绪元年乙亥亚元，旗籍。

周星隽

郭之桢，候选内阁中书。

副榜

潘风翼，顺治二年乙酉，陕西宁远县知县。

傅铃，康熙二十年辛酉。

张镇，康熙四十四年乙酉。

白尔成，乾隆九年甲子。

金在镕，乾隆四十二年丁酉。

涂文魁，乾隆四十四年己亥。

张逊，乾隆四十八年癸卯。

董衡，乾隆五十三年戊申。

庞克昌，乾隆六十年乙卯，家居授徒，成材甚众，著有《岭云编诗集》。

李书田，嘉庆二十一年丙子。

侯士芹

田钟秀，道光十四年甲午。

李培元，道光十五年乙未，见举人。

刘景典，道光十七年丁酉。

王朴，道光十九年己亥。（有事实）

吴咏虞，道光二十四年甲辰，知府鼎臣孙。

杨士端，咸丰二年壬子，大使士珍弟，知县士玉兄，任大名府训导，刑部福建司郎中，吉林刑司太常寺博士。

李铁林，咸丰十一年辛酉，八旗教习，以教职用，见进士。

托龙武，同治十二年癸酉，旗籍。

郭之枢，光绪二年丙子，长清子，丁丑科教习，候选知县。

钦赐举人

涂文魁，乾隆五十四年己酉，次年庚戌会试，钦赐翰林院检讨。

马士超，嘉庆五年庚申，六年辛酉会试，钦赐国子监学正。

李重锦，嘉庆六年辛酉，七年壬戌会试，钦赐国子监学正。

杨绍勋，嘉庆十二年丁卯，次年戊辰会试，钦赐国子监学正。

田永贞，嘉庆十八年癸酉，道光三年癸未会试，钦赐国子监学正。

陶以诗，道光二十六年丙午。

陶允恭，同治六年丁卯，以诗子，戊辰会试，钦赐国子监学正。

钦赐副榜

周廷栋，嘉庆三年戊午。

李重锦，嘉庆五年庚申。

徐兆桂，道光二十三年癸卯。

张华春，同治九年庚午。

国朝恩贡

郑允升，顺治二年，任湖广善化县知县。

穆尔鹗，顺治八年，训导齐正子，江南无为州同知。

沈所元，顺治十八年，教谕琇孙。

宋应奎，康熙十五年。

李辋，康熙三十五年。

王承中，康熙三十六年。

王道行，康熙四十七年。

杨煜，奉天籍，敦孝友，修内行，让宅开道，乡里称之，督学戴公给匾以奖。

傅作楫，雍正元年。

刘家丰，雍正十三年。

詹际唐，乾隆元年。

曹东，乾隆十五年。

郭基宗、马麟书、杨逢时、程兰芳、李景琦，以上五人贡年失考。

王国楷，乾隆五十五年。

李逢暄，嘉庆二十二年。

王一士，嘉庆二十三年。

袁荣、杨毓森、张学浚

罗粹，道光十二年。

鲍相，道光三十年。

吉松龄，咸丰元年。

朱梁棨，同治元年。

朱浩如，同治六年。

郭永清，同治十一年，训导焘曾孙。

张吉元，光绪元年。

秦彦博，光绪五年贡，四年预出。

张岳，光绪七年。

郭佩琳，光绪八年。

岁贡

赵钺，顺治二年，任陕西巩昌府通判。

田国润，山西阳曲县训导。

田自芳，二人，国初贡。

辛调羹，顺治四年，知县涵孙，任潼关卫教授。

栾正馥，顺治六年，东龙子。

冯九光，顺治八年，兵备时泰孙，任枣强县训导。

吕爆如，顺治十年，参议鸣章子，任湖广黄陂知县，课艺讲学以斯文自任。

程体乾，顺治十二年，任房山县训导。

赵子陞，顺治十四年。

辛桂芳，顺治十六年，教谕浚子。

郭重光，奉天籍辽学，任云南腾越州判官。

吕宪周，顺治十八年，知县际可子。

穆尔洪，康熙二年，训导齐正子，任永清县训导。

穆尔琰，康熙八年，训导齐方子。

王万祚，康熙十年。

王养凤，康熙十一年。

谭从易，康熙十三年。

沈所慈，康熙十四年。

谭可兴，康熙十五年。

穆熏，康熙十七年，武强县训导。

任懋勋，康熙十八年，获鹿县训导。

穆尔璈，康熙二十年。

张士达，康熙二十一年。

赵开诚，康熙二十三年。

杨希震，康熙二十四年。

赵三聘，康熙二十六年。

常维豫，康熙二十七年。

谭国枢，康熙二十八年。

高齐岱，康熙二十九年。

栾峤，康熙三十年。

唐世济，康熙三十一年。

王良弼，康熙三十二年。

魏天辅，康熙三十三年。

贾景谊，康熙三十五年。

穆维临，康熙三十八年。

高应璧，康熙三十九年。

张霆，康熙四十年，内阁中书。

萧友良，康熙四十一年。

任衡，康熙四十二年。

王天位，康熙四十五年。

杨葵，宁远州学，魏县训导。

夏见龙，宁远州学，柏乡县训导。

李含芳，康熙四十六年。

马世昌，康熙四十七年。

穆维贲，康熙四十八年。

韩照，奉天承德贡，任安肃、永平县训导。

张可宗，康熙五十年。

常天伟，康熙五十一年，涿州训导。

李良材，康熙五十三年，安肃县训导。

王子选，康熙五十四年。

魏良琇，霸州学正。

高汝明，康熙五十六年。

魏自道，康熙五十七年。

张汝楫，康熙五十九年。

洪士名，康熙六十年。

高汝听，雍正二年，东明县训导。

翟如鹍，雍正四年。

王元相，雍正五年。

刘荪，雍正七年。

李养和，雍正八年。

王著起，雍正十年，任文安县训导。

穆景惠，雍正十一年，任天津府训导。

钟滨，乾隆元年。

刘汉裔，乾隆四年。

李哲，井陉县训导。

赵应甲，乾隆五年。

赵汝楫，乾隆七年。

王永瑞，乾隆九年。

赵文焕

田耕可，乾隆十年，大名府训导。（有事实）

张天祥，乾隆十一年。

赵兰，乾隆十三年。

徐镕，乾隆十五年。

赵光美，乾隆十六年。

陈理，乾隆十七年。

郭惫，故城训导，中书如柏子。

沈德远，乾隆十九年。

董贯，乾隆二十一年。

张琳

傅涟，选赵州高邑县训导。（有事实）

张可立、秦嘉宾、解发、张庚廷、傅文璧、傅文玉、张应试、张钧泰。

吴彬，任正定府新乐县教谕。以上十二人贡年失考。

王润，乾隆四十一年。

赵秉恕，乾隆五十一年。

靳毓秀，乾隆五十三年。

田既庭，乾隆五十五年。

贾顺，乾隆五十七年。

赵钟麟，四库全书馆誊录。（有事实）

李士纲，有事实。以上二人贡年失考。

杨汝典，有事实。

邱毓奇

马士超，有事实。以上三人贡年失考。

李长悫，嘉庆十三年。

袁国弼，嘉庆二十五年。

贾晋昭、刘文溥，年无考。（有事实）

计锦宣，道光十一年。

吴廷诏，道光十二年。

陶以诗，道光十四年。

郭上林，道光十六年。

沈廷柱，道光二十四年。

蔺如兰，道光二十五年。

刘兰，道光二十九年署，道元吉子。

魏思赞，道光三十年。

巫惠德，咸丰元年。

陶允恭

张元超，咸丰二年。

赵宇清

郭清辅，咸丰四年。

张炽，咸丰八年。

赵作钧，咸丰十年。

刘秉德，同治元年。

朱长龄

张鸣盛，同治三年。

陈树椿，同治六年。

张昺，同治八年，通州学正云腾孙。

高志均，同治九年。

李允培，同治十一年，延庆州学正育德子。

傅可宗，光绪元年。

穆文源，光绪二年。

杨德兰，光绪四年。

田庆年，光绪八年。

拔贡（优贡附）

李集凤，顺治十二年乙未，任河南洛阳县县丞。（有事实）

赵国屏，康熙十一年壬子，任庆都县教谕。

张可成，康熙二十五年丙寅，任阜城、元氏等县教谕。

王自玺，康熙三十七年戊寅。

张肇吉，康熙三十八年己卯。

房茂，康熙四十七年戊子。

李庆生，雍正元年癸卯，两淮拼茶盐场大使。

郭熟，见举人。

郭衡，雍正十三年乙卯。

施典，乾隆十八年癸酉，任曲周县训导。

邬廷栋，乾隆三十年乙酉。

魏全禄，任知县。

李树谷，乾隆四十二年丁酉，见举人。

张逊

刘昌霖，乾隆五十四年己酉。

王士龙，主事寿三子，就职教谕。

王士芳，优贡，年失考，主事寿三子，任山东登州府同知。

张克猷，嘉庆六年辛酉。

傅德谦，嘉庆十八年癸酉，见举人。

傅毓沂，道光五年乙酉，任藁城县教谕。

郭长清，道光十七年丁酉，见进士。

傅元博，道光二十九年己酉，教谕毓沂子，见举人。

李铁林，咸丰十一年辛酉，见进士。

李桂林，同治六年丁卯优贡，河南知县铁林弟，见进士。

郭之桢，同治十二年癸酉，长清子。朝考二等，以教佐用，分发山东直隶州州判，见举人。

明

功例贡监（由廪增附出仕者）

穆思恭，嘉靖四十三年附贡，山西河津县主簿，致仕回籍，耕读为业，敦请乡饮大宾。

马应瑞，天启七年廪贡，辽东前屯卫训导。

詹世烈，工部尚书荣曾孙，知府廷子，由增生，崇祯元年例贡，河南禹州判官。

郭仲金，崇祯八年廪贡，国朝官湖广安陆府同知，祀乡贤祠，有事实。

例贡监（由俊秀出仕者）

萧大临，正德三年贡，云南顺州吏目。

张文选，正德三年贡，山东峄县知县。

王鹤，正德三年贡，河南汝阳县主簿，改山东金乡县主簿。

张德禄，正德三年贡，山西怀仁县知县。

牛希哲，嘉靖十五年贡，山西寿阳县主簿。

栾大中，嘉靖十五年贡，南直无为州吏目。

倪纶，嘉靖十五年贡，陕西宁州吏目。

王缨，嘉靖十五年贡，南直邳州吏目。

李铸，嘉靖十五年贡，山西太原县主簿。

王表正，嘉靖十五年贡，南直庐州府知事。

刘楹，嘉靖十五年贡，奉例加纳署指挥佥事，任三屯营千总。

郭世称，嘉靖二十七年贡，南直邳州吏目。

郭东都，嘉靖三十年贡，奉例加纳署指挥佥事，任界岭口提调。

萧大恒，同上，湖南黄州府经历，改山东东昌府经历。

王大宾，同上，陕西岷州卫经历。

栾养礼，同上，山东益都县主簿。

倪从政，嘉靖四十二年贡，陕西泾州吏目。

穆思敬，隆庆元年贡，南直临淮县县丞，诛草寇，灭土豪，子庶民，肃地方，上台屡有奖荐，称贤员。

郭东渊，万历十七年贡，山东济宁州吏目，升王府典簿。

程继贤，万历二十一年贡，由中书历任工部都水司员外郎，加尚宝司卿。（有事实）

程继伊，万历二十四年贡，京卫经历。

程信古，万历二十五年贡，南京副兵马。

王文华，万历三十年贡，山东东平州吏目。

徐时中，崇祯四年贡，山东沂州吏目。

国朝

功例贡监

冯祥聘，兵备时泰侄，由廪生，顺治元年录功授山东齐河知县，升湖广长沙府同知，齐河县建立专祠，有事实。

刘克望，赠汾州知府，愤之子，增生，顺治元年录功授山西马邑县知县，改江南东流县知县，居乡丕振家声，出仕抚安百姓，入马邑名宦祠。

高选，廪生，顺治元年录功授山西交城县知县，仕至江西广信府同知，入乡贤。（有事实）

曹时敏，廪生，顺治元年录功授山西乡宁知县，改江南灵壁知县，长材卓识，知人取友，藻鉴过人。

穆齐英，由增生恩例，吏部题授训导，顺治元年录功授河南商城县丞。

马维熙，训导应瑞子，由庠生拔贡，顺治三年录功授山西忻州同知，殉偏关之难，赠知州。（有事实）

刘克孔，赠汾州知州恺之子，由庠生拔贡，顺治三年录功授山东平度州同知，升浙江温州府通判，江南六安知州，山西陆安府同知，历任汾州府知府。

朱时显，由庠生入监，顺治三年录功授开州同知。

程启运，兵马信古子，由庠生录功授江南常州府推官，补山东平阴知县，升河南磁州知州。

孟曰吉，附生，顺治四年入监，授陕西兴安州判官。

杨可楹，由庠生入监，录功授江西吉安府知府。

张瑞扬，由增生录功任云南宾州知州，升山西太原府同知。

王之都，庠生，任广宁府横州知府。

李栖凤，增生，录功任贵州思州府经历。

穆嘉桢，训导齐方侄，庠生，录功任江南凤阳县丞，升四川建昌卫经历。

辛宗尧，庠生，录功任江西长宁县知县。

穆淮泽，庠生，改吏任江南宿州睢阳驿丞。

张可兴，庠贡生，康熙壬午奉天礼部教习，任山东高苑县知县，卓异，候升知州，有事实。

以上旧志。

程式恪，廪贡生，历任无极县、天津府、延庆州乡学训导。

王自臣，廪贡生，任天津府、南皮县训导。

计肇兴，廪贡生，深州训导。

计肇祺，廪贡生，历任武邑县训导，霸州学正，勤于课士，捐廉奖励。

施训，奉天庠贡生，由教习任正定府、灵寿县训导。

计肇泰，廪贡，井陉县训导。以上六人乾隆年间任。

马文声，辽学，廪贡生，奉天礼部教习，历署广宁、铁岭、开原等县训导，宁远州学正。

张光翕，通州学正云誉子，廪贡生，嘉庆癸酉科誊录，实录馆议叙，历任定州训导，保定府束鹿县训导。

张师渠，廪贡生，历任丰润县训导，交河县教谕。

王保庸，户部主事寿三孙，增贡生，咸丰元年官江西吉安府通判，三年署知府事，六年粤匪陷城殉难，恩赐荫恤。（有事实）

范正珣，廪贡生，任广平府磁州训导。

王赞思，拔贡士龙孙，廪贡生，南河县训导，分发山东知县，署宁海州知州。

王绍祖，寿三曾孙，增贡生，分发山东巡检署，泰安府经历，石岛司巡检。

王凤筒，廪贡生，户部湖广司主事。

魏淑曾，廪贡生，贵州平远州知州。

魏武曾，附贡生，署山东济南府通判。

袁庚午，咸丰庚子科誊录，广西思陵州吏目。

郭之干，长清子，附监生，现官户部云南司主事。

恩龄，旗籍，生员，任广东琼州府东安县西山司巡检，同治十三年委派前山税厂，八月十二日夜忽起飓风，海潮溢漂，龄至民居，屋坍压伤身死，上宪以因公殒命，奏请蒙恩优恤，给银一百两，并荫一子入监。

刘埙，附监生，山西候补县丞，保升知县。

魏清凤，知府式曾子，附贡生，山东候补盐大使。

解殿元，编修煜子，增贡，署奉天安东县巡检。

例贡监

程印古，经历继伊子，例贡加鸿胪寺序班，顺治元年录功任宁海州州同，升山西布政司理问。

程观光，国初召民有功准作贡生，任湖广衡州府同知。

张霖，康熙二十年例贡，任工部营缮司主事，历兵部车驾司郎中，陕西粮储道，安徽按察使，江宁布政使。（有事实）

赵忻，康熙三十年例贡，沙河县训导。

林琪，康熙四十八年例贡，阜城县教谕，改湖广衡阳县县丞，升广东高明县知县。

林瑛，康熙四十九年贡，赞皇县教谕，改江南溧阳县县丞，升沭阳县知县。

王曰恭，康熙四十九年贡，保定府左卫学训导，升元城县知县，内升中书，借补交河县知县，升大名府知府。

王允猷，雍正元年贡，行人司行人，升户部广东司郎中。

范浚，乾隆十一年贡，河间县训导。

程焕，乾隆十二年贡，任清苑县训导，再任文安县训导。

王作义，郎中允猷子，贡生，中书科中书，刑部湖广江苏司郎中。（有事实）

程式濂，乾隆十九年贡，际平县训导。

赵正勋，贡生，知山西寿阳县。

杨时盛，贡生，邯郸县训导。（有事实）

姚九万，贡生，临汾县训导。

谢丕显，贡生，大名县训导，升河南汝阳县知县。

任宏杰，贡生，清河县训导，升陕西郃阳县县丞。

赵良玉，监生，福建海澄县典史。

以上旧志。

李溱泰，国史馆供事，任奉天中后所巡检。（有事实）

倪鹏，监生，任四川荣县县丞，改补布政司照磨，乾隆三十八年殉木果木之难，赠銮仪卫经历，祀忠孝祠。（有事实）

王士伟，监生，福建福州府通判。

王士玉，户部主事寿三子，监生，官大理寺司务，升寺丞，即选同知。

王州，内阁中书鹏子，贡生，官刑部湖广司员外郎，福建延建邵道，广西桂平、梧郁盐法道，嘉庆庚辰科广西乡试提调官。

王册，州之弟，贡生，官户部四川司员外郎，著有《浣花录诗集》，有事实。

王大鲲，监生，官翰林院待诏。

田承武，监生，江苏平望司巡检，五品衔。

田蕙田，承武侄，官阆中县知县。

鲁应泰，监生，署山西左云县典史，六品衔。

田宅仁，监生，刑部山西司主事知县蕙田子。

张晟，训导光翕子，监生，云南罗平州吏目，军功蓝翎五品衔。

鲍维垣，监生，湖北兴国州富池镇巡检。

贾永魁，监生，原官工部都水司员外郎。

杨士珍，监生，安徽繁昌县荻港镇巡检，署英山、潜山等县县丞，护理潜山县知县，现两淮候补盐大使。

刘福林，监生，江苏候补知县，咸丰八年带勇浙江剿贼阵亡，恩赐荫恤。（有事实）

富隆武，旗籍监生，湖南投效，军功保举署荆州府知府，清理积案三十余件，捐修沙市石礁岸六百余丈，荆民称颂，倚为保障。

魏清麟，知府式曾子，监生，湖北候补库大使。

杨士举，监生，山东新城县典史。

张宝臣，贡生，广东候补盐大使。

余文凤，刑部郎中支骧弟，贡生，奉天府经历，署八家镇巡检，保升知县，署广宁县，事有循声。

王介福，监生，同治四年任广西柳州府融县长安镇巡检，七年代理融县知县。

徐永吉，监生，都察院经历，改知县。

吴明，副榜咏虞子，监生，湖北候补巡检。

王楷，员外册曾孙，监生，署山东。

应坛，益都县典史，监生，署奉天凤凰厅司狱，管经历事。

王树勋，巡检绍祖子，从九品，襄办奏巡检，加六品衔。

宦达（不由选举登仕籍者入此）

房星煌，旗籍，任福建漳州府知府。（有事实）

房星焕，旗籍，任山东武德道。（有事实）

董魁武，以功历任广西苍梧道右参议。

柯永远，旗籍，任山东益都县知县，升兵科给事中。

伊兰太，驻防谥昭节海龄子，官户部主事，恩赏员外郎。

程虎炳，岁贡兰芳孙，因江西吉安府守城军功保荐从九品，城陷殉难，照实任从九品赐恤。（有事实）

‖ 卷之五 ‖

选举（下）

武科（附行伍·封荫）

明

武进士

张世忠，本卫镇抚，嘉靖五年丙戌登孙堪榜，任大同中路参将，移守偏头关，援六支村殉难。（有事实）

常润，本卫中前所人，本所正千户。

熊文济，本卫籍，江西人，万历十四年丙戌任游击将军。

王养贤，应袭本卫指挥，万历十七年己丑任建昌游击。

武举

常润，嘉靖元年壬午，见进士。

张世忠，嘉靖四年乙酉，见进士。

谭璋，嘉靖二十五年丙午。

吕镗，本卫指挥佥事。

张昆，万历四年丙子。

熊文济，万历十三年乙酉，见进士。

王养贤，万历十六年戊子，见进士。

任国琦，天启七年丁卯，历任副总兵，管督师军门、中军事，足智善谋，屡居要职，多所建立。

马中骥，崇祯九年丙子、己卯两科，历任都司佥书，管山西平阳道标中军事。

将选附

刘江，总旗，历任中军都督府左都督，守辽东，封广宁伯，有事实。

李洪，指挥，举将材，历任燕河营参将。

刘渊，刚之孙，指挥，举将材。历任后军都督府都督佥事，挂镇朔将军印，充总兵官，镇守宣府，改蓟州总兵。（有事实）

赵卿，山东济宁指挥，调山海卫，举将材。历任后军都督府都督佥事，挂镇朔将军印，守宣府。

祝雄，辽东前屯卫指挥，调山海卫，举将材。历任后军都督府都督佥事，仕至蓟州总兵官。（有事实）

唐大节，指挥同知，举将材。历任建昌营游击。

石美中，指挥同知，举将材。天寿山守备。

徐瓒，指挥使，举将材，辽东义州卫备御。

徐永贵，指挥同知，举将材，历任山海卫守备，改蓟州卫守备。

祝福，指挥佥事，总兵雄子，举将材。历任前军都督府署都督佥事，镇守昌平，改保定总兵官。

张懋勋，参将世忠子，举将材。历任神枢营游击。

徐枝，指挥佥事，举将材。任右军都督府佥事，石塘岭副总兵。

任鹤年，指挥佥事，举将材。三河守备。

施国藩，指挥同知，升指挥使，青山口提调。

张四维，指挥使，举将材。桃林口提调。

赵大纲，指挥佥事，举将材。任青山口提调。

吕纳，指挥使，举将材，任洪山口提调。

王杰，指挥同知，举将材。任擦崖提调。

徐国桢，指挥使，举将材。任白马关守备。

赵文明，指挥使，掌卫印，历任宁山参将。

赵勋，燕山卫武举，百户，调山海卫，历升五军营参将。

张效良，指挥使，举将材。罗文峪将军右提调。

傅国忠，指挥佥事，举将材。任一片石提调。

李逢阳，指挥同知，举将材。桃林口守备。

张继祖，游击懋勋子，举将材。义院口守备。

李天培，指挥使，举将材。桃林口守备。

任重，守备鹤年子，举将材。青山口守备。

傅崇德，指挥金事，举将材。青山口守备。

于承芳，指挥使，举将材。大安口提调。

邢万民，蓟州卫千户，调本卫任马兰峪副总兵。

吕鸣咸，本卫指挥，历任后军都督金事，南部副总兵。（有事实）

孙思坚，本卫千户，历任大宁都司。

朱尚义，阳和副将，榆林总兵。

戴天宠，本卫指挥，黄土岭守备。

郭东光，本卫指挥，历任开平打造局都司。

孟锡磷，本卫千户，任董家口提调，功升都司，都司金书。

施兆麟，本卫指挥，掌卫印，升任陆运营都司。

林应坤，本卫指挥，任铁厂堡守备。

赵应元，本卫千户，历任北部副总兵。

李鸣冈，本卫指挥，任镇标右营都司。

傅国珍，本卫百户，任花桑峪都司。

孙承业，都司思坚子，守建昌路参将。

穆朝臣，任经理镇标副总兵。

徐应弟，任军门标下指挥同知，旗鼓守备。

徐可用，本卫指挥，掌卫印任镇标副中军。

杜绳武，本卫副千户，历升遵化营副总兵。

张文善，历任老营堡参将。

孙思吴，本卫千户，任中后所城守游击。

国朝

武进士

张武扬，宣镇籍，顺治六年己丑，历任湖广荆州卫都司金书，管守备事。

穆廷梁，京卫籍，顺治十八年辛丑，任广东廉平州守备，升惠镇右营都司。

穆廷栻，举人廷选弟，康熙六年丁未，历任福建陆路提督，卒于官，赠左都督，谥曰：清恪。（有事实）

张朝臣，康熙九年庚戌，任浙江处州都司，死遂昌土匪之乱，恩赐荫恤。（有事实）

董恺，康熙二十一年壬戌，授江宁守备，升潜山营游击，调苏松水师左营游击。

赵廷文，康熙五十一年癸巳，初任浙江杭州前卫掌印守备，加一级，调升宁波城守营中军守备。

吕文英，乾隆元年丙辰，御前侍卫，历任福建邵武营及灌口汛都司绿事，离任起用候补，随征金川，抢贼碉卡，加一等功，事平以都司署陕西神道岭事。

李霖，乾隆四年己未。

穆尧年，乾隆十六年辛未，任直隶塘务厅。

计宏谟，乾隆二十二年丁丑，仕至湖北竹山营游击，从军入川，没于王事。（有事实）

阮宁方，乾隆二十五年庚辰，御前侍卫，仕至广东湖州营参将。（有事实）

吴觐扬，乾隆二十八年癸未，候选守备。

秦大勋，乾隆四十年乙未，历任浙江处州、金华、湖南岳州等卫守备。

刘珮珩，嘉庆六年辛酉，浙江湖州守备，杭州都司，太湖营游击，护理杭州协副将，贵州提标中军参将。

计锦珩，嘉庆二十四年己卯，候选守备。

计清元，嘉庆二十五年庚辰，蓝翎侍卫，候选都司，城工议叙，钦加游击衔。（有事实）

李懋勋，道光二十七年丁未，三等侍卫都司用，军功议叙参将衔。

武举

贲鹏程，顺治五年壬子，历任浙江都司金书。

张武扬，见进士。

王奋威，顺治十四年丁酉。

穆廷梁，顺治十七年庚子，见进士。

穆廷栻，康熙二年癸卯，见进士。

张启元，康熙五年丙午。

穆尔训，封礼部郎中齐英子，京卫籍，康熙八年己酉科，任陕西延绥柏林堡守备。

张朝臣，都司武阳子，见进士。

傅纬忠，副总兵尚谦子。

郭帮弼，河间籍。

郭垣，康熙十一年壬子。

张震

田成宾

赵三宣，康熙十七年戊午，浙江绍兴卫千总都司衔。

董恺，康熙二十年辛酉，见进士。

尹大成，康熙三十二年癸酉。

郭镦

侯一位

曹文焕

刘丕振，康熙三十五年丙子。

赵廷绪，康熙三十八年己卯。

解廷瑜，历任陕西固原、湖广黄州、常德水师营守备。

张霈

赵廷文，康熙四十一年壬午。

张联榜

韩建勋

高汝正，康熙四十七年戊子。

马鹏程

张开基，陕西临洮卫守备。

刘寅亮，康熙五十年辛卯。

穆景夔，增生，康熙五十三年甲午。

曹维屏

乔世荣，雍正元年癸卯，初任襄阳卫千总，升湖州卫守备，调绍兴卫守备。

高曰训，雍正四年丙午，绍兴卫千总。

董露，雍正七年己酉。

吕文英，雍正十年壬子，见进士。

侯来泰

周维镛，乾隆元年丙辰。

李霖，乾隆三年戊午，见进士。

萧士屏

傅铭，乾隆六年辛酉，江南建阳卫千总。

张云鹏，江南仪征卫千总，湖南长沙营守备，江西南昌镇前营守备，铅山营都司，福建建宁镇、松溪营游击，铜山营参将，延平协副将。

赵亮，候选卫千总。（有事实）

穆尧年，乾隆九年甲子，见进士。

孙耀代

庞廷抡

萧士德，乾隆十二年丁卯。

杨国麟，乾隆十五年庚午。

杨秉乾、计宏经、

吕澍，乾隆十七年壬申。

萧士标

李雯，乾隆十八年癸酉。

刘鹏、萧士发、徐瑾、

计宏谟，乾隆二十一年丙子。见进士。

阮宁方，乾隆二十四年己卯，见进士。

杨体乾

刘一元，任山东德州千总。

吴觐扬，见进士。

李文蒉。

计肇发，乾隆二十五年庚辰。

孟国光、李芳、

邱永安，乾隆二十七年壬午。

温大任，乾隆三十年乙酉。

刘文渊，乾隆三十三年戊子。

周宗昌、任奇勋、

王士佽，乾隆三十六年辛卯，候选守备。

王士俊、马云标、秦大勋、刘永誉。

高又新，乾隆四十一年丙申。

刘永禄，乾隆四十二年丁酉。

李凤翔，乾隆四十五年庚子。

刘永安、刘永年

高鼎勋，乾隆五十一年丙午亚元，浙江杭严卫头帮领运千总。

秦占鳌，江南江淮卫领运千总。

计锦标，乾隆五十三年戊申。（有事实）

张登鳌，乾隆五十七年壬子，苏州前帮领运千总。

刘佩珩，乾隆五十九年甲寅，见进士。

计锦荣，乾隆六十年乙卯。

周扬武，嘉庆三年戊午。

赵仲昌，嘉庆五年庚申。

刘清泰，嘉庆九年甲子。

朱长清，嘉庆十二年丁卯。

刘垠，嘉庆十五年庚午。

计清元，嘉庆二十一年丙子解元，见进士。

阚国治

王元震，亚元，嘉庆丁丑科，兵部差官，任江苏太仓卫守备。

任秉彝

计锦珩，嘉庆二十三年戊寅，见进士。

赵殿魁，嘉庆二十四年己卯。

李师善，道光二十年庚子，兵部差官。

李懋勋，道光二十六年丙午，见进士。

黄元成

陈炳，同治六年丁卯。

将选

傅尚谦，举将材。历任江南寿春营副总兵。

詹世勋，以功历任江南副总兵。

赵世新，本卫指挥，任陕西高沟堡守备。

赵世泰，副将应元子，任河南镇标参将，率兵剿寇战没，有事实。

秦国荣，历任山海路都司，升金华府右营游击。

苗有年，山西保德营守备。

鲁士科，福建建宁道中军守备。

周永祚，浙江衢州营守备。

何万邦，本卫指挥，历任浙江水师营都司。

郭重显，开封府城守营中军守备。

孙遇吉，江南苏松镇标中军左营都司。

白尚信，密云督标，前营守备，管中军事，总督直隶、山东、河南标下守备。

涂鼐臣，浙江右营守备，管千总事。

陈应魁，直隶提标守备，管千总事。

任嘉勋，山西平阳府城守营守备，管千总事。

谭俊，广东右翼镇游击。

刘泽深，由将材，功加左都督，任浙江守备，历任宣化营参将，江南督标副将，广东石碣总兵。

常怀忠，由军功加守备衔，补义院口守备。

谭纶，文生，改就行伍随征闽省，立功四十余次，初任浙抚中军守备，升都司佥书，二十一年升陕西略阳协副将。

王度冲，由军功任湖广援剿右路总兵官，左都督。

穆秉常，提督廷柣子，任江南提标把总，历升江南广东游击，湖北抚标参将。

赵焞，三宣子，由兵部效力，任江南卫千总，升守备。

林德门，监生，选山东东昌卫运粮千总。

廉永第，本卫人，任黄土岭守备。

张浚，由行伍历任江西抚标右营千总，饶州营守备，武宁、铅山、浮梁等营都司，广西镇标中营游击，饶州营参将。

穆秉衡，提督廷柣子，举将材，江南提标千总。

张荣绪，武庠生，历任九江前帮协运，宣州、浙江湖州白粮帮千总，山东平山前帮协运。

程启斌，武庠生，任福建左营都司。

刘凤书，太学武生，江南漕标卫千总，署山东临清卫前帮千总。

程序铺，武庠生，浙江杭严卫湖州白粮帮千总，处州卫守备。

额楞额，驻防防守尉，历任江西副将。

鹤龄，由笔帖式历升广东韶连镇游击。

德凌阿，由骁骑校历升山西归化营都司，复升本营右翼协领。

海龄，骁骑校，道光十五年以守备用，历升宣化镇、大名镇总兵，调任京口副都统，二十二年贼陷镇江殉难，恩赐荫恤。（有事实）

倭恒额，驻防协领，升任哈密副将。

海明阿，驻防防御，授大同镇都司。

霍忠武，防御，授居庸关都司。

锡普昌阿，防御，授甘肃赤金营都司，历升静远协副将。

伊喳太，驻防，谥昭节海龄子，赏蓝翎侍卫。

谭光斗，武庠生，于咸丰二年以外委随征扬州，三年署把总，剿贼阵亡，奉旨赠千总，恩赐荫恤，有事实。

伊经阿，驻防佐领，投效军营，署四川督标游击，打仗阵亡，恩赐荫恤。（有事实）

宝琳，驻防防御，升山西高山营都司。

赓音保，驻防骁骑校，荐升万全营守备。

褚凤翔，由行伍，咸丰二年随征江南扬州等处打仗出力，赏六品顶带，拔补外委升古北口城守把总，赏戴蓝翎，升甘肃兰州营守备，屡著战功，以参将归直隶候补，赏换花翎。同治十年直境肃清，保尽先副将归两江候补统带，练勇出力，赏加总兵衔。

谭自明，充牛头崖行伍，咸丰间随征安徽贼匪，屡次力战有功，累保加副将衔。

文哲珲，驻防前锋校，投营山东阵亡。（有事实）

封赠

明

萧福海，以子显官兵科给事中，赠征仕郎。

詹玉，以孙荣官都察院右副都御史，赠通议大夫。

詹通，以子荣官都察院右副都御史，封承德郎，户部主事，赠通议大夫。

刘刚，以孙渊官后军都督府都督佥事，赠骠骑将军。（有事实）

刘镇，以子渊官都督佥事，赠骠骑将军。

王荣，以子相官旗手卫经历，赠征仕郎。

刘汝桢，以子复礼官工部郎中，赠奉政大夫。

冯琦，以子恃泰官工部主事，赠承德郎。

刘光大，以子恩诚山东平原县知县，赠文林郎。

刘思诚，以子廷宣官大理寺左少卿，赠中宪大夫。

程矩，以子继贤官工部员外郎，赠奉直大夫。

国朝

佘崇贵，以子一元官礼部郎中加从四品，赠朝议大夫。

穆齐英，以子尔谟官礼部郎中，封奉政大夫。

刘愤，以子克孔官山西汾州府知府，赠朝议大夫，有事实。

穆恩敬，以曾孙廷栻官江南水师营总兵官，赠骁骑将军。

穆齐岱，以孙廷栻官江南水师营总兵官，赠骁骑将军。

穆尔铉，以子廷栻官江南水师营总兵官，赠骁骑将军。

谭有德，以子从简官孟津县知县，封文林郎。

谭让，以孙纶官略阳协副将，封怀远将军。

谭有法，以子纶官略阳协副将，封怀远将军。

穆尔铠，以子廷梁官广东惠镇右营都司，赠怀远将军。

穆维淑，以子景惠官天津训导，貤赠修职佐郎。

张自立，以曾孙霖官福建布政使加三级，赠光禄大夫。

张仲科，以孙霖官福建布政使加三级，赠光禄大夫。

张希稳，以子霖官福建布政使加三级，赠光禄大夫。

吕铎，以子养浩官中光县教谕，貤赠修职郎。

赵云翰，以子三宣官浙江绍兴卫千总都司衔，封昭武都尉。

李师晟，以子庆生官两淮通判分司、拼茶场盐课大使，貤赠修职郎。

王瑜，以孙作乂官刑部郎中加三级，赠中议大夫。

王允猷，以子作乂官刑部郎中加王级，赠中议大夫。

范衡礼，以子浚官河间县训导，貤赠修职佐郎。

程鹏，以子瑛官清苑县训导，貤赠修职佐郎。

程瑛，以子式濂官隆平县训导，貤赠修职佐郎。

解印德，以子廷瑜官湖广守备，赠武德将军。

常维谦，以子天伟官涿州训导，貤赠修职佐郎。

赵启富，以子廷绪官江南宿州卫千总，赠昭信校尉。

傅光显，以孙铭官江南建阳卫宁太帮领运千总，貤赠昭信校尉。

傅作霖，以子铭官江南建阳卫宁太帮领运千总，封昭信校尉。

魏明福，原任山永协协标把总，以长孙行方官河南知县加三级，貤赠奉直大夫。

吕国弼，以曾孙文英御前侍卫加一级，封中宪大夫。

吕应科，以孙文英御前侍卫加一级，封中宪大夫。

吕调升，以子文英御前侍卫加一级，封中宪大夫。

王永吉，武庠生，以子寿三官户部主事加三级，赠朝议大夫。

王作乂，附贡生，任中书科中书，升刑部郎中，记名知府候补道，以孙州官广西桂平、梧郁盐法道，赠中议大夫。

魏明才，原任石门路大毛山把总，以嗣孙行敏官甘肃平凉府同知，貤赠奉政大夫。

王鹏，中书，武英殿行走，以子州官广西桂平、梧郁盐法道加一级，晋赠中议大夫。

孙自贵，以孙曰秉官山东布政使，赠通奉大夫。

孙贤，以子曰秉官山东布政使，赠通奉大夫。

郭如柏，举人，内阁中书，以子熟官蔚州学正，貤赠修职郎。

郭愆，岁贡生，故城训导，以子陞宗官清苑教谕，貤赠修职郎。

计康成，候选县丞，以孙宏谟官湖北竹山营游击，赠武翼都尉。

计士奇，监生，以子宏谟官湖北竹山营游击，赠武翼都尉。

贾玺，以孙领官四川隆昌县知县，貤赠文林郎。

贾清臣，以子领官四川隆昌县知县，赠文林郎。

田永乾，以子耕可官万全县教谕，貤赠修职郎。

秦自砺，以子大勋官处州卫守备，赠武德骑尉。

阮朝聘，以孙宁方御前侍卫，赠武德骑尉。

秦峻德，以子占鳌官江淮卫千总，赠武略骑尉。

阮文秀，以子宁方御前侍卫，赠武德骑尉。

田耕可，以孙承武官江苏平望司巡检五品衔，貤赠奉政大夫。

田凤翔，以子承武官江苏平望司巡检五品衔，赠奉政大夫。

计肇祺，布政司理问，以孙清元蓝翎侍卫，貤封武德骑尉。

计锦标，武举人，兵部差官，以子清元蓝翎侍卫，封武德骑尉。

计国楹，庠贡生，以侄清元蓝翎侍卫，貤封武德骑尉。

计锦荣，以侄清元蓝翎侍卫，貤封武德骑尉。

计肇书，布政司理问，以子锦珩即用守备都司衔，诰封昭武都尉。

王士诠，郡庠贡生，以子保庸官江西吉安府通判，赠承德郎，以孙定元世袭云骑尉，赠武德骑尉。

王士龙，以侄保庸官江西吉安府通判，貤赠承德郎。

王毅师，武庠生，候选千总衔，以侄保庸官江西吉安府通判，貤赠承德郎。

王大文，候选府经历，以子元震官江苏太仓卫守备，封武德骑尉。

郭升宗，附监生六品衔，以孙长清官刑部主事加二级，貤赠奉政大夫。

郭锡蕃，监生候选宣课司大使，以子长清官刑部主事加二级，诰赠奉政大夫。

郭锡年，监生，以侄长清官刑部主事加一级，貤赠奉直大夫。

魏文通，廪膳生，崇祀乡贤，以次子行敏官甘肃平凉府同知，诰赠奉政大夫，同治八年以曾孙式曾军功奖叙赏给正二品封典，貤赠资政大夫。

魏行方，原官河南知县，以长孙式曾官湖南永顺府加盐运使衔，覃恩诰赠通议大夫，晋赠资政大夫。

张世昌，以子绅官柏乡教谕，覃恩貤赠修职郎。

魏行敏，原官甘肃平凉府同知，以侄孙式曾官湖南永顺府知府，覃恩貤赠朝议大夫。

魏思诚，原官山东知县，以胞侄式曾官湖南永顺府，覃恩貤赠朝议大夫。

魏思廉，廪膳生，以堂侄式曾官湖南永顺府知府，覃恩貤赠朝议大夫。

魏思任，郡庠生，以子式曾官湖南澧州直隶州知州升授永顺府知府、候补道加盐运使衔，叠遇覃恩诰赠奉政大夫，累赠朝仪大夫、通议大夫，晋赠资政大夫。

魏思和，太学生，以胞侄式曾官湖南知府，覃恩貤赠朝议大夫。

魏思桂，儒士，以堂侄淑曾官贵州平远州知州，覃恩貤赠奉直大夫。

魏法曾，廪膳生，以堂弟式曾官湖南澧州、直隶州知州，覃恩貤赠奉政大夫。

李天嘉，候推千总，以婿魏式曾官湖南郴州、直隶州知州，捐请封典，貤赠奉政大夫。

田承勋，以子惠田官四川阆中县知县，赠文林郎，以孙宅仁官刑部主事加一级，貤赠奉直大夫。

田蕙田，四川阆中知县，以子宅仁官刑部主事加七级，封通政大夫。

田芝田，增贡生，以子植仁官云南姚州知州，封奉直大夫。

余澜，以孙文骧官刑部郎中四品衔，貤赠朝议大夫。

余绳祖，以子文骧官刑部郎中，赠奉政大夫。

余绍祖，附贡生，候选京府经历，以本生子文骧官刑部郎中，貤封奉政大夫。

傅涟，以孙德谦官陕西韩城县知县五品衔，赠奉直大夫。

傅文玉，以子德谦官陕西韩城县知县五品衔，赠奉直大夫。

计国杰，武庠生，候选营千总，以子鹏翀官静海县训导，光禄寺署正衔，赠儒林郎。

计鹏翔，增生，以弟鹏翀官静海县训导，光禄寺署正衔，貤赠儒林郎。

傅文淦，以子毓沂官藁城县训导，封修职佐郎。

程兰阿，以子儒珍官宁古塔学正，赠修职郎。

杨天笃，以孙士端官刑部郎中加二级，貤赠中宪大夫。

杨上翔，庠生，以子士端官刑部郎中加二级，赠中宪大夫。

杨观光，附贡生，候选布经历，以本生子士端官刑部郎中加二级，貤赠中宪大夫。

田承武，以孙恩照官内阁中书加四级，貤赠奉直大夫。

田继芗，廪贡，候选训导，以侄孙恩照官内阁中书加四级，貤封奉直大夫。

田蓝田，候选州吏目议叙都司衔，以子恩照官内阁中书加四级，赠奉直大夫。

郭堡宗，廪生，以侄孙长清官刑部主事加一级，貤赠奉直大夫。

鲁大成，以子应泰官山西候补巡检，貤封登仕郎。

魏思赞，岁贡生，以胞侄式曾官湖南知府，覃恩貤赠朝议大夫。

郭锡光，庠生，以侄长清官刑部主事加一级，貤赠奉直大夫。

常鹏，以孙清任官栾城县训导，貤赠修职佐郎。

马士超，嘉庆庚申恩赐举人，辛酉恩赐国子监学正，以孙学和官山东昌邑县知县。同知衔加二级，覃恩貤赠中宪大夫。

常忠樾，以堂侄清任官栾城县训导，貤赠修职佐郎。

常忠智，以子清任官栾城县训导，赠奉直大夫。

常忠勇，以本生子清任官栾城县训导五品衔，貤赠奉直大夫。

马升书，以子学和官山东昌邑县知县，同知衔加二级，覃恩诰赠中宪大夫。

李邻沫，以孙懋勋三等侍卫加一级，貤赠昭武都尉。

李维桢，以子懋勋三等侍卫都司用，封昭武都尉。

李建勋，以弟懋勋三等侍卫都司用，貤封昭武都尉。

解维纯，监生，以子煜官翰林院编修洗马衔，赠奉政大夫，有事实。

李澄，议叙六品职，以子铁林官翰林院庶吉士，改河南夏邑县知县，同知衔，封奉政大夫。

计锦宣，以子鹏年官密云县训导，貤赠修职佐郎。

李士纲，以子育德官延庆州学正，貤赠修职郎。

李光宗，监生，以孙师善官兵部差官，貤赠武德骑尉。

李光第，监生，以本生孙师善官兵部差官。貤赠武德骑尉。

李振元，武生，六品衔，以子师善官兵部差官，诰封武德骑尉。

李子元，邑庠生，以本生子师善官兵部差官，貤赠武德骑尉。

马负书，廪膳生，以外孙魏式曾官湖南知府，覃恩貤赠朝议大夫。

呢初贺，以孙讷钦官刑部主事，覃恩貤赠承德郎。

霍勒木，候选从九品，以子讷钦官刑部主事，覃恩敕赠承德郎。

恩荫

明

詹于远，侍郎荣之子，嘉靖二十八年以三品俸考满。

詹延，于远子，万历三十一年以父足疾移荫入监，历任云南广南府知府。（有事实）

国朝

吕焯如，赠卿鸣夏之子，顺治二年官监，任江南高邮州知州。

吕焕如，都督佥事鸣咸子，顺治二年官监。

毛凤仪，通判应坤子，顺治二年官监，任陕西阶州同知。

刘芳显，知县克望侄，顺治二年官监，任河南郑州知州，补陕州知州。

高进，知县选弟，顺治二年官监。

吕炜如，赠光禄卿鸣夏次子，顺治六年恩荫，历任江西广信府同知。

郭天成，同知仲金子，增广生，顺治八年恩荫官监。

佘瑜，礼部郎中，四品衔，一元子，顺治八年官监。

李栖凤，忠义友松子，荫贵州思州府经历。

张振麟，都司朝臣子，难荫卫千总。

穆秉宽，提督廷栻子，官监，考授光禄寺署正。

张启明，朝臣曾孙，世袭恩骑尉。

张勇成，朝臣元孙，世袭恩骑尉，任张家口协右营守备。

张殿元，朝臣六世孙，世袭恩骑尉。

张绳祖，朝臣七世孙，世袭恩骑尉。

清安，谥昭节海龄孙，世袭骑都尉兼云骑尉。

伊喇太，谥昭节海龄次子，赏蓝翎侍卫。

王定元，江西吉安通判保庸子，世袭云骑尉。

程祝春，江西候补从九品虎炳嗣子，世袭云骑尉。

谭琳，赠千总衔光斗嗣子，世袭云骑尉。

刘樾，即补知县福林子，世袭云骑尉。

连魁，巡检恩龄次子，难荫官监。

双英，署游击伊经阿子，世袭云骑尉。

多博欢，前锋校文哲珲子，世袭云骑尉。

瑞凌，佐领特吞布孙，伊祖出师江南军营病故，赏荫监生。

德克经额，都司宝琳子，八品荫监。

‖ 卷之六 ‖

舆 地 编（一）

星野·疆界·形胜·山水（上）

星野

箕尾，燕之分野，此定论矣。至详测度数，尝考《帝王世纪》，周天百七万九千余里，径三十五万六千九百七十余里，分为十二次，次三十余度，度得里二千九百三十有二。惟天穹而地弦，天大而地小，不可以天之里准地，然约略推之一州一邑，不足当其一度也。裨灶有言：天道远人道迩。故臆说不敢参，谨详加引征，切于本地者录之以资考订。

《周礼》注：析木，燕也。

《周礼·总义》析木，燕之分星，幽州之星土也。

《春秋·昭公八年》、《左传》注：箕斗之间有天汉，故谓之析木之津。

《春秋·元命苞》：箕星散为幽州，分为燕国。

《春秋·说题辞》：箕尾为燕。

《尔雅》注：箕，龙尾。《尔雅》疏：尾箕在苍龙之末，故曰"龙尾"。

《史记·天官书》：尾箕，幽州，又曰东宫，尾为九子。

《汉书·地理志》：燕地，箕尾分野，东为渔阳、右北平、辽西、辽东，西有上谷、代郡、雁门，南得涿郡之易、容城、范阳、北新城、故安、涿县、良乡、新昌及渤海之安次，皆燕分也，乐浪、元菟亦宜属焉。自危四度至斗六度谓之析木之次，燕之分也。

《晋书·天文志》：自尾十度至南斗十一度为析木，于辰在寅，燕之分野，属幽州；又，右北平入尾七度，西河、上郡、北地、辽西东入尾十度。

《隋书·地理志》：自尾十度至南斗十一度为析木，属幽州。

《唐书·天文志》：析木为云汉末派，山海极焉，故其分野自北河末派，穷北极之曲，东北负海为析木，负海者以其云汉之阴也。又，尾箕，析木津也，初尾七度，终南斗八度，自渤海九河之北得汉河间、涿郡、广阳及上谷、渔阳、右北平、辽西、辽东、乐浪、元菟、古北燕、孤竹、无终之国，尾得云汉之末派，龟鱼丽焉，当九河之下流，滨于渤碣，皆北纪之所穷也。箕与南斗相近，为辽水之阳，尽朝鲜三韩之地，在吴越东南。又，天宝九载八月，五星聚于箕尾，荧惑先至而又先去，尾箕燕分也。

《唐书·地理志》：瀛、莫、幽、易、涿、平、妫、檀、蓟、营、安东为析木津分。

《宋史·天文志》：尾宿九星，按汉永元铜仪尾宿十八度，唐开元游仪同，旧去极百二十度，一云百四十度，今百二十四度，景祐测验亦十八度，距西行从西第二星去极百二十八度，在赤道外二十二度，乾象新书二十七度。箕宿四星，按汉永元铜仪箕宿十度，唐开元游仪十一度，旧去极百十八度，今百二十度，景祐测验箕四星十度，距西北第一星去极百二十三度。

《元史·历志》：周天列宿度用管窥，今制浑仪测用二线，所测度数分秒与前代不同，尾十九度一十分，箕十度四十分。

《帝王世纪》：自尾十度至斗七度百三十五分而终，曰析木之次，辰在寅谓之摄提格，于律为应钟，斗建在亥，今燕分野。

《明统志》：永平府、延庆州、保安州、万全都指挥使司天文尾分野。

《一统志》：永平府，《禹贡》冀州之域，尾分野。

《文献通考》：尾九星，去极一百二十七度半，箕四星，去极一百二十一度。

《山堂考索》：尾箕，星曰析木，宫曰人马，时曰寅，州曰幽。

《协纪辨方》：房、心、尾、箕四宿界卯寅二宫，共占三十八度。

《古今律历考》：尾，汉《太初历》洛下闳所测十八度，宋皇祐所测十九度，崇宁所测十九度，少元《授时历》郭守敬所测十九度十分。箕，《太初历》十一度，皇祐所测十度，元丰所测十一度，崇宁所测十度半，《授时历》所测十度四十分。

郑渔仲《通志》：尾十九度，箕十一度。

《乐轩集》：星度分野十二次，东西南北相及者四，疑似者七，所可据者，其惟析木乎？其宿尾亦艮之，维燕可以言东北也。

《太平寰宇记》：幽州星分尾箕，涿州星分尾宿十六度，蓟州星分尾三度，霸州星分箕尾，燕州星分尾斗。

清类天文分野之书，宛平、大兴、良乡尾一度，通州、三河、武清尾二度，昌平、顺义、密云、怀柔尾三度，涿州、房山、霸州、文安尾四度，丰润、玉田、蓟州、保定尾五度，遵化、平谷尾七度。（此系《日下旧闻》所载，故不及永平。）

《步天歌》：尾，九星如钩苍龙尾，下头五点号龟星，尾上天江四横是，尾东一个名传说，传说东边一鱼子，尾西一室是神宫，所以列在后妃中。箕，四星形状似簸箕，箕下三星名木杵，箕前一星是糠皮。

按《晋书·天文志》云：右北平入尾七度，西上郡、北地、辽西东入尾十度，据陈卓、范蠡、鬼谷先生、张良、谯周、京房、张衡并云：尾箕幽州，凉州入箕中十度，上谷入尾一度，渔阳入尾三度，涿郡入尾十六度，渤海入箕一度，乐浪入箕三度，元菟入箕六度，广阳入箕九度，合参之，山海分野可以见矣。

以上星野。

疆界

夫仁政必自经界始，是虽百里之雷封，亦不可忽也。邑自改县后迄今百四十余年，版图式廓，幅员既长，而欲抚治者懔。兹赐履厘厥井疆，则自西自东，自南自北，其里数之近远，与夫边幅之毗连，可勿详志，以为规划之一助欤！

临榆县东西广七十里，南北袤二百三十里。东至关外红墙、宁远州界十里。西至深河、抚宁县界六十里。南至海十里。北至义院口边七十里，自义院口至羊山岭、承德府界一百五十里。东南至海十里。西南至戴家河、抚宁县界七十里。东北至条子边、承德府界七十里。西北至码礁岭、抚宁县界七十里。西至京师顺天府治六百八十里。至直隶省垣千有十里。至永平府治百七十里。东至奉天府治八百里。

以上疆界。

形胜

山海交会，隘塞严关，形胜称最要焉。故历代据为边镇。宿兵云屯雾集，刁斗声相闻，居民懔懔栗栗如濒渊崖，地亦岩疆哉。逮兹盛世，锁钥两京，冠盖交衡，车书旁午，抱关而稽出入，与县治声教相维，时以界严孔道，用为太平之令甲也。

渝关，东北循海有道，道狭处才数尺，旁皆乱山，高峻不可越。北至进牛口，旧置八防御军，募士兵守之。（《通鉴》）

燕之渝关，吴之西陵，蜀之汉乐，地有所必据，城有所必守。（《地理·通释》）

明洪武初即古会州大宁地，设北平行都司，兴营诸屯卫。封建宁藩与辽东宣府东西联络，为外边；徐魏国公经略自古北口至山海关，增修关隘，为内边。（《会典》）

弘治中，蓟辽巡抚洪钟筑边墙，自山海抵居庸二百七十余处。隆庆中，军门谭纶请筑敌台三千，自居庸东至山海。

山海关在抚宁县东，其北为山，其南为海，实险要之区。（《一统志》）

长城之枕护燕蓟，为京师屏翰，拥雄关为辽左咽喉。（《畿辅通志》）

峭壁洪涛，耸汇南北，束岩瓮牖。（《永平府志》）

以上形胜。

山水（上）

旧志于山川已详备矣，惟陵谷之变迁，泉流之转徙，百年之中亦间有异同。兹据近所考辨，与旧文参录之，以符闻见。

角山，距城北六里，脉自边外滦河之北，迤逦而东，至建昌之南，为大横岭分支，南下起伏转折，至山海关顿起高峰，横开列嶂，南临大海，长城枕之。控畿甸，界辽沈，关城之镇山也。山之最高处为平山顶，平广可坐数百人，有巨石嵯岈如龙首戴角，山下冈岭皆由东循海西转环抱县城，所谓拱卫神京者也。上有栖贤寺，旧多长松，葱茏翁蔚，壮一邑之观，皆数百年物。嘉庆间，因差务采取殆尽，历经滋培仍未复旧。兹山之北层峦弥望，其后即建昌、平泉诸境矣。

明兵部职方黄景鑅《角山》诗：

"爱尔栖霞胜，乘秋来寺中。山高天气肃，肃瑟多凄风。崖枯惊落叶，露重湿草丛。感比四时序，代谢何匆匆。君看盈虚理，退者在成功。智哉张留侯，千载名无穷。栖霞复栖霞，无以官为家。"又："占寺乱峰里，岚光四映碧。出城指郊路，游赏恣所适。俗吏苦纷挐，久抱山水癖。跻高力未倦，惬愿如有获。远蹈想幽人，安得卜一宅。径曲便通樵，蕨长柔可摘。白昼鸣林禽，寒餐汲泉脉。藤萝萦崖树，躧躩挂石壁。信步陟绝巘，去天不盈尺。颒洞睹海氛，光景相薄射。旷哉此时怀，迥与尘世隔。长风吹襟袖，清啸万里客。"

明兵部职方马扬诗：

"夙抱烟霞癖，无缘脱鞅掌。百虑荡内机，庶事劳外像。忽忽青阳暮，遥忆山林赏。薄言寻蹊蹊，所希绝尘网。佳气纷郁葱，宝地开虚敞。泉声清且幽，物色何骀荡。莓苔染阶碧，松露滴石响。举觞临东风，悠然任来往。长歌故徘徊，古洞恣偃仰。归来憩空堂，芳树日初上。"又："人生常怀忧，流光只虚过。逍遥对珠林，忘形依石坐。鸟驮烟霞还，猿穿藤萝破。雨霁觉景幽，衣冷耽云卧。不求东海仙，近访西山饿。"

明永平太守东阿刘隅诗：

"紫塞双峰接，丹梯万仞缘。魂摇山入海，目断水涵天。白石留仙篆，青松覆绮筵。不辞今日醉，潦倒愧高贤。"

明马扬诗：

"元云邈且夐，飘渺绀园杨。登临一瞻眺，上有白玉堂。堂中何所有，一人披霓裳。借问何所为，诵经餐霞浆。夙怀慕真隐，悠悠逾十霜。相逢兴不浅，谈空殊未央。山烟横野碧，洞林带晨光。泉水照禅心，松日窥石床。幸兹寡尘虑，讵复论圭璋。"

明闻人诠诗：

"履险真成癖，探奇思不禁。禅房高士枕，鸡黍故人心。去国应千里，行囊只一琴。杖藜僧舍近，钟磬有余音。"

明刘仑诗：

"云锁空林寺，盘旋石磴长。细泉清滴滴，深树蔼苍苍。海气侵禅幄，岩阴落酒觞。归来烟市晚，犹觉雨花香。"又："绝巘藤萝迥，凉生五月秋。野心同海鹤，尘梦愧沙鸥。远塞重阴蔽，平城薄雾收。神京何处是，缥缈五云头。"

明关部陈琯诗：

"每日城中见角山，入由始觉远人寰。香云细裹龙宫静，石藓斜侵鸟道斑。殿阁影从沧海落，梵钟声度碧空还。关门吏隐浑无事，犹羡僧斋尽日闲。"

明卢龙白尚书瑜诗：

"山灵招隐已多年，穿石攀藤肯让先。谩说太行随地尽，惊看溟海与天连。低徊眼界尘凡外，笑傲身疑牛斗边。不是恩宽容选胜，当关犹税买山钱。"

明蓟辽总督梁梦龙诗：

"曾缘国计访蓬莱，劳扰还从碣石回。东北两观沧海日，幽青一览角山台。遐荒玉帛风云护，岩邑金汤天地开。手握泥丸封要害，武宁经略亦雄哉。"

管关通守永嘉陈天植诗：

"振策最高处，危峰接大荒。云归辽海白，沙涌蓟门黄。野草匝初地，秋风冷战场。不堪重吊古，把酒酹斜阳。"

邑人张瑞扬诗：

"金碧何年降法猊，翠微遥映海云低。幡飞龙凤虹双引，灯挂琉璃水一携。东揖蓬瀛还珮玦，西瞻衮冕拜轮蹄。山头向晚笼归辔，万里长边襟带齐。"

彭延祀诗：

"已登望海楼，更游角山寺。石磴盘山阿，回环阅佳致。力倦席草坐，息定还贶贶。精舍忽在眼，布置存古意。烹茶品名泉，俯仰穷天地。云水何渺茫，城市灿若织。伊余丘壑性，未遂栖隐志。徒羡山中僧，日看海潮至。"

明詹尚书荣《角山精舍次吕岉》韵野：

"百二泥封镇日闲，肩舆乘兴到空山。萧疏野径蒙携酒，风雪柴门为启关。绝调岂云齐倡和，高情劳忆旧追攀。留君坐对寒宵月，木柝频催未许还。"

迁安刘都宪鸿儒《重九登角山遇雨》诗：

"振腕登高菊正馡，翠微深处绀宫依。岁荒山寂游人少，秋老边寒过雁稀。开代战场眼底阔，旧时烽塞岭头巍。欢酬萸盏情何极，妒雨催归恨落晖。"

邑人吕参政鸣章《和刘都谏韵》诗：

"袅袅翠微菊弄馡，梯云寻胜步同依。贝甍清映游丝净，衲褐幽闲俗客稀。眼底洪涛晴愈渺，峦头密雾雨添巍。会心似有山灵助，潦倒萸樽任落晖。"

卫守府陈公廷谟《登角山忆昔偶作》：

"角山几度展边筹，凭吊长城千万秋。昨岁鸠工方得济，踌躇犹带五更愁。"

又《角山登眺》诗：

"日出浑疑吐海鳌，沙边春浪涌洪涛。倚栏遥向东南望，雉堞氲氲百尺高。"

府宪奉天陈丹《重九登角山》诗：

"揽胜登高九日秋，茱萸香泛兴偏道。双峰插髻青螺见，万壑亭松翠盖浮。飞将有灵怅蚕遁，封姨多事帽难留。几回徙倚巉岩上，海外三山一望收。"

邑人刘允元《重九登角山陪陈比部》诗：

"十年不到角山游，今我来游重九秋。门下青松敧翠岫，路旁红叶点丹丘。新禾酿酒菊花味，旧契投欢梅雪讴。揽胜追随能几许？浮沈沧海任东流。"

邑人穆宗道《仲夏重游角山书舍》诗：

"曾记当年雾隐时，云封烟锁任栖迟。孤峰顶上结茅舍，万木丛中养凤姿。去后松涛浑怨我，归来山月欲迎谁？一声长啸丹崖震，海市何妨货鬟丝。"

邑人李养和诗：

"重到深山访旧斋，芸窗吟榻委尘埃。谁能忘却青灯夜，不觉愁生绿蚁杯。种树已随僧老去，落花空逐鸟飞来。请看石上题诗处，梅雨淋漓点翠苔。"

又《登角山》诗：

"青霄万仞削芙蓉，杖策先登第一峰。满径草香俱是药，半山松老尽成龙。采芝力倦年非壮，对酒裁诗兴转浓。搔首几番寻绝壁，旧题多被紫苔封。"

儒学李廷对诗：

"凭临巅顶万山低，高阁深深觉路迷。寺隐岩阿惟月到，峰藏老干许云栖。沧桑日涌铜征丽，古堞墙高翠嶂齐。爱煞清秋将夜半，松声细细杂猿啼。"

管粮通判乌林泰《角山大道湾》诗：

"郭外山光绚雨晴，一峰侧立一峰横。看山妙悟行文诀，佳处多从转处生。"

邑人王册《登角山》诗:

"余火野林烧,山红半截腰。走烟惊雉兔,点豆画渔樵。海色留窗纳,禽声仗酒邀。乾坤供典则,尽数入诗瓢。"

邑人蔺士元《角山看云》诗:

"游人笑向山中指,云自空山空处起。大壑神风卷地来,白龙飞出神潭里。初看一缕相钩连,蜿蜒欲上苍崖颠。错疑幽谷隐村落,晨炊煅灶生孤烟。忽然蓊蔚侵林麓,万朵芙蓉披素縠。排空疑拥众仙行,作势不容飞鸟逐。须臾渐掩扶桑暾,欲雨不雨愁黄昏。罩海俨如吞云梦,驭气直欲包乾坤。有时势尽忽中断,两扇崖门卷罗幔。锦绣江山入画图,下方依旧晴曦烂。须臾又引奇峰来,满座浮阴埽不开。从前过眼繁华梦,似真似幻生疑猜。交烟凝雾迷楼阁,只手拿云招白鹤。湿气难凭羽扇挥,腥风欲袭罗衣薄。此时远望云蒙蒙,云绕身边色转空。只道眼前云百变,不知身已在云中。"

又《咏角山》诗:

"连山蓟门来,络绎尽东向。当关耸双峰,斗角不肯让。峨峨数千仞,终古作保障。岚翠九天落,雄城近相傍。辽东左接壤,沃野千里旷。西瞻碣石山,百里势遥抗。长城俯龙首,蜿蜒到海上。海与山争高,天水相摩荡。村墟水墨图,城廓凤凰状。茫茫二百秋,皇图自雄壮。朔漠群峰低,起伏似风浪。渝水入断山,委折日奔放。侵天樵径微,填壑怪云扬。石门四十里,隐约入岚瘴。阴晴有万变,天地周四望。自非登山椒,难尽烟霞量。伊余性不羁,山寺慕高尚。朝立飞云岩,暑天尚挟纩。天鸡啼一声,海日浴寒涨。清夜四山寂,危坐钓月舫。渔灯认遥浦,鬼火出古圹。寒鸥答铃语,山魈和樵唱。僧楼疏钟鸣,静理悟在藏。吾乡富山水,兹山无与况。何必五岳游,高怀始跌宕。饮兴岂厌豪,诗格不嫌创。胜游百年期,青山自无恙。"

又《角山仙阁落成登眺有作》:

"悬崖创云宫,飞宇势超拔。廊回抱三面,云气入囊括。拓地古苔薙,傍槛新竹活。入门得幽趣,吟眸敛未豁。开窗纳万象,始见天地阔。意匠巧莫阶,佳构恒蹊脱。晓踏山云归,斯爱苦难割。"

又《夜登角山绝顶》诗：

"手招一片云，翼我陟崔嵬。山风荡疏襟，浑疑气候改。夜半天苍苍，春星落东海。仙心薄三岛，诗怀抗千载。呼吸帝座通，吾将问真宰。"

又《秋夕登角山》诗：

"行过北翼城，返照桑榆驻。怯暑晚登山，不觉前山暮。新月生西岩，微照崎岖路。振衣猿猱升，攀萝蝼蚁附。劳比夏畦病，险抱春冰惧。时于松石间，暂与闲云住。笑傲观沧溟，阴火连波炷。戍楼秋草枯，鬼灯燃古墓。万窍激雷声，暗泉深洞注。长啸万古鹰，如有山魈怒。懔乎不可留，拾级更连步。转关意境开，杈丫如榿枑。山曲不让平，文诀从兹悟。忽闻咳唾声，隐隐出深谷。飘然一老僧，倚栏理茶具。渴骥奔流泉，饮过七碗度。习习清风生，举足忘颠仆。长笛一声飞，如慕复如诉。知有同游人，先蹑飞云屦。行到山之颠，消受高寒处。攀松两袖风，踏草一襟露。胸次罗星辰，眼底起云雾。隐隐西南隅，月落渝河渡。"

后角山，去角山北十九里，高等角山，以前后相望，故名。石河绕出其右，夏日水涨，山路遏绝，游人稀迹。有岩壁立，下临深潭，石平如削，镌隶书字曰"百二山河"。再东因山凿碑，镌曰"层峦叠嶂"（明山石道范志完书），又镌曰"范墨流香"。东数里接悬阳洞。

狼窝山，自角山抽脉西转，距城北十里。半山有朝阳洞，前建大士殿，西建三教堂。昔有王姓道人奉大士像虔修其中，岁久化去。

佘一元《午日登朝阳洞》诗：

"野兴久不发，随众一高登。病躯怯攀跻，凭仆须渐乘。群公业早集，待我事俨承。莲宫瞻礼毕，古洞罗烹蒸。饱食转西廊，列嶂积崚嶒。芳树环巨石，台砌揖同升。艾叶采斜插，蒲觞酌互腾。乐奏边城曲，清联道义朋。醉翁非为酒，昌黎岂奉僧。欢娱尽此日，世事究何凭。"

李养和《秋日登朝阳洞》诗：

"猩红数点醉藤萝，不饮其如景物何？丘壑胸中含锦绣，霞烟影里奏弦歌。三春花鸟飘零尽，千古登吟感慨多。惟有朝阳山下水，东流依旧咽寒波。"

洞山，在首山西北，距城北十里，当两角洞水之冲，孤峰峭拔，悬崖空洞，倒蘸深潭，樵径纡引，其下有寺。

刘泽澍《洞山》诗：

"半壁青峰插碧雯，纡回石磴隔凡尘。巨波沉潆平如掌，深窟崚嶒险似唇。法像雕椽舞蚁燕，贤侯高冢卧麒麟。眼前即是桃源径，谁向渔郎就问津。"

双松岩，在角山关北。

悬阳洞，在角山东，距城二十里。洞顶有穴，日光悬照，然从山上迹之，终莫得其穿漏之处。穴中乳水涓滴不绝，下有石如盆盎，积水其中，俗呼水为"天井"，石为"地盆"。洞中建佛殿，上建关帝殿，有双松挺峙如旗杆，数百年物也。

明朱洪范《悬阳洞》诗：

"僻关偏雅趣，石洞隐山阿。万草丛生合，群峰壁立多。迹稀迷小径，夕照渺崇坡。欻欻朝天窍，层层辟俗窝。造兹新大士，称彼旧弥陀。边臣欣胜集，游子乐风和。剧饮忘归去，高怀发浩歌。一经题品处，万古偕山河。"

邑侯钟和梅《悬阳洞》诗并序：

"角山之东，出关东北凡十五里，历三道关，徒行越二岭始达。依山为庵，洞在庵中，望之窅然深墨。自下而上约行数百步，中有二穴，可以通日。石室内有石鼓，击之逢逢作声，由是而登豁然开朗。树木丛茂，怪石嵯峨，有天桥、天门诸胜。山多花木，深秋果熟，野猿成队，颇擅林壑之美焉。诗云：问谁凿破碧玲珑？古洞悬阳见化工。针孔线光穿屈曲，云根驹隙度虚空。生明应识无私处，普照都怜在暗中。欲誓丹心指冬日，望天人许覆盆通。"

邑侯萧德宣《杂咏》诗：

"逼仄深沟望欲还，暮然匹马上天关。后山洞转前山洞，奇绝辽西第一山。"

围春山，自洞山入，东五里，山形四合若环堵然。明萧佥事显筑别墅其中，有围春庄、墨香亭、荫秀亭，今废。

明顺天府巡抚都御史钱塘洪钟《围春山》诗：

"翠拥螺攒四面高，淡烟疏雨景偏饶。始怜径路稀车马，便觉林泉隔市朝。薜荔香邀麋鹿狎，笙簧声度燕莺娇。寻常诗酒皆堪乐，莫怪渊明懒折腰。"

明萧显《围春庄杂感》诗：

"三十年来走宦途，乞归白发半头颅。依山结屋尘偏静，临水观鱼兴不孤。野老崎岖寻橡实，林僧谈笑断松腴。离家复作还家梦，一夜团栾骨肉俱。"

又："买断山庄景最奇，也堪临水静垂丝。畏途自庆归来蚤，安枕何妨睡起迟。适兴聊沽陶令酒，感怀频咏杜陵诗。插头挂杖堂前坐，绕膝儿孙嬉戏时。"

首山，距城西北十里，由狼窝山抽脉，顿起峰峦，关拦石河出口，系角山右幛尽头处，故曰首山。上有二郎庙，庙东建一亭，名"乐寿"，北揽群峰，南瞻大海。北建一亭，名"可琴"，南建一亭，名"望岛"，石河绕其下，水光山色如在画图，为县治胜地。

佘一元《重九登首山》诗：

"佳节宜登高，杖履首山隈。冠盖集僚友，绅儒接欢娱。大海亘苍茫，层峦积崎岖。一水纡曲流，怪石蟠覆盂。樵采互来往，烟云乍有无。古庙罗盘餐，亭趾飞浓醹。樵竖向我言，猛虎初负嵎。醉后厉声呼，我辈叱咤驱。薄暮联镳散，山空秋月孤。"

又《登首山》诗：

"郁怀历久未登山，晴日同游开笑颜。列嶂参差烟雾霭，一川环绕水云闲。巍巍神宇层台上，翼翼孤亭落照间。绿树覆阴花放蕊，暮看黎首荷锄还。"

又："林下生涯借胜游，云山渺渺水悠悠。南瞻大海波涛涌，北顾群峰苍翠浮。刍牧牛羊遵陇陌，耦耘禾黍遍田畴。临风把酒陶然醉，策蹇归来似泛舟。"

管关通守陈丹诗：

"重阳过半又登高，大将开筵拥节旄。山岭群峰排翠嶂，海当停午涌银涛。采花共泛杯中菊，剖蟹争持醉后螯。传道荒陬多虎豹，暮归共欲控弓刀。"

李养和诗：

"如画晴峦顶上亭，烟花面面透疏棂。撼阶沧海铺明镜，欹枕青山列翠屏。云水何心知远俗，利名无定笑浮萍。黄鹂似说荣枯事，自擘双柑倚树厅。"

萧邑侯德宣《杂咏》诗：

"海云远映现烟鬟，乐寿亭边时往还。千叠屏风一曲水，夜来梦绕二郎山。"

又《二郎山》诗：

"山无数仞高，灵气于焉结。亭无半亩宽，万象齐罗列。大海远浮空，青气时起灭。回环千里间，混茫不可说。背有群峰围，峰峰特奇绝。高低若翠屏，天然开石穴。带以石河流，沙明聚如雪。俯首瞰归樵，影小缘溪叠。予无求仙志，仙人真可接。愿仙赐丰年，使我民气悦。"

五泉山，距城西北十五里。山自茶盘山分支，至刘儿峪抽脉，东行至寺儿山，又东迤起峰峦，至七星寨后为五泉山，与角山隔水相拱。山有泉五，流入沙河。有庵在山半，群峰环列，林木掩映。秋深时苍松红叶相间，望如锦绣。

邑侯钟和梅《五泉庵诗并序》：

"庵在五泉山中，以山有五泉故名。群峰环列，林木掩映，松声禽语，繁于弦管，颇称幽胜。而庭院尤多名卉，扫叶瀹泉，啜茗久坐，令人意远也。诗云：闲访名泉到上方，山容树色郁苍苍。五星化石珠连穴，小杓分瓶月满塘。雨过云霞无定景，风回花草散诸香。偶来饮水明初志，满酌匏樽自在尝。"

邑侯萧德宣《杂咏》诗：

"果然石径隐优昙，楼阁参差贴翠岚。红叶白云看不厌，教人常忆五泉庵。"

寺儿山，距城西北二十里，五泉山之来处也。

云蒙山，一名团云山，在寺儿山右，距城北二十五里，四时云气变幻无常。

鹰窝山，在后角山西北，距城十五里，石壁上有形如鹰。

李养和《鹰窝山》诗：

"几年栖在碧岩阿，劲翮钩锋敛若何。不敢飞腾霄汉去，恐惊星斗落江河。"

蟠桃峪，又名蟠道峪，在鹰窝山西北，距城西北三十五里，林峦苍秀，岭路崎岖。多栽桃杏，春中花发，烂如霞绮。有寺名蟠桃，昔人常读书其中。

刘允元《游蟠桃寺》诗：

"入口观不尽，登临趣尚多。苍松环寺立，溪水绕村过。月阔听山静，林深思鸟歌。涛声疑海上，春雪压岩莎。"

钟和梅《蟠道峪》诗：

"绿净红酣不染尘，峰回路转欲迷人。梦中曾作桃源客，塞上重逢杏苑春。但遇青山留宿诺，未归盘古负闲身。爱花差拟河阳令，休沐能来不厌频。"

瞭角山，在石门城北里许，上结小亭，东望角山如在目前。

儒学李廷对《登瞭角山》诗：

"孤亭斜倚夕阳东，槛外晴光八面通。芳草近涵春水碧，落霞低衬野花红。云添山外重重色，树透帘前细细风。得意几忘归路杳，不知村店雨濛濛。"

平山，距城西北四十五里，环石门皆峡。旧志云：汉公孙瓒破乌桓处。

箭笱山，在苇子峪边外，距城西北七十里。其山自承德府建昌县之南境西折为马尾岭，又西为羊山岭，至苇子峪外为箭笴岭，分为边内、临、抚、昌、卢四邑之山，边外之山盘薄于内，惟兹山为大，其峰万仞，窅深环碧，林壑幽靓。其石有人持戟荷戈之状；有龙潭，澄深甘美；有崖横镌"南无阿弥陀佛"六大字；有云海亭、下中庵、上中庵遗址。

茶盘山，一名黄崖山，脉与箭笴山相接，顿起三峰，中峰秀插天表，周环百里内皆见之，是为永郡主山。凡石河以西、青龙河以东之山皆此山分支盘薄者也。《辽史》所称临渝山应即谓是山。上有无量殿，碑文剥落莫辨，惟存"大辽天庆三年岁次癸巳"等字。

胜水岩，在茶盘山西南，其下为抚宁界。府志云："人至半岩常闻下流水声，至其下无之，用竹于罅隙引而出之。"其西巅极险隘，置木梯五，攀援以登。及山后有石如牛，土人呼为背牛顶，凿石成洞，高寻广丈，上有四井，僧佛海所穿。明正德己卯，寇入东境，惟此山称难犯，兼可瞭远，民多避兵于此。官给佛海以札命筑庵，名"得胜望海庵"，下有虎穴、龙潭，穴镌"虎穴"字，潭镌"龙泉"字，系金灿书；上镌"背牛顶"，又镌"海阔天高"，参将林桐所识也。

迁安进士李成性《游背牛顶记》：

"予自数年前访奇胜于久裔、王子腴，闻牛顶峭拔苍翠，撑空一柱，万山回合，环列画屏，面临沧海，不辨波涛，第如澹墨横挥，平满无际。遥看巨舟似轻燕撩水，点点堪疑。至晓日将升，红云乍起，晃作金光万顷，殊为壮观，尔时便已神飞绝顶矣。至辛未秋杪，偕王子来游，以九月十四日发白衣庵，抵燕河，过台头，入猩猩峪，两山夹道愈转愈深幽，一水成溪，旋涉旋渺。行三里许，见瀑流一派，飞涛骤雪，下注深潭，水色正绿，方可半亩。两崖草树紫翠苍黄，秋容如绘。南壁磨石一片，镌'龙泉'二字，后题缺一字，村金灿书。王子语予曰：'此所谓龙潭也。'予曰：'此《易》所谓潜龙者欤？夫龙驾霆鞭，电霖雨，寰区总于潜中得力，人亦如之。于斯笑，然犀者为多事矣。'

出旧边之外，望山头立石数片，为老君崖。转折而北，前渡一水，悬崖在望，下有山家，壁镌'虎穴'两字，亦是金书。穴深丈余，今如胜国之社已成屋矣。想开边时，虎畏定远之窥，故携子去耳。摩壁拂苔，细辨上面有七言一律，后记'万历戊子季春八日，真定将军帝乡望松徐道书'。迤逦行来，山形渐窄，景物亦渐幽，水石粼粼，如象、如马、如豕、如龟，咸如孟光，肥而色黑，山石磊磊，危者似坠，峭者似升，眠者似卧，立者似行，赏心悦目，应接不暇。

不觉数里则至宏亮寺，寺乃背牛下院，凡游人至止，为解装休骑之所，各换轻衣便屦，携杖绕出山后。远望山门，缥渺空际，乱石之下，则有蒙泉，涓涓始流，是为水源。至其触山赴谷，因物肖形，或缓如带，或急如弦，或直如矢，或转如环，行则为濑，止则为渊，悬则为瀑，聚则为潭，浚鱼龙之窟宅，费仆马之盘旋，啮山露根，漱石出骨，偷云取影，弄日流光，风来面皱，月到心澄，千态万状，百折不回。

披萝寻径又三四里，见石丈植立，名将军石。此处遥呼则上头相应，开关下迎，代负行李。过此则渐逼山麓，声不上达矣。西竖一岭，名为砂鼻，高可数里，鸟道纡回，俯躬养力，歇足数四，始造山崦。其南为欢喜岭，直北则登山线路也。石磴嵯峨，仅同马鬣，飞梯三处，势似猿攀，后人继前直视足底。自崦口至山门可八十余丈，虽称陡绝，石牢梯稳，步步可攀，只须定神，除其恐怖，则与康庄无异。

梯穷之处入山门，形如圭扇，游客到此恍似升仙，疑与尘世隔绝矣。山门之上平台短垒，可以凭眺，松石引路，俄到梵宫，彩橡朱户，金相玉毫，宛一极乐小景。其大致负山面海，吞吐烟云，俯视群山，如丞如尉，若孙若子，不可胜纪，恍忆前闻犹未尽也。因思山高路峻，尺木坯土皆从下来，古昔上人成此杰构，住山之功岂在开山者后哉！晚听梵响清圆，顿觉浮生无住，热肠欲冷。起行松下，见凉月去人才隔数尺，疏星低岫，举手可扪，轻狂欲仙。晓峰升日，晴晖满檐，不下禅榻而海山尽在目。屋后见方潭一碧，云树倒影，如现镜中，乃凿成天井以储水者。追上一级，地势平敞，无梁殿内供望海观音，有碣记参将谷成功造。因话此中饭香鸟乞，果熟猿收，灵羊听经，猛虎戢暴。北植鲸音一架，苍藓斑剥，扣之清远，石畔万松插壁。钟路迤西百余步则悬崖之下，栧然一洞天，中二丈许，不甚平广，然背风抱日，温暖如春，石井居左，翠柏参前，右壁镌'海阔天高'四字，字如人大，笔势苍劲，题参将林桐书。复循旧路，过偏坡，斜穿松径西北里许，始陟山巅，分为两顶：西顶稍高，遥望都山积雪如玉；东顶有石如床，松株攒秀，可以眠卧。忽闻涛声骤至，因悟杜工部诗：'万壑树声满'，殆谓是乎？独背牛古迹无可觅处，老衲或云：'三峰师闻牛鸣山后，即以名顶。'至今山脚有牛象云，想当然矣。兹山深路僻，又以险闻，文人墨士无太白之豪、东坡之逸，往往望而却步，故山之奇胜至今尚未发也！予与久裔搜寻灵秘，一纪胜游，好事君子或将览焉。"

李廷对《胜水岩》诗：

"晶帘斜挂白云边，寒逼深林笼夕烟。响度松风吟细细，光涵梨月影娟娟。岩巅铺碧摧琼玉，峡口喷珠点翠钿。闲卧绿苔寻鹤梦，潇潇流恨不成眠。"

尖山，距城西八里许，下有龙潭，今淤。

联峰山，一名莲蓬山，距城西南七十里，东西二峰相去三里许，上有观音寺。

明抚邑翟尚书鹏《望联峰山》诗：

"不踏联峰麓，匆匆二十年。山灵犹识否？兰若自依然。勿假移文却，终当辟谷还。多情林外鹤，来往故翩翩。"

李廷对诗：

"水色苍茫碧四围，临风独立瞰危矶。乍惊白鹭冲波去，旋见渔舟逐浪飞。岸柳浮沉供野绿，樯帆出没挂斜晖。遥看日落双峰外，醉拂春见踏月归。"

抚宁邑侯赵景徕《莲蓬山观海歌》：

"骊城形势临卢龙，塞垣千里当要冲。两京拱峙咽喉通，背枕溟渤开鸿蒙。滨海有岭号莲蓬，悬崖削就金芙蓉。海光山势相争雄，怒涛隐隐凌太空。我来登时秋正浓，澎湃上下吹天风。双螭初起驭祝融，元气磅礴涵苍穹。咫尺蜃楼变化中，早潮欲上雷隆隆。登莱城郭烟雾胧，三山何处求秦童。祖龙鞭石杳无踪，征辽遗迹推唐宗。张骞无复乘槎功，采芝徒羡安期翁。俯仰今古谁复同，八荒吞吐归心胸。酒酣拔剑喷长虹，光茫倒射鲛人宫。安得骑鲸直上烟波中，倏忽已抵扶桑东。"

说话石，在联峰山东，有双峰若人立，相对语焉。

骆驼石，距城西南六十里，高丈有五尺，长丈有八尺，广八尺。

孤山，距城南六里，去海四里，下临潮河，若砥柱然。

金山嘴，距城西南六十里，半入于海。

李廷对《金山嘴》诗：

"一峰压水似浮沤，三面晴波漾白鸥。满月凝晖浮素壁，微风催浪送轻舟。衔山远堞横飞练，隔岸危楼倒影流。无限云涛消不尽，应知此处即瀛洲。"

秦王岛，距城西南二十五里，山脉由东转西插入海中，横压水面，远望形如卧蚕，海阳镇之水口山也，上有观音庙。

望夫石，距城东十三里，在海岸近姜女坟。

欢喜岭，亦曰凄惶岭，言戍边者去而悲，还而喜也。距城东二里许，向东迤逦五里余，上有文殊庵。乾隆十四年毁于火，今已重建。（以上本关志，参录新采）

唐宗煌《度凄惶岭至山海关望长城》诗：

"策马岭云高，关门倚石牢。千峰蟠朔漠，一线走临洮。楼角侵边色，城根撼海涛。每怀今古事，不尽水滔滔。"

萧德宣《杂咏》诗：

"入时欢喜出时愁，小岭居然名两留。山川不管人间事，一任行人自喜忧。"

三峦山，在角山北，多猿猴。

拦马山，在围春山西，壁立千仞，马不能行。昔之戍边者多窜避于此。

玉王山，一名峪望峪，在拦马山西北，产银冶（今无），下有突泉，为沙河源。

棋盘山，在茶盘山北，上有石棋枰，列子宛然，惟可推移不可执去，传为仙人棋迹，今子犹存十数。下有洞深邃，容千人，石成韦陀像。

平林山，在黄土岭西，距城六十里。

六罗山，在黄土岭、上庄坨，距城四十五里，产煤。

傍水崖，在石门寨西北，距城五十五里，峭壁悬崖，外平内险。明隆庆元年，黄台吉聚众由此出，戚少保继光遣游击将军张臣将兵设伏，歼敌于此。云雾中见关帝像，事平，立祠祀之，刻石纪其事。

明杨嗣昌《经傍水崖还石门作》：

"石楼高竖忽如骖，松鬣层扳信似杉。满把烟云飞客梦，都忘风日炙征衫。荒湫怪少龙雷吼，乳洞低闻燕语喃。家在桃源殊不恶，几时青犬吠灵岩。"

邑侯陶淑《题傍水崖》诗：

"绝壁凌空起，何年刻削成。万峰皆欲俯，一水若能撑。老鹳盘松宿，寒云绕寺生。山川奇险处，随意脱尘缨。"

黄钟诗：

"松风一径驻篮舆，突兀孤崖矗太虚。四面水如金带束，几盘峰似髻螺舒。烟生古磴将军石，鹤老空山处士庐（朱邓林隐于此）。今夜月明禅榻畔，定知清梦觉徐徐。"

望北岭，在傍水崖石河西，上有旧长城遗址，西接秋子峪，南接瞭角山。

石岭，在傍水崖东，距城五十里，产煤，佳于上庄。

房山，在石岭北，高峻可避兵。

溥塘山，在石岭北，内空洞深十余丈，水停为渊。

黑山，在石门西，距城四十里，产煤。（以上本抚宁志，参新采）

平顶山，在张家场南，距城二十里。

窑山，在张家场南，距城二十五里。

南山，在李家堡，距城二十五里。

马鞍山，在铁场堡西北，距城三十五里。

锤子山，在铁场堡西北，距城三十五里。

鸡冠山，在山阳寨南，因山形而名，近村无蝎。嘉庆初年，村民董姓取柴掘山，闻有声呦呦出地中，因尽力掘，破鸡喙，余如小儿头状，目有光。聚薪焚之，自是村遂有蝎。关外青石沟庄东亦有鸡冠山。

马路岭，在永安堡南，距城七十里。

画皮山，在老边门东，距城三十里。

白云山，在温家庄西，距城五十五里，系角山来脉。上有庆福寺，庙貌宏丽，为县治胜地。寺西有玉皇殿，像设以铜为之，相传出于神工，非人力所铸云。

兰溪赵端《夜宿白云山》有序：

“三载骊城，久爱白云之胜，而日夕苦于簿书，遂使寂寂山灵笑人千古。癸亥春，劝农过此，因留宿焉。皓月入怀，万籁俱寂，兀坐谈禅，夜分始寐。正如坡仙醉卧绿杨桥，不复知为人世也。爰记以诗，诗云：夙慕名区胜，而今幸一过。不来萧寺宿，其奈白云何？月色逢山好，猿声出塞多。倚栏频极目，同此坐烟萝。”

老君顶，在义院口南，距城六十七里，上有老君庵，庵东俗传有丹炉遗迹。

天然洞，在板场峪东南，距城六十九里，洞在山麓内，有铜佛像三。

孙嘉猷《天然洞诗四首并序》：

“天然洞者，仙师翟真人修炼之场。缙绅逸士至自四方者无月无之。去义院口关仅五里许。壬戌冬，予游于王将军署中，一病几无起矣。因谒仙师，遂施起死之功，诚仙师大觉力哉！逾旬少愈，叩首座前，因陟龙凤之巅，冈原、林麓、田畴、墟落一指顾间耳。其时山色生寒，木叶尽脱，无能遂其步履也。癸亥夏初，复谒仙师，天朗气清，风和景明，花光铧铧，鸟语嘤嘤，恍疑桃源避秦处也。俄而，使君亦至，翩翩皆出世语，诚哉！其仙吏乎！顷入洞中，有岭崎岖，然膏而登，上有数窟，澄泉若盈，失明者涤之重明。远近之溪水声泠泠，喷流漱石，仙师尝汲之以治人。洞上构堂不设幻像，堂后茂林下即仙师餐霞吸瀣处也。四山周匝，寂无人迹，万木参天，重荫覆地，不独洞天之一，抑福地之首者乎？今仙师复徙南山之巅，山曰双峰，洞曰红轮，去此颇遥，石磴峻峭，投骖者稀，或者渐谢人间事也耶？予三宿而归，因以拙作镌之小碣，以纪相遇之不凡也。"

《奉酬仙师翟真人》诗：

"萍迹蓟之西，师居蓟之东。若无夙生缘，千里奚相逢？驱病非针砭，下手以神功。回生呵咄间，降魔唏嘘中。顷刻涌泉下，上与泥丸通。向重如沉石，今轻若御风。从此皆余生，仙师活无穷。"

《宿天然洞山房》：

"虚堂开绝顶，仿佛与云连。夜柝松风外，晨钟山雨前。关营一间隔，人事两相悬。悟到无为处，无为即是禅。"

又："南山列翠屏，北岭开松邬。桃溪岂避源，杏林非药圃。野雉傍崖眠，山鸟向人舞。崚嶒洞果奇，岁月忘今古。"

又："花明山静少人知，正是如年长夏时。清磬一声超世偈，新诗几句觉迷思。炊粱欲悟还须悟，梦蝶如痴未必痴。静理尘情原不二，心旌役役自为歧。"

大毛山，距城八十里。

半壁山，山形如削，亦名半劈山，在驻操营北，距城六十五里。

庙果山，在浅水营东北，距城四十里。

九连洞，在花野庄南，距城三十五里，洞在半山，中一环八，故名。

白塔岭，在石岭南，黑山之东，距县四十里，可以望海，上有白塔，今废。

王瓜山，在东部落西，距城五十五里。

汤泉山，在城西北六十里，有泉，冬夏常温，建寺其旁，引泉为二池，浴之愈疾。烟云林壑，境绝幽邃，春时梨花盛开，约十数亩，一望如雪，尤为大观。

喇叭山，在大附水寨，距城三十五里，产黑矾红土。

团山，在一百寨南，距城五十五里。

烟燉山，在凤凰店，距城五十里。

金鸡石，在北门外，方圆丈余，以石击之，音如鸡声。（以上本县旧志，参录新采）

耕果山，在六罗山西、石岭东。

芙蓉山，旧名裂头山，其自挝角山东，高广倍出群山，而尖顶分三四者为前芙蓉山，其迤东十余里有七峰相连，极东而尖者为后芙蓉山，其前芙蓉之东即平山。

石门山，在芙蓉山西，连崖对峙，汤、石二河上游中间，扼要之区也，亦名石门峡。（府志按：以上三山，临榆志俱不载，旧志及畿辅志俱载在抚宁县下。今以方向道里考之，似应在临榆境内。）

以上山。

‖ 卷之七 ‖

輿 地 编（二）

山水（下）·桥道·里市

山水（下）（附井泉）

海，自直沽、新桥、赤洋而东，势渐北，如身之支，转折抵辽境金、复，南岸即登、莱二府界。明初通海运，山东一省钱钞花布由海给辽，后废。明末复开，国朝顺治十六年禁止。康熙三十三年仍通运如故。

唐太宗《春日观海》诗

披襟眺沧海，凭轼玩春芳。积流横地轴，疏派引天潢。仙气凝三岭，和风扇八荒。拂潮云布色，穿浪日舒光。照岸花分彩，迷云雁断行。怀卑运深广，持满守灵长。有形非易测，无源讵可量。洪涛经变野，翠岛屡出桑。之罘思汉帝，碣石想秦皇。霓裳非本意，端拱且图王。

唐杨师道《奉和》诗

春山临渤海，征旅辄晨装。回瞰卢龙塞，斜瞻肃慎乡。洪波回地轴，孤屿映云光。落日惊涛上，浮天骇浪长。仙台隐螭驾，水府泛鼋梁。碣石朝烟灭，之罘归雁翔。北巡非汉后，东幸异秦皇。搴旗羽林客，拔距少年场。龙击驱辽水，鹏飞出带方。将举青丘檄，安访白霓裳。

唐独孤及《观海》诗

北登渤海岛，回首秦东门。谁尸造物功，凿此天地源。澒洞吞百谷，周流无四垠。朗然混茫际，望见天地根。白日自中吐，扶桑如可扪。迢迢蓬莱峰，想象金台存。秦帝曾经此，登临异飞翻。扬旌百神会，望目群仙奔。徐福竟何成，羡门徒空言。惟见石桥足，千里潮水痕。

明陈士元《观海赋》

元黄肇分，一六凝质，溟瀚呈灵，函维翰极。北包穷发，南控炎溢，西环聚窟之洲，东浴扶桑之日，曼倩之记不能详，元虚之篇不能毕也。若有蓬瀛仙子，周游历迈，八埏九垓，无往不届。乃濯足于北平之滨，尺度乎东渤之派。望洋吐词，即小喻大。四海之广，固可想像其形依稀其概也。曰：唯兹裨海幽冀之陬，浸碣石、薄莱州、掩朝鲜、萦辽丘。尔乃洪波涨漫，细沫滑涣，潏湟阗濩，溠湉浃洄，纳川不盈，浮空无岸，洸漾乎析木之津，漩浓乎京畿之畔。一潮一汐，烟昏沙滺；倏晦倏明，鲲腾鹏乱。若乃扬风发，罔象魖、海若呀，冯夷舞，天吴怒，阳侯鼓，于是徙沃焦闭，尾闾扬霾。幕震雷车，骇浪山叠；激波电驱，消沸礵荡。匌匒照虚，泰岳掀揭而反覆，河浍涨灂而沦胥。状如秋盘折转，会曲江而同区；又如飚轮逆运，倾天潢而下潏。迅势所涤，余湍所宿，盐畯为之陆沉，林阜为之潢淤。若乃淡曀潜消，晴市初旦，鲛室出奇，蜃楼斯烂，变化无端，珍灵璀粲。画图成于顷刻，远迩恍其辉焕；地皇辟土而直视，羲和弭节以长叹；孔父登高而无语，苏公惊走以难判。若乃极深之府，至静之央，颎洞渺漠，沌灏浑茫，察之无际，测之无旁，则有百灵栖息，阴火澄光，神龙之所隐蛰，巨鳌之所撑当。寰宇是奠，民物用康。岂但鲸鬐插云，凤髓储浆；珠玉林积，宝贝山藏；徒无救于饥寒，空竟侈于遐方。已哉！若乃陶唐之世，氾滥延靡；夏禹施功，此焉伊始。二老出而周兴，重译来而波止。卞人好勇于乘桴，河伯见笑于秋水。乃有不死之药，黄金之宫，望之如云，就之有风；鞭石莫及，牵犬无功。羡门驰骛乎骀生之术；五百漂泊乎琅琊之东。悠悠海德，何损何降？纳汙受涓，居卑量洪，原泉盈科后进，而江汉一泻已瞬息而朝宗。

迁安刘总宪鸿儒《观南海口》诗

汪洋一派碧天低，何事潮龙不稳栖。喧吼波中横紫塞，风云静里对青齐。晓光登眺俗襟洗，曛暮尘遮彼岸迷。久拟仙槎从性适，餐霞高友愿相携。

吕参议鸣章《和刘都谏原韵》诗

晴波万里海云低，水碧沙明鸥鸟栖。潮打石城声若咽，烟连晓雾色争齐。浪花雪滚纹生幻，帆影星摇望欲迷。庾兴南楼良不浅，愧余杖履未追携。

通守陈天植《望海》诗

上方高极目，海气藻晴空。万里生寒浪，千山咽朔风。马驱沙碛里，鸟度夕阳中。几历沧桑变，堪嗟是塞翁。

邑侯萧德宣《杂咏》诗

乾坤日月任沉浮，终古神仙不可求。对岸樯帆八百里，有人破浪到登州。

又：山田望泽喜长流，驱尽旱虹岁倍收。早起看云知有雨，昨宵海啸老龙头。

邑增生渠任《观海》诗

疑是阴森雪与风，海门冷翠逼双瞳。天翻巨浪飞云白，地卷流沙落水红。高阁势随波上下，长城形隔境西东。关山自古咽喉郡，第一洪涛气象雄。

漷儿海口，县西南十里。

石河，在县西，有二源：其东源出东口外马尾岭前，由桲老山下转折二十余里至山神庙前，会马头岭下诸水入城子峪，南流二里许至斗岭下，东转至柳河冲与董家口、大毛山水合，转而西南，流过邹家庄、贺家庄之间，又西过查家庄，南转至驻操营，西绕青龙山，出苍虎山口，至猴儿崖下与西源之水合；其西源出西口外中枋岭，会梯子岭下诸水入义院口，至猴儿崖下与东源之水合，南流至房家庄前，转而西，从北庄坨东折，过未家庄，从邓林钓台下转而南流至关帝庙前，绕抱西行，至傍水崖庄与花桑峪、苇子峪、楸子峪诸水合，又折而东过上庄坨，南至长城古刹，又东过石门寨，北至浅水营，又南环绕石门寨东面，饮马河入之，又南经上、下花野村至黄龙口，压水河入之，南入山，经蟠桃峪庄前、蟠桃寺庙后，转折南流十余里汇为刺榆汀，又南流过峪望峪，东转至五泉庵山后汇为印子汀，又北流汇为大黑汀，又南流东转为四道河，又南过围春庄西为三道河，又南至洞山下为二道河，又西南出首山下为头道河，又南流经回马寨诸村，有董典捐修石桥一座，又南故道在文殊庵西，今东徙，由灵神庙东折而南、北水关河入之，南经县城西有王名标捐修石桥二座，南过魏家庄等处，有田茂捐修石桥一座，又南滨海处，名潮河，刘家河、边家河入之，同入于海。

贡生郭永清《石河考》

石河者，古之渝水也。杜佑曰：临渝关在平州卢龙县城东一百八十里。据此则《汉书》所载"临渝县"，《隋书》《唐书》所载"临渝关"皆以此水而名。前人著作亦多谓之"渝水"，如刘观察芝圃《首山记》有云："渝水之自北而来者，如带之环"。夫环首山而流者石河也，则石河即渝水也，明矣！特以水中多石，相沿以为石河耳！

明山石道范志完《告石河文》

榆关之西有水名石河者，从义院等口而入，盘旋于涧谷之间，奔腾于巉岩之内，沙碛流泻，四时不涸，秋夏更觉泛溢。欲为桥梁，则易于漂溃，欲驾舟楫，则梗阻胶滞不能通。行人往往褰裳拽骑，偶至中流少一失足遂淹逝莫救。岁以为常，莫可谁何。余闻而叹曰：噫嘻！夫水以卫国、济民、滋稼、通旅，为关河形胜，未闻作生民陷井一至于此。昔昌黎公之治潮也，鳄鱼避之六十里；西门豹之治邺也，河伯遂不敢娶妇。完才虽不能望二公，岂石河之灵不及鳄鱼与河伯也耶？自告之后，安澜异于昔日，是石河之灵也。每岁春秋当遣官祭之。如其不悛，是石河之顽且残也。完忝为天子命吏，岂肯使顽残之孽为斯民害！予将合班军之力，塞筑边口，使石河从远方而来者，还归之外地，堂堂上国安用此一线恶渎哉！石河其听诸勿悔。（范公在官三年，河不为灾。）

明职方尚纲《石河》诗

奔流一派北山隈，乱石交冲怒若雷。剩有湍澜从海去，更换舟楫渡人来。窥鱼鹭向沙边立，送客骑于岸上回。最是秋来偏泛涨，应怜弱水隔蓬莱。

陈守府廷谟《石河吊古》诗

二十年前战马来，石河两岸鼓如雷。至今沙上留残血，夜夜青磷照绿苔。

沙河，距城十里，在红瓦店，源出高坡沟。寺儿山、五泉山之水皆汇焉，至卸粮口入海。

鸭子河，距城西北三十五里，柳罐峪西有温泉，东南而苇子峪，而花场峪，与东拿子峪合，其源出黑崖子入由棒槌崖，东流经傍水崖，下为鸭子河，凡四道，会于石河。此《水经注》清水入九道口而注海也。

温河，即张果老河，距城西三十五里，旧府志：源出孤石峪、温泉堡，裂头之派也。河有二：西为汤河，东为张果老河，下而总入于海。此《水经注》之方城川及木完水也。（按：《畿辅通志》载，汤河在抚宁县东北六十里，源出汤泉寺山，经海阳店南流，经秦皇岛入海。又，张果老河，亦在县东，汤泉寺之别派也，下流合汤河入海。）

潮河，在孤山下，海潮止此，即石河之下流也。

南水关河，源出关外东北诸山，由南水关穿长城入，纤流如线，经雨潦辄汹汹，啮城决扉为患。稍西即分流，一为刘家河，一为边家河，俱归潮河入海。

北水关河，源出关外，由北水关穿长城入，经西关入于石河。

龙潭，在尖山下，水深不可测，相传有龙居之，遇旱取水祷雨，今沙石堙塞。（按：龙潭，邑中多有，其在东北境者，距一片石四里许，山上有龙王庙，庙前有潭，岁旱祷雨者云集淘潭水，其水涸即雨，土人验之不爽。以上本关旧志，参录新采。）

深河，源出县之青石山苏子峪，至戴家河入海。河西为抚宁县界。

帅府河，在城西南四里许，源出赵家亭泉，入潮河。

刘家河，即南水关河分流，在城南三里许，遇潦，水入潮河，旱则涸。

边家河，即南水关河分流，在城西南三里许，遇潦，水入海，旱测涸。

李家堡河，无名，源于一片石炕儿峪，归奉天老君屯河入海。

饮马可，在石门寨北门外，源于龙王庙下地泉。

大青河，水自关外入一片石河，自小河口入关西行，会黄土岭、庙山口各川，出一片石门，至铁场堡南，由老君屯东芝麻湾入海。此《水经注》之高平川水也，其水分九道而下，今名九门口。

墨水池，在城内东北，积潦所聚，色如墨，久旱则涸。

华家湾池，距黄土营二里许，冬夏不竭。

莲花池，一在城东门咽喉桥之南；一在桥北，水浊，产美鲫；一在海阳镇上帝庙前，池莲甚茂；一在北水门外砖瓦窑之东。

老峰潭，在城东北隅边城外，水寒冽，产鲫。

老龙潭，在响水庄南，山巅有洞，中坐天然石龙王像，下有潭，形如盂，深不可尺丈计。值旱，居民祷雨，俗恒拈钱以投水，叠次蓄积，无敢潜取者，以祷之屡应也。

大泉，在东部落庄，其水夏凉冬温，蒸腾如釜上气，虽严寒，流百步不凝结。

温泉，在汤泉山（见前）。

石泉，二，在石碑庄。

龙泉，在白塔寺庄，距城三十五里，旁建寺，即名龙泉寺。

暖泉，在暖泉庄土山下，水性温。

双文井，在县学明伦堂前后，二井水俱甘滑。

北浦新井，在山海路署后圃，味咸。

八角井，在县署射圃。

冯家井，在西罗城，西罗城诸井皆甘，此尤清冽。

新井，在关外里许，味甘。

苦水井，在山海仓左侧，味苦。

糖棒子井，在三道胡同，水清澹。

齐家井，在角楼湾，水清澹。

义泉井，在西关驿后，味甘。

新泉井，在西关三清观前，甘冽甲于城内外。

大口井，在东罗城，水较城内诸井为胜。

满井，在城西七十里，百家环共汲之，随满，大旱亦然。

艾子井，在驻操营北门外，味甘美。

角山井，在栖贤寺龙王殿檐下，味甘美，白浆，颇类京西玉泉山水，岁旱祷雨屡应。

遵义井，在西罗城北后街菜园之前。

平地井，在驻操营北门外，土人因艾子井水味美，乃于西南百步外复掘一井，其水味甘美尤胜，夏月取以烹茶，隔数日清馨如初，因其地势平坦，遂名平地井。

以上水。

桥道（附渡船）

周制，岁十一月徒杠成，十二月舆梁成，民未病涉，此王政之大经，异于郑卿之小惠也。而邑之北陲，道皆山险，实承德接济临邑所必由之路，行者皆畏其蚕丛，屡经好义者开凿之。今则阜通货贿，商贾视为康庄矣。兹并著于册而附以渡船，皆示行旅以坦途云尔。

大成桥，在学宫前。（今废）

大明桥，在钟鼓楼北。（明初建）

引龙桥，在南门内。（明兵部主事陈果建，今淤）

卧牛桥，在西罗城，三洞两栏，俱石筑，旁卧石牛。（俗名白桥，初建无考。明万历二十四年关部张时显、国朝康熙八年通判陈天植、游击陈名远、守备陈廷谟修，乾隆四年生员王名标重修。）

太平桥，在西罗城西门外。（俗名牝牛桥）

石河桥，在西门外二里许，用土木浮架，遇夏秋水涨撤去，冬复为桥以利涉，岁为常。

探海桥，在南门外。（明参将张守职建，以木为之；国朝重修筑以石。）

北镇桥，在北门外真武庙左。

咽喉桥，在东门外咽喉坊前。

西门外桥，以石筑，俗名钓桥。

登仙桥，一名望仙，在东罗城东门外。（以上惟西门外桥新补入，余俱见《山海志》）

地锁桥，在东街。

望门桥，在东罗城大街。

瀛门桥，在柴市南。

仗义桥，在卧牛桥南龙王庙旁。（王名标捐建）

遵义桥，在石河，东西两段用青石，秋搭夏撤。（王名标建，俱详事实。）

响水桥，在猪熊峪。（村民杨明川建）

永济桥，在浅水营西。（康熙五十九年村民杨大坤建）

太平桥，在蔡各庄。

青龙桥，在石碑庄。

永建桥，在魏家庄，系石河下流西南诸村往来之津渡。（民人田茂捐建。按：茂，高建庄人，好善乐施，见秋冬行人病涉，独力捐银数百两，购青石创设斯桥。每年中秋搭，端阳撤，费用皆其家独办。乡人德之，名其桥曰"永建"，为文记其事，石刻在高建庄龙王庙。但搭撤之费未有专款。及其孙三人析产，此款每年均摊。其曾孙受益，为经久计，拨熟地一段，收租以备此款，故桥至今不废。）

董家桥，在回马寨石河渡。（监生董典捐建）

无名石桥，十，一在北门外，一在八里铺，一在浅水营，一在崔家庄，（以上俱见旧志，惟仗义、遵义、永建三桥旧未详。）一在城内东二条胡同（光绪三年建），一在城内东三条胡同，一在西门内响水胡同，一在北水门外，一在西罗城娘娘庙前，一在二十里铺洼。

石门寨桥，二，一在大南门里，一在北河。

盐务桥，在庄东，以木凳为之，秋搭夏撤。

海阳镇桥，二，一在东街外，一在北街外，俱汤河。（河流环绕镇外，水势散漫，每遇冬春涉者甚苦，旧虽设桥，募居民铺商出资，临时观望掣肘。镇绅袁荣、张燕绪等于道光二年倡议劝捐东钱三千八百串，发给本镇铺商生息，为搭桥之费，因置舆梁二座，架木为之，秋搭夏撤，岁以为常，往来称便。）

汤河渡石桥，在范家店西五里。（此处旧无徒杠，惟冬令官遣役夫修舆梁，以便来往，冰结后始成，冰泮即撤，秋晚春初涉者苦之。吕家庄增贡生吕士哲于咸丰九年商同乡耆，拨本庄土地祠公项，购青石十丈，自捐木凳二十五条造为桥。每年搭撤以霜降、端阳为期，又买熟地十五亩，收租以备修葺，计垂久远。）

石河渡，船二，长三丈五尺，广丈有二尺。（乾隆二年设，十九年知县钟和梅重修。）

唐家川渡，船三，制与石河船同。

老岭道一段，北至石门寨，南至岭下张乔庄，计长十五里，县城北通石门一带来往必由之路。（岭路崎岖陡绝，行者艰于步，虽经修补，山水出，辄冲决如故。从九品张鲲劝募捐资，交商生息，每年九月逐处修垫坦平，往来称便，恩贡生朱梁粲为文纪其事，石刻在岭道旁。）

驻操营南岭道一段，计五里，北至驻操营，南至小刘庄，系石门北通口外往来要路。（山路崎岖，虽历年修补，一经水冲仍复如故。例贡生王连俊商同千总职李有文多方劝募，于道光戊戌春鸠工兴作，凿石开路，一律平坦，八阅月而功竣，复捐资发典生息，以备岁修。至今相承勿替，故其道永为坦途。）

大横岭道，在城子峪边门外三十里，距县城九十余里，岭北为建昌，南为临榆，分水为界，北通建昌、赤峰、朝阳、义州等处之路。（陡绝狭隘，下临涧壑，其倾侧处几不容足，叱驭亦将却步。同治元年，候选通判梅朝荣劝募改修，凿石开道，计长十里。又，梌老岭道一里余，龙头岭道二里余，石岭道五里，一并兴修。昔之鸟道蚕丛，今为坦荡。）

郭长清《城子峪外岭道记》

昔者蜀辟蚕丛，魏开龙塞，当其堑山湮谷，是何如之劳费也哉！后之人开通道路，所修不过数十里，亦云末矣。然而山川条理可以补志乘之遗，而道路既通，则又防维宜密，此有志者所当究心者也。临渝北境皆山也，即坡公所云"首衔西山，尾挂东海"者，此殆长蛇天险以环卫神京者欤。当明季，辽蓟诸边外弃而不有，如城子峪外，志地者皆未及详，盖险阻僻远，居民鲜少，而道路不通也。

我朝中外一统，边以外任民耕佃已经二百余年。幽岩奥滋之间，可田者皆辟膏腴，可宅者皆成村障，其人之各营生业者已四通八达，以抵于大邑名区，而随其所欲适，盖山蹊成路矣。邑人梅君丽清业农于城子峪外，因岭路崎岖狭隘，石不堪履，骑不并容，行者苦之。于壬戌之岁，倡为修理之役，辟山凿石数月，工竣，携白堕一瓯，访余于种树轩中，而属为之记。

余问以山川之支干及道路之险夷，梅君条分缕析以相告，而塞外山河遂了然如在目焉。盖城子峪外之山，自都山分脉，转折东行至大横岭一顿，南分一支为临渝之栲老山及龙头岭；北分一支为建昌之磨石岭，其临境西北之茶盆山系大横岭后分支，由东北折而西南者也。城子峪实渝水经流入塞处，城子峪外之路则必经历数岭，蹂磴缘崖以通于朝阳、赤峰、建昌、义州诸邑。凡米粟百货，驮载往来，每当残月晨星，一路篝灯相望，而铃铎相闻也。呜呼！昔为荒僻之区，今为通行之路，其因利乘便者，实出于势之自然，而非汉塞秦关之所能限也。且夫天地间便利之途，苟非破鸿濛，开混沌，则梯山航海者，亦不能重译而来。洎夫生齿日繁，土地日辟，而营营焉四出以谋生业者，遂不惮竭力以破天荒，此亦天时人事之所并而致也。余因之有感焉，人众则用繁，道通则势顺，既难禁谋生者之穷极所往，又难禁剽劫者之乘便而来，边荒隙地而生聚通利如斯，以抚绥防范责有司，实有鞭长莫及者。

伊古以来，生民之风气愈开，斯国家之绸缪愈剧。果何如而使斯人居则安，行则利，常能保其攸往咸宜也欤。是在有其责者，而余与梅君亦第就岭道之既修而纵谈及之耳。是役也，计修栳老岭一里有奇，龙头岭道二里许，大横岭道十里，磨石岭道五里，共费东钱若干缗，系广集众善，其姓氏勒诸碑阴，而梅君实倡其事，余于其急公好义之心不必多赞，而山川之资乎载记，道路之系乎民生，实我东北一隅所不可忽者，故不辞而为之记。

以上桥道。

里市

自前明靖难，兵起燕地，井里凋弊，乃迁南人以实之，而迁发者为屯，土著者为社。若山海则元代以前人烟萧索，明初立卫，籍多隶军，民鲜土著，而征调频兴，迁徙无定。至我朝偃武修文，休养百有余年，乃立甲而编社。其乡村之联络，市集之辐凑，大胜前代，爰记之以表圣代生成化育之功，所赖守土者之勤求治理，俾永为富庶之区也。

甲社

天青、地宁、长治、久安、属国、年有、丰登共七社，每社十甲，惟丰登社五甲，每甲各以什季一人领之。

村堡

东　二里店，二里。青石沟，五里。梁家沟，五里。崔家台子，五里。张家庄，五里。吕家沟，六里。西刘家庄，六里。姚家山，六里。曹家岭，六里。北窑河，六里。姜家庄，六里。陶家庄，七里。崔家庄，七里。八里堡，八里。吕家洼，八里。东刘家庄，八里。姚家庄，八里。梅家庄，八里。赵牛庄，九里。杨家庄，十里。戴家庄，十里。张狗庄，十里。单家岭，十里。陈斗庄，五里。孙家庄，九里。萧家庄，九里。沙河子，十里。红墙子，十里。以上二十八村，东关地方经管。

孟家店，三里。悬阳洞，十里。以上二村，北关地方经管。

张家场，二十里。周家沟，十八里。新堡子，二十里。王家峪，二十里。二道河，二十二里。以上五村，张家场地方经管。

李家堡，二十五里。阎家岭，十里。郑家湾，十二里。荆条河，十三里，朱家店，十五里。朱家坟，十五里。毕家庄，二十里。苏家岭，二十五里。陶家堡，二十五里。老边口，三十里。牛家沟，三十里。杨家庄，三十五里。坡山洞，三十四里。陈家屯，三十八里。蚂蝴屯，四十里。乱麻堡，四十二里。徐家屯，五十五里。以上十七村，李家堡地方经管。

铁场堡，三十五里。老虎圈，二十七里。挂旗山，三十三里。娄家沟，三十五里。马鞍山，四十里。暖泉子，四十五里。大店子，五十里。以上七村，铁场堡地方经管。

九门，三十里。庙山口，三十二里。西阳口，三十二里。猪熊峪，三十五里。响水，三十五里。陈家堡，三十六里。黄土岭，三十七里。贺家庄，三十八里。平房峪，四十里。田家冈，四十里。曹家房，五十五里。花儿庄，六十里。立根台，六十里。蒋世楼沟，六十里。小河口，六十里。植不冲沟，六十里。手巾沟，六十里。石门子沟，七十里。车厂沟，七十五里。以上十九村，九门口地方经管。

永安堡，六十里。卢家房，六十里。石匣口，六十里。立木厂，六十里。小川口，六十三里。丁子沟，五十六里。张家房，六十五里。霍家沟、六木沟，六十五里。獐蝴充，七十里。康家房，七十里。塔子沟，七十里。以上十二村，永安堡地方经管。

南 双井，一里。王家场，一里。大陇道，二里。张家庄，二里。南营子，二里。胡家窝，二里。萧家庄，三里。申家庄，三里。董家庄，三里。刘家河，三里。涂家庄，四里。侯家庄，五里。洼子营，五里。大小湾，八里。马头庄，八里，宁海城，十里。以上十六村，南关地方经管。

西 高建庄，六里。萧家店，三里。五里台，五里。胡家庄，五里。揣家沟，五里。团练部落，六里。黄家庄，七里。单家庄，七里。唐子寨，八里。郑家庄，八里。黑汀庄，八里。回马寨，八里。胡家套，十里。佘家坟，十里。张家庄，十里。安家庄，十里。前七星寨，十里。后七里寨，十里。红瓦店，十里。沟渠寨，十里。王家庄，十三里。周家沟，五里。（按：胡家庄、揣家沟、周家沟、回马寨四村俱在石河东，西关北，书于此者，因皆系高建庄地方所管耳。）以上二十二村，高建庄地方经管。

古城庄，十里。麻绳庄，四里。圣水庄，八里。徐家岭，十里。龙家营，十里。小营，十里。魏家庄，八里。任家庄，十里。冯家庄，十里。李狗庄，十里。五台子，十里。周家村，十二里。魏家岭，十二里。半壁店，十二里。孙家庄，十二里。陈家庄，十四里。栾家岭，十五里。黄土坎，十五里。徐家店，十五里。萧家庄，十六里。向河寨，十五里。卸粮口，十五里。西傅家店，十六里。高家庄，十八里。崔家庄，十八里。泥湾，十八里。亢家营，二十里。二十里堡洼，二十里。韩家庄，二十里。柳村，二十一里。以上三十村，古城庄地方经管。

安民寨，二十里。丁武寨，十五里。毛家沟，十五里。东傅家店，十五里。大户远寨即惠源庄，十六里。小户远寨即小惠源庄，十六里。香房即兴富庄，十六里。交界河，二十里。外峪，二十二里。里峪，二十五里。魏家沟，二十五里。鹿头山，二十五里。张家庄，二十五里。连峪，二十七里。麻念庄，三十里。鲍家庄，三十里。太平寨，三十里。窝儿里，三十里。陆家庄，三十里。陈家庄，三十里。小旺庄，三十里。王家庄，三十里。石科，三十里。鸭子山，三十三里。高陂沟一名高龙沟，三十三里。刘儿峪，三十三里。蟠桃峪，三十五里。以上二十七村，安民寨地方经管。

盐务，二十里。石山，十五里。小张家庄，十五里。田家沟，十八里。东李庄，十八里。南李庄，二十里。北李庄，二十里。刘家店，二十里。小高家庄，二十里。王家岭，二十五里。西盐务，二十五里。以上十一村，盐务地方经管。

范家店，三十里。大旺庄，二十五里。邵家岭，二十八里。涂家庄，三十里。石家庄，三十里。晒甲会，三十五里。小杨家庄，三十五里。姚周寨，三十五里。毕家庄，三十五里。大张庄，三十五里。前腰站，三十五里。后腰站，三十五里。前马房，三十五里。后马房，三十五里。土台子，三十五里。邹家庄，三十五里。吕家庄，三十五里。崔家庄，三十五里。廉家庄，三十五里。葛家庄，三十六里。缪家庄，三十八里。徐家庄，四十里。萧家冈，四十里。赵家庄，四十里。大刘庄，四十里。小刘庄，四十里。金家庄，四十里。董家庄，四十里。铁匠庄，四十里。玉皇庙庄，四十里。小张庄，四十里。网匠庄，四十里。安子市，四十里。百姓王庄，四十里。小新庄，四十五里。新立庄，四十五里。以上三十六村，范家店地方经管。

海阳镇，四十里。范家庄，四十里。侯家庄，四十里。郭家庄，四十里。曹家庄，四十里。栗园，四十五里。里泮庄，四十五里。温家湾，四十五里。新庄，四十五里。徐家庄，四十五里。祝家庄，四十五里。杂字部落，四十五里。八间房，四十里。紫房头，四十七里。平山营，四十八里。苇子港，五十里。青石山，二十里。深港，五十里。戴家庄，五十里。大道庄，五十里。赵家庄，五十里。杜家庄，五十里。高家庄，五十里。黄家庄，五十里。杨家墩，五十里。以上二十五村，海阳地方经管。

大里营，四十里。季新庄，四十二里。杨道庄，四十二里。邢家庄，四十二里。孟家营，四十里。李姓安庄，四十二里。西王家岭，四十五里。张家庄，四十五里。公富庄，四十五里。偏坡，四十五里。孙家庄，四十五里。吴家庄，四十五里。白庙庄，四十五里。田家沟，四十五里。车家庄，四十五里。王孝庄，五十里。约合庄，俗名吆喝。姚合屯，五十里。凤凰店，五十里。杨家庄窠，五十里。陈家庄，五十里。永宁寨，五十里。炮上，五十里。廖家庄，五十里。王家庄，五十里。望海店，五十五里。深港，五十二里。甘家庄，五十五里。苏子峪，五十五里。黑嘴子，五十五里。堡子，五十五里。一百寨，俗名义卜。深河东店子，六十里。徐山口，五十里。以上三十四村，大里营地方经管。

白塔岭，四十里。前道西庄，四十五里。后道西庄，四十五里。倪家庄，四十五里。以上四村，白塔岭地方经管。

蔡各庄，六十里。归提寨，五十里。新店，五十五里。单家庄，六十里。崔各庄，六十里。寺上，五十五里。甘各庄，六十里。草厂庄，六十里。刘家庄，六十五里。赤头山，六十五里。大薄荷寨，六十五里。小薄荷寨，六十五里。常家马房，六十里。以上十三村，蔡各庄地方经管。

药王庙马房，六十里。刘家马房，五十五里。张家马房，六十里。高家马房，六十里。郭家马房，六十里。新庄子，六十里。沐浴寨，六十里。古城，六十里。大落安寨，六十里。小落安寨，六十里。河东寨，六十五里。陆家庄，六十五里。丁家庄，六十五里。太平寨，六十五里。乔家庄，六十五里。费石庄，六十五里。马房店子，六十五里。东坨头，七十里。西坨头，七十里。以上十九村，马房地方经管。

戴家河，六十里。杨各庄，六十里。牛蹄窠，六十里。周家营，五十五里。北杨各庄，五十五里。拨道洼，六十五里。长不老口，六十五里。高家岭，六十五里。小营，七十里。郑家店，七十里。仓上庄。以上十一村，戴家河地方经管。

北　棉花庄，三里。西关地方经管。

附水寨，四十里。拦马庄，三十五里。李家庄，三十五里。郝家庄，三十五里。刘家河，三十五里。卞家庄，三十六里。王木庄，三十六里。蔡家庄，三十六里。南林子，三十六里。北林子，三十六里。侯家庄，三十六里。石家道，三十六里。潘家庄，四十里。西峪，四十五里。以上十四村，附水寨地方经管。

刁部落，三十五里。木扎峪，三十里。鸭子河，三十五里。白塔寺，四十里。上花野，四十里。下花野，四十里。以上六村，刁部落地方经管。

石门寨，四十里。欢喜岭，三十八里。阎家庄，四十里。以上三村，石门寨地方经管。

黑山窑，四十里。常兴店，三十五里。焦家庄，三十五里。马家庄，三十里。韩家沟，三十里。刘家沟，三十里。董家沟，三十里。

杨家庄，三十里。白台子，三十五里。徐家庄，三十五里。柳江，四十里。夏家峪，四十里。柳瓢庄，四十里。柳罐峪，四十里。蒋家湾，四十里。相子沟，四十里。小部落，四十里。老瓜峪，四十里。李河沟，四十里。孙家沟，四十五里。西老岭，四十五里。李家沟，四十五里。上平山，五十五里。下平山，五十五里。孤石峪，六十里。以上二十五村，黑山窑地方经管。

上庄坨，四十五里。砂锅店，四十五里。槐树店，四十七里。半壁店，四十八里。石碑庄，四十九里。石岭，五十里。杨家庄，五十五里。魏家庄，五十三里。北庄坨，五十五里。南郭家庄，六十五里，以上十村，上庄坨地方经管。

傍水崖，四十七里。山阳寨，四十五里。楸子峪，五十里。张家庄，五十五里。车厂，六十里。吴庄，六十里。王家庄，六十里。龚家庄，六十二里。苏家庄，六十五里。大柳树庄，六十五里。花磉峪，六十五里。刘家房，七十里。北杨庄，六十里。以上十三村，傍水崖地方经管。

义院口，六十五里。杨家山，六十里。蒋家庄，六十里。徐家庄，六十里。张家山，六十里。甘泉山，六十三里。板场峪，六十五里。拿子峪，六十五里。以上八村，义院口地方经管。

沙河寨，四十里。东部落，四十八里。赵家峪，四十八里。温家庄，四十八里。以上四村，沙河寨地方经管。

浅水营，四十三里。罗家庄，四十二里。张家庄，四十二里。潮水峪，四十八里。揣家庄，五十里。刘家庄，五十里。王家庄，五十五里。百果树庄，五十五里。以上八村，浅水营地方经管。

黄土营，五十八里。何家庄，五十二里。王家峪，五十五里。张家岩子，五十里。程家庄，六十里。李家庄，六十里。王家楼，六十里。娃娃峪，六十五里。小河营，七十里。以上九村，黄土营地方经管。

驻操营，六十五里。张家庄，六十七里。崔家庄，六十七里。孟家庄，六十七里。马络庄，六十七里。查家庄，六十八里。半壁山，七十里。以上七村，驻操营地方经管。

城子峪，七十五里。马家峪，七十里。贺家庄，七十里。邹家庄，七十里。刘家庄，七十里。黄泥河，七十里。庄寨，七十里。破城子，七十里。大毛山，七十里。水门寺，七十里。小张家庄，七十里。罗家岭，七十里。董家庄，七十里。官场，七十五里。梅家峪，七十五里。王家庄，七十里。平顶峪，七十五里。董家口，七十五里。皋儿山，八十里。以上十九村，城子峪地方经管。

牛心山，一百四十里，在土胡同南。山神庙。三岔。土胡同，在梯子岭北。三间房。起河，在三间房东。干松树，在龙王庙东。双岭。偏岭石。锥子山，在干松树东。北沟，在偏岭石北。龙王庙，在土胡同北。杨树沟。桑树窝铺。黄土坎。上河，在三间房东南。蛤蟆河、沙金沟，在土胡同西。双岭沟，在双岭西北。松木集，在双岭西北。以上二十村，口外牛心山地方经管。

钓鱼台，一百五十里。木头凳、钓鱼台、黄石岭、罗圈沟，在偏岭石北。卧龙冈、毕家障子、阎台子、牛聚沟，在木头凳东南。梯子岭、山嘴、褚大石、北台子、大杖子，在木头凳西。烧锅杖子、转城壕，在牛聚沟南。梅家沟，在干松树南。以上十六村，口外钓鱼台地方经管。

干沟镇、响水庄、侉子庄、杨树底下、盘岭沟、南虎石哈、北虎石哈、庞家障子、马家障子、宋家障子、羊山岭，以上十一村，口外干沟镇地方经管。

邑共五百一十二村堡。

市集

县署前每旬一、六日。南街每旬二、七日。西街副都统署前每旬三、八日。北街每旬四、九日。西罗城每旬五、十日。盐务庄每旬四、九日。海阳镇每旬二、七、五、十日。蔡各庄每旬一、六日。石门寨每旬一、六、三、八日。驻操营每旬二、七、四、九日。义院口每旬四、九日。干沟镇每旬四、九日。

按：城集只买卖粮米，村镇集则诸凡交易毕聚矣。

‖ 卷之八 ‖

舆 地 编（三）

风俗·物产·古迹

风俗

《禹贡》纪山川不纪风俗，以风俗惟上所转移，莫之有定也。古者，命太史陈诗以观民风，因其奢俭贞淫，以知其政刑教治。上感下应之机，或数年一变，或数十年一变，志之者各述一时所见而已。临邑承边镇屯卫之旧，人情以激烈相高，平居习角抵之戏。设县之初，余风犹有存焉。今则承平日久，满汉兵民蒙业而错处者，饮和食德，盖己人文蔚起，有都人士之风矣。惟文物修明，恐日久或有偏胜耳，况关门道通三省，人多商贸东方，不重农桑而事末务，又所居之地然也。齐其政不易其宜，尤必先入而问俗焉。故备志四民以及礼仪岁序之事。

　　士

　　素敦礼让，雅习诗书，文物衣冠甲七邑焉。前所云拘于闻见，今昔又有不同。盖近习以儒修相尚，延师取友，得丽泽讲贯之资，而贤士大夫之庋止者，如乾嘉年间，方敏恪公、家驹张公、白沙孙公、邑侯王芝因先生典型圭臬兴起，人文士风不变，而根柢之学、千济之才相继而出，故文风蒸蒸日盛矣。至所云安静淡泊，不与户外事，固仍如故也。

　　案：山海旧志詹公之论，去今虽三四百年，其大致犹不甚相远。惟佘仪部所云弦诵风微，技击习炽，今大不然，盖明季国初，用武之际，故人习武事。兹逢圣教休明，海隅率俾二百余年，仁义渐摩，风气日上，惟文胜质少，渐即奢华，识者不无所虑补救，而引翼之宜豫为计也。

农

编氓小户，大抵有田者少，佃人之田，岁纳租粮，丰年则于纳租外仅可自给，一遇荒歉，种田者既鲜盖藏，为佣者亦无由食力，哀鸿遍野，良可矜怜。然性多愿谨，虽至冻馁而不为非，则尤可悯焉。

工

制器尚朴素，不务精采。近虽渐饰美观，而奇技淫巧，究罕习者。

商

懋迁有无，视时所需，计值求售，虽无富商大贾，而列肆尚不相欺。若邑人出外贸易，率多在东三省，交易公平，存古道焉。

冠

三加之礼虽皆不讲，而冠而字之约在将及弱冠之年。

婚

子女择配不拘髫龄，成童既冠，祇以年岁相当门第相宜即为结姻。纳聘谓之"押婚"，请期谓之"通信"；娶之前一日，女家赍奁具至婿家，陈于室，谓之"铺床"；至期，以彩舆迎女，鼓乐仪仗如度，既合卺，设燕款宾；翼日，女家戚属具筵（均代以仪）来馈，谓之"暖饭"，婿家亦款以燕；三日，燕两姓亲友，谓之"贺喜"，婿偕妇登堂拜客，客各有赠。其一切仪文，均以贫富丰俭，无定制（或四日，或六日，婿偕新妇如岳家拜祖，谓之"回门"）。

丧

殁时，具衣衾，小殓于床；次日具棺，大殓于堂；三日具筵于灵位前，戚友各以冥资、纸马、车轿为赙，丧家具鼓乐、仪仗、肩舆，孝子扶行，至城隍庙致奠领魂；既归，焚冥具于大门外，谓之"送路"；六日呼为"一七"，成服延亲友及礼宾致奠，谓之"开吊"，于殡前一、二日亦延宾致奠，延绅袗成主具纸龛，供设神主，谓之"安灵"。是夜设祭，谓之"辞灵"；殡时具幡杠、仪杖、冥器、亚翣，孝子执魂幡哭泣前行，抵墓，县棺而封，筑土为坟。一切丰俭称家有无（升祔或二年或二十七月）。

祭

岁于清明前诣墓，培土于冢，谓之"添土"，具肴馔致奠。七月望，具瓜果新谷奠于墓或祖前，谓之"荐麻谷"。十月朔，剪彩纸为衣，焚于墓或祖前，谓之"送寒衣"。忌日、元旦、端阳日、中秋日、冬至日、皆祭于祖。

春

正月元日昧爽，比户燃庭烛，爇香祀神。祀，先燃爆竹，家人称寿。及旦，戚里相拜贺，用红柬沿门投递，至初五、六日止。六日后迎女归省，邀亲友宴会。上元张灯放烟火，演杂剧，乡人傩自十三日至十七日止。中旬子弟入学。二十五日祀仓神，名"填仓"。嗣后，农夫于耡。

二月二日，启蛰，作饼宴会。春分后冰泮取鱼，比户祭扫田园，种麦栽蒜。

三月三日，种瓜蔬，清明插柳，十八日赛神。是月童女迎紫姑，择日造酱。

夏

四月，农芸田，濒海网鱼，先偏后雁。十八日礼佛于庙。

五月朔前，剪纸为葫芦，系桃叶悬门。五日食角黍，簪艾系彩丝。夏至后刈麦。

六月，伏日开冰，黍始登。

秋

七月七日，妇女乞巧，洒水掷针，以成刀剪形者为得巧。中旬迎麻谷，谷始登。

八月朔，妇女临河祓除。中秋陈瓜果于庭庆月。

九月九日，士夫携酒登山为茱萸会，谓之"登高"。霜降蓄菜。

冬

十月，农工毕。

十一月至日，士夫拜贺。是月官取冰纳于凌阴，以备来年差务之需。

十二月八日，食腊八粥。十五日，子弟放学，师撤帐，择日扫舍宇。二十三日晚，祀灶，是后易门联，换桃符，修岁事。除夕陈祀仪，相拜贺守岁。

附山海旧志詹公荣云：

按，幽燕之俗，人性劲悍，习尚朴茂，厥来逖矣！迨国初，征四方人守之，习尚错杂。然山川所限，风气乃钟，渐而渍之者，人多负气任侠，慷慨激壮，犹席易水之遗烈。士习诗书，谈气节，少所让可。农瘠土寡获，甘劳苦，分省约。工乏良材，售多苦窳。商味远大，机利逐，逐转十一，为糊口计。闺阃绝织作，里闬鲜声乐，乐事无何，终岁淡然，其大都也。闻之乡耆老云：成化以前，率尚简实，中产之家犹躬薪水之役。积千金者，垣墉服饰若寒素。独婚丧赠遗从腆，达于实用。官无墨行，罔骏削于下。细民畏官府若神明，矧敢嚣讼？故闾阎多厚藏而俗日敦。及今所睹记者，逞浮尚口，好讦人短长，且以势力相凌轧。家稍饶，辄竞纨绮，润屋庐以自侈。一遭颠踬，遂廉其值市之，计初置仅得三之一，是用荡然无遗。婚罔亲迎，丧用浮屠，病延巫祝，灼化者之尸以骨葬，尤为丑薄。自鄞都黄公、新昌邬公出令诱禁之，而士大夫复哀然首倡，秀民之家稍知有礼法矣。惟视篆者终属介胄，多以剥削为恒，军民怼则讼牒兴，是故官日罹于犯，民日滋于伪，官犯则亡耻，民伪则长奸。不有握机者挽而变之，吾惧江河之趋日下矣。

佘公一元云：

（元按）关门风俗，明嘉隆以前，先达詹公荣之论业已得其大凡矣。万历以后，习染益靡，古道寖衰，浸淫至于末季，兵役繁兴，商贾辐辏，五方杂处若都会然。赖有大吏大帅弹压于斯，而地方无势绅豪富大侠之流足以作恶酿孽，所以经乱离而幸免屠戮，或以是欤？革命之初，兵撤旅散，闾井萧条，民无素蓄，一旦食贫困惫，几不支矣。三十年来滋培生聚，较前渐有起色。但满汉杂处，农少商多，士不安恬退而尚嚣陵民，不务颛蒙而习狙诈，藐官陵长，间或有之。为妇者不娴闺训，徒抗夫家，一遇疾伤，众谋图赖。守业者不思固产，争欺鬻主，既得售价，复告增添。弦诵风微，技击习炽，且矜尚骄奢，罔思节俭，名分不立，人心日偷。风化之司，四民之首，若不亟思变计，共挽颓波，将来更不知所底止矣！尚其慎诸。

以上风俗。

物产

临渝为山水奥区，物产甚繁。然或取不以时，育之无术，虽地不爱宝，恐美利亦有时而尽。是在休养撙节，俾物类蕃昌，斯藏富于民之道也。

金类

铁，产于石门，今不多出。

土石类

白盐，晒者出关外，煎者出盐务，今停灶。土粉，即白土，可垩壁。红土，可垩壁，亦可油房染布。石灰，石门城南北多灰窑。煤，俗呼炸子，石门、义院口诸处产，为其利厚，人多争之，故讼端易起。然一邑仰赖，弗可禁。近日穿山愈深，取之愈难，价亦较前渐贵矣。炭，锻薪成者，近不知休养山林，竟至掘根烧炭，而山木愈穷矣。赭石，画工所用，出于石门。皮硝，熬土成者。火硝，备火器用，亦熬土成者。硫磺，相传温泉下产，故水热。黛，产于海中，俗名"海墨"，妇人用以画眉。黑矾。

谷类

粳。黍，俗呼黄米。稷。粟，粟脱壳者俗名小米，民间常食。豆，分黄、白、黑、褐、青、斑诸色。稗。蜀秫，今呼高粱，可烧酒，脱壳者曰秫米，有赤、白二种，亦常食。大麦。脂麻，即胡麻，可榨香油。荞麦，伏种秋收，红梗白花，荞一作荍。小麦，即麦。酥子，一作苏，《尔雅》谓之"桂荏"，可榨油，俗名苏油，亦常用。小豆，有赤、白二种。绿豆，可为粉条，粉面。黏蜀秫。黏稻，俗名糯米。苣，俗呼凉谷米。小黄米，似小米，性黏。西番谷，苗高如蜀秫，穗如蒲棒，粒周穗外，可为饧饴。豌豆，《尔雅》谓戎菽，《辽志》谓回鹘豆。玉蜀秫，俗呼包粱米，可煮食，亦可沤粉。薏苡，俗呼薏仁米。

木类

松，油松、外杉松、果松、刺儿松，皆少。柏，叶、仁具入药。桧，柏叶松身。槐，未开之花名槐子，染黄色。柳。垂杨。椿，春芽可作蔬。榆，白榆有荚，刺榆无荚。桑，按《后燕录》云：辽川无桑，慕容廆求种于江南得之，今临邑桑颇不少，亦有养蚕者。柘，桑属。椴，质轻，皮可制绳引火枪，烧炭不良。青杨，叶大，花如穗，有毛紫黑色。柽，河畔赤茎柳。檿，山桑。白杨，叶小无花。梨，质坚，中器用。楸，实如核桃，俗呼山楸子，木可为枪杆。樗，似椿而臭，俗呼臭椿。柞，即栩，质坚，土人多以烧炭，实名橡子，蒂名橡碗，可染皂，叶亦可染皂。槲，实如橡而小，叶大七八寸，俗名波罗树，叶饲山蚕作茧丝，经霜叶红，五泉庵及里外峪极多。初夏，土人采嫩叶包粉粢作饼，美其名曰"枫香饼"，味甚佳。观音柳，庙中多有，入药可表天花。棘，即槭，结子者为酸枣，不结子者俗呼葛针，可砌墙。荆条。梧桐。茶，茶盘山多茶树，土人不知休养，可惜。报马子，木质细密，角山多有之。紫榆，产角山，木质坚勒，色紫。黑桐，生石门山中，近水处有大材。苦蜡木，山中多有，坚勒可制梃。葛条。竹。

果类

梨，名色甚多，产石门诸山中。桃，大者名接桃，小者名毛桃。杏，种类亦多，以银杏为最。李。枣，有灵枣、木枣之名。栗。榛，远山多有。菱，边家河产。莲实。海棠果，俗名花红，经冬不败。藕。樱桃，即含桃，有红、白二种。葡萄，有紫、白、圆、长之别，山产者小黑而酸。核桃。郁李，《尔雅》谓棠棣，俗呼欧李，声之转也。羊枣。沙果，似苹果而小。苹果，《采兰杂志》：燕地苹婆，果味虽平淡，夜置枕边有香气。槟，有花斑者名虎刺槟。桑棋。山葡萄，一名燕奥。山楂，小者为山里红。普盘，即《尔雅》之蒛，生山中，俗名托盘。灯笼果，一名洛神珠，一名酸浆草，《天禄识余元故宫记》：棕毛殿前有草，外垂绛囊，中含赤子，如朱樱，俗呼红姑娘，味甘酸，可疗疾痛。无花果，不花而实。石榴，即安石榴。长生果，一名落花生。

蔬类

白菜，四时常有，霜降后家家蓄之，所谓秋末晚菘也。韭，春初早韭味尤胜，冬日种者以草荐覆之，入腊即可食。蒜，紫皮常用，白皮可腌为菹。葱，《畿辅通志》有四种，曰冻、曰胡、曰汉、曰茖，今有干葱、小葱、羊角、倒畦之名。藤蒿。芥，一名辣菜，冬日人家多蓄之。茄，今所种者皆旱茄。蕨，茎色青紫，如小儿拳，欲名广东菜，又名吉祥菜。薤，《本草》一名火葱，俗名小根菜。莴苣，俗名生菜。萝卜，《尔雅》曰葖萝菔，俗以圆而红者为红萝卜，长而白者为水萝卜，子入药，名莱菔子。芫荽，芫一作蒝，种传西域，欲名香菜。芹菜，水旱两种，今仅食旱者。蒲蒻，菖蒲。胡萝卜，元时始入中国，今为常蔬。山药。苦麻菜，一名苦荬菜，有白汁。蘖兰，可鲜食，亦可腌为菹。苣麻菜，即诗之苣，叶小，俗呼曲荬菜，出田间，初生时白，根最佳。菠薐菜，唐太宗时尼菠罗国所献种，今呼菠菜，为人家常蔬。莙荙菜，《本草》作菾菜。芸苔，俗名臭菜。茴香，《本草》作蘹。秦椒，味极辛，土人多食之。真金菜，俗名黄花菜。龙须菜，丛生海滨石上，如柳，根色白而脆，春秋有采者。海白菜。滴露，一名玉环菜，俗呼地梨。豆芽菜，绿豆所渍。豆角，有云豆、长豆、盘豆、扁豆诸种，为常蔬。马齿苋，俗名五行菜。灰藋，俗名灰条菜。地肤，《尔雅》谓王彗，今呼扫帚菜，农家用以扫场。蕫，俗名羊蹄菜。苋，园蔬中无之，《本草》苋和鳖食杀人。荠，诗之"其甘如荠"，即此，然今少食之者。花椒，石门多种者，载贸关东。

瓜类

冬瓜,《本草》一名白瓜。西瓜,本地旧无佳者,其佳者来自沙河驿。今有小子者,又有三白者甚佳。黄瓜,有青、黄二种,《本草》一名胡瓜。丝瓜。菜瓜,一名稍瓜。香瓜,即甜瓜,产大利营,黄土坎者佳。南瓜,种出南番。倭瓜,种出东洋,又名蒲瓜。绞瓜,似倭瓜而小,内生筋丝,酱腌蜜饯皆宜,食时以筋搅取出之似缕切者。瓠。壶芦,种类不一,其嫩时可食。癞葡萄。赤包。

药类

桔梗,一名荠苨。苍术,夏日村民多卖之。黄芩。远志,苗名小草,诗谓之蒇。黄精,《博物志》云:太阳之草,名为黄精,初生苗俗名笔管菜。防风。柴胡,有竹叶、韭叶之分。紫苏。荆芥。白石英。知母。升麻麻黄。菊花。草乌。细辛。葛根。苦参,即野槐根。藁本。栝蒌。葶苈,即月令之蘼。兔丝,生豆田中。瞿麦,即石竹子。茯苓,生松下抱根者为茯神。前胡。朴硝,碱土熬成。赭石。山楂。牡蛎,蛎黄壳。海蛤。蓖麻。南星。黄蘖。大黄。地黄。苍耳,即诗之卷耳。百合。枣仁。沙参,生海边者为上。川芎。五味子。威灵仙。桑白皮。枸杞,俗名枸奶子。益母草,一名茺蔚。马兜铃。赤芍药。丹皮。金银花。地骨皮。金精石。小茴香。白蒺莉。薏苡仁。郁李仁。覆盆子。草苁蓉。艾,有水火之分。泽兰。地肤子,即扫帚子。白蜀菊。牵牛,黑白二种,又名黑丑、白丑。老鹳嘴,俗名老鹳筋,可染皂。夜明砂,蝙蝠粪。海螵蛸,乌鲗鱼骨。蝉蜕。百草霜,角山者佳。苦丁香,即香瓜蒂。槐花。柏叶。柏仁。桃仁。杏仁。青黛,靛花。鳖甲。禹余粮。

花类

牡丹,山阳寨有牡丹沟,花时最盛,然未若人家园亭双层瓣者。芍药,有红、白、紫诸色。萱草,即诗之蘐花,六出四垂。莲。菊。丁香,紫、白二色。匾竹,俗名斑竹莲。凤仙,一名指甲草,可染指甲。蔷薇。藤萝。玫瑰,俗名茨玫,色红味香,可和糖食,黄白者野产。石竹,色最多。金盏,即长春,花黄朵小,逐时开放。月季,四时皆花，俗呼日月红。玉簪，未开时如玉搔头。鸡冠，有红、白、紫各色。珍珠。蜀葵，俗名蜀菊。六月菊，俗名江西腊。素馨，白者香胜茉莉。马兰，花叶俱似兰，园中多有。葵，俗名向日莲。满条红，俗呼串枝梅。转枝莲，花淡红，一名串枝莲。落金钱，色黄而圆，落必以夜。万年菊，俗呼榛子花，花开最久。迎春花。探春。杏花。桃花。梨花，三花，邑北山中最盛，开时极可玩赏。翠雀花。蝴蝶花。铁梗海棠，即楸。虞美人，色娇艳。水桂花，细碎而香，色淡黄。金色菊。高丽菊。山胭脂，有红、黄、紫、白诸色，一名粉团，俗呼没日花。卷丹，根即百合。剪秋罗。秋海棠。鱼儿牡丹，即荷包花。紫薇，俗名百日红。绣球花，丛生如球。锦屏风，蔓生，花小而赤。夹竹桃，竹叶桃花。蓼花，人家生者高于野产。马缨，俗名绒花。山丹。榴花。美人蕉，似芭蕉而小花正红色。毛石臼。金丝荷叶。雁来红，即老来少。喇叭花，即药中之牵牛。秋葵，色嫩黄而娇。木槿。荷叶花。

羽类

鸡。鹅。鸭。莺，俗呼黄蜡瓢。燕，有巧拙之分。雉，俗呼野鸡。凫，野鸭。鹰。鸰，水鸟有斑文，无后趾。鸽，依人鸟，来去无定，一名鹁鸽。鹳，黑白二种。鹞，鹞鹰属。鹘，大鹰，俗名兔鹘。雕。鸢，俗呼鹞鹰。画眉，善鸣，来自他处。鸬鹚，鹜属。鸂鶒，鸭类，一名信天缘。鹭鸶。鹌鹑，雌者供肴，雄者善斗，畜之数年者谓之笼鹌。布谷，一作布穀，即鹍鸠。灰鹤。乌鸦，反哺为慈鸟，不反哺为山老鸦。黄雀，小而善鸣。铁脚雀，爪黑如铁，形如家雀。冬时海岸上千百成群，土人网之售于市。佘仪部一元《渝关杂咏》云"冬煎铁脚雀，夏食海胎鱼"是也。铜嘴，似雀而大，色灰黑，喙青黄如铜色。啄木，《尔雅》曰䴕啄木，啄如锥，长数寸，形色黄灰，舌根通脑后，舌尖，引之愈长，能钩取树虫食之，俗名啄木官，鸣声如吹瓮。百鸲，即百舌鸟，五月即不鸣。练雀，似鹊而小，褐色，顶上披一带，尾拖长翎，又名带鸟。酥雀。鹊，巢背太岁，俗名喜鹊。鸠。雀，依人小鸟，俗名家雀。树鸡，似雉而小，灰色，红爪红嘴，一名挂鸡。集沙者为沙鸡。鸥。鱼鹰，俗名钓鱼郎。戴胜。水㝫。蜡嘴，喙如黄蜡，驯之可作剧，即诗之桑扈。红料，夜鸣。金翅。白眼圈，以形名。靛雀，俗呼蓝靛缸。山和尚，似山喜鹊而小，尾短，灰褐色。麻料，色灰形小。胭脂红。柳叶。柳串。伯劳，俗呼虎布喇。窝蓝。翠雀，翠不如南方鲜明。杜鹃，俗呼王刚哥，以其声名也。鸳鸯。鸺鹠，即鸮，身大，色黄黑而斑，昼目无见，夜则明，其头如猫，俗呼毛猫头，人家恶闻其声。

毛类

马。牛。猪。羊。驴。骡。犬。虎，古时土旷人稀，故虎为害，今则户口日增，王化广被，而虎亦远避。佘仪部一元《告神驱虎文》云："生民野兽之各安其处也，从古已然。关门北山、南海前此居人樵采山谷间，并无野兽之扰，迩来频遭毒害，今岁尤甚。当此天下一统，新上御极，百灵效顺之时，其可容此残暴之畜数数戕人乃尔耶？窃闻兽得食，禀命于神，似此残恶荼毒，神不知何以为神，知之而故纵之，神之所职果何在也？况此皆天子百姓也，岂供野兽俎上之肉也？纠众合词，特具牲醴，仰叩明神，恳祈彰神之灵，鼓神之威，疾驱害民之兽于远方，以安我生人。俾后此不复罹其毒，或非神所辖之地，亦当转告互驱，务致各安其所，永佩神庥于不朽"。豹，间有食民家牲畜者，名土豹。南海龙王庙中，道光年间有豹窃人，为僧捶毙，盖亦土豹也。狐。貉。狸。狼。猴。山羊。兔。獾。猬。猫，一名狸奴，常猫外有狮子猫一种。犬，吠犬多，田犬少，极大者边外种，小者拂菻种，俗称叭狗。

鳞介类

鲤。鲫，诸河皆有，惟东护城河名穿晴鲫，味尤佳。鳝，似蛇无鳞，河产者佳。鲞，即正字通之鳓，身薄多刺，产于海。四五月逆水而上，土人名火勒鱼，可晒而为干。鳠，头大口巨，遍体黏涎，即今之鲇鱼，以为雁鱼误。鲥，俗名黄花，首有石，海产。青鱼，即鲭，形似鲩，海产，非今海青鱼。石首，首有两石，俗名白密，海产。镜鱼。白眼，海产。味极腴美。白露间土人设箔，鱼欲跳过之一跃寻丈，卒落箔上，俗谓"跳箔"。白条。梭鱼，肉细味甘。鳊，河产有花，海产身大。海胎，生于海，夏水涨时逆流入石河，食石花，秋取之，味胜他鱼。邑侯萧德宣杂咏云：队队游鱼逆水回，熏风吹遍石河隈。绿杨影里人声杂，小艇蓑衣卖海胎。对虾，河产长四寸许，卖者必以对故名。白虾，小而味美。河虾。海蟹，未出子者为铁脐。河蟹，名毛夹。蛤蜊。牡蛎，俗名蛎黄。蛏。鳖，俗名脚鱼，又名甲鱼。海鳗头，一名白鳝。虫鱼，出山河。乌贼，一作鲗，俗名八带，腹中有墨，书字久则无痕。昔有奸民以此书文券欺人，但见水则可辨。河豚，海产，血、皮、头、子皆有毒。鳅，生于止水，俗名泥鳅。鲈，海产，四腮，极肥美，俗谓之鲤候。田鸡，即青蛙。红娘子。抿子鱼，即鳖。穿钉鱼，啄如钉，熟则骨碧，三鱼皆海产。偏口，背青腹白，其形偏而薄，区形水中，海鱼惟此先至，故谚云：先偏后雁。塔爬，形似偏口，味胜。同乐。海鲫鱼，俗名骨董，又曰大头鱼。羊鱼，身圆色黄，尾有剑，能刺人，胎生，初生闻雷复入大鱼腹中。以上俱海产。鳑，出东海。螺。鲙残鱼，色白无鳞，俗呼面条鱼。海鮀，形蒙蒙如沫，无耳目，群虾附之，能行，所谓水母目虾即此。三四月间海上人取之。棋泡子。针鱼，色白，细小如针。以上皆海产。石包鱼，俗名石鲢子，小而有花，藏石隙中。初春味美，说铃谓剖石取之，近妄矣。产于石河。金鱼，有朱、白、黑、花色，尾分双、单，目凸者为龙睛，人家畜之为玩。海青鱼，长五六寸，性热。曩出临海县，自嘉庆年间临邑大至，一网所得以数十百万计，价极廉。后因海船载往他处，稍贵，然十尾不过十数制钱。鱼至时海水有声，回时水喷起如箭，盖有大鲂鱼尾而食之故。然近年则罕见。萧德宣诗：东风著力任吹嘘，海上冰消二月初。新起茅棚三十所，家家占地打青鱼。雁鱼，辽东谓之霸鱼。鳢，首有七星，俗名黑鱼，海产，今少得者。海鹡鸰。

虫类

蚕。蝶，各色俱有，山中有五寸许者，金粉绚烂。蝉，分热唔嘤，秋凉亦名蜘蟟（知了）。蜂，分土蜂、马蜂、蜜蜂。蛇，有香臭之分，有冠者名乌稍，短而扁者名箭杆。蝎。鼠。蚁，俗名蚂蚁，有小大之分，又有双翅者。蟋蟀，《尔雅》谓之蜻，俗名趋趋，喜斗。蜻蜓。蜘蛛，即诗之蟏蛸，小者名蟢子，见者有喜。螳螂，俗呼刀螂。蝙蝠。蜣螂，好转粪丸，凡俗谓能化蝉。尺蠖，促其腰乃进，小于蚕。鼠妇，即伊威，俗呼湿生虫。山蚕，石门北人多饲之，丝织茧绸。螽蚚，《帝京景物略》作"络纬"，《广雅》作螃蜥，俗名聒聒。阜螽，俗呼蚂蚱。蛾，虫蛹化者甚众。萤。蛴，俗名蛴螬。蚓，俗名曲蟮。壁钱，似蜘蛛，色斑，壁上作幕如钱。蟫，一名蠹鱼，俗称壁鱼。蟾蜍，俗呼癞虾蟆，初生有尾名蝌蚪。蠓，一名蠛。蜗牛，《尔雅》谓之"蜗（蛞）蝓"，可避毒，虫蝎螫者捣涂之止痛。水蛭，俗呼马蝗。蝼蛄，穴土居，腰细如锋，俗呼拉拉蛄。蜈蚣，即蒯蛆。蚰蜒，即螟虫。蝇，种类不一。蚊。虻，俗名瞎虻，啮牛马。蝎，俗名臭虫。叩头虫，人捉之叩头作声。啮木虫，形小声大，俗呼棒槌虫。灶马，俗名家趋趋，好穴于灶。蝎虎，一名守宫，食蚤故名。蜥蜴，状如守宫，俗名马蛇，生于野。喷云虎，状如蜥蜴，身有绿文，《瓠滕》名云虫，《盘山志》名布云虎，物虽微，能喷云致雨，有人见于角山。花牛，身黑，有白点，角有节，长于身。

杂植类

棉花，海阳一带家勤纺绩关线，至东省名甚众，子可榨油。蓝，即靛。苘麻，子可榨油，皮可绩绳。线麻，即枲，皮可沤麻，子曰黂，可榨油。椒麻。叶子烟，产于义院口者佳。蜂蜜，采花所酿，下即黄蜡。

以上物产。

古迹

遗迹之可考者，长城、渝关，史不绝书，古今不甚相远矣。其他旧墟废壤不过数百年物已，若存、若亡于荒烟蔓草之中，况等而上之，好古者无如何也。今复集诸家论说，与前所记互有异同，非敢妄议前人，聊取兼收兼蓄之意，以俟博雅云尔。

长城

长城始于燕，历代筑之非一。《史记》：燕筑长城，自造阳至襄平，置上谷、渔阳、古北平、辽西、辽东郡，以拒胡。秦始皇使蒙恬筑长城，起临洮，至辽东万余里。《正义》引《括地志》：长城起岷山西十二里，东入辽水。齐显祖天保六年，发民一百八十万筑长城，自幽州夏口，至恒州九百余里。七年，自西河总秦戍筑长城，东至于海。后主天统元年，自库堆戍东距于海，随山屈曲二千余里，斩山筑城，置立戍逻五十余所。周宣帝大象元年，发山东诸民修筑长城，立亭障，西自雁门，东至碣石。隋文帝开皇六年二月，发丁男十一万修筑长城。七年二月，发丁男十余万修筑长城。长城之见于史者如此。今人言长城必曰秦时筑，考之晋太康《地理志》："长城起乐浪之碣石山"。《魏书·长孙陈传》："为羽林郎，征和龙城，贼自西门出，将犯外围，陈击退之，追至长城下"，是长城在龙城之外。而《通典》亦言：蓟州北至废长城塞，二百三十五里。然则今山海之长城，乃徐魏公所筑之城，非古之长城也。（旧志）

《明史》：洪武十四年，徐达发燕山等卫屯兵万五千一百人，修永平、界岭等三十二关。弘治中，蓟辽巡抚洪钟筑边墙，自山海抵居庸，凡二百七十余处。隆庆中，军门谭纶请筑敌台三千，自居庸东届山海。

《山海志》：旧长城在关东北，延袤西北，相传为秦将蒙恬所筑。

附：永嘉陈天植《晚登长城古戍楼》诗：

"薄暮高登古戍楼，长城雄峙海东头。燕山冷照秦时月，榆岭遥传白帝秋。浪说终军能款塞，独怜李广不封侯。当年谁设安边计，万里寒云似筑愁。"

史载，燕、秦所筑长城皆至辽东界。晋太康《地理志》：长城起乐浪之碣石山。《魏书·长孙陈传》："陈征和龙，贼自西门出，将犯外围，陈击退之，追至长城下。"是晋、魏以前之长城，起乐浪而历和龙，去此尚远也。至齐天保七年，始易辽东，而曰东至于海。齐后主天统元年，自库堆戍东距于海，随山屈曲二千余里，斩山筑城，置立逻戍五十余所。长城之筑于山，盖自此始。厥后，周宣帝大象元年，言修长城。（《周纪》"修长城立亭障，西自雁门，东至碣石。"时辽东渐没于高丽，此即指平州之碣石，非复乐浪之碣石山矣）。隋文帝开皇六年、七年，皆言修长城，特因其旧而理之，未尝更筑也。（大业三年筑长城，在定襄一带，去此尚远，窃疑亦为修筑也。）唐室所患在节镇，不在边防。五季以后，东北陷没，长城沦于异域，又皆未尝修筑。然则今之长城皆北齐旧迹，而周隋修之者也，特其距海之处，今不可考。按《辽史》，统和四年，以古北、松亭、榆关征税不法，致阻商旅，遣使鞫之。此虽未明言长城，然榆关与古北、松亭并举，则是数关皆附长城，故为商旅通衢，而立征税。迄历金元，旧址湮没，始不可辨矣。由此推之，长城距海之处，古之临渝关，适当其阙，是以郑氏《通志》云："汉蕃为界。"临渝关宜在今抚宁县界至山海关之长城，则郡志所言似无可疑，为其与汇典增筑之言合也。（见王朴《长城考略》）

渝关

渝关以水得名，而史文或作"榆"，一书中两字互见。《唐书·地理志》：石城南临渝关，一名临闾关。又云营州城四百八十里有渝关守捉城。《高丽传》：帝总飞骑入临渝关，郭英杰帅万骑及奚众屯渝关。《贾循传》：为渝关守捉使。《契丹传》：许钦溏徙军入临渝关。《奚传》：鲁苏不能制，奔渝关。《李忠臣传》：袭渝关。《通鉴》：周德威，卢龙节度使，恃勇不修边备，遂失临渝之险。《五代史》：幽州北七百里有渝关。《通典》：渝关在平州卢龙县一百八十里。其渝关之见于载籍者甚多，而遗址至久废不可考。然按《五代史》及《通典》所载道里即今之山海关无疑，其在抚宁县东二十里者，乃驿递之所，取渝关为名耳。《明统志》谓徐魏公始徙而东去者，非也。（节录旧志）

附：明陈绾《渝关》诗二首：

"汉塞秦关控海隅，长城万里为防胡。月明满地无传箭，静听军中夜博卢。"

又："渝关东去是营州，门外车轮似水流。夜半边声吹觱栗，何人不起故乡愁。"

临渝县

《汉书》有渝水、侯水。《后汉志》有碣石山。《水经注》：渝水，西南巡山经一故城，以为河连城，疑是临渝故城。渝水南流，东屈与一水会，世名之曰檩伦水。《通鉴》：檩卢城下注引此。《永平府志》谓今在抚宁县东，然终不得而考矣。（旧志）

附：郭长清《临渝县考》：

"临渝，汉县也，以渝水得名。自汉至唐，凡志临渝者，渝字皆从水旁。考《辽史》初置榆州，史称本汉临榆县地，而渝字改书从木。又《辽史·地志》云：临榆山，峰峦崛起，高千余仞，下临榆河。竟以临渝为临榆，则临渝之易水从木，实始于此。旧志谓渝水自联峰山西入海，而其志渝关也，则引《通鉴》：幽州北七百里有渝关，下有渝水通海。又引《五代史》：幽州北七百里有渝关。夫史称幽州，皆指今顺天府治。以道里考之，自顺天府治抵联峰山仅六百里耳，其水即今深河，旧志称深河源出苏子峪，至戴家河入海。考联峰山西之水，今名戴家河，实深河水之下流也。是旧志渝水自联峰山西入海之说误矣。今考山海关之地，去顺天府治将七百里，与《通鉴》《五代史》适相符合，则渝水即今之石河，县之得名以此。今抚宁县东二十里之榆关，乃驿递之所。历考载籍，非古渝关地，而榆字又以水旁而讹作木旁者也。尝考从木之榆关，在今榆林府，见《隋书·贺娄子干传》唐人'春衣昨夜到榆关'句，谓榆林之榆关，若临渝关，则断从水旁为定。考《隋书·地志注》云：大业十年初，置北平郡，有长城，有关官，有临渝宫。《隋书·本纪》：大业十年三月癸亥，次临渝宫。《唐书·本纪》：贞观十九年十月丙辰，太子迎谒于临渝关，皆其地也。检查各书善本，字皆从水。又《明史·地理志》永平府、抚宁注云：本汉右北平骊城地，东北有临渝故城，以临渝山名。旧有榆关，洪武初改置山海关卫。又云东有渝水，自塞外流入。今考明志善本，凡书临渝皆从水，惟书旧有榆关则从木，姑仍其误，亦不辨而自明矣。

按，史家传写"渝"、"榆"两字互见，遂致以隋贺娄子干所守之榆关，误为营平之渝关。然考之《通鉴》，榆林郡之榆关，与渝水之渝关，在隋、唐原自有别，《通鉴》辨误云：渝关以渝水得名，或作临闾者，非。又云，隋置榆关总管，于唐为胜州界，今附录于后以别之。

附：陈宣帝太建十三年八月，隋破吐谷浑，留行军总管贺娄子干镇凉州，封长城公。至德二年四月，隋上大将军贺娄子干发五州兵击吐谷浑。帝以陇西频被寇掠而俗不设村坞，命子干劝民为堡，仍营田积谷。子干上书言："镇戍连接，烽烟相望，民虽散居，亦必无虑"。帝从之，以子干晓习边事，丁巳以为榆关总管。注：《五代志》榆林郡金河县，开皇三年置榆关，统管榆林郡，后置胜州。前志引之，疑有误。

营丘郡

《晋书》：慕容廆立郡以统流人，以青州人为营丘部。至皝置营丘郡，魏复置。《水经注》：渝水，又东经营丘城西，今城址无考。

临渝宫

《隋书·地理志》：卢龙有临渝宫。《炀帝纪》：大业十年春三月癸亥，次临渝宫。（汉临渝县属辽西郡，晋省为肥如县地，隋为卢龙县地，隋末复置临渝，为北平郡治。）今遗址无考。（以上二条本府志）

海阳城

《山海志》：在城西四十里，本汉县，今废为社，属抚宁县，其遗址至今犹存。按：海阳县初为侯国。《史记·功臣表》：海阳侯，摇母余是也，传四世，至孝景改为县。《汉书》言：龙鲜水、封大水、缓虚水皆南入海，有盐官。《水经注·魏氏地记》曰：令支城南六十里有海阳城。《辽史》：隰州平海军海阳县，本汉县，地多碱卤，置盐场于此，则海洋当作海阳。然《明统志》谓在府城南三十里。《永平府志》谓在滦州东，偏乐亭界。《关志》谓即今海阳，未详孰是。（旧志）

按：海阳故城在滦州西南，属辽西郡。后齐省，辽名望都，金名山海。《水经注》：濡（濡音乃官切，即今滦水。）东南过辽西海阳县，又经牧城南分为二水，北水谓之小濡水，东经安乐亭北，东南入海。濡水南流，经安乐亭南与新河故渎合。今濡水经郡城西境，而海阳当安乐亭上流，然则今之海阳，非古之海阳也。

海滨县

《辽史·地理志》：润州海阳军统县一，曰海滨，本汉阳乐地，金人封天祚为海滨侯。《北番地理书》：润州在卢龙塞东北，西至渝关四十里，南至海三十里，据此似即今海洋城。《山海志》：在山海关东一百二十步，洪武中于此置东关递运所，今移所于关内，其说似误。（旧志）

迁民镇

《辽史·地理志》：迁州兴善军统县一，曰迁民，本汉阳乐地，今废为镇。《元史·文宗纪》：发兵守迁民镇者，凡二见。《北番地理书》：迁州在渝关东五十里，西至润州四十里，南至海二十里，相传以为今之山海关云。（旧志）

按：以上二条皆引《北番地理书》，以道里远近考之，似属可据，而书中所谓"渝关"皆指今之榆关驿，与《五代史》《通典》所载"渝关去幽州七百里，去卢龙一百八十里"之说不同，且一曰至海三十里，一曰至海二十里，又不同。今日之城距海之近也，存以俟考。

五花城

在县西南八里，其城连环五座，相传为唐太宗征高丽时所筑。《永平府志》：太宗征辽，自发雒阳，春蔬亦不进，惧其扰民。但明斥堠不斩土垒。运粮草，骑野宿如中国，安得筑城于此。其说近理。《山海志》所载恐未足据也。（旧志：今县城西南八里有土城一，俗名古城，不知筑于何时，其四城未见遗址，或即唐太宗之所筑欤？又《盛京通志》云：山海关有老城、东罗城、西罗城、南新城、北新城，五城环绕，亦名五花城。）

附：沔阳刘馨《五花城》诗：

"五花罗列近关门，怀古凄其入暮村。宿昔军容开紫塞，至今战垒向黄昏。长城不见春云色，虚塞仍连沙雨浑。驻马几回空怅望，萧萧华发独无言。"

秦皇岛

距城西南二十五里，海水环之，世传秦始皇求仙驻跸于此。（旧志）

《抚宁县志》："秦皇"宜作"秦王"，唐太宗征高丽驻跸于此，从其藩邸之称也。岛上荆条伏生，相传秦王下拜故伏。

附：明关部陈绾《秦皇岛》诗：

"闻说秦皇海上游，至今绝岛有名留。不知辽海城边路，多少秦人骨未收。"

明邑人张瑞抡《秦皇岛》诗：

"秦岛荒凉石磴间，千年遗迹海云间。清风皓月天长久，渚雁沙鸥日往还。自谓有功过五帝，谁怜无计到三山。残碑断碣颓波底，蝌蚪文封玳瑁斑。"

明关部杨琚诗：

"岧峣神山峙海边，始皇曾此驻求仙。羽翰飙驾今何在，方丈瀛洲亦杳然。古殿远连云缥缈，荒台俯瞰水潺湲。红尘不动沧溟阔，芳草碧桃年复年。"

明关部邵逵诗：

"徐福楼船去不回，銮舆曾此驻丛台。千寻碧浪纷如雪，万叠潮来吼似雷。草树当然笼碧嶂，烟霞依旧镇苍苔。追恩漫忆长生药，回首沙丘事可哀。"

商丘宋兵备莘《秦王岛望海歌》（用子瞻题王定国所藏王晋卿"烟江叠嶂图"韵）

"渤海之岸耸断山，横截巨浪排空烟。人言此是秦皇岛，回冈萦路留依然。白头山僧茸古屋，晨炊远汲荒村泉。危矶碏确带沙石，荡胸万里开长川。天吴出没老蛟舞，百灵仿佛惊涛前。我来渝塞正秋晚，苍鹰叫侣摩青天。靴纹波细风忽止，白鸥容与殊清妍。俄顷变幻不可测，归墟岂必非桑田。秦皇已去汉帝至，孤台野岸空千年。蓬莱方丈在何处，一眉新月来娟娟。解鞍脱帽便此驻，斫松煮薇容高眠。移情爱鼓水仙曲，无须真到三神山。秦碑磨灭薜花绣，谁能与结翰墨缘。欲鞭蛰龙作海市，良惭玉局登州篇。"

山阴鸿词诸元寿《秦王岛》诗：

"大唐天子志勤兵，幕府犹传秦邸名。自是征辽趋乐浪，非关渡海访蓬瀛。千年错事谈驱石，百代遗踪话拜荆。碛里秋风悲战骨，荒碑空忆魏元成。"

抚宁贡生王运恒《秦王岛》诗：

"魏征碑仆三韩役，曾驻銮舆憩此间。龙帜参差疑蜃气，羽林寂静似鸥闲。黄荆岛上茎眠伏，茜草洲边颖碧殷。岂是吕秦鞭石处，幸存奎翰藻斑斑。"

秦皇井

距城西南八里，水甘冽异于常井。相传秦始皇征东曾饮于此。（旧志按：《秦史》始皇三十二年之碣石，使燕人卢生求羡门，未尝有征东事，或亦秦王之讹）

姜女坟

距城东南二十里有石浮水面，人以为姜女坟。世传女许姓，居长，故称孟，陕西同官人，其夫范郎。秦筑长城，郎操版服役，久不归。女制衣送筑所，闻夫亡，向城痛哭而死，葬于此。土人于海滨高阜石上祠之，名曰"望夫石"。夫秦无称，陕亦无载范郎事者，当是因齐杞梁妻崩城之事而傅会其说耳。（旧志）

附：明关部陈绾《姜女坟》诗：

"妾身本在深闺里，十五嫁夫作胥靡。赭衣就役筑长城，闻在辽东今已死。妾身本为从夫来，夫死妾身朝露耳。间关万里竟何归，只合将身葬水涘。孱躯虽死心未灰，化作望夫石垒垒。江枯海竭眼犹青，望入九原何日起。"

明邑人张瑞抡《姜女坟》诗：

"长城不为祖龙存，千古谁招姜女魂。海底有天还正气，潮头无日起沉冤。月明华表三更鹤，风吹天涯五夜猿。应是当年飞血泪，春来冢上化苔痕。"又："烟云无际水茫茫，姜冢岿然峙海洋。环珮久经眠渤澥，梦魂几度见沧桑。风掀鼍鼓催潮速，月照鲛梭织泪长。呜咽涛声思旧怨，坟前夜夜诉秦皇。"

邑侯萧德宣《姜女操》：

"昔出金锁阙，吊夫人之旧居，今出山海关，忆夫人之望夫。望范郎兮郎已死，拾骸骨兮归故里。一恸能令天地昏，何怪长城为倾圮。古来精诚之感类如此，吁嗟乎！山有时而崩骞，海有时而桑田，惟夫人之节义与天地兮万年！"

箭笴岭

距城西北七十里。《辽史》：太祖天赞二年三月戊寅，军于箭笴山讨叛奚胡损，获之，射以鬼箭。《奚回离保传》：金兵自居庸关入，回离保知北院即箭笴山，自立号"奚国皇帝"。《地理志》：迁州有箭笴山，统县一，曰迁民。《永平府志》：今石门寨茶盆（一作茶盘）诸山也。（旧志）

附：游戎陈名远《箭笴山》诗：

"箭笴峰高朔气横，松楸谡谡晚飔鸣。云中遥度征鸿影，沙际寒嘶牧马声。辽海波光浮岛屿，蓟门秋色拥关城。苍茫一望魂销处，废垒犹传汉将营。"

邓林钓台

距城西北五十里，明永平兵备道朱国梓栖隐处。

贡生王一士《邓林钓台怀古》诗：

"复仇一战散家兵，独把纶竿结鹭盟。封爵两朝归闽帅，钓台千载属先生。风凄雨冷孤臣泪，酒美鱼肥孝子情。我到河边寻古迹，抽毫欲补史官评。"

以上古迹。

‖ 卷之九 ‖

舆 地 编（四）

胜境·丘墓·纪事

胜境

或曰：志乘有胜境，似属重复，以皆散见于山川寺观间也。然骚人韵士，选胜登临皆有佳咏以伸雅怀。且此地具山海之大观，饶有真景，不同他邑之牵就附会者，爰承旧而志之，亦勉学岳阳楼后人之乐，醉翁亭同民之游云尔。

悬洞窥天

三道关内，崖半有石洞，曰悬阳，深广六七丈。内建佛楼，楼上可坐数十人，楼下左隅有石窦穿入。又一小洞，上见二孔透出天光，相传孔中有一"仙"字，不知何时所镌。

附：苕溪贡生陆开泰诗：

"峰环路折草芊芊，岩窦深藏别有天。光透覆盆飞碧落，阳回葭管印珠圆。云留一线疑方吐，月映千寻似到烟。静卧洞中深寂寂，遥听石鼓和潺湲。"

王芳毓诗：

"三关水窦入，奇辟洞嵬然。乱石惊将堕，飞岩诧尽连。顶开双日月，胸抱一壶天。惟有老僧在，幽深终岁眠。"其二："古洞何兰若，岩岩石作堆。楼台由地辟，户牖自天开。层累云嫌碍，低昂风怒回。从来爱异迹，关隘锁崔嵬。"

王一士诗：

"郁纡山洞石高悬，昂首玲珑忽见天。井外晴光窥镜小，壶中月色印珠圆。空青倒下千寻翠，虚日斜凝一缕烟。应是巨灵亲凿窍，教人暗处得昭然。"

王朴诗：

"是谁破壁上青天，赢得灵光透顶圆。一粒粟中藏世界，万寻岩下瞥云烟。扪空直欲通非想，坐井翻能证大千。回向旃檀膜拜已，数声清磬出危巅。"

瑞莲捧日

角山顶将晓，俯见海中日出，红云四拥，恍如莲座，日升则座沉矣。

附：陆开泰诗：

"万里晴空绚早霞，云含曙色现奇葩。飞来太液千重瓣，涌出红盆十丈花。光射龙宫惊电转，辉流蓬阙散珠华。只因时傍金乌力，频见朝朝映海涯。"

王一士诗：

"蜃气才收绚彩霞，琉璃屏畔涌奇葩。捧来东海一轮日，现出西湖十里花。掌上明珠辉的烁，匣端宝镜色光华。羲和晓驾云车起，几瓣轻轻落水涯。"

王朴诗：

"寒星灭尽夜光韬，一朵芙蓉万顷涛。眼底霞标开渤澥，海门曙色莫鲸鳌。扶桑气拥珠轮现，析木辉搴玉井高。风涌浪声天下晓，六龙骧首自翔翱。"

山寺雨晴

角山寺云雾聚散不时，或半山间大雨，其上晴明，若别有一天。

附：陆开泰诗：

"寺拓岩扉古堞边，苍松蔚蔚薜萝牵。云沈野树潭光冷，雾敛遥峰月色妍。千古溪山长不改，一朝晴雨却频迁。凭轩尽日看无厌，才识壶中别一天。"

王一士诗：

"山寺巍峨逼太清，下方阴雨上方晴。阶前俯视蛟龙斗，槛外高悬日月明。雾锁云环铺大野，松声鸟语绕边城。时风顿扫郊原净，万壑金蛇赴海行。"

王朴诗：

"分明身蹑万山巅，满壁晴光梵宇前。回望黑云迷谷口，始知霖雨遍桑田。上方花鸟诸天静，绝壑风雷一气填。指点半山林莽外，湫龙激水下沧烟。"

海亭风静

亭构海口最高处，海风时吼，四面扬沙，独亭中闲净莫觉。今更建亭为楼（即澄海楼）。

附：陆开泰诗：

"海天一色小亭横，万里晴空曙色清。忽讶狂飚翻碧浪，漫惊弱柳宿流莺。櫓前铁马几沈响，塞上悲笳亦咽声。浅酌静消闲昼永，独留秋月夜分明。"

王一士诗：

"屹然排浪耸高亭，海水连天一色青。风伯任从雄远岸，飚狂不敢犯疏棂。金猊香袅时微动，铁马声希只静听。壁上宸章标赫奕，故应呵护有群灵。"

王朴诗：

"石塘高处起危楼，隔断东溟水不流。鸥鹭低飞薨宇霁，蛟龙沈睡海天秋。窗虚白昼冯夷舞，船泛红莲太乙游。何日更抒终悫愿，长风万里渡沧洲。"

姜坟雁阵

姜女坟四周皆水，微露顶，而冬水稍涸，又冰滑不可登，惟飞雁翔集其上。

附：陆开泰诗：

"粼粼片石肃秋霜，塞雁悲鸣欲断肠。愁阵排空沈夜月，孤音哀婉泣寒塘。影横雪浦泪千点，怨写云间字一行。欲吊香魂何处是，竟传孤冢尚流芳。"

王一士诗：

"坟头秋草带秋霜，雁唳嗷嗷断客肠。硬骨千年依渤海，哀鸣一片绕寒塘。风云阵就方成队，鱼鸟门分又作行。飞去飞来孤冢上，低徊似吊烈名芳。"

王朴诗：

"烟波何处吊贞魂，一阵寒声下墓门。秋影联翩凉有迹，天光上下碧无痕。三湘归梦霜初冷，千载悲风浪更吞。忽共征帆飞欲尽，汀沙浩渺月黄昏。"

秦岛渔歌

岛于立夏后棹舟捕鱼，一时聚小艇数十，逐队上下，随波出没。晚归渔歌互答，饶有佳趣，犹有寺宇可供临眺。

附：陆开泰诗：

"一湾柳色欲依人，深港维舟绕绿苹。碧浪光摇村火暗，渔郎调弄楚歌新。忽凭远笛随风送，更杂蛙声入梦频。拟向祖龙鞭石处，醉眠烟艇下丝纶。"

王一士诗：

"秦皇当日欲心奢，鞭石求仙竟若何。千古大名留海岛，几声清唱发渔歌。调谐流水笛鸣蚓，响喝惊涛鼓应鼍。拟驾扁舟青屿侧，悠然垂钓静披蓑。"

王朴诗：

"祖龙鞭石血流丹，遗址千秋剩钓滩。竹笛一声天色暮，雪涛三面浪花攒。人声杂遝凉波咽，山色空濛落照残。唱罢桡歌归欲晚，苍烟冉冉冒层峦。"

屏峰春盎

从洞山口入，群峰四面如列屏障。至春深日丽，紫翠交映，景物不容尽状，名曰围春山者，以此即萧给谏围春庄。

附：陆开泰诗：

"望中四面万山遮，引入桃源石径斜。欲锁晴霞新黛色，不留断嶂漏春华。苔深低衬幽岩翠，日暖斜飞阆苑花。惆怅刘郎归去杳，到今何处熟胡麻。"

王一士诗：

"四面奇峰绕翠屏，一团佳景映重扃。花光欲向周遭溢，鸟语难容瞬息停。飞片香盈风淡淡，落英红涨水泠泠。围春庄上闲凭眺，人杰方知地亦灵。"

王朴诗：

"为寻幽胜入春山，春在群峰合沓间。造物有心开画本，东君随意斗烟鬟。嫣红蓄韵花千树，晴翠摩空壁四环。最是山灵知我意，和风早为启云关。"

石溜冬温

在平山营北，水自石隙中流出，虽隆冬犹温，可浴。

附：陆开泰诗：

"坎止清流映碧空，竞传涓滴出离宫。冬迎春令晴光暖，阴得阳交窦乳融。煮雪漫邀松火力，烹泉却赖石炉功。最怜点水梨花片，香送杨妃浴后风。"

王一士诗：

"严冬石溜映晴空，想是离明入坎宫。但觉潺湲泉性煖，非关煦妪日华融。寒威自有调和力，活泼原因造化功。一片生机常动荡，何须解冻倩东风。"

王朴诗：

"蓬蓬生气蔚晴虹，百道温泉泻日红。吹律定知寒谷换，澡身翻笑太冬烘。冰山荒徼天时隔，火井西川地脉通。试为濯缨盘石侧，此身犹自坐春风。"

茶盘积雪

茶盘山高冠诸山，上有古寺仙踪，阴崖积雪，历夏不消。

附：陆开泰诗：

"叠嶂回环曲径通，问谁栽玉满山中。妒来明月无痕迹，愁放梨花亦色空。冷谷将春寒翠积，幽岩入夏白云笼。楚江秋碧浑无赖，飞到蓬山逐晓风。"

王一士诗：

"谁向茶峰娱黑帝，献将白玉满盘中。高闻鹤唳寻踪杳，清散梅香著色空。叠嶂经年无日到，危岩入夏有云笼。应为大雪山头石，何岁飞来逐夜风。"

桃峪停云

蟠桃峪三面皆山，禅院清幽，园林葱郁，云行其间为之停留不去云。

附：陆开泰诗：

"古寺深藏隐棘扉，雨余花发景霏微。频惊桃艳因风落，长抱晴云作帐围。疑是香浓僧入梦，更愁月淡鹤忘归。依依别后东回首，犹带轻烟绕客衣。"

王一士诗：

"重峦深处隐松扉，常见轻云掩翠微。每作奇峰添黛色，不随好雨散天围。穿林野鸟藏阴宿，碍径山僧拨路归。昨日方来名胜地，苍茫尽觉湿裳衣。"

王芳毓诗：

"谁将玉叶故停留，三面皆山气自收。行见深林腾翠郁，坐来禅幄敛清幽。苍松百尺环阶峙，碧水千寻共石流。窃拟桃源灵境似，春来多少异花浮。"

联峰海市

联峰即莲蓬山，蜃楼海市，土人往往见之。

附：明抚邑教谕江左谢鹏南《海市记》：

"或问谢子曰：'海有市乎？'予曰：'市起于易，如云。日中为市，盖致民聚货，市之集也，交易得所，市之散也。故楼观城郭、车旗伞盖、井灶人烟，咸市所有而薈焉。海水乡也，茫茫无际，混混无穷，市安在耶？'语未竟，吾君侯雷公在座，晒曰：'子未知其详乎？吾语子。吾自万历癸未守兹土，迄辛卯，桐华望后公出榆关，晓眺东南，海碧连空，朝暾散彩，赤光夺目，秦岛雄峙于前，濒浡汹涌于后，乃与邑幕鲁子往观焉。既而乘渔舟、历甘泉、吊秦城已，乃散步南行。跻陇陟巅，见洪涛巨浪，浴日吞天，诚奇观也。良久东旋，从者曰：'金山海市矣！'遥指而望之隐隐然，伞盖三出，中颇高，又渐小、渐高，顷之、蔑如也。余方进饭，前筋未彻，从者复服曰：'海复市矣！'予往视，一如前睹。无何，金山彻莲蓬，联络数十里，忽伞盖，忽旗帜，若浮图、若城郭、殿阁、脊兽，异状百态，变幻无穷，俄兔耳峰前，三山耸秀，层峦叠巇，宛如笔架形，即摩诘亦难绘也。自午迄申乃已，竟莫究诘。吾与鲁子觞毕即询诸土老云：'不识此市可常见乎？'金曰：'吾等垂白没齿，幸今一睹。'噫！若此者君子以为何如？'学博谢子怃然自失，乃前谢曰：'南人不梦驼，北人不梦象，习使然也。矧百年奇观岂吾辈所能与乎？前所对诚妄矣。'时邑尉郭公在侧，乃对予曰：'子未学古乎？昔宋眉山氏守登莱，诏还日，心慕海市，未获一见，乃祷于广德王而见，盖至诚动山川也。故东坡诗曰'异事惊倒百岁翁'，又曰'自言正直动山鬼，不知造物哀龙钟'之句可验矣。'谢子闻之，色沾沾喜，起而敛容曰：'我公斯言至矣，妙矣。虽然，苏君迁谪也，必祷而后见。我侯久宰兹土，政善民安，神人胥悦，以故神休助顺，乃显是奇观也，不待祷而立见矣。'君侯曰：'信如子言，吾何以当？'予曰：'兰产于谷，不能秘其香；玉韫于山，弗能隐其辉。我侯谦谦，即予不志，亦必有志之者。'郭君曰：'善。'因觞谢子以酒，既醉，乃倚席而歌，以述其盛。曰：碧海东南隅，茫茫逝水东。其中何所见，烟云空复空。一朝显神异，惊骇百岁翁。或言蜃气结，或言造物工。妙夺天孙巧，谁谈绘画功。我达天人理，感应恒相通。我侯有善政，至德动元穹。不数休征出，无烦祷祀崇。我歌备采择，千古真奇逢。歌已，曙色东生，因起而笔之如左。"

王朴诗：

"晴波渺渺息天吴，百丈虹桥蜃气粗。尘世人烟争变灭，华严楼阁现虚无。海天万里双明镜，城郭千家一画图。回首风涛成幻化，空中云影尚模糊。"

海嘴风帆

在联峰之东南隅，即金山嘴是也。凡东西往来风帆，惟此处登眺最为可观。

附：王朴诗：

"巉岩乱石亘沧洲，大布樯桅海国秋。欸乃声中飞画鹢，望衡转处起惊鸥。半帆落日千层浪，一棹长风万里流。小艇渔人歌不断，箬篷已去海西头。"

龙潭灵雨

在尖山。（见山水）

温泉喷玉

在汤泉寺，林壑幽邃，春时梨花尤盛，凡十余亩，一望如雪。（余详山水志）

以上渝关十四景。

山亭远眺

瞭角山巅有陶然亭，三面观山，一面望海，颇饶胜概。

附：王一士诗：

"陶然亭上白云低，与客登临酒共携。三面青山环远近，一湾碧水绕东西。天围万岭苍茫尽，海涌层澜指顾迷。眼界心情两轩豁，石门八景首留题。"

印台观海

石门西门外高处有台，其方如印，明时瞭望处也，登之可以望海。

附：庞克昌诗：

"方台如印可攀跻，兴到登临望不迷。山紫千重盘塞远，海青一片入天低。联峰楼阁萦怀想，秦岛风涛肆品题。时际升平游眺好，前朝戎马满关西。"

王一士诗：

"高台远眺靖烽烟，南望苍溟意豁然。万里樯帆通异域，千秋形胜锁雄边。安澜正际升平世，转运还饶饥馑年。每羡山居鱼自足，况能亲见水连天。"

洞隐龙湫

石门城北里许，断崖壁立，下有古洞，双泉涌出，今已洞口填高，水积不流。

附：王一士诗：

"石门城北峭芙蓉，石洞深藏廓有容。泉涌双丫流细细，云兴数缕出溶溶。一湾绿水笼新柳，半壁苍崖挂古松。我欲临风吹铁笛，惊他潭底久潜龙。"

古松巢鹤

傍水崖地环山水，多乔松，水鹤数百飞止。其上有关帝庙，游人无远近咸集。

附：王一士诗：

"路转峰回异景开，巍然庙宇胜楼台。森森翠耸松成列，片片云飞鹤自来。千点雪霜栖马鬣，半空风雨护禽胎。水声山色长围绕，屐齿登临实快哉。"

邓林钓台

关帝庙山背石河，经流处水中数石星列，中一巨者，平坦数丈，即邓林钓台也。

附：庞克昌诗：

"檿枪满目痛何言，家国飘零泣泪痕。就义有方全母命，复仇无计答君恩。残山剩水孤臣迹，落日寒烟隐士魂。搔首钓台人不见，空留明月照芳荪。"

白云山寺

山为起祖之处，雄峙一方，前只茆庵数椽。国初释子赵圆真自称月走小光佛，募化创造，遂成巨观。地去石门二十里，深山万木，古寺巍然，古所谓"白云檐际宿"者，此其似之。

附：王一士诗：

"常望白云生碧空，到来身在白云中。庄严快睹山门壮，呼吸浑疑帝座通。佛号小光真是幻，峰尊少祖独称雄。看他脚下儿孙辈，犹作边关镇海东。"

长城古刹

石门有古寺曰"长安",名实旧矣。明崇祯癸酉,兵使陈瑾养疴其中,拾砌下古瓦,有"长城寺瓦"汉隶四字,因用隶体书额曰"长城古寺",寺中松阴复沓,禽声下上,回绝尘境。

附:王一士诗:

"秦为防胡筑塞垣,唐崇释氏庙踪繁。千年古刹遗踪在,万里长城片石存。山锁清流开净境,松笼丹膴映朝暾。(山寺东向)正当鸟语花香际,凭吊流连数举樽。"

药庙春红

石门城西有明制造局,今为药王庙。每岁春融,桃李掩映,弥望十里。(庙旧多杏树,故名。今庙已颓坏,杏无存者,不堪寓目矣。)

附:王一士诗:

"败瓦颓垣蔓草笼,石门西畔药王宫。古碑雨后犹存字,老树春来不再红。碎锦依微朝旭里,野花点缀夕阳中。十年尚待修培力,满眼芳菲八景同。"

以上石门八景。

丘墓

忆自牛眠卜后,马鬣封时,孰不欲华表千年,丰碑百世哉!然或经兵燹而独完,或禁樵苏而不得。虽云劫数,亦有天理也。兹录旧志而参以近所见闻,以人传墓,非以墓传人也。

明

郑御史己墓,在城西北八里马家山。

萧金事显墓,在城北五里角山阳,孙秦安令大谦附。

詹尚书荣墓,在城南六里大湾之间,敕葬,孙知府廷附。

刘太仆复礼墓,在城西北三里。

知昌黎县剑州进士杨于陛《刘任斋先生墓志铭》:

"先生之卒在万历丙申,以丁酉二月十一日祔葬于城西祖茔,迨今丙辰二十有一载,丘木拱矣。墓门石尚未有铭,若迟以待于陛者也。追忆万历丁亥春,于陛发未燥,就试阃州。试日于陛投卷最早,先生诧而奇之曰：'此童子也，何警敏若是？'遂置高等。不谓不肖驽钝淹塞，几三十年，乃得筮一官，与山海土壤相联，于陛行役便获北面瞻拜先生遗像，吁！遇亦巧矣，嗣子延祚、从子延龄过昌黎讲孔，李好持、王广文所以状先生行，委于陛志铭。夫先生物色于陛于尘埃，知弟子者，无如师，于陛表章先生于下泉，知师者，无如弟子，是其可辞？刘之先陶唐氏之裔乎？靡得考镜。按状系出河南仪封人，始祖浩以三折肱从明太祖高皇帝下姑苏，取张士诚，有侦探功，例授都指挥使，固辞，愿授良医正，隶徐中山。中山经略山海，建卫移戍，虑戍士水土不相宜，请留医正，遂家焉。传至四世生鉴，是先生大父，业儒，应卫学明经，授鸿卢寺序班。鉴生汝桢，先生父也，亦应明经，授卢州府照磨。后以先生贵，赠奉政大夫，工部虞衡清吏司郎中。奉政公元配张氏赠宜人，早世，继娶王氏封太宜人，生先生。少岐嶷，九岁预玄文，弱冠充弟子员，明年食廪饩，需次应明经入成均，方其下帷发愤，伤奉政公，五年幕府一钺不持，遽尔投牒谢政，先志之未舒。于是力肆博洽，期致青云，由岁贡举嘉靖壬子顺天乡进士。

先生天性孝友，弟三人，仲复初、叔复言、季复道。兄弟俱迩和乐，且孺依依奉政公膝下。既为孝廉，岁时交际馈遗，一切恣复初出入，供二人涤瀡，未尝稽出入而问焉。戊午奉政公捐宾客，先生悲风木弗静，一恸几绝，色养慈帏。季弟未婚也，而议婚，仲叔两弟婚而中道折也，更续议婚。一人之身，死葬、生事、婚娶，为人子，为人兄，又以兄代父之责，向非孝友出于天性，当不办此。

屡上春官弗第。戊辰谒选山西潞安府长子县知县。长子，漳河之源，上党之冲也。民罢且狡，先生愿而悫慈，而能爱罢者，以苏狡者，洒然易虑。最著莫如立社仓，四境不至为沟中瘠。其民为之歌曰：'乃积乃仓，鳞列于乡；欢舞里闬，庆溢士氓；饥者为食，贫者为囊。鲍公希颜，去思有记，何公出图，名宦有祀。'则长子之政可知已。四岁擢浑源守，前守多不利，人为先生难之。先生曰：'天下有不可治之民、不可为之郡哉？'治浑源三年，不以靡费累里甲，无以中上官欢，上官行部抵，见庶而富，贵而教，盗戢民和，曰：'浑源化为颖川渤海乎？'他郡县疑难不决狱情，皆待先生剖决。州城旧垒土，先生始议砖包，计工五年，不二年而工竣，且余帑金二千，上报不私也。郡署有泉，味碱而涩，资浣濯耳，忽变为甘泉。噫嘻！一诺千金，夷齐不易，世犹侈为美谭，况乎循良格上下，川泽效灵，碱者以甘，非志壹动气之征哉！则浑源之政又可知已。劳瘁万状，获荐剡者十四次。晋工部都水司员外郎，士女攀辕不得去，如长子去浑源。时都水当内廷，及陵寝，逴逴裁抑中珰，珰畏忌综核，无敢渔猎。旋补虞衡司郎中，值裁冗员，先生以遵化铁冶郎冗甚，铁场岁浸内帑三万三千有奇，居民称厉。先生丙夜具草，趣大司空晴川杨公上疏，迅雷不及掩耳而疏下矣。权有力者亦怵惕不敢请。若先生真社稷臣，保我子孙黎民，非一世一日之力也。遇覃恩，父母俱得如先生贵。甲申升四川保宁府知府。太宜人寿八十有八，先生一恋莱彩之欢，一悲蜀道之难，不欲违膝下，太宜人强至再嘱云：'遵为忠臣，何异阳为孝子，致身明主，遑将母哉。'时仲弟卒，倚叔弟代养。叱驭巴西，民苦蟹蠖，更殿廷征材孔棘。先生布袍徒行以祷，顷刻如霆，饥民有瘳。而采办克济。城南遭回禄，先生夜驰拜祝，风乃东，烈焰息矣。吾乡先正陈副使宗虞勒去思贞珉大略云：'市无白著，野无横征。逋负而报，眚肆而平。孰其狐鼠，俨有神明。扬历有年，始终完节。曾无遗丝，况言衣帛。居然北征，无一南物。天有显道，应感而通，旱则取雨，火乃返风。精诚所至，桴鼓铜钟。嘉陵彻底，公清与同。锦屏天高，公惠与崇。亿万斯年，丰碑穹窿。'则巴西之政抑又可知。

戊子擢陕西行太仆寺少卿，太仆署西夏。先生肃宪，度秉塞渊，政教有成。甫六阅月，丁太宜人艰，万里跣奔，哀毁骨立，居丧执礼，除服，引年致政，不复上长安道矣。

计先生历官二十年，年已七十矣。高堂九十余龄，寿母距百岁非遥而始化去，非先生纯孝之政于昭于天，能遭际若斯隆乎？先是奉政公孝义好施予，友人子谭坊少孤贫，公鞠为己子。先生视若己兄，同寝食，共笔砚，荐丙午乡试，旋殇。先生又鞠坊之子讷，如奉政公之于坊也，讷亦荐庚午乡试。先生尝自言曰：朱晖感张堪一言，且辄为之尽。矧吾率吾父谊肯作钱悭乎？纯孝隐行俱见之矣！大抵先生生平，狷介清贞，居无连云，田仅二顷，数亩小筑，四壁萧然。张司马题其额曰：海滨清隐。小槛移荷，矮垣种竹。先生之品之高抑又可知已。垂老与叔弟同爨，弟之子且教且婚，好急人之难，亲党待以举火。更汲引后进，雅不蓄滕婢，不近歌姬。二三老友时过访，具鸡黍，或手谈，或呼卢，客去拈一编矣。

迹先生出处，类长者汉刘昆，令江陵，历弘农太守，征为光禄勋，帝召问：'前在江陵返风灭火，后守弘农，虎北渡河，何德政而致是耶？' 昆曰：'偶然。' 帝曰：'长者之言也。' 先生守平舒，地涌甘泉；守巴西，天乃雨反风，非德政不致是，岂君家政谱从来者久耶？

先生讳复礼，字曰仁，别号任斋。生正德辛巳八月十八日，卒万历丙申二月二十二日，享寿七十六。配郭氏，赠宜人；继配胡氏，封宜人。子一，即庠生延祚。郭出女三人，一适山东东昌府经历萧公子、太学生被远；一适陕西秦安县知县萧公子、廪生萧抚远；一适永平李布政公孙、庠生李保荣侄、廪生延龄，文采斐亹，先生鞠而养之，若己出也。友孝之推尤不可泯，礼有功德于民者，当血食俎豆。乡先生宜祀于社，非先生之谓乎？是宜铭，铭曰：賨衍上池，发脉许久。两世论秀，苞孕未剖。笃生同卿，佩符绾绶，蔚矣！良令尹，哀然贤太守，晋陟司空，诛锄豪右，节约内帑，剔蠹渊薮，万里帅师，九折趋走，践二千石，崇班作亿，万人慈母。正厥仆臣，心血尽呕，辟则仓公之门多痿痹，乃显调剂一世大国手。嗟呼！世称清白吏，子孙胡不信仁人之有后，畴铭幽官，端人取友。"

冯参议时泰墓，在城西十里丁武寨。

赠大理少卿刘同知思诚墓，在城北三里角山阳。

程尚宝卿继贤墓，在城西北五里。

刘将军渊墓，在城西十里红瓦店。

吕协镇鸣咸墓，在城北六里角山麓。

王都督廷臣墓，在城南七里。

耿封翁国才墓，在城北三十里九门城东。

附：《耿封翁墓碑记》：

"闻之：臣善归君，子善归父。焞无状何能光显前人也！自焞始祖长兴侯炳文佐明太祖荡平海内，勋名藏于天府，带砺誓于苗裔。自靖难师起，真定之役抗敌遇害，侯爵中绝，世居辽左，咸不欲以功名显。至参戎公贤，慷慨欲绍前人之业，奋起行间，辽故不设守令，凡赋税刑狱咸受成于公。公涖官以廉，事母至孝，直指公微行，得其状以闻，上赐飞鱼二袭，以宠异焉。既没，赐四里庄田以供祭祀。至先考华轩府君，讳国才，幼通经籍，性豪迈，孝友姻睦，著闻乡里。见辽事日非，乃决计不求仕进，挟重赀入关，游燕齐，任侠结客，不知者以为轻去其乡，而不知辽阳之变，公早已烛照而数计也，故卒免于难。嗣是时事多艰，忧愤邑郁，疾日以痼，乃大散其财，诸戚友咸德之，重为殡殓，藁葬于一片石之麓。未几，风雨骤至，山巅土落，封墓成丘，崇数尺。焞时陷辽，痛骨肉异地，乃冒险泛海，迹先考所在登莱、青冀之间几遍焉，直抵山海始知其故，悲号欲绝之余，惟见封树屹然也。后焞入楚监军，与宁南侯共事。皇清启运，蒙恩授钺辟江右，镇抚其地，复召补遵化巡抚，旋历今职。恭遇覃恩，追赠先府君为通奉大夫。焞因得邀荣，勒诰以光泉壤，敬志行略于碑阴，以无忘先德云尔。钦差巡抚山东等处地方，督理营田，提督军务，加二级兵部左侍郎兼都察院右副都御史，加正二品服俸。男焞立，顺治八年八月二十一日。"

怀远将军李乔墓，在周吴庄东店山下，距城五十八里。子怀远将军逢阳、平倭将军逢时及逢节附（逢节，官爵无考）。

湖广抚军副总兵周仲武墓，在九门西，距城三十里。子生员赐进士第懋勋墓附。（康熙年立，有碑。以上二则何时人并里居后裔无考。）

赵封翁瑞晋墓，在城西北一里北水关河岸。（因子廷臣予封。按：廷臣，奉天铁岭人，寄居山海关，由贡生，历官浙江总督，赏入镶黄旗汉军籍，谥清献，有事实。）

朱国梓墓。

穆氏祖墓，在城北二里许，给孤寺西北。

附：桐城方侍郎苞《穆氏祖墓碑文》：

"今夫作善降祥之理，岂不确然可据哉！虽然，善不同也，有大与小之分焉，有显与幽之异焉。若夫阴行大德，不但九州八垓、乡党宗族寂然不知，即其子若孙略能举一二端，而全体大节亦不能详述其本末，则潜德之幽光为何？若而食报于后祀者，讵有涯哉？吾于穆氏之族，见其光大显荣，益信此理为不虚也。

穆之源出于闽之福清，世业耕读。前明洪武十四年创建关城，始祖佛名公，奉调填实山海关。因隶籍山海卫前所，属大毛山提调。夫山海，古渝关也。而穆氏子孙众多，遂成畿东渝关之望族。自一世及七世皆效忠宣力以卫边疆，尤能克勤克俭，守先代之清白以教诲其子弟。三世、四世俊秀挺生，渐已昌炽。迨及八、九、十世，菁莪有咏矣，棫朴有歌矣，而且登贤书捷南宫者，代有传人。宗伯黄堂，宣猷敷化，提督翰林，华国安疆，迄今十余世。凡属穆姓之子孙，无不重纲常、明伦纪、敦礼乐、说诗书，或修儒行而勤文治，或惯韬略而精武功，或著奇勋以流惠泽，或立伟绩以布辉光，皆沐我圣天子之隆恩而安享盛世太平之化。人皆羡穆氏英才济美于一堂，声称洋溢于四海，谁知累世之不伸昭昭，不堕冥冥，其幽光所湮没而未宣者，今皆发扬昭著，显烁辉煌有如此哉！且穆氏之德之不可知而莫得名有未易，更仆数者间闻诸父老言：其先世曾过丰润，值还乡河内水势澎湃，有宁前道母妻家口数十余命几没波臣之手，直奋袂奔前往救之，事竣即去，复却其谢仪数百金不受，并不令家人知，其潜德不彰大率类此，宜其后叶之秋香春浪，大人名贤，林林总总，绵绵延延，方升而未艾也。一世至六世俱卜葬于渝关之北郊。七世族大人繁，丘陇始析，各于所葬祖茔树立华表以私志其宗派，随欲修茸北郊祖墓，有志未逮。今太学生俨若倡聚族之人而缮修之。族之人复群和而乐成之。盖上念先公从戎之艰，下合骨肉一体之爱，并示世世子孙，知尊卑长幼之有序，贵贱亲疏之有等，祗父恭兄之有谊，敦本睦族之有道。憬然守先世之成规而不敢犯，蔼然洽先世之恩意而不忍离，如木之千枝万叶必固其根；若水之千流万脉必探其源。而型仁讲让，肃肃雍雍，萃宇宙太和之气于一家，不益见祖宗之栽培厚而余庆长，积累深而流光远哉！

余于穆君俨若数晨夕者有年，得备悉其家世，因不揣固陋为文以碑其墓。词曰：有功不显，有德不扬。如剑在匣，暗然而藏。若玉居山，匪炫自良。相彼流泉，支派汪洋。眷尔嘉树，枝叶堂皇。茂根遂实，沃膏晔光。盛世万年，厥后克昌。雍正十二年立。"

烈女赵氏墓，在城北三十里一片石。

附：傅光宅《烈女碑记》：

"自孔孟著成仁取义之说，学士雅言之。然至于所以成、所以取，即世所称丈夫者，何寥寥也？安论妇人女子哉！大都生长于礼义之区，耳目之所见闻，庭帏之所训诲，讲之明而守之定。彼其慷慨捐躯从容就义者，世人尤以为两间正气所钟，称之不容口，岂非以仗节死义求之妇人女子，难也，况求诸边隅之妇人女子，不尤难之难哉！以今观于赵烈女当别论矣。

烈女者，一片石关戍卒赵来住之女也。美姿容，性庄重，未尝轻言笑，年甫十有六，而女红娴习过人。时有比邻恶少马铎，瞰其父母他往，谬为借针而谩以淫词挑之，女即敛容骂曰：'吾父母偶出，若何为者，敢窥吾室？且若以我为何如人乎！'挥拳殴之。已而其邻叔闻之，具陈所辖提调，将铎稍惩责。女自是不胜惭忿，欲自尽。已又私念曰：'不面吾母，胡以自明？'次日母回，具述之，即痛哭不食，曰：'人孰无死，迟速等耳！儿宁能以皎洁之身冒此亵辱于人世乎？已矣！'母知其志决，且夕守之。又三日，女佯为解愠者，诒其母曰：'若且往理煤，吾自居此。'母不虑其远己也，趋而往。女即闭门自缢死。其邻妇觉之，排闼入，已无及矣。悲夫！余惟赵女者，问其地，则边陲；问其家，则戍卒。非长育名阀，非素谙姆训，其所渐染习闻未知于成仁取义之旨何如，而所为若此，其劲节刚肠，真欲凌霄汉而薄日月，视流俗猥鄙之行不啻浼之，虽古竹帛所载，丹青所图，殆未能轩轾于其间矣。藉令女而丈夫显荣于时，其所以植纲常维名教者，岂其微哉！顾造物者奈何厚其所禀而虐其所遭，卒使之抱愤郁以殁也。天乎！虽然，女不遭恶少身不亡，即使幸而称百岁妪，亦忞忞闷闷以老耳。然后知天之所以玉成斯女者，千百世不死也。"

又《吊烈女坟》诗：

"一冢青山下，经过感慨深。家贫依草莽，塞远对荒林。正气来天地，芳名自古今。崔嵬一片石，千载见贞心。"

朱国梓和韵：

"残碣列贞迹，和诗敬服深。生为婧处子，死表丈夫林。不学何须问，维古自范今。九关石一片，不转万年心。"

吕鸣章和韵：

"孤贞一片石，凭吊引悲深。洁骨凌霜色，丹精化碧林。杀身逼视古，正气轶无今。断臂堪同烈，哀哉赵女心。"

李集凤和韵：

"不独姜坟古，闻风感倍深。冰操一处子，霜烈入寒林。英爽浑如昨，馨香直到今。年年片石下，夜月对孤心。"

国朝

吕光禄鸣夏墓，在城北六里角山麓。

佘封翁崇贵墓，在城北八里尖山上。

乡贤郭仲金墓，在城西十里红瓦店北。（其先代怀远将军、世袭指挥同知诸公皆葬于此。）

刘封翁愤墓，在城北三里朝练营。

刘知府克孔墓，在城西北十五里盛水庄西。

谭副将纶墓，在城北三里棉花庄。

高知府选墓，在城西二十里铺。

正一品夫人贾母董太君墓，在东部落庄南四里许，距城五十三里。（墓前有碑，康熙甲申立，奉祀男任俊，里居后裔俱无考。）

穆封翁思敬墓，在城北朝阳洞南，子郎中齐英墓附。

穆封翁尔铉墓，在城西十三里七星寨，子都督廷栻墓附。

吕封翁应科墓，在五泉寺西北，孙侍卫文英墓附。

张封翁希稳墓，在城西十五里兴富庄（俗名香房庄。希稳，霖之父，诰赠光禄大夫）。

张方伯霖墓，在城西北二十里惠源庄（俗名护远寨）。

计封翁天禄墓，在城西北三里棉花庄北，曾孙参戎宏谟墓附。

王封翁瑜墓，在关门外东北八里青石沟庄东鸡冠山阴，子户部郎中允猷，孙户部主事寿三墓附。

乡贤魏封翁文通墓，在城北三里棉花庄北，其子孙诸封翁皆附葬。

计封翁肇祺墓，在城西十五里萧家庄，子武举锦标、孙侍卫清元墓附。

孙封翁自贵墓，在城南五里马头庄东，子贤墓附（曰秉之祖暨父也）。

附：韩城相国王杰《敬一封翁墓志铭》：

"公讳贤，字敬一，行二，杰同年进士，孙君曰秉之父也。家世山海关人，曾祖、守祖、祖自贵，皆不仕，乡党称善人。至公少好读书击剑，雅不欲寻章摘句，略观大意而已。而其天性之笃，尝数千里外心动而即命驾遄归，虽古之庚黔娄、蔡顺不翅也。其于连气之人所为，天显鞠子哀念之特挚。中年家道凋落，终以折箸，而一门群屐辈无不缘以成名，其所以教养而玉成之者，媲之第五伦之有私，殆为过之。第数十年，名场困踬，学书不成学剑，学剑不成而又学计然之术，遂以国子生贸迁辽水。然而明发有怀，常以不得光显其亲为觖望，此则其所悄焉不怡者也。其平居训吾同年友之言曰：'古言为善，最乐而知其所以善，则端自读书中来，汝识之乎？能读书而躬行之，则大儒可以成，独科名乎哉？'盖易箦之时，犹以从名师，力学业，勖年友焉。今观吾年友之为人，磊磊明明，可云克肖，想见其庭训之有自，而且金章紫绶，以甲榜而绾符百里，其所以达圣天子知人善任之哲，而光显前人以垂庥后业者，将未有艾，需次之先期吾年友归，琢石为墓，表而嘱杰志铭。杰叨年谊不敢辞，故撮其梗概而志之，初非诔墓也。铭曰：士有遇不遇，而莫不期显其亲而休有光。唯公怀玉而被褐，以亡考作宅，而子则肯堂，勤敷蓄而终庆。堄京卜兹幽宅二纪，强勒铭高冈，终焉允藏。"

李封翁维桢墓，在北杨家庄西，子侍卫懋勋墓附。

烈女平氏墓，在秦王岛。

王贞女墓，在关门外东北十里许，洞山南岭王氏祖墓之右。

烈女郭氏墓，在给孤寺前，离城里许。

附：牛天贵《郭烈女墓碑记》：

"立人之道，莫大于纲常；寿世之经，莫先于节义。维此纲常与节义，非独堂堂男子取义成仁可以维人道而寿百世也。巾帼者流初非丈夫身，然而性秉幽贞，心明大义，则当伦纪攸关之地，可贫可贱，可生可死，而此非石难转之一心，虽在天亲不可得而夺。若稽共姜守义，誓作柏舟，曹母盟贞，操传割鼻，史册所书于今为烈。若夫以闺中之处子值不幸之遭逢，矢志靡他，甘于舍命而不渝者，则今与古可心齐驱，而名与节尤堪寿世。

吾乡烈女郭氏者，玉川郭君少女也。生而淑惠，举而端庄，虽生庶民之家，人未见其逾阃。年二十二，字其族姑范郭氏之子范彬，聘未娶，范彬忽以颠狂废。范姓故贫家，彬又患颠症，凄楚谁怜，惫矣不可支。氏伤姑空乏，返原聘钗钏，易薪水以济媚姑。且亲执女工鬻钱，馈甘旨，岁时伏腊不辍也。越数年，范彬疾已痼，范郭氏以家贫子废恐误氏芳年，欲退婚，商诸氏父母，未经许可。壬申春二月，郭玉川远出，范郭氏知氏母不从，亲执庚贴谓氏曰：'汝年已二十七矣，吾何忍以废疾子负贤女终身？'氏哀鸣，言志惟从姑侍养，不二心背盟。姑不听，掷庚贴去。氏叹曰：'妇无二天，贫也有命，身负人形，可使彝伦攸斁乎？'有顷，回嗔作喜，谈笑若生平。至夜觑母就寝，投缳别室。行已意，盖其立志者坚矣。维时姑苏程公署篆临榆，嘉贞女之贤，详请题旌，建坊崇祀。邑中好义诸君子复协力捐金兴工筑茔，葬氏骨于北廓之西偏。越今秋九月，条章王君总其成，工乃告竣焉。呜呼，噫嘻！千秋大义，首重人伦，分谊维昭，谁可弁髦相视然而见金？夫不有躬，庸庸万辈，自古同情。氏何人？斯处女耳，非须眉之身，非缙绅之族，姑命相迫，纵使曲从于氏乎，何尤？况夫衣冠右族，口诵诗书，行违名教，死生利害之交，甘背前盟，隐忍而苟活者，何可胜数？而氏从一自矢，百折不回，其助姑也孝，其安命也贞，其从容而毕命也，则为志士与仁人，纲常节义，慨然以身当。贤哉氏乎！姜之义，曹之贞，犹皆以生守，而氏直以死殉矣，古今奇男子其胜氏者几人哉？

是役也，输金襄事者，则阖邑众善；往来任劳者，则程君臣源、刘君金城；捐葬地者，范君育蕃；施柏椁，至于捐重赀鸠工作，彰善急公始终相与以有成者，王君条章其最也。"

贞女蔡氏墓，在关门外二里威远城下欢喜岭。

烈妇黄宋氏墓，在城西南十里团练部落。

以上丘墓。

纪事

志之记灾祥由来旧矣，《山海关志》复有兵警一门，其有关斯地之利害，则一也。今合为一册，并前代见于史传者，与我朝之巡幸恩泽、兴利防患诸大端汇为一篇，称曰"纪事"，仿史家大事必书之例，编年以记之。

北燕太祖跋太平六年，河间人褚匡请燕于辽西临渝边海地造船，出通章武郡。燕王从兄买、从弟赌，自长乐帅五千余户，通海入辽西临渝至和龙。

隋高祖文帝开皇十八年，春二月，高丽王元帅靺鞨众万余寇辽西，以汉王谅、王世积为行军元帅，将兵三十万伐高丽。夏六月，汉王谅军出临渝关，值水潦，馈运不给，秋九月引兵还。

炀帝大业十年，春三月，帝征高丽。癸亥次临渝宫，祃祭黄帝，斩叛军者以衅鼓。（《通鉴》李密说杨元感曰："天子出征，远在辽外，公长趋入蓟，据临渝之险。"注：临榆，属平州卢龙县）

十三年，秋，河间贼帅高开道陷临渝。

唐太宗贞观十九年，春二月，上亲征高丽，秋九月癸未班师。冬十一月丙辰，上闻皇太子奉迎将至，从飞骑三千人驰入临渝关。戊午次汉武台，刻石纪功。

武后万岁通天元年，夏五月，契丹首领松汉都督李尽忠归，诚州刺史孙万荣陷营州。

元宗开元八年，营州都督许钦澹遣兵击契丹可突干，战败，移军入榆关。

二十年，契丹可突干叛。幽州道副总管郭英杰屯于渝关外，为可突干所败。

二十一年，秋八月，幽州节度使薛楚玉遣副总管郭英杰将精骑一万及降奚击契丹，屯于渝关之外。

天宝元载，置十节度以备边，平卢节度镇抚室韦、靺鞨，统平卢、卢龙二军，渝关守捉、安东都护府。

十五载，夏四月，安禄山叛平卢。帅刘客奴挈地来归，寻遣先锋使董秦袭渝关，入北平，杀贼将申子贡、荣先钦。

昭宗乾宁二年，契丹王阿保机遣其妻兄阿钵，将万骑寇渝关，幽州、卢龙节度使刘仁恭遣其子守先戍平州，诱执之。

后梁乾化三年，冬十二月，晋王存勖以周德威为幽州、卢龙节度使。德威恃勇不修边备，遂失渝关之险，契丹每刍牧于幽、平之间。

辽圣宗统和四年，以古北、松亭、渝关征税不法，致阻商旅，遣使鞫之。

金世宗大定元年，冬十月丙午，即位于辽阳，甲子兴平军节度使张元素上谒。己丑幸中都，十二月甲辰次海滨县。

元泰定帝致和元年，秋见七月丁酉，发兵守迁民镇。庚戌发平滦民堑迁民镇以御辽东军。九月甲子，上都诸王也先贴木儿、平章秃满迭儿以辽东兵入迁民镇。

顺帝至正十三年，春正月辛未，命悟良哈台、乌古孙良桢兼大司农卿，给分司农司印，西至西山，南至保定、河间，北至檀、顺州，东至迁民镇，凡属官地及元管各处屯田，悉从分司农司立法佃种，合用工价、牛犋、农器、谷种、召募农夫诸费，给钞五百万锭，以供其用。

明太祖洪武十三年，冬十一月，元平章完者不花与乃儿不花率骑数千人桃林口，冠永平，指挥刘广战、千户王辂追击至迁民镇，败之，擒完者不花。

十四年，春正月辛亥，大将军徐达发燕山等卫屯兵万五千一百人，修永平、界岭等三十二关（山海关之名始此）。

惠帝建文元年，春二月，敕都督耿瓛将兵屯山海。秋七月丙戌，靖难兵至永平。儿月，江阴侯吴高、都督耿瓛、杨文帅辽东兵围永平，焚西门，燕王自将救之，营于永平城东，追奔百余里，斩首千余级，高等退保山海关。

成祖永乐二年，春二月，命成安侯郭亮镇永平，都指挥同知费巘镇山海。

仁宗洪熙元年，命襄城伯李隆镇山海。

宣宗宣德三年，冬十月，命遂安伯陈瑛镇永平，武进伯朱冕镇山海。

四年，命给山海至蓟州军士附近荒田屯守。

景帝景泰元年，提督东京军务，右佥都御史邹来学修喜峰迤东至一片石各关城池。

十七年，设管关通判。（以上府志）

世宗嘉靖二年，夏，饥。

三年，冬，妖贼李珍等起辽东，建旗鼓，谋不轨，乘虚入山海关，纵火，白昼杀人，守臣王冕死之。

七年，大水入西关，漂没民舍。

二十五年，夏，霪雨四十余日。秋，蒙古兵至东关，大掠人畜。

三十六年，岁大祲，疫疠盛行。

三十七年，秋七月，蝗，管关兵部主事陈绾请开海禁以接济辽东。

附：陈绾《荒政记》：

"嘉靖丙辰秋，岁大不登，辽民重困。初，关西人率仰给辽东，至是辽人悉出其银钱杂物以易粟关内，近关等处粟顿空。关西人乃浮山东之粟至丰台，辇运抵山海，辗转接卖，比至其地，费已数倍，斗粟至三四钱至六七钱。富者犹倾囊自给，贫民遂无从得食，始剥木皮和糠秕食之，又刮苔泥作粉以啖，谓之土面，然多肿溃以死。乃相率离死人肉食之，久则掠生人食之，妇女童稚独出走道上，辄为掠去，有桀黠者纫皮为套，贯以索，三五为伙，见人行则掩其后，套其首而索缢其喉，喑不能出语，即挹持去，脔共食之。官司禁不能得，捕至即承曰：'食人应死，不食亦死，与其馁死，孰与饱而死也？'初就杖杀之，后捕多不能为法，益无所惮。甚或子死父食，妻死夫食，曰：'不则为他人食'。军士宰官马食，往往脱巾呼号，出不逊语，广宁为甚。当事者亟为请年例银，夗所逋欠给发之，多不能厌其求。属国见辽境士民疲惫，常使人伏匿，间候粮过辄邀遮，出塞道路阻塞，米益腾贵。春夏少雨，疫气盛行，民乏牛具籽粒，无力以种，极目荒迹，说者以为秋成复无望云。

论曰：古称人将相食，未必真相食也。至易子析骸、杀奴妾等事，皆在围城中，出万死不得已之计，未有饥馑若斯其极者也。盖辽境僻介绝域，其所容往来者止山海一路，非通都大邑、舟车辐凑之所也。又其地邻不毛，无跤鸥橡栗之产，故一恶至此。夫全辽三十五卫，横亘二千余里，地大荒甚。即当事不能为之处，圣天子发粟赈贷，恩至渥矣。然转输难而博施未易，岂所谓尧舜犹病者欤？议者欲少宽海禁，使西引丰台之粟，东通登莱之贩，而尚未及行，然则荒政果无奇策矣哉！"

陈绾《与辽东巡抚诸公书》：

"夫辽东之荒极矣，敝关切近，触目刿心，愧不能上郑侠之图，亦尝抱邻父之忧。窃为议之，今之所谓救荒者，非请发内帑乎，非悉发官廪乎，非劝借富民乎？夫请发内帑，大工鼎兴，司农告匮，年例外不能多发矣。悉发官廪，辽之廪庾所积几何？劝借富民，自霖雨坏盖藏，外国掠屯堡，富者转为贫矣。今之所恃，惟关西籴买一节耳。然永、蓟岁本不登，加以沿边籴买军饷，其资辽东者，所谓以升合之水救涸鱼也。

近以永、蓟米少，辽人籴买者多，则有商贩转市山东之粟，自天津等处下船，径抵丰台镇，辽人有力者从此转搬，无力者只赴山海，携百十文觅升斗于商贩之手。夫米价已腾贵，加以辗转接买，大者驴驮，小者背负手携，盘桓中途计车脚之费浮于米值，然亦只可达广宁以西耳。辽阳以东不惟隔三岔河，而平陆沟渠，车牛莫达其所，仰给者惟金、复等处及黄山一带些须之产，而关西之米逾河而东者绝少。夫转输不通，籴买无从，则米价日增，虽月散数金无益也。说者以为海禁宽，使天津、直沽之船不抵丰台镇，得抵三岔河，不惟广宁以西可济，而辽阳以东岂至踣死如今日哉！

夫救荒如救焚溺，海禁固不可弛，然与活辽东千里旦夕之命孰重？夫权以济一时之急，而年丰禁复如故。是从权以活千万人之命，而禁复在也。

夫镇辽之隶山东者，本以通海道也。成化以前禁例未行，文移往来、花布钞锭解送皆取海上捷径，故有无相通，缓急相济。自禁例一行，公私船只尽废。究其所以，不过杜绝逃军之路，又或以为泛海恐引外寇。夫欲绝逃军，惟严盘禁，若倭寇自刘江望海堝之捷其不至辽东者且百余年。就虑其至，不过远哨望、谨烽火而已。即如江南有倭寇，岂能使江海之间不行只艘乎？此所谓失火之家不火食之计也。呜呼！使辽境时和年丰，道路无梗则可，万一山海宁前咽喉一线之地少有隔阻，则辽境不孤悬绝域乎？即今盗窥衢路，转输万难，则咽喉之不塞者直一门耳，其可不为寒心哉！且登莱二府去金、复等州不浃日，而近考之《会典》，正统年间登州卫犹存海舟三十余只，海道既废，船亦无存。夫登莱阻山依海，商贾不行，其地有羡粟而无厚售。设若少宽其禁，使金、复之人得以泛海贸易，则一苇航之，而辽阳之东皆可获济，其与广宁以西辇输关内之粟者，劳逸奚啻十倍？诚欲设为防范，则嘉靖二十一年抚按尝奏添边佥事驻金州矣。今建议复添亦无不可，不然则专责守备等官时为督察，则亦不至滋奸而长弊，就使有之，较今日脱巾枵腹，恐恐然虑萧墙之变，利害不有间乎！夫斗米六七钱，人相食不顾，而犹泄泄然守惩噎之过计，愚窃以为过矣。夫惟仁人君子切恫瘝之念，而不惑于拘挛之议，当必有以处此者，生曷容赘。"

四十三年，正月，蒙古报警，关城戒严。时海冰坚且阔，主事商诰先期督凿，复冻如初。至是，敌果趋海口潜渡，忽冰解，惊退。又攻旱门关甚急，诰躬督将士，指授方略，力却之。

穆宗隆庆元年丁卯，土蛮黄台吉入寇山海、蓟州，三镇总兵戚继光遣游击张臣率师败之于傍水崖。是年大水，石河水流涨入西关厢，卧牛桥坏。

三年，四月朔，地震，声如雷。

六年，秋七月，戴家河有海牛死，浮沙崖，高数丈，长十余丈。

神宗万历元年，夏六月既望，甘露降于学宫。

十二年，秋九月，蒙古侵宁前，参将王守道合延绥游击杭大才率兵东援，遇敌于关外，相持竟日，副总兵杨绍勋、兵部主事王帮俊启关以师会，大破之。冬十月朔，蒙古复寇关，王守道、杭大才、中军盛庄分兵迎战，敌大创遁去。

二十三年，五月二十五日，地震有声。八月二十七日夜半，震雷异常，诘旦，镇东楼向北一柱有烟，掘之其下得火大如球。

二十五年，正月至五月，不雨，无麦。五月至七月，雨，饥。

二十六年，大饥。

二十七年，四月，地震有声。

三十二年，大水。

三十四年，三月，西南海市现。九月，蝗。

四十七年，二月二十日，风霾昼晦，黄尘四塞。七月，火神庙灾。

四十八年，五月，圣庙殿前大松树无故自仆。（以上《山海志》）

熹宗天启元年初，设山海经略、山石道、山海户部分司，设海运通判，通海运。（府志）二月初八日，大风霾。（《山海志》）

二年，设山海理刑推官。（府志）夏霪雨，坏墙屋无算。七月，地震有声，九月二十五日，火药崩西关厢崇兴寺。（《山海志》）

三年，设巡抚驻山海。（府志）三月朔，地震。（《山海志》）

六年，霪雨为灾。（《山海志》）

庄烈帝崇祯三年，春正月甲午，大清兵入永平，逾抚宁县，破深河堡，距关六十里。辽镇总兵祖大寿自关外至，严兵拒守。（《山海志》

五年，复命太监监视关永蓟辽军务，驻山海。（府志按：熹宗五年，命太监监视各边，崇正元年撤，至是复命。）

七年，旱。

八年，大疫。

九年，秋九月，大清兵至关外欢喜岭。

十一年，大水。

十三年，旱，蝗。

十六年，冬十月，大清兵攻破辽东前卫、中前、中后所三城，乘胜至欢喜岭而回。（以上《山海志》）

十七年，春三月，贼李自成犯京师。封总兵吴三桂为平西伯，诏入援，尽撤辽民入关，分驻昌黎、乐亭、滦州、开平等处。丁巳京师陷。壬戌平西伯兵至永平，四月平西伯还驻山海，遣将出关乞师。甲申李自成至永平。丙戌至山海，大战于城西石河。夏四月，大清摄政王帅师抵山海，平西伯出迎于欢喜岭。庚寅师入关，分三路，平西为先锋，力战，连破七营，师乘之歼贼于红瓦店。辛卯贼西遁，杀明总兵都督吴襄于范家店。（府志）

附：按佘一元《山海志》：

"甲申春三月，流寇李自成犯京师。诏天下勤王，议者彻辽东民驻山海，将兵赴京师。行至玉田，闻十九日京师陷，遂还兵仍驻山海关，遣将出关乞师。四月李自成来攻山海，十九日传令聚演武堂，合关、辽两镇诸将并绅衿誓师拒寇。二十日祭旗，斩细作一人，与诸将绅衿歃血同盟，戮力共事。二十一日，李自成至关，两镇官兵布阵于石河西，大战自辰至午，忽西北角少却，寇兵数千骑飞奔透阵，至西罗城北，方欲登城，守城兵用炮击之，又遣偏将率兵还剿，尽歼之。

寇营望见气夺，不复来战，相持竟日，遂收兵。二十二日，大清兵至欢喜岭，主帅同绅衿吕鸣章等五人出见摄政王于威远台，拜毕，命坐，谕云：'汝等欲为故主复仇，大义可嘉，予领兵来成全其美，但昔为敌国，今为一家，我兵进关若动人一株草一颗粒，定以军法处死。汝等分谕大小居民，勿得惊慌。'语毕赐茶，免谢，各乘马先回。方见时，忽报北翼城一军叛降贼，王遂分兵三路进关。时值大风扬沙，满汉兵俱列于石河西一带，贼中有识旗帜者知大清兵至，李自成率骑兵先遁，各营数万余人一鼓俱溃，追杀二十余里，僵尸遍川谷。傍晚，风定细雨，炮车连夜进关，摄政王驻郊外。三日，遣人入城，登明伦堂安民讫，领兵而西，遂定燕京。

国朝顺治元年，秋九月，世祖章皇帝入关。"（府志）

附：佘一元《述旧事》诗五首：

"明季干戈起，普天乱如麻。厄运甲申岁，秦寇陷京华。暮春彻辽民，暂倚关为家。吴帅提一旅，勤王修鞴鞁。进抵无终地，故主已升遐。顿兵不轻进，旋师渝水涯。遣人东乞师，先皇滋叹嗟（案：是时在世祖即位逾年，诗作于康熙初年，故称先皇）。墨勒方摄政，前期饬兵车。驰赴千余里，一战靖尘沙。"

又："吴帅旋关日，文武尽辞行。士女争骇窜，农商互震惊。二三绅儒辈，早晚共趋迎。一朝忽下令，南郊大阅兵。飞骑唤吾侪，偕来预参评。壮士贯甲胄，健儿拥旆旌。将军据高座，貔貅列环营。相见申大义，誓与仇仇争。目前缺犒赉，烦为一赞成。"

又："仓库净如洗，室家奔匿多。关辽五万众，庚癸忽如何！事势不容诿，捐输兼敛科。要盟共歃血，士民尽荷戈。逾日敌兵至，接战西石河。伪降诱贼帅，游骑连北坡。将令属偏裨，尽歼副城阿。遥望各丧胆，逡巡返巢窝。我兵亦退保，竟夜警巡呵。"

又："清晨王师至，驻旌威远台。平西招我辈（时吴帅已封平西伯），出见勿迟回。冯（祥聘）吕（鸣章）暨曹（时敏）程（印古），偕余五骑来。相随谒摄政，部伍无喧豗。范公（文程）致来意，万姓莫疑猜。煌煌十数语，王言实大哉。语毕复赐茶，还辔向城隈。虎旅三关入，桓起尽雄材。须臾妖氛埽，乾坤再辟开。"

又："平西封王爵，大兵遂进征。群丑皆宵遁，一举收燕京。朝廷录微绩，亲友俱叨荣。莒州缺刺史，承乏促我行。母制适未阕，具请代剖明。铨部怜垂鉴，允遂蓼莪情。丁亥博一第，筮仕心怦怦。秋署历仪曹，病免服农耕。长愿干戈戢，万载颂升平。"

十年，大水。

十一年，大水，饥。

附：佘一元《劝米煮粥引》云：

"连年水溢，百姓流离，渝关一隅，饥民四集。关厅白公奉上文行赈，悯然深念，捐俸易米若干，煮粥以济。又虑弗继，爰合绅衿父老而进商之，其仁民至意，见诸动色相告中。我辈读圣贤书，稔闻万物一体之训，当此冻馁满目，啼号盈耳，犹退然为一身一家谋，亦近于不仁矣。况人安我安，一方不安止图一己安，岂惟不仁亦复不智。我辈先相约殚力各捐若干以为士庶倡，非徒成人美，实以惬己心也。但关门愧无巨力，乡绅又鲜素封富户，恐米少人众，终非久计实著。敬遵白公之意，遍告吾乡远近亲友暨善士良民，同推此心，各输己力，自一斗至数石及数十百石，每米一斗加干柴二束随愿广施，多者给匾旌表，最多者申部题叙。又或有心余力歉，虽升合亦见肫诚。所谓聚少成多，众擎易举耳。窃闻放龟随获善应，渡蚁立登显荣。人于万物最灵最贵，救物命犹有报，况人命？救一命犹有报，况多命乎？每见修寺、建塔、塑像妆金、缁流羽衣，一呼群应，岂知圣贤佛菩萨之心皆愿救民，弗暇自奉，曲意媚神，未必邀福，留心济物，神且默佑之。可勿勖哉！谨告。"

十三年，蝗。

康熙元年，三月初八日，霾。

二年，夏大水。冬十月十二日，雷。

四年，五月初五日，火药局火。

六年，大有年。（以上《山海志》）

七年，诏发帑金，遣官修边城。（府志）夏六月二十八日，大水

入西罗城北门，卧牛桥坏。（《山海志》）

十年，秋九月，皇帝东谒祖陵，出山海关，冬十月入关。（府志）

十七年，夏六月，热，暍死人畜甚众。

三十四年，大水坏南北水关边城百余丈。

三十五年，大水。

三十六年，大水坏边城百余丈。（县旧志）

三十七年，冬十一月，皇帝东幸谒祖陵回，进山海关。

三十八年，冬十一月，皇太子谒祖陵回，进山海关。（府志）

四十五年，大水坏南水关百余丈。

四十七年，有年。

四十九年，秋，大有年。

五十年，秋，有年。

五十四年，虫灾，饥。

五十五年，大有年。

五十八年，夏，大水坏拱宸门外龙王庙及城北水门。

雍正六年，夏，大疫。

八年，秋八月十九日，地震。

十二年，春三月，虎入城。（以上旧志）

乾隆六年，夏五月，雹，不成灾。

八年，冬十月，皇上自盛京旋跸入渝关，登澄海楼，与侍从诸大臣联句赋诗。（府志）

十八年，六月，蝗，不成灾。

十九年，秋，皇上由吉林至盛京谒祖陵，旋跸，十月初二日入关，登澄海楼，与侍从诸大臣联句赋诗。

三十二年，夏，霖雨，县城北街董姓民家有龙降于煤堆，数日翔去。

四十三年，秋，皇上由盛京谒祖陵旋跸入关，登澄海楼，与侍从诸大臣联句赋诗。

四十七年，春无麦，夏饥，斗米值市钱七千余。

四十八年，秋，皇上自盛京旋跸入关，登澄海楼，与侍从诸大臣联句赋诗。

五十二年，夏，霖雨，北水关河溢入西罗城，北后街娘娘庙前照壁不没者仅数尺。

五十三年，大水，饥。

五十七年，大水，饥。

嘉庆元年，元旦，诏设千叟宴，天下凡七十以上者入京赴宴，邑人高开科（年七十三）、常浚（年无考）、谢、邬（轶其名）四人由县册送京师，钦赐修职郎，恩赏御制诗一轴，龙头寿杖一，养老银牌一（重十两），黄绢绿绫各一端。秋，大有年。

二年，有年。

三年，有年。

四年，夏五月、六月，地震，屋宇摇动。

六年，夏，霖雨连旬，大水。

七年，蝗。

十年，夏，蝻生。秋，皇上自盛京旋跸入关，登澄海楼，与侍从大臣联句赋诗。

十一年，夏，大水，秋，歉收。

十六年，夏，旱。

十七年，饥，斗粟值市钱十千。

二十三年，夏四月八日，大风霾，黄雾四塞，二十六日大风拔木。秋，皇上自盛京旋跸入关，登澄海楼，与侍从大臣联句赋诗。

道光元年，夏，大疫，七月，霖雨连旬，石河溢入拱宸门。

二年，大疫。

三年，大疫。

五年，旱，五月，晦始雨，六月，蝗随海潮至，飞蔽天日，数日蝻生，食禾尽，岁大饥。

六年，夏六月，霖雨，大水伤田。

七年，夏六月，初旬酷暑，墙壁器物如炙，人畜多喝死。

九年，冬十月，皇上自盛京旋跸入关，登澄海楼，与侍从大臣联句赋诗。

十一年，七月初十日，地出雷。冬十二月大雪，深三尺余，飞鸟多冻死。

十二年，春夏大旱，秋霜杀禾，菜蔬虫灾，岁饥馑。

十三年，春，斗米市钱八千。秋，有年。

二十年，海口有警，开州协副将向荣统提标三屯协、山永协官兵在石河口、秦王岛设防。（石河口等处建大炮台二，小炮台三，撤防后台已残废，其大铜炮四，铁炮一，于咸丰九年移于县城南城上安设。）

附：邑廪贡候选训导计关保《向军门海防纪略》云：

"向军门荣之设防山海也，由开州协副总戎统提标劲旅，并三山两协兵，于道光庚子秋驻扎南海口，迤逦至秦王岛，沿海设炮，营寨络绎，戈甲鲜明，而军令之严，秋毫无犯。当其兵伏营内，寂若衔枚，洎夫一声令下，踊跃群兴，部伍整齐，俨如壁垒，殆不啻亚夫细柳之军也。至于进退疾徐，阵法精熟，又其余耳。且既善将兵，尤能将将，一时如三屯协姜公殿鳌、山永协兴公泰、提标参戎苏布通阿等俱谋勇精强，指挥用命，是以兵守约束，不扰闾阎，临近居民毫不惊惶，乐业安居，几不知孰为兵，孰为民矣。次岁上元，张放灯花以慰军民，编篱成阵，烈焰如星，周折回环，观者云集，就中密派队长暗查奸宄，其用意深且远也。既可以抚安黎庶之心，亦可以稽查宵小之迹，尤可以熟习行伍之规模，即此一端可窥全豹，其宽严相济既不让于李北平，又遑让乎程不识哉？厥后，躬承简命，薄伐金陵，伟绩肤功，光昭国史，而口碑尸祝，生荣死哀，良有以也，是为记。"

二十一年，都统一等侯哈郎阿统领吉林、黑龙江官兵，在石河口设防。

咸丰三年，秋九月，粤匪至天津。诏令天下普行团练，本城练勇六百名，四乡民团二千人。

六年，蝗。次年大疫。

八年，粤匪北窜，都统西凌阿、礼部左侍郎玉明统领盛京官兵来关设防。

九年，副都统格棚额统领吉林、黑龙江官兵在团练部落一带设防，次年调赴天津。宣化镇总兵乌忠阿、游击海三锡带领本标官兵在南翼城一带设防。

十年，春，副都统、宗室增庆统领官兵在石河西一带设防，僧忠亲王统领蒙古兵来关履勘，饬令通永道德椿、永平府知府博多洪武筑西罗城外土垒，沿城挑挖战壕。秋，土匪蠢动，蟠踞海阳、汤泉寺等处，邑令恩泰剿捕首犯正法。冬团练乡勇八百名，各乡俱有民团。

十一年，冬十月，大雷电风雨。

同治元年，夏大疫。

二年，春旱，五月乃雨，秋有年。

六年，土匪窜扰赤峰，邻境戒严，督办团练。

十一年，冬十一月大雨，震雷。

十二年，夏四月，归提寨海滨有鳅龙死，浮岸上，长十余丈。

十三年，夏，奉省禁粜，斗米值市钱七千余。五月，奉旨罢奉省禁米出境之令，以济关内民食。

附：陈邑侯以培示案：

"蒙督宪准兵部火票递到，军机大臣字寄大学士、直隶总督一等肃毅伯李、盛京将军都、盛京户部侍郎兼管奉天府府尹志、奉天府府尹恭，同治十三年五月二十六日，奉上谕：李鸿章奏直隶灾区甚广，请饬奉省仍准就近运粮一摺，前据都兴阿等奏，请奉省现存粮石，仅敷本地民食。拟俟本年秋间，体查情形，如果收成丰稔，再当奏明开运，惟直隶可赖奉天粮米接济。现在灾区甚广，穷黎待哺嗷嗷，若由远省贩运，实恐援不济急。奉省与直隶毗连，贩运最为近便。李鸿章请仍准就近购粮，系为拯救灾民起见，著都兴阿等仍准直隶商民就近贩运，源源接济以顾民食，将此各谕知之，钦此。遵旨寄信前来等因，到本阁爵部堂承准，此除分别咨行外，合行恭录札，饬札该县，即便钦遵传饬商民，一体知照此札等因，到县，蒙此合行出示晓谕，为此示仰县属商民人等知悉，尔等即各遵照，前赴奉省就近贩运平粜，源源接济以顾本地民食，不得运赴他处兴贩，亦不得藉此渔利，高抬粮价。此奉旨开运，原为拯救灾民之至意，倘敢故违，定即照例究办，各宜懔遵毋违，特示。"

光绪二年，春旱，又五月乃雨，秋，霜殒秋稼。

四年，秋，大有年。

‖ 卷之十 ‖

建　置　编（上）

城池·公署·学校

城池（附冰窖、义冢）

尝闻堪舆家言，山海之城甚得地理，永不被兵。溯昔甲申流寇压境，我大清兵一至，洗涤魔氛，群安耕凿，此其验也。然必布德施惠，以固众心。斯言乃可不爽耳。有斯城之任者，胥宜留意焉。

县城，高四丈一尺，厚二丈，周八里百三十七步四尺，土筑砖包其外。门四，东曰镇东，西曰迎恩，南曰望洋，北曰威远，俱设重键。水门三，居东南、西南、西北三隅，以泄城中积水。（明中山王徐达创卫立渝关，始建此城。其历年增修者：嘉靖中管关兵部主事吕荫、陈绾、孙应元，万历中王邦俊、杨植、员外郎邵可立、副将刘孔尹，国朝乾隆三年永平府知府梁锡藩，十八年临榆县知县钟和梅，二十九年知县袁鲲化。道光二十二年，海氛不靖，城久失修，知府彭玉雯详委知县陆为棣劝捐修整，计里外城墙、城楼、马道及城河一律完固，外隍砖城见方六百二十余丈，内隍土城见方三百四十余丈，各门炮楼四座，筑护城堤二段，挖城河一段，共工料银二万四千五百五十五两余。知府彭捐廉一千两，知县陆一千两，接任知府陈之骥一千两，劝捐二万余两，不敷一千余两，知县陆捐廉补足。）

东门建楼，高三丈，凡二层。上层广五丈，下广六丈，深各半之。有额曰："天下第一关"。（相传明萧金事显书。明初建，嘉靖三十五年主事吕荫，万历十三年王邦俊，三十八年员外郎邵可立，国朝乾隆三年知府梁锡藩，十八年知县钟和梅，二十九年袁鲲化，道光二十二年知府彭玉雯，知县陆为棣重修。）

附：明龚用卿《镇东楼》诗：

"齐云结飞阁，跨岭限虹桥。积水平河汉，凭栏望海潮。蛟龙从变化，鹏鹗任扶摇。欲借凌风翼，翱翔上九霄。"

明关部杨琚《镇东楼看月》诗：

"高楼百尺枕城头，午夜裁诗月满楼。四座彩辉明似昼，一帘香雾冷于秋。解围犹说刘琨啸，乘兴应追庾亮游。徙倚栏杆正怀古，金波摇映海东流。"

明关部尚绚诗：

"十二危栏百尺长，倚天杰构镇边疆。海山南北环千里，城郭高低匝四旁。入座云笼村树渺，隔帘风递野花香。太平时节登临好，暴客重门不用防。"

明关部尚缙诗：

"试倚危栏趁午凉，清风真可傲羲皇。百川逝水归沧海，万里浮云隔太行。自合笑谈挥麈尾，肯将歧路泣羊肠。饮余欲奏南薰调，鼓角频催暮钥忙。"

明邑人萧显诗：

"城上危楼控朔庭，百蛮朝贡往来经。八窗虚敞堪延月，重槛高寒可摘星。风彭怒涛惊海怪，雷轰幽谷泣山灵。几回浩啸掀髯坐，羌笛一声天外听。"

明邑人郑己诗：

"关横山海东藩壮，楼逼星河北极高。阴雨晴云朝暮变，吟风弄月古今豪。荒遐俯控来重译，羽檄遥传谢六韬。何处筹边夸第一，熙朝锁钥属兵曹。"

明关部黄景夔《镇东楼看月》诗：

"城角声催独倚栏，海门斜月转云端。清辉近水应先得，永夜中天正好看。风露欲流平野阔，星河不动夕烽寒。早朝待踏长安路，清影疏槐带马鞍。"

明关部陈绾诗：

"楼阁晴阴向晚开，海天秋思独徘徊。寒生绝塞砧声急，水落荒郊雁影来。关树不迷南国望，羽书频见朔风催。感时忽讶潘郎鬓，作赋应怜王粲才。"

明顺天巡抚曲周王一鹗《登镇东楼》诗：

"百二金城保障哉，翩翩万雉拂天来。楼悬日月扶桑近，帐拥春风细柳开。三辅雄图环睥睨，五云佳气接蓬莱。汉家新画麒麟阁，燕市谁登骏马台。"

明蓟辽总镇戚继光诗：

"楼前风物隔辽西，日暮凭栏望欲迷。禹贡万年归紫极，秦城千里静雕题。蓬瀛只在沧波外，宫殿遥瞻北斗齐。为问青牛能复度，愿从仙吏换刀圭。"

路帅陈名远诗云：

"百尺镇东楼，遥临瀚海秋。怒涛吞乐浪，大汉接营州。月冷闺人梦，风高戍士愁。独怜章句友，空复羡封侯。"

西门楼，与东门楼同制。乾隆九年，御书赐额曰："祥霭榑桑"。（明初建。嘉靖三十七年主事陈绾，万历三十九年员外郎邵可立、副将刘孔尹，国朝乾隆三年知府梁锡藩、十八年知县钟和梅、二十九年袁鲲化，道光二十二年知府彭玉雯、知县陆为棣重修。）

南门楼，制同东西。（明嘉靖八年建。万历三十九年员外郎邵可立、副将刘孔尹，国朝乾隆三年知府梁锡藩、十八年知县钟和梅、二十九年袁鲲化，道光二十二年知府彭玉雯、知县陆为棣重修。）

北门，旧有楼，今废。（明天启七年建。万历三十九年员外郎邵可立、副将刘孔尹重修。以建后城多火灾故废。）

奎光楼，在城东南隅。（明初建。万历十五年主事杨植、三十九年员外郎邵可立、副将刘孔尹修，国朝嘉庆十年重修。旧魁星像南向，此次用堪舆家言改向北，周围缭以红墙。或曰：乾隆二十九年，知县袁鲲化因邑中少科名改向北，自此科弟遂盛。）

威远堂，在城东北隅。（明初徐中山欲建楼如奎光，旋归京师不果。嘉靖四十四年，主事孙应元即故址建堂三楹，颜曰："威远"。今废。）

临闾楼，接东罗城北隅；牧营楼，接东罗城南隅，均在东城上。（明万历十二年建，为防关屯兵之所。今废。）

新楼，在牧营楼南，明天启六年建，今废。

钟鼓楼，在城中央，高二丈七尺，方五丈。穿心四孔，上建文昌殿。背魁星，前左右钟鼓。（明徐中山建于城中之北，成化七年修，万历十四年参将谷成功移建于此。三十九年员外郎邵可立以堪舆家言，去楼上层，今因之。国朝康熙五年管关通判陈天植、乾隆八年知县张楷、十九年知县钟和梅重修。）

环城为池，深二丈五尺，广五丈，周千六百二十丈。外为夹池，深广半之，潴水四时不竭。四门各设桥，以通往来。

东罗城，傅大城之东关外，高二丈三尺，厚丈有四寸，周五百四十七丈四尺。门一，在城东，即关门，为两京孔道。建楼于上，曰"服远"。水门二，角楼二，附敌楼七。（明万历十二年主事王邦俊、永平兵备副使成逊建，初设三门。国朝康熙四年移关时，通判陈天植、都司孙枝茂、守备王御春重修。因塞南北二门，即以东门为关门。旧设敌楼，今废。）环城为池，周四百有二丈九尺。

附：明山石道范志完《春日渡关闻远钟并海潮》诗：

"渝关西去渡危桥，溪水涓涓月半霄。弹指三生俱梦幻，钟声遥带五更潮。"

明儒学韩雄胤《关门秋夜》诗：

"静夜螗蛸响，新凉蟋蟀吟。三山归远梦，一叶助悲心。月夜凄团扇，霜华冷素襟。幽人寥落意，不待九秋深。"

通守陈天植诗云：

"雄关划内外，地险扼长安。大海波光阔，遥峰杀气寒。疆场百战后，烟火几家残。塞草连天碧，行人不忍看。"

西罗城，傅大城之西关外。门一，在城西，曰"拱宸"。（明崇祯十六年，巡抚朱国栋请建，工未毕，遇改革中止。城未建时，即有拱宸楼，不知何年始建。因土筑易圮，万历二十四年，副将杨元改用砖石，副将蔺登瀛增置旁房一区于楼下，后即以楼作城。西门旧有南北二门，今仅存其基。南门俗呼为小南门。咸丰十年，僧忠亲王派员环城，包东西罗城、小西关，挑挖战壕二十余里。西罗城原系土城，兹复筑土垣六里余，由西南水门起，历小西关转北而东折至北水门止。又于各处砖城之坍塌者皆修整。）

北翼城，又名北新城，在边城北水关北。高二丈有奇，周三百七十七丈四尺九寸。门二，居南北二方。

南翼城，又名南新城，在边城南水关南，制同北翼城。（俱明巡抚杨嗣昌建）

宁海城，在南海老龙头北。周一里有奇，高二丈有奇。门二，居西北二方。（明巡抚杨嗣昌建，设龙武营于此。）

澄海楼，在宁海城老龙头上，一名"知圣"。高三丈，广二丈六尺，深丈有八尺。（明兵部主事王致中因观海亭建。国朝康熙九年通判陈天植，乾隆八年知县张楷重修。）

乾隆八年，高宗纯皇帝东巡驻跸于此，御书楼额曰"元气混茫"，联曰"日曜月华从太始，天容海色本澄清"。四十五年，奏颁御书楼额"澄海楼"三字，楼前建碑亭，楼壁镶卧碑，俱恭勒宸翰。（均乾隆十九年知县钟和梅建。自是至道光九年，每逢圣驾东巡驻跸，先行修整。光绪二年，永平府知府游智开劝捐，委知县赵允祜重修，楼亭壁间之御制各石刻仍照式恭为镶嵌。）楼东碑一，题曰"一勺之多"（明天启六年，海运同知河东王应豫立），又知圣楼碑一，通字迹漫漶，以手摹之，仅得其似（其初建年无考）。楼上旧有"雄襟万里"匾额，明大学士孙承宗题。

附：关厅陈天植《重修澄海楼记》：

"史记秦皇帝筑长城，大发天下丁男，起临洮至辽海，延袤万有余里，以为长治久安策无逾此，讵蒙恬之役方罢，而孺子婴已衔璧迎沛公。呜呼！险亦安足恃哉！由汉晋以迄宋元，更姓改物不知经历几朝，然代有修筑。故明徐中山王守燕，依山阻海，规方度势，即元迁民镇拓而城之，建关设卫，领千户所十，置官军万人，屯田其地，名曰"山海关"，其亦赵充国屯守金城意乎。迨至中叶，中外炭炭多事，于是重兵宿将风屯云拢，关门遂为边疆要地焉。甲申贼破都城，横肆屠戮，我大清世祖章皇帝爰整六师入关，合关辽两镇兵，歼贼于石河之西，乃定鼎燕京。期年之间，南北浑一，六合之内罔不臣服。关城为向化首区，且其地东通奉天，西连畿辅，屹然称中腹重镇，因设章京，为城守计用专讥察。向来越边者出入靡禁，当事者患之，遂谋修葺边墙。今上龙飞改元之七年，诏下大司农议：发内府金钱二万五千有奇，筑修坍垣。督抚行令北平，观察使钱公督其事，公因檄下山海，厅、路、卫分监厥工，予因是与路、卫两君昕夕仆仆于山榛水湄间。长城之杪又甃石为垒，截入海中，高可三丈许，长且数倍，曰'老龙头'。此则故明将军戚继光所筑，涛摧波撼，日就倾欹。又城之上有楼三楹，为明职方王致中所建，亦颇败不可登。予与两君监视城工，坐其下，时有戒心，尝共叹曰：'危哉！斯楼不早为葺，行将化为冷风宿烟矣！'十阅月，城工告竣，会路帅孙君以病去，予宗殿扬君以廷试第三人奉天子命来镇是关，时时阅武海上，每至斯楼，慨然有重修意。过而问之予，予曰：'是役也，固予之夙心也，矧又有守土之责乎？'按旧志形家言，关城势如飞凤，左右罗城为两翼，楼台高峙海涯，厥象首。若就圮，顾可令凤之首俯而不举乎！因集关之士大夫与子衿耆老佥为谋，咸称善，且曰：'聚腋成裘，聚土成丘，斯楼之修，要非一手足之力。'皆乐捐金，共劝其胜。予又与路、卫两君董厥成焉。工始于仲夏，落成于仲秋，众因请予为记。予不敢以不文辞，因思昔人兰亭、岳阳、竹楼亦各有记，以识景物。若斯楼也，面临巨壑，背负大山，高枕长城之上，波澄万里，嶂叠千重，又岂区区彭蠡、洞庭、会稽、山阴诸胜足媲其雄深哉！仍其旧颜曰'澄海'，绎斯义也，海不扬波，有圣人出。职方题名或以是欤。方今圣天子临御万方，东鳒西鲽，测水来王，鸟弋黄皮，望风受隶，以名澄海，岂虚语哉！若夫为翰、为屏、为锁、为钥，于以巩固雄关，奠安海宇，是在朝廷之得人，又不徒恃此长城之固与斯楼之壮也矣！予愿后之君子登斯楼也，振叔子之轻裘，舒庾公之清啸，当念关之人士修葺艰难，捐助美善，加意拊循，勤思保障，庶不负予勒铭而记之意。"

明李学诗《观海亭》诗：

"迢递关东道，留连海上亭。片云回岛屿，孤鹤下山城。浪漫濠梁意，风流斗酒情。浩歌看落日，尘世一浮萍。"

又诗："揽胜同骢马，停杯看午潮。天空水色合，风定浪花消。日月双丸转，乾坤一叶摇。桑田今几变，感慨意萧萧。"

明朱之蕃诗：

"秦城万里俯遐荒，揽胜都忘在异乡。坐待潮生宜日永，还从海阔信天长。塞鸿斜度飞禽寂，珍错旋添牡蛎香。宾主不须辞尽醉，咏归堪继舞雩狂。"

明葛守礼诗：

"亭畔邀嘉客，凌虚兴复清。游鱼分小队，野鹤导先旌。云出山含雨，潮来水溉城。且开沧海酽，何处觅长生。"

明蔡可贤诗：

"城头望海海潮生，白浪乘风撼塞城。汉使不来槎自转，秦皇已云石还惊。桑田反覆千年事，云水苍茫万里情。此日流觞须尽兴，当时采药竟何成。"

明戚继光诗：

"曾经泽国鲸鲵息，更倚边城氛祲消。春入汉关三月雨，风吹秦岛五更潮。但从使者传封事，莫向将军问赐貂。故里苍茫看不极，松楸何处梦魂遥。"

明张时显诗：

"沧溟极目水连云，秋色遥看已半分。潮拥高城浮蜃气，剑横绝塞闪龙文。晚风落日秦王岛，夜月飞涛姜女坟。万里灵槎无计借，乘闲且自狎鸥群。"

明朱国梓诗：

"戍楼尽处接危楼，一槛凌空万象收。云水迷离潮汐古，沧桑泡幻见闻愁。平时游览多忘返，今日相逢怕遇秋。破浪乘风泛舟楫，安能歌啸不持瓯。"

明周体观诗:

"祖龙鞭石神蛟怒,喝喉横洋倾北注。九点烟州天尽头,丸泥封隘不封愁。踏断秦城回雁影,戍楼直取沧溟枕。冯夷起舞闻风寒,谁伐鼍鼓沸狂澜。折芦欲凌碧波去,自恨凡骨沉于石。桧可楫兮松可舟,员峤如何不可游。遐遐余怀望仙子,东拜贞娘能不死。借问陇西李细眉,一泓水泻幽梦时。而今白玉楼中看,俯身下视看不见。"

明辽东兵备卢龙韩原善《登知圣楼为王海若司马赋》:

"蓬莱咫尺望中移,员峤风来吹鬒丝。烟净玉门闲虎豹,浪翻银屋隐蛟螭。琼沙雪霁冰初泮,绣陌春回柳未窥。不信边头多气色,雄关新简丈人师。"

其二:"习习天风动客衣,登楼把酒送斜晖。眸随雪浪翻青海,梦逐春见入紫微。十载浮沈肝胆是,半生潦倒鬒毛非。樽前幸预鲈鱼会,不到秋风已赋归。"

知永平府事奉天陈丹诗:

"长城万里跨龙头,纵目凭高更上楼。地近蓬壶仙作主,杯倾海屋酒添筹。大风吹日云奔合,巨浪排空雪怒浮。借得雄涛浇磊块,又看新月上银钩。"

永平推官尤侗诗:

"茫乎望洋向若叹,大哉归墟渺无岸。近视争看白马奔,远观不辨青霓断。似雷非雷声殷殷,鱼鳖颠倒腾千军。骇浪乍浮出地日,惊潮翻射垂天云。方丈蓬瀛疑咫尺,汉武秦皇心欲死。鲛室蜃楼有若无,瑶台琼阙非耶是。飘飘我亦凌云游,海风吹摇城上楼。援琴为奏水仙操,鼓枻不见渔翁舟。东望独存姜女墓,精卫填成血泪注。纵使银涛万丈高,不到坟头草青处。西行更上海神祠,罗袜凌波来几时。雾鬟风鬓光窈窕,夜深鼍鼓舞冯夷。土人指点先朝事,十年以前风景异。关上皆屯细柳营,墙边乱蹴桃花骑。水犀之师蔽艎舻,木牛之粮衔舳舻。铁甲将军吹觱栗,胭脂小妇醉酡酥。只今眼中一事无,寒沙萧萧雁飞疾。仰头屹峙长城孤,惟有沧海依依在。沧海尚变桑田枯,而我感叹何为乎。"

张登高《澄海楼》诗：

"石势参差一径通，扪萝长望海天空。亭高下瞰扶桑日，野旷平临太乙宫。云起波涛飞几席，潮来风雨满帘栊。行吟洞口青冥上，十二楼台暮霭中。"

又："山海东来夏似秋，溟濛烟雾远沉浮。凉生枕簟千峰雨，水映楼台万里流。隐见龙窗攒石壁，嶙峋岛屿接仙洲。蓬瀛不远非天上，安得凌风一纵游。"

陈天植《长城知圣楼》诗：

"长城万里海天悠，怀古登临醉倚楼。当日祖龙空筑怨，不知遗恨几千秋。"

又："天风日夜吼，万里雄涛漾。元气接青溟，夕阳归岛上。蓬莱弱水隔，倚槛遥相望。何处觅神仙，孤怀独惆怅。爱此百尺楼，涤我尘中况。徘徊未能去，薄醉松花酿。"

钱裕国诗：

"横秋爽气水波明，荡漾遥涵逼太清。月照巍峨山作镇，云连浩渺海为城。沙沤俯瞰十洲小，杯酒登临一叶轻。自昔金汤称险堑，且凭谈笑坐蓬瀛。"

佘一元诗：

"海楼高耸势巍峨，暇日登临乐事多。巨浪无心含岛屿，洪涛有意纳江河。阴晴变处情形异，昼夜分时景色和。此去蓬莱应不远，长空一望尽烟波。"

张瑞扬诗：

"海楼一望渺无涯，飞浪奔涛卷雪花。声慑桑田栏外变，势推蓬岛日边斜。鲛宫夜濯七襄锦，蜃阁晴开五色霞。咫尺斗牛如可到，愿从博望借仙槎。"

王简诗：

"行行缓辔谩逶迤，极目空溟气象多。浪转风回迷泰岱，潮平日午露鼋鼍。欲随庾亮楼中兴，谁挽张骞海上过。草野臣民乐吟眺，万年宁静不扬波。"

姜希辙诗：

"太行山尽俯洪流，东枕陪京王气收。日静鲸波春景丽，珠明鲛室夜光浮。关前良会多朋好，客里论心慰旧游。落日衔杯情愈剧，鸣涛暮霭满层楼。"

李铠诗：

"观海生平志，凭虚到十洲。乾坤涵万象，今古汇东流。绝岛鲛宫隐，遥天蜃市收。披襟舒望眼，高处落沙鸥。"

其二："云气孤山起，风飚万里开。洪涛奔骇马，高浪蹴惊雷。楼阁须臾变，幽灵回夜来。望洋浑不测，俯仰兴悠哉。"

其三："天水苍茫合，云山幻化殊。不知横海上，何处问方壶。禹德由来远，秦皇祇自愚。临轩一长啸，回首隘江湖。"

沈文恪公荃诗：

"杰阁临无地，危栏俯大荒。连山横晻暧，截海作金汤。岛屿临青岱，乾坤入混茫。皇威加绝域，万里尽梯航。"

其二："浩荡天风发，空濛海气阴。良朋一樽酒，胜地此登临。日月通潮汐，沧桑阅古今。醉来还徙倚，欲听老龙吟。"

萧德宣《澄海楼观日出长歌》：

"岁在甲午之暮春，月已下弦天放晴。萧子四十三初度，避客海上独怡情。是时东风冰早泮，白波震撼作龙吟。策蹇水滨日欲夕，拟将被除学兰亭。老僧殷勤支木榻，地隔尘嚣魂梦清。金鸡三号天将曙，呼我起看海日升。开门忽讶昨景非，万顷龙波走红鳞。莫是琼楼瑶岛众仙女，妆罢齐将脂水倾！抑或天神踏浪斩巨鲛，血染绿波色流颜。系马登楼一长啸，乃知震起影纵横。初若轻绡之漫天，隐约红灯入分明。继若万烛之烧空，烈炬赤焰争飞腾。须臾彩云忽中裂，若有人兮扶一轮。渐上渐圆如璧合，其下渐方如圭形。以圭承璧两相连，精光瑞气难为名。细视方者复增高，轰訇洞开双天门。门内火珠十万进，有如咸阳阿房遭项焚。门外重雾让阳光，两旁散作周遭之赤城。回望五更紫气色转淡，化为波心万道金。疑有神龙与天马，拥簇群真驾彩轺。往来驰骤于其间，使我可望不可亲。化工狡狯亦太甚，倒悬金塔十二层。塔影横波波影闪，依稀金桥一带坦且平。翻笑求仙秦帝陋，鞭石见血不能成。霎时日高光徐敛，银台金阙归渺冥。乌踆上天已三竿，但见茫茫万里海气青。嗟我七度海上宿，风霾隔断眼无灵。者番目睹心神骇，或有天意非人能。暮归与客话奇绝，狂叫真欲千杯斟。客云二曜真形原不变，其变乃因水亏盈。若非海为天作镜，安能幻出光怪陆离之奇文。请君以盂盛水看晴日，其光射目亦荧荧。一客又云理易解，阳宗本从水底生。地乃天中大块耳，其下四旁天水相吐吞。试思日兮西入复东出，入后岂从结实之处行。所以水天两激荡，变化不穷耿元精。二说且存弗深考，究不知其所出之地为异国耶？为蓬瀛？只觉咸池旸谷之云霞，时时滂沛璀璨于予心。"

又《杂咏》：

"高悬云罕记宸游，万里波涛汇一楼。御笔原宜寿金石，羡他侍从也名留。"

威远城，俗名鸣咽城，在长城东二里外欢喜岭上。城高三丈，下甃以石，四隅起台垛。城上女墙高五尺，周方七十步。正南为城门，上镌"威远"二字。城内北面起平台，延袤三丈，台左右磴道各一，南面东西隅亦各有磴道。随其形势，于四面城墙上下起大小砖洞二十一（大洞广八尺，小广五尺，高皆丈）。城门外有小月城，高丈余，面西为门（其月城之东南隅与西南隅旧时各有砖洞，以内俱设睥睨）。周城百步外为垒三重。（相传此城为吴三桂筑。既以瞭远，且可屯兵，与城中为犄角之势，有隧道通其署，即今都统署也。以今考之地势，有山水相隔，疑是附会。）

一片石城，高二丈五尺，周二里。

附：明王致中《一片石道上》诗：

"东望青峦列堠峰，秦城汉壁几重重。曾无日午三家市，空有风涛万壑松。桥隐断虹秋水涨，柝枕斜日石门封。疆场此日还多事，好向天山预挽弓。"

明翟尚书鹏《一片石次孙洙滨韵》：

"开国资元老，中山独壮猷。奇勋归太史，遗像肃荒陬。宿雾迷寒戍，阴风起暮愁。不堪惆怅处，悲角咽楼头。"

兰溪徐世茂《一片石》诗：

"山回路回几人家，斜抱长城一望赊。乱石远沙含夕照，深林空翠入飞霞。九门洞曲浮秋水，三辅风高起暮笳。寂寂客怀愁不寐，忽来寒月照窗纱。"

石门寨城，高三丈六尺，周四里。

附：明范志完《石门道上》诗：

"四月边城始觉春，依依杨柳映青蘋。石桥隔岸遥相望，犬吠花村门倚人。"

刘征泰《石门杂咏》五首：

"八月霜飞早制棉，夜窗轧轧五更阑。断成几匹家机布，裁作冬衣好御寒。"

注：邑出布，号家机布。

又："六琯吹灰那解迎，女郎深院鼓双鸣。时清不作渔阳弄，小字斜书记太平。"

注：俗有耍鼓子戏，深院少女两两相逐，旋转婆娑，其声错落。每于十一月起，至后尤盛，其风不知所始，或即古人吹龥击鼓，导迎阳气之意。鼓面多画太极图，写"天下太平"四字。

又："东南层叠万山青，曲水迢迢俨碧汀。安得幽人寻谱志，凿山重茸四宜亭。"

注：孤山之东，山明水碧，景物宜人。旧有亭名"四宜"，今已废。

又："虫王庙下唱骊歌，岁岁秋风触恨多。送上官桥齐执手，那教思想不成河。"

注：虫王庙在城东，居人往关外贸易，秋来多饯于此。东行里许曰"官桥"，送者皆临桥而返。邑人王静川有《送人》诗云："只言相送不相留，瑟瑟西风淡淡秋。他日相思须记取，一樽清酒大桥头。"

又："瓜棚豆架接平沙，水转山回似若耶。为爱蟠桃山寺近，佗年结伴欲移家。"

> 注：城东南十里即大山，有谷口，石河所经也。渡水里许，山势忽开，有平
> 田千余亩。东山有寺，名"蟠桃寺"，西山麓有庄，名"蟠桃峪"，居人二十余家，
> 鸡犬桑麻，回非外地。

铁场堡城，高三丈一尺，周二百六十四丈。（今渐颓废）

驻操营城，高丈有五尺，周四里。

黄土营城，高二丈，周一里。

义院口城，高三丈四尺，周四百六十六步。

拿子峪城、板场峪城、永安堡城、平山营城，以上四城均就
颓废。

冰窖

在县城北门外。（每岁十二月取冰，次年入伏开窖。）

义冢

一在南水门外，一在北水门外，一在北门外给孤寺前，一在给孤
寺旁（候补道邑人王作义舍凡地二十五亩有奇），一在董家庄，一在
石河沿，一在关门外，一在砂锅店，一在义院口，一在砚台沟，一在
崔家庄，一在浅水营，一在周家庄，一在十家园（候选知县张雯舍凡
地二十亩），一在回马寨（候选州同董典舍），一在红瓦店（民人解良
材舍），凡十六处。

附：佘一元《石河西义冢记》：

"尝读月令，孟春之月，掩骼埋胔，王政也。夫王政行于上，泽
及枯骨，其利溥矣。或有行之于下，以仰赞王政之所不及。在上好
仁，在下好义，殆并行而不相悖者欤！

山海旧有义冢数处，大抵湫隘倾仄，岁久丘墓稠叠，几无余地。
迩有绅士商民辈汇金作会，施棺济乏，积谷备荒，酌量多寡为便民
事。未已也，爰就西郊文殊庵右，用价购抚宁县下地十五亩，益以本
庵香火地五亩，扩为义冢一大区，建坊竖碑，冀垂永久。因忆昔甲
申王师入关与流寇战，此地以西二三十里间，凡杀数万余人，暴骨盈
野，三年收之未尽也。值旱，约贫民拾骨，一担，给钱数十文，骨

尽，窃取已葬之骸以继之，觉而遂止。彼时但就坑堑，或掘地作坎以合掩之耳。然所杀间多胁从及近乡驱迫供刍糗之民，非尽寇盗也，故瘗埋之举，上所不禁。况此累累者非羁旅之魂，则贫窭不能办茔地之槥，孰非并生并育之俦，安忍听其暴露抛弃而不亟为之所哉！盖普天之下皆王土也，率土之滨皆王民也，以王土葬王民，即王政也。下之好义，要本于上之好仁，方今圣人在上，湛恩汪濊，渐被无涯。为之下者，相与培淳风，敦厚道，以为祈天永命之助。故为斯举者，事出众情，而命稟当事，慎勿视为愚贱之私惠，则庶几近于道矣。惟是在会诸姓名为不可泯，悉镌碑阴，俾后来者有其考据，知所观感焉，是为记。"

邑人程儒珍《掩骸说》云：

"掩骼埋胔，仁人之道。乃临邑相沿恶俗，凡幼殇者谓之偷生，以为埋之必复转来投胎，故抛弃于野，以饱豺狗。遇出痘年，城隅僻处血肉狼藉，实不堪见。其寻常产而即殇者亦时时有之，以所生子女任其抛残，忍心害理莫此为甚。临邑之所以不竞者，得毋此类伤天地之和乎？遍告吾人，共相劝戒，并祈主持化本者，出示严禁，庶恶风可革，造福无量。"

义杠碑，在西街大成坊右侧。

> 附：先是邑有土役霸杠，虽绅衿亦被凌辱，甚至家有老亲无恙，即登门先支杠价，稍忤其意，及有事殡葬招之不至，他家绝不应役，甚至有数年不葬者，为患已久。知府萧山张公朝琮置之于法，特立义杠，邑人树碑纪其事。东西罗城亦各有碑，今废。

《山海卫义杠碑记》：

"致治必先兴利，然弊不除则利不兴，故除弊之小者则利兴于一时，除弊之大者则利及于百世。事无巨细，俗困于习而相与安之忍之，愈极矣。为之上者又以习俗相仍，恬不为怪。遂令弊日益滋，以致民气抑郁，无可控告，痛在死丧惨怛之际，真有悲号莫诉之隐，讵非地方之大弊欤！

山海杠夫，为丧殡之役，名甚微而业甚卑，无何至今日而弊不可言矣。结党纵暴，呼类引侪，伺人之年高为奇货，任己之口，号为定符。尊以上宾，而横肱恣肆；陪以嘉客，而旁若无人。任意苛索，虽叩首顿颡而终不能挽其桀骜。呜呼！彼何人斯而幸人之丧，扼人之急，风俗之弊尚可言哉。幸逢府宪张太公祖来莅永郡，剔弊除害，戢奸禁暴，政日益饬，民日益宁。我卫之绅衿士庶咸跃然曰：吾俗之弊莫大于杠夫，值我郡宪而不吁陈，将无日矣。爰举义呈沥陈其害，蒙郡宪雷厉风行，严惩禁革，谕从民便。而山海义杠始立，义杠立而土役积久盘结之弊始除。于是卫之人举相庆曰：今而后如某某之青钱若干贯者免矣，如某某之白镪若干金者免矣，如某某之肆筵设席而挥手不顾者免矣，如某某之兄弟青衿而屈膝告哀者免矣。且如某某之祖父亡而子孙不敢殡，某某之额数缺而门塾不能保，且如某某之家庭无恙而佣值不敢不预支领皆可免矣。呜呼！毒不至于伤心，其怨不甚；泽不及于枯骨，其感不深。卫人受土役之害已四十余年。谁无父母，谁无骨肉，遑其凶横，长此安穷？乃值郡宪公明刚断，毅然革除，实令九泉戴德，百世蒙恩。吾卫之被利岂有涯哉？特是郡宪仁声仁闻，洋溢畿东。即此枯骨之泽，上天眷鉴，必将膺特宠而抚封疆。我永郡何能久留宪驾，所虑大利方兴，孽潜弊伏，不得不勒石识之，非谀词颂郡宪也。愿郡宪之良法美政永著不朽云。公姓张，讳朝琮，号式玉，浙江萧山县人。"

以上城池。

公署 （附牛痘局、养济院、留养局）

居官者于衙署，往往传舍视之，而伐笋适梁，不恤其后，于国家之制等于弁髦，其听政临民也可知矣。此邑官廨皆经前辈诸公随时修葺，莫不严肃齐整，惟愿在尔室者，不愧于屋漏也可。

县署，在城南门内，南街之西。（乾隆五年，知县王毓德建，原系明户部署。）大堂三楹，中甬道，中为公生明坊，坊前为仪门，又前为大门，门左右石狮二，有东西辕门，南为照壁。临衢堂东西为库，堂下两序为吏舍，吏科、户北、户南、礼科在东，兵、刑、工、承发科在西。前为东西角门，门南两序为役舍，东为土地祠，西为监狱。堂后为宅门，为二堂，为三堂，均五楹。西为酿春亭，为花厅。（亭系乾隆十八年知县钟和梅建，三十七年陶淑修葺并建花厅。）旁为射圃。其余零星房间非关定制者，均不具。（嘉庆二年知县金际会、十九年马锡书、道光十二年卢兰馨、十八年沈如渊、二十六年孔昭然详明修补各处。同治三年许忠详明修补仪门、东西角门、大堂、科房、二堂、三堂、客厅、书房。同治三年知县许忠、光绪二年赵允祜修补监狱。）

　　附：钟和梅《酿春亭记》：

　　"署西偏有前令江宁张君废圃地可亩许，缭以土垣，中为厅事三楹，岁久倾圮穿漏，地亦丛为榛虚。壬申之秋，余自巨鹿量移兹土，初政填委，未遑他及。其明年事举政闲，乃即其地芟夷平治，艺桃、杏、松、竹及诸草木之宜于其土者，撤败屋为亭，面城倚山，不雕不饰，设射圃于旁，以时习艺。落成之夕，颜其亭曰'酿春'。而会僚佐宾从于亭，觞酌既行，讴吟间作，因举酒属客曰：客亦知夫春之为气乎，冠于四时，周乎四序，烟烟煴煴，无形无声，适然值之如善人君子，可爱而不可名。故古人往往取以道盛世太平之象，而窃叹有其时而不及遇，遇其时而不及知，既遇且知矣，或不能珍重爱惜，以期无负所遇之为，甚可惜也。余今者来守临榆，会得天幸，时和岁丰、民安其拙，不知渝关古战地也。自唐迄明代困征戍，民多流亡，俗日偷薄。我朝定鼎以来，扫除而更张之，润之以雨露，泽之以诗书，秀升朴处，男恬妇嬉，民累世不见兵革。为问当日金戈铁马，豕突鲸奔之状，有不知为何代事者，盖承平已有百余年矣。此非古所云'登民于春台'者耶？然吾闻之，庸夫高忱者，时也；有道徒谷者，耻也。土君子幸际休明，得备官守，苟不能仰体德意，勤恤民隐，或尸位而不尽其心，或尽心而不得其道，亦犹种植失宜，灌溉无术，则阳坡岂无槁木，荣树亦有枯枝，况可剥丧而戕贼之哉！是以古之循吏不求赫赫之名，而去后常令人思，譬之卮酒，醇酿清冽，便体宁人，而不知酿之之道得也，此则余名亭之意也。客曰：善。请书其语于亭，使后之登者览焉。乃退而为之记。"

儒学署，在县治西北。（详具学校）

典史署，在县署仪门外，役舍之西（乾隆五年建）。

巡检署，在石门寨（乾隆五年建，系察院旧署）。

归化场大使署，在盐务庄。

奉锦山海道署，在东门内，即前钞关署（康熙三十二年建）。

管粮通判署，在城西北显功庙之东，即前管关厅。

驻防副都统署，在西门内西街。

左翼协领署，在北翼城（旧在城东北隅，原系递运所）。

右翼协领署，在南翼城（旧在城西北隅，系旧养济院。明杨嗣昌改为火药局，因失火废，后建署）。

山永协镇署，在东门内关道署之右，即前山海路都司署（原系公署，为察院往来官员住歇，后为都司署）。

左营都司署，在北街之西，城隍庙胡同。千总署一，在城内二道胡同。把总署三，城守左哨在城内，外汛在宁海城。

右营守备署，在城西北隅，旧火药局。千总署二，一在城内，一旧在白塔岭，今移驻海阳镇。把总署二，俱右哨，在城内。

石门路都司署，在石门寨城中。千总署在石门寨北门。黄土岭把总署在一片石。大毛山把总署在城子峪。义院口把总署在义院口。

察院行署，在城内文昌宫右（系旧关内道署，今废）。

朝鲜馆，在城西门内北马道（系山海卫守备旧署，今废）。

接官厅，旧在石河西（即今文殊庵地），今在西罗城关帝庙。

演武场，一在南门外偏东（明经略阅兵之所，国朝副都统阅旗营兵，县考武童校射之所），一在北水门外（道光二十八年建，督提镇协阅兵之所）。

牛痘局，在城内六道胡同（自同治初年由牛庄来浆，即开局尚无定所，至十一年始设于此处，系五品衔王松龄宅内，年年由府局分浆）。

养济院，在县城北门外（明嘉靖十四年主事葛守礼建，详见碑记。今额设孤贫十名，每名岁给银一两八钱，支山海仓学田米十有八石，变价给发。额外孤贫无定额，每名日折给口粮银一分，于耗羡银内支销）。

留养局，三处。一在西关玉皇庙，一在范家店关帝庙，一在深河娘娘庙。（以上均乾隆十八年知县钟和梅劝捐，共银四百二十两，交商生息，每岁收息银百两有八钱，遇闰加银八两四钱，入交代册。自十一月至次年二月止，收养道路贫病无依之人及本地孤贫之不在额者。嗣因玉皇庙不敷栖止，又于庙侧建房五间，支银营造，不足本县捐补。）

以上公署。

学校

学校之设，所以明伦敦俗，其制不綦重哉！旧志称元怀间公修葺文庙。邑之有学由来久矣。然事皆草创，士之服习未深，故拘行伍子弟为诸生，有不乐者。厥后，黄兵部置饩以养士，而饶州李公、沁水张公以理学名家司铎于此，士民咸被其教。至国朝重道崇儒，庙制学规灿然明备，涵濡教泽者当何如思？所以仰答之欤。

先师庙，在县西北。

> 附：明建学初，庙貌草创。正统十四年，守备王整始饬材鼎建。成化九年，主事胡瓒增筑殿基，考前代名大成殿。嘉靖十年始改今名。其历年增修者：隆庆六年主事任天祚、万历二十四年主事张时显、二十七年遵化巡抚李颐、二十九年员外郎邵可立、崇祯十三年山永巡抚朱国栋、关道范志完、国朝顺治八年关道杨茂魁、康熙三年教授韩国龙、四十五年关厅周廷润、五十三年关厅陈天植、乾隆十五年教谕胡坦、训导李廷对。其庙前石坝，康熙五十二年贡生周启德建，以捍霖潦积水冲击之患。

大成殿，居中五楹，东西两庑各七楹，在阶下（明天顺六年，指挥刘刚补构，国朝康熙五年西庑坏，通判陈天植重修），前为戟门（明成化十一年主事吴志补构，十三年主事苏章继葺），门外泮池，为桥三（明成化十六年主事熊禄浚甃石桥一，隆庆六年主事任天祚改甃三桥），南为棂星门（明成化七年主事尚绢补构），又南为神道，左金声门，右玉振门，旁设下马碑，为桥于南曰大成（今无），又南照壁，又南大成坊。

崇圣祠，在大成殿后。（明嘉靖十年建，名启圣公祠，国朝雍正元年改今名。明万历二十四年主事张时显，国朝乾隆十五年教谕胡坦、训导李廷对增修。）

名宦祠，在戟门左。

乡贤祠，在戟门右。

忠烈祠，在棂星门左（雍正初年建）。

节烈祠，在棂星门右（雍正初年建）。

魁星楼，在名宦祠东（明万历三十二年主事李本纬建，国朝顺治十三年通判杨生辉重修）。

黄公祠，在魁星楼后（旧在东月城，乾隆四十四年改建于此）。

儒学，在学宫之右（系山海卫学，明正统元年建，国朝乾隆二年设县，改为县学）。明伦堂，凡五楹（旧在大成殿后，明都指挥王整肇建，主事熊禄重修，崇祯七年巡抚杨嗣昌改建庙西旧射圃地。国朝康熙十二年管关通判安达里，乾隆十五年教谕胡坦、训导李廷对重修），前仪门，又前大门，南照壁，临衢堂西教谕署，东训导署（乾隆二十一年以后，庙学屡次增修，俱见后碑记）。其《山海志》所纪东西两斋（原名文成、武备，后改崇德、广业，都指挥王整建，主事尚绚修）、敬一亭（旧在启圣祠前，巡抚朱国栋、关道范志完改建明伦堂后）、尊经阁（即旧明伦堂，巡抚朱国栋、关道范志完改建，拔各学诸生之俊者读书其中）、学官廊（在本学大门左，魁星楼后，原为生儒号舍，明嘉靖十七年主事邹阅建，后教授、训导二署颓圮，改为公廨）、射圃（内有亭，在启圣祠右，明成化十九年主事尚绚始建），今并废。

附：明大学士李东阳《山海卫儒学记》云：

"国朝建学之始，惟府州县有之。越自正统改元之诏，诸戎卫始得置学，而山海卫学实为建焉。然庙地湫隘，且规制弗称。十有四年，都指挥王侯整镇山海，始与卫学教授张恭建庙宇，为象设，构明伦堂五间，东西斋各三间，余尚未备也。天顺六年，指挥刘侯刚复构东西庑十间，学舍六间。成化七年，兵部主事睢阳尚君绚来守山海，建棂星门及制祭器若干。厥后，余姚胡君赞别筑殿址，遂昌吴君志、余干苏君章继作栋宇，为戟门于棂星门之内。进贤熊君禄重修学堂，外为周垣，为泮池，池上为桥。今尚君弟缙复以主事来守，乃修斋舍，筑官廨，辟射圃，规制悉备，与所谓府州县学者相埒。盖始于甲午之夏，告成于丙午之春，历十有二年而后备，可谓难矣！教授周达、训导曹选谓岁月不可无纪，尝属兵科给事中萧君显、前监察御史郑君己请予记，比曹君率诸生李琛及萧君子鸣凤复具书以请于予。予惟唐虞以降治天下者，大抵以武功戡祸乱，以文治致太平，故草昧之世不遑他务，及其久也化甲胄为干羽，变韬略为经籍，故汉之学校至武帝始为之。宋初虽有国学，而仁宗之世州县学始遍天下，其功效次第有不得不然者也。先皇帝缵祖宗成业，偃武事，敷文德，休养生息，置天下于衣冠礼乐之域，故虽戎官武士亦为之置官建学，使出科贡与文士为伍。当是时，大小臣庶奔走祗奉之不暇。暨乎复辟之岁，乃复有继而兴者。今圣天子在上，绍志述功，日弘月著，出使者宣德意之休，居守者协寅恭之效。故虽关徼远地，拥衿佩而横诗书者与辇毂之下，畿辅之内殆无以异也。孔子谓：'善人为邦百年，可以胜残去杀。'鲁两生亦云：'礼乐百年而后兴。'况圣人过化存神之妙，宜有朝令而夕布者，而又积之以百有余年之久哉。故观学校者，当以时论，不当以人地论也。且古之胄子，固未尝分文武为二途。今文士习科举，而仕者亦与兵事，武胄虽专荫袭，然亦有由科目以起者，名虽判而实亦相通也。况彝伦风俗天下所同，无彼此之间，则所以学为忠与孝者，其容以二乎哉？山海旧学，固有取科目著名节者，不止乎甲胄弓矢之雄，后之学于斯者，其亦知所勉矣。盖国家之文教于是乎成，而有司之政于是乎始，故特为书之，俾观者有感焉。"

明唐皋《重修儒学记》：

"山海隶京师，为濒海际边之地，连引长城，控制辽左，盖东北重镇也。故设重关以限内外，列戎卫以严捍御，其所任者将领，所临者卒伍，所闲习者戎武之备，黉序初未有设也。正统间，奉明诏始建庙学于城之西北隅，聚武胄之子弟游肄其中，不数年间蜚英扬辉，掇科目，宾贡途，代相望也。顾营建之始，规制未备，久而圮，圮而葺者屡矣。皇上起自潜藩，入缵鸿绪。是岁冬，予同年黄君德和以夏官主事来董关守，躬谒庙学，谛瞻庭宇，制之自昔颓者弗振，缺者弗完也。慨然曰：是乌足以振士风，弘化理乎？乃谋经费量工，锐意修葺殿庑、堂斋、棂星、戟门，以次具举。复移泮池于棂星门之内，而甃石桥其上，别创神库以庋祭器，神厨以洁庖宰。习肄有室，都养有饩，昔所无者咸加备焉。其材用则撤淫祠之在境内者而充之，规费则皆行旅之冒禁而薄其罪者所乐输以佐巨役者也。已圪工，学之诸生张伯镇、詹荣等偕万进士义谒予请记。始，予奉使朝鲜，竣事还，弭节山海，尝偕诸君诣学，目睹敝陋，为之兴叹。今获闻增新其旧，岂无恔然于心乎！顾谢劣无能为役，窃惟祖宗以武功定天下，而兴道敷治必先文教。士之养于学宫而取诸科目者，类以明体适用为学，通经博古为贤。经非孔孟程朱之说，例摈弗用，盖以孔孟推明帝王之道，历万世而无弊。程朱折衷先儒之论，俟百圣而不惑。故学者能究程朱之旨，可以探孔孟之心，可以语帝王之治。我朝百五六十余年，治平之效卓然，与唐虞三代比隆，用是故也。程朱之教人内外本末之论，知行先后轻重之训，盖深有益于学者，故不求诸内而以文为主，不求诸本而徒以考详略、采异同为务者，是诚无益于德，而君子弗之学也。且入德有序，以知为先；成德有等，以行为重。故足必资目以有见，而足之不履，虽见无所用之，二者不可偏废，乃可以入德而造成功之地也。故学者笃信程朱之说，而加之沉潜玩索之功，允蹈实践之力，内外交修，知行并进，则固不惑于异说之入流于曲学之规。以之治心，以之修身，以之事主，以之泽民，无所施而不得矣，非益之大者乎？然近时学士大夫或小程朱之说离而去之，至欲夺其壁而树之帜。徐而考之，高论有余而直内之功不足，富贵为累而道德之念何存？其于学者非徒无益而又害之，则固不若主敬以固聚德之基，定志以端趋途之始，可以要成功而资实用矣！黄君务宣德意而新是学，所以期望诸生之意将不在是乎？新学未几，万君以颖脱举进士，诸生其有继踵而奋起者矣，于是乎书。”

明张时显《修学记》：

"士君子诚于古所称不三朽者，毅然自期，伟然自竖，久之充积盛而发用光，得时，德施斯普功业被于苍生；不得时，著书立言，足以信今而传后，是之谓先自建而以之建学；匪靡文，是之谓先自修而以之修学，匪饰具于宫墙俎豆，不庶有休耶！倘不然谭邹鲁而行则违，迹步趋而心则远，甚至托兴学美名以自掩覆，如是虽备极轮奂，而伯夷之室必耻筑非其类，以尼父之庙貌乃乐藉手于若人乎！显用是滋惧矣。"

明陈绾《乡贤祠记》：

"山海旧无祠，立祠以祀贤，自海钓萧先生始，继此而祀者，有克修郑先生、角山詹先生，祀止三先生，故曰'三先生祠'云。夫三先生名在海内，忠在朝廷，绩在治所，彰彰著矣。顾独于山海祀之何哉？盖山海，三先生之梓里也。生斯长斯，没而魂魄游于斯，则固宜俎豆于斯，礼不忘其本。三先生之祀于斯也，重所本也，礼也。且夫贤才之生岂偶然哉？彼太行之麓，蜿蜒东注，横亘塞垣，至山海则峭壁洪涛，耸汇南北，束若瓮牖，其秀爽灵淑之气无所输泄，宜必产而为瑰伟卓特之士。而三先生者，实出其间。故即山海以祀三先生，昭地产也，不然将不谓秦无人哉？关令陈绾曰：'诗云：'高山仰止，景行行止'。余始至山海，询父老，访故实，即知有三先生。及考其行事与其言论风旨，未尝不为之降心焉。'三先生之言行已详于志乘，今姑举其大者。

夫海钓公振绝学于边徼，一旦释褐而处谏垣，不可谓不遇矣。使能毁方以徇时俗，其崇要可立致，乃独弹驳无所避忌，卒至流落黔中者数年。稍迁至闽臬，即抗疏东归，虽戚畹有力者欲为之援，公亦不暇顾，独于海内诸名公交，往来篇什，以泄其豪宕不羁之气，故人称萧先生曰'贤'。

郑御史以鲠介之资疾恶如仇，甫入道，即指摘天官阙失。巡按陕中，复侃侃论当世事，卒罹谗构，谪戍独石，几于不免。语云：木直者伐，羽奇者铩。然不如是，不足见克修公之贤矣。

昔大同军士之变，杀总兵官李瑾，外阻中讧，计无所出。角山公以郎中督饷，独激于义，乃与游击戴廉等嚼血盟，因密通总制，阴令穴城蕲为内应，以擒首恶，不成，则以阖门报。呜呼！斯志也，虽以质鬼神可也，此乡党自好者不为，而公为之，岂不伟然贤丈夫哉！

论者曰：海钓公勇退完名，皭然不滓，有蘧伯玉之操；克修公抗言亮节，之死靡悔，有史鱼之直；角山公奋勇决谋，不避险难，有宁武子之愚。彼三先生者数奇，见绌遗佚放弃已矣。角山公宣劳边镇，晋位卿贰，望重台揆，乃竟沮于寿。悲夫！使得究其施用，其树立，岂如是已耶！然皆有高世之想，以名节勋庸自砥砺，视得丧、死生若鸿毛，非气雄万夫、志坚百折者不能。其超逸绝尘、慷慨激烈之风，犹能使顽懦之士兴起于后代，所谓乡先生没而可祭于社者，非若而人欤！"

国朝陈大纯《重修山海卫学宫记》：

"京之东五百里府曰'永平'，府之东二百里关曰'山海'。纲领紫塞，表里幽燕，襟带辽海，冯翊京师，岩险闻于天下。昔李自成之乱，先帝歌舞之师由此西向，一著戎衣，奄有四海。开国以来，旧为卫，奋武揆文，王化伊始，其学宫在卫治东，肇自有明正统以来，至于今凡三百年矣。康熙四十七年，大纯起复金判永平，分防关隘。下车之时，恭谒圣庙，低回瞻仰，乃喟然叹曰：方今皇上命式九围，光被四表，声教所罩遍于遐荒，疆场有守御之备，皇华来重译之臣，当此千里甸服之中，两京屏翰之会，而泽宫茂草，败瓦颓垣，荒凉乃尔，其何以励鼓箧之精神，耸远人之观听欤！退而咨询士夫，披览志乘，虽前此涂暨丹腹未尝无人。而风雨漂摇历有年所，苟非新作难复旧观，事如有待，诚在我矣。顾民财不可以私征，国帑不能以骤请，而薄俸又不足集事，因循者五年于兹。会郡守张公以修举卫学之议，谋于不佞，不佞谋先出俸钱，同城寮采及乡士大夫亦各捐资以劝，厥事乃克。为之缮其垣墉，治其堂构，规模仍旧，丹腹维新。经始东作之时，讫工西成之吉，向之倾圮者，而今则巍然焕然矣。不佞于是乎有感焉。昔文翁治蜀郡，肇修儒求；虞博在鄱阳，肆力胶庠；胡安定以经义治事，雨化苏湖；杨椒山用范洛韶音，风动蛮貊。大纯虽不能媲美前贤，然窃念我皇上崇儒重道，前年诏进宋儒朱子配食先师，今夏又诏吏部铨补郡县学官，并令如京试可然后授职。然则此举也，大纯亦仰体圣天子寿考作人之雅化，故于教育人材之地加之意焉云尔。至若化民成教以俟后之君子，不佞有厚期焉，是为记。"

周廷润《重修卫学宫记》：

"山海卫学创自明天顺间，规制宏备，厥后增修者屡矣。然考旧志所载，已多废坠不举，至我朝龙兴以来，凡再修而再圮。庚辰冬，余奉命莅兹土，经理关务兼司学校。朔望瞻谒，见殿庑祠门以及彝堂两斋皆剥落蚀蠹，日就倾颓，恧焉以忧，即与司教张君、司训梁君谋缮葺之。值时诎以体息为务，未暇遽兴工作。越二年壬午，捐俸为倡，荐绅衿士共相资助。金谓武扬鲍君、庠生石君高子忠信可任，乃令董厥事，鸠工庀材，诹日营始，物料依时给价，匠作计日给饩。仆者植之，欹者整之，朽者易之，缺者补之，涂塈是加，丹艧是饰，再稔而工告竣。窃惟政治莫先教化，而教化必本学校。方今圣天子广立学宫，弘奖儒术于万几之暇，御制训饬士子文，颁示直省各学，训辞深切，海内士子靡不争自濯磨，蒸蒸然向风丕变矣。而山海处北平东鄙，风气近古，俗崇尚朴，导而为善也易。由博士弟子员出身，加民以勋业，显闻于一时者，代有其人。虽古称用武地哉，亦人文渊薮也。况今为两京管钥，皇华四牡络绎于道，玉帛职贡往来惟时，以故士习日趋于上，殆彬彬乎质有其文焉。继自今游于斯学者，睹宫墙之翼翼，缅美富之渊渊，相与敦实行，励实学，先器识而后文艺，泽躬于尔雅，抗志于古昔，处为真儒，出为名臣，于以光邦家而隆治化，岂不盛哉！若夫前作后承，因时缮理，车服礼器之地灿然常新，有以鼓舞士气而振起斯文，仰副盛朝崇儒右文至意，固官师之责也，又乌容因陋就简，苟且塞责而已乎？余不敏方慨初制未尽复，窃幸兹役之迄有成也。爰志岁月，勒诸珉石，俾后之君子有所考焉。"

刘征泰《乾隆四十四年重修学宫碑记》：

"民为国本，士为民表，学校乃造士之区，而圣宫又学校所由兴也。古之辅世长民者，衣食斯民而外，必有以教化之。择其秀茂，升之于学，因设师儒之官以司训导，立先师之庙以习礼仪，俾士敬其业，民安其畴。劳来匡直隆兹治道，故饰宫墙，修祀典，皆为政治民之先务也。吾邑在前明为畿辅边隅，用武之区。正统间始建学宫，我朝因之，士之升乡国为朝廷用者不乏人。由初创迄于今，兹修废频仍，记有可考。而泰于髫龄童试时入庙瞻谒，半就蒿莱，渐致倾圮。历任父母数议完修，咨诹未果，岂皆视为不急之务，而顾相与因循欤？大都以工繁费巨，宰是邑者往往委之绅士，意在不劳而兴此废坠，而邑中绅士未免怵于成败毁誉，归重邑宰，亦欲因人成事，故春秋释奠，俯仰怆然，语及修葺，彼此欣然。迨至议经营、计捐筑，则相对又索然矣。三十八年，倾圮愈甚，两庑几于坏土。郡守李公奉翰闻而心恻，以修葺嘱邑侯南城陶公淑召绅士集议。初亦游移，继乃论定，募财鸠工。未逾岁而陶公迁浙水，祁公标继之。公仁厚君子也，抚我邑民，恺惠非一端，而于兹事为尤切，越二载，竟以疾逝。迄于江苏高公天凤莅任，又二载方获竣。事非故缓之，盖有难焉者。且夫事之操持自我，急之可也，缓之亦可。事之有待于人，缓之不可，急之亦未能。因数人之鼓舞奋兴举此一事，缓急可订，以同心合一邑之人情物力成此一事，缓急又当酌以完善。方泰与诸君子初承邑侯命也，持论终日弗决，夜辗转不能寐，黎明心境顿开，始觉游移之见皆私妄也。悟及此，志乃果，遂与诸君子破成败之见，忘毁誉之归，矢尽心力，持疏劝捐，登诸纸上者得六千余金，次第催索，且修且待。三十九年起工，完启圣祠两庑，资匮而止；四十年完大成殿、戟门、泮池，资匮而止；四十一年完大成坊、名宦、乡贤、忠孝、节烈等祠而止；四十二年完棂星门、魁楼、墙垣、照壁，添建黄公祠而止；四十三年春，施以丹雘，募金已尽，圣宫粗底于成，且而一堂一宇皆从基筑，一工一木俱按时值，盖崇圣人之祀，不敢以苛敛违圣人之心。因邑人之财，不欲以促急伤邑人之力，是以宽以岁月，日望其成，而几几未敢必也，今得竣其事矣。而泰统计兴筑之由来，窃有感焉。天下事非道之于上难以作始，上道之，而下不应，难于有成。道应俱有人矣，或粉饰要名，或浮情供事，事虽成，必邻于苟且。上下皆真诚矣，或不斟酌乎时俗，体顺乎舆情，事虽成而所伤必多，旁滋怨讟。吾邑是役，守土者凡三易，而倡率如一人。兴竣凡五年，士之奔走操督如一日，上下之情协矣，急公之志笃矣，聿观厥成有嘉德而无违心矣。则凡父母师傅于兹邑者，岂徒乐小大从公欣俎豆于勿替哉？吾知入庙思敬，必深探乎国家崇祀之意，因而体圣贤之道，模范儒林。本圣贤之心，抚绥兆庶，克宽克仁，优游敷政，移风善俗，和气旁流。安见宫墙肃穆，学校之光不大为吾邑斯民之幸也乎？是为记。"

吴士升《乾隆五十六年重修明伦堂碑记》：

"圣人之道，莫备于人伦。人伦者原于性，具于命，而道所由立也。履此则立德，阐此则立言，扩此则立功，舍君臣、父子、夫妇、昆弟、朋友之伦，而别求所谓道，何异扪烛叩槃以为日，涔蹄潊沴以为水，不待智者而知其诞且谬矣。圣天子崇儒重道，寿考作人，诏建辟雍，亲临讲学，薄海内外蒸蒸向化。而临榆一邑为畿东保障，盛京门户，其人才淳古而诚悫，其士习兴起于道义。盖近首善之区，所渐摩者久矣。考山海卫学，建自明正统元年，崇祯七年改建庙西。延及我朝，虽屡经修举，风雨所蚀，日久倾圮。岁癸巳，邑前太史，今山西绛州牧刘君征泰率绅士为之倡，捐万金，兴大役，宫墙之美巍然焕然。惜橐金弗继，明伦堂未加黝垩，渐就颓败，无以居弟子员使之考德而问业，司铎者忧之。越数年，邑孝廉景山教习刘君元吉慨然曰：'是不可不谋，所以新之。夫琳宫梵宇，人恒不惜累费，以为邀福之地，至学校为风化所关，莫或过而问焉，何惑之甚也？'遂毅然自任，募邑众善而得金二千有奇，始克成其志。戊申之秋，构木兴工，两阅月而蒇事。堂仍五楹，昭旧制也。仪门、大门咸以次葺，砖石、土木概从新制。虽因也，而实创焉。于是诸弟子洋洋然得其门矣，颙颙然升斯堂矣，翼翼然入斯室矣。余乃召诸弟子而进之曰：古之处士于学者，非居其地之谓，其设诚而置行之谓也。道原于性命，寄于人伦。诸弟子藏修息游，相与讲贯其德行，淬励其文艺，由是而立德，由是而立言，由是而立功，以仰副圣主作人之化，是又司铎者旦暮所冀，而不惟鸠工庇材之厘厘也。是役也，劝兴众善，丁邑侯之力居多，董率群工，徐少府之心良挚。若夫司出纳，课勤惰，相时制宜，经营擘画，则庠生张士超、监生穆贻桂、刘梦吉与有劳焉，并得书。"

靳毓秀《嘉庆元年重修黄公祠碑记》：

"黄公者，讳景夔，四川酆都人，前明以主事莅任山海，德政载在邑乘，详哉言之矣。东瓮城旧有祠宇，后因居民密处，址遂荡然。乾隆三十八年至四十四年，陶祁高接踵继倡，率邑人重修圣庙。邑先达暨诸弟子员择庙旁宽敞处建立黄公祠，以梁公配享，至是而二公之祠遂有焉。梁公，古晋地介休人，讳锡藩，守永平郡，德政亦备载郡志。呜呼！国家械朴作人，文治辉煌，凡有裨于纲常名教者，无不表而彰之，以发潜德，是以名宦、乡贤、忠孝、节烈俱建祠宇于学宫。黄公之祠奚为也者，若以德政论，迄有明以及昭代，其可景慕者殊难殚述，将不胜其祠矣，而要之黄公有祠，非美德政也。盖山海地瘠民贫，士无恒产，公顾而悯之。明初，居民垦无赋之地，中官守关括入私橐，公稽地归官，以给廪贫，事后输粮归于别驾，永为学田定制。由是文士蒸蒸日上，仰副圣天子作人之意，鲜不鼓舞，砥砺发奋，潜修于暗室中也。夫士作诗书之气，穷居可以立性命，达处可以立功名，而纲常名教炳如日星。黄公之培植士子直从本源作起，其有益于士林者，实有功于圣教也。乃时有变迁，事多湮革。乾隆二年改卫分县，学田几被邻邑所争。而梁公分籍，画深河为界，虑生童之隶籍临榆者，苦无恒产，将廪贫粮照常颁给，原委通详，是以现今每廪二十四斛，每贫士一十二斛一。学粮也，始于黄，成于梁。二公待士，异世而有同心，奉于一祠，岂不宜哉！顾祠宇之建，已与圣庙并垂不朽，不意迄四十四年，以迄于今，不二十年间忽尔倾圮矣。安肃李公讳应侯者，振铎是邑，见大殿荒芜，两庑以及各祠渐近残缺，惟黄公祠尤甚。爰辑诸子欲谋修葺，于是诸生鼓掌称善，劝募者有人，捐修者有人，董其事者有人，一时集腋成裘，不月余而焕然蔚然，遂如故焉。兼之别驾朱（讳）阶者捐办祭器，以成好善之盛举。则我临邑之荣施，虽捐修半出本地，实前后众官之力也，予窃有感焉。士之负性宇内，读圣贤书，自当别有抱负。义所当为者，德怨可以不计，依违二三之见，则百事无成矣。惟我邑广文李公切切为之作成，将见阅世生人，阅人成世，后之赖以常新者，不知又将嗣于何人也。予为今日幸，不得不为后日望也。是为记。"

靳毓秀《嘉庆二年文庙修补碑记》：

"圣庙之重修屡矣，考厥碑文，其人其事历历如睹，要之学宫为人文之薮，一有不振，士子羞颜。使无官长以倡之，图功几难为力，是以父母斯民者省谒无虚。朔望崇大典、验废兴也。乾隆辛卯壬辰，颓塌殆甚，士林伤之。邑侯陶倡议重修，顾值土崩瓦解之余，修也，而创寓焉。延至乙未，厥工乃竣。夫前任官长以一朝奋兴，顿使百废俱修，则事之赖有修补，不綦重乎？丙辰秋，别驾朱公、邑侯金公同学博李公见大殿残缺，两庑亦不无凋敝，惧蹈辛卯壬辰之故址，缘共谋修补。李公勇于自任，第学博所劝者诸弟子员，而士子坐守寒毡，纵倾囊好义不过小补。朱公以鲜终虑，竭力捐资，又念乙未重修，诸先达力已倍竭，祭器尚未遑理，用是捐修之外，更补前人所未及。兼之邑尉董公倾心赞成，复多方募化而事克有济，迄于今，焕然巍然者，庙貌辉煌也，以整以洁者，祭器灿陈也，仰瞻规模而江汉秋阳不啻昭昭在目也。问谁修理？朱公、金公倡之，李公任之，而董公成之也。于戏！念及国计民瘼者，养也；切于礼陶乐淑者，教也；教养之源流，根于学校也。我国家重熙累洽，文教昌明。前此太上皇临雍讲道，衢歌巷舞，其谒孔林诣阙里，不惮跸路之劳，无非崇儒重道，于学校加之意焉。本此以阅郡县，凡政治之得与人文之昌，胥于学宫是征。兹庙也，曩使辛卯壬辰以前勤为修补，何至辛卯壬辰颓塌已极？诸公有鉴前辙，整理于未替，修补于将残，则祠宇严肃，奕奕改观。行见景润色裕来兹作诗书气，孰不好是懿德。至于文风丕振，人才蔚起，无须为斯邑望，未始不堪为斯邑必也。厥后之君子睹重新之美，更惕废坠之由，学校其有厚幸欤！

郭永清《文庙岁修记》：

"文庙重修屡屡矣，而皆修举于一时，未筹岁修之款，所以屡兴而屡废也。自道光元年重修以后，迄道光十九年又复渐至倾圮。诸绅士共议重修，兼筹岁修款，于是竭力捐资，多方劝募，鸠工庀材，次第修举。凡殿庑、楼祠、坊壁、门池各加修葺、焕然一新。玉振门外水道岁久失修，年年雨水冲决，积渐坍削成沟，长二十三丈，宽六丈，深四五尺，儒学前已成巨壑，将及宫墙。诸绅捐资修补，装土砌石，修坝束水。以上各工自道光十九年起，至道光二十六年止，所收捐款除一切费用外，共余东钱六千吊，交殷实铺户生息，以备岁修之用。又共议章程，凡邑中自进学以至出仕者各随分力，均有捐输，每年所收胥归岁修项下。嗣因大成坊木值歰朽，共议另行劝捐，重新修建，所收款项除一切工料杂费外，余钱亦归岁修项下。道光二十七年，修整水沟；二十九年，修葺崇圣祠；咸丰六年，修葺南魁楼；咸丰七年，油饰大成殿、修葺节烈祠；同治二年，修葺忠孝祠、明伦堂；同治七年，油饰大成坊、东庑；同治九年，修葺西庑；同治十二年，油饰大成坊、棂星门、南北魁楼；光绪二年，油饰大成坊、戟门，以及按年零星修补，芟除草莱，皆系从岁修项下支销。统计三十年以来，每年所有赢余亦陆续交铺户生息，又积有东钱三千吊，连前六千吊共息本东钱九千吊，按年八厘起息，每年得利钱七百二十吊，历年斟酌动用，以期永久不废。方岁修之初，议续捐也，邑绅李孝廉培元实司其事。适有西街广皁当执事人郭益图交到东钱一千六百吊，据称有山西人张廷玉者，在该铺佣工，所得工价积蓄生息，历有年所，张廷玉病故后，其家并无妻子，亦访无亲族，拟将此项钱文为之捐输文庙，以备岁修。李孝廉遂约诸绅公议呈县存案批准，诸绅因是竭力续捐，遂得集有成数。其岁修之章程，则李孝廉约诸绅公议所定也，至今踵而行之，俾文庙长新，人咸谓章程之善云。张廷玉，字书声，侨葬城北给孤寺前，其同乡犹将所余之款留作扫墓之用，因其余资捐入文庙，故附记之。光绪元年八月初八日。"

明李本纬《魁星楼落成勉诸生》诗四首：

"突兀危栏插绛霄，凭虚极目瑞光高。期将海岳出钟鼎，敢谓宫墙种李桃。白璧明投收上价，朱衣暗点锡恩袍。休夸百尺多灵验，好办长竿钓巨鳌。"

又："魁躔岂亦好楼居，壮尔仙才射斗墟。槛落彩云飞翰墨，窗含奎宿映图书。篝灯夜夜烧藜杖，荷橐人人佩玉鱼。咫尺星门森武库，也知文战预犀渠。"

又："菶朴联翩化雨年，泽宫济济奋多贤。蠹鱼不老儒生志，萤火偏成幼妇篇。九万扶摇骞远到，三千献纳吐真诠。由来禹惜珍分晷，莫放流波白日延。"

又："只凭艺藻振金声，岂有方家浪得名。漫羡彼曹生富贵，须知吾辈可公卿。毫端五色春能吐，匣底双锋夜自鸣。倘尔弁衿争玉立，清朝簪笏满山城。"

学额，文童岁科试各入学十七名，武童岁试入十四名（卫学原额文十八名，武十五名，后裁文额三，为十五名，武额三，为十二名。同治四年，山海关副都统长善奏请：查咸丰十年案内临榆县捐输银数，例应广文武学额各二名，奉旨允准，遂定今额），府学无定额。

学生，廪生二十名，增生二十名，贫士四十名，三年二贡，恭遇覃恩，以岁贡作恩贡，其次为岁贡。

祭器，旧依定制，后多残缺，今新添者列于下：黄绫帐幔一、大锡烛签二（以上仍旧重修）、黄布帐幔四、蓝布垫八、锡大樽一、锡勺一、锡樽四（两庑二、瘗毛血二）、锡烛签十四、锡圆碟六十四、锡方盘四十、锡小圆碟十八、锡三角烛签十二、锡爵杯二十七、锡杯一（饮福醴用）、锡杯十八（外六处祠堂用）、木祝版一、木帛匣九、木托盘八、木蠹灯二（点风烛代庭燎）、铁支炉一（焚祝帛用）、木笾豆六十四、木盆架一（灌洗用），以上诸器俱系同治四年知县许忠、宋彭寿、赵允祜、教谕韩庆绫、训导高汉墀、渝关书院主讲刑部主事邑人郭长清倡捐，阖学诸生续捐备办。帛十尺、风烛（儒学临时备办），名宦、乡贤、忠孝、节烈、黄公诸祠、南北魁楼新添祭品（两学春秋分办）。其余学规均照学政全书定例，遵行者不具。

学田，岁征米七百五石九斗有奇（旧额四百四石四斗六升六合九勺），内给廪生米每名十石六斗八升八合，贫士每名六石六斗八升六合，均由粮厅征收，移学署发给。

附：卫志载：

学田为明主事葛守礼、巡抚李赜、主事张时显、教授王世采、知府高邦佐、通判王修行置。廪田为明初关东瞭望地，居民私垦无赋，后中官守关括入私囊。主事黄景夔稽地归官为廪饩，时廪生十二人，每人月给米五斗，后主事马扬续垦，廪饩增至八斗。嘉靖十三年，主事葛守礼复籍垦近郭闲田，增饩至一石。万历三年，主事裴赐悉加丈量，共征米二百十一石九斗六升五合有奇，以后增减互异。至二十四年，主事张时显各将任内旧管新收开除实数，造册备稽，此系关部支给廪生，学院、按院不入察盘。国朝裁关部归关内道，裁关内道归永平道征发。乡饮田为主事葛守礼置，祀田为主事王应期置，二项田亩，后因廪生增至二十名，廪田所入不给，并收二租充饩，通谓学粮。至康熙元年，廪粮奉裁，各田均报部起解，而乡饮祀典之需均归本卫，另动公费矣，此卫志所载之沿革也。按：廪饩之革，由于军兴，嗣于康熙中复令支给，故考《永平府志》，不载裁饩之说，其时已复故也。既准复支，则仍于应解学田米内扣支，其事可以理断，但文籍残缺，不能悉其详矣。至廪田向归永平道，何年拨归关厅，或关厅所掌者，乃学田、乡饮田、祀田，而所给廪饩，即系此项田米，均未可定。然岁久无稽，且事非县掌，移文谘考，源委莫详，故谨录其见行之例，而附所见于后，以志阙疑之意云。

明管关兵部黄景夔《学田记》：

"治世养士，衰世使士自养。士自养，其弊三焉：上焉者，自食其志，无所事养，守其道甘死不悔，然其不遇也，其困也极矣；下焉者，自食其力，徙其业从而之他；其次焉者，诎于志而惰于力，不能自食，资于人以食。若战国四公子之养士，美恶淆而廉耻丧。冯欢之歌曰：'长铗归来乎食无鱼'。可哀也，已非国之耻欤！三代盛时，其养士尚矣，然其详不可知已。后世乃有学田，然不能皆有也。我朝无学田而有学粮，府州县有差，无地无之者，唯卫学则无焉。窃意当是时，介胄子弟罕学者，卫虽有学，仅存空名，故不为置粮，非法不备也。山海关东地民久私，景夔稽而归之公，仍令业焉，而出其租，地四千九百五亩，米七十三石五斗七升五合，得诸生经试优等者十二人，人月食五斗，载于籍以为恒。呜呼！尔士一夫一妇之养，此差足矣。此地今以前之士无养，然不闻弛业，奋而出者有人焉。今以后之士有养矣，奋而出如前焉，恒也。吾不尔异，其奋也倍焉，斯异矣。然吾愿尔士不惟是。《易》曰：颐贞吉。又曰：圣人养贤，以及万民，尔养尔贞。吾兹观尔、处尔、推尔及吾将俟尔仕哉！"

乡饮田

附：明詹尚书荣《乡饮田记》：

"与川葛子以天子职方氏出镇山海关，逾年为嘉靖甲午，法准弊裁，无扰无螫，因次及便宜，爰图修复，乃询诸士民曰：乡饮为我明盛典，著在令甲，有司奉行罔怠以替，凡以兴行崇化焉尔。矧山海畿辅重镇，当首被声教，胡于是独缺？岂国典故靳于卫，抑所司者遗也？或对曰：乡饮举于学，我高皇帝建学定制即有之。时山海未有学也，自正统改元之诏，始得建学第，初事草卤，他制未遑。今人文彬彬然日渐以著，独兹缺典，举之是待我公。或对曰：用本于财，礼备诸物，无能越者，有司乡饮之供，取诸岁额，斯可常继。吾卫无乡饮额，胡取之？即取足目前，胡继之？处画是在我公。葛子曰：嗟哉，嗟哉！维兹山海虽称边隘，犹夫人也。乃摈诸恒典之外，若无与于化理焉者，殆非圣朝同仁之制。夫法无靳于卫，徒执往迹，无改于循习之弊，人自靳之，间有识者顾逯诸区区之费而止，是爱物而贱礼。呜乎！可吾天子使臣职得议法责与处分，是诚在我。乃查近郭闲田籍之官，得若干亩，岁取佃租若干，委官敛贮，乡饮之需取给焉。又下令于卫，若学俾慎选诸乡仕而休者，必恪乃官箴，完名高节，无以墨败者滥，其诸乡民必著年宿德、六行允修，无以弗检者滥，主之者则卫视篆指挥也。乃正月既望，实为创举。肆筵簧序，宾儌毕来，始而迎翼如也，扬觯有词凛如也，读法有条肃如也，酒食旅献，乐章间作将将如也，雍雍如也。既醉而出，充然若有所得。环桥门以观听者，惕然深有所感矣。翌日，诸士民造詹子所请曰：匪创弗开，匪承弗永。

兹举也，葛公开惠吾人至矣，犹惧弗永也。子其记之以告承者。詹子曰：卫以即戎知方是急，学业俎豆养老所先，故卫弗学，厥方斯昧，学非乡饮，厥业斯荒，施之政教皆苟焉耳。山海自国初有卫，历数十年始学，又历数十年始乡饮。国朝作人覃化之制，至是大备。吾人果能务忠孝之实，兴仁让之风，以资亲上死长之效。通观治隆俗美之成，庶几无负长人者之意。若曰：惟永是图则法罔或限，而用复弗窘。葛子亦既有言，承之者将无所诿也，奚惧其不永？"

社学，旧基在城东南隅，明弘治间，主事徐朴拆毁淫祠为之。后万历十五年，主事张栋一置城西门内廊房，一东关外待柝厅，令士之有行者施教贫童，每名月给谷一石，俱在关部支领。二十年主事张时显定为岁额，并悬"社学"二匾，今俱废。

榆关书院，在西罗城大街北。（今基址无存，惟有坊在。）

东溟书院，在南街。（道光十四年知县萧德宣建，今渐废，余房收租，归渝关书院岁修）

附：萧德宣《杂咏》诗：

"买得南城屋几层，诸生分点读书灯。频揩老眼天边望，望尔东溟起大鹏。"

渝关书院，在治西北文昌宫西。（同治四年，知县许忠重建，邑监生姜德源捐修。）

附：许忠《重建渝关书院记》：

"渝关书院者，临榆书院之旧名也，今止坊额岿存矣。道光年间，春田萧君宰斯邑建立东溟书院，规模既隘，亦复倾圮。余于同治癸亥春，重莅兹土，欲创建一区而未逮，权就明伦堂为每月扃门课士之所，延郭廉夫比部主讲。比部玉成善类，珍惜群英，课士已一岁有奇矣。第念党库州序肄业非殊，而鼓箧担簦，住斋无地，非所以重课程广甄育也。邑监生姜德源独力捐银千数百两以建修书院，来请余嘉其义。亟予施行，拟于落成后详请优奖，爰商同人，相度城内常平仓隙地南北三十四弓，东西十三弓，复以时价购旗户自置地一所，以正界画，于是平地址，测土圭，排八门而布星躔，推三元以察地气。鸠工既裕，鸿构初营，乙丑正月十六日兴工，至五月十五日工竣，树之照壁，界以周垣，外曰大门，颜曰：‘渝关书院’，以存旧也，次重门，篆额曰：‘文明在是’，内为东西考舍各三间，可容百号，正中讲堂三间，前楹洞厂正屏上颜曰‘学海堂家’，家宰滇生公笔也。后壁嵌石刻礼部书院则例暨本邑书院章程，以便省览。堂左册档房一间，书斋四间，堂右茶膳房一间，书斋二间，复仿古白鹿、睢阳、岳麓各书院。祠祀先贤宋儒，以东北隅题曰：‘阐性堂’，设主于两楹之间，俾学者有所宗仰，左夹室颜曰：‘静观’，右夹室颜曰：‘欣赏’，为茶话衡文之所。功毕规模宏整，结构精严，办理甚为妥速，而赞成姜生义举，以及专司支发款项，克期诹吉，度地庀材，则昌黎卜士张集贤始终其事也。堂后余地尚多，待将来增筑，今未遑也。所余原买拆料之张姓房旧基，并东溟书院所存余房，皆修葺之，以两处租值为岁修役食之需。时成竹坪郎中视榷关部，慨分清俸相资，余亦捐廉增人。又拨白衣庵园地房租（此项后仍拨归白衣庵），及先后劝谕绅富捐输生息，前已按月支发而未用，先后款核计共存银若干，一并发当生息以给束修膏火诸费。虽然积水无多，余波易罄，功尚亏于一篑，举更恃乎众擎，宏乐育而辟轩楹已勒成于此日，广蓄储以资奖励，更有望于将来，非特集腋以成裘，亦贵倾囊而造福，所愿事垂久远，人乐输将，从此渝水清流，洗尽风云月露，关门紫气，蔚为杞梓菁莪，储腾蛟起凤之才，以仰副国家璧水桥门之化，岂不猗欤！”

郭长清《渝关书院讲堂铭》：

“新构此堂，匪嚣匪虚；嚣而聚议，古之祸也；虚而无人，今之颓也；弗嚣弗虚，名实符焉。贤使君邑之主也，贤司铎邑之师也，诸友朋邑之英才而储为国器者也。强余居此，周还其间，正席余何敢？末席余其陪。问堂奚事，其礼让之地乎；问讲奚事，文与行并励也。读圣贤书，学圣贤事，作秀才时器识先立，登科筮仕举而措之裕如矣。窃与诸友共勉之，以无负贤使君栽培之深意。”

以上学校。

‖ 卷之十一 ‖

建 置 编（中）

坛庙　寺观　附坊

坛庙

神之列于祀典者，曰坛，曰庙，礼重明禋尚矣。此外之有益民俗者，祀之亦无干功令。况临邑傍山枕海，凡名胜之区皆有祠宇，非仅备游观，亦以资镇奢，故于昔建今废，今有昔无者，皆备录之。因思庙以肃瞻拜，坊以备表扬，其义一也，故诸坊亦附于后。

风云雷雨山川坛，在西罗城南门外。

社稷坛，在西罗城北门外。以上均废

先农坛，在南门外。（籍田地二亩）

雩坛，在南门外。

厉坛，在北门。（岁于清明七月望，十月朔致祭）

城隍庙，在城西北隅。（明洪武间建，崇祯间巡抚杨嗣昌，国朝康熙间守备王遇春重修）

附：邑人佘一元《重修卫城隍庙正殿碑记》：

"夫城隍之神，因城而设者也。有城因有神，所以显壮金汤，而阴司保障者于是焉，在其所系顾不巨哉！

山海一城，古称临渝，又称渝关，其后寖废。至明徐中山王创卫立关，始名山海，盖因元迁民镇而建此城也。厥后遂为畿东重地，蓟辽咽喉借此一线以通之。本朝盛京在东，燕京在西，两都孔道允系于斯，视昔尤为要区矣。城创三百余年，屡经兵警，从无攻克之虞。革命时两镇官兵据关拒寇，接战石河之西，相持竟日，夜王师适至，直抵西郊，一举而殄灭之，此城居然无恙也。虽云天命有在，事会适然，安知非城隍之神有以潜扶而默佑之也哉！然神曰城隍，府州县在在有之，前代多加以公侯之号，明初一以除去，但以本号相称，昭代因之，不欲以人世爵秩亵诬神明耳。庙久，殿宇就圮，信官白尚信等纠众捐资，为聿新计，重修正殿三间，抱厦三间，巍峨璀璨，较曩规倍增壮丽，藉以妥神，即资以福民，洵盛举也。工竣，求余一记其迹，余谓凡民有不畏名教，犹知畏功令者，抑有不畏功令，犹知畏神明者，神所以纲维名教而辅翼功令者也。畏神明功令名教尚得由此以推致之，圣人神道设教岂无谓耶？况城隍之神至切，且近一方，冥庇实式凭之，非埒高远幽微之不可知者，固知共成斯举者之不容已也。或疑山海籍属卫，城隍之神宜属卫，权固有尊于卫者，神之灵不虞有制乎？不知神不贵尊而贵专，夫惟上帝有专责，而神自具有灵爽，莅斯土者，果能推诚布公尽人事以感神明，立见神功之昭应矣。余为是说以记之，载取捐修姓氏勒诸碑阴，以为向善者之劝云。”

关帝庙，七。一在西罗城（岁于春秋仲月，遵礼部颁行定日，及五月十三日致祭），有额曰"天纵神武"（相传吴雁门书，明初建，国朝雍正元年，咸丰八年曾经重修）。

附：明孙阁部承宗《重修汉前将军关壮缪公祠记》：

"盖公之论丹诚也，曰：天有日，人有心。夫日在天，人人皆仰而终古常新，天下各据所见，以为向慕，而日不知。故冬以为爱，夏以为畏。畏爱生于人心，而日在天，不亲于爱，不尊于畏。公之灵感在天下，每当狂恣横暴之晷，辄见夫龙旗火马，掀髯而逸群绝伦者，公也，则畏。及困厄蹙迫水火盗贼之变，呼天呼父母不可得而解者，公若为手提烦恼以列之清凉，则又爱。至习于所畏所爱，则祸乞为之免，福乞为之予，而且爱且畏。凡今之细民，不习孔氏，而大人不佞佛，然罔不畏爱公，如其习孔氏而佞佛者，殆如日，然天下各据其心所愿以享之，自有生民以来，未有盛于公也。

昭烈提三尺于汉末，公与邂逅，定王霸大略，谲强如孟德，议迁都以避险，杰如仲谋，愿结昏媾，公为詈斥不屑，公识略自足千古。《史记》公于武侯颇有小间，又羞与黄汉升同列，何也？陈寿于《蜀志》多涉微辞，或不无少诬。予谓公差有深意，非诬也。昭烈奔走狼狈，取国于他人，人心未定，所与如胶漆者，惟公及桓侯。诸葛为相，固无俟有所喻以明心，以山野书生骤冠百僚谋臣猛将，岂可以空言慑服？昭烈借公发鱼水之言，以晓谕将士，当时必自有说。汉升猛士耳，昭烈收降，推心任之，未必不虞其骄鸷难制。公特示不平以寓藜藿不采之意，史遂据迹以书，不然将与相不和。将与相不和，汉何国之能为？公与昭烈谊同兄弟，誓结死生，苟利社稷，遑恤其他，而悻悻觖望偶语沙中，君臣将相间有遗议哉？呜呼！天有日，人有心，日不变冬夏，心不变险夷。公之心如日，吾之心如公。夫忠而得福，奸而得祸。惠吉逆凶，各以其心为影响，无不一一游公神威中。顷者，予与诸大吏将领盟于公之祠曰：试扪此心，有初终相庋，面背相渝，心口相逆，知性命不知忠义，知身家不知朝廷者，神其殛之。今诚与关人士提此语，以反此心，能无为予所盟叱者，其心之丹如公，即如日，又安在龙旗火马，须髯如戟，翩翩乘风云而降止者，为公也。天启甲子，予阅兵觉华，几殆阳侯之难，或言公降神佑护，一时喧传，以其语涉怪略，为辑祠于宁远，未暇为记。兹复莅关门，借二三吏士力，蒸蒸祝神之休，随其心所愿，以印公心于不穷，此公之所以盛也。

祠立于山海卫城西关衢北。崇祯岁在庚午，判山海沈承源、副将军叶时新等重修，视旧址扩十七八。予既取公语，为颜其坊曰'天日丹心'，又嘉诸将吏意，为之记。"

一在东罗城。

附：邑人牛天贵《东罗城关帝庙碑记》：

"东罗城关帝庙建自前明，为山海东镇。万历丙辰庙就荒，曾经修葺。自明及清又逾百年矣，旧址凋残，庙乏香火。雍正六年，住持僧照起置买庙后刘姓产，得瓦屋四间，岁取租为焚修费。又二年，装神像八尊，补塞隙漏，极力周章。然庙貌之更新仍有志而未逮也。乾隆庚午秋八月，其徒普成承师志广募众善，重新殿宇，增修山门，凡五间。越壬申复修东西两配廊十楹，恢宏旧制，妥侑神灵，厥功懋哉！今岁春三月，邑之善士贾仲栋捐修二重垂花门，普成复努力新钟鼓二楼，工告竣，嘱余作文勒诸石，余因之而有感矣。夫蜀汉去今千四百余年，沧海桑田不知几变易。而帝庙之建胡历久弥新，且聪明正直之谓神，帝正神也，祸福无私降，何有于庙之废兴？然而封帝封王，爵崇历代，馨香俎豆祀遍寰区，岂徒震威名而修享祀哉？世运有古今，人心有正气，维此正气之所钟，在天为星辰，在地为河岳，在人为忠义。夫惟气塞乎天地，则生有尽而神常留，极之凡有血气者，莫不心悦而诚服。当日者汉祚将倾，群雄蜂起，帝以超群绝伦之略而值乱离多事之秋，使其心稍诡乎正，则提一旅众，遨游十八诸侯国焉，往而不得志者，而乃遥择赤帝子之胄，相昭烈扶汉室，艰难险阻之间，皦日盟心，摧强破敌。呜呼，正矣！下邳之役，阿瞒冀帝为己用，隆礼厚赠，燕享频加。惟帝秉心不渝，封还馈遗，鸿飞遰举，使孟德之老奸可以络荀彧而不可以羁汉侯。其斩颜良以示神武者匪直报曹，一点丹心只为汉，盖欲谢阿瞒而归故主也。允矣，君子其德不回，夫非善养浩然之气者乎？所惜却婚詈吴，厄于吕蒙，千载而下不无功败垂成之恨。而汉贼不两立，权虽帝吴，汉寇也，如帝方将诛锄之不暇，而又何论乎婚媾？善夫帝辞曹书，心在人之中，日在天之上。日，阳精也，心之精如日，则气之盛蟠天，故代几更，年几易，贵贱贤愚几差等，而慑服乎帝之丹诚者，千万世如一日。然则今日之役，普成师若弟不可谓无功，而正气之充塞，感人心于不容自己者，其灵固昭昭也。笔而记之，亦固其所至，若背君亲，尚谄渎，冀倖而希福利之报者，帝灵有赫，必将斥而远之，曰：获罪于天，无所祷也，尔其务民之义也可。"

　一在东月城，一在西月城，一在南演武场西，一在归招练营（今废），一在石门寨西北二十里傍水崖，明游击张臣附祀（明隆庆元年，总兵张臣与蒙古战，获神佑，立庙崇祀，宏敞壮丽，为东藩之胜地）。

附：明王图《关武安王庙重修碑记》：

"太祖高皇帝驱逐胡元，成祖文皇帝三犁虏庭，于九边重镇各设督抚、镇兵以弹压之。独于蓟镇三边尤为吃紧，以其外控辽左，内护京陵，较他镇为至重也。钱谷之储，士马之盛，亦较他镇为至备也。陕西宣大入卫，戍兵分防要害，棋布星列，硈然奠安盘石之势矣。隆庆丁卯，值土蛮袭庚戌之辙，纠众大虏，从界岭口入犯，抢永平，攻昌黎滦东一带，掳掠大空，荼毒甚惨。时督抚会调延绥入卫，官兵应援，而榆林东山张公以游击将军分防古北口，闻调即率所部三昼夜星驰七百余里薄虏，会蓟辽二帅，方议战守，良久不决，面面相顾。张公觇二帅无主战的谋，眦裂发指，挺身而前曰：'将帅享国家之爵禄二百余年，用在一朝，此何时也，尚作儿女子之态乎，保躯之士何众，殉国之士何鲜也？倘若复有庚戌之变，能保他日无身家之累，死荣生辱在此一举。'誓众曰：'汝多士受朝廷豢养之恩，不思图报于今日乎？'众士厉声曰：'欲以死从将军。'东山公徊然跃马，持戈挥霍，手刃数酋虏，众披靡，千人奋勇无一不当百，所谓风声鹤唳皆为晋兵者。追至傍水崖，投鞭断流之酋尽歼于悬崖巨浸矣，河水不流者十日。谢康乐沘水之捷，当不右于此也。竟有乙其首功者，地方耆旧相率而献牛酒曰：'自庚戌至今十有八年，百姓不闻兵火，原野遂幸桑麻，不意今岁遭此大劫，若非仗将军神威，一方赤地矣。今日苍颜白发，得苟延残喘于一日者，莫非将军之所赐，愿为将军立祠，尸祝香火以申崇报。'公敛衽而谢曰：'不佞何武而劳诸君郑重，实藉高皇帝在天之灵，今上如天之福，神明默佑，幸获此捷，若贪天之功而为己有，或其不然。'诸父老缓颊而进曰：'礼以义起者也，祠以礼兴者也，愿以将军不伐之德，移于关武安王何如？夫幽显一理，神人一心，王义贯金石，公精忠日月，所谓异世同神，旷世相感，关即公，公即关也，关之香火千百祀不绝，公之勋业千百世不朽矣。'公怡然曰：'惟举是从。'嗣后公历镇甘州，卜、扯二酋首最称桀骜，率常内侵。公约诸士曰：'授予节钺，权不为不专；锡予蟒玉，威不为不重。讵傍水崖千夫长比哉？不犁其庭不已也。'于是大获水泉之捷，二酋重创而归，人民始安耕牧。至今犹有张将军战胜之碑在，此与勒石燕然，标铜新息，何相今古也。

今公且请告休沐矣，其令嗣承胤且晋延绥大都护矣。彤弓白玉之赍，载躅庭芳，奚啻曹武惠之蝉联云。而东西拮据，王事之劳瘁，司功者竟不入之时疏中。冯唐易老，李广难封，自古然矣。将军豁达沈毅，毫无扺掔，每念关祀而叹曰：'丁卯迄今四十余年矣，其春秋香火之耆旧相继而沦落矣。岁易人非，庙貌倾圮，谁复振之？'时贰师白公自保宁移节北平，且以兼才摄协镇符，公走使曰：'石门傍水崖，君之提封也。有关武安王祠，乃四十年前本土父老所建，昭神明而扬人事者也。公其首倡勿废勿坠，公之功德不浅矣。'白公即捐资，犹不自居，请于大都护而共成之，不日而告竣矣。是役也，群策毕谐，百物咸集，大彻陈构，具起新增，堂庑门坊，鲸轰夔吼，燿燿耀耀，无不宏丽，京然壮观，由是冠盖相过，瞻礼庙貌。抚今追昔，因事考实，将军之奇功伟烈，不廓然宇宙哉！"（万历三十八年）

明傅新德《张大将军傍水崖建功碑铭并序》：

"粤放蓟门，砺山带海，控上谷，引渝辽，天险甲天下，乃数舍许即逼虏穴。繄我明列圣相承，威德旁洽，厥酋延颈款塞，初终罔替。

嘉靖末，穆宗庄皇帝践祚，酋长土蛮狡焉启疆，乘间肆逆，迤界岭、永昌胥蹂躏，所民弗堪。时东山张大将军讳臣，尚职延绥入卫游击将军，誓不与酋生，出奇奋勇，帅所部卒三千，扼酋吭，酋北道穷，我兵追益迫，斩馘无算。迄石门之傍水崖，崖深若干仞，酋不暇择地，竞奔堕崖，死者数万计，酋痛哭，戒勿犯，遂戈创去。环蓟宴如，圣天子玺书褒公功，蓟士女愿立公祠尸祝焉。

厥隆庆丁卯，史录烂焉者，余以木天校史暇，尝慷慨疆场事，不惟其德，惟其人，曾口占一绝：十万单于遁石门，水崖血战石头殷。只今想见累累骨，夜月悲风泣虏魂。用是恨不亟见公。既询公动履，以都督悬车，年八十有奇，益矍铄。其长君望峰，讳承允，业秉钺延镇。又公傍水崖捷之它年，载有甘州水泉之捷，土人亦尸祝之。史不乏书，庸讵非公有大造于东，若西亶肤天纯瑕耶！视宜尔也。然余闻蓟祀之修，公不居功，归之武安王神，为王筑殿庑。诸君子创传记，垂贞珉不朽，公功益彰，第猝不得肖公像，不宁缺典欤。余莫逆鹤汜姜公东巡，因人望，复葺公祠，肖公像于武安王侧，意忠勇，即义勇，俾从祀春秋，请余言以志，余喜。曩昔读史，击节公功意而后乃今始惬也。用思崇德，报功严像，斯肇标铜勒石，匪名奚存，铭曰：奕世之张，繄迈种德。惟德馨闻，于昭上国。蓄极而流，爰诞我公。英风烁灼，岳嵷云从。提师古北，誓灭群丑。指麾风雷，鹰扬虎怒。兼程载趣，海月平明。斩将搴旗，秣马砺兵。虏北水崖，狼奔乌啄。喋血成川，奇功震世。帝念厥庸，畀节登坛。名垂竹帛，威慑可汗。剽人去思，筑庑崇祀。公不居功，伊神之赐。栋宇嵬崔，纪载烂然。蒸尝勿替，祝史是蠲。罔逮尸公，众心攸缺。于兹肖像，永怀羹墙。百岁期颐，天禄靡垠。骁骁龙种，尚念蓟门。愿言匹休，万祀安堵。”

此外建于境内者不可胜纪。

旗纛庙，在旧卫署东（今废，以霜降日祀于演武场）。

马神庙，二，一在南演武场，一在城内西南隅。

龙神庙，四，一在宁海城西（雍正四年奉敕建，为永佑寺。内藏钦颁藏经六百八十部，有额二，一雍正四年御笔曰“四海永清”，一乾隆八年御笔曰“永庆清晏”。十九年知县钟和梅修）。

附：李养和《永佑寺》诗：

“参差楼阁压潮头，突兀危檐界斗牛。天上只闻传贝阙，世间何处访瀛洲。层云暗展庭前画，孤棹斜飞镜里舟。到此几忘归路远，心随凫鹭晚悠悠。”

一在宁海城内，一在石河之滨，一在西罗城，此外不可胜记。

东岳庙，在东罗城。

八蜡庙，在社稷坛（有坛无庙）。

虫王庙，在西关南水门外。

三皇庙，在北门月城。

火神庙，在治北管粮分府署东。（顺治八年通判朱仲铧，康熙七年通判陈天植修）

附：陈天植《重修火神庙记》：

"尝考之舆图，古未有山海关，关之设自故明始。东连辽海，西控畿辅，屹然称巨镇云。其间山川之雄阔，人文之蔚秀，风俗之淳茂，民物之康阜，甲乎一郡焉。余承乏斯土，六载于兹，凡宜兴宜废之事，亦因乎民之情而已矣。

署之东有火神庙，镇之福神也。关城人士事之惟虔，历年深久，风雨剥蚀，垣墉颓败，檐楹摧折，神像几委荒荆丛棘中。余时展谒神所，心焉悼之，欲谋所以鼎新之者，念生民凋瘵已极，疮痍未起而复有所营造，不几重烦吾父老乎？有志未逮，会乡士大夫有重修之举，以余官斯地，且庙与署邻，欲余为之倡。余曰：此善果也，亦夙愿也。天下事有宜于创者，有宜于因者，创者难于虑始，因者易于图成。斯举也，余亦因之而已。曷因乎？仍旧也。匪惟仍旧，亦因乎民之利以利之而已。夫神为炎帝之精，作镇东土，上为国家开文明之治，下为斯民养和宁之福，神之为灵，固昭昭也。

迩年以来，烽烟无警，烈焰不惊，问人有夭札乎？曰无有；物有疵厉乎？曰无有；问岁有不登，民有阻饥乎？曰无有；水旱有失时，风雨有愆期乎？曰无有。允若兹神之眷尔民者至矣，宜民之戴其神者深也。民既戴神之德，而弗思妥神之灵，安乎？弗安乎？谋所以重修之，诚哉善果也。余既官斯土，敢不徇民之请以成兹盛事乎！爰捐尔俸，鸠尔工，庀尔材，计木植几何，砖石几何，陶瓦几何，匠作工费几何。先正殿，次大门，次前轩，再次后殿，数月之间次第落成。颓者以整，故者以新，栋宇流丹，榱题焕采，匪藉众力，曷克臻此？因知山川之雄阔，人文之蔚秀，风俗之淳茂，民物之康阜，实维神之昭格也。

斯举也，董厥工者，耆老善士也；襄厥事者，荐绅先生也；观厥成者，城守路卫诸公也；典厥香火者，学佛子道铧也；步诸君子后，珥笔以纪其事者，东瓯陈天植也。"

北镇庙，在北门外（即真武庙，明初建，国朝康熙六年参领朱廷缙修）。

玄帝庙，在白塔岭庄（亦真武庙，明嘉靖间庄民郭让建）。

玉皇庙，在城西关厢。

文昌宫，在文庙右（明万历十二年主事王邦俊建。三十二年主事李本纬、国朝康熙五十二年贡生周启德修）。

文昌阁，在海阳镇（道光三年因观音阁改建）。

附：邑人杨毓森《改建文昌阁碑记》：

"事之便于众利于人者，可因而因之，因善也；可创而创之，创亦善。若因而兼创，创不离因，尤善之善，而不可以寻常例。

临榆县城西四十里为海阳，巨镇也，旧志以为秦汉之故县。予视其遗址良然，第不知始自何时，于四街之中建阁焉，奉观音，阁基周方十余丈，前后有山门而难越，左右有角门而不通。往来者旁午交错于阁之外，以绕行不便不利，久相习而莫如何。迨国朝康熙间，本镇邦图袁公劝捐重修，而阁之坐镇于中者犹然也，迄于今已及百年，栋宇墙垣又非昔矣。夫村落之陂陁者，不可以高下准；邑堡之邪零者，不可以方正规。而斯镇也，负山朝海，汤河绕左，联峰拱右，孔道达乎二京，诸邑环于四外，地势宽坦，街道整齐，五、十集市，几乎挥汗雨、举袂云矣。历年既久，改而作焉，不得也，仍其旧也，难安也，非改非仍，是在善理已。兹本镇袁公椒圃，张公奠昆等志既先定，询谋佥同倡义劝捐，因地制宜，且兼街外之关帝、药王二庙一并重修。爰于道光癸未二月之吉，虔请观音阁于东街外白衣庵之左隅，规模不异，神亦妥焉。遂乃鸠工庀材，课程期，计丈尺，依旧阁之遗基而不过，本其度也；仿县治之鼓楼而差逊，明有尊也。瓮起高台，面四街，洞开四孔，昭大顺也。台之上建祠宇，面供文昌，背祀魁星，所以振文运也。南向左右设钟鼓二楼，所以支更而巡逻也。其工巨，其费繁，间一岁事，乃葳而告竣焉。或谓诸公曰：'气势通矣，灵光澈矣，其诸堪舆之谓乎。'诸公曰：'神听于民，地邑民居参相得，而后人安而神享，故谓不违乎堪舆也，可；谓不域于堪舆也，亦可。'或又曰：'筑台起楼不请于官而作于乡，亦功令欤。'诸公曰：'无重门而击柝准之，联保甲以弭盗贼，是即懔懔乎。圣谕广训之一也，以守国宪，以尊功令，视诸此复何疑？盖于此见诸公之盛为创，又见诸公之妙于因。因也，创也，始而由之，知其便利久而安焉，并觉其美尽善矣。宜乎环镇之外，邑邑相望，无不踊跃乐输，共襄厥事云。谫陋鄙衷，辞不获命，爰拜手敬为之记。"

魁星楼，二，一在东南隅城上（即奎光楼），一在学宫黄公祠前。

天后宫，二，一在南海口永佑寺西（明初海运时建，国朝乾隆九年知县钟和梅修），御书赐额曰："珠宫涌现"。

附：明祁顺《天妃庙记》：

"天地间海为最巨，海之神天妃为最灵。凡薄海之邦，无不祀天妃者，由能驱变怪、息风涛、有大功于人也。山海去城南十里许为渤海，汪洋万顷，不见涯涘，海旁旧有天妃祠，相传谓国初时，海运之人有遭急变而赖神以济者，因建祠以答神贶。历岁滋久，故址为浪冲击，几不可支，而堂宇隘陋亦渐颓毁。天顺癸未，太监裴公珰以王事驻节山海，审神之灵，就谒祠下，顾瞻咨嗟，语守臣及其属曰：'天妃显应，功利闻天下，而庙貌若兹，非所以崇名祀也，盍撤其旧而新是图。'遂施白金三十两，以倡于众。时镇关兵部主事杨君琚暨参将吴侯得各捐资为助，而凡好义者亦皆致财效力，以后为愧。于是市材傃工，择时兴役，崇旧基而加广焉。为祠前后各三间，坚致华敞，足历永久。其像，惟天妃因旧以加整饬，余则皆新塑者，复绘众神于壁间，威仪跄跄，森列左右，远近来观莫不肃然起敬，以为前所未有也。肇工于甲申年秋七月，落成于是年冬十月。众以丽牲之石未有刻辞，征予纪其始末用传诸后。夫能御大灾，能捍大患，以安生人者，征诸祭法于祠，为称我国家，明制度，尊祠祀，岂无意哉！亦为生民计耳。尝闻东南人航海中者，咸寄命于天妃，或遇风涛险恶变怪将覆舟，即疾呼求救，见桅樯上火光灿然，舟立定。是其捍患御灾，功罕与比，故在人尤加敬事，而天妃名号居百神之上，亦莫与京焉。渤海之广，无远不通；神之流行，无往不在。人赖神以安，神依人而立。然则斯祠之建庸可后乎！当祠成之岁，居其旁者厄于回禄，势焰赫然及祠上，人远望之，见烟火中人影上下，意其为护祠者，既而旁居荡为灰烬，而祠一无所损，向所望烟中人影皆无之，乃知其神也。噫！
神之显赫不可掩如此，所以惠福于是邦，岂浅鲜乎哉！顺既为叙其
事，复作迎享送神之词，俾邦人歌以祀云。其词曰：荪壁兮药房，辛
夷楣兮兰橑桂梁，杂芬菲兮成堂，神之奠兮海旁。吉日兮将事女，巫
纷兮至止，蕙淆蒸兮荐芳醴。衣采兮传葩，吹参差兮舞婆娑，神不来
兮奈何，轻风飕飕兮水扬波。神之来兮容与，载云旗兮驾风驭霆，成
再拜兮传神语，旋焱不留兮使我心苦。神庙食兮无穷，神降福兮曷其
有终，海波恬兮偃蚊龙，弭怪雨兮驱暴风，灾沴弗作兮时和岁丰，人
有寿考兮无怀恫，永世不磨兮神之功。"

一在城西北。

碧霞元君庙，在南街八道胡同。（名曰娘娘庙）

福神词，在南月城。

财神庙，与福神祠同院，各村镇建者尚多。

三官庙二，一在城内东南隅，一在东门外。

罗汉庙，在旧左翼署东。

鲁般庙，在副都统署前。

显功庙，在城内西北管粮分府署西，祀明太傅中山王徐达（明景
泰甲戌敕建，国朝顺治十三年参领李国柄修）。

附：明大学士淳安商文毅公辂《显功庙记》云：

"中山武宁王，早以雄才大略首从太祖高皇帝举义，平定天下，
混一海宇。已而率师漠北，收其余民。比还，留镇于燕，慎固封守。
为长治久安计，以平、滦、渝关土地旷衍，无险可据，去东八十里得
古迁民镇，其地大山北峙，巨海南浸，高岭东环，石河西绕，形势
险要，诚天造地设，遂筑城移关，置卫守之，更名曰山海关。内外截
然，隐然一重镇也。自山海以西，若喜峰，若古北，大关小隘无虑数
百，葺垒筑塞，既壮且固，所以屏蔽东北，卫安军民，厥功甚伟。景
泰甲戌，今左都御史李宾奉命巡抚，卫人萧汝得等合词告言：昔中山
武宁王镇此，城池关隘皆得其创建，边陲宁谧，殆将百余年矣，愿
立庙祀以报王公。为请诸朝，许之。属岁屡歉，事未克就。成化辛

卯，李进握院章追维前诏，因谋诸总戎募义敛财，卜日兴工，乃即山海卫治之西建王正殿三间，翼以两庑，树以重门，缭以周垣。兴造伊始，适巡抚左佥都御史张纲下车，锐意倡率。时镇守太监龚荣、总兵右都督冯宗及参将刘辅、李铭悉以俸资来助，用底完美，实癸巳春三月也。纲告成于上，赐额'显功'，仍降祝祠，命有司春秋致祭，岁以为常。山海军民闻命欢呼踊跃称快。有以见王之功德及于人者深且远矣。李以事之始末属守关兵部主事尚绸述状，征予以记。谨按祭法有云：能捍大患则祀之。若王之设险守国，使百年之间敌国莫能窥其隙，室家得以奠其居，其功不亦大乎？祠而祀之，岂不宜哉！虽然王为开国元勋，当时南取吴越，北定中原，东平齐鲁，西入关陕，王之功居多，独山海之人思慕之深者，盖王镇抚燕蓟十有余年，丰功盛烈非他处比，庙祀聿严有以也。夫王姓徐氏，讳达，凤阳人，累官太傅中书右丞相，进爵魏国公，追封中山王，谥武宁。其履历备载国史，兹不重著，惟述立庙之意，俾刻之坚珉，庶来者有考焉，谨记。"

明陈绾《显功庙》诗：

"太傅提兵出塞还，更因渝塞起渝关。石驱到海南成堞，垒筑连云北倚山。辽水至今来靺鞨，蓟门终古镇填颜。岁时伏腊犹祠庙，麟阁勋名孰与班。"

邑侯萧德宣《杂咏》诗：

"开国功臣豹略奇，长城重镇寄安危。平西也是元戎贵，独拜秋风太傅祠。"

海神庙，在南海口（明初建，万历间主事王廷俊修，今废）。

北海神庙，在澄海楼西，御笔书额曰："汇溟宁宴"，联曰："翕受奠坤维澜安拱极，灵长资坎德派演朝宗"。（乾隆四十四年敕建，光绪元年知府游智开、知县观祜修。）

二郎庙，二，一在南门外，一在首山巅。

附：权使金简《首山二郎庙可琴亭记》：

"首山之阳有古刹焉，其巅得屋三椽，廓如也。当楹则海光荡漾，少折而东，莹然如带之环焉。倏见惊涛乍起，奔若连山，浤浤汨汨，殆必有海童蜗象之属，狎波涛而遘连者乎？回视层峦拱翠，怪石巉屼，清流夹岸，沈澈可镜，意虽荆关妙笔不能尽，云影天光之幻态也。余公余之暇来游于兹，窃爱其径之邃，硐之幽，石之奇，松之古，鸠工而重葺之。更得两椽，颜曰：'可琴亭'。余不善琴，奚以可琴名？盖有音之琴播诸弦缦，而无音之琴触乎性灵，对此流水高山，如必一弹，再鼓是犹浅之乎？言琴者也。如是，而以可琴名吾亭，夫亦乌乎其不可。落成后，余援笔而为之记。登斯亭者，揽山海之大，玩泉石之美，将必流连而共适焉，固可知斯亭之筑非予一人所得而私也。"（乾隆三十年）

邑人刘元吉《重修二郎庙碑记》：

"首山距县治之西北，前临大海，后倚边城，群峰之向南而峙者，如屏之列。渝水之自北而来者，如带之环，凭高一眺，樵者、渔者、行者、渡者历历如在画图中，此首山之大观也。二郎神之建庙于其上，斯何以故？记有之，能御大灾，则祀之；能捍大患，则祀之。二郎神斩蛟除害，导险为夷，是有功于民社者也。故自前朝以迄于今，土人崇祀不辍。岁乙酉，前权使今大司空金可庭先生督榷海关，曾新是庙，榜其东之乐寿亭曰：'瑶岛蓬壶'。复于其北构亭二楹，颜曰：'可琴'。盖于山水间得弦外之音者矣。第廿余年来，风雨剥蚀，日渐倾颓，见者心恻，鲜不绌于力之无如何也。丁未冬，内府大夫仁斋董公以权使奉命莅兹邑，仁心仁政著于海关。视榷之暇，时出其闲情逸致以与士大夫遨游山水间。羊叔子之风流，谢东山之高旷，不是过也。且发菩提心，遍重善果：于五泉寺，则大施丹雘，以著其庄严；于海神庙，多植松槐，以状其形势；于火神庙，则增新殿宇，以焕其规模，洵盛举也。日者偶登首山，见斯庙之就圮也，因与我少府徐鹤溪公谋所以新之。乃捐俸而为之倡，士商之慕义者争输恐后。徐公故良吏，且综核才，鸠工庀材，诹吉兴作。物料依时给价，匠师计日给饩，擘画经营，规制尽善，两阅月而工告竣。重葺正殿而神像聿新以重本也，改建西庑而山门并起以饰外也，朱栏画阁美观瞻也，抱厦回廊蔽风雨也。凿山为道，砌石为阶，所以便于登跻而无攀附之难也。

一时之废者修，坠者举，使都人士耳目一新，性情俱适。君子谓二公之为此非市名也，特致其力于神，以公其好于人云尔。予时共襄其事，知之最悉，是为记。"（乾隆五十三年）

邑侯钟和梅《二郎庙"乐寿亭"诗并序》：

"亭在首山之巅，北倚层峦，南临大海，波光云气，一日百变。俯瞰深谷，曲径樵人如线如蚁，宛然画图。余甲戌春适至其地，颜其额曰："乐寿"，以亭兼山水之胜，且为斯土之民人祝也。曰：公余倚策上孤亭，万里乾坤一抹青。峦势北来蹲伏虎，涛声南下走惊霆。有情猿鹤闻幽语，无事鱼龙息幻形。山水问谁通至性，摩崖剥藓记初经。"

灵神庙，在石河东岸。

小圣庙，在南海口。

贞女祠，在东关外十三里望夫石之巅，祀孟姜女。（明万历间主事张栋建，崇祯间副使范志完重修，增龛以渝关节妇十九人附祭。）

附：明张栋《贞女祠记》：

"贞女孟姜，姓许氏，陕西同官人。夫久赴秦人长城之役，姜制衣觅送，万里艰关，天监贞烈，排岸颓城，诸异载在诸志传中。或以夫为范郎，又云杞梁，杞梁事载《檀弓》，春秋时人，其为误无疑，皆不足论。惟是山海关外八里堡东南有望夫山，又东南二十里辽海中有姜女坟，一封挺立，就之则石。土人传迤北大边即长城旧迹，所谓起陕西临洮以至辽东者，姜寻夫至此，曾登此山而望之，后死或瘗于此。然坟以从土，岿然一石谓何矣？大端乾坤正气如水行地中，无处不有，凿之斯见。姜之节，姜之心，人人同具，无亦因海中石似坟，因此山高可望，且以近长城而思孟姜，因指以为迹，将令同此心同此节者登山望坟，望坟吊姜，直欲上论其世，以启人之贞烈欤！此迹不必真，而姜则实有此事，君子直求之心已矣。甲午春，予与参戎郭将军企此山而登焉，北眺山麓，南望海涛，环山面水，巅有巨石，徙倚孤松，远如人息其下，盖胜地也。因命夏千总东升夷其荒芜，得旧砌伏白石布袋和尚小像一具，则知旧原有祠，今岂运数当兴乎？因谋恢复，而协守秦都督闻之亦为捐廪金，关内外部曲慕义者又各捐金若干。工食既备，祠既告成。于是年三月二十五日始，于是年九月二十日终。庙一，中观音大士像，左贞女像。为茶房左右各一，后为草亭一，环以石垣，景态辉映，触目豁心，真称胜地矣。嗟嗟！孟姜一妇人耳，一念真赤，千古不朽。至今荒徼绝塞，人犹祠而思之，吾侪丈夫，戴天履地，为妇人之纲，肩君臣父子之伦，视此当何如也？予因记其事，且告来世所为兴其祠之意。"（明万历二十二年）

明张时显《重修孟姜贞女祠记》：

"天地间之气，阳刚与阴柔异齐，有阴柔中得阳刚之正者，是女子而丈夫者也。若人也，生有裨世教，死无愧庙食，谓之间气所值亦宜。关之东行八里有望夫石，石之巅为贞女祠。考诸野史，女许姓，居长，故名孟姜，夫为范郎。时秦兴长城之役，徭临洮抵辽左，郎操版锸于辽无返期。女矢心远觅，至则郎已物故矣，遂哭而死。土之人邀高阜祀之，因名曰望夫石。然郎之即膏此土，及女之曾跻此石，皆不敢遽附其说。世久庙貌湮没，岁甲午，前关尹张公栋始修复之，表章之意蒸蒸盛矣。丙申夏六月，显赍瓣香往，先望见其祠额曰：'贞女祠'。既入，中肖圆通大士像一，南向，旁肖贞女像一，西向。予乃私讶曰：大士清净法门也，人世女获配芳魂，岂不慰？第神即正位其中，而祠额实为它设，女既称有专祠。而位次若同仅附，两者皆无当也。事疑偏而不举，是在后之人耳。于是谋诸前屯协守赵副将军梦麟，并檄八里铺千总李栋董其事，将军鸠工伐材，而陶诞糇粮，余佐之。关内外有慕义者得且子来也，始相祠外无剩地，四至皆傀儡石，则命石工施锥凿，突者铲之，凹者补之，甫匝旬而石之平若碾，方若画矣。再命木工即石之上增构前堂三楹，堂之外复砌祠屋三楹。左右翼以僧舍，后草亭已圮者并葺之。三阅月竣事，而规模视昔益宏敞幽邃云，至大士仍旧祠不迁，明尊也。贞女像移置今祠，明专也。中堂则游客藉以憩息，亦所以妥神也。庶几祠之名不虚设，而于前人修复之意谓相成而非相戾，可乎？抑予感此而尚论往事，晋公子出亡，狐赵诸人相从十九年于外，臣道也；宋朱寿昌幼失母，足迹半天下求之，幸遇于蜀，子道也。寻夫之事史不多见，惟《博物志》载舜南巡不返，二女追之不及，泪染竹，死为湘神。顾亦不知何据，大抵身不窬闺壸即归宁，有时而废，此礼之经也。艰关万里，往行旅宿，必死与同穴则所遭之不幸者。窃意姜女当时舅姑已没，可无井臼虑，不则安得事远征，又或以无后为郎惧，倘有子代行必属之矣，故不量礼之可为与力之能为，而执一为之者，是苟难之行也，姜女必不然也，凡为贞者所当知也。嗟呼！秦人是役，百万生灵悉膏草野，孰从诘其姓氏？今千载之下，独知有范郎，则郎有妻如姜女耳，节义之感人心，千古不朽如此。余故曰：若姜女者，是女子而丈夫者也，何可以无祠，又何可以无专祠？因续为记。"（万历二十四年）

国朝藤琴居士《姜女祠》诗：

"松老颓垣见古祠，崩城姜女事堪悲。藁砧望断成奇节，环佩空余识旧姿。石洒浪痕当日恨，水流呜咽后人思。振衣亭畔凄凉甚，犹忆凝眸睩曼滋。"

诒晋斋诗：

"姜女祠前秋草黄，姜女祠外秋风凉。高原突兀望夫石，遥望海水今茫茫。"

定亲王诗：

"坚节曾闻道姓姜，夫亡徭役痛悲伤。至今海屿留孤冢，剩有凄风伴夕阳。"

邑人程观颐《重修姜女祠碑记》：

"事莫善于新，人之所古，而气尝足以寿于世。所谓气者，举天下可欣可骇，为悲为愉之致，不足以撼其辖毫而挺然独表吾节义，夫是之谓浩然之气。至于居祠既久，岁月已长，有能焕其堂奥而更始之，使人目新乎其所视，情新乎其所瞻，令古人节侠之气如在，近今洵所谓与人同其好也。

孟姜女者，产嬴季，于归范氏。未久而夫就役于长城，遂以殁于军。秦皇欲置之阿房，而孟姜足迹万里终得夫骸，竟枕石于海滨焉。土人立为祠荐享之。南临巨海，北望层峦，列楹数间，其地高阜杰出，下则平沙石漫。游人至其侧，见夫浪波汹涌，潮流激荡之势，若出于履舄之下；对夫蓁莽苍郁，巅崖拔出，挟光景而薄星辰者，若出于衽席之内，因以为渝关丽观焉。噫！秦之暴，六国不能争，秦之力谋臣猛将不能拒，而姜女以一女子夺始皇之气而抗其威，竟以完妇节。使六国之谋臣猛将皆如此妇人女子之烈，亦何至有姜女没海之事？惟妇人女子之烈，远过于六国之谋臣猛将，此固秦皇之所不能禁，而荆轲、子房之所共奇者也。积既远而雨堕潦毁，盖藏渐陈于榛丛莦草之间，每风号燕山，月苦渝水，惜其庙社有形而即新无人。会安宇曹君来居此关，因其故址，鸠工增庳，斩材以构之，陶瓦以覆之。既成，而亢爽卓荦之象，焕若日星焉。于是居人皆喜慰其思，而古迹复灿，使夫荒遐僻壤之境，至于后人见闻之所不及，而传其名揽其迹者，莫不低徊俯仰，想姜女之风声气烈，至于愈远而弥烂，则曹君真可谓与人同其好者也。故曰：事莫善于新，人之所古，而气尝足以寿于世。客有嘻而顾予曰：此可记矣。遂记之。"（康熙己酉）

陈天植《姜女祠》诗：

"迢迢长城路，纤纤弱女身。不惮万余里，寻夫辽海滨。夫婿从征役，劳劳多苦辛。耐此霜雪威，白骨委黄尘。寒衣刚送到，不见寏廖人。对兹筑愁者，翻令蛾眉颦。登高遥怅望，水石空粼粼。可怜妾薄命，哀怨难俱陈。夫魂不可招，泪血倾城闉。妇心金石坚，此生聊以殉。长城役方罢，二世已亡秦。至今千载下，贞女祠犹新。东海有沧桑，斯坟无沉沦。偶来凭吊生，悲歌当蘩蘋。"

李养和诗：

"镜破鸾孤不再圆，空传遗像海楼边。波涛尚泻崩城泪，眉黛犹颦去国年。千里寻夫悲雨雪，片云和血染山川。芳魂寂寞归何处，烟树苍茫水拍天。"

萧德宣《杂咏》诗：

"万里追寻太苦辛，长城忽尔哭声振。秦皇纵有排山力，不及穷途一妇人。"

劝义祠，在西关外，祀明张忠愍公世忠。

褒忠祠，在石河西（今废）。

陈公祠，在东月城，祀明兵部主事陈祖苞。

张老相公祠，在弥勒庵。

忠爱留芳祠，在西月城（乡民为历任关门之廉能者建）。

来公祠，在西罗城龙王庙后，祀明兵部主事来俨然（初建西关外，后废，仅存木像，复改建于此）。

三善祠，城北七十里义院口三官庙内，祀明参将金斌、寿官王守道、乡耆高廷科（金斌倡义兴修义院口城垣，守道、廷科赞助之，民得安堵，因建祠以祀焉）。

以上坛庙。

寺观

栖贤寺，在角山巅，正中为观音大士殿。殿西有龙井，上建龙神祠，为祷雨取水处。东厢为明萧给谏显读书处，西院旧有角山精舍，明詹尚书荣读书其中，晚年为游宴之地，今改建关帝殿。西为桓侯祠，又西巅为甘露亭，为祈大士甘露处。寺之东岩建魁星阁，转而北上为文昌宫，宫之东为设星宿坛处，乡人祷雨禳灾祈星宿于此。又东为孚佑宫，奉吕祖。再东为经畬别墅，奉周子、程子、朱子牌位，为乡人士讲学之所。

附：佘一元《角山栖贤寺会碑》：

"榆关北角有寺曰'栖霞'，或曰'栖贤'，云寺之从来盖已有年。正殿奉观音大士，而配殿、山门、厨斋、僧舍厘然与群峰掩映，苍松翠柏，古碣石泉，参差秀丽，依山面海，洵关门一名刹也。山之巅昔建有山海亭，乃部使陈公钦同乡先达萧公显、郑公己所构。又有望京亭，乃部使葛公守礼同乡先达詹公荣所构。今二亭早已倾圮，而记之载在旧志者，犹可考也，且山巅镌有萧公诗，寺中留有郑公记，虽岁久渐就剥落，而苔藓浸渍间，犹可想见昔人手泽之所存。且詹公读书其中，别号即为角山先生，因知此地实前贤往来栖止之区。寺之由'栖霞'更名'栖贤'，岂以是耶？尝闻观音大士现身说法，为世人救诸苦难，佛门尊之，犹神之有关侯，仙之有吕公也。故大士救人之苦，必先自具苦心，此段苦心必人能奉之体之，而大士斯能救之，不然大士亦只自苦耳。大士救人而致令自苦，势且不暇救人而姑自救，夫大士能救人使不得已，而以救人者自救，则人将奚赖耶？若人各具苦心，各思自救，而大士之心慰，大士之力亦必绰然有余矣。吾愿人之自救苦难，以无负大士现身说法一段苦心，一番苦口也。寺前此僻处山隅，香火稀旷，僧常元能殚力焚修，悉心感化，迩来殿宇增新，崇奉日众。每于二月十九大士诞日，纠有数会，会客数十百人，号佛进香，阐扬视昔加盛焉。会首王化虎等率众发愿竖碑，求余言，一志其事。余谓尔诸人知奉大士，亦知所以奉大士者乎？果知奉大士必仰体大士之意，各具苦心，各思自救。庶真能奉大士者，慎勿谓徒博崇奉虚名也。余友程君观颐读书此中，戊戌成进士，今乃司教津门，似能踵萧、郑诸公后尘者。余犹望其仰体大士，由此自救，以为救人也。盖吾乡先达皆贤者，而大士之在佛门，尤佛门大贤也，然则寺之由'栖霞'更名'栖贤'，良有以夫，是为记。"（康熙元年）

朝鲜金昌业《游角山寺记》：

"自燕京归，至凤凰店。朝饭，欲往角山寺，谋诸同行。是日，大雪初霁，风甚烈，人皆惮行。有尝游者亦言：路绝峻不可骑，雪被其上，决难著足；纵得上去，今日内不可回到关上；去大路远，又不可独往。劝止之言盖纷然而皆不听。遂雇健骡骑之，选从者三人以随，以干肉、烧酒贮革囊，按鞍乃行。至山海关西罗城而北，始行人家中，俄而无路，穿过坟墓、田陇，凡八九里至山趾。路陡峻，上数百步，有红门跨路，匾曰'扶桑观日'。过此，路皆布石为级，盖荦确难行，然从者言视前犹易，盖近径修治也。约二三里，当路又有一间屋，此在山为三分之一。俯视关城内外，民居、田野、道路历历可指，海中一舟挂白帆向东去，望之渺然。又上二三里，有六面亭，此亦游人止歇之所也，匾曰'玩芳亭'，此在山已居三分之二，而望寺犹缥缈。寺后有一圆峰，左右各抽一麓为龙虎，寺居其间，地虽高却平稳。在途上，雪深没履，风寒砭骨。及至山上，风日却温和，如入室中。雪为风所吹，尽入于壑，余皆融尽，一路如扫，殊不知登陟之难。至寺，始下骡。从西偏角门入，去庭院，阒然若无人。佛殿东小屋中有读书声，遂径造其处。堂中坐金佛一躯，转过佛后，东北隅有一小户垂以帷，遂揭而入，有一少年在炕上读书。见余至，掩卷而起，余直上，揖而坐。少年取纸笔置前，书问曰：'老先生至此何干？'余答曰：'外国人，因游玩至此，不期得遇佳士。'少年曰：'佳士二字不敢当。'呼童子进茶。坐少顷，出。就东寮与从者议留宿计，少年随至，余问曰：'今夜欲宿此，不知有余榻可借否？'少年曰：'此炕好。'南炕有一老僧，少年告以故，老僧颔之。已而，寺僧进夕饭，与从者饱。于是遣从者一人持骡归察院，使以明早来，待山下。乃登寺之西冈，冈皆奇岩，层累如台。其西深谷，俯视千仞群峰拔地矗立，如列剑戟，奇壮磊落，但色惨如铁，欠秀气耳。一道大川出其间，即石河上流也。自此望绝顶不甚远，遂从岩隙攀援而上，凡三四憩乃至。其上平，可坐百人，亦有石可踞，到此视望海亭，却在膝下。东南，天水相接，登、莱地方亦可见，但眼力不及耳。西南，群山重复，时有青峰出云烟间，似是昌黎县近处诸山也。自绝顶东去十余步即长城也，随山北走，粉堞隐现于叠嶂间，自是天下伟观，令人魄动。然此非秦时古城，乃明初魏公徐达所筑也。城外冈麓高处皆置墩台，深谷暗壑无所不瞩，使贼兵不得潜身，其设置可谓壮且密矣！循堞徘徊，自有感慨之思。日暮风多，乃下。寺庭有弘治、万历所立两碑，寺后又有一碑，前面字皆漫不可见，阴则皆古人题咏，亦明人作也。少年又要余至其房，剪烛烹茶闲话，至夜深归东寮，和衣而寝。夜中风起，松桧皆鸣，呼从者视夜，云：'月犹未出。'余遂自起视之，海色苍然而已，乃复卧。自念人生虽曰如浮云，不定南北，而此身卧此地，岂梦寐所及哉？于是意思似喜似悲，遂不能睡。少顷，又起视之，月上东南，海波半明半暗，光景殊奇。鸡亦鸣矣，枕上得七绝一首，又用碑上韵作七律一首。呼烛起坐，使从者求笔砚于少年，少年即自至，遂书两诗赠之，出囊中酒共饮。俄而，南炕老僧至，问其年，少年书曰："七十四。"又曰此僧不可轻视，亦曾作过五品官。余问曰：'何以托迹空门？'答：'罢职之后，老而无局，故寄托于此.'想亦有志君子，而恨不能早知，叩其所存也。遂别少年，出山门，日已高矣，俯视关城，炊烟满空，亦一奇观。少年姓名：程洪，字度容，年二十三，眉目清朗，举止闲雅，言语不苟，前后所见秀才无如此人也。问答说话颇多，而所书纸留少年所，不能尽记，时癸巳二月二十三日，所谓余者，朝鲜人金昌业大有也。"

驻防重禧《重建东廊记》：

"蓟北诸山自居庸而东，其峰峦如屏障，绵亘千里。而长城即因其形势蜿蜒至平州之角山，折而南下，直趋海涯。山与海相去十余里，其间为山海关城。而角山者，高出群峰，南临大海，实一邑之巨观。山巅旧有栖贤寺，为昔人游赏之区，其东西两廊岁久倾废，仅存遗址。乡人议重修而未果也。余幼时自喜峰来居山海，即乐其形胜。罢官后与二三同好时为角山之游，晚年多病，日登山以学健步，习之既久，颇不以攀陟为劳，遂设榻僧寮。一岁中居山常数月，既欣其林壑之美，又叹夫颓垣断甓之荒芜日甚也。乃谋于同志，拟复建廊庑，勿堕前规，庶可为山灵壮色，且兹山为关城保障，其钟灵毓秀，前人言之详矣。据余所亲见，则尤有灵异可纪者。道光壬辰，岁大旱，城乡遍祈无应，人情汹汹。邑绅数十百人徒步登山，祷于山寺之井，拜未讫而片云起山隈，大雨如注，田野沾足，人心遂定。是举也，首事者傅问樵孝廉，而题额于井亭以志其异者，则邑侯萧公也。丁未孟春廿四夜，有鹤数百集于山头，鸣若笙璈响，晨始去。时余适宿寺中，闻声出视，则白翎丹顶，弥满山冈，心窃异之，不知其为何祥也。而邑人郭石臣以是科捷南宫，始悟为地方文明之兆。夫以山之灵异如此，则葺而新之也固宜。余老矣，力不能举其全，仅以劝募之资建楹于东偏，其西则尤有待苟同志君子因而成之，俾复旧观，斯则兹山之幸也，抑岂独兹山之幸已哉！道光戊申记。"

傅德谦《重建西廊记》：

"余友重怡斋，满洲人，官佐领。嘉庆间，解组归林下，晚年习静角山寺中，徜徉泉石之间，淡如也。余自秦中归来，与之款洽话旧，羡其步履犹健，欲相偕为角山之游，每以未能为恨。适怡斋营山寺之东廊，并移魁星碑于岩上，属郭怿琴孝廉以碑记，商订于余，且谋其西庑。余读其记而叹曰：美哉，怡斋此举也！人之举事多务其切己而已，角山之兴废，其与于怡斋也几何？而汲汲然以起衰修废为务，且留心于祷雨之验，鸣鹤之祥。呜呼！民生之利，赖人才之奋兴，非日往来于胸中而能若是哉！夫角山固一邑之镇望也，其林木尽于官吏之翦伐，而寺复坏于不肖之僧。道光初年，关部春公捐数百金，属邑人田西源昆季葺其正殿山门。其后以无僧住持，又几为樵苏者所毁。怡斋以物外闲人，时加护视，寺赖以存。因念两廊为昔人读书之地，游息之区，而殷然以兴复为己任，且建魁星阁于岩上，俾文星昭显于千仞之巅，其用意诚美矣。余嘉其意，乃谋于同志，续劝檀施建西庑以成其志。工既竣，爰志其始末于壁，其捐修衔名，工料费用则别勒石以纪。至于寺西之殿宇，暨詹先生讲学之斋，遗址俱存，又赖同志君子有以复其旧观，则当年全盛之规模，庶几复睹于今日矣。道光二十八年记。"

王朴《新建关帝殿记》：

"关圣大帝正气弥满乾坤，丹心炳如日月。国家屡崇徽号，郡邑岁奉明禋，此其威灵震叠自在人心，固无俟笔墨之赘述已。角山为临渝保障，珠宫琳宇，蔚起崇阿，洵众圣之所式临，合邑之所仰托，不可无关帝专祠，以答鸿庥，以镇抚邑之人士，而冀垂显佑于无穷。帝像旧在佛殿东廊，与伽蓝灌口之神同龛列坐，议者非之。道光庚戌乃更于西院，卜建正殿三楹，奉移帝座并关、周两将军。自秋季兴工，九越月而工竣，共费金钱若干，盖惟慕义心同，是以输资力巨也。弓矢甲令胞箭及幔前联额之属，亦后先毕具。至殿中迎面匾对与壁间长联，皆诸大帝降笔留题，邑同人复续检圣帝训世诸篇书之于榜，悬置祠宇。是时庄严显相，虽云今昔情同，从此莫丽名区，足使海山气壮，接天威于咫尺，对越共矢寅清，迓帝德之生成无疆，永邀申锡，就瞻念切，展谒礼虔也。抑有进者，圣帝之鉴观有赫，覆帱无私，又当有懔于入庙之先而求诸像祀之外者，古人钦崇永保只在一心，惠吉逆凶严于平日，愿与同人共懔之，庶几上无负于圣帝训世诸篇，下亦不失我同人奉移帝像之初愿也夫。咸丰十一年记。"

郭长清《文昌宫记》：

"学者拘迂之见，往往以近代所奉之神明不见于经传者，即谓之傅会。是以宋马氏《文献通考》于文昌帝君颇有异议，不知《礼经》云'司中、司命'，《史记》云'斗魁，戴匡曰'文昌宫，其为紫微垣之辅佐，悬象著明。有上帝以主宸垣，则有文昌以为上相，而代天宣化之大权属焉。是珠宫如世之官署，而帝君则其主司也。若谓此而无神，则以天象昭昭，仅视为窥测度数之用，而古圣敬天勤民之意反成虚语，其有害于人心、风俗可胜虑哉。夫愚者不谙圣教，未有不谙祸福者也。梓潼帝君以十七世之功修荐跻尊秩，主文明，评阴骘，垂训锡福，显佑尘寰，千百年圣迹昭垂，实足以甄陶善类，震慑淫邪，世运赖以转移，民风赖以感化。而读孔孟之书以治世者，即仰赖神道，福善祸淫之不爽，以维持世教而拨乱反正，转危为安。彼马氏以考据专家，其立言之体则尔也，学者宜通观而勿滞耳。且夫帝君之训世殷殷也，岂得已哉？孟子与人世周旋，其好辩且非得已，神在九重天上，亦惟无言以持造化之柄而已矣。无如人心日流于浇薄，风俗日就于沉沦，若不极力挽回，更恐江河日下。圣心不忍，是以屡降鸾书，如世所传《阴骘文》《孝友经》诸篇，其不得已之苦衷已可概见。而学者泥于马氏《通考》之说，是未能即天人之理而贯通者也。兹以角山之新宫久经告成，尚无碑记，欲记以传于后，则必当述崇奉之意以告乡人，尤必当敬述所以为神，所以宣化之故以白天下，庶几天下人心知祸福之不爽，不敢背圣道而驰，斯风俗渐以敦庞而承平可睹也。角山旧无文昌宫，宫之建自庚戌岁始，因城西佛寺有古铜圣像一座，系七十一化真容，即化书所载入。西凉称谢艾，青年应举而乘白驴者也，侍者执如意一柄，则指挥三军，破麻秋兵十万者也。熔铸精采，神气如生，顾尘封于废寺中，则亵甚，乡人士恭异至角山之巅，而建宫以祀焉。十余年来，灵麻迭著，旱而祈，疫而祷，遇危而惧，无不仰邀福佑，默为转移，愈足征兹山为云辂驻驾之区，而主文明，评阴骘，皆在于斯矣。故谨即鄙见之所及者而记之如此，咸丰十一年记。"

　　张汝金《孚佑灵宫记》：

　　"伏维孚佑帝君以紫垣右相协赞天功，部署风雷，权衡善恶，与文昌、关圣、忠勇、明垣诸帝君飞鸾救世久矣。夫震慑尘寰，感孚海寓矣。自乙卯岁临渝乡人士感荷神庥，建灵宫于角山之上，驻云辁，资保障，不有碑记，何以传信于将来？粤稽孚佑帝君，世称吕祖，祠宇遍天下，功德在苍生。而究之人之所以崇奉者，不过求方祈福卜灵签以决休咎，藉梦枕以问功名，是以但目为诗酒神仙，尊为道家宗祖。而于帝君维持圣道，默化人心之深意，则茫乎其未有得。世传《吕祖全书》较详于《全唐诗集》，虽多言道术，而其阐明圣学，宗仰尼山，弥复谆谆垂训，勒为成书。盖道术者出世之具，圣学者治世之方，圣无不通道，固有并行不悖者。世俗之文人学士，自谓读孔孟之书，而于全书则忽而不察。无怪乎所以崇奉者，不过求方祈福卜灵签以决休咎，藉梦枕以问功名也，甚矣！俗情之惑也，有事则祈请神明，而于神明所谆谆属望于世道人心者，则无一事以相应，即稍知报答，亦不过建庙宇以修供献，谓可以对神明也。抑知帝君救世之苦衷，固不在是哉。窃尝读《尘寰要览》一书，综括《曲礼·少仪》，内则诸经之精义，而酌古准今，以为小学之绳墨，即以示大学之津梁，而鸾鹤集理学一编，实足发明洙泗之学。仰见圣愿宏深，务期海内群生举化其计功谋利之私，胥归于诚意正心之实，庶几挽回世运，共睹升平，而救世之心始慰，故曰：建庙宇以修供献，亦未足以答神明也。然而庙宇又何可不建也？敬考国朝祀典，文帝、武圣皆已秩隆中祀，享备春秋，岂非以维持世道功德在民而祀之哉？乡人士之奉孚佑亦然矣。临渝旧有吕祖庙，在西南城隅，湫隘嚣尘，难以修敬。而角山为关城保障，实仙灵欣赏之区。人心既默有感通，神功亦屡昭灵异，于是移建祠宇之议，众志金同。乙卯岁经始，至丙辰岁落成，广集众缘，敬留灵迹，石刻绘像，正中为孚佑圣容，负剑者为天真子，右为卢仙君，左为柳仙君，皆天上真容，非人间笔墨。又诸天宝墨辉映檐楹，忠勇帝君一联云：'愿世人广修阴骘，到此处来谒神明'。旨哉至言，实立庙之本意。亦若曰：建庙宇以修供献，未足以答神明也，欲遂其谆谆属望于世道人心者，而救世之心始慰耳。至于兹山为诸神会聚之所，临照匪遥，乡人士果能时时修省如对神明，即不祈祷登山亦在洞鉴之中，而仰邀锡福矣。愿与乡人共勉之，爰述立庙之原始如此。咸丰十一年记。"

郭长清《忠勇行殿记》：

"忠勇帝君，汉桓侯也。桃园大义，炳曜千秋，在天为神，与关圣并列也，固宜。夫神以刚大义烈之气，察善恶，定赏罚，恶者当诛即诛之而已。乃尝读近世劝善诸书，多载忠勇训语，威厉之中弥深殷恳，盖欲挽颓风以回世运，不忍不教而杀也。然使教而不悛，则决然诛之，亦不待问矣。乡人士读垂训之书，钦慕已久。每于角山虔祭武圣时，必多设一座，置酒一大觥，馨香上达，俨若神明在上，比肩共享也。然在人钦慕之意终觉未申，谋建专祠以修禋祀。适遇绘像一轴，系摹自阆中者，大致颇肖，遂因陇西氏之资，建行殿于武圣之侧，而按图以塑焉，落成于丙辰之春。当工造时，梓人治殿额，版成而未有字也，监者忽如梦呓，骤持圬者，棕笔濡丹膡，就版急书'义而已矣'四大字，投笔而退，问之，莫知其故，观者愕然，始悟为神所式凭也。刻而悬焉，真觉气壮山河，永垂灵异矣。仰见神灵赫赫，临驻海隅，数年来旱疫兵氛，乡之人诚祷于神，皆已化险为平。仰邀默佑，则行殿在兹，鉴临不爽。吾乡人其共勉为所以对越无惭者，以祈神威保障可也。咸丰十一年记。"

邑侯瑞恒《角山灵异记》：

"岁辛酉，余承乏渝水，夏大旱，祷城隍不应。因取水角山，遇绅耆廿余人，祷文昌殿，竖星宿旗暨云雷雨各一帜，中设星宿真宰牌，谓父老相传若是。余曰：'星有好雨不妄也。'因与约，不雨不辍，各祷至七日，使觇之，祷愈挚，余祷亦愈诚。次日遂雨，亟登山谢拜，焚星宿牌，藏旗帜于山，因恣观胜迹，盖别后弗忘也。丁卯夏，余之任昌黎，雨阻旅次，遇渝之秋试诸生，询渝事，对曰：'大旱两次。'余曰：'未登山祷星宿乎？'曰：'祷应如前。'余曰：'灵山也。'曰：'更有异。乙丑冬，马贼起奉省，关城戒严，庙祝梦关圣与孚佑帝君同一苍髯碧眼尊神坐殿上，阶下竖二十八宿旗，如祷雨状，而命将点兵，约略闻谨守辽河语，又一尊神谓祝曰：我兄弟与星宿帝君同歼逆寇，尔其衅我刀矛？寐告董事，遂刑牲以衅，并祀星宿旗以祷。不数月，东寇歼除，并闻有神兵退贼之异。而角山先有梦警，是不惟祷雨著灵也。'余闻斯语，因念近年来神灵显佑，屡登奏牍，盖护国救民，太史书之不怪。角山灵异如此，乌可不传？抵昌后，簿书之暇登五峰，望角山，追忆见闻而记之，即寄渝水诸生，以当雨窗一话焉。同治六年记。"

给孤寺，在北门外。

崇兴寺，在西罗城。

后角山寺，在三道关西。

地藏寺，二，一在西罗城，一在北门外。

团云寺，在团云山。

圆明寺，在城西北二十五里寺儿山。

蟠桃寺，在蟠桃峪。（明冯公时泰、刘公复礼俱读书其中。）

鹰武寺，在鹰窝山。

温泉寺，在温泉山。

庆福寺，在白云山。（详见山川）

附：滦州右侍郎申庄严《庆福寺佛像殿堂碑记》：

"蓟门而东，平沙迥野，既鲜苍山秀水，亦无古刹幽宫，三百里至我永平，始睹有川岩之胜。至关门百余里，南临巨壑，北走太行，广大精微，无不毕具，而亦止有斗庵丈室，一二土僧点缀林泉，应酬斋忏事耳，从未见有创辟道场，庄严佛土，能容僧法弘亮钟灯者。余以顺治十八年告归滦州，一年中，州之一丘一壑无不探至。至二年，乃抵关俯海，以俗事期迫。跨蹇策行，见西北一带山光峰势程程迎送，应接不暇。三日抵舍，岩壑之气勃勃心面，因决计于初秋再往，过他山而不顾，径赴白云山。过石河，历村聚，联亘环折，民气熙乐，篱落房壁，豆架壶棚，采鲜蓄干。家闲人朴，见客来至，咸异咸喜。泉溪争流，溅迸尘迹，幽邃欲极，忽焉豁坦，盖无几何时而至山也。肩舆渐升，曾无险仄，高处更平，皆种谷菽，垂及望寺。路旁皆榛丛不逾尺，随手掇取，盈腋可食。遥闻钟声，蚤有僧众十余辈拱立路侧，导引而前。又有侍者数人，揖客而通词云：'师在山门久等。'甫至，则老僧相迓。余见其威仪之整齐，迎客之班次，盖不待见老僧，而知其为守律谨严师范也，其开山创业也宜哉！登堂谒佛，即瞻后殿，崇阶石砌，配庑弘敞。入讲堂，方丈皆精洁有条理，而又有别院两区，为十方僧檀所容足，石工木师经营未毕。相揖茶次，老僧礼恭貌静而朴情苦相存焉。寺后址尽山巅，直北有十余里通边口，疏凿埋堑，尽可行车。东西瞻眺，所览无极。由后复前，殿台而南，无所碍瞩，触目皆苍，荡胸皆秀。其豁然开处，如八达之绮疏；其密然围处，如四周之屏障，其屹然立处、蠹焉起处、断焉续处、合焉分处、不可方物处、不可捉拟处，疑古大将之布万阵于边陲，又疑三世佛之交照于圆光。而诸人天之环树嶂于云际也，其奇也如此。盖此山适当众山之中，而众山无不耸峰削壁，干霄接汉，斗险争危，愁猿抑鸟，枯仙曜道，外绝蛮焉之足矣。惟此山平衍而又在中，真众山之都会，众山尽石而此山独土，又众山之皮肉也。天不设此山，则凡经游于水径湾蹊者，亦只畏远嫌深，悲阴怯冷耳。天设此山而人不设此寺，则农竖所采樵，而牛羊所宫囿，又安得有士大夫辙迹，而为诸山一发其高苍幽奥，俾天下知太行东处四大三光之间，气藏蓄于中原九塞者，万里而至我永平，乃一聚泄也哉。询老僧建创之由，则山下古有庆福寺，自前代移在山上，僧名圆真，幼零落几冻饿死，赖山庄人救活，中年始入释门，不识字，况佛法，只知有勤苦，为忏悔也。基既立，则业兴，工既举，则人集。僧不过雇工估料，抬石扛木，杂诸人役中，助一手足之力，而一布一鞋之外，未尝敢耗一钱，其一切僧众自为山寺而聚。僧以诸檀所散，体其心而养，其来者无厌焉。非有重于僧而为社，为道场也。至于众僧饭而僧啜其余，众僧休而僧躬其役，则二三十年如一日。此一种老实心愿未知于佛法何若，而实为大众所鉴怜。今日非贵官居士来，亦未向人发一语也。余与同游各客皆聆而伤之重之，及知其入门相见朴苦之状有由也。又相与赞之，以为此真苦行头陀也，何患事业之不建？况大功垂成于八九，何患山门之未辟？天龙相好无不毕具，栋宇墙扉无不壮坚，何患金碧之无资而光辉之下丽也哉？孰知余去此甫二年，而遂有突如其来如者，其详委难言，而老僧竟不得终其居而去矣。谁复有终信大法，惜此余缮，悯此精蓝，而为世尊一扫尘埃，慰龙象之泣者。今秋予告艰病卧，守山僧明机来省云：有贵官某某慨发数百金，置金粉丹青诸用料，为山中佛开生面，并绘彩诸殿廊，事已将竟，求一言以志之。予叹曰：'此汝师志也。'忆予至山时，迄今日忽忽者已十年，方谓山事之垂成，而忽坏难再举也，何期天有悔祸心，人有力行志，亦佛法之不忍终断，此有相功德，不忍我永平郡山海之汇灵秀，一见而即晦，不自圣朝太平时一开辟，而待异日后之重表章也。曳疾走颖，聊为之述，如此不觉情词之遂长也。康熙十一年记。"

邑侯钟和梅《庆福寺诗并序》：

"白云山，去城凡六十五里，寺二，在山中，下寺至上寺约二里许。夹道多长松，皆数百年物，乱枝铁干，夭矫盘屈，亏蔽云日，无风而声，谡谡不绝于耳。上寺冠峰顶出万山上，俯视群峰，或伏或起，或面或背，或人立或兽搏，或断若斧削，或涌若涛奔，奇诡万状，觉昌黎南山之诗不足以尽其变也。左有自然碑，右有观音阁，幽花异草，绣簇锦团，山海之景此焉为最。每岁四月八日，男女杂沓，云集蚁聚，秽渎山灵，积习莫变，余闻而禁之，此风始绝。

山藏古寺翠千层，路曲飞蛇直引绳。到顶只余红日近，穿松浑与白云升。花争笑面香难辨，草藉重茵唾不能。却怪游尘最无赖，东风吹上佛前灯。"

栖云寺，在团山。

观音寺，在南海口。

普济庵，在西门外。

白衣庵，二，一在西罗城外，一在南门外。

文殊庵，二，一在石河之西，一在关门外。

广嗣庵，在西门外。

静衣庵，在南门外。

弥勒庵，在狮子林。

普贤庵，在关门外。

慈愍庵，在城内西街银市，在此庵内每日卯集巳散。

附：湖南孙起栋《慈愍庵记》：

"慈愍庵近置香火地二十套，乃永合局为之也。先是有闽人陈崇徽坐事谴戍此，与永合局善，有银一百五十九两，托永合局田岁丰、马占一为牟子母，按月支给子钱，洎陈养疴魏氏，除子钱外，两次取去母银七十九两畀魏，陈遂死。余八十两，陈意欲酬永合局历年赒恤之惠，而永合弗受也。冀俟陈本籍之子姓来迎丧而付之，乃鱼雁杳然。此物悬而无簿，岁丰、占一乃为施之慈愍庵中，于三十五年，七十金置地八套，已碑而记之矣。嗣于三十九年，原地户复求售其祖遗地十二套，计陈银仅余十两，其何能济？岁丰、占一乃与同事梁正文、金翙羽共筹之，助施银六十九两，复置此田，竟成义举。是从陈姓物故后仅存田银八十两，前后置田二十套，并税契共费银一百五十两有奇。此固永合之不负所托，以为陈姓资冥福，予谓不啻永合局之自作福田也，因徇正文请为援笔记其颠末，书之以付庵僧普来。乾隆五十年记。"

女贞庵，在城东北隅。

五泉庵，在五泉山。

附：邑侯萧德宣《五泉庵看红叶》诗：

"古刹寒云锁未开，层峦遥望锦城堆。老僧听得秋林响，知有游人骑马来。"

又："夏来绕屋绿华浓，又饱清霜见醉容。刻翠裁红真两绝，一株菠萝一株松。"

又："寒山门对海天隅，山气清华海气枯。只恐龙君应羡煞，宫中无此好珊瑚。"

又："秋色江南似也无，石台月榭路萦纡。何时饱占山林福，红叶丛中读我书。"

老君庵，在老君顶。

附：王一士《重修老君顶下庵碑记》：

"老君顶高大崔嵬，为石门诸山之冠。窃怪二十八景中独未见收，盖山之遗佚者也。其巅平数亩，有老君堂三间，堂前有井，水甚清冽，为挖煤者穴空其下，山漏而井干。康熙二十年，绕山而居者十三庄，始建庙于山之麓，遂为下庵云。是庵地势坡陀宽大，庙制视山庵雄阔焉。正殿三间，供一佛二菩萨，前殿三间，北面者护法韦驮，南面则接引弥勒佛也。东西二廊各三间，禅堂三间，山门一间。初次重修在乾隆二十七年，再重修在乾隆五十一年，皆有碑记可考。山侧龚家庄龚公，名玥，字华堂者，贸易中奇人也。新与余友善，于道光六年合会十三庄之力，而又重修焉，规模皆复旧观。戏房四间，厨房数间，其增修也。庵成，嘱余记之。忆余壮时因事居山右颇久，闲游顶上，南瞻海水空明，与日光相闪射。西眺群山，奇峰矗立。东北三边，峭壁连云，层峦围绕，如蹲虎，如奔牛，如惊蛇，如翔鸾舞凤，直如顿笏，横如锯齿，群相拱揖，呈奇献怪，皆可指数于凭临之下，真所谓'一览众峰小'也。倦而返至下庵，少憩焉，则又别有天地矣。后坐高顶，前面一岭横亘，向所呈露，不知归于何所。时值深秋，红叶正殷，盈坡满谷，如胭脂染成一片光明锦，长空雁唳数声，山鸣谷应，不啻闻暮鼓晨钟，消却许多凡想。然当是时，余不知龚君为何许人也，龚君亦不知余为何许人也。数十年间，我两人深相契合，因有斯记之嘱，岂非缘之所结因此庵而成与？抑兹庵之景或为我二人写照与？勒于石，非惟记此庵之盛，亦以见结缘之有由也，道光八年记。"

三清观，在西罗城北门外。

桃花庵，在城北三里许。

附李养和《春日游桃花庵》诗：

"庵里夭桃胜锦红，年年歌舞醉东风。花开花谢春常在，人去人来岁不同。流水有源终入海，白云归洞又横空。回翔绣岭多啼鸟，似说荣枯紫陌中。"

大悲阁，在南马道。

观音阁，在北月城。

观音堂，在东罗城。

以上寺观。

附坊

大成坊，在学宫照壁前。

天日丹心坊，在西罗城关帝庙前（明大学士孙承宗题额）。

至道开天坊，在西罗城北门外三清观前。

东岳庙坊，在东罗城东岳庙前。

彰善坊，为王名标建，在西罗城遵义胡同北口（乾隆八年知县张楷奉文建，有石刻曰："容邻开门不出马头"。详具列传。以上见旧志，今存）。

蓟门锁钥坊，在西罗城拱宸门。

瀛海仙宫坊，在天妃宫前（明主事王邦俊建）。

维藩首善坊，在山海路治右。

屏藩三辅坊，在西街。

安攘坊，在北街。

节制四镇坊，在西街。

关门大计坊，在南街。

布德宣威坊，在南街西胡同。

威扬瀚海坊，在南街西胡同。

节镇临榆坊，在威扬瀚海坊右。

迎恩坊，在西门吊桥西。

辽海咽喉坊，在东罗城。

亚元坊，为明萧显建，在东街。

进士坊二，一为明萧显建，在城正中街东；一为明崔锦建，在南街。

独乘骢马坊，为明郑已建，在城正中街西。

豸府重光坊，为明田跃建，在城正中街北。

麟经独步坊，为明李伯润建，在城正中街南。

尚书坊，为明詹荣建，在钟鼓楼西。

冬官貤封坊，为明刘汝桢建，在西街。

忠愍坊，在张忠愍祠前。

百岁荣封坊，为明程矩建，在西街。

乡试题名坊，在东街。

会试题名坊，在西街。

孝义坊，为生员穆思文建，在南街。

贞节坊，二，一为张忠愍妻郭氏建，在西街；一为龙升妻黄氏建，在递运所南。

节贯金石坊，为刘碣妻赵氏建，在西街。

冰霜壶范坊，为赵正功妻郭氏建，在运粮胡同。

纯孝幽贞坊，为生员吉毓麟妻李氏建，在南街。

陶孟幽芳坊，为生员张珣继室穆氏建，在东街。

坚贞完节坊，为马图妻曹氏建，在角楼湾。

节孝坊，为赵英妻穆氏建，在东头道胡同。

贞介如石坊，为石如星妻赵氏建，在西五道胡同。

冰雪幽芳坊，为周国富妻曹氏建，在南马道。

瑶池冰雪坊，为监生范衡礼继室郭氏建，在西罗城南后街。

劲节荣褒坊，为吕正德妻魏氏建，在六道胡同。

洁媲霜筠坊，为吕储元妻傅氏建，在南街。

（以上见旧志，今废。）

榆关书院坊，在西罗城大寺胡同南口。

太璞独完坊，为周鲲聘妻蔡氏建，在南街东二道胡同。

慈孝坚贞坊，为计可成妻刘氏建，在西罗城大街路北。

烈女坊，为范彬聘妻郭氏建，在北门外（乾隆二十一年建，今废）。

节孝坊，为孟琪妻周氏建，在小西关（乾隆四十八年建，今废）。

以上坊。

‖卷之十二‖

建 置 编（下）

关法 仓储 驿传

关法

古为关之御暴也，所以限内外，固封守，讥而不征者也。然而关据山海，拱卫神京，东通三省，远接朝鲜，洵畿辅之咽喉，两都之锁钥，边疆商旅，下国共球，出入往来，云集波驶，能保无奸民之溷迹龙断之或登者乎？故严盘诘，征商贾，亦以重国课，昭法守云尔。

镇守山海关副都统总理关务，两翼协领轮流稽查，佐领、防尉、骁骑校等官轮班值日，协同山永协协标、中军、都司、城守营把总盘诘验放（明设兵部职方官，掌关务。国初撤兵部，以山海路官管理。顺治十五年，复令满洲城守章京协同管理，后改设山海关副都统，山海路都司掌盘验出入。道光二十二年，撤都司，设游击，仍任其责。二十八年撤游击，与山永协副将对调，遂以中军都司率城守营把总随同八旗等官稽验）。

关政，凡商民之出关者，具情呈临榆县给票，票注本人姓名、籍贯、年貌及以某事诣某处，并记簿存县。商民至关呈票于官，盘验无疑乃放出。其入关者，验该地方官路引，放入亦如之。（初用永属州县文引，赴管关上号，至关验放。康熙二年，通判赵振麟详请停止，嗣后改用兵部路引。至雍正四年，城守尉马护善奏免兵部路引，改用卫票。至乾隆二年，置临榆县，始用县票。）县票，兵房所司。嘉庆年间，书吏勒索重价，人皆苦之。二十三年，海阳附贡张燕绪呈控，蒙通永道任观察，本府张太守讯断，永立定价，每票一纸制钱十七文。二十五年，出示立碑于海阳镇。嘉庆二十五年，马邑侯锡书示案："蒙本府张宪牌转蒙通永道任批，据本府呈详该县附贡张燕绪呈控，兵书张瑀等私增出关印票大钱八十一文一案。查乾隆七年案卷，前府会通判详定，商人载货到关，每引收制钱十七文，其止带随身行李，并出关农民每引收制钱八文，奉准部仪在案。张瑜、张珠、张瑀先后接充，私增至大钱八十一文之多，以至张燕绪呈控，虽讯系笔墨纸张饮食办公使用，并未侵吞入己，但究属不合。除张珠病故，张瑜告退，均勿庸议，应请将张瑀斥革，并饬临榆县照乾隆七年之例办理"等情到县，奉此除将该兵书张瑀斥革外，合行晓谕为此示，仰县属商民人等知悉，嗣后如有载货商民领票出关，给制钱十七文，其止带随身行李，并农民领票出关者，给制钱八文，该商民领票毋得借端滋扰，各宜懔遵毋违。特示。"

关禁私贩东珠、人参、貂皮。偷度过关者，罪犯解刑部，货物由副都统解内务府，载货车马赏给拿获官兵。私贩违禁物等物罪犯交临榆县审拟，货物入官，载货车马审明系知情和雇者入官，不知情者给还原主。旗逃由县审解，奸匪由县审拟详结。

奉锦山海兵备道掌征收税课（顺治元年撤关，二年复关，设兵部抽分。榷关者，苛征虐民。浙人倪宝鼎叩阍鸣状奉裁。康熙三十三年，复设户部监督，掌收税课，又笔贴式一人。乾隆年间裁，同治五年撤监督，改设道）。

原额岁征银三万二千二百两（由康熙三十三年起至五十九年，订额内支给山海关驻防官兵俸饷银二万二千两，本署吏役工食银百八十八两，各有奇，余银均解户部）。

增额岁征银一千三百两，共正额岁征银三万三千五百两有奇（乾隆三十五年定）。

黄豆正额岁征银二万八千一百两有奇（乾隆四十五年增）。

盈余额岁征银四万九千四百八十七两（嘉庆四年定）。

又正额岁征银八万两（咸丰九年增，共现额岁征银十九万一千八十七两零）。

以上关法。

仓储

山海仓以储军食，官有专司，收有常额，散有定制。岁足饷糈，而无飞輓之劳，法尽善矣。常平仓意以均谷价，社仓意以备抚恤，古人救荒之法两相倚辅。至国朝，直督方公始行义仓，即本朱子社仓之意，丰敛歉散，官登其数，而专司于民。所以防侵渔，去烦扰，亦举藏富于民之意，使闾里周知，属有偏灾，人心恃以无恐，不至决礼义廉耻之维，故观于乡而知王道焉。

山海仓（在县署西，原建十九所。乾隆七年，管关厅翁甫生增建八所，按山海志云：旧制设有仓官，自顺治八年，白芬具题归关厅，经收昌黎、乐亭、抚宁三县、山抚两卫、石门寨、大毛山、义院口、黄土岭各处米豆共七千三百石，草三万三千束）。米万八千四百石（内学田米七百五石九斗有奇，支廪饩二百十三石七斗二升。抚宁、昌黎、乐亭、临榆四县及石门路，大毛山、义院口、界岭口、箭杆岭、青山口、黄土岭、赤洋口、牛头崖、铁永二堡等处屯米四千五百石有奇，又领司库银万三千二百两，和买米万三千二百石，支给满洲驻防山石两路各官兵俸饷及两京官役过往行粮），豆千石有奇，草二万束有奇（均与屯米一并征收，支给山石两路营兵），管粮厅掌其出入（即前管关厅）。

常平仓（在学署西，乾隆六年，知县张楷建仓厫二十间；十四年，知县张秉义增建五间；十九年，知县钟和梅增建三间。原额谷六千三百四十二石，改县后历年买贮，及捐纳监生增谷三千七百三十六石五升七合，米千二百六十七石五斗七升三合有奇，内除历年支给安插人犯口粮谷七十六石九斗。乾隆二十一年，存谷万有一石二斗四升三合，米千二百六十七石五斗七升三合）。谷三十二石六斗二合（因仓厫久废，寄存义仓内）。

社仓（附寄常平仓原额二千六百八十五石六斗二升，自乾隆十二年至二十一年，共收息谷二百六十六石一斗五升，实存二千九百五十六石七斗七升。以上旧志，久废）。

山海关义仓（明兵部主事葛守礼以旧山海库为之，今废）。

山海卫豫备仓。

学仓（在学门左，今废）。

本城义仓三，一在太傅庙前（应存谷九百二石五斗三升四合二勺，又寄存常平仓谷三十二石六斗二合），一在文昌宫旁（应存谷六百三十五石二斗七升七合六勺），一在南水门内（应存谷五百九十三石七斗四升九合八勺三抄）。以上三仓廒舍自同治元年知县瑞恒详明修理，其后偶有渗漏，由县随时补葺。各设仓夫一名，每名按季给工食银一两五钱。

李家堡义仓（城东北二十五里），谷四百六石五升，高粱三十八石二斗。（以乾隆二十一年见存谷数登载，下仿此。）

傅家店义仓（城西十五里），谷四百五石九斗八升。

范家店义仓（城西三十里），谷四百有六石。

石门寨义仓（城西北四十里），谷千有二十七石五升。

黑山窑义仓（城西北四十里），谷三百三十七石一斗四升。

海阳镇义仓（城西四十里），谷百二十三石二斗九升，米四十五石二斗，高粱六石八斗二升。

深河堡义仓（城西六十里），谷二百三十三石三斗四升。

蔡各庄义仓（城西南六十里），谷十有八石四斗一升。

驻操营义仓（城西北七十里），谷百十二石三斗（以上村镇各义仓年久坍废，基址仅存）。

以上仓储。

驿传

置邮之设旧矣，惟古今道理迟速不同，古置三十里，急驰日十驿，今之要檄率，日驰六百里，羽檄又穷日之力焉。马非良产则驽钝，刍菽不饱则疲损，甚至委任非其人，缓急不明，接递失期，皆于有司责之。临榆驿通三省，期会繁多，两京公使乘传载路。职邮政者，宜若何竞兢也。

迁安驿，在大西关。（明永乐元年，以三卫朝京师，由迁安东北境遂徙驿于山海，复仍其名。详见郡志）

马，原额共八十六匹，乾隆二十五年，裁马十四匹，实设马七十二匹。每匹日支豆草麸银七分五厘，岁支薪油等费共银二百三十一两九钱七分一厘。马之毙损买补，岁准二十一匹，每匹价银九两（内扣皮张银五钱）。

车，临时和雇，雇值额设银二百七十两。（如有不敷，由县垫用，报部准销，请领还项。）

使客饩廪，岁额银二百五十二两。

夫役、工食、兽医一名，马牌子一名，马夫三十六名，草夫三名，每名日支工食银五分四厘；续增马牌子二名，每名日支工食银七分二厘，抄牌字识一名，日支工食银四分二厘；轿夫、杠夫四十名（内实支工食三十二名，存留八名，工食名曰留二，遇所用夫浮于三十二名之额取以充用，如有余银，仍申解藩库，每名日支工食银四分五厘）。

岁共需工料银四千三百九十八两九钱七分一厘，遇闰加银二百九十九两一钱八分九厘，在征收地粮内留支，岁终汇其用，过银数册，申藩臬司核销扣留，余银申解藩库。

额设铺递五处，每铺十里。县前铺，红瓦店铺，丰台铺，张果老铺，团山铺（入抚宁县界）。原设铺司兵十二名，每名岁支工食银六两，共银七十二两，遇闰加银六两。咸丰八年春季，裁减八成，银五十七两六钱，实支工食银十四两四钱。县为入关首站，差务纷繁，除紧要文件归马递外，其余统归铺递。裁留工食不敷应用，其已裁之数由县按季捐发。

以上驿传。

‖卷之十三‖

武 备 编 上

营 制

兵所以卫民，亦所以固圉。虽当治世，不事用兵，然文德既修而武功可不备乎？况雄关厄要，镇守防维，宜何如严且密，是以满汉军兵设于此者率皆精锐。而营制之志略纪明之武备者，亦以见兵制之因革，惟国朝为善耳。

山海路守备，明正统八年设，隆庆三年改设参将，国朝顺治六年改设都司。

山海镇总兵，明万历四十六年添设，国朝顺治六年改设副将，九年裁。

石门路游击，明添设，国朝顺治六年改设都司。

城守游击，国初设，顺治十三年裁。

南海口守备，国初设，康熙十三年裁。

山海卫掌印卫守备，顺治四年设，乾隆二年裁。

屯田千总，国初设，后裁。

以上营制无考。仅将前明及国初山海、石门营官裁设略记，以备参考，以下俱由顺治六年起。

山海路都司，驻县城。管辖千总、把总、经制外委各一员，马兵四十二名，步兵百五十名，马四十二匹，铁甲胄四十三具，布甲胄百十四具，虎皮衣帽八具，囊鞬六十三具，箭二千七百十枝，器械二百有九件，火器百九十七件，大小生熟铁炮千一百三十位，铅铁子共四十八万七千八百四十五个，火药三千五百十斤，铅八千五十二斤，铁五万九百九十四斤，枪砂三十五斤，旗帜帐房俱全。

石门路都司，驻石门城。管辖千总一员，马兵九名，步兵四十五名，马十八匹，铁甲胄九具、布甲胄三十四具，虎皮衣帽二具，盾二，刀四十有五，鸟枪三十有三，炮百三十二位，火药三千三百六十斤，旗帜帐房俱全。

黄土岭把总，管辖马兵二名，步兵三十六名，马四匹，铁甲胄二具，布甲胄二十一具，虎皮衣帽二具，盾二，刀二十有五，鸟枪二十，炮三百五十一位，旗帜帐房俱全。

大毛山把总，管辖马兵二名，步兵三十四名，铁甲胄二具，布甲胄二十二具，虎皮衣帽二具，盾二，刀二十有六，鸟枪二十有二，炮二百九十二位，旗帜帐房俱全。

义院口把总，管辖马兵二名，步兵二十八名，马四匹，铁甲胄二具，布甲胄二十具，虎皮衣帽二具，盾二，刀二十有四，鸟枪二十，炮二百三十一位，旗帜帐房俱全。

操练军士，岁于春秋仲月望日始，夏冬仲月晦日止，月之每旬一四七日习刀盾，二五八日鸟枪，三六九日步射，冬月山、石二路各率所部出猎，月一次，凡三次乃止。

都司月支俸薪银共十一两七钱八分二厘八毫三丝，千总月支银四两，把总月支银三两，经制外委与马兵同，马兵月支饷银二两，米三斗，步兵月支饷银一两，米三斗。马每匹月支干银五钱，豆二石七斗，草六十束（银于通永道库，米豆草于关厅，山海仓各按季支领）。

以上旧志

原设山海路千总，后为存城千总，把总后为城守汛把总，经制外委改为额外外委，马守兵一百九十二名，后裁二十一名，为一百七十一名。

原设石门路都司一员，存城千总一员，抚宁汛，义院口、大毛山、黄土岭把总各一员，深河汛经制外委一员，马守兵一百五十名。

道光二十二年筹设海防，撤山海路都司，改设游击一员。存城千总为左哨领哨千总，添设中军守备一员，左哨把总、经制外委各一员、额外外委一员，右哨千总、把总、经制外委各一员，额外外委一员。白塔岭千总、经制外委各一员，宁海城把总一员，额外外委一员，马步守兵一千名。

石门路存城千总拨归镇标，改设把总一员。大毛山把总拨归山海路。深河经制外委移设大毛山，天台山额外外委移设深河。

道光二十八年筹议海防，山海路游击移驻永平府，山永协副将并中军兼左营都司俱移驻山海关，原设山海路左哨及城守、宁海二汛，千把外委，兵丁六百五十八名，又添设经制外委二员，额外外委一员，均归左营管辖。原设中军守备改为右营守备，山海路右哨及白塔岭千总，经制外委，兵丁五百一十三名，又添设把总、经制外委各一员，额外外委二员，均归右营管辖。

道光三十年干沟镇立汛，添设额外外委（由左营拨驻），马步守兵六十名（由蒲河乐亭营拨驻），均归石门路管辖。

同治五年，奉文将白塔岭千总随带本汛兵八十名移驻海阳镇，立汛仍归右营管辖，将左营头司把总改设干沟汛，仍归石门路管辖。左营二司把总改补头司，干沟汛额外外委仍归左营。

见在营制：

山永协，统辖左营、右营、蒲河、乐亭、山海、石门六营路军务。副将一员。

左营，都司一员（兼中军，管辖千把外委十一员，马步守兵六百五十八名）；领哨千总一员，领哨（经制额外）外委一员，头司把总一员，头司额外外委一员；二司经制外委一员，二司额外外委一员；城守汛把总一员，城守汛经制外委一员；宁海城把总一员，宁海城额外外委一员；马兵一百二十七名，步兵一百四十二名，守兵三百八十九名，马一百五十六匹。

同治三年七月调赴天津洋枪队步守兵六十三名，于十二年三月裁除原营底饷。

十年二、三、六等月共裁赴通永镇练军马步守兵一百五十名。

十二年四月，裁拨永定河守兵二名，十二月调赴北塘炮台步守兵十一名。

光绪三年正月，调拨山海路古冶汛守兵一名。岁支俸饷银一万五千五百六十两零八分三厘六毫，本色米六百三十石，本色豆二百九十七石，草一万九千八百束。

右营，守备一员（管辖千把外委十员，马步守兵五百一十三名），领哨千总一员，领哨经制外委一员，领哨额外外委一员，头司把总一员，头司经制外委一员，头司额外外委一员，二司把总一员，二司额外外委一员，海阳汛千总一员，白塔岭经制外委一员，马兵九十七名，步兵一百五十三名，守兵二百六十三名，马一百十五匹。

同治三年七月，调赴天津洋枪队马步守兵五十三名，于十二年三月裁除原营底饷。

十年二、三、六等月，调赴通永镇练军马步守兵一百十八名。

十二年四月，裁拨永定河守兵二名，十二月调赴北塘炮台，步守兵十一名。

光绪三年正月，调拨山海路古冶汛守兵一名。岁支俸饷银一万二千二百七十六两零二分（内折米豆草银七千七百九十五两六钱八分）。

石门路，都司一员（驻石门寨城，管辖把总外委七员，马步守兵二百一十名），存城把总一员，黄土岭把总一员，大毛山经制外委一员，义院口把总一员，干沟汛把总一员，深河汛额外外委一员，抚宁汛把总一员，马兵三十名，步兵十二名，守兵一百六十八名，马三十六匹。岁支俸饷银四千四百六十九两九钱，本色米五百四十七石二斗，本色豆一百九十四石四斗，草一万二千九百六十束。

以上三营路军政军器火药铅丸均各如例。

山海关驻防城守尉，顺治元年设立，康熙二十七年改设总管，乾隆八年改设副都统，添设左右翼协领二员。

原设监管高丽章京后裁。

山海关驻防，副都统一员（镇守山海关、一片石、石门寨等处，兼辖永平、冷口、喜峰口、罗文峪等边口），左翼协领一员，右翼协领一员，镶黄旗佐领一员，正黄旗佐领一员，正白旗佐领一员，镶白旗佐领一员，正红旗佐领一员，镶红旗佐领一员，正蓝旗佐领一员，镶蓝旗佐领一员，八旗防御八员，骁骑校八员（以上佐领、防御、骁骑校均康熙初设，二十年裁。是年复设防御，三十三年复设骁骑校，乾隆八年复设佐领），八品笔帖式一员，九品笔帖式二员（均康熙初设），兵八百名，内每旗各设领催五名，前锋五名（康熙初设，二十年裁四百名，二十七年裁三百三十四名，是年增设九十四名，三十三年增设四十名，乾隆八年增设六百名。）

乾隆间经部奏裁撤镶黄、正红两旗佐领，所遗图记归两翼协领兼管。

咸丰十一年，副都统成保奏添步甲二百名，又经护理副都统和盛阿奏添步甲一百名。

军器，副都统以下，佐领以上官各纛一，海螺一，副都统纛用黄，余如其旗色。领催每名旗一，前锋每名旗一，色亦如之。甲胄囊鞬刀官兵人各一具。弓，官二兵一。箭，副都统三百枝，协领各二百五十枝，佐领各二百枝，防御各百五十枝，骁骑校各百枝，领催前锋各七十枝，兵各五十枝。枪，兵每人各一杆。炮八位，鸟枪三百七十有五杆，岁需火药七百五十斤，引药七斤三两八钱，大小铅子万六千三百六十个，帐房六百架。（旧志）

军政，岁春秋仲月望日始，每夜逻卒于镇城四门，吹螺达旦，至季月朔日止。春秋演武各四十五日，合操各一次，秋季演炮凡十有五日，冬季行围凡四次。（旧志）

俸饷，副都统岁给俸银百五十五两，禄米百五十五斛，心红纸张银十两，随甲二十名，每名月给银二两，遇闰每名加银二两，随役九名，每名月给银五钱，遇闰每名加银五钱。协领岁各给俸银百三十两，佐领俸银百有五两，防御八十两，骁骑校六十两，笔帖式八品二十八两，九品二十一两一钱五分，以上禄米有由管粮厅支领者，有均给官地准抵者。领催前锋月给饷银三两，岁给米四十四斛，兵月给银二两，米如之。（旧志。俸银以春秋季，饷银以每月于奉锦山海兵备道署支领，俸米以春秋季，兵米以四季于管粮通判署支领，副都统公费，随甲随役等银以四季由临榆县于藩库支领给发。）

‖ 卷之十四 ‖

武 备 编（下）

边防（附关隘）·海防·海运

边防

山海古为要地，所谓渝关之险也。后唐周德威恃勇疏防，遂受其困。明初依山阻海，创立关城，修筑墙垣，阻塞隘口。永乐以后，更设海防。至其季年尤严守戍。我朝中外一家，声教远讫，犹是昔时关塞，而不见防秋之役已经二百余年，然而安不忘危，武备以辅文事，王公设险，理固然也。

山海路关隘

山海关，即县城，为两京孔道。

南海口关，城南十里。

南水关，城南二里，关设二门，河自东来入之，先年边警不作，春夏则启之，以通水道，冬则闭之，以防外盗。内止列木为栅，以后数有边警。嘉靖四十三年，主事孙应元集议呈部，添设铁叶闸板二扇，每阔一丈二尺，高一丈四尺，旁用大木柱以铁叶包裹，柱上各有护朽石，下各有出水石，城上设悬楼以蔽风雨。设滚水辘轳以便启闭，无事则高悬城半，有事则闸至水底，卒遇警急可无虑云。

北水关，城北二里，关设一门，河自东来入之，嘉靖四十三年，添设闸板一扇，与南水关同。

旱门关，城北六里，相传先年放夷人及故枢在此，今砌塞。

角山关，城北十二里，角山巅，长城补截山谷，纡回其上。先年守备所属以此为界。

三道关，城东北二十里。

寺儿峪关，城东北三十二里。以上二关旧属石门寨。隆庆三年裁革守备改设参将，拨付山海路管理。

南水关敌楼，在本关城下。

北水关敌楼，在本关城下，俱万历元年总督军门刘应节始建。

并大关为十处。国朝南北水关敌楼皆废，旱门、角山、寺儿峪三关皆砌塞。

敌台，镇城五座，罗城一座，西关南北二座。

靖卤一号台，在南海口尽头，屹立海水中，嘉靖四十四年，主事孙应元建，实为敌台之始。隆庆四年，总兵戚继光改名靖卤台，又旱门关外镇卤台一座亦应元建，后因边里筑台遂废。

王受二号台，万历二年，军门杨兆、行参将沈思学建。

白铺三号台。

北小铺四号台。

大湾五号台。

界牌六号台，俱万历十二年军门张佳胤、行真定游击董承祺建。

南水七号台，万历元年，军门刘应节、行参将林歧建。

北水八号台，万历二年，刘应节、林歧建。

腰铺九号台，万历十四年，军门王一鹗、行参将谷成功建。

旱门十号台，万历二年，刘应节、林歧建。

角山东十一号台，隆庆四年，军门谭纶、行参将管英建。

三道小口十二号台，隆庆五年，刘应节、管英建。

桃园东十三号台，万历六年，军门梁梦龙、行参将吴惟忠建。

三道正关十四号台，隆庆三年，谭纶、行参将莫如德建。

烂石十五号台，隆庆四年，谭纶、管英建。

唐帽十六号台，隆庆五年，刘应节、管英建。

唐帽西十七号台，万历六年，梁梦龙、吴惟忠建。

尖山东十八号台，万历五年，杨兆、行参将王有臣建。

尖山十九号台，万历十五年，王一鹗、谷成功建。

松山东二十号台，隆庆三年，谭纶、莫如德建。

松山二十一号台，隆庆五年，刘应节、管英建。

松山西二十二号台，隆庆四年，谭纶、管英建。

横岭二十三号台，隆庆三年，谭纶、莫如德建。

以上敌台共二十三座，每座传烽墩十四处，炮空三十六位，设防守百总一名，南兵五名，北兵二名，统以千总一员，把总二员，每台置佛郎机八架，快统八杆，火箭五百枝，铅子四千五百六十个，石炮三百位，火药五百斤，火器什物俱全。国朝见存敌台十一座，台兵三十三名。

石门路关隘

石门城，旧城窄小，仅居民二三十家。万历十八年，本路参将刘承恩呈允展修东西南三面共四百六十丈，又城中无井，遇急不可守。二十四年，参将管一方浚三井，军民不苦远汲，缓急无恐云。

一片石关，去庙山口二里。

庙山口堡，去西阳口三里。

西阳口堡，去黄土岭五里。

黄土岭，去炕儿峪八里。

炕儿峪堡，去大青山二里。

大青山口关，去大毛山一十五里，俱属黄土岭提调官总之。

大毛山口关，去董家口二里。

董家口堡，去城子峪五里。

城子峪关，去水门寺三里。

水门寺，去平顶峪五里。

平顶峪堡，去板场峪十五里，去长峪十五里。以上俱属大毛山提调总之。

板场峪堡，去义院口五里。

义院口关，去拿子峪三里。

拿子峪堡，去花场峪十里。

花场峪，去孤石峪二十五里。

孤石峪堡，去甘泉十五里。

甘泉堡，去平山营十五里，以上俱属义院口提调总之。后因抚夷冲关改为守备职衔。

老岭，原在旧边之外，山陡险难修边墙，后零贼每从富隆山瞭望内地，乘虚肆掠。万历元年，戚总理修边，始于其上建立敌台以戒不虞。

义院口，明季所辖东自大毛山，西至界岭口扒喇岭止，共空楼八十一座。国朝顺治三年，改设墩台十座，边隘口计长百里，每墩兵三名，共三十名。

大毛山，明季所辖东自黄土岭关交界起，西至义院口交界止，共计边六十里，空台七十六座。国朝顺治三年，本关楼台拨与黄土岭关二十四座，义院口关拨给本关楼台三十六座，东自董家口七十六号台起，西至板场峪一百七十四号台止，共计边长八十余里，楼台九十座，改设墩台十座，每墩兵三名，共三十名。

黄土岭，明季所辖东自山海路交界起，南山崖石黄一号台至新尖山六十二号台止。国朝顺治二年，奉文均拨大毛山空楼二十四座，自董家口十六号台，西至大毛山交界止，共计八十六座，止存改设墩台十座，边长八十余里，每墩兵三名，共兵三十名。

烽堠

共计一十四处，每处军士六名，遇警旗炮接传（隆庆四年都督戚继光始设）。

墩拨

城西北十里至七星寨，又十里至长桥庄，又二十里至石门，又九里至老岭，又九里至小悖老（即小部落），又十里至平山营，又十里至野庄，凡七拨，各设马兵四名，七星寨、老岭二拨各增步兵一名（旧志今并废）。城西七里至五里台，又六里至栾家岭，又七里至二十里铺注，又六里至烟墩岭，又七里至汤河沿（以上五拨系山海路把总汛）。又九里至凤凰店，又十里至望海店（以上二拨系石门路把总汛，又西五里至抚宁界）。凡七拨，每拨瞭望楼一座，烽墩五座，官房十二间（旧系土筑，乾隆四年，知县王毓德改建瓦房砖墩），马兵二名，步兵三名。

边墙

明嘉靖以前原额八千五百七十六丈六尺，万历七年，增筑南海口入海石城七丈。（都督戚继光、行参将吴惟忠修，凡有损坏坍塌，制府行文本路修补。）国朝康熙七年，重修边墙，计工一千八百二十六庹（永平道金事钱世清，管关通判陈天植，山海路都司孙枝茂，游击陈名远，山海卫守备陈廷谟修）。

自老龙头起北十里至山海关（敌楼七座，守兵十一名），又北十二里至三道关（敌楼七座，烽八号，守兵十二名），又东北二十里至画皮山中岭（敌楼九座，烽六号，守兵九名。以上系山海路千总汛）。又北八里至一片石（即九门口，内至县七十里，外至将军石，与宁远州界六十里）。又西七十二里至董家口（以上系石门路黄土岭把总汛，驻九门口，内至县七十里，外至大横岭四十里，与塔子沟界，内小口六，一庙山口，一西阳口，一黄土岭，一无名口，一小河口，一大毛山口，皆通九门口，大路凡七口，敌楼七十二座，烽三十五号，守兵二十三名）。又西八十里至板场峪尖山台（系石门路大毛山把总汛，驻城子峪，内小口三，一城子峪，一水门寺，一平顶峪，皆与八沟界，通义院口，大路凡四口，敌楼七十九座，烽二十六号，守兵二十名）。又西四里至义院口（内至县七十里，外北至羊山岭顶一百五十里，东北至窝儿岭顶一百三十里，俱与塔子沟界，西北至大仗子河一百三十里，与抚宁县界）。又西百二十二里至背牛顶下扒挞岭与抚宁界（以上系石门路义院口把总汛，内小口五，一拿子峪，一花场峪通义院口大道，一苇子峪，一柳罐峪，一孤石峪。西北通箭杆岭，凡六口，敌楼八十九座，烽三十一号，守兵十八名）。（俱旧志参府志。）

见在边口

县城东面毗连长城为东门，东罗城环抱于外门，东向为山海关。

自东门转南，循墙至城东南角奎光楼相连南水关、头卡伦、南翼城、二卡伦、三卡伦、四卡伦。宁海城上建澄海楼，前面为老龙头修入海水内（自县城至宁海城共计十里）。

自东门转北循墙至头卡伦、北水关、二卡伦、北翼城、三卡伦、四卡伦、旱门关（共五里百二十步）。

自旱门关、角山关迤逦而东，石城、三道关、滥水关，王家峪（共十里）。

复折北向，九门口、庙山口、黄土岭、无名口。又折而西，小河口、大毛山、董家口、城子峪、水门寺、平顶峪、板场峪、义院口、拿子峪、花场峪、苇子峪，柳罐峪、孤石口（共一百五十三里，入抚宁县界，大小关三十五处）。

同治五年，制军刘长佑奏明修理边墙，临榆境内者委候补知州胡振书同知县许忠总催修理。凡坍损缺口，皆挨沿边营汛，拨兵一律修补，自县城南老龙头起，至三卡伦，县城北头卡伦起，至花场峪共补修七百余丈。关口各修栅门，通水道者，墙下皆修涵洞，墙上用葛针扎顶，外皆开挖长壕及品字梅花坑。六年，交通永道英良发银一千两，给商生息岁银一百两，知县补捐二十两，作为边墙岁修。义院口汛领三十两，城子峪汛领十两，黄土岭汛领四十两，城守营宁海城汛共领四十两。

明兵部尚书马文升《山海关》诗：

"曾闻山海古渝关，今日经行眼界宽。万顷洪涛观不尽，千寻绝壁画应难。东封辽水三韩险，西固燕京百世安。来岁新正还旆日，拟图形胜献金銮。"

明顺天巡抚闵圭《山海关》诗：

"幽蓟东来第一关，襟连沧海枕青山。长城远岫分高下，明月寒潮共往还。贡入梯航通异域，天开图画落尘寰。老臣巡历瞻形胜，追想高皇创业艰。"

明职方黄洪宪和前题诗：

"关城风急扬征袍，潮落天门万籁号。槎泛银河浮蜃气，山衔紫塞压鲸涛。月明午夜鲛珠朗，沙白晴空雁影高。司马风流偏爱客，桃花羌笛醉葡萄。"

又《山海关晚眺》诗：

"茫茫沙碛古幽州，日落乌啼满戍楼。万雉倒垂沧海岸，双龙高映白榆秋。虎符千里无传箭，鱼钥重关有捍揪。谁道外宁多内治，衣袽应轸庙堂忧。"

明知顺德府历城李攀龙《塞上曲·送王元美》诗：

"燕山寒影落高秋，北折渝关大海流。马上白云随汉使，不知何处不堪愁。"

明职方吕荫《靖边亭》诗：

"高亭新构远尘寰，俯瞰沧溟座倚山。松塈当窗堪抱卷，鲸涛拍槛欲投纶。戍楼烽熄函金钥，龙塞风清掩玉关。常愿时安不负此，尽容樗散自开颜。"

明阁部孙承宗《殚忠楼》诗：

"缥缈凭高百尺楼，筹边何暇坐销忧。日穷江树家千里，笛倚风檐月一钩。藻井幕天开雁阵，鬟云结市失龙湫。白山黑水榱楹外，玉帐萧萧万垒秋。"

明山石道范志完《出义院口看屯》诗：

"四月青葱八月黄，边城内外举霞觞。逢人莫问河边骨，且喜今朝稻满筐。"

又《出大古路口烧荒》诗：

"九月莎枯鸿雁鸣，将军跃马出长城。旌旗光闪风云变，钲鼓声催鸟雀惊。烟雾横峦驱虎豹，火光烛海吼鼍鲸。赭山不数秦皇事，焚泽应推伯益名。"

国朝泽州陈文贞公廷敬《出关门宿沙河站》诗：

"关南沧海浮天白，漠北连峰拔地青。一片山河围障塞，几家烟火接边庭。辽歌调苦风还断，卢酒愁多夜易醒。却喜皇威临绝域，镇东门户不须扃。"

以上边防。

海防

明天启二年，阁部孙承宗设南海口龙武营。

国朝顺治十三年，设南海口营，隶天津水师镇。本口分防汛守，凡老龙头、南海口、秦皇岛、白塔岭共四处，原设守备一员，把总一员，康熙年间裁守备。（节旧志）

自老龙头起四十里至汤河（有土墩台），又西三十里至金山嘴（有墩台），属临榆县，系山海路管辖，又把总一员，驻南海口。（节府志）

见今山永协标左营派把总一员，驻宁海城防海。

以上海防。

海运

食为民天，晋饥秦输有无可以相济。虽古今形势迥异，交易之道在因地制宜，第恐利兴害伏，良法俱在格而不行，守斯土者，盍鉴焉。

明初徐中山始通海运（马头庄有泊船遗址），后渐废。万历四十八年复开。国朝顺治十六年禁止，康熙三十三年复开，通运商货，人咸便之。（旧志）

石河口、汤河口皆可通船，向由奉省运粮接济民食。同治十三年，奉省有粮石出境之禁，海运不通，邑中乏食。五六月间米斗东钱八千有余，甚有持钱入市不能得米者。秋间奉旨开运，乃得通畅如常（有陈邑侯晓谕，见记事）。

向来粮船到口有应交规费，但日久弊生，不免需索过多，致粮船稀少，于民食大有妨碍。赖官府随时详查严禁，以清弊端，所以粮船踊跃，源源接济。

山海关副都统福、山海路都司额、临榆县正堂马示：为严禁各衙门兵役需索规费，以招商船而便军民事照得：临榆境内依山傍海，地土瘠薄，所产粮食无多，不足军民之食，历来全赖奉省商贩粮艘到来，源源接济，所以粮价不昂。近年来商船稀少，粮价渐增，究其所由，乃因各衙门兵役藉查察之名，需索规费，以致商人裹足不前。业经各衙门叠次严禁在案。兹据举人辛永禄、傅德谦，武举周扬武，拔贡傅毓沂，生员张燕绪，廪生田继芴、王朴、李培元等呈请，将示禁勒石海口以垂永久等情，自应俯如所请。各衙门彼此照会，均各立案，饬令勒碑海口，永远禁止，以裕商民，合行刊石示禁。为此示，仰商贾人等知悉。尔等贩载米粮到境，即自定价值粜卖，倘有兵役需索规费及斗纪把持多索用钱，尔等指名到县禀报，定当按法严惩，决不宽贷。各宜懔遵毋违。特示。道光六年。（碑在天后宫）

副都统富、游府景、县正堂孔示：为申禁需索，以招商船而济民食事照得：临榆县境内向赖奉省商贩粮船接济，所以米价不昂，惟米船到口，恐各衙门兵役有藉端需索情弊，前曾会衔出示，勒石海口，永行严禁在案。兹查近年以来，海口粮船虽尚不少，而严禁需索章程奉行已久，恐兵役人等视为故常，仍有需索情弊，致商船不前，大于民食有碍。当经本县呈移各衙门，申明旧章，出示严禁亦在案。兹据候选都司计清元、前任吉林学正程儒珍、前任藁城县教谕傅毓沂、候选训导田继芴、议叙五品衔曹开文、候选通判王保庸、举人李培元、魏式曾、傅大鲲、郭长清、郭定柱等，以严禁需索旧章告示，一经风蚀雨剥，势难历久不磨。呈请呈移各衙门会衔出示，勒石海口以期永远遵行等情，具呈前来自应俯如所请，除呈移各衙门会列衔名并各立案外，合行刊石示禁，为此示，仰商贾人等知悉。自示之后，粮船到境即自定价值粜卖，倘有兵役需索，斗纪把持，并闲杂人等滋扰情弊，许尔等指名扭禀本县衙门，照例究办，决不宽贷。各宜懔遵毋违。特示。道光二十六年，刊石南海口天后宫。

以上海运。

‖ 卷之十五 ‖

赋 役 编（上）

户口·田赋·杂征

户口

州县志书，每冠户口于赋役之先，以丁钱之征始于汉。身丁、挂丁诸名至宋未有改也。今虽久不征丁，而民数盛衰动关世运。古者版籍之献，天子拜受而藏之。历代史家亦谨书其登耗，然而由一邑册籍汇而稽之，即可备知天下万民登于天府，故仍其目志之，于征丁则略焉。

明洪武十四年设卫，领十所，每所统十百户。原额官军万户，共男妇三万二百五十二名口。

宣德五年，调拨中左二所于辽东，见在八千户所，并递运所官军八千五百二十五户，男妇万八百三十二名口。

嘉靖年间编户如旧额，男妇共二万三百有七名口。

万历二十三年，审编男万三千六百十四名，女万三千七百二十六口。

三十九年，审编见在军丁万三千七百八十五名，内占役九千九百八十三名，出差三千八百有二名，当铺流寓协差五十一名。

明末出差户口人丁四千二百三十一名。（以上山海旧志）

国朝顺治年间，原额人丁三千一百三十六名。

康熙五年，审编出差人丁四千一百四十二名。

附：抚宁卫出差人丁二千三百六十二名。两卫共丁共三百有二名。（以上山海志）

康熙十年以后，历年审编至乾隆元年计之，山海卫出差人丁共七千六百三十六名，供丁百四十三名，抚宁卫人丁共二千八百有二名，供丁百五十九名。

乾隆二年，改卫为县，出差人丁由山海卫拨归抚宁县四百五十四丁，昌黎县四十四丁，乐亭县一百二十五丁，由滦州拨归本县十有八丁，由昌黎县拨归十有一丁，由抚宁县拨归三千六百三十五丁。（以上旧志）

县属七社，五百一十四村，每岁冬季编查保甲，各村户口积至一县，户口汇纪其数。

县城共民三千一百三十三户，一万九千四百一十丁口。

县东一百零一村，共民二千四百五十九户，二万一千四百零五丁口。

县西一百二十九村，共民七千四百九十八户，万二千九百五十四丁口。

县南一百零七村，共民五千八百三十七户，三万五千一百七十八丁口。

县北一百七十七村，共民万二千六百四十九户，六万八千零二十四丁口。

统城乡共民三万一千五百七十六户，十五万六千九百七十一丁口，光绪二年清查。

田赋

赋役均归地亩，此一条鞭法也。考之历代，唐制租庸调，明制两税较为适中。然有田则有租，有户则有调，有身则有庸，是田与丁户固合一也。夏税、秋粮，特指田租，即唐之租也；折绢锦绒诸色，唐之调也；里甲均徭等役，唐之庸也，虽名两税，意仍责之田与户丁。中叶以后，田屡易售，户丁迁徙无常，里甲之法敝，则户赋之法亦敝，变而趋于一条鞭，立法者斟酌尽善。陆清献志灵寿曾言之，盖以田地之多寡定赋役之数，权得其中，必于田地外更检察资产，其不如宋新法之病民者鲜矣！我朝定制，准条鞭之旧，与民休息，又将直省丁银比浙例均入地亩征收，贫者不知输丁钱之累二百余年矣！于条法之中，尤为简易不扰。若夫商贾之民各征其税，与正供相维，仁至义尽，法可垂之万世焉。

明

右所地二百六十七顷八亩八分八厘，征米豆九百二十一石八斗三升二合三勺，增银草五千六百十一束，秋青草百二十七束。

前所地二百二十四顷六十五亩四分九厘，征米豆七百六十八石三斗七升六合七勺，增银草四千三百一束，秋青草百五束。

后所地二百十一顷七十八亩七厘，征米豆六百五十石七斗四升七合六勺，增银草三千六百四十三束，秋青草八十九束。

中左所地二百三十二顷六十五亩三分一厘，征米豆八百十二石三斗九升四合五勺，增银草四千五百四十八束，秋青草百十二束。

中右所地百二十二顷六十三亩三分二厘，征米豆四百九十四石四斗五升五合八勺，增银草二千七百六十八束，秋青草六十八束。

山海所地一百九十五顷八十三亩三分四厘，征米豆八百石二斗一升三合六勺，增银草四千四百八十束，秋青草百十束。

中前所地二百三十四顷七亩九分六厘，征米豆八百三十四石四斗二升三合七勺，增银草四千六百七十一束，秋青草百十五束。

中后所地二百十二顷八十八亩八分一厘，征米豆七百一石八斗九升六合四勺，增银草三千九百二十九束，秋青草九十六束。

镇抚司地三十七顷五十八亩三分二厘，征米豆百三十六石八升七勺，增银草七百五十二束，秋青草二十二束。

牧马草场地四十四顷五十亩四分六厘，实征租银百三十三两五钱一分四厘，内八十七两七钱二分七厘，解兵部转发太仆寺交纳，又五十一两七钱八分七厘解永平府库。

开垦荒地八十五顷三十三亩四分六厘，实征谷二百五十六石三合八勺，年例于本卫豫备仓上纳。

南海口边储地二十五顷四十三亩五分三厘，征米豆二百八十二石，山海仓上纳。又于崇祯末年间新增地一顷九十三亩五分三厘，征银一两九钱三分五厘三毫，解永平户部衙门转发卢龙县贮库。（以上山海旧志）

国朝

本卫原额屯地上、中、下共千六百七十顷六十九亩。于顺治四年尽数拨补滦州，续有投充退出地亩照例征粮。上地百四十顷十五亩六分四厘八丝，中地三百八十九顷七十六亩九分四厘七毫四丝，下地千一百四十顷七十六亩四分一厘一毫八丝。又实在退出并清丈荒地，起科屯地上中下不等，共折下地二百五十顷七十七亩二分六厘五毫，每亩征米豆各一升二合，草一分三厘九毫，征银一厘九毫七丝二忽九微三纤，共征银四十九两四钱七分六厘六毫八丝七忽五微八纤九沙八尘。内拨补丰润县中下地一顷二十亩，除米豆各一石九斗八升，草二十二束九分六厘八毫，银三钱二分五厘五毫三丝一忽八微，未拨之，先俱系解永平府库，应于本年余剩银两抵兑。共粟米二百九十八石九斗四升七合一勺三抄，黑豆二百九十八石九斗四升七合一勺三抄，马草三千四百六十七束八分五厘二毫二丝八忽八微。

> 附：抚宁退出荒地，起科屯地上、中、下不等，共折下地百六十二顷二十亩四分，每亩征米豆各一升，草一分一厘六毫，征银一厘一毫五丝，共征银十八两六钱五分三厘四毫六丝，共粟米、黑豆各百六十二石二斗四合，马草千八百八十一束五分六厘六毫四丝，俱解永平府。

牧马草场地六十八顷七十九亩三分三厘三毫四丝三忽，每亩征银一分六厘七毫五纤八沙七尘八埃五渺，共征银百十四两八钱八分四厘七毫七丝一忽六微八纤。

> 附：抚宁备荒地十五顷二十四亩一分五厘一毫，每亩征银二分四厘，共征银三十六两五钱七分九厘八毫四丝。

太仓荒地三十一顷三十四亩六分五厘七毫，每亩征银一分，共征银三十一两三线四分六厘五毫七忽。

> 附：抚宁太仓荒地六十二顷十五亩七分七厘五毫一丝二忽，每亩征银一分，共征银六十二两零钱五分七厘七毫五丝一忽二微。

永镇荒田地四十顷六十一亩二分，每亩征银一分，共征银四十两六钱一分二厘。

> 附：抚宁永镇荒田地三十三顷二十五亩六分三厘二毫，每亩征银一分，共征银三十三两二钱五分六厘三毫二丝。

新垦荒田地八顷六十六亩九分，每亩征银一分，共征银八两六钱六分九厘。

> 附：抚宁新垦并八年起科荒田地五十四顷三十七亩六分，每亩征银一分，共征银五十四两三钱七分六厘。

山抚二卫共征粟米、黑豆各四百六十一石一斗五升一合二勺三抄，马草共五千三百四十九束，四分一厘八毫六丝八忽八微，俱在山海仓上纳。又实征额外，牧马草场籽粒并荒田地亩等银三百八十一两八钱八分二厘一毫八丝九忽八微八纤，解交永平府库。

南海口边储地四顷九十四亩五分六厘，额征正项增荒银十两五钱二分三厘四毫，解永平府库。粟米、黑豆各三石二斗八升五合，俱山海仓交纳。

新垦荒地五十亩，每亩征银二分，共征银一两，解永平府库。

牛头崖边储地十一顷十六亩六分五厘，额征正项增荒银一两三钱八分四厘三毫二丝五忽二微，解永平府库。粟米、黑石各三十二石九斗五升八合七抄九撮六圭，俱山海仓上纳。

赤洋海口边储地九顷八亩一分五厘，额征正项增荒银二两二钱二分二厘六毫五丝七微一纤，解永平府库。粟米、黑豆各二十七石一斗四升一合五勺一抄，俱山海仓交纳。（以上《山海志》）

山海原额屯地二百二顷四十二亩三分五厘五毫，又历年清丈地百二十九顷七十三亩八分三厘六毫八丝七忽一微四纤，内除拨补丰润县民人地一顷二十亩，改县后拨归抚宁县地八十二顷六十三亩五分四毫四丝六忽二微六纤，拨归昌黎县地八顷二十四亩一分六厘六毫六丝六忽六微。

牧马草场地原额七十五顷十七亩三毫四丝三忽。

香火下地原额九十六亩七分四厘。

太仓永镇各荒地百五十九顷五十二亩八分四厘七丝，内除改县后拨归抚宁县地三十二顷九十四亩六分，拨归昌黎县地三十二顷八十五亩九分，拨归乐亭县地四顷二十六亩，建造营房地二十一亩七分。

实存屯地百二十九顷七十三亩八分三厘六毫八丝七忽一微四纤，每亩征银米豆草不等，共征银二十九两五钱八分八厘六毫七丝九忽二微二纤二沙三尘六埃七渺八漠八湖八虚，共征正耗米百七十九石九斗六升八合八勺，正耗豆百七十九石九斗六升八合八勺（正米豆一石率加耗三升，下仿此），共征马草二千九十束八分六厘九毫一丝一忽有奇。

实存牧马草场地七十五顷十有七亩七分三厘四丝三忽。每亩征银不等，共征银百二十五两五钱四分六厘八丝九忽有奇。

实存香火下地九十六亩七分四厘，每亩征银不等，共征银一两四钱五分一厘一毫（不均征丁匠）。

实存太仓荒田地八十八顷二十四亩六分四厘七丝，每亩征银一分，共征银八十八两二钱四分六厘四毫七忽。

抚宁卫原额屯地百八十一顷七十九亩，内除改县后拨归抚宁县地四十一顷二十四亩九厘，拨归昌黎县地九十九顷八十五亩三分七厘，拨归乐亭县地三十八顷八十三亩八分七厘。

太仓永镇备荒各荒地原额三百十顷三十一亩六分一厘七毫一丝二忽，内除改县后拨归抚宁县地八十二顷十三亩一分六厘七毫，拨归昌黎县地二百三顷二十八亩七分一厘六毫，拨归乐亭县地七顷四十四亩七分六厘五毫。

实存屯地一顷八十五亩六分七厘，每亩征银、米、豆、草不等，共征银二钱五分四厘一毫一丝有奇，共征正耗米豆各二石二斗九合七勺，共征马草二十五束六分三厘二毫有奇。

实存荒田二顷二十亩八分九毫一丝二忽，每亩征银一分，共征银二两二钱八厘九丝一忽二微。

实存备荒地十二亩，每亩征银二分四厘，共征银三钱。

实收滦州拨补上地，通共一顷六十二亩二分一毫，每亩征银四分五厘二毫八丝九忽，共银七两三钱四分五厘九毫八丝二忽；每亩征夏秋米一升一合四勺四抄，共米一石八斗六合四勺四抄；每亩征折草米四合五勺七抄，共米七斗四升一合五勺；每亩征草七厘一毫三丝五微，共草十一束五分六厘五毫七丝四忽各有奇。下地一顷，每亩征银一分。

实收抚宁县拨补上地八百三顷五十六亩四分七厘九毫一丝，每亩征银四分一厘三毫五丝二忽，共银三千三百二十二两九钱六分二厘二毫七丝五忽；每亩征米六合九勺，共米五百五十四石六斗四合三勺四抄；每亩征折草米二合九抄，共米百六十八石一斗五升三合九勺六抄；每亩征马草六厘五毫，共草五千二百二十三束一分七厘一毫一丝四忽各有奇。

实收抚宁县、卢龙卫拨补民壮地共四顷三十五亩八分九厘六毫，每亩征黑豆七升四合九抄，共豆三十二石二斗九升五合七勺一抄各有奇。

实收抚宁县拨补荒田地二百五顷五十三亩三厘，每亩征银一分，共银二百五十五两五钱三分三毫。

实收抚宁县拨补牧马草场地十一顷七十四亩六分八厘一毫四丝，每亩征银二分九厘八毫四丝，共银三十五两五分二厘四毫九丝二忽有奇。

实收昌黎县拨补上地六十一亩六分，每亩征银三分五厘九丝一微六纤，共银二两六分一厘五毫五丝三忽；每亩征夏秋米九合二勺四抄，共五斗六升九合二勺一抄；每亩征折草米二合四勺六抄，共米一斗五升二合二抄；每亩征豆三合六勺六抄，共豆二斗二升五合五勺一抄各有奇。每亩征马草七厘八毫六丝六忽五微，共草四束八分四厘五毫七丝六忽四微。

实收滦州拨补永平、卢龙、山海、抚宁四卫改归地五百四十四顷三十亩八厘一毫，每亩征米、豆、草折价并余地银不等，共银八百四十六两四钱一分八厘九毫有奇。

开垦限满起科荒田地共九十七亩，每亩征银一分，共银九钱七分。

以上共原存新增各地，共千八百七十一顷五亩八分六厘八毫六丝二忽一微四纤，内除民壮地另征黑豆及香火地外，共征银四千六百六十八两六分五厘九毫九丝六忽九微八纤三沙一尘四埃二渺二漠四湖八虚，加征耗羡银共六百十四两六钱一分七厘六毫四丝有奇，均摊丁匠银，共征银九百六十六两一钱一分四厘四毫三丝八忽七微三纤三沙七尘九埃七渺八漠四湖六虚七澄六清九净。遇闰之年共加征银三十七两五分八厘四毫二丝二忽二微七纤八尘四埃四渺一漠三虚六澄九清七净，又征原加闰银九钱七分八厘八毫一丝三微九纤四沙七尘五渺二漠七湖三虚九澄，合前地粮除闰，共征银五千六百三十四两一钱八分四毫三丝五忽七微一纤五沙九尘四埃九湖四虚七澄六清九净，共征正耗米九百三十石四斗三升二合二勺四抄九圭二颗三粒六黍五稷三糠，共征正耗豆二百二十一石一斗四升七勺三抄一撮九圭七粟七颗四粒一黍四稷，共征马草七千三百五十六束八厘四毫二丝八忽一微一纤一尘八埃八渺。（银于春秋二季征收，米、豆、草于秋季征收。）（以上旧志）

乾隆十四年卢府宪示：

"照得永属旧有拨补之地，盖因停圈之后，民地乃被旗圈，奉旨以卫地拨补还其被圈之地，如滦、乐被圈或以抚宁、临榆卫地还之之类是也。但卫地典卖任民已成世业，而被圈之民隔远耕种亦有未便，故又令现种卫地之家出租以与被圈之民，所谓一地两养也。此项地亩在受补者得租原轻，而在奉拨者亦未失业，是以受补者，不得加租及重价转行典卖，而奉拨者亦不得短少原租及任意揸勒。今永属全易新任，诚恐未能遽悉拨补，原由照寻常地亩一例剖断，则失之远矣，合亟指明通饬为此票，仰该县官吏，照票事理，即便遵照出示晓谕，凡有拨补地亩，各遵成例交收原租，或有受补之家不照原租典卖及典卖之主妄想加租者，各治其罪。如有奉拨之家倚恃隔远抗租不交，即呈官立拘责惩押。完则奉拨受补各安其分而词讼亦减一种矣。"

山海东西一带在前明皆屯兵之处，每兵一名受以房一所，地一区。清明则归田种植，十月朔则上卫操演，百人有百夫长，千人有千夫长，此古之屯田法也。自锦府左屯卫、右屯卫、中后所、中前所、前卫等处，直至关里，凡各营、寨、卫、所、堡沿边诸处，无非屯田者。本朝定鼎，此兵遂撤。而滦州在畿内五百里之地，国初将所有民地多圈占以封功臣。滦民无地可耕，于是拨取抚宁卫、山海卫所撤屯田，以补滦民之无地者，是为拨补。此地仍系临民原产。特滦民按亩收租，所收之租以十之三封粮完官，十之七带回养家。临民种地出租而不封粮，滦民食租封粮而不准夺地，所谓一地养二民也。滦民贫者许其卖租，不许卖地，临民贫者许其卖地不许卖租。近日滦民齐租之家，卖买屡易姓氏，而临民之原业主亦复不多，嗣后，滦民往往自称旗地，构讼夺地案件频仍，县主皆照一地两养断结，有案可查。惟嘉庆年，滦民常文义与举人刘相、生员郭文铣互讼年余，县府未结，上控制台，经前署府宪尹太尊详请，每亩旧例出租钱二十七文，今每亩长租钱三文结案。

前原存新增各地共千八百七十一顷五亩八分六厘八毫六丝二忽一微四纤。增收接次报垦官荒地共十九顷余（自乾隆二十二年至乾隆四十二年），每亩征银不等，不征米豆草束。共地千八百九十顷零八亩一分三厘一毫五丝九忽一微四纤。共征地粮银四千六百八十七两零八分九厘五毫。共征丁匠银九百七十两零五分三厘（除民壮地及香火地例下摊丁匠银、余粮银每两均摊，征丁匠银二钱七厘二丝六忽八微一纤九沙二尘八埃二渺七漠）。共征地粮丁匠银五千六百五十七两一钱四分二厘，遇闰加征银三十八两一钱九分。

收回滦州寄庄地每两正银加征耗银一钱五分，余地每两正银加征耗银一钱。

共征耗银六百一十六两七钱九分七厘，遇闰加征耗银四两一钱五分五厘（自乾隆五十三年耗银改为解司之款）。

旗退官租地六十顷三十二亩一分七厘二丝，共征小数租钱千二百八十千四百四十八文九毫二丝，解司库。（此旧志）

旗退官租并招垦荒地（自乾隆十九年至道光十九年），共地九十八顷五十二亩二分九厘，共征租银三百一十九两八钱零六厘六毫，征耗银三十一两九钱八分零六毫六丝。

奉文四次赎回（乾隆二十五年），共地二顷二十亩九分四厘，征租银二十八两一钱四分九厘。

赎回奴典地共二顷二十亩八分三厘，共征租银一十一两一钱二分五厘。

以上旗租共地一百零二顷九十四亩零四厘，共征租银三百五十九两二钱八分零六毫，耗银三十一两九钱八分零六毫六丝。（此系汇解藩库之款）

南海口边储地五顷四十四亩五分六厘，共征银七两一钱六分六厘四毫八丝八忽，米一石一斗一升六合六勺三抄，豆一石六斗一升七合七勺六抄九撮各有奇。

牛头崖边储地十一顷十有六亩七分五厘，共征银一两六钱八分一厘九毫一丝，米十七石五斗六升五勺七抄，豆十八石五斗四升四合九勺各有奇。

赤洋口边储地九顷八亩一分五厘，共征银二两七钱四毫五丝，米十五石二斗八升三合二勺四抄，豆五十七石四斗二合六勺四抄各有奇。

黄土岭边储地十九顷七十五亩九分五厘，共征银十两四钱一分一厘六丝，米三十石二斗四升九合八勺七抄，豆三十四石八斗五升二合八勺八抄各有奇。

铁场、永安二堡边储地五十七顷六十七亩六分，共征银三十一两六钱九分三厘六毫五丝五忽，米三十五石七斗六升六合二勺五抄各有奇。

大毛山边储地三十八顷五十三亩七分，共征银十五两八钱九分，米五十八石五斗五升有奇，豆六十四石九斗五合有奇。

义院口边储地三十七顷二十七亩二分，共征银十八两五钱九分，米五十二石七斗七升有奇，豆五十七石八斗四升有奇。

石门路边储地十一顷四十一亩三分，共征银六两六钱二分三厘，米十八石九斗五合有奇，豆二十二石九斗六升有奇。

出差人丁上中下不等，通折下下则万一千八百二十九丁，除优免绅衿人丁八十一丁，又除盛世滋生补剩余丁四百十四丁永不加赋外，实行差万一千三百三十四丁内，中中则一丁征银一两，下上则十二丁，征银五两八钱五分一厘二毫五丝，下中则六百九十三丁，征银二百二十五两三钱五分一厘七毫，下下则九千九百七丁，征银千七百八十九两二分六毫，遇闰加征银百二十五两一分七毫五忽一微九纤八沙九尘六埃。顺治四年，奉文优免抽出供丁，下下则一百八十四丁，每丁征银不等，其征银四十一两六钱六分五丝。实在征银人丁共万一千五百十八丁，除闰共征银二千六十二两八钱八分三厘六毫。（总督李维钧题请，照浙江等省之例，以雍正二年为始，将丁银均入地粮银内征收，穷黎称便）

乾隆六年，孙制宪示：

"乾隆五年十二月，户部咨前事等因，到本部堂准此拟合就行为此牌，仰该司官吏查照咨牌，内部覆奉旨事理，即钦遵移永平府转饬该地方官，将箭杆岭等处河淤地、边储屯地，应改征银米豆石各数目于辛酉年为始，减额征收。并饬该府出示晓谕，俾里民均沾实惠，取具遵依送查，仍将铁永二堡屯地每亩减征米五合之处部覆勿庸议，缘由并行知照外，合亟出示晓谕。为此，示仰屯民知悉，各口边储屯地自乾隆六年为始，凡系河淤屯地，每亩改征银一分，米二升二勺五抄七撮一圭六粟一颗，豆三升。边储屯地每亩改征米一升五合一勺二抄八撮五圭八粟五粒，豆一升五合。荒无新旧，每亩纳征银一分。尔等俱各查明，应输科则及时完纳，如有不肖官弁兵役及各粮头私行多征者，许尔花户赴本部院衙门喊禀，以凭分别参究，决不姑贷，慎之毋违。"

杂征

典税，每典岁征银五两。

牙税，每牙岁征银四钱、六钱不等。

煤税，每厂岁征银八钱。

田房、牲畜税，按价银每两征税银三分。城内应征牲畜税归关道衙门征收，乡镇应征性畜税由县按市期征收。

应征工部木税，通永道委县代征（局设西关），原额岁征银五百两，遇闰增银四十一两六钱六分六厘，分四季申解道署转解工部兑收。嗣因征数不敷，欠解累累，由道详请直督奏明减额，于同治十一年春季减为岁征银四百两，遇闰加耗银四十两。同治十三年，又奉道札临榆县木税征数较逊于前。详明直督再行酌减银一百两。于光绪元年春季减为岁征银三百两，耗银三十两，仍分季由道转解。

乾隆二年，李制宪卫禁革落地税告示：

"准户部咨称内阁抄出，雍正十三年十月，总理事务王大臣奉上谕，闻各省地方关税杂税外，更有落地税之名，凡耰锄、箕帚、薪炭、鱼虾、蔬果之属，其值无几，必查明上税方许交易。且贩自东市既已纳税，货于西市复又重征。至于乡村僻远之地，有司耳目所不及，或差胥征收，或令牙行总缴，其交官者甚微，不过饱奸民滑吏私橐，而细民已重受其扰矣。著通行内外各省，凡集市落地税，其在府州县城内人烟凑集，贸易众多，且官员易于稽查照旧征收，但不许额外苛索，亦不许重复征收，若在乡镇村落，则全行禁革，不许贪官污吏假藉名色，巧取一文。著该督抚将如何裁革禁约之处，详造细册投部查核。此旨可令各省刊刻颁布，务令远乡僻壤之民共知等因，钦此。本部院准此出示晓谕合属官吏人等知悉。嗣后如有则例之外丝毫加增者，许受累商民等或赴上司呈控，或赴本部院禀诉，官则飞章纠参，从重治罪，吏胥人等立即严拿杖毙，决不宽贷，各宜懔遵勿贻后悔。"

‖ 卷之十六 ‖

赋 役 编（中）

经 费

其在《易》曰：损上益下，民悦无疆。又曰：节以制度，不伤财，不害民。考临邑公费岁需之额浮于征额者，非仅毫厘。若准前代之制，加一事之费，下其目以加征，否则摊派里甲、役民之力，闾阎亦多事矣。兹于无益之费汰去，节以制度之谓也。增加之费至尽留征额，不敷则由司给领，损上益下之谓也。供亿浩繁而民不扰，亦安于不知大泽普于无言矣。

明

银差岁额用银千有五两七钱八分六毫（遇闰加银十一两九钱二分二厘六毫）。庆贺表文盘缠银十一两五钱。局料银百六十八两。操赏银百九十一两六钱。备用夫马并委官费银三十两。解太仆寺马草料银二十五两。年终攒造后府屯田粮草官军等册纸工银六两。协济卢龙卫局料等银十二两。守备衙门纸札银五两（遇闰加银四钱一分六厘）。本衙纸札银九两（遇闰加银七钱五分）。攒造查盘等册纸工银十两。经历柴马纸札银四十四两（遇闰加银三两六钱六分六厘）。本衙修理公署银三两三钱三分三厘。经历修衙银一两八钱三分三厘。二季丁祭银三十两。文昌祠祭银三两。文庙香烛纸银二两八钱八分（遇闰加银二钱四分）。教官二员马料银共十六两。教授纸札银一两八钱（遇闰加银一钱五分）。斋夫银共四十八两（遇闰加银四两）。太傅庙祭银四两。忠愍祠祭银二两。三坛祭银共七两。乡饮酒礼银四两。兵部分司二次置伞扇案衣坐褥银十五两。二次报盘获军囚本册差官路费银共三两五钱。四季报外贡出入路费银共四两。四季报部武职贤否文册纸工路费银共四两二钱。修理衙门置家伙银十两。轿夫四名，每名银十两八钱，共四十三两二钱（遇闰加银三两六钱，衣帽在内）。水夫一名，银七两二钱（遇闰加银六钱）。后府二次差官赍勘合及造册奏谢盘费等银八两。新年更换桃符门神银二两。参将衙门置家伙银二十两。案衣等银九两。总府盐米银三十一两九钱三分八厘。答应上司过客修整伞扇明轿银八两。公馆三处修整铺垫银十三两。学院考试卷花红银二十两（遇赏另行申请）。季考银十五两。考贡生员盘费银四两。正贡旗匾花红路费银二十两。刷卷纸工银一两六钱六分七厘。会试举人酒席路费银六两六钱六分七厘。科举生员酒席路费银八两。武举会试银一两三钱三分。审录造册银六两。处决解官路费并重囚衣粮银八两。峰山河船只料价银四两六分六厘。教官到任家伙银六钱六分六厘六毫。大清勾军册纸工银一两。小清勾军册纸工盘费银三两。修理北察院糊饰铺垫银五两。裁革递运所扛夫审编贮库银五十六两六钱。裁革迁安驿帮审舍余审编贮库银二十九两八钱。力差岁额召募各役工食，该用银四百二十四两八钱（遇闰加银三十五两四钱）。掌印指挥牢伴十四名，共银六十七两二钱（遇闰加银五钱六分）。管屯指挥牢伴六名，共银二十八两八钱（遇闰加银二两四钱）。巡捕指挥牢伴八名，共银三十八两四钱（遇闰加银二两二钱）。管局指挥牢伴四名，共银十九两二钱（遇闰加银一两六钱）。经历牢伴六名，共银二十八两八钱（遇闰加银二两四钱）。九所牢伴九名，共银四十三两二钱（遇闰加银三两六钱）。儒学门子六名，共银四十三两二钱（遇闰加银三两六钱）。防夫四名、坟夫一名，共银三十六两（遇闰加银三两）。狱卒五名，共银三十六两（遇闰加银三两）。接递轿夫头二名，共银十四两四钱（遇闰加银一两二钱）。接递常候皂隶二名，共银十二两（遇闰加银一两）。公馆门子六名，共银二十一两六钱（遇闰加银一两八钱）。儒学库子一名，银七两二钱（遇闰加银六钱）。本卫护印看库夫二名，共银十四两四钱（遇闰加银一两二钱）。本卫门子六名共银十四两四钱（遇闰加银一两二钱）。备用银三百十三两八钱七分六厘一毫（存贮听候公费公礼等项临时请动登造循环）。兵部分司新设跟用各役皂隶十名，每名每月工食银七钱五分。派编滦州四名、昌黎县三名、乐亭县三名、门子二名，每名每月工食银七钱五分，迁安、抚宁各一名。（以上各役遇闰月俱加编工食，并按季解送山海卫贮库支领，系万历二十四年，主事张时显呈部新设。）（以上山海旧志）

国朝

支领款项：本卫进表银四十二两一钱六分二厘。乡饮银四两。立春芒种神花杖银一两五钱。文庙丁祭银三十三两。祭西南坛银七两。造赤历纸张银三两。糊饰察院银九两。关厅考试童生供给银五两。本府考试童生供给银六两。修理桌凳银八两。学书支造生员方册纸张银一两五钱。学院考试生员试卷银二十八两。供给酒席银十八两。供给生童并协济府学果饼卷箱等银四十七两七钱。考试武童造册供给银二两五钱。赏格贡生生员花红银二十一两四钱。新进文生员花红盒酒银十一两五钱。学书支造武生童方册试卷银三两五钱。武生员花红银二两七钱。宾兴科举生员酒席银十两。造科举生员方册纸张银二两五钱。伴送科举生员委官路费银三两。科举生员二十五名，共银百十七两五钱。朝审路费银八两。会试举人盘费银十五两，酒席银四两。岁贡路费银八两，正贡坊银二十两，匾银二两。造会试举人册纸银七钱七分七厘。答应过往夫皂银两每年多寡无定额。本卫守备俸薪、蔬菜、烛心红纸张银百十有五两三钱九分四厘；门子二名，工食银十二两；快手二名，银十二两（二项俱遇闰加银一两），牢役六名，银三十六两（遇闰加银三两）；伞夫一名，银十二两（遇闰加银一两）；马夫一名，银六两（遇闰加银五钱）。千总俸薪银六十六两七钱六厘；门子二名，银六两（遇闰加银五钱）；牢役四名，银二十四两（遇闰加银二两）；伞夫一名，银六两（遇闰加银五钱）；马夫一名，银六两（遇闰加银五分）。儒学教授俸赍马料银七十九两五钱二分。门子三名，银十八两（遇闰加银一两五钱）。狱卒四名，银二十四两（遇闰加银二两）。唐家川渡夫工食银二十四两。廪生膳夫银十三两三钱三分三厘三毫，管关厅跟用各役吏书六名，工食无，门子二名，每名每月工食银五钱（昌黎县解）；快手八名，每名每月工食银五钱（卢龙县解）；皂隶十二名，每名每月工食银五钱（迁安县解）；轿夫四名、伞夫二名、扇夫一名，每名每月工食银五钱（乐亭县解）；灯夫二名，每名每月工食银五钱（昌黎县解）；仓中斗级八名，每名每月工食银五钱（道发）。（以上山海志）

乾隆二年撤卫置县，裁款起解。

免解之项：兵部柴炭银七十四两七钱二分，人工柴炭银二百二二钱三分各有奇，工部挑河夫银四十四两，太仆寺马价银三十两，草料银二十五两。以上应解户部，因丁银摊入地粮征收，摊缺无解。

全裁之项（内有历年递减以至全裁者，以康熙十四年以前原定之数为准，下仿此）：

西南坛岁祀银七两。进表笺银二十八两。守备千总、教授、训导各官俸银二百八十三两一钱，门子三名，快手二名，马快四名，牢役十名，伞夫、马夫、膳夫各二名，斋夫、门子各三名，驿传接递皂隶四名，共工食银二百五十二两一钱三分三厘二毫，遇闰共银二十二两二钱一分一厘一毫各有奇。春牛茫神花杖银一两五钱，糊饰察院纸工银九两。攒造赤历纸银三两。乡饮礼银四两。

裁减之项：

岁贡路费花红旗匾银二十六两六钱六分六厘六毫七丝，驿传正项银千五百二十六两六钱，遇闰十九两九钱二分有奇（以上裁减银两均解司库）。

额设经费：

匪颁之费：本县知县俸银四十五两，养廉银千两。典史俸银三十一两五钱二分，养廉银如之。石门寨巡检俸银，养廉同。教谕四十两，训导同。

岁祀之费：先师庙崇圣名宦乡贤祠岁二祭，共银三十两，关帝庙岁三祭，共银四十两，厉坛岁三祭，共银十两，先师庙朔望上香岁共银一两。

缮茸之费：龙亭仪仗，岁修银五钱，先师庙岁修银十两。

授时之费：颁时宪书额设银三两。

礼贤之费：举乡饮酒礼额设银十两。

恤贫之费：给孤贫冬衣布棉额设银二两七钱八分三厘四毫九丝。

众役之费：

隶关厅者山海仓斗级十四名；隶本县者门吏二名，皂隶十四名，轿夫六名，伞夫一名，民壮五十名，仵作二名，狱卒四名，仓中斗级四名，吹鼓手六名，铺兵十二名，更夫五名，火夫十名，先农坛农夫二名，典史门吏一名，皂隶四名，马夫一名；石门寨巡检门吏一名，皂隶二名，弓兵十六名，马夫一名；深河堡巡检弓兵六名，儒学斋夫六名。每名均月给银五钱，遇闰增给如之。惟本县捕役八名，岁共给银百三十四两四钱，遇闰增银十一两二钱；儒学门斗二名，岁共给银十四两四钱，遇闰增银一两二钱；膳夫二名，岁共给银十三两三钱三分三毫四丝，遇闰增银一两一钱一分一厘一毫一丝一忽。

津渡之费：石河渡夫四名，岁共银二十四两，遇闰增银二两；唐家川渡夫七名，内四名与石河同，三名由永平卫裁并，岁共给银二十一两，遇闰增银一两七钱八分三厘四毫九丝。

驿传之费：迁安驿额设工料银三千三百六两六钱，遇闰增银二百八两一钱五分各有奇。

乡贡之费（二年一次）：贡生花红旗匾银三两三钱三分三厘三毫三丝。

宾兴之费（三年一次）：会试举人路费银五两，举人牌坊银二十六两六钱六分六厘六毫六丝六忽，进士牌坊银三十三两三钱三分三厘三毫三丝四忽，武举花红旗匾银一两六钱六分六厘六毫六丝六忽，武进士花红旗匾银三两三钱三分三厘三毫三丝四忽，武乡试公费银四两。

以上经费，内除养廉银千有六十三两四分，扣支耗羡银两外，其不敷之数由司库支给，余经费银四千九百八十二两三钱九分二毫三忽二微，遇闰加支银三百十三两四钱一分九厘八毫六丝四忽九微六逡，应于地粮丁匠银内支用，所余地粮丁匠银运解司库，正项银六百十六两九钱六分一厘四丝七忽七微三纤七沙六尘七埃一渺一漠六湖二虚一澄五清二净，丁闰银三百三十八两四钱六分四毫七丝七微六纤九尘八埃五渺一漠八湖九虚三澄五清八净四逡。备公银一百两于耗羡银内支留。（以上旧志）

各官俸银如旧，共银一百八十八两四分。文庙崇圣名宦乡贤，春秋大祭照旧例如银十两。社稷、山川、风云、雷雨、城隍、马神、八蜡春秋二祭银三十两。关帝庙祭银如旧。北海神庙春秋祭银三十两。文昌宫春秋二祭，银二十六两六钱六分七厘。邑厉坛祭银如旧。朔望行香纸烛银一两（以上岁祀之费共银一百七十七两六钱六分七厘）。龙亭仪仗岁修银如旧。文庙岁修银如旧。以上缮葺之费共银十两零五钱。

颁时宪书银如旧。乡饮酒礼银如旧。孤贫十名，每名岁给冬衣布棉银二钱七分八厘三毫，共银如旧数。以上授时礼贤恤贫之费共银十五两七钱八分三厘。管粮厅、山海仓斗级十四名，岁支工食银八十四两。

知县门吏二名，岁支工食银十二两；皂隶十四名，岁支工食银八十两；马快八名，岁支工食银一百三十四两四钱；民壮五十名，岁支工食银三百两；仵作二名，岁支工食银十二两；狱卒八名，岁支工食银四十八两；库丁四名，岁支工食银二十四两；轿、伞、扇夫七名，岁支工食银四十二两；斗级四名，岁支工食银二十四两；吹手六名，岁支工食银三十六两；更夫五名，岁支工食银三十两；火夫十名，岁支工食银六十两；农夫二名，岁支工食银十二两；铺兵十二名，岁支工食银七十二两（遇闰增一月工食）。典史门吏一名，岁支工食银六两；皂隶四名，岁支工食银二十四两；马夫一名，岁支工食银六两。儒学斋夫六名，岁支工食银三十六两；门吏二名，岁支工食银十四两四钱；膳夫二名，岁支工食银十三两三钱三分三厘。石门寨巡检门吏一名，岁支工食银六两；皂隶二名，岁支工食银十二两；弓兵十六名，岁支工食银九十六两；马夫一名，岁支工食银六两。

深河堡巡检弓兵六名，岁支工食银三十六两。

唐河渡夫七名（内四名各支工食银六两，三名各支工食银七两），岁支工食银四十五两。石河渡夫四名，岁支工食银二十四两（遇闰加增）。迁安驿额设工料银四千三百九十八两九钱七分一厘，遇闰增银二百九十九两一钱八分九厘。以上津渡、驿传之费，共银四千四百五十八两九钱七分一厘。

贡生花红旗匾银如旧（二年一次）。会试举人路费牌坊、进士牌坊、武举、武进士、花红旗匾武乡试公费等银俱如旧（三年一次）。以上乡贡宾兴等费共银七十七两三钱三分三厘。共经费银六千一百六十七两四钱二分七厘，在存留应征地粮银五千六百五十七两一钱四分二厘，尽支不敷尚应赴司请领缺额俸工银五百一十两零二钱八分五厘。遇闰加支银四百零七两四钱五分，在存留加闰应征地粮银五千六百九十五两三钱三分一厘，尽支不敷尚应赴司请领缺额俸工银八百七十九两五钱四分六厘。

应解：裁减铺司工食银五十七两六钱（咸丰八年，奉文裁工食银八成），由应领缺额俸工银内扣抵。文武带办银、乡饮酒礼银、扣留夫马小建银，内有无定额之款，每于奏销按册内银数解司。

应领：山海关副都统养廉银，原额岁五百两，心红银十五。各役工食银五十四两五钱（均扣六分部秤）。咸丰六年，部议酌给九成，同治七年，奉停票新章按六成实银支领，岁支实银二百九十两，由县赴司代领（分四季解交都统衙门）。本县知县养廉银一千两，典史养廉银三十一两五钱二分。石门寨巡检养廉银三十一两五钱二分，办公银一百两，皆由司库请领（旧本扣支耗羡银不敷之数，由司补领。自乾隆五十三年，耗羡银改解司库，嘉庆十六年，定为养廉办公银，皆由司库请领）。

预领备用，贡差各费，盛京礼部送两陵蜂蜜，由县领（夫车）价。以下所领均无定额：

吉林将军进野猪、鹿尾、箭、杆、桦皮、暖木、莩草，皆由县领车价。黑龙江将军进箭杆，由县领车价。锦州副都统进上驷院马皮由县领车价。三姓副都统进貂皮。由县领车价。乌拉挞牲总管进红白蜂蜜、松子、松塔、鲟、鳇鱼，俱由县领车价。朝鲜国年贡，由县领车价。以上各差例于冬季到境，邑为入关首站，应领赴都车役之费，由县统行给领。虽详请豫发备用，送迎供亿难凭定额，不敷之数皆由县垫发。

‖ 卷之十七 ‖

赋 役 编（下）

盐 法

临榆本产盐之区，滨海贫民窃负以谋升斗，狃于积习，罔识定制历有年矣。前此或招商或官运，计缉私之费动辄不赀，故当事多掣肘焉。然正课所关，旧章不可忘也。因志应销引数及场界丁灶之征，以存定制而备参考。

临榆县每岁额销盐引千一百七十六道，每引盐三百一十五斤，率征银四钱二分三厘六毫四丝五忽三微八纤，按年销引完课。知县有督销之责，逾限未完者，依分数议处。嘉靖三十九年，户部派永平三千九百十八引，分属州县官立循环簿，记买过引盐并水程期限，按季送盐院稽考。隆庆五年，盐院议额派商引，因边境不通，商贾故将盐引酌量州县大小计里分引，每引纳银一钱，题准减派为二千引，又于丁口食盐，每百斤抽纳税银一分五厘，共银三百余两。本府印票发州县填给卖者，如数纳课，按季解司。至次年，复加银一州四县六卫，共五百两，俱州县卫分纳。至万历三年，将附郭一县三卫之课归之税课司。府给号票，每张纳银六分，卫具领送县投府而发，司如数给领，县径解司。若羡入之府库，登循环簿其外二县，有卫各附县。至十七年，山海亦归抚宁代征，每岁土人包纳库银，官给小票，行贩纳钱于官自行买卖。至国朝顺治四年，户部奏定改引招商，以州县户口之多寡定额，每丁岁食盐十斤四两，府属共定五千八十六引，每引岁征银二钱六分。至十七年，御史高而明奏增引至六千六百八十七道。因盐细如面，不能筑包，则不能秤掣，且系零煎零卖，无处拉运，是以按引包课。康熙十七年，御史傅延俊条奏，遣官查永属丁册，生齿日繁，遂依按丁销盐例，又增引六千四百六十八道。至四十四年，户部行令永属火盐改斗为秤，每秤二十三斤，凡十秤为一引，准用筐篮以杜轻重手之弊。复增引五百七十二道，合旧额共万三千七百二十七道，而课亦历年递增至每引四钱三厘六毫四丝五忽二微八纤。乾隆二年，改山海卫为临榆县，于抚宁县额引三千四十一道，内分拨千一百七十六道，归临榆县督销。

县属归化场，场设大使一人，俸四十两（于场课银内扣支），养廉二百两（于盐法道库支领）。兵役六名，每名岁给工食银七两二钱（于场课银内支）。

场界在盐务镇，距运司分司七百余里，南临秦王岛，北接龙王庙，东至山海关界，西增惠民场域入昌黎县碣石碑场界，延亘四百余里。堡三，曰东、曰中、曰西。煎滩二处，一在盐务，一在赤头。本场灶户百五十有四，灶丁五百五十有二。又并惠民场，灶户四十有二，灶丁四百十三。本场原设额地二千九百六十四亩六分五厘八毫六丝七忽，草荡地六十七亩，锅百十九面，又并惠民场，原额草荡地四十四顷五十四亩二分三厘五毫八丝，锅百有七面。

场课，一曰边布银。本场额征八十四两五钱七分九厘七毫，惠民八十五两九钱三分八厘三毫。

明成化六年，御使林诚以深州、海盈及益民、阜财、富民、富国、海丰、海阜、海润、越支、济民、石碑、惠民、归化十三场，陆路弯远商人不支盐课，遂致盐斤堆积，年久消折。请自本年为始，每盐二大引合为四小引，共重八百斤，折阔白布一匹，长三丈二尺，议价银三钱征解通州济库，以备折俸支用，是曰布盐，此边布所由名也。至嘉靖九年，御史傅炯奏济民、石碑、惠民、归化四场，离小直沽批验所弯远，商人支掣实难，丁课倒瞪相继，商遂弃引不返。先年准纳布价，商灶称便。合将四场灶丁每引改折银一钱解司，给商收置勒灶从之，此又边布折价之始也。率计每丁纳盐四引二十斤，每引折价银一钱。

京山银本场，额征二十两七钱一分，惠民二十七两六钱五分。明京山、顺庆、柘城、汝宁、嘉定、新昌、太和、景宁、建德、太康、阳夏、德平、荥阳、庆云十四藩府，每年各给盐若干，每引折银一两三钱三厘，派于长芦运司按年征给，国朝定长芦盐法御史王秉乾以原系旧例，正名京山派人各场地丁征解。

锅价银，本场额征八两三钱三分。惠民七两四钱九分。（盐有煎有晒，而永郡独无滩可晒，率由煎成。煎之之法，每秋采草于所分场中，十一月凿海冰藏之，春暖淋其卤于锅煎之。周十二时为一伏火，凡干六锅，每锅约得盐百斤，诘旦出坑灰，晒于场，候干仍实灰于坑以取卤，其试卤也，投以石莲子验浮沉，须莲子浮立卤面乃可入锅，将成盐必用皂角数片，盐始凝。至积灰则以年久者为良，卤水浸润其成盐尤多，凡盐之成于煎者，其形散，名曰末盐，味高于鹽盐。鹽盐者，盐之由晒成者也。晒必资于滩，故滩有价，煎必资于锅，故锅有价。各场锅面率分远近，以上下其科云。）

白盐折价，本场额征银二十二两五钱三分二厘一毫六丝六忽六微六纤六沙六尘六埃五渺二漠九湖，遇闰加银一两六钱五分。惠民三十四两三钱三分二厘六毫六丝六忽六微六纤六沙六尘六埃四渺五漠七湖，遇闰加银二两四钱七分五厘。（康熙二十八年，贡盐令减半，煎办其所减之数折价解纳。其价每包折银七钱五分。五十年重定贡盐折价额数，迄今遵行。）

盐砖折价，本场额征银九两六钱三分八厘，惠民七两六钱三分八厘。（盐砖每块重十五斤，自前明至国朝顺治十六年照额解本色十七年，光禄寺题请折价每块银二钱八分。）

俸粮银，本场额征四十九两六钱一分二厘，遇闰加银一两七钱七分二厘。惠民四十八两六钱二分八厘遇闰加银二两四分六厘六毫。

裁汰书办工食两场额征银六两。

裁并青衣工食惠民场额征银十四两四钱。（以上旧志）

原额销引一千一百七十六道，因历年商办废弛，道光二十六年，改为官办运销（提缴一百一十八引），存引一千五十八道（减一百五引），净引九百五十三道（停引一百二十二道。自道光二十三年，予限六年疏销旧引，限满将旧引全清，再将减停之引亦分六年补销）。除提缴减停之数，应销引八百三十一道，每引计重四百十七斤七两（为一包）。

应征正课银四百九十八两三钱八分五厘，加课银四十九两八钱三分九厘，纸红银三两五钱三分八厘，共征正课银五百五十一两七钱五分二厘，内停课银七十七两三钱二分八厘。（自道光二十三年，限满再将减停之课亦分六年完交。）

应解正课银四百七十四两四钱二分二厘，领告银一百七十两六厘，平饭银二十六两一钱八分六厘，养廉银十四两四钱二分，解课费银二十九两九钱八分五厘。共应解银七百一十四两六钱四分三厘。

现行销引八百三十一道，每引应交领告银二分四厘五毫八丝一忽。

纳正课银五钱六分六厘六毫六丝一忽八微九纤，铜斤银一分五厘九毫九丝二忽零八纤五沙，河工银一分四厘六毫五丝二忽零七纤九沙，平饭银三分一厘五毫一丝一忽四微三纤二沙，解课费银一钱七分八厘一毫三丝七忽四微，戳费办贡银三分四厘八毫，共银二钱一分二厘九毫三丝七忽四微，内交银一钱八分九厘零五丝七忽四微三纤六沙，大钱三十五文。以上每引共银八钱八分一厘五毫五丝九忽九微一纤，内交银八钱五分七厘六毫七丝四纤六沙，大钱三十五文。

岁应领设卡缉私费银一千五百七十二两。

前运办煎盐，后改煎为晒，设立赤头、盐务二厂。

同治五年，直督兼长芦盐政刘奏：永属七州县、官办引岸废弛日久，招商不易，拟请遴员试办，以顾盐课恭折具奏奉旨允准。

同治六年，山海关副都统长善，为永东边关重地盐禁太严，有拂民情，无裨国课，恐酿巨患，谨将地方情形恭折缕陈。奉上谕前因御史汪朝荣以永东盐务废弛，请遴员试办，官运当经谕令，刘长佑妥议具奏。旋据刘长佑先后奏称，该处招商不易，请派员试办五年再行招商，并派专员缉私，以资整顿，均经降旨允准。兹据长善奏称，永东盐务废驰已久，官民俱食私盐，该处绅民闻上年有接办永东引地之议，众情惶惑，恐巡勇缉私操之过急，贩盐者闻拿拒捕，聚为私枭，致生他变。现在临榆等县绅民愿仿照山东登、莱、青三府属将盐课摊于地亩项下，仍由地方官征收。抄具绅士公禀呈贤，并将办盐不便情形六条，详细缕陈。此次试办盐课，前据户部奏称，该督折内所陈该处委员所领缉私经费至一万六千两之多，所交盐课一万一千八百余两，本属得不偿失，试办之后，能否于课外增加余课，该督尚无把握。兹复据长善奏陈不便各情弊患。如绘即著刘长佑细加体察筹议万全，不得回护前议，稍涉迁就。长善原折著抄给刘长佑阅看，将此谕令知之，钦此。

同治六年，直督兼长芦盐政刘具奏："为查明永七汛岸整顿极难，应请地方官并办以保全局，遵旨恭折覆奏承准。军机大臣奉旨，户部知道，钦此。"奉文转行到县遵照办理。

原额归化场每丁征银三钱七分。灶地三十顷零三十六亩六分五厘，每亩征银三厘九毫，每锅征银七分。贡白盐二千六十九斤八两，改折色银六两八钱九分八厘。每丁征银一分二厘，遇闰加征银六厘。

惠民场归入归化场。原额灶丁每丁征银四钱二分一毫。草荡地每亩征银一分三厘六毫。每锅征银七分。贡白盐三千一百五十四斤，改折色银十两零五钱一分四厘。每丁征银二分五厘四毫，遇闰加征银一分九厘。以上各款岁共征银四百八十四两九钱四分四厘，遇闰应征银四百九十二两八钱八分六厘。

应销四县引数：卢龙县额引一千八百三十四道，抚宁县额引一千八百六十五道，昌黎县额引二千三百四十三道，临榆县额引一千一百七十六道。

共引七千二百一十八，俱由归化场火盐配运。每引配盐四百二十二斤七两为一包，内有卤耗盐十五斤。

　　道光二十一年前，每包三百八十三斤十一两，嗣奉旨加盐三十八斤十二两，俱系部砝。

　　道光二十八年，奏准改归各州县官办，其销售引额及掣配章程均照旧例。

卷之十八

事 实 编（一）

宦　迹

治天下者，絜好恶以同民而已，即一邑亦何独不然？果能兴养立教锄莠安良，政必洽乎舆情，民之爱戴讴思必有不能自己者。临邑宋元以前属在荒服，前明为关城重镇，设卫以治之。国朝改卫为县，而以旗绿两营经纬于其间。官斯土者自建节分符，以至司牧振铎之职，仁声善政代不乏人。虽设施不同而其遗爱不忘则一也。兹将事迹显著者列于篇。

元

怀间公，皇庆初为瑞州答鲁花赤。时海滨县宣圣庙兵燹，后鞠为茂草，代官数十辈，咸置弗理。公至，邑人请之，遂慨然兴复，不十旬而庙告成，其崇儒慕义类如此。崇祀名宦祠。（旧志）

明

徐达，凤阳人，洪武初以大将军平定北都，后留镇燕蓟。以平滦、渝关等处土地旷衍，乃于古迁民镇筑城置关，控制险要，更名山海关，内外截然，屹为重镇。其西若喜峰、古北等隘，葺垒筑塞，卫安军民。在镇十七年，功烈甚伟，累官太傅中书右丞相，晋爵魏国公，追赠中山王，谥“武宁”。景泰间，卫民请立庙报功，巡抚李宾、李进等先后请于朝，诏报可。成化中庙成，赐额“显功祠”。后崇祀名宦。（旧志参畿辅志）

费瓛，定远人，祖遇洪武中为燕府左相，已革府相改护卫指挥使。父肃嗣官卒，瓛嗣官，事成祖，靖难功累官都指挥同知，镇守山海关。永乐五年，召佥事后府。六年，充副总兵官，备倭海上。七年，征湖广叛寇。八年，充总兵镇宁夏、甘肃，讨平亦令真巴。十年，又出甘肃防御。仁宗即位，充平羌将军，镇甘肃，寻升右军都督。宣德元年入朝，上念瓛旧臣，累著功名，封崇信伯，食禄千一百石，与世券复出镇。瓛性和易，善抚士卒，守边二十年，塞境宁静，征汉庶人尝为先锋将佐，薛禄有功。（府志）

王整，羽林前卫人，正统八年任守备。沉毅有谋，长于干济。山海设守备自此始。前此治尚草创，规制未备。整至，次弟兴举，凡学庙、楼橹及廨舍之属多所增建。抚士驭下，宽而有体，军民畏而爱之。祀名宦。

杨琚，江西泰和人，进士，天顺五年任兵部分司主事。公明练达，举措悉中典型关法，自讥察外无所留滞，人咸称便。时卫学始建，拘行伍子弟充，诸生皆以为厉己，弗乐。琚雅意作人，士习用变，至今士民称颂不置。祀名宦。

刘刚，山海卫指挥佥事。天顺间视卫篆以贤称，体统甚严，每侵晨诣卫公座，千户以下肃肃雁序，咸执属礼，罔敢哗者。虽器物食用之细宿购卫中，遇上官至，辄出以应，不敛诸下。于学校以提调自任，创建东西庑暨学舍，诸生违教者辄廷责之，罔敢不服，其公严综密类此。祀名宦。

狄珍，字国宾，本卫中右所千户。少时与海钓萧公同肄举子业，志趋甚端，长承荫署所篆。文雅忠厚，岿然为流辈所推。比致仕守关，诸公钦其高致，咸以宾礼相遇，事鲜过举，身无苟且行，初终一节，时人称之。祀名宦。

张恺，字元之，江南无锡人，由进士，弘治二年以兵部主事分司。操守清严，有冰蘖声。关旧法止验籍与年，自是始稽貌以杜诈冒之弊，至今因之。其待士惠民，外内一致，虽黠诈者亦不忍欺云。祀名宦。

黄绣，字文卿，南直隶靖江人，进士。弘治五年任兵部分司，宅心平恕，政尚宜民。时关内薪水颇远，居民仰给关外，绣给木牌悬之，出入樵汲甚便。绣有目力，一经睹记，终莫能眩，遇面生冒顶者辄指摘之，卒无敢欺。启闭有常期，虽祁寒暑雨及他务丛集亦弗爽代。去之日男女夹道遮留，车马至不得行，后转巡辽东经此，居民犹依依不忍舍云。祀名宦。

陈钦，字亮之，浙江会稽人，由进士，弘治八年以兵部主事分司。清简平易，卓有高致，终仕无苛扰之令，民甚德之。邃于诗学，雅好吟哦，迎养父教谕君于署，尝亲侍杖履，游佳山水以娱其志，天伦至乐，虽途人咸知歆慕云。祀名宦。（俱旧志）

徐朴，浙江上虞人，由进士，弘治十二年任兵部主事分司。性刚严，莫可犯，诸公私巨猾咸敛迹避，终代去无敢肆，暇则集诸生讲课，寒暑弗倦。（旧职官志注）

申宁，沂州卫人，弘治中为山海卫守备。安静不扰，地方德之。升山东都司，以廉勤勒石于石门路之彰善碑。（府志）

黄景夔，四川酆都人，由进士，正德十六年以兵部主事分司。旧部使与守臣敌体，夔至呈部革之，始执廷参礼。地方荐饥，举赈贷、兴义仓，居民赖以存活者众。禁浮屠、巫祝、淫祀及燔尸诸敝俗，民无敢挠者。卫学旧无廪饩，夔垦田以租给之，暇则亲为校艺课业，士风彬彬兴起焉。祀名宦，复建专祠。（旧志）

王冕，字服周，河南洛阳人，进士。嘉靖三年任兵部分司。初筮万安令，值宸濠之变，招募勇敢继抚帅进，及逆兵衄安庆，趋还南昌。为釜鱼计，冕帅所部遏而擒之。迁兵部主事来守关，甫五旬，值妖卒变作，群丑啸呼，露刃阶下，侍吏拽之潜避，冕正色拒，贼以刃胁，不屈，死之。抚臣上其事，赠光禄寺少卿。祀名宦。（旧志参府志）

李英，江西饶州人，岁贡。嘉靖间任卫学教授，潜心圣贤之学，每事务躬行实践，期可盟幽独。尤以师道自任，教人不专事举子业，对诸生燕坐谈理道，辨义利，谆谆不倦，徒辈有能厚人伦、尚义举者奖进不置口。后闻兄讣，哀毁逾礼，见者感泣。因触时政，竟弃官归。当时与胡敬斋先生齐名，西江至今推理学必曰胡李云。祀名宦。（旧志）

　　附：淮南王世贞《名宦异泉李先生传》：

　　"李先生者，讳英，字文华，饶之余干人也。尝自号异泉，学者尊称之曰'异泉先生'。先生少好学，念邑中鲜有授礼经者，而余姚多知名士，因徒步千里，负笈往寻师，数年尽得其学。归而试博士弟子，它博士弟子无能抗者。遂食廪学宫，而至省试辄不利，先生怡然曰：'我能工于禄，不能工命。'归而勤学如初，然竟不利。五十余始以贡上春官，得教授山海卫。

　　山海，故中山武宁王达置戍，以限辽水为左辅，络其戍卒即冒青衿而以技击取大官，不甚晓书史，先生精心诲之，课业之暇相与反覆开谕。归之忠孝礼让，咸彬彬质有其文矣。时中贵人瑾用事，鱼肉荐绅大夫，先生闻而叹曰：'逄萌何人哉？'移书台使者乞骸骨归，台使者三挽之不得。诸生前后追饯数百里外，先生示之书一束曰：'偕我而来，偕我而往者此耳。'因赋诗见志。先生归而道遇寇，掠先生橐，亡所得，仅得其衣冠去。先生抵家犹褐裘，其婿张馔者，藩伯吉子也，以父衣冠遗之，先生却弗御曰：'吾岂倩他人衣冠者！'

　　先生性友让，其少时与兄弟分财必居少。伯兄病疫，早暮视之无间。或谓疫不虞染耶？先生曰：'疫诚染者，吾亦不忍使吾兄独疫也。'其后，里大饥，先生谋赈之不获遍，则捐郭外地为义冢，收瘗而瘗之。于书好诵小学，每谓使我终身行之不既。又好举赵阅道，夜必告天以昼所为事，及司马君实平生未尝不可对人言二语。宗戚子弟有小不善，辄谕之曰：'得无不可告天乎！'又曰：'君实不畏人知，若乃畏人知，何也？'以是诸宗戚交相戒，为不善何以面李先生。而其弗便先生者，谓先生伉不藏人过。顾有盗夜穿窬人，家人掩而缚之，呼请烛。生生曰：'吾代若守缚，若取烛。'已解缚，纵使去。徐谓家人曰：'民自急赡死耳，一烛而得其人，即纵之何以自新？'其为长者又如此。先生澹然一切，无所嗜好，子弟即不布素不敢见也。

前后邑令谢仪、马津、石简皆清峻，鲜所折节，独礼重先生，时时造门请质疑难先生，亦无所报谢。邑令每谓先生迹可数，非元旦乡饮我何能屈先生。盖寿至八十六无疾而终。后先生五年所而志山海者，以先生为名宦。其又若干年而志余干者，举先生乡贤。

王子曰：夫二志者，郡邑史，其犹行古之道也。夫中山武宁王，国元勋，无两也。先生以一儒官厕名而无愧色。余干有胡居仁、伯牛、吴聘君而乃举先生，并称而无轻辞，其犹行古之道也夫。"

葛守礼，山东德平人，由进士，嘉靖十年以兵部主事为关使者。平生敦礼法，谨言笑，持躬范物一准古道，至取子间虽一介不苟，关法肃然。时典章草昧，自是始行乡饮礼，风厉耆德，创养济院，著为令悍独赖之。祀名宦。

张伦，山西沁水人，由岁贡，嘉靖十五年任儒学训导。提躬严整，博学善海，每以圣贤心身正大训迪士子，不屑屑章句间。博士俸及祭肉悉捐赈贫生。朔望振铎，诸生执弟子礼，毋敢或惰者。以故出其门者，或以宦绩显，而刘太仆其较著者矣。祀名宦。

谷中虚，山东海丰人，进士，嘉靖二十七年任兵部主事分司。英年及第，练达如老吏。视关政三年，一尘不缁。时辽左承平，比屋殷富，以贱值市马而西者首尾相望。榷关者利其税，纵之人，中虚独加厉禁。诸贩者皆领中官赀，久饕倍利，一旦失望，遂挟巨珰书并祈本兵为言，中虚执如初不为屈。祀名宦。

陈绾，浙江上虞人，进士，嘉靖三十五年任兵部主事分司。才气倜傥，熟谙边务，下笔辄数千言，按之皆中利害，切时艰，如《守边赈荒诸论》，蓟辽大吏俱屈服。时关东西大饥，绾疏通关政，煮粥饷铺之，民赖全活。祀名宦。（俱旧志）

商诰，山东平原人，进士，嘉靖四十一年任兵部主事分司。壬戌岁边敌数千薄关东，乡民奔避如蚁。议者欲闭关，诰曰：不可，是弃万人命也。大开门纳之。少顷，敌攻旱门关甚急，诰亲巡垛，神气暇整，指挥方略，励将士拒堵，敌夺气遁去。事闻，被赉加秩，寻迁蓟州兵备。祀名宦。（旧志参府志）

孙应元，字华山，湖广承天卫人，一作钟祥人，由进士，嘉靖四十三年任兵部主事分司。长髯方面，望之有威，器识宏远，当机立断，素以才名推。由户部曹调任，及抵关，精明练达，事治民安，南北敌台皆其所建，尤称硕画。升永平道，仕至山西巡抚。祀名宦。

王继祖，陕西咸宁人，进士，隆庆二年任兵部分司。坦平简静，居官随所莅皆有冰蘗声。时新添参将某有颉颃意，继祖持大体不少借，一切馈遗却之。后知河间府，以忤抚臣，去。随起守南阳，升四川宪副，乞归，再起，不赴。名挂仕籍三十年，历俸仅半之，盖古道自处，澹然名利者。祀名宦。（旧志参府志）

戚继光，山东登州卫人。隆庆间，以剿平倭寇功召入京营练兵，寻加少保兼总理，镇守蓟永、山海等处。巡历各边，相度平险，建筑敌台，千里森列，军民不病。又尝增饷廪，制车战及火器兵械，立传烽，制掣旗，举炮顷刻千里，百废俱举。奔走诸将，檄飞随羽至，大阅三十万众，咸遵纪律。阅视大臣每以李、郭称之。土蛮黄台吉入寇山海，遣游击张臣败之于傍水崖。在镇十六年，蓟东宴然，居民得安耕牧。（参畿辅志及府志）

张臣，东山人，隆庆初，由延绥入卫，授游击将军。时黄台吉入寇，臣出奇奋勇，率所部卒三千扼其吭，酋北道穷，臣追益迫，斩馘无算，至石门之傍水崖，众于云雾中见关帝像，酋惊骇竞奔堕崖死者数万，遂大创去。士民于其地立关帝庙，肖臣像于正殿之西。（见碑记）

霍鹏，井陉人，万历中武举，历官都指挥佥事。镇守渝关，恤士卒、缮城堡，有保障功，以母老乞归。

高如嵩，卢龙人，万历中为石门路千总。泰宁寇花场峪，主将陷围，如嵩力斗出入阵中者三，敌攒射落马剖其心而死，事闻赠二级世袭指挥同知。（俱见畿辅志）

孟秋，山东茌平人，进士，万历七年任兵部分司。研精理学，特立独行，蔬布自甘，尤严义利之辨。诸生有志问业者，乐于启发，竟日不倦。每念边备日弛，少有罚锾，尽捐以置神机火器为战守具。或迁之，答曰："此夏官职也。"时江陵擅政，边帅竞以贿进，辽左尤狼籍，秋当关严检阅，因以京察被谪。后起用，累官尚宝司少卿。祀名宦。（参录府志）

王邦俊，陕西鄜州进士，万历十年任兵部主事分司。廉静端严，寡言笑，惟训课则谈笑不厌。时严禁关法，十余日始启关，民出入颇不便，俊复如旧，关内外欢甚。请建东罗城，修理楼堞，至今攸赖，祀名宦。（旧志参府志）

王守道，辽东左屯卫都指挥使，万历十一年任山海路参将。十二年九月敌侵宁前，守道率本路并延绥兵东援，遇敌却之。十月敌复合兵，夜半直逼关门，同延绥将杭大才、中军盛庄列营城东，血战竟日，敌失利退去，有全城之功。祀名宦。（旧志）

叶世英，字春谷，广宁卫籍，浙江宁波人，进士，万历二十四年任卢龙知县，明敏倜傥，有应变才。二十六年奉调征倭，广兵五千，噪变于山海，英单骑陈以大义，悉抚定之，实有全城之功。（旧节府志）

吴钟英，陕西高陵人，由进士，万历二十六年任兵部主事分司。岁歉，值东饷十万集关下，飞挽甚艰，钟英移书当道以折色往，民不病饥。（旧职官志注）

杨植，山西阳城人，进士，万历十二年任兵部主事分司。清介方正，居官三载，一切馈遗无受，各行俱用时估。执法严而不苛，留心惠养，免挂号一呈，军民衔感。训诲诸生孳孳不倦。操持冰霜，后人罕及。祀名宦。

张时显，江西南城人，进士，万历二十三年任兵部主事分司。长于治才，精核整肃，重修关志，俱出手裁，学识瞻雅。时征倭总兵陈璘幕下鼓噪，赖其抚定，一宇获安。祀名宦。（俱旧志）

来俨然，陕西三原人，进士，万历二十九年任兵部主事分司。端重严整。时税珰高淮煽虐，厚币馈遗尽却之。出入不与偕，至有害于民者力为解释，淮亦畏其清鲠，不敢纵恶。任未久，卒于官，士民痛之。西罗城外龙王庙后建有专祠。祀名宦。（旧志参府志）

朱洪范，京卫指挥，武进士，万历三十年任山海路参将。才品优长，仪表出众。整饬营伍，任用贤能。值税监擅权，曲为护持，地方得免荼毒。且长于吟咏，有樽俎折冲之概，当年推为儒将。祀名宦。

李如桧，字太岩，山东阳信人，由进士，万历三十三年任兵部主事分司。至性孝友，廉平莅官，坦和待物，课士评文如家人父子。准旧引填名，轸念民瘼。时税珰高准蚕尾鬼厉，如桧不吐不茹，绰然挽掖。及准稔恶贯盈，军民激变，调停息乱，拊准出境，一时获免骚害。祀名宦。（俱旧志）

邵可立，陕西商州人，由进士，万历三十六年任兵部主事分司，加升员外郎。廉直刚断，邃于理学，创文昌书院，购古今遗书充之，俊彦鼓箧其中面受指画，乡会两试，获捷者甚众。值岁饥，令屯官清绝户产，置牛具分给。婚不举者，卫有布花之施；贫不葬者，普济会有棺木之给。尝三劾貂珰，四减关税。修镇东楼，工师苦无大木，忽海上浮若干至，及落成无赢余者。亢阳不雨，三祷三应。忠清正直，格于神祇。时咸叹异之。祀名宦。（旧志参府志）

刘渠，字双泉，顺天人，万历四十七年总镇山海。体貌魁岸，武艺优长，而性情恂恂，有类文儒。投醪恤士，悬榻礼贤，严禁官价，不致扰民，有古良将风。迁镇广宁，临阵战死。祀名宦。（旧志）

杜松，陕西榆林卫人，万历四十六年总镇山海。秉性忠义，气辟万人，帅兵援辽，浑河大战死于阵，谥忠壮。（府志）

孙承宗，字凯阳，直隶高阳人，进士，廷试第二。沉毅豁达。天启间，以内阁督师关内，设三镇，置营房于城内外，军民异处，各安其所。捐俸修学，广科举额以兴人文。施谷济贫，惠及百姓。三载劳瘁告病回籍。崇祯己巳特旨起用，匹马就关，躬督士民防守，关城赖以保全。当多事之际执掌军务，安详镇定不动声色，有纶巾羽扇之风。祀名宦。

陈祖苞，浙江海盐人，进士，天启五年任兵部主事分司。一日坐堂上，忽有骡自关外闯入，向堂长鸣，苞命人尾之，至一家直人，掘地得尸，廉其图财致命状抵罪。又四人失路，引回关，中官欲以奸细论，苞持不可，得放归，以此致忤罢去。东门瓮城关帝庙左建专祠肖像。后起，复历顺天巡抚。祀名宦。

张春，字太宇，陕西同州举人。天启间由刑部主事备兵永平，一时治政琤琤有声。寻转山石道，以执法不阿，移病归。崇祯二年，复起为永平兵备，收复永、滦，严禁屠掠，全活难民甚众，论功加太仆寺少卿，仍请告归籍。再起备兵通州，不数月又调永平。大清兵下大凌河，春帅兵救援，兵衄被执，坚求自尽。太宗文皇帝嘉其忠直，优养十年，春留发不剃，及卒，以礼葬之。康熙三年，子伸乞骸归葬，特旨准从所请。路经山永，人皆祖道焚锸，络绎不绝。先是永人闻春死，建立专祠四区，其德泽入人心如此。当春败绩时，其妻尽节于永平韩氏楼中，春每食必具箸遥邀同餐，父忠子孝，夫义妇烈，皆出性成，入名宦，仍祀武庙表忠祠。（俱旧志参府志）

杨葆和，云南大理人，由举人。崇祯二年任管关通判。为人端毅正大，不附权要，勤政惠民，知人爱士。时仪部余一元初应童子试，即以大受相期，勉望谆至。未几，以忤上官谢病归。祀名宦。（旧志）

朱梅，字海峰，辽东前屯卫人，崇祯三年总镇山海。厚重浑朴，御事精详。先是值广宁失守，边人要赏，士民震骇，当事难之。时梅为裨将，慨然自任，出抚于关东八里铺，慑以威灵，绥以恩信，众皆帖服，罗拜而去，关门安堵。至招降丁、活难民、垦地筑垣，种种著绩。适辽兵溃还至关，梅匹马独前，宣布恩威，相对抚膺流涕，无不感动。补山海镇，不浃旬克奏成功，加秩世袭，及卒，晋阶，谕祭，祀名宦。（旧志参府志）

杨嗣昌，字文弱，湖广武陵人，由进士，崇祯三年任山石道，将佐懔如神君。癸酉晋山海巡抚，筑南北两翼城，以固疆圉。刊乡约、化民书，令有司师生朔望讲读以正风俗。捐俸建学官，廓然改观，经始甫竣以迁秩去。自是关门科第渐盛，士子颂德弗谖。祀名宦。（旧志）

金斌，浙江人，崇祯七年任参将。明季边防最重，义院口尤为关隘要地，斌查阅城垣至此，见其半多倾圮，约集诸绅耆捐募鸠工为修整计，众情踊跃，数月成功，屡经烽警，而地方赖以保全。是役也，寿官王守道、乡耆高廷科二人赞襄之力居多，后人思捍卫之功，为祠以祀之。称为三善祠。

朱国栋，陕西富平人，由进士，崇祯十一年任巡抚。沉毅持大体，更定营制，军政肃然。上疏修西罗城，以资捍卫。寻迁秩去，关民欲为建祠，时值改革未果。后祀名宦。（旧志）

范志完，河南虞城人，进士，崇祯十二年任山石道。多材艺，任事三年，百废具举，峻城浚池，宽徭饬驿，鼓舞行伍，作兴学校，崇秩祀，奖节孝，救荒恤困，一时政治为之改观。城西石河每夏秋泛溢，漂溺人畜。完为文祭告之，终其任无河患。升山西巡抚，擢总督。祀名宦。

朱国梓，字邓林，辽东前屯卫人，总镇梅之子，选贡生。崇祯十三年任关门兵部主事。清介周慎，关政修举。立且止亭于关外以为候关内舍，人皆称便。升永平道佥事。甲申春流寇陷京，将薄永平，梓削发披缁，赴关居海上。未几，同吴三桂举义复仇，功成不居。侨寓石门山中，菽水养母，以琴书自娱，终隐不出。祀名宦。（俱旧志参府志）

李集凤《朱邓林先生小传》：

"先生姓朱，讳国梓，字子寿，号邓林，别号葵诚子，辽东前屯卫人也。父讳梅，以总戎屡建奇勋，先生其仲子也。少颖异，负经济才，以明经入仕籍，累官至永平兵备道，所在有治声。甲申流寇陷京师，时先生任永平，誓以死。母夫人诸氏曰：'死固其分，顾吾年几七旬，汝死吾亦不能独生，母子徒死无益也，汝盍隐忍以终吾年，且因观变而为复仇计乎？'先生于是奉母归山海，毁冠祝发，庐先茔之侧而独处焉。未几，关辽兵倡义拒寇，先生乃率家骑入关，左右我兵而共图之。清兴，乱既平，奉母居石门。当事者屡荐于朝，陈情不就，日以汤药侍慈闱，故其诗曰：'国丧君何在，家危母更劬。输忠应致命，顾孝暂留躯。大义不容发，雄心独惜须。深山慈侍下，茝轴隐柴愚。'观此而先生之志可知矣。越十七载，母夫人以寿终，居丧合体，哀毁骨立，几不欲生，允矣，忠孝性成者欤？先生无疾言，无遽色，无惰容，从之游者如坐春风。至其朗识沉谋，委折周至，不能测其涯涘也。先生善书，笔法遒媚，匠心入古，或鸣琴于明月之下，或垂纶于流水之间，萧萧茅屋，虽每绝粮，晏如也。盖其德宇深纯，养之者厚，而清风高节真足以立懦廉顽。易曰：鸿渐于逵，其羽可用为仪。吉先生之谓矣。"

国朝

胡亮，字太乙，辽东人，榆林籍，随父寄居山海。材勇过人，为将校累建奇功，历官副总兵。明末寇陷都城，关门举义兵，亮与其谋石河之战，出奇制胜。擢光禄大夫，阿思哈尼哈番，卒谥"忠敏"。（见《盛京志》）

朱运亨，辽东中前所人，由武举，顺治元年任副将，管参将事。值国初供应军需，镇抚百姓，进剿流寇，捐俸给引，军民赖之。（旧职官志注）

吴尽忠，任县人，任山海关都司。顺治初，土寇猖獗，击败之。六年，贼骑劫掠，尽忠率众追至邢家湾，马蹶为贼所执，不屈被害。（旧职官志注）

郭之俊，宣镇人，由武进士，顺治七年任卫守备。慷慨有为，清正不苟，爱民如子，理政事如治家务。时抚宁卫归山海，视之如一，下民戴之。升任去，民遮送不忍舍。数年后解任，偶至关门，绅民奔走趋谒，犹依依如初至云。祀名宦。（旧志）

祁富哈，满洲人，山海卫城守章京。清廉有守，常俸外绝无沾染，又能约束卒伍，抚恤士民，关民享无事之福者数年。以疾卒官。祀名宦。（旧志）

刘观澜，河南洛阳人，拔贡，顺治十五年任管关通判。清惠敦谨，恤民爱士。适值时艰，悍卒抗衡，顽民狂逞，澜劳心抚御，忧愤成疾，卒于官。贫不能丧，关人为敛赀，归榇于其家，士民哀之。祀名宦。（旧志参府志）

陈天植，永嘉人，贡生，康熙三年，任管关通判。宽和沉静，事治民安。至修边城，修澄海楼，修关志，其功尤著。（旧职官志注）

陈廷谟，京卫人，武进士，康熙六年，任山海卫守备。历事详慎，御下冲和，明恕不繁，百姓爱戴。修山海关志。（府志）

钱裕国，字圜府，顺天举人，康熙七年，任卫学教授。敦厚持躬，虚公训课，诸生多受其教益。时郡丞寿州梁泰来留心郡乘，属裕国修补以备一郡文献。（府志）

于成龙，字振甲，镶红旗人，由荫生。康熙七年任乐亭令。宏才伟略，清正有为，念恤民艰，禁严科派。岁饥请赈，实惠均沾。缮城垣、除积弊，未两年，政通事举。以署滦篆诖误，士民叩阍保留，于十年回任，由是修学官，劝开垦，革里催，详除美化，屯额粮以恤丁绝，请退任丘拨补地亩，以免民赔累。礼贤爱士，缉盗安民。十八年升北通州知州，迁江宁知府，擢江南按察使，升副总河直隶巡抚加太子少保，晋升都察院左都御史、本旗都统、河道总督。功业赫赫，社稷倚重。祀名宦。（旧志）

夏时美，满名安达里，字羡之，广宁旗籍，康熙十年任管关通判。文武兼长。时蒙古察哈拉部落谋为不轨，群情汹汹，美完守备预，关民恃以无恐。会屠将军统师进剿，美督运军需，飞刍輓粟供应无误，绝不派扰民间。巡抚金公纪功特荐。其洁己奉公，爱民重士，监饷公平，察关勤慎，修城赈饥，善政实多。尝摄郡篆，颂声丕振。以忧去，阖郡绅耆攀辕截镫，关民为之勒石建祠。庚寅岁郡守张朝宗申请，崇祀名宦。（旧志参府志）

白芬，字倚若，河南举人，任户部郎中，榷山海关。刚果明断，尝自云：兴一利不若除一害。有弄法者痛惩之，出入权衡，军民惬服。（畿辅志）

三泰，由太常寺读祝官，康熙四十六年任山海关监督。自康熙三十三年，复设山海钞关，惟西至罗纹峪、东至清河门，诸边口设有额税，而关东沿海商船到口皆地方官自收私税，百般需索，商船苦之。泰知其弊上于朝，得旨开设锦州中后所、牛庄、盖州、金州各海口，时守尉不便其私，百计阻挠，泰具简劾之，置诸守尉于法，议乃定，由是商船踊跃，货物流通，国课岁增十余万，商民亦咸享其利，奉旨连任三年去。去后人情思慕，为设长生禄位牌于关署。

梁锡藩，山西介休人，雍正十三年知永平府，重文爱士。明正德间，黄兵部景爨开垦荒田，以租为卫学廪饩。国朝乾隆二年，裁卫设县，邻邑欲争此粮，藩以临邑士子多，无恒产，通详上宪永归临榆，士子颂德，陈请配享黄公祠，复入祀名宦。（节靳毓秀《黄公祠碑记》）

阎峋，字嶙山，曲周人，康熙甲午举人，乾隆十四年任临榆教谕。性孤介不希时好，读书务求圣贤旨趣，课士不喜浮靡，有关风化之事，力为表扬。整饬学宫，不时捐廉修葺。在任三年，洁清自励。旋引疾去官，诸生怀思不置。

施典《教谕阎公传》：

"公讳峋，字嶙山，曲周人也。康熙甲午举人，丙寅授临邑教谕。秉性孤介，学问笃实，持己端、与人忠、临财廉，古貌古心，允足楷模多士。莅任初，诸生谒见，即谆谆告以读书做人之道。尝言：读古人书须要发狠，读到苦时，即苦个狠；读到乐时，即乐个狠，方有精进，若不狠，则圣贤旨趣无由而见，书自书我自我矣！课文以清真雅正为准。理必程朱，法必先正。诸生中有笃行者，即啧啧称道不置。如庠生于藻，其兄瞽目，善事之。庠生孙炯，其兄笃疾，侍汤药尽其诚。即具文申请给匾，以励风俗。又如烈女平氏，事在康熙年间，当日虽入志乘，实未上闻，公念其事光名教，特详请题旌。事虽未行，具足见公之奖励人伦矣。至若敬礼圣贤，肃清宫墙，则孜孜不倦，殿庑不时洒扫。崇圣祠后檐风霜剥蚀，淋雨渗漏，公即减俸修葺，勿请助于人。其于字纸尤加敬惜，每谓人曰：'伏羲一画开天，即一点一画亦断不可亵弃。'其真挚如此。居官三年，洁清自好，其所行事大抵不合时宜，常为人嗤，而公恬然自若。旋以疾请去，诸生呈诸府挽留，不得，两袖清风，几不能具行李。郡守卢公见，曾赠以匾曰：'吾之畏友'。赠以诗曰：奇迂怪腐耳边盈，灾不须消誉早成。齐孝于陵终饿死，方知荆倩是真清。亲炊脱粟谈经日，高挂峨冠策杖行。饯送龙头诸弟子，怀钱谁敢馈先生。盖公之定论云。"

张楷，江宁贡生，乾隆六年知县事，时邑有虎患，楷为文告于城隍庙，选壮勇委石门巡检谢惟贤率以捕之。楷复斋宿以祷三日，连获数虎。余悉畏威潜迹，患遂息，民德之，立石以纪其事。

浙江鸿词程川《伏虎碑记》：

"临榆辖关山海，地险而多山，通道杂出，崇丘峻岭夹以荒林丛树，虎之出没，隐伏其中，由来旧矣。乾隆六年春，白门张令君调宰是邑，不数月而政和民安，神人胥悦，惟虎尚窃出戕畜物为患。令君喟然曰：'是岂吾政之未修耶？夫苛政猛于虎，吾不敢苛吾政，虎乃敢猛于政耶？'当是时冬十月，令君操文而告于本邑司隍之神曰：神与某同守兹土，若政之不修，某之过也。某修政而虎出为患，神弗默相，神之过也。选日，某将令吏民操强弓毒矢以翦除。夫为民害者，神其相之，杀勿赦。遂檄石门巡司谢君惟贤督其事，选徒一十有二人，令君复致斋虔祷，上下用命，三日而连获其虓者，群亦敛迹。于是耆老咸进而请曰：虎素为邑中患，今先歼其虓，愿尽杀之，勿遗其类。令君曰：不可，吾不能以德化之使自避去，吾滋愧矣。今幸杀一警百，民获稍安，是神之默相也，谢石门与众选徒之力也。吾何敢尽杀以为功？况吾人之为治，利在安之而已。易曰：云从龙，风从虎。虎固非不祥之物也，使其居深山以镇压百兽，称为山君，虎亦乌能为害？惟不安其居而冠焉、翼焉、入市焉，虎亦乌不为害？今吾邑山多而虎生，常也。吾为翦除其冠者、翼者、入市者，余不问，则民与虎各安其居也，吾何必尽杀以为功？于是临榆之民群相欢曰：令君之杀虎也，伏之而已，则令君之治民也，安之而已。吾民中有人面而虎心者乎，尚其避迹革心而毋干我令君之弓矢也，而令君之为政不于此有可观乎哉？乃相与勒石而记之，永以为理民者法云。乾隆六年嘉平月立。"

钟和梅，浙江海宁人，由进士，乾隆十七年知县事。县旧有养济院一所，额设孤贫十名。虑其惠难遍及，因于范家店关帝庙、深河娘娘庙、小西关玉皇庙添设留养局三所。又于玉皇庙侧建房五间，收养道路贫病无依之人及本地孤贫之不在额者。倡捐募劝以济经费，修整石河渡船以便行路。因山海志修订临榆县志十四卷，五阅月而成书。城中钟鼓楼、东西南三城楼、三水门暨海滨龙王庙、天后宫岁久倾圮，皆重加修葺。数年之间，百废俱举。城北白云山寺每年四月八日，四方赴香火者踵接肩摩，男女杂沓，和梅出示严禁，风始肃然。署西偏作小亭，名之曰"酿春"，为文以纪之，自写其勤恤民隐之怀，士民传颂之。

凌世御，籍贯无考，乾隆间知县事。禁暴安民，不畏权贵。守关副都统某怙势淫纵，一邑侧目，世御禀揭之去任。

杨鲲，籍贯无考，由举人，知县事，有青天之目。有王姓客携赀至城西拨道洼周姓店中宿焉，周利其财，杀而埋其尸于空室，王携一犬，周留畜之。越数日，鲲公出遇此，犬迎吠不休，鲲知其冤，尾之得埋尸处，遂按其事置周于法，邑人比之包孝肃云。

王百龄，字芝田，陕西长安人。嘉庆壬戌进士，由庶吉士改知县。十五年任，剔奸厘弊，课士校文，邑士多出其门，一时人才为之奋兴。在任二年余，士庶感戴。

萧德宣，字春田，湖北汉阳人，由进士。于道光十三年任县事。劝农课士，集父老问种植物土之宜。是年夏大旱，竭诚步上角山之巅，祷毕而雨降。创建东溟书院，训诸生以立品为先。有稍涉公事者则屏之，有涉讼者，课日令至书院，随课因劝导之。于是士皆自爱，文行益修，知名者踵相接。邑留养局久废，捐廉修建，以庇穷民。十五年调任去，邑人如失慈父母，祖帐西郊，迤逦二十余里。

郭长清《邑侯萧公传》：

"萧公讳德宣，字秉哲，别号春田，湖北汉阳人，嘉庆十九年进士，历任陕西朝邑、清涧等县，所至有循声。道光乙酉科乡试，充陕西同考官，解元李培滋出其门，人推藻鉴，丁忧还里，掌教天门书院，服满改直隶。道光十三年补临榆政，以劝农课士为要。先农坛基址久湮，公捐廉修之，备坛埠肃。笾豆扶犁，时集老农与语，民与官益亲。每行部所至，必召乡耆问以首种之人及物土之宜。是年夏大旱，公虔祷于城隍，弗雨。因竭诚步上角山之巅，取水于龙井，仍步祷下山。顷刻阴云布密，甫入城而雨降。诘朝登山，申谢题额于井亭，曰'山泽通气'。县尉岳君奎龄亦书联云：呼吸果能通，六月阴云随水起。神灵真在此，九天甘霈应时来。盖纪角山之灵应也。然非公之精诚不足致此。方旱之甚也，乡民祷雨聚众千百人，舁龙神入城，遍祈诸庙，并入各署吁官拈香，旧俗也，公听之。副都统孟公谓聚众非宜，令公禁其入城，并饬将首先聚众入城者，治以聚众闯关之罪。公力争之不可，竟以入奏。于是人情汹惧，咸谓祸且不测。旋奉上谕：乡民祷雨系农家望岁之恒情，该副都统率请禁止，殊属糊涂。著传旨申饬等因，钦此。事得解而民赖以安。议者谓非公力争，当时必激成众怒，其临事坚定如此。书院久废，公倡率捐修于署东偏，创建东溟书院。课士其中，卷皆自阅，虽案牍劳形，每课必亲为讲授，训诸生以立品为先，所取异等皆方正。暇时或招与樽酒论文，间有稍涉公事者，则屏之。故与诸生联师弟而绝无物议。诸生有涉讼者，则于课日令至书院，随众作文，文不佳而讼又不直者，从重戒饬，若文佳而讼不直者，则戒饬之，余又剀切劝导而造就之。于是自爱者，皆以讼为耻，而文行益修，登科者踵相接。邑之留养局久废，孤贫粮亦成具文。公捐廉修建房屋以庇穷民，并于朔望谒庙，后于署头门内亲给贫民，所全活者甚众。十五年调任威县，去之日邑人如失慈母，绅耆士商祖帐于西郊者，迤通二十余里，临别谆嘱殷殷，咸为堕泪。历任东光，以清查无亏，膺保荐升任天津海防同知。以疾告归，优游林下，诗酒自娱，卒于家。著有《虫鸟吟诗集》。其居家也，适粤逆窜汉郡，公避乱于黄陂之山中，其旧居器物皆没于贼，贼取公万民衣伞，令其党披衣张盖，行呼于道曰：'看好官'。汉阳人传为佳话。子书，同治二年进士，任浙江钱塘县，升中防同知。赞曰：乐只君子，居汉之阳。剖符渝水，追踵循良。训农亲蜡，政感金穰。文坛锦簇，玉尺裁量。厦庇寒酸，去后甘棠。乐只君子，怀允不忘。"

郭承恩，卢龙人，为城守营把总。道光三十年夏五月，番舶到海口上岸，窥探山海虚实，其心叵测，众皆张皇无措，承恩独亲赴海口，未至而番舶数人已至小湾庄，意在入城恐吓。承恩阻之，甚至交手较力。其人见承恩勇猛无畏惧心，反加敬畏，遂还舶，即日移棹远扬，后遂不复来。实承恩之力也。寻以换防赴台差去任。（见傅德谦《送郭百户赴台诗序》）

玉简，字岱封，满洲人。咸丰二年任临榆县，政尚清简，洁己爱民。发逆扰津门，沿海一带，民情骚动，乃清查保甲，操办团防，亲偕绅士赴乡劝导，修器械、申号令、扼险要；匝月余城乡民团一呼而集者万余人，声势联络，奸宄无隙可乘，而地方以靖。赴乡之日，必集其父老子弟问疾苦、劝耕作、激廉耻、殷殷相接如处家人妇子间。听断严明，讼无留狱。在任三年不携眷属，自揭其壁曰：俭以养廉，勤能补拙，非虚语也。旋升任磁州去。

恩泰，字东崖，奉天满洲附贡生。咸丰十年，知临榆县，时海口设防，军书旁午犹观风课士。土匪盘踞县西汤泉寺，侵扰海阳诸堡，势甚猖獗。泰密率丁壮夜袭其巢，获匪首秃红头枭于海阳镇，余匪远遁，境内肃清，居民安堵。

瑞恒，字云卿，镶白旗满洲人。道光癸卯举人，咸丰十一年知县事。次年亢旱，自春徂夏不雨，农田皆未播种，遍祈无应。乃率绅民步祷登角山拜龙井取水，立坛城隍庙，斋宿庙中十余日，雨既降，秋乃大获，因为文刻石山巅，以识灵感。尤喜甄陶士类，谓欲厚民风，先端士习，捐廉校课，文皆手自批点，士之来谒者必勖以修身立品之要，故蔼然相接而人不敢干以私。政尚宽和，案无留牍，而雀鼠之争亦寡，又明年升任同知云。

许忠，字葵生，钱塘人。同治三年调视邑篆，重建渝关书院，定膏火，岁修章程，士林赖之。（以上旧志）

‖ 卷之十九 ‖

事 实 编（二）

乡 型（上）

政事

旧志之纪人物曰乡贤、曰忠义、曰孝友，于崇祀乡贤忠孝二祠之外入选者鲜，其例甚严，而其体似隘，况乾嘉以后，又经百年遗迹之可传不朽者迭出其间，是乌可湮没而不彰欤？兹分政事、行谊、忠烈、文学四目统称曰乡型。无论曾否崇祀并胪列事实分著于编，庶几流风遗韵之长存耳。

北魏

窦瑗，字世珍，辽西阳乐人。仕魏为太常博士，尔朱荣表为北道大行台左丞，从荣东平葛荣，封容城伯，乞以封让兄叔珍，得从其请。叔珍由是积官至廷尉卿。天平中，瑗为广宗太守。广宗民情凶戾，官斯土者多招民谤，惟瑗始终全洁。转中山太守，清白为吏民所怀。齐献武王班书州郡，称瑗政绩，以为劝励焉，迁丞相右长史。孝武帝时，释奠开讲，瑗与温子升等并为摘句，除大宗正卿，宗室以其寒士相与轻之，瑗按法推治，无所顾避。官虽通显，窨素如布衣。兼廷尉卿，卒谥曰明。祀乡贤。（《魏书·循吏传》及《畿辅志》参旧志）

明

刘江，本卫总旗，骁勇有谋略。从成祖靖难，累建殊勋，升中军都督府左都督。永乐中镇辽东，巡视诸岛，相地形势，请于金州望海埚筑城堡、立烟墩。寇将至，亟帅步骑赴埚堡备之。翌日，寇数千乘海艚逼埚，江令犒师秣马伏兵山下，遣壮士潜烧贼船，截其归路。乃约众曰：旗举炮鸣，伏兵奋击，不用命者斩。既而贼至，伏起两翼继进，贼大败奔樱桃园空堡，追而围之，将士请入堡剿杀，不许，特开西壁纵之，仍分两翼夹攻，生擒数百，斩首千余。间有潜逃走艚者，又为壮士所缚，无一人得脱，事闻封广宁伯，卒赠广宁侯，是后倭寇再不犯辽。祀乡贤。（旧志）

郑已，字克修，本卫人。天性颖敏，成童充弟子员，属俪句辄惊人。家贫，刻意向学，寒夜燃薪诵书达旦，用是博稽群书。登成化二年丙戌进士，改庶吉士。时永新刘文安公定之典教习，每阅已文叹曰：山海乃有此子。寻擢监察御史。四年慈懿太后崩，将别葬。给事中魏元偕同官抗章极谏，御史康永韶亦偕同官争之，已与焉，并伏哭文华门，竟得如礼。其年九月彗星见，已与同官疏，言大本未立，异端太盛，进退赏罚未公，财用工役未省，赈济无策，备御无方，凡八事，帝优诏答之。会廷推辅臣弗当，抗章极论，又累疏指摘辅臣及中贵，由此人多忌已者。六年，巡按陕西，值甘凉灾沴，边境绎骚，乃疏请蠲逋负而分别边兵，令壮者战守，老弱耕牧。章下所司，定西侯蒋琬镇甘肃，已欲按其罪，语泄为所劾。戍宣府，宣镇总戎雅敬已，馆诸梵宫，士人受学者日众。有黠卒怨总戎诬以不道，事累已系阙下，上白其诬，放归。孝宗践阼，诏复其官。已亮节有气骨，嫉恶如仇。家居时谈世事不平者，辄攘臂愤惋，至面诘人罔避，以是弗享于官云。祀乡贤。（节《明史》）

萧显，字文明，本卫人，成化八年进士，擢兵科给事中。有武臣连中贵张大边功希重赏，显批奏尾驳之，直声振一时。会涿州巫矫邪神惑众，复抗章劾之，并请禁私创庵观，言极剀切，留中不报。一日，召至左顺门，命中官面诘，显气定语畅，应对了了，乃谕遣之。又数日，巫逐矣。权幸愈嫉。显居省中八年，外迁镇宁同知，命下，显方对客作草书，手阅报付其子，曰："趣治装"，仍终数纸乃罢。莅镇宁八年，调衢州又三年，擢福建按察司佥事，领屯田事，督劝交至，民相率输纳，岁无留逋。赍万寿贺表入都，刑部尚书白昂欲以荐引招之，显不顾，竟乞归，结庐于城北围春山，以诗酒自娱。著有《海钓集》《镇宁行稿》。其书法沈著顿挫，名在明代三十二家之列。角山有其草书石刻，朝鲜使臣每登山摹拓，俗谓之高丽碑。祀乡贤。（参府志及考槃余事畿辅志）

詹荣，字仁甫，山海卫人。嘉靖五年进士，授户部主事。历郎中，督饷大同，值兵变，杀总兵官李瑾。总督刘源清率师围城久不下，荣素有智略，善应变。叛卒掠城中无犯荣者，外围益急，荣密约都指挥纪振、游击戴濂、镇抚王宁，同盟讨贼。察叛卒马升、杨麟无逆志，乃阳令宁持官民状诣源清所，为叛卒乞原，而阴以荣谋告请宥升、麟死，畀三千金，俾募死士自效。会源清已罢，巡抚樊继祖许之，升、麟遂结心腹，擒戮首恶黄镇等九人，荣乃开城门延继祖入，复捕斩二十六人，录功擢光禄寺少卿，再迁太常少卿。二十二年，以右佥都御史巡抚甘肃，鲁迷贡使留甘州者九十余人，总兵官杨信驱以御寇，死者十之一。荣言彼以好来，而用之锋镝，失远人心，且示中国弱，诏夺信官，槥死者送之归，番人感悦。逾年，以大同巡抚赵锦与总兵官周尚文不相能，诏荣与锦易任。俺答数万骑入掠，荣与尚文破之黑山阳，进右副都御史。寇复大举犯中路，参将张凤等阵殁。荣与尚文及总督翁万达严兵备阳和，而遣骑邀击，多所杀伤，寇乃引去。代府奉国将军充灼行剽，荣奏夺其禄，充灼等结小王子入寇，谋据大同。荣告尚文，捕得皆伏辜。荣以大同无险，乃筑东路边墙百三十八里，堡七，墩台百五十四。又守边当积粟，而近边宏赐诸堡三十一所，延亘五百余里。辟治之皆膏腴田，可数十万顷，乃奏请召军佃作，复其租徭，移大同一岁，市马费市牛赋之。秋冬则聚而遏寇，帝立从焉，寇入犯，与尚文破之弥陀山，斩一部长。荣先以靖乱功进兵部右侍郎，又以缮边破敌被奖赍诏还理部事，进左尚书。赵廷瑞罢，荣署部务，奏行秋防十事。已而万达入为尚书，遭母丧，荣复当署部务，辞疾乞休，帝怒，夺职闲住，越二年卒。当荣之抚大同也，万达为总督，尚文为总兵，三人皆有才略，寇数入不能得志。自后代者不能任，寇无岁不入蹂，边人益思荣等。明年俺答薄京师，万达、荣皆已去，论者谓：二人在，寇未必至此。万历中，荣孙廷为顺天通判，上书讼荣功，赠工部尚书，予恤如制，祀乡贤。（《明史·本传》）

大学士叶向高《读史吊詹角山司马》诗：

"司马高名霄汉间，乞身一疏动龙颜。兵戈已息云中警，剑履仍辞阙下班。心似归鸿依雁塞，功如车骑勒燕山。九天雨露何时洒，冷落松楸傍汉关。"

刘复礼，字任斋，嘉靖二十一年壬子举人，任山西长子知县。立社仓以济民，民作歌以颂之。擢知浑源州，他郡有疑狱，皆待剖决。州旧土城，礼请为包砖，计工五年，不二年而竣，余帑金二千，上报不自私。署有泉，味咸涩，至是忽变为甘，民以为德政所感，为建祠立碑。晋工部都水司员外郎，值裁冗员，礼以遵化铁冶郎冗甚，且铁场岁侵内帑三万余，居民称厉，乃夜具草趣尚书晴川杨公上奏革之。升四川保宁知府，城南火，礼夜驰拜祝，风乃东，烈焰俱熄。擢陕西行太仆少卿，驻宁夏。预知哱拜反，默为防闲。寻以母丧归，依居旧庐泊如也。幼以孝闻，暮年与季弟同爨，每举箸必呼弟，弟他往则不食。季弟有子，口授而教之，亦成明经。里有修却者，质成譬晓之，各愧服。崇祯戊辰入乡贤。（节剑州进士昌黎令杨于陛《任斋先生墓志》）

萧大谦，字民服，金事显之孙。性质朴，虽屡空微不介意。游成均时尝拾遗金，标帖待还其人领。嘉靖三十一年，壬子乡荐，令山西怀仁，迁陕西秦安。皆耻结纳，专意实政。士民怀其抚字，而当道恚其无馈遗，竟取侮罢归，行李萧然至不能充食指，处之自如。暇则濡墨攻书，或对客吟句。年八十一卒。祀乡贤。（旧志参府志）

刘思诚，字性之，本卫人，万历元年癸酉举人，为平原令。审编征赋，设法神速，邻邑皆效法之。遇荒多方拯救，理讼称平。学宫后有深壑，数科荒落，特为填起，建五桂祠，选俊秀肄业给馔，伏腊不辍。由是科不乏人。贫生婚葬不举者，捐橐助之。招抚流民，置官房百余间于郊外。创立集市，垦田十余顷，籍以为生。方春躬行劝农，力举实政。迁济南同知，署府篆，年余吏请盘库，辄斥之。俸工俱原封出给，不除其耗。有盐商犯科以罂盛银二千两，冒托馈酒，思诚当堂碎罂，解入府库，竟无赦。当道议派民徭，抗拒之，议遂寝。终以忤贵乞归。思诚事母孝，母饭必侍侧。旧产尽让弟，复捐金给之，弟亦不受。雅有德星里风。平原有生祠，入名宦。崇祯戊辰入本卫乡贤祠。（旧志）

冯时泰，字虞廷，山西汾州人，本卫籍。幼敏学，寒暑不辍。登万历八年庚辰进士，授工部郎中，管节慎库，自能握算，核积弊著声曹署。升辽东广宁参议。守正不阿，冰蘖矢操。筑造台堡，大定老军数十处，无不竭尽心力。边警，帅不用命失事，时泰奏勘略无纤隐，致忤当事，坐谴或以苟且请，时泰徐应曰："吾莅官，惟'清慎'二字，可揭天日，况君父之事，乌容规避，绝不为辞。"寻被逮。辽民无不称冤，欲诣阙号鸣。总督顾养谦止之，乃极为辩雪，有并褫臣职以辨有功无罪等语，具载疏中。大学士赵志皋、张位，兵部尚书石星皆交章，激切力争，竟不白。时泰有诗曰："由来直道忤当权，过贬潮阳路八千。一掬忠肝天所鉴，几回血泪洒蛮烟。"未几卒，入祀乡贤。（旧志参府志）

刘廷宣，字化卿，赠卿思诚子。万历四十一年进士，授仪封知县。黄河泛滥，瀹治之，获名田几万亩，民赖以苏。输税正供之外无所增，不判赎锾，除一切无名科敛，省民锾巨万。设保甲法，萑符颇靖。行取浙江道御史，当辽事之殷也。御史房可壮连疏请用李三才。三才者，东林之结契也。疏下廷臣集议，廷宣复荐三才，言国家既惜其才，则用之而已，又何议？帝是其言，即欲用三才，而廷议相持未决，事遂寝。出按陕西转大理丞。寻因母老请终养，以本寺左少卿归。崇祯初病卒，卒之冬，推巡抚闻于上，遣永平府知府谕祭。祀乡贤。（旧志参《明史》）

詹廷，字忠卿，尚书荣之孙，由诸生补荫。筮仕南通政幕，以吏才著升顺天府通判，廉能有声。晋南刑部主事，迁本部郎中，继知云南广南府。时奢酋叛，滇属摇动。廷赴任被围，贼胁降至再，誓以全家殉。贼揣廷志不夺，稍纵。阅月得乘间出，遂达省，备陈贼形及守御之策，捐俸以助军需。莅任二年，多善政，除蠹爱民，宽猛兼济，奏最之日舆疾归，广南士民建祠祀之。未数月，卒于荆州。祀乡贤。（旧志）

刘渊，山海卫佥事刚之孙。刚视山海篆有名。渊自三河黄花镇守备入坐显武营，历延绥游击，宣府参军，迁协守副总兵，升后军都督佥事，挂镇朔将军印，改镇蓟州有名，调提督西官厅，听征总兵官，赠刚及父镇官。（府志）

祝雄，辽东前屯卫指挥，调山海卫，举将材，历任后军都督府佥事，挂征西将军印，镇守大同，改征蓟州总兵官代刘渊。善养士，士乐为用。卤入塞，帅子男为士卒先，子少却，立斩以殉，卤望旗帜即遁。在镇三年，卤马不敢南牧。名闻书于御屏，廉静自持，奉客无兼味，行边布袍毡帽如行伍。卒于官，私囊仅足以敛。蓟为立祠祀之。（府志）

吕鸣咸，本卫指挥，历任后军都督府佥事，南部副总兵官。恪遵父命，承兄让职为将，肃卒伍，戒侵掠，援京战蓟，累建殊勋。生平无二色，军中获难妇，务全其节。（旧选举志注）

国朝

吕鸣章，字大吕，山海世胄。尝遵父命让爵与弟，顺母心让产与弟。以官荫予侄，又为亡侄立嗣，其孝友如此。前明天启元年，恩贡为许州州判，当事重其才，任以抚寇。深入垒巢能不辱命。比旋寇叛，躬率家丁巷战，力保危城，百姓尸祝之。寻迁京卫经历，以母忧归。甲申革命佐举义旅大战石河，努力歼寇，录功补户曹员外郎，历陕西分守关西道右参议。致仕家居二十年，问耕课读，清素自甘，子爆如由贡生，历黄陂宰。（府志）

佘一元《关门三老传》：

"古人以长年为瑞，商周二老尚矣。如唐之香山九老，宋之洛浦十三老，当时侈为盛事，后代播为美谈，允足脍炙人口而传徽迹于不朽矣！关门前辈固多名贤，迄今享耆德而膺眉寿者得三人焉。栾公，讳东龙，字云从，官至平阳郡丞，见寿九旬有二。吕公，讳鸣章，字大吕，号夔一，别号耐轩，官至陇右少参，见寿八旬有五。穆公，讳齐英，字羽宸，官至商城少府，以子贵封膳部正郎，见寿七旬有三。皆康强无异少年人。

栾公，榆关旧家，其为弟子员时，即见重于当事，有事辄咨询之。起家明经，司训灵寿，改补雄县，随在教法严整，堪为模范。迁府谷令，值兵乱，路阻归。未几起补寿张有治声。已擢平阳二府，以前任忤当道解任，尔时年逾七旬矣。抵家教子抚孙，俭素自守，不干预外事。子正馥，见今历仕畿南广文，孙三人皆游庠。公寿耄耋，耳聪目明，齿无缺，行健步，非所谓地行仙者耶？

吕公世袭万户侯，至公让爵于弟，以遵父命；让产于弟，以顺母心；荫不予子而予侄，又为亡侄立嗣，无非从孝友起见也。幼攻儒业，棘闱再遇未获售，以选元授许州倅。当事重其材，俾专抚寇之任，深入寇垒，能不辱命。比旋，值降寇叛，焚劫仓库，掳掠妇女，公躬率家丁巷战，斩级，驱众遁去，保全阖城，百姓咸尸祝之。寻迁京秩，以母丧归。时当多事，抚道就商方略。一日，有悍卒谋不轨，道标乡兵乌合辈，侈言抵敌，听者信之。公乘夜亟入幕，止曰："此属夙号精兵，制以力必不胜，则祸及合城矣，不若同镇帅召其首领与议事，故延至旦，设法抚驭，可无虞也。"道镇从之，于是得消未形之患，凡所参谋议类此。革命时，山海关兴义旅，以老成推公纠绅衿，率乡勇，措糇糒。石河之战，公单骑入阵，督民饷士，诘旦迎王驾于欢喜岭，戮力歼寇，录功补户曹郎，与修《赋役全书》。擢陇西道，驻凤翔。乱离之后，民窜山谷，城市一空，公多方招徕，俾复业，民赖以安。忽忤过客，致还里，未究厥用。相国党公重惜之，不能挽也。归林下二十余年，问耕读，捐金赎所知女，抚若己出，为择名门嫁之。子煐如，宰黄陂，卒于旅。有孙世疆游榆庠，克缵祖绪。公虽世宦，清素无异布衣，暇则吟咏倡和无倦色，天之所赋，洵有大过乎人者矣！

穆公，吾乡望族也。先世久积德，诗礼绵绵，至公有义方，教三子皆伟器。长尔谟成进士，以部郎擢守莱郡，次尔诰游京武庠，季尔训登武乡榜。诸孙济济，或游乡学，或跻成均。同族侄若孙辈，文武科第及明经入仕途者十余人，诸生辈复数十人。永郡族党之盛，无复出公右者矣。公少入黉宫，录功授司训，升商城二尹，未任，遇覃恩封奉政大夫。贵而能谦，敦义让，重然诺。两游子任，晚安故乡，恂如也。年逾古稀矍铄，复举一子，寿与福讵可量哉。！

《诗》云：'三寿作朋，如冈如陵。'其为三老咏欤！"

高选，字轮毂，本卫廪生，少有胆略。明崇祯甲申四月，闯贼将东逼城时，议诈降，缓贼以待本朝大兵，选随生员李友松等轻身给贼。行至三河遇贼，遂羁而东。及大兵破贼于关城石河之西，独乘间归。贼追之，身被三矢。国朝录功授山西交城令。城西交山连接秦晋，绵延千里，渠魁祁三聚众抗拒，选伏兵击之，捣其巢穴，交山遂平。擢知平阳府，左迁广信同知。卒康熙五十三年。崇祀乡贤。（照《畿辅通志》改订）

冯祥聘，兵备时泰侄，由廪生。顺治元年录功，授山东齐河知县，升湖广长沙同知。事嫡母曲承养志，教门徒善诱成材，文事而兼武备，参赞宣劳，学优而登仕途，循良著绩，齐河县建有专祠。（旧选举志注）

穆维乾，字介公，少嗜学，博经史。领顺治二年乙酉乡荐为滑县教谕，迁保定左卫教授。整饬学规，课士有方。尝摄满邑篆，值旱荒，设法赈济，全活其众。巡抚金公疏荐之：有行同濂洛关闽，才类韩柳欧苏之语。升翰林院典簿，时修四书满汉讲义，至"羔裘元冠不以吊"，掌院叶方蔼为犯圣祖御名，商于同僚，俱不能对。乾谓大字当仍原字以尊经，小注改元字以敬避。掌院询何所本，曰：中庸慎独乃原字，小注改谨字，掌院大悟，云：余自幼疑此，今始知朱子为避讳也。深加敬礼。预修太宗文皇帝实录，赐白金文绮。及归休林下，讲学论道，诱迪后辈，殷殷不倦。生平廉节自持，不慕权势，乡望特

隆。康熙五十二年卒。崇祀乡贤。(旧志)

佘一元，字占一，号潜沧，山海卫人，明末举人。甲申之变，闯贼东逼，总兵吴三桂召关城绅士，誓师于教场，一元与焉，泪请我大清兵入关。一元随其师廪生冯祥聘，偕乡绅吕鸣夏、廪生曹时敏、程印古共五骑迎摄政王于欢喜岭，王待之有加礼。时关城守吏皆逃，三桂所赖以练兵筹饷者惟一元等数人。事定录功授莒州知州，以内艰不赴。登顺治四年进士，授刑部主事，改礼部。服官清正，历擢仪制司郎中。遇事敢言，所建白多中肯綮。以疾告归。立社讲学，谓大学格致，即在朱子小学一书。尝著《四书解》一卷，颇能阐发精义。居乡遇地方兴革大务及事关学校，必力为救正，乡人赖之。顺治己亥学使将按永平，时有裁卫学及卫学减额之说，一元致书于通永道宋公，求勿裁。宋转致学使，山海学遂取十五名，而各县只取八名。所著有《潜沧集》八卷，重修《山海卫志》皆其手订。康熙二十九年祀乡贤。(参考畿辅志及《潜沧集》)

房星煌，字朏如，山海卫人，旗籍。顺治五年由贡生，知河南睢州。兴利除害，不畏权势。升福建漳州知府，耆民争相肩舆，泣送数十里。其治漳设堤坊，严城守，闽南倚为保障。

房星焕，字皓如，山海卫人，旗籍，由筹海防功，顺治十五年授江西南康府通判。壤接湖山，萑苻时发，星焕下车即捐俸修理城濠，设炮石，立旗帜，盗贼远遁。以才能调山东兖州泇河通判。修举废坠，百姓勒石纪德。寻升武德道副使，卒于官。(俱旧志)

谭从简，本卫人，顺治十一年甲午科举人，乙未科会试副榜，授故城县教谕，训士有法。升灵丘令，以忧去官服阕。知江南娄县事，改调河南孟津，摘奸发伏，人以神明目之。讨吴逆日屏当军需，有条有理。以荐擢知云南晋宁州，以老乞归，所至有政绩，不事明察而吏不能奸，催科寓于抚字，去后常令人思。性孝友轻财，急人之难，学遂于《易》。康熙五十三年崇祀乡贤。(旧志)

郭仲金，字巩图，山海卫人，明末诸生，居角山下之桃花园。耕读并励试优等，食饩于庠。善事继母，待异母弟重显友爱备至，深得继母欢。顺治初由贡生，任良乡教谕。教士用安定学规，士风大振。
擢平阴知县，政尚简要，法行而民不扰。时当国初，新造地方，征调
实繁而支应无误。自奉甚约，任所不携眷口，只带仆役二人，署中用
度不足，则取给于家，绝不借用官物。大吏悉其廉能，不拘常俸，荐
擢安陆府同知，顺治七年卒于官。八年，恩荫一子入监读书。康熙五
十四年，入祀乡贤祠。（参畿辅志、府志及《郭氏家乘》）

刘延龄，字景仁，太仆卿复礼之从子。明末由岁贡生司训任邑。
甫至任即有兵警，众情恟惧，延龄戒饬警备，昼夜守埤，敌兵攻城，
出奇计以却之。事平，上台优奖纪录。国初任顺德府教授，其居官澹
泊自甘，寒士之贽敬概不受。有司有大事悉就筹画，其才尤有过人
者。（节家乘）

李道成《松乔刘公传》：

"古者人有懿德徽行综芳模者必为传，以昭示来祀，亦犹国有史，
郡有志，家有谱，均之不可已。博士刘公宦履所到，堪法、堪传，讵
可令其泯泯耶？公讳延龄，字景仁，松乔其别号也。世为关门著姓，
曾大父而下并为仕籍闻人，公尤岐嶷不凡，垂髫时即为伯父同卿公器
重，曰：'此吾家千里驹也，后数年只见其追风绝景耳。'未几，补弟
子员，旋食饩，金谓科第可坐致，而竟格于数，需次贡春官，识者
惋惜。明壬午，余谒选入都门，晤公长安客舍，见其貌恂恂，言烺
烺，每恣谈名理娓娓，令人忘倦，不觉心折，遂与订交。亡何，余以
分训江南，公亦司教任邑莅任矣。从此南北萍分，自谓相逢只梦寐。
不意龙飞三载，余避乱还里，适公以新命掌教吾州，真奇遘哉！暇中
手一编示余曰：'此刘氏家乘也，兄辱爱深，曷知吾宗源委乎？'余
捧读之，见其首列四代像与前人被命之词以及士绅贞珉之语，因喟然
叹公用意深而贻谋远也。盖自启佑之道不明，家乘之修遂鲜，此无论
前美弗彰，为遗忘厥祖，后即有贤胤，其何则焉？宜公恫焉忧之，汇
为此书以贻后来。远者弗论，近若曾大父鸿胪公，以文学赞鸿序，垂
誉朝班；大父奉政公，以俊才佐庐州，清流沘水；伯父同卿公，乙榜
历官卿寺，善政格天，惠泽济众，到处勒岘思棠；其父耆寿公，韬光

未耀，浑朴无欺，乃其高义拔俗，既孝且友，允足为乡闾表帅。公承四父之后，奋然以克振家声为己任，淑行莫可觊缕，其大者请伯父闶卿公崇祀乡贤，殚厥心力垂三十年，一旦修举，暨劝其父任伯兄给产就约，让丰以安义命，中外称其孝友。及捐腴田以修罗城，迄今犹输国课，公尔忘私屡为直指使嘉赏，春风化雨，熏被良多。比年摩青霄而翔云路者，概出其门，以至广应试入泮之额让需次递及之贡，尤人所难。迨分教任邑，未匝月，而值大兵压境，众相视无人色，公慨然以兵事自任，戒饬警备，宿雉堞上者累月。适大兵攻城，俟丙夜鸡初鸣而发，公知其然，预令城中尽歼鸣鸡，传一鼓以达旦，由是兵不得逞。孰谓儒生不娴军旅哉？事平，檄书上台，蒙恩纪录。至于岁试举优遗劣，宁忤督学使而不恤，此又心慕仁而意慕厚矣。及其掌教吾州也，自甘淡泊，往往却寒士之馈。时陈一得，间或佐有司之筹，凡有制作无不资公手，片言只字，人人宝若南珠，此其才尤有大过人者矣。目今受知当路，屡腾荐剡，然则公之底竖未可量也。公一子，讳允元，博学能文，蜚声黉序，有父风。”

穆廷栻，字符公，康熙六年丁未武进士。初授蔚州路守备，整饬营务，有敏干名。升四川游击，旋升永宁协副将，平滇蛮阿索屡立战功。四十年陛见，升授苏松水师总兵官，改哨船制，一时便之。五十一年冬，奉旨押江南漕米十万石从海道运交闽广，赈饥无误，特简江南全省提督。五十四年，调补福建陆路提督。六十年，台湾告变，廷栻统精锐，厚犒赏，厦门策应，反侧瓦解。嗣因闽疆米价翔踊，会两台设法平粜，兵民咸庆。剿平永春、德化、安溪三邑小丑，以劳卒官。遗疏闻赠左都督，谥"清恪"，赐祭葬，荫子光禄寺署正。国史立传。廷栻性谦和，操守谨慎，有古儒将风，泉州民为建生祠。子秉常仕至云南汉水总兵官。（旧选举注参畿辅志、府志）

张霖，字汝作，县西富家店人，抚宁籍。幼孤，岐嶷嗜学，读书十行俱下，弱冠游庠。康熙二十年例贡，官工部营缮司主事。母老告归，颜其堂曰"爱日"，色养曲至，居丧哀毁尽礼。起补原官，寻升陕西督粮道。陕饥民多流亡，霖设法捐赈，全活甚众。迁江南上江按察使，治狱多所平反。会皖江兵冗，议裁军，士汹汹哗当事门。霖推诚谕慰，遂辑，迁福建布政使。旧钱粮解藩库，有羡耗陋规悉除之。生平慷慨乐施，待以举火者不下千家。中缘事落职，遂构"问津园"，为偃息地，招名流觞咏其中，如梅定九、朱竹垞、姜西溟、查夏重、赵秋谷等，咸主其家，时人拟之月泉吟社，著有《遂闲堂稿》。加意桑梓人文，于邑之学宫旁创义塾十余间，多所成就。子增光禄寺典簿，坦埙皆有传，墀候补主事。（节府志及《天津府志》）

穆宗道，字荩臣，康熙二十六年丁卯举人，任宁晋、南宫两县学官。同寅许公殁，其子式玉幼无依，宗道收而教养之，数年入泮领乡荐。雍正二年，宁晋士绅公举入名宦祠。（节事实）

田耕可，岁贡生，六岁母卒，育于祖母。弱冠食饩于庠，父疾侍汤药，衣不解带者三月。父卒，孝养祖母、继母，待两弟友爱。山海城守尉巴公延为书记。巴升京秩欲偕往代图仕进，耕可力辞曰：祖母稀年，慈亲孀居，两弟幼弱，诚不忍令其无依也。巴叹服而别。后二年祖母卒，巴又征之，以继母在，辞，母促之乃往。抵都未一月，闻母疾，星夜驰归七百里，计行两日。母疾渐愈，自是不敢远游。母卒服阕入监，肄业于乾隆十四年，选大名府训导。郡罹水患，朱太守英患之，谋于众，众议或欲注之邻境，或欲暂防本郡，或欲逃以自保。耕可毅然曰：皆非计也。邻之人亦民也，水入邻亦患也，今且恐邻之有患，岂忍故注之乎？但防本境，不正沟壑，仍旧横溢，犹注之邻也。临难委民自保，罪尤甚焉。水注邻境不仁，独塞一郡不智，遇难苟免不义，愚意水性就下，下流疏，上流自畅，顺其势而导之，水自治耳。太守知其能，专以治水委之。耕可乃通沟壑，正水渠，不月余而水顺流入海矣。事竣，太守与制军方敏悫公欲以知县擢之。初敏悫未遇时，至临榆与耕可订患难交，耕可引嫌力辞乃罢。二十八年，大、顺、广三郡蝗，官吏数十员、民夫五千余人愈扑愈甚，众以为忧。继委耕可扑之，耕可乃籍民夫少壮者五百人，积薪掘坎，于夜黑燃火逐之，蝗蝻向明悉殄于火，如是者五夕，三郡之蝗无遗。爰记大功一次，迁万全县教谕。方耕可之治水河滨也，见一女被殴，召而问之，殴者曰："吾女也"。女泣曰："非也。妾父母没于水，彼将诱吾为室，不从，故殴之。"乃杖殴者，嫁女于良家。又尝置一妾，询之已许字，访其家而还之。文多古茂，字必端楷。两任司铎，教诸生以性理经学为切要，一时名下士多出其门。致仕归，年八十卒于家。（节行述）

阮宁方，城北石门人，乾隆二十六年辛巳武进士。状貌魁梧，膂力绝伦。幼时佣牧于本村杨姓，杨二子习武，宁方时辄举其刀石。杨见其才勇，俾与子同学，后与二杨同举于乡，会试，宁方独捷，由侍卫任四川重庆标都司，以征缅匪功，升潮州镇营参将，因事免官。金川之役，将军阿文成公桂保举随营效力，屡战克捷，敌人畏之。累官河南开封城守营游击，数年告归，卒于家。（节程儒珍《阮公纪略》）

《纪略》又云：

"村某氏治宅有巨石，数工不能舁，宁方独抱石，从容安置，神色不改，由是共称为阮大力云。少时为人牧豕，与群儿戏尝以生蛇束腰，谓服蟒玉，指挥群儿俨列部伍。其父母语人云：尝见其睡时虎卧于旁，至今父老能言之。"

刘元吉，字芝圃，乾隆三十年乙酉举人。由教习知河南唐县。县乃湖北教匪自楚入豫门户，地近唐子山，贼久欲据之，以扼唐邑往来之冲。元吉招募乡勇数百人，防堵严密，贼众不敢北侵，并捕获抢犯逆匪多名。录功以同知题补，即以知府升用。历开封、曹州二郡，署河陕道。著有《嵩洛吟》。（乐邑史孝廉梦兰《止园诗话》）

魏思诚，乡贤文通之孙，乾隆五十七年壬子举人，嘉庆辛酉大挑一等。历署山东文登、惠民、淄川、利津、蓬莱、沂水、范县知县，德州知州。历充嘉庆丁卯、庚午、癸酉等文武乡试同考官。廉明公正，浃洽民心。署沂水时，阖邑公吁抚辕，力恳奏留实缺，限于成例未允。比卸任，士民遮道攀辕，连绵七十余里，临歧含泪，有依恋不舍之情。因股疾告归，卒于家。（节行述）

李育德，字振庚。道光十一年辛卯科举人，癸巳会试誊录，以国史馆议叙选延庆州学正。既履任，曰："官，名教不教，胡为官？"

于是扩学署为书斋，课实行，校文艺，不辞劳瘁，士习为之一变。州城内止数井，王刺史榕吉患民之艰于汲也，谋所以足之。育德曰："城西北二里许汪家园水，若引而注于环城之池，水多敷用，池深兼能卫城，一举两益。王即令任其事。浚掘未数月，王将履新，因以终事敦嘱之。育德益殚斯役，工竣，栽柳以固堤，倡捐生息以备岁修，延人德之，公颂"主善有常"匾额悬诸学署。官州学十年，丁母忧，士子不忍其去，合辞禀州聘主冠山书院故居，延之讲席又数年云。（节行述）

常清任，字尹轩，道光十四年甲午举人。生而颖异，年十四能诵五经，出语辄惊人，以大挑二等授栾城县训导。值捻匪窜扰，三次扑城。清任随知县等官帅勇登埤，昼夜防守，城赖以完。事闻赏加五品衔。先是栾邑数科无乙榜，兵燹之后，更属弦诵声希。清任整饬学规，在任八年，领乡荐者十数人。乞归后主讲渝关书院，年八十卒于家。（节行述）

刘钟洛，字卜轩。才思敏捷，为文不起草，下笔千言，试辄冠军，中道光十八年进士。三十年署江西彭泽知县，时新被水灾，给籽种，宽徭赋，民庆更生。咸丰三年，署安福县，适当贼陷，克复之。初乃立乡守保甲，葺城修署仓库监狱，缔构方就，受代去任。五年，补广信府之广丰县。时粤匪石达开由楚连陷瑞州、袁州、临江三府。是秋扑信郡，声言取道入浙，广丰适当其冲，钟洛会官绅募勇堵御，而郡中征促饷需资粮屝履，仍悉索供应，城以得全。八年春，抚州贼攻郡不克，遂围县，号百万，连营数十里。钟洛同浙援彪勇以守为战，城破复完，两袭贼营，贼遁而之浙，又虞其反奔，增修守御。秋果回扑，复同官绅冒矢石转战七昼夜，贼逸围解。钟洛两挫大敌，录功独遗，绅民谋为吁请，且曰：守城吾分也，敢言功乎？旋罢官，卒于省寓。（节行述）

‖卷之二十‖

事 实 编（三）

乡 型（中）

行谊

明

张云鹏，本卫人。父病后不假寐，汤药亲尝。父殁，丧敦古礼，庐墓三年。祀忠孝祠。

赵文举，本卫人，幼极孝。母病疽，痛不可忍，医皆云不治。祝天愿代，日自所居三步一拜至神庙，焚香祈其母寿，母获痊。家素窘，居常奉母即富者不能过云。祀忠孝祠。

萧韶凤，本卫人。十九岁父病蛊，迎医视之曰：得樟柳木根可愈。城中求之不得，或告以产于海阳。时石河水暴涨不可渡，韶直前往觅，家人止之，泣曰："父病笃，阻水而止，于心忍乎？"竟涉至中流溺死，三日浮尸海上。君子重其孝而哀其愚。祀忠孝。

张懋勋，都督世忠子也。痛父殁于王事，每语及辄流涕。事嫡母三十余年，孝养备至。母卒，哀毁骨立，庐于墓侧，躬负土成坟，暑雨祈寒不辍。终制后乡人相率迎归，当道屡旌其门。祀忠孝。

傅梦良，增生。性纯笃，与兄照事母孝。母殁，哀毁骨立，既葬，皆欲庐墓。良曰：兄弟共庐墓，则妻子安依？不如兄在家养眷属，弟代兄行。照虽允之，犹哭奠于灵床前，日三次终丧不懈。良庐墓侧穴居，负土筑坟，晨昏哭泣，秋夏霖雨累日，夜穴水盈尺不为动。服阕还家日，行五步一拜，哭尽哀，兄亦偕弟逆行拜哭，绅衿亲友郊迎，上官旌表其门。祀忠孝。

穆思文，卫庠生。事继母孝，曲尽子骞之节。有二弟，俱继母出，财产均分，后二弟家计寒窘，又为弟之子给产婚娶。督学汪应元题请建坊，曰"孝义"。祀忠孝祠。

王士倜，卫庠生。敦朴谨慎，天性孝友。父从政知山东莱阳县，以持正忤当事，被诬系狱。倜偕弟伟挝登闻鼓，刎颈力救，卒白父冤，乡人称之。上官屡旌其门。祀忠孝祠。

穆大任，卫庠生。至性纯笃，父早逝，事母以孝闻。母殁，躬庐墓侧，负土成冢。值兵变，乡民居村落者皆入城避乱，大任独守墓不忍去。后终三年之制，士庶相率迎归。入忠孝祠。（俱旧志）

程继贤，字敬庵，本卫籍，由监生，授中书舍人。历任尚宝司卿，封朝议大夫，从四品服俸。事亲孝，父寿百岁，具奏建坊。事兄长曲尽弟道。有旧好户曹郎邓承简，粤西人也，以事羁京师八年，贤每济之，久而不厌。后邓病殁，为具棺殓归其丧。有友为钱法督理，以三千金密送贤寓，贤正色拒之，又曲为之地陈利害以沮之。未几事果败，众服其识明操洁，不负所知。本卫有均徭银，每岁金派催头，大为民扰，贤为陈诸当事除其弊。年逾七旬，见后生亦恂恂自下，乡人称为长者。甲申闯贼陷都城，被执不屈，捶几死，脱走津门，仍遇贼被害。国朝顺治十八年祀乡贤祠。（旧志参府志）

国朝

李集凤，字翙升，忠义友松次子。生有异质，年十五饩于庠有声。由顺治十二年拔贡，授洛阳县丞，卒于官，年六十有六。性方严，不慕权势。其初应京兆试也，寓中贵宅，明怀宗幸别殿，供张甚设，中贵邀往纵观，归辄自悔，责曰：若辈其可与为缘乎？遂绝不与通。洎为丞，丞故卑位，毋得专治民事，守若令有以事委者，率以贿成，集凤力矫之，以廉明称。于学无所不窥，凡濂洛关闽之书，悉究其义，尤善春秋，汇先儒注解讨辨详核历三十年，凡四易稿，成书六十五卷，名《春秋集解辨疑》。检讨汪楫出守河南府，雅重其书。新

城尚书王士正称以研精三传，下惠之有经学者。洛阳人请从祀周公庙，康熙五十三年，从祀乡贤。（参畿辅志及王渔洋《蚕尾记》）

崔联芳，字子宗，顺治三年丙戌登贤书。时父久客不归，至是闻凶，问，不知死所，日夜号泣不欲生，跋涉历四省寻之。神示以梦，于河南确山县得之，负骨归葬。例选为令，以母老不就。生平嗜学，手不释卷，至老弥笃。性方严，少所假借，苟非其人未尝与语，殆古之所称狷者欤！康熙五十三年崇祀乡贤。（旧志）

徐进礼，字天一，赋性醇朴，少贫，以勤俭力自振兴，与人交忠信和义，尤笃友爱。两弟早世，遗孤稚龄，抚翼教训二十余年。同居无闲言，年及七旬未尝一至公庭，有古君子风。（府志）

谢丕智，字若愚，府庠生。事亲诚孝，母病汤药亲尝，衣不解带者两月，病转剧乃焚香虔祷，刲股投药，母遂痊。康熙三十二年，公举孝行，郡守梁世勋旌其门。入忠孝祠。

吴元臣，性至孝，母病危笃，医药罔效，乃焚香叩天，刲股投药中，母饮遂痊。康熙四十二年，公举孝行，有司旌之。入忠孝祠。

高士璞，县学庠生。父凌霄卒时，士璞年已六十，庐墓三年，朝夕哭奠，孺慕弥笃。母吴氏继卒，庐墓亦如之。入忠孝祠。（俱旧志）

杨时盛，字茂林，世居石门。性狷介，无所苟。年八十余由岁贡为邯郸县训导，九十告归，举乡饮大宾。其乡试赴都也，谒表兄房某。房谓："若主我交通关节，功名可立得。"时盛恶之，不履其门。司铎邯郸时，子度年五十而鳏，有宦游之姜新寡，美而多财，无子，欲嫁之，人为作蹇修，度禀时盛，时盛怒不食亦不言，度请罪，事遂寝。年九十二，康熙四十七年卒。（行状）

张可兴，字起之。家素封，性慷慨。由奉天礼部教习知山东高苑县，有邻县令某亏项累万，宪台委往查办，可兴至邻县，某实言其事不隐，乞救甚迫。可兴曰："予为汝饰，禀上宪不信，且废公，况再委他员何以侍之？莫如为汝包补之，始能拯汝于危。"某顿首感泣，可兴还，代某具结，遣人回籍，将己产变卖一空，倾囊贷某偿还，某始免于难，即告病去。越数载，可兴亦解组归，比至家第，清风两袖

而已。（家乘）

郭如柏，字新甫，康熙甲午举人。性孝友习易，工诗制义尚清真，于王守溪、唐荆川为近。尝批《颜氏家训·教子篇》云，须知孝从畏慎来。又云，读《内则》尝疑骨肉之间其礼太烦，今读至不可以简，简则慈孝不接，始豁然。其生平学问务实大率类此。考取内阁中书，未供职卒。钱唐王云廷为立传，著有《慎余堂时艺》。（史梦兰《止园诗话》）

李养和《郭廓莽先生传》：

"先生讳如柏，字新甫，号廓莽。其先河南汝宁府确山县人。明初从徐武宁王镇抚山海，世袭指挥同知，代有令名。曾祖通远公，卫庠生，明末往来临淄赈济饥疫，不吝囊橐，出金救全邻舟溺。祖仲金，由廪贡授良乡教谕，擢山东平阴令，升湖广安陆府同知。恩荫一子入监。所至有善政，崇祀乡贤祠。父讳天遴，垂髫入泮，树帜文坛，号称耆宿。先生少颖异，凡所涉目，经数十年后举试之历历不爽。弱冠连丁内外艰，服阕入邑庠，旋食廪饩，登康熙甲午科贤书。十余岁时，穆太孺人见背，居丧即能尽礼，府试冠军。属继母冯太孺人卒，太翁欲以出继，俾就院试，先生力求，终制乃止。太翁病与季弟侍左右，衣不解带，汤药必亲，百方祈祷，属纩后，哀毁骨立，以长兄如松羁京师未归，久而后葬，起卧守礼三年不入内室。两弟先后病殂，方在床褥，先生皆手调汤药，时刻护持，不忍离去。卒后恸悼亲视殡敛。长兄客游二十年，先生奉嫂益谨，每诞节必率子弟拜堂上。侄熙幼，亲加督课，无异己子。郭氏族繁，或不通往来，先生始为联属。间有争讼者，出一言慰解之，无不涣然冰释。族子弟来受业，可造者资以笔墨。业医王君工诗，精手谈，先生素与交。其子以女鬻人，日受棰楚，先生闻而怜之，募赀取赎，父子完聚。王君逮七旬，子不能养，先生延至家赡养半载余，转荐赴开平，得食其业，以终余年。一日，过驻防旗官某家，见幼僮跪庭前曝烈日中，询知为萧海钧先生嫡裔，鬻为仆者，先生恻然偕友人出金赎之，给以衣米，岁以为常。先生虽处儒素，雅不乞假于人。姊夫号素封，终身不受丝毫惠，妹夫领官帑，耗费千余金，迄追帑日，先生独无一钱之欠，复设法周全，脱其子孙追比之累。舌耕近三十年，后进争来受业，户外屦满，多成伟器，一时有桃李尽在门墙之誉。积书数千卷，每闲居静坐，焚香瀹茗，评论古今，如置身周秦两汉间。读书不事寻章摘句，所抉皆古人精髓，每下笔语不惊人不止。善饮，工诗，如《澄海楼》《角山书斋》《首山宴集》诸作皆见重于时。先娶穆孺人，继娶温孺人。四子，长君衡，雍正乙卯拔贡；次熟，癸卯科拔贡，已酉科举人；次僬，廪贡生；次炑，邑庠生。先生卒于雍正壬子年，寿享七十有六。和幼与先生游，继又联社于仪部佘公门下，是以先生生平嘉言懿行，足以范宗族型乡党者，得述其梗概如此。”

郭熟，字仁田，如柏子，雍正癸卯拔贡，已酉举人。少时父病痛，势甚危，独夜焚香吁天请减己算十年，以延父寿，父果不药而愈，比及卒适符十年之数。兄衡入表兄光州牧赵子敬幕，赵被诬累及兄，传闻甚剧，欲往探之，父以路远不许，同母亟请，乃许之，典己室衣饰得数十金，只身远涉，事白偕归。父卒未有葬地，殡于城北桃花庵，两弟僬炑守柩，已与兄秉家政事母。每晚仍诣柩所哭奠，同寝灵帏三年如一日，至葬而后已。母患风痰，侍疾二年，始终无倦容。母卒亦停厝，已与四弟炑守灵如丧父礼。服阕，官蔚州学正，励士风，息争讼，广学舍，崇泽宫，政教著闻上游，咸引重焉。两摄州篆，奉公守法，宽严并济，屡次课最。丙戌卒于官，年七十四。（家乘）

李明生，字镜湖，例监生。孝友纯笃，母死庐墓三年。工右军书法。雍正十一年选江南歙县巡检司，未莅任。（旧志）

李标生，字立峰，府学增生。母死庐墓三年。工右军书法。（旧志）

王名标，字弼侯，邑诸生。生平教行尚义，凡有益地方之事，不惜财力为之，远近皆称为善人。至其传家教子均可取法。

计鹏翀《王善人传》：

“善人王弼侯者，邑诸生也。祖居西罗城，敦孝友，尚礼让，疏财仗义，乐善好施。自雍正年间施药救人，其后世相承无替。乾隆三年，捐住宅地东西两丈余，辟为南北通衢，以便人行，名遵义胡同。乾隆八年，邑侯张楷建彰善坊旌之。乾隆四年，捐修白桥并舍桥南西岸房基地，建水坝，立石碣，又筑白桥南石桥一段，名仗义桥。于房后菜园南凿井，以资里闬饮，名遵义井。乾隆五年，捐修郭西石河内石桥东西两段，计石七十余丈，凡三年而成，名遵义桥。舍菜园数百畦与高姓种，以充搭撤遵义桥之费。当初设渝关书院时，捐重资以襄事，又竭力捐仓谷。奏请恩奖以荣其亲，方伯沈元起旌其门曰：'善有余庆'。乾隆九年，独力修西门口道，扶杖鸠工，寒暑不辍。督学钱陈群题其额曰'孝弟忠信'，又旌曰'仁风足式'。至传家节俭，训子义方，有《百忍诗》传颂。生于康熙，卒于乾隆，寿七十，平生善事卓著，妇孺咸知，至今犹啧啧颂曰'王善人'。"

郭堡宗，字拱宸，邑廪生。疾恶如仇，然与人接则蔼然可亲，遇童稚亦加以礼。每邑试为廪保力杜冒籍等弊。管粮通判某欲抽分粮行，已有成议，堡宗出而阻之，商感其义，踵门谢曰："若事有不虞，至于兴讼，一应资斧众人任之"。答曰："余本为地方公事，非为私也"。麾而去之，事亦遂寝。堡宗事亲孝，父殁率弟陛宗、升宗庐于墓三年。（节程儒珍《郭拱宸先生传》）

穆德纯，字文甫，增生。八岁父环洲宦游云南殁。稍长，痛不知父骸所在，及补弟子员，只身往寻父榇，历黔、滇、吴、越、荆、楚诸省，三载不遇，遂精诚祷祝于天。一日至西蜀，忽遇父旧仆，指其灵榇所在，于是直达滇省，果得其枢。负骸回里。渡江会同船前仓被盗，德纯正酣睡，梦父呼其名，警之醒，负骸避，遂获免。后数遇巨风卒免于厄。及至家已六载矣。生平喜吟咏，所著有《雪山云赋并序》及《茂洲闲吟诗集》。

周维新，世居城西黄土坎，生子二、孙三、曾孙六、元孙七、来孙八，百年之久六世同居。男妇四十余人，事皆家长主之，妇人不与外事，人各有正业；婚丧宾祭皆有成章；服用皆有分例，人无私蓄；食必同堂，男女分左右室，有不至者家长必询其故。其人心之厚、家法之严，久远相沿无替。

　　魏文通，字畏斋，其先甘肃靖远人，父官山永协把总。生三月而父卒，丧归原籍。文通育于其叔，叔官大毛山把总，因入临榆籍补弟子员，食廪饩。闻祖父墓在原籍，濒河易受水患，亟欲省视。遂措资西行，跋涉驰驱，比抵原籍，艰苦万状，乃迁其祖父母暨父与叔母之柩以还。是行也，间关万里屡濒险厄，赖神示梦兆得免于难。路远资竭，衣物典卖一空，至家卜葬于城北棉花庄之侧。有司鉴其纯孝，拟举孝廉方正且旌其门，固辞不受。好读书，虽病不释卷。最喜性理等书，尤邃于《易》，兼通医术、堪舆，惟二氏书不寓目。其训子弟曰："士子砥行当自不与外事，始居家不愧于乡，出仕方无愧于国。"子孙遵其教，仕宦皆有政声。病笃自综其一生艰苦，作《孤孽余生纪略》以示子孙。道光二十八年题旌，奉旨从祀乡贤祠。

　　王作乂，字条章，少开敏，嗜读书。弱冠为邑诸生。事堂兄作肃如同胞，置睦族田数十亩，族人贫窭者婚丧赖之。进士牛天贵以孝闻，作乂敬礼之，天贵殁，厚恤其家。春秋两闱无力赴试者，厚赠卷赀。里有郭烈女者，许聘范氏后，范子病废，范母愿还聘礼，俾得别议婚，郭父怜女而许之。退聘之日，女闻之即自缢，作乂纠其亲族白于当事得旌，倡捐为建坊、立墓碑。买北门外济孤寺傍熟地数十亩舍为义冢。由附贡任中书科中书升刑部郎中，记名知府候补道，寿七十二而卒，以孙官赠中议大夫。（节行述）

　　马士超，字梦班。世居海阳，与山西凤台令刘征泰为姻娅，就其西席。刘家人舞弊，有两家争产构讼，弗能直。受诬之家托久贾海阳马姓与士超善者造请焉，许以万金，士超曰：我教书不预官事，何以金诱我？请与公绝交，遂谒刘辞馆。刘问其故，告之且言受枉之详，刘谢过固留，讼一讯而平，年终仍辞归。马谢以三千金，力辞。至家，马又以衣物谢，终不受。士超为文下笔千言，尝辰刻为生徒作十艺，已饭时而毕，每篇换格无时下笔墨。乾隆庚申乡试，年七十恩赐举人，辛酉会试，恩赐国子监学正，年七十四卒。（节王一士《梦班太夫子传》）

赵亮，字熙载。乾隆辛酉武举人，任山东临清卫运官。慷慨尚气节，本卫副将叶信器重之。三十九年，逆匪王伦叛寿张，破阳谷、堂邑，将及临清，协镇署在新城，信出援东昌，屡挫贼锋，贼恨之，攻新城欲灭其家，百姓恟惧逃走。信家老幼三十余口亦同时走避，时亮领运船将赴河南，遇之，遂匿信家口暨难民于船，或以招贼致祸，阻之不听，卒脱信家口等于难。（见德州赵大经《济难纪略》）

谭玉洁，字映冰。父圣培贸易奉天，不知所之。玉洁年二十一岁，沿途乞食往寻，行至伯都讷，询及土人，得见其父。归里无资，土人助之，抵家后父殁。玉洁仍就贸易，家可小康。生二子，皆亭亭玉立，人以为孝行所感云。

李溱泰，字乾堂，由国史馆供事，铨选奉天中后所巡检，未仕。时胞叔录贸易奉天，无子，溱泰遵父命承继，而录已四十一年无耗矣。溱泰矢志往寻，迤逦至吉林城，遇有郭姓自三姓来者，言相距八十里外有临邑李姓，遂同往，至其地果有其人，年已七旬矣。询及往事，三代相符，且录左手次指有猴指一，验之不爽。遂哭认，相偕归里。录寿七十三而卒。

郭扬秋，字一斋，邑庠生。父瑾以举人官湖北枣阳等县令，扬秋随任。嘉庆壬申父署黄梅县，清查被议，囊无一钱，而追项累万，扬秋擘画经年，当道迄不为理，限迫事急乃徒步赴京叩阍，卒雪父冤。初父任蕲州染危疾，扬秋密疏祷于城隍求减己算以延父龄，果于是日愈。甲戌父卒于楚，助麦无人，猝难举事，扬秋经营年余，始扶父枢归葬。

计锦标，字彩瞻，乾隆戊申科武举人，应授兵部差官，为名次后者冒补，人为不平，标安义命不与校。性孝友忠厚。侍父疾衣不解带，宗戚贫乏者多赖资助。（节程儒珍《彩瞻公传》）

李毓秀，好善乐施，济人之急，冬舍衣，夏舍茶，逐日舍粥。子试元、孙储英继述之，曾孙翯鸿、鸣鹤暨元孙光镛五世，仍终年舍粥，每日辰起午止，贫民信之，午后不复来乞。

李文玉，字殿玺，行二，交界河人。父赴奉天十年无耗，玉年十八，以有兄事母，遂乞食寻父。年余，遇于吉省玉石牛录堡，同山西王姓者作小经纪，劝归，不肯，且曰：尔暂贾省城，三年后同归，玉从之，然仍以父年衰久客为虑。后二年，往省，至则已逝矣。询于旧寓主，言：汝去后年余，同事王某故，汝父助归其丧。又觅一同事者，骗其资本而遁，因抑郁获疾卒。幸素行忠厚，我乡人共掩葬之。言讫，引至葬所，则墓陷棺朽矣。即号泣躄踊，囊骨负归。每至逆旅必置骨于榻，己寝于侧，榻无空隙则置于地，己亦寝于地。阳若不离行李者，实不忍父骨独在地也。千数百里路，忘其险阻。至家葬事毕，竭力奉母，母年九十余，人以为孝行所感云。（节庠生程敏侯《李文玉事略》）

张燕绪，字奠昆，庠贡生，世居海阳镇。有胆识，勇于为义。旧法，出关须持县票，书吏勒索，行旅苦之。燕绪控上宪置吏于法，遂定票价制钱十七文。改建镇中文昌阁，通四街之路，集市益盛。于考试力攻冒滥，尤为士林所重。（节行述）

张贻绪，字翼亭，燕绪之弟，邑庠生。母病躬亲侍养，夙夜匪懈者七年如一日。母殁，哀毁骨立。镇东古道久废，贻绪割亩捐资，于道光十一年，筑土道百余丈，亲督工役，往来至今称便。十三年岁歉，施粥赈济，逐日亲督其事，虽疾病不少厌，赖以存活者甚众。同时有张益民者，世居王家岭，亦为粥济贫，故岁虽饥而一方静谧，且少流亡，贻绪等力也。（节行述）

魏思任，字息耕，郡庠生，乡贤文通之孙也。少孤，家计窘而生齿繁，母与诸姒共操井臼纺绩。思任身代其事，以纾母困。及长游庠，应乡举数次，后以母老不求仕进，专意定省。长兄思诚官山左，以股疾告归，昼夜呻吟。思任谓兄曰："固宜强忍，恐痛彻母心也。"宵旦焚香告天，愿身代其疾。兄卒，痛如丧父。其移顺事长如此。子式曾承庭训举于乡，现官湖南监司。（节马学和《孝友传》）

吕士哲，增贡生。性孝友，弟有过，婉言劝导。父卒事母，先意承志设帐，距家五里，日归省之。寝食起居必亲调护，母卒，哀毁极致。弟理家事，凡出纳从不较量。弟卒未二载，诸侄谋析产。士哲以十之七与侄，己取其三，且令诸侄择商本之充足、土田之腴沃者。侄有过举，必剀切劝喻，诸侄有急复周恤之。病且死犹以克承先志勉其子，并嘱不用浮屠，卒年七十八。

刘文溥，字源堂，岁贡生。博览，工书法，和平廉静，性成自然。课生徒日夜不倦，暇则偕之游近廓以活文机，虽耄年兴致如少壮。时就外馆去留不介意，家终窭而无戚容。一日访友归，命家人备衣衾，自著之，卧床而殁，年九十。（节张吉元《源堂太夫子事略》）

刘永春，字竹林，家贫学贾，父客于外，母失明，自贾所日再归执炊以奉。父母相继殁，哀毁尽礼，葬后，心不忘亲，日往省墓，终身不替。后居积自得，修祖茔、家乘，周恤族人，倡为文庙，生息不计私蓄。友人以遗资幼子相托，代为生殖，富而复之，教其子领乡荐，与人贾分财辄让丰而取啬。年九十一岁卒。同治十一年，举乡贤。（节《公举事实》）

杨汝雨，字化如，嘉庆辛酉举人。家居课读，训生徒以存心立品为先，从学者皆以谨厚相励，里之人敬惮之，妇孺亦观感而耻为不善。道光五年夏秋之交，蝗螟继作，人以为忧，汝雨乃约集乡众分段轮扑，躬亲其事，昼夜不息。未旬日，殄除既尽，邻村仿行，数十里皆赖以中稔。邑侯马锡书赞之曰"见义勇为"。年六十选授新城训导。

程儒珍，字行之，道光辛巳举人。少孤，叔兰英教养之，得成立，儒珍事之如父。叔殁，哀毁尽礼。笃于学，博览群书。家贫，藉舌耕以糊口。论文务在根柢，尚清真，从游者得理法真传。官宁古塔学正，值吉林厅试应阅卷之聘，有以千金夤缘首卷者，严拒之，因作《训士论》，详说士端，始进不可苟且，剀切数百言，今犹有能诵之者。在任五年，历考其山川古迹，人物风俗，著《吉林志稿》凡四卷。以母老告归，母殁悲痛致疾，服未阕而卒。（家乘）

马伦，石门刁部落人，父秉仁，贾于外。祖荣六旬余，患癫痫瘿闭症，久不愈，病发辄寻自尽，伦侍汤药，日夜防守。一日，令伦园中取莱菔，伦往及回，祖已潜出，追踪至石河东岸黄龙汀下，祖已投水，伦情急赴水急救，水深，祖孙俱殁。

侯士芹《马伦传》：

"马伦者，石门刁部落贾民马荣之嫡孙也。性最孝，幼从余学，醇厚恂谨，鲜与人争。然不甚聪颖，学未成，弃儒业，往沈之本西湖从父习贾，率一二岁一归省。祖六旬余，患癫痫瘫闭症，久不愈，甚则叫号不忍闻，病发辄寻自尽。伦患焉，躬侍汤药，且严防守，夙夜不少懈。一日，祖绐之曰：'为我园中取菜菔。'伦喜祖之乐食，趋而往，不虞其有他也。返则祖失所在，询之家人皆不知。伦色变，心如火焚，惶惶然追踪号唤。及诸河，则祖已投水中矣，惊悲无措，遂不遑解衣，赴水急援，犹冀祖之可生也。不谓水深不得出，旁无人救，祖孙竟俱没焉。呜呼！可哀也已。夫孝为至德，惟皇之降，赋畀均焉。然臣之死忠，子之死孝，士大夫往往难之。伦贾竖也，非有致知穷理之学，渐仁摩义之功，而独能舍生取义如是，其孝之发于天性之不容已者然也。视学守素优之士，奚以异？孔子曰：'无求生以害仁，有杀身以成仁。'其伦之谓欤。或者曰：以孙救祖人情之常，况其不善于救而适陷于患，愚矣。孝云乎哉。噫！为是说者，毋亦未谅。夫伦之心而昧乎天理之正欤！夫服劳奉养，固子职之常，其平居无事，犹有疾痛苛痒，漠不相关，视父兄如弁髦者，矧兹巨险当前，进则必死，退则可生，苟非天性醇笃，未有不瞻顾迟回为身计者，私心起而天理灭矣。伦惟知祖之不可不救，救之不可不速，行其心之所安而已。成败死生固非所计，其愚也，乃其所以为孝也，顾可以常情律耶。余哀其死而嘉其志，惧其湮没无传，因述其事之颠末，以风世云。"

刘永桢，居城北潮水峪庄，父进忠，贸易奉天铁岭银局，二十九岁故于外，家徒壁立，无计归柩。永桢年十一，痛几欲绝，母曹氏力为劝慰，永桢誓曰："生不迎父柩，死亦不葬故里！"十四岁求友仍在铁觅铺服贾，为便寻父墓也。铺事暇，即告假，遍访二十余年，无迹可考。迨道光二十九年冬，复告假一月，携工往寻，期将满而资绝，入市问卜，术者曰："地似远高近下，尔其秉诚求之。"夜归就寝，鼠出作声。永桢心动，启门出适野，身倦假寐，梦鼠来伤指，惊觉，适工亦至，伴往四寻，瞥见鼠从地出，工持镵击之，鼠走墓现，其地势如术言，乃悟鼠之屡警父生子年也，遂启墓，邀仵，滴血认亲无疑，复殓易榇扶归，人尽感服。

杨观光，字觐五，邑庠生，候选布政司经历。少时母病，日侍调药，火燃指焦不知痛。长兄殁，侄士元贸易赔累，罄家资不足偿。观光与弟上翔议收同业典库资本全以畀之，士元完债之余，兼可小康。上翔殁，遗孤士芬年四岁，亲为教养，早岁入庠。观光年七十卒，以子官赠中宪大夫。（节行述）

李培元，字润田，道光乙未副榜，癸卯举人，拣选知县。弱冠游庠，有文名兼通世故，每随乡先生办公，处事明敏，有干济才。及登科后，凡邑中公务咸推为董事，守正不阿，以勤办城工，议叙加同知衔。文庙年久颓圮，庙前水道冲决，几成巨壑，均倡捐广募，陆续修整，并撙节余款存作生息。约同志绅耆定岁修章程，至今行之不废，是以学宫历久如新，实培元倡办之力也。少时才华敏赡，及老文尚清刚，为士林悦服，恒监文社之坛云。（节郭长清《砚耕先生事略》）

解维纯，字慎修，少时父客游奉天，家极窘。甫九岁负薪易米以奉母，年十八始就学，期年通四子书，诗、书二经。以父久无耗，废学如奉，跋涉千里寻之。遇于海城之牛庄镇迎归，贫无以养，乃服贾于牛。有西商郭某器重之，破格委任，越三纪，郭卒，子弟多不类，维纯恐负所托，劝导约束之，积不相能，乃综获息数十倍悉归之而去，郭侄玉珑慕其义，挟赀合业遂成数世交。维纯轻财重义，凡负己者悉焚其券。有姊及堂嫂寡而贫，胥供养，俾全节抚孤。生平喜读史鉴等书，恒举其大义，训子侄暨后进。暮年生子煜，虽钟爱，而课读必严，勖以实学，煜遂成进士，入词林。咸丰元年以乡耆恩赐九品衔。七年，年八十岁卒。同治十三年诰赠奉政大夫。（节余文骧《解封翁传》）

袁亮，天性孝友，父贾奉天，家贫，亮佣身养母，几二十载母殁。数年，父由奉归，年老性嗜酒，好花鸟，亮竭力奉养，其费悉出于称贷。父凡有命，曲意承之。父有时醉后负气，必弦歌以解之，欢

而后已。父殁未几，哀毁致疾卒。（节增贡生郝漳《袁亮事略》）

计清元，字松岚，嘉庆丙子武解元，拣选兵部差官，庚辰进士，授乾清门兰翎侍卫，差满以都司用，亲老告养。父母殁皆庐墓三年。道光壬寅邑办海防，向军门荣、兴总戎泰咸器重，明年以城工首倡议叙加游击衔。咸丰癸丑发逆扰津门，关城办团防，清元悉心从事，谋计精密，地方赖以安堵。平生操守严洁，遇事详慎，凡有公事，咸引以为重。年八十三无疾卒。（节行述）

梅朝荣，字丽卿，世居梅家峪，监生，候选通判。家世务农而笃志实学，治家以文公家礼为法，教子务在明理致用，不汲汲于功名。其西席贺某寒士也，常供其不足，及卒，任其丧葬，厚恤其家。凡乡中有争讼者和解之；有益于人之事，力任之，不惜劳费。临榆、建昌之交，有大横岭陟降二十余里，崎岖险阻。朝荣倡捐劝募开凿之，二年蒇事，至今遂为坦途焉。（节郭永清《梅丽卿传》）

王朴，字守愚，道光己亥副榜。少时母病，密疏文昌帝君，减己算以延母，母果愈。后四十年家人拣纸篓见其稿始知。仲兄罹京狱，部提其侄，朴代行冤以白，赋断雁诗以见志。邑办海防，朴酌古准今，撰仿行保甲议，质之同事，后防撤议寝。暮年主讲渝关书院，多所裁成。年八十三卒，著有《知白斋集》。

郭长清《王守愚先生事略》：

"先生姓王氏，名朴，字守愚，又号藻春居士。先世居山阴，康熙初，其高祖燨章宦游北平，侨寓通州，迁临榆，遂世为临榆人。曾祖尧，登仕郎；祖锋，庠生；父宗洛，从九品职，以行谊著于乡。先生其季子也，幼而聪颖，年十九入邑庠，旋以优等食饩，每试辄冠军。道光己亥恩科乡试中副榜。厥后屡荐不售，人皆惜之。事亲以孝闻，母病几不救，具疏文昌宫，愿减己算十年，以益母寿，病寻愈。及后果符其数，当时无知者，后四十年，家人于纸篓中得疏稿始悉其事。盖至性虽隐必彰也。仲兄以挂误羁刑部，檄提其侄甚急，先生欲伸兄冤且脱侄难，慨然请自行就狱伸理，卒白兄冤。请行时赋断雁诗以见志。其辞曰：落日在清溪，溪边断雁啼。自云生北乡，六翼群飞齐。中途遭丧败，行断影亦凄。其一陨秋风，生死相分暌。其次憩寒沙，险途当安栖。安栖犹可说，胡竟需于泥。世事难测料，祸福无端倪。一朝罹罗纲，遥隔西山西。山遥岂不归，归路榛满蹊。辗转不能救，仰屋心凄迷。奋翩欲相从，恨无青云梯。一痛北风酸，不觉呜声嘶。观其诗可以见其性情矣！其业师傅问樵明府官陕西，招致幕中，傅宰安定，创立书院，一切规条皆先生手订，为郭次虎观察所许。然郁郁不愿久居，辞归乡里。教课生徒，名俊多出其门。邑有公事不好立异，亦不苟同，总期有当于实用。道光末年，关城以防海议团练，先生撰仿行保甲议，其略曰：窃以团练之议，终恐势格难行，即行之亦不能久，知其不久而姑试行之，劳于始而毁于终。坐取纷更而无成效，则不如缓图之为愈也。是故功不可以猝成，事不难于渐举，惟保甲一节可斟酌。古人之成法而变通用之，无团练之名，已先储义勇之实，其法以弭盗、纠慝、止詟、恤邻为务，而不必拘于户口之稽与分派之款。宋嘉祐间，丁钱手实诸法议者非之，今宜有以防其渐也。城邑之近，但视各巷地势之长短，人家之众寡，随其形势而别之为里，里各充之以长，巷各树之以门，夜柝相闻，盗发务获。平时则缓急相赴，灾患相拯，巷结为里，里结为社，董其事者，得以随时随事因其势而利导之，使巷里肃清，安居乐业，其不安分而生事非者，黜而去之。以仰副国家除莠安良之至意，以佐守土者耳目之所不及。至于合邑市弄莫不乐其事，以仿而效之。不数年之间人心一，风俗同，廉耻兴，忠义发，人不敢私斗而敢公战，然后增益器械，议加团练，则费不耗而事易集，民不扰而功易兴。古人有仓猝临敌，奋臂一呼无不一以当百者，以此撄城固守可也，即开门拒敌亦可也。谚云：急治其标，缓治其本。愚以为海防之在临邑缓证也，非急证也。诸君子向约会议，故而陈蠡测之见如此。书达当事者不报。掌教渝关书院，殷然以启迪后学为务，老而不倦，肄业诸生登科者踵相接，教课群从孙曾皆有矩矱，登其堂者，每见兰桂森森，无不歆羡。年愈高德愈劭，地方有兴举大事，必皆授人乞言，推主坛坫，是真足以系一乡之望者。好游览，尝与同志登山临水，觞咏抒怀，飘然有超尘之致。年八十三无疾卒，著有《知白斋集》。子敬熙，邑庠生，克承家学，盖方兴未艾也。"

王清相，贸易奉省，父鹏早逝，母得痫症久不愈，及辞贾归，与妻竭力侍奉，数年妻亦殁，无姐妹昆弟，一身经理家事。家益贫无以为养，乃日闲入山采药，鬻以为菽水之资，夜宿母侧，凡母衣服秽恶等物，皆自浣濯，历艰辛十六七年，无厌色。母殁停枢已寝，其下葬时，自负土成坟，从此断荤茹素，虽粟之精细者亦不食。族人有劝之者，则曰：母已不食，予何能忍。哀毁骨立，数年病殁，族里伤之。

朱尚衣，邑庠生。母刘氏年七十二染病，医治无效，尚衣于城隍庙具表愿减己寿一纪，以益亲年。嗣后母愈，又十二年，寿八十四卒。与尚所祈之数相合，此事举家不知。后三年尚衣殁，检其书箧得稿于故纸堆中。郡守游公智开以"感延亲寿"旌其门。

此卷传寻亲数人，固已阐发幽潜，垂诸久远矣。而现今尚有两寻亲者，其行皆可风世，但恐日久就湮，附寻两纪略于末，以待后之探辑者。

王定元《董占一寻亲纪略》：

"董占一，名士元，其先邑之望族也。至父行健公，家中落窭甚，客吉林。去后三月生占一，祖父母俱在，母自以针黹度日，事亲育子，尝艰苦者几二十年。行健公无耗，占一屡欲往寻，母以其身弱不许。祖父母殁，贾奉天，常意在寻父。道光二十一年，由贾所而东，而母不知也。至吉无父耗，资斧已竭，典衣自给，兼受冻馁。至阿什河，知父在三姓南淘淇捕鱼，距家已三千里矣。至其处，父已殁，同事者藁葬之，乃求助土人，徒步负骸归葬。既仍服贾，家渐小康，洁甘旨以奉母，母年七十余卒。人以为勤苦之报，而占一则以母励节，平生限于定例，未邀旌奖为终天之恨，每言及辄欷歔流涕焉。"

郭永清《孝子张宝纪略》：

"张宝，生数岁，其父文庆远出，不知其处，年久无耗。宝识见开，遂亟亟为寻父计，母靳之。宝重违母命，暂忍焉。家赤贫，佣作得钱稍稍积之，一文不妄用。母欲为议婚，宝泣曰："此钱有大用，非为得妇也。其心日不见父，他何及哉？"又虑父无定所，询诸戚谊无知者。屡卜之兆不一，弗敢信，遂自学卜，而苦无传授。余馆童田英好学卜者也，己巳春，随生徒赴郡院试，宝谋充厨役，实为就英习卜也。每炊爨之余，惟以学卜为急务，取大六壬等书细加询问，至夜分，二人犹口讲指画不倦。生徒试后，宝即为卜科名，实欲自试其艺也。稍有验，宝辄喜，窃以为可以卜父之何所。术虽未精，而心则诚矣。归而自卜，寻父兆宜东方，遂决意东行。亟请于母，许之。宝备银十数两，为父归计。于是岁三月，徒步出关且行且问，苦可知矣。途间忽遇贼，衣物抢掠一空，宝恸哭曰："天不欲宝之见父耶！"然寻父之心无少易。更东行，或佣工，或乞丐，丛林险阻，猛兽奔驰不知惧。访至江东龙安城，知前十年已死矣。因询当日为茔葬者，指其处，开圹滴血验之，果其父也。遂捡骨以柳木圈担以归，归途仍佣丐以为食。于庚午八月十三日抵家，邑人田咏仁见而嘉之，助以棺，乃得茔葬焉。"

以上行谊。

∭ 卷之二十一 ∭

事 实 编（四）

乡 型（下）

忠烈·文学（附流寓、方技、仙释）

明

张世忠，字显甫，别号平山，山海卫人。貌不逾中人，而神爽英发。总发时以世胄育胶庠，随袭副千户。嘉靖五年丙戌，登孙堪榜武进士，由世职增二秩，为署指挥佥事，寻掌卫篆，有清干声。迁秩守备天寿山，历升山西大同中路参将，拒寇丁家庄，有斩获功，授正千户世职。偶缘边事挂误，听勘回籍。未几西陲告急，兵部疏名上请，特命守偏头关。关兵频年失利，人危之。世忠跃然曰："此吾报国之秋也。"嘉靖二十一年七月，俺答大举入掠潞安、平阳饱去，屯祁县。世忠与副总兵段堂、游击张文懿、参将何堂、刘维禠合五营兵袭之，至陆支村段堂军溃，文懿等引避，独世忠率麾下千人挺身血战，自巳至酉，矢石俱尽，敌且增骑合围，射世忠殪其马，犹跨墙对射，首中二矢死。事闻上悯悼赐祭葬，赠左都督，谥忠愍。陆支村、山海关俱建祠享祀。复崇祀忠孝祠。（参录《明史》）

李国栋，本卫指挥，体貌丰伟，膂力绝伦。万历间从杜将军松出塞，与我大清兵浑河大战，殁于阵，以功赠都指挥佥事，子鸣岗袭荫，祀忠孝。

李国梁，本卫指挥，从杜将军松浑河大战，殁于阵，以功加升都督指挥佥事。祀忠孝。

边万里，山海卫百户，以都司管中营事。崇祯己巳入卫京师，行至蓟州五里桥，敌兵掩至，据桥大战，自未至酉，身被重创，力战死。祀忠孝。

吕鸣云，本卫举人鸣夏弟，武健才勇，以守备为扬武营中军。崇祯庚午守永平，城破战死。追赠游击将军。祀忠孝。

杨开泰，本卫百户。永郡失守，以本路把总帅兵侦探，至榆关西遇敌，对射良久，众寡不敌，死之。祀忠孝。

杨廷栋，本卫百户。少以勇力称，为扬武营千总，共守永平，城破犹然炮奋击，卒不能支，死之。祀忠孝。

蔡国勋，本卫千户。帅兵恢复遵化，侦探遇敌，奋勇直前，战殁于阵。阁部孙承宗题恤，赠指挥佥事。祀忠孝。

严大宽，本卫千户。从总兵赵率教应援遵化，遇敌与战，主帅亡，众大溃。大宽力战不退，死之。祀忠孝。

杨呈芳，字桂林，本卫恩贡，授河南鲁山令。丰容伟干，居官平易。时土寇蜂起，与衙胥结通。芳知事不克济，冠带坐堂上，贼环侍不忍加害，出入数四始戕之。为具棺殓停丧，后其弟往收其尸。经年启视，貌犹如生。事闻，赠汝州知州。祀忠孝。

李友松，字赤仙，卫庠生。性刚毅，有学识。崇祯甲申春，流寇薄城，势甚危急，松慷慨倡义，率庠生高轮毂、谭邃寰、刘泰临、乡耆刘台山、黄镇庵赴营说贼缓军，遂遇害，然城卒赖以完。国朝录功，荫子栖凤为贵州思州府经历。祀忠孝祠。（俱旧志）

佘一元《哭李赤仙》二律　有序：

"甲申之役，流寇陷京师，平西伯中途闻变旋师。山海各官星散，寇氛日炽，声言攻关甚急。维时内无军需，外无援旅，人心汹汹，不保朝夕。余友茂才李赤仙倡议，同高轮毂、谭邃寰、刘泰临三茂才，刘台山、黄镇庵二乡耆愿身赴京师说缓师。行至三河，卒与寇遇，乃羁六人于营。至关，与平西接战竟日。次晨，大清兵至，寇遁去。赤仙与四人殁于军，高轮毂亦余友也，身被重创，幸免得归，录功授县令，升郡丞，赤仙暨四人无闻焉。是冬其嗣傅天翙、升文祥辈，制椟招魂，葬于其祖茔侧。余为作诗以哭之曰：十八年前天地更，书生走马赴军营。但求问鼎千戈息，岂料焚冈玉石倾。草木含悲朝日惨，丘园饮恨暮烟横。贤郎制椟招魂葬，泪洒临风故友情。忆昔同游几历年，谁知中道运颠连。先声已致敌兵遁，左袒谁持将令宣。兴汉莫伸纪信绩，破齐难保郦生全。诸郎继起皆英俊，福善冥冥应有天。"

程儒珍《关门举义诸公记》：

"珍尝闻之父老云，国初关门举义，时乡先生八人实为之倡，至今称'八大家'云。八家者，李、谭、高、刘、曹、程、冯、吕也。然考当时共事者，实十有一人，盖八人外尚有佘、刘、黄三先生焉。阅县志仅李赤仙、高轮毂有传，佘公虽有传，而未及举义事。李赤仙传中虽叙谭、刘四人，而冯、吕、曹三公及珍九世伯祖印古公无闻焉。忆幼时检书旧篓，得佘潜沧述旧作五首。哭李赤仙二首。及诸公上墨勒王，揭纸虽朽蠹，而字犹可辨，载当时原委甚悉。崇祯甲申四月，吴三桂奉诏入援，兵五万人号称十五万，进至玉田，闻京师已陷，旋兵山海关。召邑中绅士与议，诸公以大义劝之，于是南郊阅兵，凡一切措饷城守事宜，众慨然任之，歃血定盟，遣人东乞王师，又遣人给贼缓师。缓贼者为李友松、谭邃寰、高选、刘克望四庠生，刘台山、黄镇庵二乡耆。行至三河遇贼，遂羁于军。四月二十一日，贼至山海关，营于石河之西，游骑至城下。城中兵出迎战，挫其锋。是日，王师适至，驻关外威远台。出迎者为庠生曹时敏、程印古、冯祥聘、吕鸣章，其一则举人佘一元也。见墨勒王赐坐赐茶，款接温蔼。偕范文肃公入城，晓谕军民，人心益奋。明日昧爽，王师从一片石入，贼侦知迎拒。我兵亦从城中出夹攻，城守者遥助声势，贼马步二十万胥败走，我兵七战七捷，贼弃辎重西奔。给贼者惟高选乘间出走，贼追之被创，遇大军得全，余皆遇害。此当时诸公之事，亦关门创建以来一大举也。乃功绩攸同而显晦有异，岂以说贼难而乞师易欤？然秦庭之哭卒报深仇，鲁连之谋终成伟绩。逆闯自猖獗以来，未有若斯之大创者，是虽皇朝应运而兴，而阖邑之所以保全，诸公皆与有劳焉。是乌可任其泯没而不为之表彰也乎？"

穆齐元，应役于石门路，从参将陈愚在范桑峪口外（范字疑是花字），随剿阵亡。（采访未叙朝代，"职官志"石门无参将，更无陈愚之名。国朝石门亦无兵警，惟明有游击陈愚、齐元或是明人附于明末，以待识者。）

国朝

马维熙，字天御，本卫籍，由拔贡，录功授忻州同知，署偏关西粮厅篆。值姜镶之变，山右一带摇动，偏关阖城从叛，熙不屈，囚之别所，遣人守伺。久之守义愈坚，遂加害。事闻赠忻州知州。祀忠孝祠。

吕鸣夏，字九三，本卫籍，明万历乙卯举人。天性孝友，弟鸣云殁于王事，遗孤幼稚，抚训成立，舆论重之。初仕清丰教谕，继补束鹿，训课有方，升真定郡丞，分驻宣镇，以抗直取忤，挂冠归里。明末贼逼关门，夏家居，从众迎摄政王歼寇。我朝定鼎，录功补授河南卫辉知府。时天下初定，抚安百姓，政绩称最。迁金事，备兵固原，值降将伍大定等谋叛，以兵胁，夏不少屈，历数其罪，骂不绝口，遂遇害。敕赐祭葬，赠光禄寺卿，荫子，祀乡贤祠，寻复入祀忠孝祠。乾隆二十九年，崇祀京师昭忠祠。

赵世泰，北部副总兵应元子，历任河南镇标参将，率兵剿寇，战殁于军。

张朝臣，字鼎望，康熙庚戌武进士，任浙江处州协都司。四十七年，遂昌土贼作乱，臣帅众往剿，至其巢，林木蓊蔚，山路险窄，仅容一骑。左右曰："崖高路狭，曷退徐为后图。"臣曰："吾受朝廷寄，顾见贼而走耶？见贼而退，不勇；临难而避，不忠。"遂身先之，被创坠马，徒步力战，犹手刃数人，死。事闻，赠都司金事加一级，赐祭葬，荫一子，卫千总，崇祀忠孝祠。（俱旧志）

计宏谟，乾隆丙子、丁丑联捷武进士。初任山西大同府阳和营都司，升授湖北竹山营游击，从将军阿文成公桂征金川，与贼战，阵

亡。（见邸抄）

倪鹏，由监生，捐县丞分发四川，署荣县县丞。丁忧归，服阕借补布政司照磨。乾隆三十七年，大兵剿金川逆匪，委赴西路随督辕听差。三十八年，木果木之变，登春失守，遇贼被困，死之。事闻赠銮仪卫经历，赍白金一百五十两，祭葬，崇祀忠孝祠。（见李心衡《金川琐记》）

海龄，镶白旗驻防。嘉庆十五年，由骁骑校以守备用，历升宣化大名镇总兵，古城领队大臣，京口副都统。道光二十二年，逆夷犯镇江，龄御敌，力尽死之，城遂陷。妻李氏、次孙长安同殉。奉上谕该副都统为国捐躯，洵属忠义可嘉。著加恩予谥昭节，照都统例赐恤，赏给骑都尉兼云骑尉世职。事实宣付史馆，入祀京师昭忠祠。该地方官建立专祠，伊妻及伊次孙一并附祭。并著派员寻获尸身，妥为盛殓，护送回旗，赐祭一坛，翰林院拟议碑文、祭文，以彰忠荩等因，钦此。并赏长子户部主事伊兰太为员外郎，次子伊喀太为蓝翎侍卫，长孙清安承袭世职。（见邸抄）

谭光斗，武庠生。入山永协右营效力，以额外外委随征扬州发贼，屡战奋不顾身。咸丰三年春，攻扬州城，左股中伤，旋复获胜，升经制外委，署理把总。十一月十六日，随提督陈金绥分路截剿瓜州贼。是日，风沙迷目，本营都司叶舒青被围，余兵逃窜，光斗力救不克，随舒青死之。奉旨赠千总，赏云骑尉世职，子琳应承袭。（见邸抄）

赵永庆，武生，充山永协标马兵，从谭光斗征扬州发贼，打仗阵亡。

王保庸，字湘舟，增贡生。少孤，母教严，得成立。遇事识大体，族党有疑难，恒就取决。道光丁酉就通判职，欲以宦游娱母，志未遂而母卒。咸丰元年，除江西吉安府通判。二年，粤匪窥吉安西陲，奉檄堵御。时有逃勇煽惑，土匪乘势掳掠，保庸严缉之，民心乃定。遂分屯兵勇于莲花厅、永新县诸险要，吉南道周玉衡称之曰："得此人守吉安、江右之围固矣！"贼知防严，未敢逼。北陷九江，据金陵而吉属安堵。三年，泰和土匪围郡，知府王本梧出战死之，保庸行府事，围以解，督率义勇剿缉余寇，歼除无遗。购得王本梧首，续檀为身，畀其子归葬，为建祠于郡。巡抚张芾以两定吉安功，奏请赏戴蓝翎，又随刑部侍郎黄赞汤勷办捐输出力加同知衔。五年，粤匪由袁州大至，奉委守永丰门，与新升枲司周玉衡等四十人战守六十余日。六年正月二十五日，粮尽援绝，城陷，死之。事闻，以实任同知赐恤，给云骑尉世职，附祀吉安周玉衡专祠，并京师直隶乡祠。同治三年，崇祀本县忠孝祠。（节行述）

郭长清《湘舟先生传》云：

"先生姓王氏，讳保庸，字宝符，湘舟其别号也。世居直隶临榆县，曾祖永吉武庠生，祖寿三，乾隆庚辰举人，累官户部主事。父士铨，郡庠生。先生幼而颖悟，能强记。十三岁而孤，母程太宜人为延名师于家塾，兼使慎交游。先生奉教惟谨，弱冠入邑庠，以异等补增生。行豪爽，为文不屑寻行数墨。好读史鉴，喜谈兵，每把酒说古战守事了如布棋。三应乡举不第，授例就通判职。旋丁母忧，家居十余年，以教子为务。咸丰元年辛亥，子定元举于乡，先生亦选授江西吉安府通守。时粤匪扰荆南江省，逼近衡湘，议者难之，先生独毅然而往。二年春抵任，其职粮盐、总捕、水利以次修举。夏、楚氛告警，奉赣南观察周公玉衡檄，协候补守林君懋勋防堵莲花厅、永新县等隘。秋八月，林君旋役观察，以莲永为江右门户，且路径幽僻，贼踪出没无常，知先生任事精勤，遂请于抚军，檄先生总其事。九月，贼由长沙东窜，茶陵、攸县皆扰，莲永人心摇动。先生总其事，统漕标兵二百名，合各乡团，先于城隍界九路冲各隘口分施守御，自率兵勇，西至楚界，勘地势，据险置防，还驻莲花厅，居中调度，将西陲形势及屯札守御方略详禀，观察周公回批云：'据禀相度地势，安置守御，深合机宜，该倅素称练达，向顾大局，务期督率兵勇，尽力严防，始终不懈，勿令内窜，则莲永无虞，而江右之围固矣。'观察既知人善任，先生益自淬励备戒綦严，贼不敢逼，遂北窜岳州，此即下长江据金陵之贼也。三年春正月，吉属解严，先生旋署。秋七月，泰和土匪由万安扑，郡太守王公本梧锐欲战，先生谓宜固守，观衅然后击之。太守不听，殁于阵。时先生居守，飞禀观察周公，遂奉檄权府事，日夜登睥睨督帅守御，屡次毙贼，时亦出击之，贼乃不敢急攻。八月朔，罗忠节公来援，破贼白鹭洲，郡围始解。抚军以先生守城功闻于上，赏戴蓝翎。先是太守战殁，贼揭竿悬首薄城，众皆惶惧。先生以重赏购勇士，获归其元，续檀为身殓之。痛哭誓众，以固人心。死守二十余日卒保危城。解围后，先生以为贼虽退而防不可疏，乃练义勇，设保卫局于城外。十月卸府事回本任，仍统保卫局如故。五年八月，粤匪由湖南窜入永新，逼安福，郡城戒严，参戎柏君战不利，太守陈公宗元请救。观察周公至郡进剿，贼逸而西。十月，复东陷袁、临二郡，南逼吉安。十一月二十日遂围城。时周公已升臬司，督帅弁力守待援。先生守永丰门，调保卫局义勇入城，率同幕友家丁登睥，城中盐烛柴炭皆缺，人食淡饮冰，夜则黑守。十二月初八日，地雷破西月城，先生协太守督战退贼，抢修缺口，论功以同知补用。时贼据临江，省垣隔绝，求援十八次不至。六年正月二十五日，贼乘连日大雪，暗穿地道，毁城西南隅，突而入。先生巷战被执，骂贼而死。幕友张滋、程虎炳、家丁谭鹤龄、王福、王文贵皆殉。传闻土民窃其首，瘗于校场之偏。是役也，在事文武自臬司周公与太守暨先生以下各官四十人殉难。事闻皆膺恤典。先生以同知赐恤给云骑尉世职，附祀吉安周臬宪祠，并入本邑忠孝祠，惟遗骸则难觅矣。论曰：今之通判，古之别驾也。史称庞士元非百里才，宜处治中、别驾之任，是其职可试长才，而顾以闲曹目之乎？湘舟先生之佐郡也，外则防邻寇以捍岩疆，内则应仓卒而坚众志。迹其生平，好谈将略，夫岂空言无实者欤！若夫为国捐躯，有恤典以酬忠节，在先生固自无憾，独惜乎安内攘外之才未竟其用也。悲夫！"

蔺士元《挽王别驾》云：

"猘狖长驱薄江右，鹤唳风声杂刁斗。吉州荆楚之咽喉，几度挥戈苦战守。莲花厅外剑花飞，公以别驾主戎机。胸中一柄铁如意，指挥士卒扬军威。潢池又奋螳螂斧，月黑霜沉震军鼓。烽火夜照青原山，太守撄锋死报主。仓卒橄公护黄堂，撄城百计回忠肠。三千练甲群丑慑，麋奔豕突离岩疆。孤城甫遂回天志，复有子奇张伪帜。夜草军书一骑飞，张镐援兵犹未至。黑云压阵孤城寒，罗雀掘鼠为民餐。杖节巡城气自壮，撼山犹易撼心难。城陷诸军吊猿鹤，不关战枰失先著。广厦难凭一木支，闪闪大星西江落。天南忠义达宸垣，奖恤均沾圣主恩。大将睢阳公则许，无惭赉典及子孙。小儒侈口谈经史，昂藏自负奇男子。临变撄心转爱身，千古艰难惟一死。紫阳大义公淹通，酒酣议论皆生风。一朝致命偿素志，大节巍巍山岳同。战场凭吊江头月，伤心最是鹃啼血。士民堕泪岘山碑，何处青山葬忠骨。远觅亲骸至性成，贤郎珠树继家声。忠魂异地归来些，早慰槐庭孝子情。"

王朴《题湘舟宗弟行述》云：

"王阳为孝子，王尊为忠臣。忠孝能两全，自古难其人。吾宗者畸杰，倜傥由性真。读书好读史，说论开群伦。少依画荻训，领受思闾闾。长诵采兰诗，惟彼南陔循。岂无远游履，归期不逾旬。岂无功名志，进亦为娱亲。如此三十年，何其孝之纯。一痛风木悲，忍泪营窀穸。永感泣终天，降鉴通明神。国家值多难，粤寇恣狂狺。朝议选干城，橄取官江潯。一官未为荣，王事无退逡。贤郎举京兆，留赴春闱新。鸣驺乃先发，行入吉安春。地处江右冲，楚境相与邻。下车他未遑，耆旧先咨询。果然蚩尤旗，直捣湘湖滨。羽书下吉郡，整队屯要津。武库原在胸，临事协恭寅。分兵控险隘，布棋罗星辰。先声却狂敌，不敢窥域畛。绘图达上游，时誉推璘珣。迁道既远通，始得筹安民。无何崔荷起，猖獗来黄巾。太守嗟战死，护篆思张巡。仓卒权剧郡，城已攻围频。未免猿鹤惊，能令鹅鹳驯。且战且防守，壮志凌霜晨。妖氛值阻丧，黑夜争奔逵。大力保危城，能名达枫宸。九重奖贤劳，三锡垂恩纶。冰衔渐已崇，感激深无垠。意其发轫初，已捐七尺身。贼从西北来，蓦地堆烟尘。长吏尽登埤，道人以铎徇。昼夜分巡逻，三令加五申。省垣路虽梗，岂忘齿与唇。可怜告急书，谁稽复谁因。既无信陵援，绝少周郎困。连年苦锋镝，饷绝民亦贫。而况滔天寇，九匝围城闉。如以汤沃雪，其能救湮沦。然而疲惫余，军服犹振振。奋臂时一呼，惊脱西山巉。月城轰已破，抢筑成完堙。拒守逾两月，妖星大如磷。吁嗟四十员，赴义偕从宾。藉非誓丹诚，焉得同日殉。恤典建崇祠，千古答明禋。王衰有哲嗣，一卷行述陈。字字杜鹃血，对我长吟呻。奋笔纪忠孝，留取垂贞珉。"

上元何侍御桂芬《挽吉安通守王湘舟先生二十四韵》云：

"举世尚节义，志不在人知。皇恩特广被，旌表先患迟。忠魂与毅魄，成仁无尊卑。乾坤存正大，浩气与之弥。狐死必正首，豹死必留皮。人岂不如物，授命正见危。王君守吉安，算胜谋亦奇。四郊值多垒，慷慨独誓师。水陆备筹划，士卒听指挥。伤哉功未建，羽檄各奔驰。临难毋苟免，迹近呆与痴。痴呆本何用，名教赖扶持。耿耿如铁石，百折身不辞。但求配道义，肝胆不必披。但求完名节，阐扬非所期。馨香报百世，立庙与建祠。生民崇直道，妇孺感拜追。一点心中血，山岳重难移。一滴眼中泪，风雨凄生悲。田横尽壮士，致身早不欺。名成高万古，四十贤人随。生气与生理，两者存无亏。盘错足遂志，逢比即皋夔。光争并日月，竹帛芳名垂。"

宛平桑尚书春荣《赠同知吉安通守湘舟王公挽辞》云：

"羽书何倥偬，妖氛缠天狼。岩岩吉安城，要地控荆襄。猘猺恣荐食，猿鹤竞推伤。贤哉王别驾，伟略出仓皇。大局固江右，知人简才良。蕞尔莲花厅，安危系一方。守望鹭埃严，出没豕突猖。背城纵失算，太守真堂堂。悬竿揭头颅，臂斧逞螳螂。革尸惨碧血，旄头闪青芒。众情益凶惧，公意独安详。计保危城奇，策画善后良。一甚岂堪再，卷地鲸波狂。鹰扬士气奋，蜂屯毒焰张。月城缺复完，捍卫巩金汤。向使外援集，大功跂足望。不然寇已老，势仅弩末强。胡为天不佑，虐雪迷康庄。贼悍围益急，卒饿冻且僵。穿墉肆诡计，地道难提防。轰然万霆震，雉堞摧坚刚。巷战挥短兵，捐生气激昂。力尽志不屈，大节弥争光。哀哉遍士民，褒恤麇庙廊。如公矢忠荩，岂曰谋不臧。奈遭时势危，浩劫沉红羊。人定讵胜天，匡济愿未偿。然而志士心，所重在纲常。即今气销兵，沴戾化慈祥。临风缅遗烈，百世还流芳。"

卢龙傅都转观海《敬题王湘舟先生行述》云：

"叔季谈名节，摛藻为文章。文章岂不伟，议论苦难偿。卓哉颜杲卿，烈矣张睢阳。求此于士夫，斯担何人当。惟公抱奇气，童冠不寻常。读书见大义，史策吟琅琅。指掌布筹划，拊髀嗟兴王。酒酣耳热时，浩气何堂堂。惟岁在壬子，筮仕抵南昌。封狼肆荼毒，琴水资分防。走马阅西陲，地利聚米粮。贼胆落天外，豕突难披猖。数百里蒙福，妖氛化吉祥。讵意崔苻盗，一旦又鸥张。哀哉王太守，仗剑赴仓皇。谋臧苦不用，枉使公怀伤。黄堂护府印，坐镇绥一方。所幸罗忠节，时雨流膏长。天上下将军，霹雳挫凶芒。两美必相济，终保岩岩疆。胡天困忠烈，盘错屡相尝。羽书一骑飞，粤匪渡萧湘。八月楚雨昏，十月江风狂。烟尘卷地来，三匝围城隍。流涕誓军卒，死守披忠肠。淡食气弥厉，黑巡令弥详。金瓯纵西缺，补天守自强。伟绩达朝端，奚愧褒鹰扬。呜呼数难逭，大劫限红羊。十八次求援，援绝徒徬徨。黯黯天飞雪，士卒冻且僵。巨霆西南惊，惊沙满城黄。蛇虺遍地行，谁与樱锋芒。毅然抽太阿，杀贼气轩昂。取义拌舍生，舍生有余芳。哲嗣觅忠骨，四千里跟跄。不见形骸归，徒闻樽俎香。馨香竟何极，江汉长汤汤。"

宛平钟读学佩贤《跋王湘舟先生传后》云：

"自潢池弄兵，南疆不靖，吏士以身殉者趾相接。然而烈焰燎炽，梓楟俱烬，洪涛奔冲，珠砾同没，求其中有挺大节昭昭者，殆什不二三也。湘舟先生以儒家子出而佐郡，遭时艰虞，筹军食，修戎备，维持撑拒凡四年。乙卯冬，巨寇麇至，苦守阅两月，外援杳然，城陷死之。人第见先生死事之烈，而不知其致身授命，淬厉于筮仕之前者盖有素矣！先生少有至性，事亲以孝，待人以诚，读书淹贯，尤邃于史。每乐道古忠臣义士，自晨至夕无倦容。方郡城之将陷也，被围久，盐薪俱缺，势岌岌不可终日。而先生治军整暇如平时，与同志言誓以必死，其毅然不摇之志，固有非利害所能动者。其与素无蕴蓄仓卒遭难者，何可同日语哉！郡之人至今述先生遗事，犹懔懔有生气。余不获亲见先生之为人，而闻其风采窃向慕之。癸亥秋，其令子孝廉以先生行述属题，因为志其梗概。或曰：壬子癸丑之间，吉郡再濒于危，微先生力已不守，然则郡人之罹锋镝得以稍缓须臾者，又先生之功之不可没也欤。呜呼！贤矣。"

程虎炳，字友山，处江西吉安府通判王保庸幕。咸丰五年因寇警，知府陈宗元委带保卫局义勇巡查各门。及粤匪围城，率勇守御，贼攻坍西月城，虎炳力战抢护缺口，屡有擒获，以功保荐从九品。六年正月二十五日，粮尽援绝，力竭城陷，与皂司周玉衡等四十人皆殉，事闻以实任从九品，赐恤给予云骑尉世职，附祀吉安府周玉衡专祠。（见邸抄及程氏家乘）

谭鹤龄，山海旧族，家贫，幼时服役本邑王保庸家。保庸选授江西吉安府通判，鹤龄随之任。咸丰二年，保庸防堵莲花厅，鹤龄为执爨。时风鹤频惊，人心恼惧。而鹤龄尽心所事，服役如故。五年，粤匪围城，保庸守永丰门，鹤龄昼夜相随不忍暂去。六年，城陷，保庸及难，鹤龄以身捍卫，被戕死之。（见《王别驾行述》）

伊经阿，镶白旗，驻防由佐领。于咸丰三年投钦差大臣向荣军营效力。委署四川游击，叠著战功，赏戴花翎。五年，在镇江高资等处剿贼，血战阵亡。次子甲兵双庆同时殉难。奉旨赠参领衔，从优赐恤，给云骑尉世职。（见邸抄）

刘福林，由候选县丞以军功赏蓝翎同知衔，分发江苏知县。咸丰八年，调赴浙江严州开化县，带勇防剿，遇贼力战，阵亡。赠恤如例，给云骑尉世职。（见邸抄）

文哲珲，镶红旗，驻防。于同治元年，由委署前锋校从征直隶等处。二年，在山东魏家店剿贼阵亡。经僧忠亲王奏请，奉旨议恤给云骑尉世职。（见邸抄）

以上忠烈。

程观颐，字我生，明尚宝司卿继贤子也。登顺治戊戌进士，补天津教授，升山东淄川知县。家居时以诗文与佘一元相赠答，尤长于古文。晚年精内典，著有《楞严经集注》十卷，《金刚经集注》二卷。

义趣微奥，词旨详明，未及付梓而殁。侄卫庠生启朱刊刻行世，板藏西文殊庵及天后宫。（见《程氏家乘》）

张霪，字念艺，县城西富家店人，抚宁县籍，方伯霖之弟。康熙四十年岁贡生，考授内阁中书。晚年自号秋水道人。诗集甚富，著有《帆斋逸稿》《晋史集》《欸乃书屋集》《绿艳亭集》。

张坦，方伯霖之子也。康熙癸酉举人，官大理寺丞。祖明宇贾天津，遂家焉。性嗜学，于书无所不读，博览穷搜，叩之立应。著有《履阁诗集》《唤鱼亭诗文集》若干卷。幼学诗于王司寇阮亭，学书于赵宫赞执信。

张坝，字声，伯霖之子，坦之弟也。康熙癸酉举人，官内阁中书。著有《秦游诗》一卷。（俱见永平诗存）

牛天贵，字永斋，雍正庚戌进士，官奉天府教授。绩学能文，辞气昌明博大，一时帖括家奉为圭臬。晚年失明，以时艺就正者，令子汇征诵之，而口授以点窜之处，俾成完锦。请业者户外常履满。著有《学庸讲义》。

李养和，字恒斋，雍正八年岁贡生。博学能文，诗有晚唐风格，书学二王，笔意秀逸，著有《恒斋诗草》。

傅涟，字敬斋，岁贡生。选高邑县训导，不就，以读书自娱。邃于理学，辨朱陆异同，独得其微。生平不干外事，门无杂宾，与魏、涂两先生往来。书法追摹晋人，不袭其貌，清刚之气隐见于钩勒操纵间。晚年尤善为人作行草书，寿八十三卒。

应素文，庠生，学右军书法，折衷含蓄，颇离形似。当时相传云：李家文章应家字，盖已声名籍籍矣。

解发，字松崖，岁贡。善怀素草法，有龙蛇飞舞之势，观之若下笔迅速，须臾扫尽数千行者。闻其作字时，气甚深稳，稍倦，则凝坐片时续书之，人不能觅其间断之痕。

计永佩，学十七帖，颇能自得。每写春联，令人先糊红纸于门，持笔急挥，无不入妙。

傅论忠，旧志副总兵尚谦子。由庠生康熙七年入监。工右军书及摹仿诸家，亦无不酷肖。尤精于苏，晚乃自成家法。

朱锦，庠生，学右军书法，颇能脱化，酷似蔡君谟。

黄竹，庠生，作字师事朱锦，深得其妙，行草尤工。

吴鼎臣，字伯益，嘉庆己未进士，历官户部郎中，出守江西赣州府。少有隽才，为文脱尽恒蹊。生平邃于经学，尝手书十三经全文，校勘同异，三写成帙。尤精研三礼，尝谓制科不以凶礼命题，经生邃置丧服记而不观，何以见圣贤因情制礼之深意乎？又尝问客曰："经书中有横排四字成文者，知之乎？"客不能对。曰："铷字也。"罢官后寓都中，与徐惺伯松为友，相与考辨。每炊烟不继，犹手一编焉。

赵钟麟，字仁圃，号竹坪，府学岁贡生，"四库全书"馆誊录，候选训导。工松雪书法，得其片纸者珍重之，今尚有存者。

王册，字梅君，贡生，官户部员外郎。乡举屡荐不售。工诗善书，所作屏障，字体娟秀，脱胎赵、董而别饶意趣，诗笔清丽妍绵。在官公退之暇，与詹事鲍桂星、比部王廷绍诸名士结文社，阄题分韵，出语辄惊其座人，一时风流儒雅著称都门焉。故有崔烈之富，人不得以赀郎目之，著有《梦草山房浣花集》。（见《止园诗话》）

王一士，字诺人，恩贡生。学问渊博，屡试高等乡闱，七荐未售。为制艺法律严谨，尤长于议论，所选拆衬编、截搭类编时文，后学奉为模楷。能诗，著有《存我堂诗草》《敬乐斋试帖》。（见《止园诗话》）

郭长治，字平轩，庠生。积学工诗，书法"兰亭"得其神似。尤长于鉴古，遇名人书画，一见辄辨真赝。（见《止园诗话》）

王权，字惇平，喜吟咏，善丝竹，书法极秀整。少以寄籍，年例未符，不得应试。（见《止园诗话》）

郭上林，字苑香，岁贡。少随其父官湖北，数历岩疆，屡帮办城守事宜，于军书旁午中未尝废学。博览群书，兼通吏治。奇于场屋，乃橐笔游幕辽东，治刑名者二十年，称明允且平反者甚伙。晚年家居授徒，一乡科举之士多出其门。长子定生举于乡，次子定柱成进士。（见《止园诗话》）

计树棠，字爱农，庠生，性孝友、行方正。待人忠厚，与居者咸爱敬之。嗜学，精诗律，工小楷。与郭比部长清、渠文学任同受业于程广文儒珍之门，以文字相切磨，师皆以远大期之，均蜚声黉序。树棠年二十八以疫卒，有才无寿，人皆惜之。著有《寻梅居士遗草》。

渠任，字莘田，庠生。天资敏赡，过目不忘，甫成童通十三经，为文潇洒，尤长于诗赋。惜游庠未几，以疾卒。

蔺士元，字胪三，邑廪生。家贫好学，自少病肺虚，虽疾作讲求不歇，课试常为一郡冠。工书能诗，著有《梨云山馆诗草》。

以上文学。

附流寓

诗曰：他山之石可以攻玉，是借才于异地也。山海本名区，寄迹于此者，或有至性，或有卓识，或有文名，皆可表见而不湮，而艺术皆足益人，方外亦期济世，故分流寓、方技、仙释而附录之。

明

鲁绍芳，浙江余姚人。情澹泊，绩学有蕴藉。万历初，因祖戍山海，就而相依，乃设教关门，以《戴礼》专业，渝庠之有礼经自此始。穆太守以此成进士，后治礼者多出其门。（旧志）

耿国才，字华轩，其先耿炳文，明太祖时以功封长兴侯世爵。逮靖难兵起，抗拒遇害。侯爵中绝，后裔避居辽左，世隶辽阳籍。国才幼通经籍，性豪迈，孝友姻睦，著闻乡里。明季见辽事日非，乃决计不求仕进，挟重赀入关游燕、齐，任侠结客。崇祯间适至山海关东北三十里一片石，爱其山水幽胜，遂侨寓焉。会因时事多艰，忧郁成疾，乃大散其财，放浪于形骸之外，虽佣仆乞丐亦由由与偕，无厌弃意。及卒，藁葬于一片石之麓。未几风雨骤至，山巅土落，封墓成丘，崇数尺，乡人奇之，为种树以识不忘焉。后以其子焞仕本朝，历官至山东巡抚，追赠通奉大夫，今其墓尚存。（节耿氏墓碑）

国朝

赵廷臣，字君邻，奉天铁岭人。明末寄居山海。性至孝，父殁三年独居，不入帷室。为人持正，有经济才。国朝以明经入仕，历官兵部尚书，总督浙江军务，卒于官。谥清献，其功业载国史本传。廷臣居关城日久，其祖母暨父皆葬于城外水关河之西岸。迨其督浙，母随任卒。廷臣致书于佘仪部一元，属延堪舆相先垄为合葬计，堪舆徐某谓封翁所葬乃角一支之末，落穴仅一围，狭不可衬，事遂止。惟遣其子延阊修墓勒碑置守冢而去，今其墓尚存。（旧志参佘一元《潜沧集》）

林时亮，字元寅，福建福清人。幼失怙，母杨氏抚育之。值兵乱，母与叔母各抱孤儿避难相失，时亮为山海张某所得，赖以存养。长善贸易，娶秦氏，生计颇蕃，日以寻亲为念，祷于关帝神示以兆，遂南行寻母。时有族叔为山东游击，意有乡人可探母信，往见述幼时事，座中一客潸然，诘之，则从弟某，其母即昔时同避难之叔母也，趋见叩其详，云向遇乱兵，母惧辱，已从途中尽节矣，因大哭。迎叔母及弟归山海，然终身以不得见母为恨。卒年六十有六，子二，长珙，次瑛，俱入郡庠贡太学，官知县。（旧志参墓碑）

孙起栋，字白沙，湖南宝庆府新化县拔贡生。有诗才，喜吟咏。乾隆间以事戍山海，闻邑侯袁君贤，因以诗谒于道左，袁询其乡贯，邀至署与语甚喜，为免其役待以客礼。袁去，起栋聚徒讲诵。暇日则模范山水，啸傲风云，以自怡乐。诗才旷放，好为古风，方诸有明似得王叔明、张来仪诸君风骨。凡所得金，止以佐诗酒之费。比及去但旧衣一橐，吟稿数卷而已。赋归之时，舟抵江畔，适有胠箧之患，仆人报被窃之状，孙急问诗稿所在，仆曰："已失矣。"孙目瞪口吃，但以手指心，呕血不能止，归至家不数月而殁。

附方技

明

刘冠，原籍河南仪封人，祖浩从明太祖取张士诚有侦功，授都指挥，不受，愿就医籍，随徐武宁王调理军士，遂家山海。冠为医不轻试药饵，预知吉凶。时主政邬公阅艰嗣，宠姬多人，内有孕者，尝以疾求诊脉，冠曰："请以面盘印手。"印讫，冠曰："此非病，喜兆也，主生男。"后果验。詹少司马家居病瘵，一医自京来，邀冠相陪，冠一见即告司马曰："亟送回此医，公疾无恙。"司马然而送之，至潞河驿，医为马跌轶�死，所断不爽。诸多类此，众号为"神医"。（旧志）

国朝

施诰，乾隆间庠生，善推验之术，占事奇中，与黄文焕、牛汇征诸君为诗社，交甚密。时将赴郡院试，濒行，至诸君家告行期，且与诀焉。诸君怪问之，则曰：此行不生归矣。诸君沮使勿行。曰：数之所在，不可逃也。相与欷歔而别，幼女未字以择婿，托于黄。遂携其子行，及试毕，其子请归，将就道，则沐浴，肃衣冠而登车，行至芦峰口无疾而终。

附仙释

明

翟尚儒，字太真，顺天府蓟州人。初隶戎籍，后舍业，断荤酒，从事清净，渐透玄宗。尝辟谷五七日，神愈旺，因遍游天下诸名胜。明万历间至山海关城北七十里天然洞，洞故封榛莽中，尚儒爱其奇邃辟居焉。冬则单衣赤足，夏或曝烈日中，晏如也。瞑坐或五六日，或三四日，足不出山者，不计年。洞中有泉，目眚者取水涤之可复明；洞外有溪汲以治疾，无不即愈。众神之，趋谒者接踵。万历三十二年五月初五日飞升，遗发三团，乡人即其地建祠祀之。

马真一，自称河南人，年一百八十岁，昔在华山学道。明崇祯初年入广宁，居北镇庙，采蘑菇、拾野果为食。时宁前大旱，经略袁公使人致，至祈雨，次日甘霖大降。因举止疏放，语言狂率，袁疑为妖异，羁居山海，官师咸重之。关道梁公尤加亲治，与谈休咎皆应。关门士子相与趋造，谈经论艺剖抉如流。饮食不拘荤素多寡，随便取足。诙谐之中每成谶兆。然踪迹无常，人不能测，后不知所之。（旧志）

颠僧，明末人，失其名，挂锡城北角山栖贤寺，谈人休咎多奇中，时高郡丞选读书寺中，僧尝谓高以一箭定功名，高不解。崇祯甲申，闯逆犯关，城戒严，高与同乡数人说贼缓师，被羁，石河之战同人皆遇害，惟高身中一箭脱归，后录功授交河县令，荐升司马。虽高之际遇有定，而僧之先知亦神矣！（续采）

‖ 卷之二十二 ‖

事 实 编（五）

烈 女（上）

古之志烈女者，凡贤母名媛皆有传记。临邑山川灵秀，闺阁当有传入。但文献无征，莫由搜辑。惟妇人以节为重，冰霜矢志，之死靡他，确乎不可磨灭。至于贞女烈妇，其奇行坚操，尤足感人心而励风俗。兹即旧志所已载暨续行采访者谨备识之。

明

黄贞女，字妙宣，年十七，许字里人龙升，至十九未婚而升故。女闻讣哀恸不食。久之有求聘者，女不可，父母强之，则以死誓。后知其不可夺乃止。侍亲左右，极孝敬，饮食衣浣皆出其手。族叔婶俱亡，遗三尺孤，为抚养且教之成立。年逾七旬，颜发如童，天挺之节未易得也。

赵烈女，一片石军人赵来住之女，年十六未字。一日父母俱出，邻有同戍军恶少戏之，女且骂且殴。母归，哭诉，求自尽，因防守不获。既三日，绐其母曰："盍往理煤？"母出，阖户自缢。郡守张公世烈勘明置军于法，为之营葬树碑以旌其烈。

张氏，张千户女，为李百户长男升之妻。夫亡无子，氏晨夕哀恸，见者感动。舅姑强之嫁，七日自经死。

郭氏，庠生何志道妻。年二十四夫亡，舅姑子女俱无。父母怜其孤苦，取归养之，劝以别醮。誓不可，屡强之，乃伪许曰："即改嫁须还何门。"及至，痛哭竟日，自经死。部使商公诰旌之。

陈氏，标兵马如麒妻。麒从镇将追剿叛兵，御甲中风死。氏誓以身殉，时年二十五，子方四岁。比麒枢抵关北门外，氏庐居枢旁伏哭三昼夜，目不交睫，饮食不进。姑劝以抚孤，乃谓姑曰："若非姑子耶，二十六岁尚不能事姑以终天年，此茕茕者又何恃焉？"遂弃决不复顾，乘间自经死。关内道范公志完请于巡抚宋公国栋，令配享贞女祠。

田氏，千户刘世龙妻，监生田路女也。世龙守界岭口阵亡，时氏年二十九，矢死靡他。至八十七卒。守节五十八年，备尝艰苦。部使商公诰旌之。

郭氏，都督张世忠妻。忠死时氏年二十九，儿欲捐生，戚属以抚孤劝，矢志二十余年卒。御史温公如璋疏称：夫为国而死忠，妻为夫而苦节，昭哉！双义允矣，可嘉，建坊旌之。

萧氏，庠生张云鹗妻，父萧大壮亦游庠。鹗卒，氏年二十有六，遗子重立五岁，室如悬磬，苦心抚育。万历癸酉登乡荐。重立又卒，遗妻王氏及幼子三人。氏与子妇艰苦共守，抚诸孙成立，并攻儒业。年七十五卒，部使孟公秋旌之。

林氏，卫卒罗荣妻，年二十七夫亡，家贫子幼，苦心自守六十九年，寿九十六。

郭氏，朱澄之妻，年二十二夫亡，无子，甘守孤贫，苦节六十年，寿八十卒。

倪氏，监生栾养义妻，年二十四夫亡，矢节抚二子，苦心训育，长武备，次文庠，俱成立。年八十卒，巡抚李公顺题旌。

张氏，刘复初妻，年二十七夫亡，仅遗一女，语及改适，辄惭愤不欲生。孝养其姑，无或违礼，卒年五十二岁。

王氏，庠生施允宸妻，年二十六夫亡，家贫。上无舅姑，下无子嗣，苦守三十余年，卒年五十九岁。

韩氏，千户高士勋妻，年二十六夫亡，遗孤尚忠，方怀抱。氏坚志抚之，子袭职时，氏年七十。

刘氏，千户洪大金妻，年二十夫故，家徒壁立，遗孤仅二岁，抚之成立。六十余年冰操苦节，乡评钦重。

刘氏，监生萧被远妻，年二十八夫亡，子女俱无。孤守四十余年，闺门不出，笑言必谨。代巡吴公阿衡旌其门。

林氏，庠生程继忠妻，年二十六夫亡，引刀欲殉，毁容断发。代巡吴公旌其门，卒年七十二。

罗氏，庠生郑廷献妻，年二十二夫亡，守节不渝，抚子允升游庠补廪。代巡吴公旌之。

詹氏，庠生冯九鼎妻，年十九夫亡，遗孤方六月。艰苦自守，誓不他适。卒年四十七。

魏氏，指挥李宗尧妻，年二十五夫亡，无嗣。守节六十年，屡经院道旌表。

王氏，庠生萧裕远妻，年三十夫亡，遗一女，守节不移，动遵礼法，代巡吴公旌之。

鲁氏，儒士穆齐仑妻，年十六夫亡，欲以身殉，因有子不果。剪发营葬，苦守四十余年，内外无间言。

郭氏，庠生李养士妻，年二十六夫亡，子方六岁。贫苦自守，以针工自给，卒年六十九。

周氏，韩国桢妻，夫亡，少嫠幼孤，断火绝粒，日事针指，抚子成立。

郭氏，徐承恩妻，年二十一夫亡，遗孤甫周岁。及葬，临穴欲殉，舅姑亲属力劝乃止。苦守三十余年，卒年五十二。

张氏，儒士辛栋隆妻，年二十一夫亡，家甚贫，只一子，尚幼。氏孝养姑舅，日营女红，以博升斗，课子游庠。代巡吴公旌之。

杨氏，庠生张翔妻，孝廉重立子也。翔亡，氏二十，时孀姑王氏在堂，遗孤仅四岁，氏不辞贫窭，孝姑教子，始终如一。祖姑孙妇三世，俱以节闻。

孙氏，廪生萧行远妻，年二十，以室女继醮行远，克尽妇道。因夫无嗣，脱珥置媵未育。夫亡，伶仃无倚，守节四十余年，临终几贫不能殓。

郭氏，庠生谭有临妻，年二十夫亡，誓以死殉，姑多方抚慰，鞠养周岁儿克至成立，苦节四十余年卒。

范氏，千户张守诚妻，夫亡，矢志孤守，以针工自给，苦节不渝。

王贞女，年及笄，父殁，事孀母以孝闻，有兄某，家可小康。明季流贼窜山海，母兄议偕女走避，女曰："我女子也，未可远行，死生自有命耳。母老，兄又宗嗣所关，不宜坐以待毙，且尽室而行，家将安托？兄奉母行，我为守，贼至则以身殉之，幸而不至，闭户以待母归，则家仍在也。"母兄不得已，勉从其请。女扃门独处，以刃自随。会官军捕贼，贼遁去。母兄归，家亦无恙。女因矢愿不字，事母以终，葬洞山王氏墓西，至今王氏子孙岁祀不衰。

国朝

穆氏，李天祚妻。顺治无年，天祚送妹入城，贼忽至，相逼，氏怒骂不从，抱女投井而死，年二十六。

王氏，生员郭声远妻，年十九夫亡，遗子未周，矢志靡他，事舅姑以孝闻。卒年六十，儒学申请旌奖。

郭氏，萧之高妻，年二十九夫亡，有遗腹子，抚孤入泮，苦守四十余年，卒年七十二。

徐氏，庠生郭重发妻，年二十六夫亡，只一女，苦守五十年，卒年七十五。儒学申请题旌。

李氏，郭重美妻，年二十八夫亡，子二，长子游庠又亡。家贫，以针工自给。苦守四十余年，卒年七十一。

潘氏，王尔勤妻，年二十一夫亡，遗孤未周，艰苦抚育，立志不移。子长游庠食饩，守节六十年。

穆氏，廪生刘廷巩妻，年二十九夫亡，无子，孝事孀姑，抚三女，以勤织纴，苦守五十年。

王氏，谭有章妻，年二十三夫亡，遗孤甫三岁，翁姑相继逝，家业中落，日攻女红，以课子宏道成诸生。艰苦自茹几五十年，至七十三岁，发乌齿固，耳聪目明，手足强健，咸以为苦节之报云。

曹氏，刘世民妻，年二十七夫亡，遗孤四岁，抚子游庠，守节五十年。

郭氏，廪生刘秉乾妻，年十九夫亡，只一女，家贫，织纴养亲抚女，曲尽孝慈。女甫及笄又亡，孤苦茹荼历五十余年，初终无间。

穆氏，赵梦辐妻，年二十九夫亡，家寒性俭，孝事媚姑，训子游庠。苦节三十余年。

林氏，魏士翰妻，年二十七夫亡，家贫抚孤，苦守五十余年。

王氏，张妻，旌表题曰："节孝坚贞"。余无考。

侯氏，高妻，康熙五十年题旌，额曰："励节全慈"。

蒋氏，庠生王文科妻，年二十五夫亡，抚子守绪、善述俱游庠。雍正二年，督学使者吴公应棻书额旌之。

杨氏，田养粹妻，杨奉先女，年二十四夫亡，上有舅姑，下有弱息，家又寒素。氏身在其事，日用薪水咸取办于十指，而甘旨无缺。训子义方，养生送死，罔不尽礼。卒年七十。

王氏，罗名世妻，夫两世同居，舅姑叔娣在堂，家素寒。夫谋食他乡，率数载一归，氏倾妆资以供甘旨。及姑娣殁，舅叔咸继娶，历事四姑，恪执妇道。年二十八夫客死，时舅已老，三子均幼，而家愈贫，氏常忍饥寒推衣食，以衣食其舅若子。力勤纺绩，寒暑不辍。后子仲瑄为庠生，卒年八十八，张公朝琮旌其门。

郭氏，庠生马襄妻，年二十二夫亡，遗二子俱幼，矢志苦守，教子成立，仲子游庠。卒年七十三，张公朝琮旌其门。

魏氏，薛邦兴妻，年二十三夫亡，守节，卒年七十。

张氏，庠生穆维颐妻，年二十二夫亡，遗孤甫三岁，以长以教，恒昼夜绩纺，供其子膏火修脯之用，游庠食饩，有声黉序。孝事舅姑，娣姒之茕独者，典产助之。雍正十年题旌，郡守张公朝琮旌其门。

穆氏，生员赵焕妻，年二十五夫亡，守志。孝事舅姑，子方周岁，抚养成立，游庠食饩。雍正十一年题旌。

赵氏，刘碣妻，年二十一夫亡，抚子成长授室，旋亦亡。与子妇赵氏茕茕相守，冰蘖自持。雍正十二年题旌。

王氏，监生贾朝聘妻，年二十四夫亡，家无期功强近之亲，有子二，俱在抱，亲举丧葬，自誓终守。居家严整，内外肃然，教子成立且授室矣。未几二子相继殁，氏复为营葬，卒年七十八，雍正十三年题旌。

詹氏，程廷对妻，年二十九夫亡，孤贫自守。上事舅姑，下抚子若孙，孝慈克备。雍正十三年题旌。

宋氏，监生罗鸿儒妻，年二十九夫亡，子国桢仅三月，抚养成立，旋殁。子妇傅氏年二十六，苦节共守。傅氏生子三，长续游庠，郡守张公朝琮旌其门。

夏氏，庠生穆维节妻，年二十夫亡，贫无立锥，遗孤幼冲，苦志孀居，抚子成立，守节三十余年。郡守张公朝琮旌其门。

吕氏，穆宗孟妻，年十九夫亡，有子二岁，抚之长。恒自课读遂能文，补弟子员。卒年七十五，郡守张公朝琮旌其门。

杨氏，朱廷佐妻，年二十五夫亡，家贫孤立，抚子成人，卒年七十四。

冯氏，生员杨赓妻，年二十五夫亡，子甫五岁，教养成立，饩于庠，旋殁，孙亦继夭，无嗣。

张氏，庠生李开芬妻，年二十五夫亡，无子，以侄承嗣，卒年六十八。

穆氏，庠生王钦明妻，年二十七夫亡，无子，矢志守节三十余年。

冯氏，庠生任嘉彦妻，年二十九夫亡，二子俱幼，抚养维艰，矢志苦守，终身不渝。

董氏，庠生程体观妻，年二十九夫亡，一子尚幼，励志苦守，教子游庠，始终全节。

何氏，萧升妻，年二十七夫亡，子幼，敦节自守，孝事孀姑，终身靡懈。

蔡氏，国学生吕焕如妻，年二十一夫亡，遗孤甫周岁，家徒四壁，艰苦备尝，教子成立，事姑以孝称。本卫王公御旌其门。

董氏，国学生郭进妻，年二十七夫亡，无子，矢志坚贞历三十余年，人言无间。

朱氏，庠生冯腾蛟妻，年二十七夫亡，子幼，与姑詹氏守节，甘贫历久弥厉。

平烈女，海洋社民平自得之女，年十八待字。邻人赵某窥其资色，横加无礼，女潜以线缝衣，上下如织，自经于赵某之门，时康熙三十六年五月二十二日事也。赵惧罪，移尸庄前井中，众鸣之官，当事受贿，诬女失节，竟宽赵罪，士论冤之，葬秦皇岛。郡守张公朝琼立石旌其墓。

杨氏，于应翔妻，年二十三夫亡，子幼，矢志靡他。母怜其少，与姑议令改适，不许。及服阕归宁，母强之，遂痛哭，反度不能免诣夫灵前大恸，比暮自刎死。郡守张公朝琼旌其门。

解氏，冯九征妻，年十七夫亡，遗孤甫五月，坚贞自励，抚子游庠，卒年五十七。

常氏，武常郭垣妻，年二十一夫亡，遗孤镴甫三岁。矢志苦守，辛勤教子，中癸酉武科。守节三十七年。郡守张公朝琼旌其门。

刘氏，王慎修妻，夫亡，抚子成立，娶妇张氏，子又亡。姑妇同抚一孙，苦守数十年。郡守张公朝琼旌其门。

吕氏，庠生程启元妻，年二十二夫亡，遗孤先登甫三岁，矢志守贞，孝事孀姑。后子游庠，垂守五十年。

邢氏，庠生杨兆生妻，年二十九夫亡，矢节甚坚，勤俭持家，始终无间。抚三子成立，仲庠增生。卒年八十五，郡守张公朝琼旌其门。

穆氏，吕时名妻，年二十二夫亡，遗孤承祖甫三岁，清贞砥节，辛勤织纺，教子游庠，垂守五十余年。

乔氏，詹宽妻，年二十二夫亡，遗孤三岁，一女在襁褓，贫苦无依，衣食常缺。氏矢志弥坚，资女红以给。及女适人，子不能娶，困饿而卒，年四十九。

房氏，庠生王成基妻，年二十二夫亡，家贫子幼，资针工以抚育，苦守三十六年。郡守张公朝琼旌其门。

刘氏，郑遇时妻，年二十七夫亡，子三俱幼，氏孝事舅姑，得菽水欢。舅姑殁，殡葬如礼。抚子皆成立，苦守四十余年。

陈氏，国学生任中杰妻，年二十九夫亡，矢志坚贞，勤劬纺织，督课五子，四列胶庠。卓守三十六年，郡守张公朝琮旌其门。

刘氏，计可成妻，年二十二夫亡，子幼，抚孤成立，勤俭严整，动循礼法，苦守三十余年。郡守张公朝琮旌其门。

刘氏，牛文龙妻，年二十八夫亡，勤操家计，孝事媵姑，抚子良佐游庠，卒年八十。

张氏，傅尚卿妻，年二十四夫亡，子幼，矢志抚孤，及长又夭。遗两孙，抚之成立，皆游庠，曾孙亦入泮，守节甘贫，三世赖焉。卒年七十六。郡守张公朝琮旌其门。

房氏，儒士赵敏妻，年十六归赵，甫三月夫亡，誓死靡他。抚遗腹女，训育备至，择婿配之。苦节三十年。郡守张公朝琮旌其门。

刘氏，蒋元辅妻，年二十二夫亡，家贫，矢志守节，日勤纺绩，抚遗腹子怀荩成立，苦守三十三年。郡守张公朝琮旌其门。

王氏，杜朝盛妻，年二十五夫亡，止遗二女，孤苦伶仃，织纴自给，苦守三十余年。

张氏，常进文妻，夫亡，遗两幼孤，氏矢节抚子，俱授室。次子时兴亡，妇徐氏年二十三，乳下孙仅两月。长子时泰候选经历又亡，妇王氏年二十九。姑妇三媵茕茕相守，抚育两孙俱能树立，后名秉信者为郡庠生。郡守张公朝琮旌其门。

侯氏，庠生赵登云妻，年二十六夫亡，遗孤丹甫六月，抚养成立入泮，苦节四十余年，殁年七十有三。

沈氏，庠生吕世陛妻，年二十七夫亡，矢志守节，教子成立，卒年八十四。乾隆元年题旌。

郭氏，范衡礼继妻，年三十夫亡，无所出，抚前子女如己出。虽贫而性好施与，邻高姓姑妇以子远客，饥寒不能自存，氏脱簪珥周之；又孙氏妇夫死，氏出资助葬，其轻财好义如此。子浚由明经秉铎河间，孙方蔼亦游庠，乾隆元年题旌。

赵氏，监生李馥生妻，年二十九夫亡，矢志苦守，孝事继姑，勤俭持家，抚二子成立，卒年八十二。乾隆二年题旌。

聂氏，庠生刘天德妾，年二十二夫亡，与正室唐氏共抚己子，子殁，继堂侄为嗣。唐氏殁，氏独抚之，克至成立。郡守张公朝琮、管关厅周公廷润均旌其门。

郭氏，赵正功妻，年二十二夫亡，抚孤成立，贡于太学。氏矢志靡他，卒年八十二，乾隆四年题旌。

余氏，施邦佐妻，年二十九夫亡，矢志守节，事姑尽孝，家贫，躬亲纺绩，无间昼夜，训子成立。乾隆四年题旌。

高氏，李开香妻，年二十五夫亡，守志。

程氏，陈四海妻，年二十七夫亡，抚孤，绩纺度日，矢志苦守。

王氏，傅国备妻，年二十八夫亡，苦守，课子读，列黉序。

李氏，庠生吉毓麟妻，年三十夫亡，翁老子幼，俯仰无资，氏冰霜自矢，孝慈克尽。乾隆四年题旌。

熊氏，施怀信妻，年二十八夫亡，家贫，纺绩以资朝夕，抚二子，长子邦佐旋亦病故，偕子妇抚幼孙成立。性勤俭，耻华饰，举动以礼，不苟言笑，处娣姒亲娅间，从容和厚，内外无闲言，卒年九十二。乾隆四年题旌。

赵氏，吴皑继妻，年二十八夫亡，纺绩度日，奉事年老舅姑二十余年，曲尽孝道。抚前室二子暨己子，俱由幼克底成立，守节三十余年。

杨氏，齐进孝妻，年二十四夫亡，家贫，纺绩苦守，教子有方。乾隆八年督学赵公大鲸旌之。

董氏，程起云妻，年二十二夫亡，守志。卒年七十四，郡守张公朝琮旌其门。

徐氏，常时兴妻，年二十三夫亡，守志。训子有方。长秉忠候选经历，次秉信府庠生。卒年八十二。旌表建坊，题曰："金石完节"。

黄氏，范思胜妻，年二十六夫亡，守志。生子未周岁，纺绩以给饘粥，抚育成人。卒年六十七。

刁氏，曹鼐妻，年二十一夫亡，家贫无子，矢志苦守。督学使者钱公陈群书额旌之。

张氏，袁起云妻，年二十四夫亡，苦守，抚二子成立。乾隆十一年前令张公楷旌其门。

郝氏，杨进朝妻，年二十八夫亡，教子读书成立，苦节五十余年。乾隆十一年题旌。

郭氏，刘士贤妻，年二十九夫亡，立志守节，断一指自誓，遂昏绝，力救复苏，卒成其志。后疾笃，梦大士告以食犬肉可愈，醒述其子炎，炎遂刲股作羹以进，食之果愈。后知子肉，茹素终身。

李氏，常维乾妻，年二十八夫亡，守志，孝事翁姑，事葬尽礼。课子天俊，严肃有法，遂以文名，饩于庠。卒年五十五。

刘氏，王元良妻，夫偶他出，氏独处。邻人高七儿以言调之，氏怒詈，七儿遁去。少顷，元良归，氏诉其事，遂自经死。当事置高于法。乾隆十三年题旌。

谭氏，刘琬妻，年十八夫亡，子殇，抚继子成立，矢志不渝。

赵氏，吏员李惠民妻，年二十七夫亡，遗一幼女，矢志守节，孝事舅姑，抚继子，教养成立。乾隆十四年题旌。

郭氏，薛良斌妻，年二十八夫亡，抚孤成立，甘心苦守。

张氏，钱朝桎妻，年十八夫亡，守志。

牛天贵《苦节贞妇钱张氏碑记》：

"立人之道在纲常，妇德之贞惟节义。节义者，天地之经，风化之原也。粤稽柏舟作誓，诗记共姜割鼻盟心，贞传曹媛劲节光昭于今为烈，若生蓬门，初无师保训，而秉贞性凛冰霜，身经奇苦，甘心宁死而不渝者，其人其节更足砥末世，树风声。然至此当之者鲜矣！临邑节妇钱张氏者，龙武营齐民张汝贤之室女也。早岁失恃怙，育自伊叔张汉三。比长，循蹈规矩，未尝苟言笑，盖贞淑自天成也。乾隆十年岁乙丑，适南人钱子舟之子钱朝桎。钱姓故贫家，阿翁子舟怀抱利器不得志，由浙之山阴流寓临邑，以市隐谋生。氏小心慈顺，执妇道惟谨。娶两月，夫赴锦州觅生理，未半载以暴疾亡。悲哉！氏年十八，蹇遭不幸，早寡无孤儿，见者为心恻。氏一痛欲绝，誓不二天，尝语人曰：'夫亡而改适，失身之行也。妇而失身，身安矣，何以为人？且翁姑伤独子，垂老无依，忍令失侍养。'夫没后，茹苦守贞，以妇代子职，并女工，勤俭供翁姑度朝夕，虽祁寒盛暑，而忍饥以供颐养者三十余年，洎乎翁姑没，哀毁尽礼，心血几枯。今日者行年五十有三矣，无家何依？寄居夫好王姓家，鹑衣藿食，矢志靡他。吁嗟，噫嘻！庸庸巾帼罔知节义无足论，即或初念在从一，而孤贫无依，势将填沟壑。苟爱吾身畴其坚厥志，又况须眉男子，平时读书，谈气节，及临利害遭事变改节而易操者，自古在昔何可胜数。氏何人？斯平民家女耳，非缙绅之家，非诗书之家，当此茕独无告，艰苦谁怜？而心坚金石，报亡人于地下，尽妇职于高堂，一点贞心历百苦不移。女子也，而丈夫矣。天地之经，风化之原，非氏其谁与属者，所惜孤寒嫠妇，无缘采入风诗，千秋大节将湮诸草莽。今岁夏五，氏夫表侄李公持平怜其苦而重其节，携诸同人之好义者解囊为颐老资，并托吾世兄牧怀应公来嘱予作文，勒诸贞珉以表幽光。予不敏，年老学荒，愧不堪胜任，独念潜德幽光，有关名教，且诸公之义举，其善亦不可没也，遂不揣固陋而为之记。"

郭烈女，名生姐，部民郭泉女也。年二十二许字族姑之子范彬。彬患疯，无力婚娶。女见姑贫苦，还聘钗质，女红以助姑薪水，逢令节必有所馈。姑不忍误其年少，持还婚帖。女遂自经死，时年二十有七。乾隆十八年题旌。

程闰生《郭烈女传》：

"天之所以生人，与人之所以立于天地之间，岂偶然哉？贤智者流，讲明其理，程度尺寸以求其合，且几几乎未可必矣。而妇人女子不立异，不求名，率其性之自然，而于天理人心无不允惬，兹非难能而可贵者乎？临邑烈女郭氏，部民郭泉女也，年二十许字范姓子彬。范故贫家，彬又寻以疾废。其姑为郭氏宗女，怜氏年少恐误终身，商诸泉，意以六礼未备，前议可寝也。泉未之许。越数岁，彬疾已不起，而氏年益长。其姑乃亲往氏家，劝其改适，氏誓死不移。姑即还其庚贴，以示决意退婚。其父奉差他往，其母仍未允从。然范郭氏欲夺女志亦已坚矣。氏闻，号恸几殆，即以致命自期，然不露声色，不作激烈语，阳阳如平常。迨夜人定后，挑灯别室，整衣投缳，以毕其从一为贞之义。呜呼！舍生取义，杀身成仁，士君子之所难也，乃不意力持于伦纪之关，从容于生死之际，而竟得之巾帼中一弱女子，可不谓贤乎？且夫许字而未醮，与既醮而寡者有间也。其舅家以家贫子废求寝前议，至于再，至于三，与其父母或意有所轻重，而潜生悔嫁之心者更有间也。以恒情论之，即从父母之命，为百年之计，于理亦未甚有害。而氏之立志坚贞，不肯稍有依违如此，此真所谓礼教所关，一言之约重于邱山者也。古良臣义士，处艰难之际，往往不顾其势而必求有济，至万不得已，则以身殉之。今女当姑之初议退婚也，即尽返其原聘钗钏给姑，以资薪水，且亲执女工易钱帛，以饷其姑，以示愿为贫家妇，勤织作，躬孝养，虽处糟糠不厌其意，是即古人不愿其势而必求有济之心。及姑既决，已有无可复合之理，然后万不得已而出于一死。呜呼！氏虽一女子，其节烈之气亦何减于忠义之英欤！方今圣天子明德，新民声教所讫，时雍著美，即氏亦足征盛世之休风美俗，虽僻邑弱女亦知以贞洁自守有如此者。自予来署篆兹邑，廉得其实，既为详请邀恩建坊旌奖矣。尤念节烈之操，风化之首，不可不垂于后。故为刻石以记其事，俾后之人闻风慕义，咸知天地之所以生人，与人之所以自立，如女者庶几无愧焉。则其有裨于教化，诚非浅鲜而已。"

赵氏，林枝宗妻，年二十三夫亡，欲从死，舅姑曲语抚孤大义，乃矢节尽孝，抚三岁子毓奇，贡入太学，守贞五十余年。

张氏，王应新妻，年二十七夫亡，遗两幼孤，抚育成立。仲子加士娶妇郭氏，年二十三加士亡，遗孙三岁。氏与妇相依苦守，始终无间。郡守张公朝琼旌其门。

刘氏，潘天柱妻，年二十六夫亡，家贫子幼，或劝之嫁，氏誓死坚守，抚孤成立，垂守四十余年。

张氏，庠生马应运妻，年二十七夫亡，子幼，孤苦伶仃，饔飧不给，氏辛勤抚孤，绩纺度日，垂守三十余年，始终不渝。

傅氏，刘文登妻，年二十七夫亡，子幼，家业日窘，氏矢志抚孤，食贫无怨，教子有方，守节四十年。

侯氏，高琳妻，年二十三夫亡，家贫，事姑以孝闻。子二，抚养成立，次子文绣入泮。守节四十余年。郡守张公朝琮旌其门。

计氏，郡庠生王象贤妻，年二十一夫亡，无子，冰操自励，事孀姑以孝闻，卒年四十三。郡守张公朝琮旌其门。

牛氏，监生谢昌言继妻，年二十九夫亡，家贫，勤女红事姑，生事死葬，靡不中礼，抚前室子女如己出，子丕显食饩郡庠。郡守张公朝琮旌其门。

王氏，周琏妻，年二十二夫亡，遗孤三岁，矢志靡他，抚子成立，守节三十年。

朱氏，赵德芳妻，年二十五夫亡，矢志靡他，纺绩自给，抚三子，课诸孙，俱能成立，后孙游庠。苦节五十年。

柴氏，李起凤妻，年二十九夫亡，抚两子联芳、联捷成立，俱入太学，守节五十五年，卒年八十三。

李氏，何尔通妻，年二十九夫亡，守节。教子昌运游庠，苦守四十年。

何氏，郭万里妻，年二十二夫亡，矢志苦守，抚子成立。

田氏，王云鸣妻，年二十七夫亡，遗孤二岁，抚之成立，苦守三十六年。

迟氏，张廷枑妻，年二十一夫亡，力勤绩纺，苦守四十余年。

李氏，庠生穆廷遴妻，年二十六夫亡，无子，贫不能自活，资女红以济，孝事舅姑，和睦妯娌，继侄为嗣，抚之成立，卒年七十三。

刘氏，穆维丰妻，年二十五夫亡，遗孤甫十月，执女红以自给，饔飧常竭，而节操弥坚，卒年六十五。

谢氏，庠生穆宗霭妻，年二十六夫亡，遗孤甫二岁，苦节独励，教子开琛游庠，食饩，孝事翁姑。督学钱公陈群旌其门。

魏氏，穆开琛妻，年二十六夫亡，遗孤未一月，氏誓必死，族戚以事孀姑乳幼子为劝，乃勉为未亡人。未一载而子殇，氏昼夜悲啼，笃孝孀姑，卒年四十。

张氏，庠生程廷升妻，年二十三夫亡，无子，守志不移，奉姑惟谨。年六十，时有以请旌商者，氏闻之曰：吾不幸夫早丧，理宜相从地下，岂愿留姓氏于人间耶？

杨氏，李养植妻，年二十八夫亡，纺绩度日，辛勤训子。乾隆二十年，督学徐公以焜给额旌之。

涂氏，李时秀妻，年二十七夫亡，遗一子，纺绩教养，及长授室，子出关贸易，遂不复归。氏与妇以女红度日，艰苦万状。

向氏，阎梅之妻，年二十二夫亡，舅姑衰老，氏执女红以供菽水，生事死葬，克尽其道。抚一岁遗孤，及长授室，旋亡，与妇周氏荼苦共守。

谭氏，监生穆永清妻，提督廷栻子妇，年二十四夫亡，仅遗二女，矢志守节，族人欲为请旌，氏曰：舅姑远宦南省，未尽一日侍奉，直天地间罪人，至守节乃未亡人本分，何敢邀旌？如欲请旌，誓不留此残喘矣，议遂寝。

杨氏，庠生张珣妻，年二十六夫亡，守节题旌。

金氏，庠生张玮妻，年二十九夫亡，守节。

甘氏，李道和妻，年二十四夫亡，遗孤甫八月，家贫，氏操机杼，孝事其亲，抚夫弟及幼子，皆克成立。乾隆二十年，督学徐公以焜给额旌之。

田氏，赵昌绪妻，年二十八夫亡，遗二子，家贫，饔飧不继。氏昼夜纺绩，抚孤成立。

郑氏，刘中兴妻，年二十九夫亡，生子甫两月，抚之成立。

连氏，张开甲妻，年二十六夫亡，遗孤五岁，教育为名诸生，孝事翁姑，矢志不渝。

张氏，陈自贵妻，年二十五夫亡，守志。遗孤至弱冠亦亡，抚孙，纺绩糊口。

王氏，张谨至妻，年二十三夫亡，生子未弥月，舅姑又衰老，而家贫甚。事亲抚孤，养生送死，虽极困顿，未尝言瘁。

石氏，杨超妻，年二十八夫亡，无子，继侄为嗣，抚养教诲，一如已出。督学张公泰开给额旌之曰："松柏坚贞"。

王氏，张希闵妻，年二十五夫亡，家贫，亲老，氏励志节孝，养生送死，卒年七十五，题旌。

李氏，邵起云妻，年二十九夫出关堕海死，时有孕才四月，既而生子，抚之以长。其子采樵以养其母，母以纺绩助之。乾隆二十一年，督学徐公以烜给额"茹苦甘饴"旌之。

陈氏，温大妻，年二十八夫亡，遗腹三月，生一子，教育成立，苦守三十三年卒。

宋氏，吉永泰妻，年十九夫亡，遗腹生一女，家无立锥，勤女红以奉孀姑，艰难苦守。

陈氏，辛延邱妻，年二十九夫亡，子不肖，或劝之改适，不从，卒守其志。

徐氏，赵子玉妻，年二十八夫亡，遗孤两月，舅姑衰老，贫甚，仰事俯畜，氏咸办于十指。

高氏，赵升妻，年二十六夫亡，家贫苦守，纺绩教子。

赵氏，张彬继妻，年二十九夫亡，家贫，遗孤三月，氏守志抚孤，备极艰苦。有劝以改适者，则失声流涕曰：妇无二天，饿死奚恤？况弱息在抱，可令其谓他人父乎？年五十五，子已授室，犹率其子妇，朝夕勤执女红，足未尝逾阃也。

李氏，田尔渥妻，年二十三夫亡，子方周岁，家贫，纺绩度日，矢志靡他。

赵氏，刘朝典妻，年二十一夫亡，无嗣。氏上事舅姑，下抚夫幼弟，终身无倦色。

何氏，王锡位妻，年二十六夫亡，抚侄为嗣，孝事孀姑，和睦妯娌，纺绩糊口，虽晓暮寒暑不少闲。

罗氏，田吉妻，年二十一夫亡，抚孤纺绩自给，甘心苦守。

张氏，生员赵元英妻，年二十二夫亡，无子，舅姑衰老，贫不能养，见者哀之。或劝之嫁，答曰：人之患难死生皆由命定，余能与命争耶？卒不悔，凡十年，以疾卒。乡人嘉其节，立石于墓，学教授井镒为之识。

穆氏，监生周梦龙妻，年二十四夫亡，守志抚子。子至三十六岁亦亡，又抚孙三人，皆克成立。

曹氏，镶白旗满洲生员马图之妻，年二十夫亡，事姑训子，历三十年，题旌。

石氏，张瓒妻，年二十四夫亡，子甫二岁，誓不他适，纺绩课子成立。

范氏，郑镕妻，庠生范宏楷女，年二十四夫亡，无子，只一女甫二岁。舅姑及其戚属咸劝之嫁，氏以死誓守。久之，姑得狂疾，人皆避之不敢近，氏侍疾三载无倦色。既殁，事翁尤谨。家益贫困，纺绩以给。翁不乐必委曲劝谏，得其欢心而后止。翁殁五载，遘疾，氏曰"吾事毕矣"。不药而卒，时年三十六。（以上旧志）

罗氏，田基妻，乾隆二十三年旌其门曰："节劲风清"。

姜氏，生员王斌妻，年二十九夫亡，乾隆二十六年旌其门曰："岁寒松柏"。

吕氏，庠生王文运妻，乾隆二十七年旌其坊曰："松柏常贞"。

张氏，袁德恒妻，年二十六岁夫亡，矢志不渝，乾隆二十七年题旌。

侯氏，马坦妻，年十九岁夫亡，誓不他适，苦守五十余年，内外无间言。乾隆二十八年题旌。

侯氏，阮义凤妻，乾隆二十八年题旌，坊曰："慈孝全贞"。

张氏，举人穆开聪妻，乾隆元年二十六岁夫亡，乾隆二十九年卒，题旌。

贾氏，黑山窑庄杨彰之妻，夫亡，青年守志，抚孤读书。顺天学政杜公给额"松心荻训"旌之。

李氏，任九公妻，二十八岁夫亡，守节，旌其额曰："节孝双全"。

房氏，张某妻，顺天学政毛公题请旌表额曰："苦节流芳"。

田氏，约和庄王希思妻，二十三岁夫亡，无子，以侄为嗣。家贫苦节，卒年八十四岁。顺天学政给额"志励冰霜"旌之。

李氏，聂文渊妻，年二十五岁夫亡，遗孤亦殇，眷属怜其贫无依，间有劝其改适者，而氏誓死靡他，织纺自给，终身不二，苦节五十五年卒。

李氏，张国杰妻。

刘氏，刁部落庄李成章妻，年二十二岁夫亡，礼义持身，诗书教子，事媚姑，操家务，人服其孝且勤，卒年八十四岁。

杨氏，马福臻妻，年二十三岁夫亡，遗孤三岁，氏孝事翁姑，和睦同爨四十余口，上下无间言，卒年七十岁。

李氏，刘谔妻，庠生李鹏凌女，年二十二岁夫亡，翁老，遗孤二岁，氏事亲抚幼，坚贞不渝，疾笃叹曰：亲在而死先亡，与夫同一罪人矣，卒年三十余岁。

刘贞女，许字宋某为妻，未婚而宋某卒，闻计奔丧，即留夫家，誓死靡他，年十七岁。温恭孝顺，人无间言，卒年五十四岁，乾隆五十五年题旌。

周氏，孟琪妻，二十四岁夫亡，守志不渝，乾隆四十八年题旌。

吕氏，庠生冯万孚妻，十九岁夫亡，守节不移，乾隆五十六年卒，年四十六。

刘氏，程永福继妻，武举刘永安女，年二十四岁夫亡，抚前子与己子均已成立。家徒壁立，织纺为生，夙通古今书籍，卒年六十七岁。

蒋氏，文童郝堚妻，雍正十三年氏年二十四岁夫亡，孝事舅姑，抚孤孟熊、仲熊、季熊皆成立，誓死靡他，卒年八十岁。

凤氏，蔡廷辅妻，乾隆五十七年题旌额曰"茹蘗完贞"。

魏氏，郭崇祺妻，二十九岁夫亡，贫不能炊，工作以资薪水，勤俭以蓄余资，渐置房田，嗣族侄，课农桑，苦守至老不倦。

姜氏，时维清妻，二十一岁夫亡，抚子成立，守节四十余年卒。

侯氏，郝学思妻，二十二岁夫亡，抚二子，长子发亦亡，次子采樵度日，饔飧不继，甘守清苦，卒年七十五岁。

马氏，生员杨嗣龄妻，二十五岁夫亡，抚子德有六岁，至于成立，守节三十余年卒。

徐氏，杨伟元妻，二十一岁夫亡，抚孤，教养有法，守节五十年卒。

辛氏，刘永吉妻，二十岁夫亡，守节。

蔡氏，儒童周梦弼妻，乾隆五十一年，氏年二十五岁夫亡，守节抚孤，卒年三十六岁。

姜氏，陈某妻，乾隆五十八年题旌。

罗氏，唐某妻，旌表题曰"瑶池冰雪"。

侯烈女，侯家庄人，未笄，往石家道看其姐，行未半里，为本村恶少侯俭所窥，及其至，诓之曰：汝母病亟，命汝急归。女信之。时田禾茂密，半途劫入田内，横加无礼，女不从，俭以石灰塞其口，强之，终不从，遂以石破其头而毙。事在乾隆五十九年，邑侯杨公详报未旌。

侯氏，李荣之妻，十八岁夫亡，嘉庆五年顺天学政童题旌额曰："节孝可风"，卒年八十一岁。

赵氏，黑山窑庄杨侣桂妻，二十四岁夫亡，孝养孀姑、孀祖姑唯谨，抚三孤成立，长其源，季其泽皆游庠，卒年八十岁，顺天学政德公春圃旌其门曰："清节传芳"。

李氏，曹士英妻，年十八岁于归，四月夫亡，守节六十九年，卒年八十七岁，嘉庆八年顺天学政曹公成给额旌奖。

齐氏，李思恭妻，武进士齐公女，夫亡，冰操自守，孝事孀姑。姑患伤寒，病势危笃，氏夜对天焚香，愿以身代病，稍瘳不思饮食，氏百般烹调，终难下咽，氏暗割左臂肉，和羹进之，姑由是始嗜饮食，病遂霍然。抚三子皆至成立，卒年六十一岁。

刘氏，邹士敏妻，年二十四岁夫亡，坚贞守节，嘉庆十一年题旌。

程氏，刘守枢妻，二十八岁夫亡，坚贞苦志，抚七岁孤至于成立，卒年七十四岁。嘉庆十一年题旌。

蔺氏，倪识名妻，乾隆二十七年，氏年二十七岁夫亡，嘉庆十二年卒，题旌。

郝氏，邢铎妻，武庠生郝润女，乾隆三十三年，氏二十岁夫亡。家贫，翁姑殁，依族娣存活，和顺勤俭，继侄尚清为嗣，甘心苦守，卒年六十二岁。

蔡贞女，世谟女，性端严，寡言笑，遇人谈贞义事必欣然倾听。许字周锟为妻，未婚锟卒于奉天。女坚欲守贞事姑，母知不可夺，即以素舆送归夫家。女弥自坚持，非姑前承欢无怡色。姑病，告天请以身代。及卒，水浆不入口者数日。抚嗣子肇兴，曲致其爱。家素贫，邑士绅敬其节，请诸官醵金数百发商生息以资薪水，女仍事女红以自给，迨垂老临终，嘱嗣子将此项各归原主。嘉庆十三年题旌。

岳氏，王采妻，十九岁夫亡，嘉庆十四年，顺天学政戴以彤、管标芬旌之。

马氏，郝钧妻，乾隆六年夫遣配，亡于配所，氏二十一岁，家贫无子，嗣侄郝玉珠二十余岁又亡，姑媳绩纺，相依为命，共矢坚贞，卒年九十三岁。

程氏，陆功骆继妻，程祉女，年二十二岁夫亡于奉省，氏闻讣恸不自胜，因乏赀，典卖衣物，亲赴奉迎柩归。葬毕，即服铅粉，殉义身死。

刘氏，梅希武妻，十八岁夫亡，矢志靡他，抚侄为嗣，视如己出，卒年八十四岁。嘉庆十八年题旌，顺天学政吴旌以"金石盟心"。

侯氏，杨承忠妻，武庠生侯廷相女，年二十六岁夫亡，矢志守节，孝事孀姑，慈抚遗孤，克至成立，守节二十六年卒。

王氏，张伦妻，年二十一岁夫亡，继侄为嗣，教养成立，守节三十六年卒。

杨氏，石岭刘家庄王淑和妻，年二十六岁夫亡，矢志靡他，孝事翁姑，抚侄为嗣，训及成立，守节五十七年卒。

翟氏，张恭妻，二十六岁夫亡，无子，抚侄为子，守节三十九年卒。

陈氏，北新庄庠生李士纪妻，年二十九岁夫亡，姑孀子幼，无愧孝慈，茹苦含贞，终身不易，守节五十一年卒。

邱氏，常孝遵妻，年十九岁于归，二十五岁夫亡，孝姑教子，坚贞自矢，苦节三十八年卒。

张氏，孙安妻，二十八岁夫亡，无子，翁姑欲夺其志，氏谓："妇去，孰事翁姑？"力不忍舍。绩纺以供菽水，养生送死，倍尽孝道，守节四十四年卒。

郑氏，武童李长春妻，二十九岁夫亡，子三，伯仲幼稚，季梦生，事畜无阙。翁姑相继没，旧茔穴尽，氏阡兆营葬，事伯姑如姑。族人贫乏以田分润。家有积逋券数十万缗焚之，得活数十家。子士纲廪贡生，士维太学士，士纪邑庠生，孙育德登贤书补史馆，曾孙允培入黉序。氏皆抚育教训，亲见成立。卒年八十五岁，嘉庆十九年题旌。

孙氏，靳尔梓妻，二十四岁夫亡，嘉庆二十一年顺天学政杜旌以"徽昭彤管"，守节五十一年卒。

王氏，周梦麒妻，乾隆四十八年，氏年二十岁夫亡，无翁姑子女，居母家以女红自给，守节五十二年卒。

魏氏，常灏元妻，年十九岁于归，月余夫亡，事姑训子，慈孝兼全，贫苦自守，爨火常虚，族人钦其节，醵金为修其居。嘉庆二十三年题旌。

李氏，文童贾杰妻，二十二岁夫亡，抚子成立。嘉庆二十三年顺天学政杜以"大节垂型"旌之，守节五十八年卒。

张氏，童生洪玉书妻，乾隆二十四年，氏年二十三岁夫亡，嘉庆二十四年卒，题旌。

杨氏，郝季熊妻，乾隆二十四年，氏年二十四岁夫亡，事姑至孝，和睦姒娣，持家勤俭，抚侄澜为嗣，教养周至，卒年八十三岁。

马氏，侯文琚妻，乾隆四十三年，氏二十五岁夫亡，子士严甫二岁，孝媪姑，抚幼子，志懔冰霜，卒年六十六岁。

战氏，苏泽涣妻，乾隆四十八年，氏二十六岁夫亡，无子，孝舅姑。姑性严，少不遂意，辄加怒责。氏委曲承顺，劳而不怨。姑死，哀毁异常。侄男女褓裸失怙，抚养成人，以侄蔚为嗣，卒年六十五岁。

王氏，北戴家河庄李长苇妻，乾隆四十年，氏年二十九岁夫亡，遗孤三岁，教育有方，织纺度日，茹苦甘贫，垂老不渝其志，卒年七十三岁。

尚氏，侯天锡妻，乾隆五十年，氏年三十岁夫亡，家贫子幼，日事纺绩，奉养舅姑。子九余少亡，妇又亡，抚孤孙相依为命，苦节弥坚，守节四十五年卒。

马氏，千总李天嘉妻。

陈氏，童生王昶妻。

刘氏，杨煜继妻。

陈氏，王泰继妻。

张氏，增生方墉继妻。

杨氏，马遇歈妻。

张氏，刘玮妻。

常氏，举人穆开聘妻。

袁氏，庠生马负书妻。

郑氏，刘绍祚妻。

王氏，文童朱士恭妻。

刘氏，文童曹铨妻。

任氏，贺廷弼妻。

刘氏，吕文蔚妻。

张氏，靳箭妻。

张氏，石珩妻。

乔氏，郭登云妻。

马氏，赵秉哲妻。

马氏，庠生林凤至妻。

傅氏，吕储元妻。

魏氏，吕正德妻。

刘氏，庠生郭如朱妻。

夏氏，庠生傅士谦继妻。

董氏，监生郭天进妻。

陈氏，胡玢妻。

徐氏，傅鸣绍妻。

王氏，候选州同程任远妻。

周氏，章某妻，二十二岁夫亡，守节至八十六岁卒。

张氏，文林郎谭绰妻。

刘氏，魏功妻。

计氏，张江妻。

杨氏，张作谟妻。

曹氏，李士选妻。

刘氏，田凤仪继妻。

吉氏，监生计国梓妻。

刘氏，曹建妻。

高氏，王基远妻。

吕氏，朱宗尧妻。

张氏，李升妻。

李氏，石国泰妻。

蔡氏，儒林郎王士仪妻。

常氏，武略骑尉杨礼妻。

俞氏，候补经历韦一元妻。

张氏，李廷富妻。

刘氏，王仲妻。

李氏，庠生杨培性妻。

李氏，高曰诚妻。

某氏，周富妻。

王氏，张景泰妻。

陈氏，郭量妻。

吉氏，张鹏扬妻。

马氏，于文滨妻。

范氏，优庠生张咏之继妻。

魏氏，张云路妻。

李氏，程湘锦妻。

陈氏，董泰妻，二十八岁夫亡，抚孤大训成立，娶妇陈氏，一年大训殁，姑媳饮冰茹蘖，诸苦备尝，卒年七十八岁。

刘氏，儒童王汝砺妻，年二十二岁夫亡，事翁姑维谨，翁以挂误事，籍没家赀，事平，寻卒，家室一空，惟以针工自给，清节无移，卒年五十二岁。

周氏，张镛妻，年二十五岁夫亡，抚继子如璧成立。孙二，长承喜，次承绪出继，如璧、承喜相继殁，氏贫无依，承绪迎养，以终残年，卒年八十一岁。

厉氏，鲍士勇妻，二十八岁夫亡，姑早逝，翁年八十余，孝事维谨，节卓不渝，抚教继子锦读书泮，卒年七十岁。

刘氏，例贡生王延绪妻，二十四岁夫亡，守节自矢，卒年五十六岁。

马氏，王培兰妻，年二十七岁夫亡，家贫无子，勤绩纺以养媂姑，姑老且病，朝夕奉侍，始终无怠。姑殁后，孤身自给，艰苦倍尝。现年六十七岁，计守节四十一年。

袁氏，吕士汇妻，年二十三岁夫亡，事姑以孝闻，生一子少亡，无嗣，媳又改适，抚继孙成立。晚年家益窘，守益坚，甚至炊烟几绝，不肯向人道一求字，年七十二岁卒，计守节五十年。

杨氏，吕名世妻，年二十九岁夫亡，无子，事翁姑，孝养倍至。翁殁，夫弟好游荡，姑令析产，夫弟自罄其产，氏时复赒济之，亦罄其产无几，微怨色。惟绩纺以独养媂姑，有悯其无生计者，氏曰："未亡人岂贪生，能养姑以终余年，吾虽死何憾焉。"现年六十六岁，计守节三十八年。

‖ 卷之二十三 ‖

事 实 编（六）

烈　女（下）

徐氏，萧瑃妻，乾隆五十五年夫亡，氏年二十七岁，道光元年卒，题旌。

陈氏，董大训妻，年二十四岁夫亡，孝事孀姑，备尝艰苦，卒年七十五岁，道光元年题旌。

张氏，袁国本妻，二十一岁夫亡，子幼，清操苦节，教子维清入邑庠，道光三年题旌。

王氏，儒童周梦麟妻，乾隆五十九年，氏年二十七岁夫亡，守节，无翁姑子女，居母家以女红自给，卒年六十岁。

李氏，庠生王化雨妻，二十八岁夫亡，子汝弼仅三岁，氏坚贞自矢，抚孤成立。道光四年，顺天学政毛题旌额曰："祗心制节"。

侯氏，赵景福妻，二十岁夫亡，守节，卒年六十岁。

王氏，张维翰妻，十九岁夫亡，守节，卒年六十九岁。

王氏，张羽宸妻，二十六岁夫亡，乾隆年守节，矢志弥坚，道光五年题旌。

杨氏，张广绪妻，乾隆四十七年，氏二十四岁夫亡，矢志清贞，守节五十三年，道光五年题旌。

张氏，石门寨杨运龙妻，二十七岁夫亡，事承嗣翁姑暨本生翁姑，俱无稍懈，抚四岁遗孤成立。道光七年顺天学政毛旌以"景行贞义"，守节三十九年卒。

潘烈女，石门人，受赵家峪张成玉之聘，年十四岁未合卺，童养，夫家贫甚。道光八年五月十一日，姑命采菜山村，遇中峰寺恶僧，调以言，女拒之，复危以刃，女泣詈坚不从，僧刺之，路人救之，僧遁，女诉明气绝，僧逃往他村。投井死。邑宰马公题旌。

吉氏，张文秀妻，乾隆六十年氏二十岁夫亡，无子，矢志守节，善事舅姑，爱侄男女如已出，卒年五十二岁。

王氏，才国屏妻，乾隆五十八年，氏二十八岁夫亡，孝事翁姑，勤于绩纺，抚侄才莲为子，卒年六十二岁。

赵氏，张景元妻，三十岁夫亡，纺绩自给，抚周岁孤克砥成立，卒年七十四岁。

徐氏，约和庄王炎之妻，夫亡，抚孤成立，饔飧常缺，以针黹易薪水资，备极艰苦，卒年六十余岁。

陈氏，李宗圣妻，乾隆三十九年，氏二十七岁夫亡，孝翁姑，抚子开亮、开思成立。家贫勤女红度日，卒年八十四岁。

程氏，王大受妻，嘉庆五年氏年十八岁夫亡，矢志苦守，卒年四十七岁。

王氏，周光烈妻，嘉庆四年夫亡，氏年二十四岁，计守节三十五年，题旌。

曹氏，倪镕妻，十九岁夫亡，无子。道光十年，顺天学政沈以"志励松筠"旌之，守节五十七年卒。

赵氏，赵斗妻，乾隆五十年夫亡，氏年二十三岁，计守节四十九年，题旌。

王氏，张启昆继妻，乾隆五十八年夫亡，氏年二十九年，计守节四十一年，题旌。

薛氏，梁国相妻，乾隆五十年夫亡，氏年二十岁，计守节四十九年，题旌。

王氏，赵鸣玉妻，嘉庆十三年夫亡，氏年二十七岁，道光十二年卒，题旌。

陈氏，附贡计士秀妻，结缡日夫已久染沈疴，逾月即养病于外，寻卒。于归仅半载，氏年二十岁。家贫寄食亲族，道光十二年卒，年八十三岁。

李氏，丁世贤妻，乾隆五十七年夫亡，氏年二十七岁，计守节四十二年，题旌。

李氏，乔秉睿妻，年二十四岁夫亡。计守节五十三年，题旌。

杨氏，石生妻，年二十八岁夫亡，八十三岁卒，计守节五十五年，题旌。

张氏，李时发妻，乾隆四十八年夫亡，氏年二十三岁，计守节五十一年，题旌。

郭氏，李宗尧妻，二十二岁夫亡，子幼，守节五十二年，卒年七十四岁，题旌。

董氏，常正春妻，二十七岁夫亡，无子，苦节三十八年。顺天学政吴题旌额曰："志懔冰霜。"

杨氏，常坦之妻，节妇常董氏之侄妇，二十岁夫亡，无子，苦节四十二年。顺天学政吴题旌额曰："一门双节。"

陈氏，周作铭妻，乾隆四十八年夫亡，氏年二十九岁。家贫，姑老子幼，以纺绩针黹为事，畜之资，昼夜勤苦，永矢坚贞，卒年七十七岁，题旌。

张氏，李天香妻，年二十六岁夫亡，无子，舅姑年迈，兄嫂同居，能敬且和，以执妇道，苦节三十五年。于道光十一年，经督学使者维乔沈公旌其额曰："苦节延贞"，道光十五年题旌。

崔氏，约和庄文童王哲士妻，二十五岁夫亡，性柔顺，善事翁姑，抚二子，晚年倍极贫苦，卒年七十八岁。

靳氏，黑山窑庄李名勤妻，二十五岁夫亡，无子，家贫。初依母家，后就女养，苦守多年。邑人欲为请旌，氏以婶姑苦节多年，未旌，不敢僭先为辞，事遂寝。

陆氏，八里堡倪发妻，年三十岁夫亡，家贫甚，舅百计夺其志，氏坚不从，甘心苦守，抚子承祥、承喜成立，卒年七十五岁。

李氏，郡庠生张玉振妻，年二十八岁夫亡，子女无出，与夫弟玉瓒妻王氏一门双节，抚嗣子元龄兼祧伯仲。道光十六年顺天学政吴公文镕旌其额曰："志懔冰霜。"

王氏，儒童张玉瓒妻，年二十一岁夫亡，苦节四十六年。道光十六年顺天学政吴公文镕旌其额曰："霜筠励节。"

刘氏，举人郭锡汾继妻，年二十七岁夫亡，孝事翁姑，教子成立，励节坚贞，卒年六十六岁。道光十七年题旌。

张氏，王宏谟继妻，年二十五岁夫亡，守节，抚继子成立，卒年六十五岁。道光十七年题旌。

吴氏，刘永禄妻，二十岁夫亡，无子，纺绩度日，浑厚清贞，笑言不苟。年七十八岁无疾卒。

曹氏，黄伟人妻，年二十六岁夫亡，家贫，亲属怜其苦，欲夺其志，氏以死誓，卒年七十三岁。

刘氏，梅楷妻，二十八岁夫亡，子幼，坚贞自守，孤苦伶仃，饔飧不给，卒年八十一岁。

凤氏，梅廷栋妻，二十二岁夫亡，无子，事姑至孝，抚夫兄次子为嗣，教养成立，志懔冰霜，卒年三十五岁。

王氏，贺思忠妻，二十六岁夫亡，坚贞守义，孝事翁姑，始终无间，卒年八十四岁。

钟氏，都建瀛妻，二十二岁夫亡，笃孝翁姑，抚侄为子，教养备至，苦守十一年卒。

杨氏，罗双妻，年二十五岁夫亡，翁姑老、子女幼，仰事俯畜，克尽孝慈，子清儒游太学，卒年八十二岁。道光二十六年题旌。

赵氏，牛金诏妻，嘉庆十二年夫亡，氏二十八岁，持躬敬慎，慈孝克全，金石铭贞，早邀褒奖，道光二十六年题旌。

韦氏，余绳祖妻，嘉庆二十三年夫亡，氏年二十八岁，克敦素节，奉孀姑以尽职，恪守妇道，训继嗣文骧，早岁入泮，咸丰壬子举于乡。氏卒年五十六岁，道光二十六年题旌。

韩氏，增生马作宾继妻，嘉庆二十一年夫亡，氏年二十六岁，苦节冰霜，孝慈兼备。道光二十六年题旌。

傅氏，州同衔王延年继妻，太学生傅玉环女，嘉庆九年夫亡，氏年二十五岁，青年守志，历久不渝，卒年七十余岁。道光二十六年题旌。

杨氏，时文臧妻，十九岁夫亡，家贫无子，苦守五十余年卒。

温氏，毛润妻，年十七岁夫亡，翁姑怜其无子，喻意改适，氏谓："如去，翁姑谁奉？氏可无依，翁姑不可无依，愿以死事。"继侄承嗣。

孙氏，千总衔杨开业妻，嘉庆二十二年夫亡，氏二十五岁，矢志守节，卒年五十岁。道光二十七年题旌。

解氏，李廷桢妻，道光三年夫亡，氏二十四岁，乏嗣，以夫弟子女为己子女，抚如己出，俾皆成立。事继姑以孝闻，终身勤俭，永矢坚贞。道光二十七年题旌。

张氏，袁国贤妻，嘉庆二十三年夫亡，氏年二十三岁，坚贞自矢，道光二十七年题旌。

周氏，刘鸿禧妻，武庠生周屏翰女，嘉庆十五年夫亡，氏年二十五岁，克全贞节，事翁姑，善体亲心，抚嗣成立。道光二十七年题旌。

张氏，马嘉寅妻，嘉庆十四年夫亡，氏年二十七岁，孤苦异常，矢志不夺，惟以针黹度日，卒年五十八岁。道光二十七年题旌。

程氏，穆文炳妻，道光六年夫亡，氏年二十岁，备尝清苦，无子嗣，乏亲支，苦节始终不变，卒年三十七岁，道光二十七年题旌。

杨氏，刘礼妻，嘉庆二十三年夫亡，氏年二十七岁，幼称孝女，长为孝妇。夫殁乏子女，抚侄辈如己出，节懔冰霜。道光二十七年题旌。

刘氏，杨继曾妻，乾隆六十年夫亡，氏年二十七岁，青年苦节，家贫如洗，励志不渝，卒年七十二岁。道光二十七年题旌。

刘氏，监生程式哲妻，千总衔刘光女，乾隆二十五年夫亡，氏年二十三岁，事翁姑，相夫子，无不各尽其道。逮夫殁，家贫，备尝艰苦，而坚操劲节，里党咸钦，卒年四十四岁。道光二十七年题旌。

牛氏，程翊妻，嘉庆十五年，氏年十九岁夫亡，与孀姑凄然一室，人罕见其面，以夫兄之子为嗣，矢志不渝，道光二十七年题旌。

姚氏，吕士杰妻，嘉庆十年夫亡，氏年二十九岁，夫于前三年谋生远出，与氏隔绝，氏闻讣，水浆不入口者数日，因翁衰，乏人侍奉，勉为未亡，以代子职。道光二十七年题旌。

李氏，萧理妻，嘉庆四年夫亡，氏年二十五岁，抚孤，常甘其苦，节坚金石，历久不渝，道光二十七年题旌。

侯氏，刘文炳妻，二十九岁夫亡，家贫，以针黹度日，抚七岁孤至于成立，卒年八十九岁，道光二十八年题旌。

刘氏，郝渊妻，二十七岁夫亡，孝事翁姑，慈抚继子，道光二十八年题旌，守节四十五年卒。

马氏，袁墉妻，庠生马廷瑜女，二十三岁夫亡，矢志不渝。姑患痰症数年，寝膳汤药，独任其劳。嗣子圣迁甫二岁，抚如己出，守节三十五年卒。道光二十九年题旌。

赵氏，孝孙马伦妻，道光元年，夫以救祖溺水身亡，氏年二十六岁，坚心守节，之死靡他。

毛氏，孙文蔚妻，二十三岁夫亡，无子，抚二女，以侄兰为嗣，娶妇温氏，未三年兰亡，次女适刘国相，四载夫亡，姑妇母女共励冰霜，一门三节。

李氏，庠生郝鸿妻，二十七岁夫亡，守节五十五年卒。

石氏，柳清源妻，二十五岁夫亡，守节四十六年卒。

王氏，柳湛城妻，二十一岁夫亡，守节三十六年卒。

汪氏，王国用妻，二十九岁夫亡，守节六十五年卒。

房氏，监生王衣德妻，二十五岁夫亡，矢志靡他，卒年八十六岁。

娄氏，黄文烺妻，二十二岁夫亡，守节，卒年七十五岁。

计氏，廪生程兰佩妻，参将计宏谟女，二十九岁夫亡，守节五十一年卒。

刘氏，徐靖妻，二十八岁夫亡，守节四十六年卒。

高氏，周玺忠妻，二十三岁夫亡，守节四十二年卒。

张氏，徐德福妻，二十八岁夫亡，守节三十七年卒。

汤氏，杨玉龙妻，二十岁夫亡，守节五十年卒。

戴氏，刘文敬妻，二十一岁于归，十四日夫亡，守节二十九年卒。

金氏，刘昌祚妻，二十二岁夫亡，守节四十一年卒。

刘氏，张太昌妻，二十七岁夫亡，守节王十四年卒。

马氏，袁日培胞弟妇，年二十岁夫亡，守志。

王氏，李士俊妻，二十四岁夫亡，抚周岁子成立，守节四十年卒。

张氏，马玺妻，年二十九岁夫亡，守节五十二年卒。

阎氏，董韶龄妻，二十六岁夫亡，守节五十一年卒。

陈氏，庞克让妻，二十九岁夫亡，守节四十四年卒。

查氏，王继仁妻，二十七岁夫亡，守节抚孤，五十七年卒。

杨氏，战从亮妻，二十七岁夫亡，抚侄起贵为嗣，坚苦自守。

温氏，孙兰妻，二十三岁夫亡，与姑毛氏共守清操。

孙氏，刘国相妻，二十四岁夫亡，守节。

高氏，赵之银妻，二十一岁夫亡，子和方二岁，孝亲抚孤，苦节三十八年。

马氏，王廷瓒妻，二十二岁夫亡，子鹏甫弥月，抚孤苦节四十三年。

苏氏，北戴家河庄李士德妻，嘉庆二十二年，氏年二十七岁夫亡，翁姑年迈，遗孤六岁，织纺维勤，孝事翁姑，抚子成立，卒年六十七岁。

徐氏，刘文声妻，嘉庆二十二年，氏年十九岁夫亡，夫弟凤书官临清，随居任所。咸丰四年，发逆之变，投河殉难，卒年六十年。郡守游公题旌。

李氏，邵蓬之妻，二十一岁夫亡，守节三十五岁，咸丰七年题旌。

杨氏，崔庄古成珍妻，十七岁于归，合卺之夕夫病咯血，逾月夫亡。抚侄岱云为嗣，苦守四十余年，咸丰八年卒。

王氏，从九品谭玉洁继妻，道光九年夫亡，氏年二十八岁，奉姑尽礼，抚二子成立，咸丰八年题旌。

杨氏，唐子寨宋元龙妻，道光三年夫亡，氏年二十八岁，勤俭持身，坚贞矢志，守节二十八年卒。咸丰八年题旌。

宋氏，高建庄黄殿魁妻，文童宋元鹤女，性贞敏，识大义，孝事祖姑暨翁姑。咸丰九年夫亡，氏年二十七岁，誓以死殉，及殓停枢中庭，谓翁曰："幼丧宜极偏左"，翁从之。次日其母来，氏私谓曰："儿年少，翁姑奉事有人，无遗孤，今从夫地下宜也。"母慰阻之，乃佯言曰："适不过痛极之言耳，何至是？"十九日辰刻，自闭内户，姑唤之不应，亟坏牖入，则自经死矣，衣饰修整，颜色如生。

高氏，王兆祥妻，道光十年夫亡，氏年二十八岁，幼受祖训，习女箴等书，孝亲有贤女之目。及长，周旋重庆伯叔翁姑之间，各得欢心，克尽妇道。洎夫殁，上奉两世孀，事葬尽礼；下抚承继子女，无异亲生，始终不渝。咸丰十年题旌。

王氏，朱大新妻，道光十三年夫亡，氏年二十三岁，几不欲生，缘姑老子幼，事畜乏人，勉留残生以效厥职，矢志全贞，备尝艰苦，卒年五十岁。咸丰十年题旌。

艾氏，廪生张学韩继妻，道光十年夫亡，氏年二十九岁，事姑至孝，育子至慈，勤俭治家，备尝艰苦。咸丰十年题旌。

张氏，王遇麟妻，十九岁夫亡，孝事翁姑，抚侄成立。咸丰十年顺天学政万题旌。

汪氏，蔡各庄王日俞妻，嘉庆十五年，氏年二十六岁夫亡，翁姑早逝，仅遗一女，贫无所依，织纺糊口，守节四十余年。咸丰十一年题旌。

王氏，大薄河寨李光祖妻，嘉庆二十三年，氏年十八岁夫亡，孝事翁姑，既殁，殡葬如礼。无子，守节五十余年，咸丰十一年题旌。

朱氏，庠生杨士芬妻，道光十七年，氏年二十二岁夫亡，子女无存，事姑尽孝，待夫姐妹尤能仰体姑心，以伸和敬，卒年二十八岁。咸丰十一年由部题旌。

才氏，庠生李开浚妻，二十八岁夫亡，守节三十八年。同治元年题旌。

宋氏，张清瑞继妻，道光十二年，氏二十二岁夫亡，抚前室子太和无异所生。贫苦自守，卒年五十七岁。

马氏，庠生杨向荣妻，庠生马汝让之女，道光五年，氏年二十八岁夫亡，守志，卒年七十六岁。题旌。

汪氏，应坤妻，二十六岁夫亡，守节。

王氏，柳湛墀妻，二十六岁夫亡，守节。同治元年题旌。

杨氏，任秉义妻，庠生赠朝议大夫杨上翔女，道光十三年夫亡，氏年二十三岁，矢志靡他，甘心茹蘗，事孀姑以孝，扶嗣子以慈，卒年三十五岁。同治元年题旌。

傅氏，吉汉英妻，道光八年夫亡，氏年十八岁，子女俱无，夫兄弟皆亡，姒娣均殁，氏零丁孤苦，寄食母家，坚贞自守，五十七岁卒。同治元年题旌。

吉氏，庠生赠修职郎计树棠妻，道光十五年，氏年二十六岁夫亡，孝亲抚孤，勤俭自守。同治元年题旌。光绪三年卒，年六十八岁。

郭长清《计节母传》并序：

"予总角时，就学于程珠船夫子之门，实馆于计氏之左塾，遂与庠生计君爱农为友，联砚席者十余年。爱农资学兼优，且长予数岁，予兄事之，以文行相切劘。一时同学者如计鲲波、鹏翀、渠莘田、任爱农不多让，予亦窃附骥尾。然师训品评所望于爱农者尤切，盖以其工小楷，娴诗律，而以翰苑期之也。乃遽赴修文之召，甚为可惜。其配青年守志，抚二子成立，皆能世其遗经，于同治建元之年，次孺人节孝事实一篇，以表扬其亲，予披读再四，幸亡友显扬有人，而嘉孺人之苦志得遂也。因思乙未，予在矮屋中梦见爱农，亦如就试状向予吟曰：'相见故人两行泪，不到九原一纸书。'词甚悽惋，至今忆之。呜呼！其殆释典所谓结习者与？然其赍志以没，而精神犹恋棘闱也，不亦悲哉！今其孤以孺人之抚育而能蜚声黉序，且将翔步天衢，以成先人之志，孺人诚亡友托孤之勋佐也。夫因作计节母传。

节母吉氏，监生鼎勋之女，邑庠生赠修职郎计君讳树棠字爱农之妻，年十五归于计，时曾祖姑祖翁姑俱在堂，孺人上体舅姑之意，周旋于重庆之庭，定省无阙事，且能于舅姑之所以事亲者，代视听于形声之表，是以五世同堂，雍雍如也。其相夫子以尽孝友也，能敬且和，情义周至，有时书灯对坐，代理文房，计君有句云：'室人不解推敲意，笑指诗笺校字工'，盖纪实也。偕伉俪者十二年，计君病疫暴卒，有二女二子，时翁姑已衰，子女皆幼，而褓褓者尤觉堪悯。孺人深明大义，以事亲抚孤为己任，又恐舅姑以恸子致疾，尝忍哀隐痛以慰亲心。其姑尝抱沈疴，夫弟尚幼，孺人出入扶持必谨。姑虽病于目，而实慰于心，是以颐养臻上寿，而翁亦藉以渐忘其丧子之痛，实赖孺人孝敬以安之也。教二子勤于读书以克成先志为要。长子关保由禀生贡入太学，候铨训导，以覃恩例为孺人请封典，次子关佑府学禀生，长女适举入官刑部郎中余文骧，次女适四品封职员李建勋。孺人自二十六岁守节，饮冰茹蘗数十年，上事舅姑，下抚子女，泊乎晚岁，获睹二子有成，人以为节孝之报云。赞曰：'昔欧阳文忠公之母道公考崇公之遗事，公泣而书之，作《泷冈阡表》，记其父之言行，其母之苦节亦彰，使非其母以苦节抚育教诲，俾文忠公卓然有成，则其父之潜德幽光，亦何能传于后世哉！'今孺人守志数十年，其孤皆能读遗书以成父志。吾知孺人亦必述其夫子之言行以告之也，不然何其克成先志若是耶？呜呼！是真能无愧其夫于地下者与！

岁贡秦彦博赞曰：'苍苍莽莽古渝关，长松劲柏相回环。山川灵秀多钟毓，复有女贞生其间。吉氏孺人计节母，冰霜之性坚操守。我为桑梓又葭莩，熟悉生平名不朽。闺门雍肃本贤媛，女红精绝俱无论。自赋于归京兆郡，翁姑能孝伉俪敦。胡为相敬十数载，青衿抱恙丰标改。一朝遽赴玉楼诏，誓以死殉心不悔。堂上膝下两难忘，天地大义重纲常。泰山误作鸿毛视，英魂反负修文郎。痛心忍性愁无奈，孝慈之责一身赖。白头双亲大事完，闺中师表斯为最。四十余年未亡人，青灯画荻尤酸辛。天与苦节多后报，子读父书聪绝伦。采芹食饩郊祁重，小试广文将大用。紫泥芝诰荷恩荣，彤管扬辉早传颂。兰芽济济尽英才，福泽无疆亦快哉。子贵孙贤春正永，云轺何忽返仙台。呜呼！古井操柏舟篇，往往拟议去天渊。果如孺人贞且贤，何患不逮古来金石坚。'"

刘氏，仓上庄王铎妻，道光二十年二十九岁夫亡，子幼，苦节坚守，卒年六十四岁，待旌。

李氏，从九品衔杨开甲继妻，李承云之女，适廪贡候选训导杨禧之子开甲为继配，道光七年于归。九年，氏年二十六岁夫殁，元配遗子四，鋆、浏、铨、珍，女二，俱幼，教养如己出，婚嫁悉备。抚己所生子钟甫三岁，多病，费尽心力，及长，督责读书，一试遂游庠。夫殁后，家计萧条，长子、次子均分爨，氏率幼子女度日，艰苦备尝，决无怨色，卒年六十岁。同治二年题旌。

许氏，武庠生候选营千总王大琛继妻、道光七年夫亡，氏年二十七岁，奉媚姑，事葬悉谨，抚兼挑子，教养维周，苦节自守，初终如一。同治二年题旌。

缪氏，附生侯熙泰继妻，二十一岁于归，道光四年夫亡，氏年二十四岁，坚贞自守，闺范懔然，事翁姑至孝，抚子女至慈。同治三年题旌。

张氏，傅士成妻，道光十年夫亡，氏年二十六岁，上奉媚姑，下抚继子，孝慈无少缺，治家内外整洁持己，终始坚贞，同治四年题旌。

李氏，庠生六品衔王恕侧室，赞嫡事姑，克尽孝道。事夫及嫡敬谨无二，助理家事，备极周详，内外无间言。氏生一子殇，时嫡子汝襄甫四岁，氏乳哺之。嫡卒，氏抚子愈慎，不啻所生。夫寝疾，谋于族长诸戚，立为继室。道光二十三年，氏二十八岁夫亡，氏抚孤教养兼至，总理家务，井井有法，门内肃然，亲族贫乏者无弗赒瞻，至今人称其德弗衰，卒年四十九岁。同治四年题旌。

刘氏，李瑞信妻，道光二年二十九岁夫亡，子幼，名福康，事姑抚子，以孝慈闻，守节四十三年，卒年七十一岁。

陈氏，李福康妻，道光十七年二十六岁夫亡，孝事媚姑，抚侄泰来为嗣，守节三十年，卒年五十五岁。

高氏，庠生张壮猷妻，舅姑早殁，事夫兄长姒如舅姑，事夫尤谨。道光十四年，氏年二十九岁夫亡，无子，恸几绝，因成疾，以侄为嗣，生甫弥月，即抱育于己室，雇乳乳之。家业中落，晚年益甚，劳瘁忧思，苦节愈卓，卒年五十七岁。

张氏，黑山窑庄庠生杨其泽继妻，三十岁夫亡，善事媚姑，尊让姒娣，抚前子如己出，爱妇如女，夫兄鳏居，氏嘱子善事之，勤苦备至，志行弥洁。

郑氏，黑山窑庄杨其瀚继妻，二十岁夫亡，无子，抚侄为嗣，家虽贫而教育周至，倍极艰难，卒年五十五岁。

樊氏，张世则妻，二十九岁夫亡，子玑四岁。及长娶妇马氏，子五旬余亡。家贫绝炊，妇就养母家，氏就养族侄张孝廉绅家，卒年八十二岁。

李氏，候选盐大使王锡马妾，年二十九岁夫亡，甘心苦节，抚子成立，卒年五十二岁。

甘氏，庙山口冯某妻，二十八岁夫亡，乏嗣，苦节不渝，卒年七十九岁。

张氏，刘尔杰妻，年二十二岁夫亡，无子，抚侄成立。坚贞自守，卒年五十二岁。

王氏，庠生傅峋妻，太学生王垚女，二十二岁夫亡，抚女为依，冰玉自珍，卒年三十二岁。

王氏，应如渭妻，十九岁夫亡，矢志靡他，晚年寄食母家，年五十四岁卒。

陈氏，张文玉妻，二十五岁夫亡，抚子守节，子中夭，氏寄食女家，卒年六十五岁。

章氏，张受制妻，二十四岁夫亡，苦节自矢，终身不茹荤，卒年五十八岁。

黄氏，徐璧妻，二十二岁于归，逾月夫亡。志懔冰霜，甘心荼苦，卒年七十一岁。

周氏，刘召书妻，二十一岁夫亡，守节，卒年六十二岁。

王氏，赤土山庄杨和安妻，道光十四年，二十六岁夫亡，子幼，守节三十四年卒。待旌。

郭氏，安兆福妻，嘉庆十三年，氏年二十一岁于归，越三月夫亡，孝事翁姑，抚继子孙成立，守节六十年卒。同治八年题旌。

阎氏，张存成妻，道光二十八年夫亡，氏年二十四岁，抚孤守节，奉孀居祖姑事葬尽礼。因家小康，戚族贫乏者时存赒恤，卒年三十九岁，同治九年题旌。

刘氏，邹庄邹有方妻，年二十三岁夫亡，孝事翁姑，教育孤稚，孝慈并尽，苦节坚贞，同治九年卒，守节四十九年。

姜氏，候补典史郭肇申妻，系浙江宁波府象山县人，山东新泰县典史姜鸿纶之女。夫领咨后回籍省墓，同治十年卒于家。氏随翁姑任掖县，闻信恸哭，以死自誓，姒娣劝慰翁姑，氏潜归私室，吞服铅粉殉之，年三十四岁，山东丁抚宪题旌。

田氏，邱光祖之妻，田福顺之女。于归后夫夙有失血病，氏侍汤药无少懈怠，年余，一夕，其夫病亟死。氏恸甚，目泣血，取衣衾殓之，事毕，氏闭门暗服毒殉之。既而其夫复苏，心稍明白，见衣衾形景，知为死而复生，呼之不应，见衣衾整饬横卧床头，气绝久矣。节义懔然，不愧殉夫。事在咸丰十年正月十八日。待请旌表。

王氏，周耀宗妻，大使王锡马女，道光三十年，氏二十二岁夫亡，事翁姑尽孝，抚二子成立，卒年四十一岁。同治十一年题旌。

赵氏，庠生郭寅清妻。咸丰二年，氏年二十七岁夫亡，孝翁姑，抚孤儿，倍极艰苦，卒年三十五岁，同治十一年题旌。

曹氏，姚遇庆妻，道光二十二年，氏年二十二岁夫亡，孝事翁姑，抚孤成立，卒年三十四岁。同治十一年题旌。

杨氏，生员马万程妻，咸丰十年，氏年二十三岁夫亡，事翁姑。曲尽孝道，抚侄为子，卒年三十三岁，同治十一年题旌。

赵氏，北戴家河李杏园妻，嘉庆二十四年，氏年二十四岁夫亡，孝事翁姑，训诲继嗣，贞洁自矢，动遵礼法，卒年七十一岁。同治十一年题旌。

王氏，秦占英继妻，庠生王大化女，道光三十年，二十八岁夫亡，家计维艰，坚贞自励，抚继子成立，卒年五十一岁，同治十一年题旌。

阎氏，庠生杨大旼妻，庠生阎德顺女，道光三年，氏年二十九岁夫亡，家贫无依，纺绩度日，抚孤成立，卒年七十八岁。同治十一年题旌。

刘氏，杨壮龄妻，道光六年，氏年二十九岁夫亡，家计艰窘，织纺度日，后子媳相继逝，忧结失明，苦节弥坚，卒年七十三岁。同治十一年题旌。

蓬氏，广西桂平梧郁盐法道王州妾，大兴县人，蓬云路女，事夫及继室皆以礼。道光八年，氏年二十九岁夫亡，恸不欲生，因助嫡抚孤，冰霜自矢。待嫡子众子与己出二子无异，教育成立。家资中落，勤苦病目，卒年五十五岁，同治十一年题旌。

朱氏，卸粮口庄赵宗普妻，道光十一年，氏年十九岁夫亡，坚贞自守，艰苦备尝，卒年五十三岁。同治十一年题旌。

王氏，监生郭锡年妾，道光四年，氏年二十三岁夫亡。家贫，与嫡共殚勤苦，抚孤成立，卒年五十七岁。同治十一年题旌。

曹氏，文童张彬妻，道光十八年，氏年二十一岁夫亡，无子。克尽妇道，抚侄成立，卒年四十一岁。同治十一年题旌。

李氏，柳树马坊庄刘尚勤妻，道光十一年，氏年二十九岁夫亡，翁姑年迈，家贫孤幼，亲族有劝其改适者，氏曰："妇人以节为重，况亲老孤稚，何人事畜，敢他适乎？"由是织纺以励，事亲抚孤，备极艰苦，守节四十四年，卒年七十三岁。同治十一年题旌。

单氏，北大寺庄李荫林妻，道光二十四年，氏年二十九岁夫亡，无子。家贫织纺度日，亲族有劝其改适者，氏曰："妇人从一而终，命可全，节可易乎？如再相迫，有死而已。"卒年六十岁，同治十一年题旌。

刘氏，蔡各庄王平寿妻，道光二十二年，氏年二十五岁夫亡，遗孤五岁，抚育周至，待侄辈无异亲生，人丁繁盛，氏处之门内肃雍，守节二十四年，卒年四十九岁。同治十一年题旌。

王氏，梁世俊妻，道光四年夫亡，氏二十九岁，甘心守节，抚侄为子，教养成立，卒年八十二岁。同治十一年题旌。

田氏，王德熙妻，登仕郎田杞堂之女。夫素痨瘵，应童试列前茅，病误郡试，道光八年疾卒。氏于归甫五载，年二十二，子女无出，甘心守节，孝事祖姑暨翁姑。姑恸子逾年逝，祖姑老而心伤，赖氏善事得慰，至临终犹依依不忍舍。翁侧室邬氏生女二，氏爱如亲手足，奉邬如事翁姑，暮年患痰症，氏奉汤药无少懈，翁没，继次房长子志熙为翁嗣，氏抚志熙子如己出。缘家计艰窘，志熙远出，娣归母家，氏携侄寄养夫从堂叔朴家，勤办婶姑针黹，并课侄读，十余年内外无闲言，同治元年卒，年五十六，侄兼祧承嗣数年亦夭。同治十一年题旌。

石氏，李绪文妻，道光二十六年夫亡，氏年二十二岁，矢志守节，贫苦自甘，孤子依从姑，抚犹子为己子，教养周至，卒年四十三岁，同治十三年题旌。

刘氏，杨德孚妻，三十岁夫亡，守节，同治十三年卒，年六十六岁，题旌。

张氏，庠生梅开泰妻，咸丰二年，氏年二十一岁，夫赴试中途病故，氏闻讣气几绝，亲族解劝始苏，孝事翁姑，谐如娣姒，嗣以犹子，抚如己出，卒年四十四岁。光绪元年题旌。

杨氏，傅岷妻，庠生赠朝议大夫杨上翔女，道光十七年夫亡，氏年三十岁。事翁姑以孝闻。抚子可宗，教养兼至，弱岁游庠食饩。苦节坚贞，卒年六十九岁。

李季氏，交界河民人李禄之妻，道光六年，氏年十五岁于归，时祖姑翁姑俱在，氏侍奉无阙，至十八年夫殁，氏年二十七岁，含冰茹蘖，事翁姑以孝闻。子永顺甫成童，亦教以成立。至光绪二年，氏年六十五岁卒，计守节三十八年。

徐氏，刘庄刘效韬妻，嘉庆二十四年，氏年二十四岁夫亡，无子，穷厄终身，事翁姑以孝闻，见年八十三岁。

曹氏，年介龄妻，武略骑尉曹应祺之女，年三十岁夫亡，氏恐伤翁姑心，强为言笑以慰之，继侄逢庆为子，抚如己出，教育得游泮水，见年八十二岁，道光二十七年题旌。

张氏，李德新妻，二十岁夫亡，无子，贫苦自守，见年八十一岁。

王氏，李士熊妻，十九岁夫外出，五十一年渺无音耗，氏卓节自贞，苦守不移。

魏氏，庠生王铎妻，道光六年二十七岁夫亡，抚子松龄甫七岁，教养成立，事姑极孝，勤俭苦守，咸丰九年题旌。见年七十八岁。

卢氏，增生傅国瑞妻，二十三岁夫亡，抚子甫三岁，抚养周至，守志弥坚，见年七十五岁。

汪氏，武生王连征继妻，二十三岁夫亡，二子俱幼，氏织纺度日，性勤俭，耻华饰，见年七十五岁。

杨氏，廉庄廉万年妻，岁贡生杨汝典之女，年二十九岁夫亡，无子，家贫，含贞茹苦，抚继子成立，见年七十五岁。

龚氏，杨凤瑞妻，二十五岁夫亡，子蚤殁，妇改适，氏苦心守义，绩纺自给，见年七十五岁。

方氏，萧廷镇继妻，道光五年夫亡，氏年二十四岁，上奉孀姑，事葬克谨，下抚前室子女，教育弥周，茹蘖饮冰，自甘贫苦，年七十四岁，同治十一年题旌。

张氏，李大德妻，道光十一年，氏年二十八岁夫亡，茹苦甘贫，克尽孝道，教子有成，见年七十四岁，同治十二年题旌。

李氏，马坊庄王玉祥妻，年十六岁夫亡，孝事翁姑，抚继子教育有方，含贞茹苦，矢志靡他，见年七十三岁。

石氏，聂文元妻，年二十九岁夫亡，家贫，翁老子幼，孝慈周至，苦守四十五年，见年七十三岁。

梁氏，庠生张国昌继妻，二十七岁夫亡，家贫，纺绩度日，训子有成，见年七十三岁，咸丰三年，顺天学政龚题旌。

邵氏，马作屏妻，二十九岁夫亡，守节四十五年，见年七十三岁。

陈氏，贵州参将刘佩珩妾，道光十三年，氏年二十八岁，夫卒于官，嫡亡，二子幼，乏资还乡，侨居三载，艰苦倍尝。后次子凤书迎枢旋里，氏始归，见年七十二岁，郡守游公题旌。

刘氏，侯准妻，二十一岁夫亡，守节五十年，见年七十一岁，同治四年题旌。

杨氏，张煦妻，道光十二年，氏年二十六岁夫亡，贫苦无依，针黹为务，克尽妇道，抚孤成立，见年七十一岁，同治十一年题旌。

李氏，张清儒妻，二十八岁夫亡，无子，抚二女，苦守，见年七十一岁。

李氏，毛珍妻，道光十五年，氏年二十七岁夫亡，甘贫尽孝，教子有成，见年六十九岁，同治十一年题旌。

刘氏，王秉义妻，二十八岁夫亡，守节四十二年，见年六十九岁。

李氏，温廷瑛妻，庠生李鹏凌女，年二十九岁夫亡，媳姑年迈，遗孤五岁，氏事亲育子，孝慈兼尽，见年六十八岁。

鲁氏，刘永吉妻，年二十九岁夫亡，子遇泰七岁，家贫守节，矢志靡他，抚子成人，见年六十八岁，守节四十年。

蔡氏，徐天佐妻，道光十年，氏二十四岁夫亡，以事亲抚孤为己任，苦节自贞，见年六十八岁，同治十三年题旌。

傅氏，赵作哲妻，道光十五年，二十六岁夫亡，守节，见年六十八岁。

杨氏，候选盐大使王锡马继妻，年二十五岁于归，甫逾月夫亡，之死靡他，事姑尽孝，抚庶子四人，次子赞思山东试用知县，卒于需次，长子三子皆相继卒，媳亦均卒，长孙亦卒，第四子远出，家资中落，抚寡孙媳暨曾孙度日，备极艰辛，苦节不渝，见年六十六岁。

刘氏，新店庄魏士纯妻，道光十二年，二十岁夫亡，无子，贞节自守，见年六十五岁。

杨氏，李天泰继妻，二十五岁夫亡，守节四十一年，见年六十五岁。

贲氏，李永密妻，节妇李郭氏之子妇也，二十六岁夫亡，子幼，苦守不移，见年六十三岁。

朱氏，王君重妻，年二十三岁夫亡，遗孤四岁，事翁以孝闻，教子游太学，见年六十五岁。

张氏，新立庄吕姚妻，年十六岁于归，三月夫亡，誓不他适。事翁姑以孝闻，抚继子成立，见年六十五岁。

杨氏，才萱妻，二十七岁夫亡，子亦夭，孝事翁姑，誓不他适，守节三十八年，见年六十四岁。

金氏，赤土山庄杨宜春妻，道光十六年，二十二岁夫亡，无子，守节，见年六十三岁。

杨氏，李荣庆妻，道光二十三年，氏年二十九岁夫亡，曲尽孝道，教子成名，见年六十三岁，同治十一年题旌。

田氏，庠生杨士楷妻，四川阆中县知县田蕙田女，年二十三岁夫亡，无子，事翁姑以孝闻，抚夫弟子为己子，教养兼至，弱冠游庠，苦节坚贞，由部题旌，见年六十三岁。

李氏，牛居幸妻，事翁姑尽礼，夫贸易关东，氏年三十岁夫亡，嗣侄为子，教育有方，勤针黹昼夜不辍，勤俭自持，立志坚贞，见年六十二岁。

李氏，高家岭庄高克端妻，道光二十四年，氏年二十九岁夫亡，翁姑以二子继亡恸成疾，氏曲解亲忧，孝事寿终，嗣子兼祧教育成立，见年六十二岁，光绪元年题旌。

郭氏，徐兴春妻，敕封承德郎郭锡仁之女，道光二十四年，氏年二十九岁夫亡，茹苦甘贫，曲尽孝道，抚继子成立，见年六十二岁，同治十一年题旌。

王氏，李成祥妻，二十二岁夫亡，守节四十一年，见年六十二岁。

李氏，张永义妻，道光二十年，二十五岁夫亡，无子，孝翁姑，勤俭如礼，抚侄仲元为嗣，教养成立，矢志靡他，见年六十二岁。

曹氏，邵文宗妻，二十八岁夫亡，守节三十五年，见年六十二岁。

李氏，王宗顺妻，二十九岁夫亡，守节三十二年，见年六十一岁。

郭氏，白塔岭庄马钟麒妻，道光二十七年，氏年三十岁夫亡，孝事翁姑，含贞茹苦，见年六十一岁。

杨氏，李文靖妻，二十五岁夫亡，守节三十六年，见年六十一岁。

杨氏，李连茹妻，二十一岁夫亡，无子，坚贞苦守，见年六十岁。

袁氏，佟堃继妻，道光二十一年，氏年二十四岁夫亡，艰苦倍尝，抚前子无异己出，皆已成立，见年六十岁，同治十一年题旌。

赵氏，李文铎妻，二十九岁夫亡，守节三十一年，见年六十岁。

魏氏，曹礼先妻，二十九岁夫亡，守节三十二年，见年六十岁，光绪二年入府志。

王氏，李文矩妻，二十四岁夫亡，守节三十七年，见年六十岁。

卢氏，李德仲妻，二十岁夫亡，无子，贫乏衣食，苦节不移，见年五十九岁。

李氏，赵葆清妻，年二十四岁夫亡，翁姑年迈，遗孤五岁，氏坚贞自守，事亲无违，教子入泮，见年五十九岁，郡守游公题旌。

侯氏，刘吉升妻，二十八岁夫亡，乏嗣，家贫，绩纺自给，矢志坚贞，见年五十九岁。

计氏，王镞妻，二十九岁夫亡，困苦冻馁，为从堂叔收恤，时给衣食，甘心苦守，抚子成人，始立家室，见年五十九岁。

赵贞女，回马寨庠生赵文淦长女，许字王福升为妻，未婚而福升卒，女甫十六岁，闻讣请于父母，欲衰绖往执妇道，父母坚不遣，事遂寝。自是誓不改聘，居家守志，始终如一。性至孝，父病，焚香吁天以祈病愈，稽首触地两月余，额上触痕犹在。母病躬亲奉侍，衣不解带者月余。父母殁，祖父年高，率诸弟尽心奉侍，祖父病痰症，辗转年余，日夜守视，永无懈怠。胞弟四人，父为诸弟讲四子书及谈经史，女必专心静听，一一记忆不忘，而于忠孝节义之事，殷殷乐道，与诸弟言必援古之孝子悌弟以为式。妹四人，母殁，教之女红，授以女训，诸妹奉之如师，家人皆钦敬之，见年五十七岁，同治十一年题旌。

吕氏，张庄李清珊继妻，于归次年，道光二十二年，氏年二十一岁夫亡，孝事孀姑，和睦姒娣，以侄为子，教育咸周，见年五十六岁。

郭氏，新立庄吕庸德妻，太学生郭建卿女，道光二十五年，氏年二十四岁夫亡，翁旋殁，孝事孀姑，继侄为子，教养兼至，见年五十六岁。

杨氏，李文植妻，二十四岁夫亡，乏嗣，家贫，坚贞自矢，守节三十三年，见年五十六岁。

王氏，董树勋妻，道光二十七年，氏年十六岁夫亡，家贫无子，事继祖翁庶祖姑以孝闻，纺绩度日，春秋祭埽无缺礼，见年五十六岁，同治十一年题旌。

杨氏，马述曾妻，二十六岁夫亡，守节三十年，见年五十六岁。

张氏，蔡各庄王鹏振妻，道光二十年，二十四岁夫亡，子幼，守节，见年五十六岁。

刘氏，王凤翥妻，太学生刘洙女，道光二十四年，氏年二十二岁夫亡，祖姑耄而瞽，遗孤仅数龄，家无升斗之储，室仅风雨之蔽，氏矢志靡他，事祖姑十载，极尽孝道，教子成人，艰苦备尝，坚贞永矢，见年五十五岁。

马氏，黄玉璋妻，十八岁夫亡，善事翁姑，见年五十五岁。同治十二年，郡守游公题旌。

陈氏，高家岭庄高克方继妻，道光三十年，氏年二十八岁夫亡，无子，事翁姑代尽子道，坚贞自守，见年五十五岁，光绪元年题旌。

武氏，宝坻县文童田思文继妻，家贫甚，道光二十二年，随夫就食临榆，夫病割肉以求病愈，三十年，氏年二十八岁夫亡，苦忍饥寒，抚前子如所出，均以成立，见年五十五岁，同治十一年题旌。

解氏，魏大复妻，道光二十三年，氏年二十岁夫亡，克尽孝道，抚继子成立，见年五十四岁，同治十一年题旌。

王氏，应堃妻，庠生王元善女，二十六岁夫亡，子女无出，贫苦自守。

刘氏，王定南妻，咸丰元年，二十四岁夫亡，家贫如洗，孝事媷姑，辅育幼叔，躬操井臼。姑殁，尽哀尽礼，继侄为嗣，苦节弥坚，见年五十岁。

计氏，例贡李建勋继妻，庠生赠修职郎计树棠女，二十七岁夫亡，奉继姑诸凡尽礼，抚子女成立，矢志靡他，见年五十一岁，光绪三年题旌。

董氏，文童计文仲妻，咸丰五年，氏年二十七岁夫亡，仅遗一女，教育周至，适陶旋夭，上孝翁姑，下和姒娣。姑殁，哀毁甚，极尽妇道，抚夫弟子如己出，教育成立，矢志坚贞，见年五十岁。

张氏，姜维元妻，年十九岁夫亡，无子，笃孝翁姑，坚贞自矢，见年四十九岁。

王氏，民人王发女，徐廷柱妻，于归后，夫赴八面城贸易。同治七年，氏年二十八岁，夫在外病故，氏闻讣亟谋迎柩，而贫无资。八年正月二十五日，与胞弟同伴徒步出关，艰苦万状，寻至墓所，呼号恸哭，血泪俱下，有孀妇齐姓贫居好善，见而怜之，曲为照护，氏拜为义母，与同操作，侨寓三年。盖为夫殁未久，难于背负。十年冬，亲负骸骨徒步而回，沿途乞丐，加以伤力吐血，日行十数里。十一年春始得归葬。氏惟佣工度日，矢志守节，见年三十七岁。

解氏，李廷桢妻。

辛氏，额尔喜妻，乾隆十六年，十八岁夫亡，守节二十六年卒。

朱氏，德保妻，乾隆十六年，二十二岁夫亡，守节二十八年卒。

赵佳氏，伊达穆妻，乾隆十八年，二十六岁夫亡，守节二十二年。

韩氏，苏常阿妻，乾隆十九年，二十二岁夫亡，守节二十五年卒。

石佳氏，陶柱之妻，乾隆二十二年，二十九岁夫亡，守节二十一年卒。

方氏，岳起妻，二十八岁夫亡，守节二十二年卒。

王氏，伊常阿妻，乾隆二十八年，二十五岁夫亡，守节二十三年卒。

赵氏，富伸妻，乾隆三十年，二十八岁夫亡，守节二十二年卒。

杨氏，纳兰太妻，乾隆三十年，二十九岁夫亡，守节二十一年卒。

阎氏，苏冲阿妻，乾隆三十三年，二十七岁夫亡，守节二十三年卒。

杨氏，苏兴阿妻，乾隆三十三年，二十八岁夫亡，守节二十二年卒。

唐氏，明海妻，乾隆三十三年，二十七岁夫亡，守节二十三年卒。

孟氏，雅琴妻，乾隆三十三年，二十四岁夫亡，守节二十六年卒。

曾氏，额勒金布妻，乾隆四十三年，二十七岁夫亡，守节十五年卒。

关氏，穆通阿妻，乾隆四十三年，二十七岁夫亡，守节三十三年卒。

马氏，岳洛妻，二十七岁夫亡，守节二十三年卒。

关氏，常在保妻，乾隆四十三年，二十六岁夫亡，守节二十四年卒。

于氏，伕存性妻，二十六岁夫亡，守节二十四年卒。

关氏，双德妻，乾隆四十七年，二十八岁夫亡，守节二十二年卒。

关氏，满岱妻，二十八岁夫亡，守节二十二年卒。

赵氏，富诚妻，乾隆四十九年，二十五岁夫亡，守节二十五年卒。

关氏，富兰太妻，二十五岁夫亡，守节二十五年卒。

张氏，巴扬阿妻，二十九岁夫亡，守节二十一年卒。

钮祜禄氏，和生阿妻，二十一岁夫亡，守节二十九年卒。

胡氏，全德妻，二十六岁夫亡，守节二十四年卒。

伊尔根觉罗氏，农衣布妻，二十岁夫亡，守节三十年卒。

吴氏，阿林妻，二十八岁夫亡，守节二十二年卒。

关氏，志信妻，嘉庆八年，二十七岁夫亡，守节二十三年卒。

韩氏，吉勒章阿妻，二十二岁夫亡，守节二十八年卒。

章氏，双和妻，二十九年岁夫亡，守节二十一年卒。

瓜尔佳氏，连庆妻，十九岁夫亡，守节三十一年卒。

吴氏，五十八妻，二十九岁夫亡，守节二十一年卒。

杨氏，德魁妻，二十七岁夫亡，守节二十三年卒。

李氏，岳胜保妻，二十五岁夫亡，守节二十五年卒。

戴氏，色楞额妻，二十七岁夫亡，守节二十三年卒。

严氏，萨兴阿妻，嘉庆十六年，二十八岁夫亡，守节二十二年卒。

吴札拉氏，德克精额妻，嘉庆十二年，二十五岁夫亡，守节二十五年卒。

阎氏，常住妻，嘉庆十七年，二十九岁夫亡，守节二十一年卒。

贾氏，特克伸布妻，二十七岁夫亡，守节三十三年卒。

赵氏，七十四妻，嘉庆二十年，二十四岁夫亡，守节二十六年卒。

何氏，朱尔青阿妻，二十八岁夫亡，守节二十二年卒。

瓜尔佳氏，青福妻，二十九年夫亡，守节二十一年卒。

葛氏，阔普通武妻，二十九岁夫亡，守节二十一年卒。

钮祜禄氏，关庆妻，嘉庆二十一年，二十九岁夫亡，守节二十一年卒。

何氏，爱伸保妻，二十八岁夫亡，守节二十二年卒。

温氏，佚呢音布妻，二十四岁夫亡，守节二十六年卒。

高氏，文祥妻，嘉庆十九年，二十五岁夫亡，守节二十五年卒。

陈氏，刚林妻，二十九岁夫亡，守节十九年卒。

高氏，胡克慎布妻，嘉庆二十四年，二十八岁夫亡，守节二十二年卒。

董氏，蒙文太妻，嘉庆二十三年，二十八岁夫亡，守节。

章氏，来福妻，二十七岁夫亡，守节二十三年卒。

王氏，博英额妻，嘉庆二十一年，二十四岁夫亡，守节二十六年卒。

葛佳氏，泥音忠阿妻，二十九岁夫亡，守节二十一年卒。

何氏，松寿妻，嘉庆二十五年，二十五岁夫亡，守节二十五年卒。

李氏，乌拉西松妻，二十九岁夫亡，守节二十一年卒。

马氏，松福妻，嘉庆二十三年，二十二岁夫亡，守节二十八年卒。

张氏，富崇阿妻，二十七岁夫亡，守节二十三年卒。

傅氏，蒙文布妻，道光元年，二十四岁夫亡，守节二十六年卒。

傅氏，扎克当阿妻，道光四年，二十四岁夫亡，守节三十六年卒。

李氏，成福妻，道光十年，二十八岁夫亡，守节二十二年卒。

孟氏，海寿妻，道光十三年，二十九岁夫亡，守节二十五年卒。

李氏，玉璠妻，道光十四年，二十九岁夫亡，守节十八年卒。

傅氏，兴瑞妻，二十岁夫亡，守节二十一年卒。

于胡禄氏，庆安妻，二十九岁夫亡，守节十九年卒。

吴佳氏，关亮妻，十九岁夫亡，守节三十一年卒。

车勒齐氏，霍钦布妻，道光十五年，十八岁夫亡，守节。

李氏，德顺妻，二十九岁夫亡，守节二十三年卒。

孟氏，那蒙额妻，道光十三年夫亡，守节二十四年卒。

赵氏，文庆妻，二十九岁夫亡，守节十六年卒。

葛氏，乌隆阿妻，道光十八年，二十四岁夫亡，守节。

赵氏，常来妻，二十八岁夫亡，守节二十三年卒。

苏氏，节柱妻，道光十九年，二十八岁夫亡，守节二十一年卒。

李氏，伊立杭阿妻，道光二十二年，二十九岁夫亡，守节二十年卒。

和氏，玉存妻，道光二十二年，二十七岁夫亡，守节二十三年卒。

齐氏，庆林妻，道光二十三年，二十八岁夫亡，守节二十二年卒。

张氏，哲尔金妻，道光二十四年，二十九岁夫亡，守节二十一年卒。

傅氏，业普肯妻，二十六岁夫亡，守节二十四年卒。

关氏，福禄妻，道光二十六年，二十八岁夫亡，守节二十三年卒。

谢氏，阿拉兴阿妻，二十四岁夫亡，守节二十七年卒。

卜氏，伊拉达布妻，二十三岁夫亡，守节二十六年卒。

傅氏，双庆妻，二十六岁夫亡，守节十二年卒。

鲍氏，玉昆妻，道光二十七年，二十九岁夫亡，守节十一年卒。

杜氏，雅禄布妻，道光二十八年，二十九岁夫亡，守节二十二年卒。

周氏，永庆妻，二十六岁夫亡，守节十六年卒。

赵氏，阿音阿妻，二十三岁夫亡，守节二十八年卒。

瓜尔佳氏，巴图肯妻，二十六岁夫亡，守节廿五年卒。

吴氏，来升妻，道光三十年，二十九岁夫亡，守节二十一年卒。

何氏，那钦保妻，二十七岁夫亡，守节二十一年卒。

瓜尔佳氏，文光妻，二十四岁夫亡，守节二十六年卒。

瓜尔佳氏，奇库春妻，二十八岁夫亡，守节二十六年卒。

何氏，广海妻，二十二岁夫亡，守节二十七年卒。

伊拉根觉罗氏，特克慎妻，咸丰元年，二十九岁夫亡，守节二十三年卒。

胡氏，哲琛布妻，咸丰二年，二十八岁夫亡，守节。

李氏，广顺妻，咸丰二年，二十六岁夫亡，守节十九年卒。

卢氏，胡布妻，咸丰八年，二十九岁夫亡，守节十四年卒。

吴氏，那音阿妻，咸丰九年，二十八岁夫亡，守节十五年卒。

张氏，奇克兴额妻，年二十六夫亡，守节历二十四年。

王氏，富兴阿妻，年二十五岁夫亡，守节历二十五年。

瓜尔佳氏，春喜妻，年二十七岁夫亡，守节历二十三年。

赵氏，那蒙阿妻，年二十九岁夫亡，守节历八年卒。

吴氏，柯什那妻，年二十五岁夫亡，守节历十一年卒。

钮呼鲁氏，厄勒恒阿妻，年二十九岁夫亡，守节历二十一年。

瓜尔佳氏，喜禄妻，年二十岁夫亡，守节历三十年。

赵氏，明连妻，年二十九岁夫亡，守节历二十一年。

傅察氏，连喜妻，年二十九岁夫亡，守节历二十一年。

瓜尔佳氏，富凌阿妻，年二十七岁夫亡，守节历十五年卒。

傅察氏，双全妻，年二十四岁夫亡，守节历二十七年。

郝氏，女名戊之，邑增贡生郝漳之孙女，捐职郝岳龄之女也，年九岁，其父母同时病瘟，女亲侍汤药，昼夜不交睫，每夜半跪祷灶前求延亲寿，情愿自己夭亡。如是者月余，至父母疾痊而止，女因此得嗽症，日甚一日，延至光绪元年三月二十七日而殇，时年十五岁。

‖ 卷之二十四 ‖

续　编

补遗·志余

补遗

志乘之修，宜详而尽。兹立补遗一门，其体例皆如正文，亦若月之有闰，其旬日皆如正月，非有轩轾于其间也，第因其见闻在后耳，自宜与正文一例相视。

职官

监督：

朝庆，嘉庆元年任。

通判：

朱阶，乾隆末。

知县：

金际会，乾隆末年任。

高天凤，乾隆四十四年任。

教谕：

李应候，乾隆末。

训导：

韩龙霖，嘉庆元年任。

鲁凤佩，嘉庆二年任。

典史：

董顺，乾隆末。

选举

例贡监：

邱永和，监生，由四和馆议叙补授江苏松江府如皋县主簿。

邱长龄，监生，议叙从九品，历任淮安府安东县中河汛长乐司巡检。

封荫：

刘作楷，元吉曾祖，貤赠通奉大夫，河南河南府知府，加四级。

刘鸿羽，元吉祖，诰赠通奉大夫，河南河南府知府，加四级。

刘楫，元吉父，诰赠通奉大夫，河南河南府知府，加四级。

张琪，云腾父，貤赠修职郎，顺天府通州学正。

张云鹏，光斋父，貤赠修职郎，曲阳县教谕。

张光焱，光斋兄，增广生，貤赠修职郎，曲阳县教谕。

计宏显，肇泰父，貤增修职佐郎，井径县训导。

舆地编

山水：

南天门山，在五峰山东八里许，距城六十五里，山势陡峻难登，间空阔，下有洞门，入门曲道上行及山顶数丈，南向一洞，俨如城门，一望无际。

青云山，在汤泉山南三里许，距城六十里，山产青石，修造刊刻多取用之。山东西长十数里，西半系抚宁县界，东大半临榆县界，中出脉三里许，又起高峰，蟠屈如龙。山下有卧龙寺，南行俱土岭，直接烟燉山。

崖子山，距城西北三十五里，上有观音庙。

海（详见正志）。

柏乡魏文毅公裔介《观沧海》诗：

"沧海非东，昆仑非西。倬彼天汉，元气混齐。蓬莱三山，是耶非耶。银台金阙，侯不乘槎。润色万物，震荡九土。沐日浴月，天枢地户。幸甚至哉，歌以咏志。"

通守陈天植《望海》诗：

"上方高极目，海气薄晴空。万里生寒浪，千山咽朔风。马驱沙碛里，鸟度夕阳中。几历沧桑变，堪嗟是塞翁。"

张文敏公照《观海》诗：

"境界真无两，聊为物外观。乾坤浮一气，今古浸双丸。野鸟飞难过，真仙望亦寒。人间白少傅，高咏海漫漫。"

卫理元《观海》诗：

"观海难为水，苍茫万壑宗。浑成天一色，直泻雪千重。吐纳流何急，包荒量有容。浮槎堪近日，我欲访仙踪。"

九江口水门，在一片石。

知抚宁事沔阳刘馨《重修一片石九江口水门记》云：

"距骊城百余里而遥，东北一带地多崇山峻岭，壤接荒服，俗习边徼，马迹之所不至，屐齿之所未及。有名一片石者，雉堞鳞次，巍然其上者，长城也。城下有堑名九江口，为水门九道注众山之水于塞外者也。山谷虽峻，泽匪江河，每夏秋间，或山泉汛滥，或淫雨淋漓，则众山之水汇为一流，其汹涌滂湃弗减万壑之赴荆门也。不宁惟是，时而雨毕水涸，樵采者、负贩者又咸利用往来，以故多历年所易为倾圮。

岁乙卯，余承乏骊邑，甫及半载，奉命修葺。爰鸠工庀材，取石于山，伐木于林，道里之殷遥也，山径之崎岖也，肩负背掖之劳瘁也，畚捐錾凿之勤劬也。计费帑银三千余两，六阅月而事竣，用告厥成。是役也，边疆之急务，而朝廷之成命也。百姓虽劳，登登冯冯又乌可已哉？虽然畚作夜思，岂惟民哉！心烦于虑，身亲其勘，固人臣之分应尔乎，分士分民无论矣。第王土王臣设官分职之谓，何时启闭，稽出入，勤补苴，严防御，当不独余之责也。夫共襄厥役者，时则有若石门路都阃赵君辉，始终经营，例得并书，余因记其事而镌之于石，以见余两人拮据匪懈，且以质之均有司之责者，俾勿坏云，是为记。"

桥道：

罗家岭，在驻操营东，距石门寨二十五里，岭长里许，无路可行。地主詹罗氏、黄张氏二家舍田开路以通往来，居民甚便，故名罗家岭。雍正己未年，乡人立石碣于岭下，刻云："仁里可风"。

东李庄，县城西十七里，系南北通衢，旧道沮洳，仅有小径，通行车马必从泥中曳过，值阴雨，则路断。乡人王玉琳于同治元年价买熟地一段，拨陇二十条作为大路，以便车行，恐日久废弛，刻石以记之，碑在新道旁。

物产：

猫睛草，丛生，茎下微紫，一株数茎分歧，或数十茎。少叶多花，花如猫睛，簇于茎末，夏至前连茎刈取，熬膏敷鼠疮神效，有毒，不可入口。

古迹：

自然碑，在白云山寺天然一石，其形如碑，屹立山上，高可四五尺。康熙二十一年，经山海管关通判孔得孟题其名曰："自然碑"。镌诸石，又自为文以记之，刻石以垂不朽，碑在自然碑前。

文曰："盘古及今，有天有地，我不知其几千万年也，问谁开辟？则曰：自然而已。自有天地，即有山水，我不知其几千万年也，问谁生成？则曰：自然而已。于天地山水间有白云山，于白云山上有石碑，亦不知其几千万年也，问谁建修？屹然自立，琢磨无人，亦曰：自然而已。诚山水灵秀之钟气，天地莫测之妙用，所谓自在真谛，如来本然欤？我因而题其名曰：自然碑。夫既云自然矣，斯自然已耳，胡为于旁选贞珉，镌刊为文，且篆额赑屃于额焉？毋乃多事以凿破天地混沌哉！咦！政不尔尔。盖古今来传奇等等，难以尽述，如黄冈州有竹楼记，竹楼已朽，得文以传，常留不朽。兹白云山有自然碑，自然不朽，借文以传，更留不朽，况天地于千万年后忽然生我，我于千万年后，忽然游白云山，岂非天地间不期然而然者？我与白云山自然碑又有此一段自然之遇合，以传流不朽耶，是为记。康熙二十一年。"

王子坟、达子坟，皆在东联峰山绝顶，相去数丈。二人坟不知何许人也，世传其在山争地，共相战死，土人瘗之山巅，并以其甲胄干戈为殉。其坟巍然高大，虽历年久远而风雨不骞。

仙人洞，在西联峰山。又名海眼，俗传昔有女仙寓此采药，人尝见之。

团山之半有石如猴，高数尺；山顶有龙潭，深丈余。

沈环庙，在东联峰山北十余里。环，明嘉靖间人，抚宁志曾载其骑凳往蓬莱之事。其庙在村外路旁，大石数块，就地而成。其石有移动时一夜复合，后无敢动者。夜间有灯火无数环照，相传为神之所使。

胜景：

悬崖飞瀑，三道关后瀑布泉从壁立处飞下，水滴山根下成井，深四五尺，满而分溢为贺家楼河。

琴亭画景，首山二郎庙后有可琴亭，雅静极致，山势环拱，泉韵玎玱，沙岸渔樵，往来如蚁，真画景也。

石喧金鼓，悬阳洞山半有石室，不甚易入，中有数石，敲之若金鼓鸣。

卧游辽海，城东北隅地势漫高，伏地即可观海，俗名爬地望海。

鱼拖匹练，潮河每秋日跳箔，白眼鱼高跃数丈，水亦随之而起，夕阳斜映，若晶帘炫目。

夜涛星箭，海中每夜潮上时，鱼虾等物疾如箭，俱带火光，又如流星。

寒溪渔火，石河每至秋夜，捕鱼照蟹，灯火荧然，如千点流星。

五泉秋色，五泉山檞叶极多，每秋季经霜，色参丹赭，与苍松相掩映，望如锦绮，艳于春花。

寺山神柏，寺儿山庙殿前有古柏生疣，俨然佛像，寺僧供拜之如神。

塔岭龙松，白塔岭庙有松二株，一在墙内，老干穿墙而出，复分一枝，穿墙而入，越墙交枝，盘结为一；一老干伏地绕石碑一匝，忽起而分枝，浓阴四合，宛若虬龙，盖数百年物也。

郭长清《白塔岭古松》诗：

"白塔岭头双古松，两干交纠蟠二龙。一龙蜿蜒起庙外，破穿墙壁藏行踪。入庙翻身奋牙爪，不知有树先有墉。庙内一龙更夭矫，似喜龙友来相从。回首掉尾左右接，翠影交舞云气浓。龙兮不辨一与二，但见苍髯翠鬣垂茸茸。庙前三里即沧海，陆地冈岭波涛重。我闻奇迹久心写，到此笔墨难形容。此乡居人三百户，二百九十皆吾宗。古松植自古父老，我因桑梓生敬恭。访问风俗尚庞古，未兴文教皆商农。吾家橐驼有遗法，养才亦如种树佣。我愿宗人好培佳子弟，岂让一物灵秀钟。"

丘墓：

常封翁国栋墓，在西罗城小南门外，子忠礼墓附。常清元之祖暨父也。按：清元，奉天武进士，御前侍卫，仕至山东胶州协副将。

建置编

城池：

中心楼，在城中，即钟鼓楼。

冯时泰《山城新修中心楼》诗：

城心又起一高楼，畿左雄关益壮猷。鼓角日鸣寒叶落，钟声风靖海波收。辽阳车马坚王会，蓟北山河拱帝州。闲上凌层西向望，五云深处瑞光浮。

澄海楼（详在正志）。

曹贞吉《登望海楼》诗：

"杯勺沧溟望里收，百年觞咏几登楼。尊前忽觉来三岛，此外犹闻更九州。断岸雨晴天倒影，海门风急气成秋。摇摇坤轴浑难定，曾否金鳌背尚浮。"

陈天植《澄海楼》诗：

"天风日夜吼，万里洪涛漾。元气接青冥，夕阳归岛上。蓬莱弱水隔，倚槛遥相望。何处觅神仙，孤怀独惆怅。"

塞尔赫《望海楼观海》诗：

"东望浩无极，凭虚思渺然。谁将蠡共测，我识蜃空悬。大地浮如芥，飞身竟欲仙。蓬莱知未远，缥缈隔苍烟。"

坛庙寺观：

五圣祠，在西罗城西北，地名北园。祀龙王、虫王、福神、园神、仙公。

穆尔谟《五圣祠记》：

"农圃本务也，圃亚于农而不与末作等。趋天时尽地力，肆其功于播种耘溉之间，而自食其报，故谓之本务也。关门于明季为屯兵集旅之区，肩相摩，踵相接，俱仰给于数千里之飞辇，而不恃此山陬海角之田，至蔬菜诸新则需之近郊左右焉。清兴，边陲无事，兵散旅稀，蔬菜所须无多。为圃者变计，乃大半以植蓝作靛，于是关门之靛甲于他方，而他方之货靛者往往于关门转贩焉。西罗城之西北隅，蔬滋美而靛尤蕃，人遂资以为生，而室庐比兴，浸成小聚，几几乎有乐土之风。是虽其土之沃，力之勤，而居人咸归其功于神，爰相西隅数武构五圣一祠，岁时祈禳而报赛之。呜呼！神之功孰谓无据哉！盖龙王布澍则祈之，虫王靖灾则祈之，福神普利，园神监植，仙公成靛则并祀之。是诸神皆能明德协休以答馨香而降和惠，故居人构庙立像祈禳而报赛之，非无谓也。余于是岁读《礼》守墓过其所，居人为述神功以告余，余即援神意以教之曰：'尔知神之所以福汝者乎？尽其力而趋其时，获其利以行其善，孝于而亲，敬于而长，睦于而邻，安于而分。神之福汝，由于汝辈自贻之，神岂汝私耶？'居人曰：'谨奉敬，不敢致请。'因而记之于石。"

给孤寺（详见正志）。

牛天贵《公举给孤会碑记》：

"给孤会之设有年所矣。盖自流寇李自成接战败北，尸横数万，残魂馁鬼多而无依。且山海一卫，地属通衢，五方杂处，异乡孤客殁而葬其地者，丘墟垒垒。春露秋霜，奠祭不至，亦可惨也。康熙乙酉，刘君磐若携其知己一二人，春游夜归，遥见荒郊古冢，磷火荧荧，触目心伤，慨然动念，因与偕行诸同志谋立给孤一会。归以斯意禀其尊人辅公先生，先生闻之欣然称善曰：'此义举也，何为而不急于行哉？失所之悲无间幽冥，利济之思何分人鬼？以彼魂飘异域，茕茕谁依？啼雨号风，何忍恝置？且见义必为美德也。子力行之，又安所用游疑！'为随命，磐若敬邀里中善良靳君允一等，募众捐资，公举善会，每岁清明、麻谷以及孟冬朔日建坛北郭外，延僧施食，广给孤魂，三十余年有如一日。呜呼！噫嘻！青磷荧火，介在有无，其幻其真，姑阙勿论，独是阴阳隔则情易暌，分谊疏则膏易屯。忽诸抱痛，谁怜不祀之魂，若敖云亡孰恤覆宗之惨，又况秉心维忍之徒，鳏寡莫矜，孤独罔念，甚至分形同气之亲温饱自私，一膜之外视若胡越者，目见耳闻，指不胜屈。乃至给孤善会诸君子，推胞与之心，广幽冥之惠，泽及枯骨，乐善不倦。以视夫同类相残，幸灾乐祸，坐视穷愁而莫之救者，孰得孰失？孰醇孰漓？其相去不大有间哉！说者谓余曰：美哉，斯会一举而众善备焉，人心厚也，风俗醇也，游魂安也，忍人愧也，今日之事不可以不志。余应之曰：唯唯。遂走笔而为之书。乾隆二年记。"

元帝庙，在白塔岭。

明萧瑞凤《白塔岭元帝庙碑记》：

"吾土之俗，尚鬼而信神，病且忧趣祷于神，有为有行则问焉，以言于神而决其疑。故神祠之盛不独通都大邑，虽山陬水滨，十室之邑，三家之居，罔不有之。嘉靖癸未春，舍人郭让暨侄登男云建元帝祠于所居之乡曰白塔岭，崇正殿，立东西序，作大门，为奉神者居。于殿后致僧道之老成者处之，俾击磬考钟，用昭其敬。凡立居若干楹，凡辟地南北东西若干尺，凡树木若干本，背茶盘，面沧溟，襟秦岛，带联峰。祠成而盛益奇，栋宇庙貌森以峨也。凡厥居人祠祷即应，灵独倍于他。岁有水旱螟蝗之灾，盗贼风火之警，昏札疾疫之苦，乃相率于祠而乞灵，遂无大害。他地岁小熟，厥土则大熟，非神之灵不足大庇乎？生人非让之贤，曷克独建夫神祠哉？是故居人咸荷神之贶而德让之义云。越十有五年，为嘉靖丁酉，犹子曰腾曰瑞者，追念厥叔建祠之义，恐其湮于既久，后来者莫之知也，于是，介其兄国子生郭井庵氏以记请于予。呜呼！捐己资以立神祠而为同乡者之乞福，若让者固可谓尚义也已。腾与瑞欲彰厥叔之义而永之，不亦为善继人之志者乎？既嘉其叔侄之贤且重井庵氏之请，故为记之，俾后之人有所考见而向慕焉。嘉靖十六年记。"

明刘熙载《重修元帝庙碑记》：

"白塔岭旧有元帝庙，乃郭氏让所建，用以栖神灵，庇民居，遐迩赖之，乡井以安，其后人腾瑞刻石记之，神功祖德昭如也。迄今百岁，渐就倾圮，基址门楹颇亦废坏。腾之孙曰：东衢恐堕先志，毅然起而新之。鸠工集材，视昔倍增，殿宇巍峨，规模宏敞，乃添抱厦三间，加立门楹，增广堂涂，哀然伟制。神路之前树以群松，神栖之后缭以周垣，比前十倍物色之矣。予观今之修庙作缘，祠神祷圣者在在有之，及观其行事，多有违天理悖人心者，虽广施何益？只吐于神耳。郭氏东衢蹈仁履义，济弱怜贫，见人衣食不赡者，不啻饥寒切身。年祲岁歉，出粟贷贫，所全活甚众。亲友有婚丧不举者，已嫁之赙之。人无怨旷，死者获安。远迩德郭氏者动皆举手加额，迹其行事，无不当于神明，岂徒沉沦鬼狱，祷祀为崇已哉！兹役也，固以承先德永神庥云耳。语曰：'明无人非，幽无鬼责'，郭氏有之。近见佳儿岐嶷，家计用充，天理人心，其报不爽矣。工完镌其颠末，用垂不朽，间有出资助义者，例得并刻于石，谨识。万历二十年记。"

贞女祠，详见正志。

德楞额《游姜女庙》诗：

策马雄关外，遥临古寺头。清操留片石，烈气懔千秋。泪滴苍峰翠，情牵碧海愁。荒祠谁结伴，巾帼邈难俦。

宋文天祥联：

秦皇安在哉万里长城筑怨，姜女未亡也千秋片石铭贞。

事实编

乡型、烈女：

乡型行谊：

明

刘复言，字顾斋，乡贤复礼之弟，幼操铅椠业，下帷攻苦。因兄官巴西，清风两袖，命妻作针黹易赀奉母，事兄如父，不以兄贵而骄人，亦不僭其服饰。兄老疾，侍药不离，憾不身代兄殁。让家事与侄，虽饥寒不肯干人，待人和而能忍，咸称为诚厚长者。（节王兵宪胤祥《刘顾斋传》）

刘允元，字虞卿，延龄次子，邑庠生，通明经史，博览群籍，工词翰，精文章，善草书。赋性忠诚，事亲至孝，不慕名利，居城西刘家庄。（节行述）

刘愤，邑庠生，知府克孔父也，处乡纯良，教子有方。亲属之孤而无依者，皆周恤之如同宗，文灿等俱教养之。后阖学公举乡饮辅宾，辞不受，年八十一无疾卒。（节行述）

刘鼎铉，字玉调，延龄长孙，邑庠生。事继母极孝，让产于弟。管关通判周廷润举乡饮，榜其门曰：师世范俗。固辞不受，遂隐于山中。雍正丁未年，九十一岁卒。

高廷科，善体亲心，由尽孝道，至老弥笃，乡人咸重之，题其额曰："孝无间言"。

刘良玮，邑庠生，天性纯笃，事父母曲尽其孝。父没哀毁，死而复苏，亲族劝慰，始强进水浆，然终身无笑容，乡里咸钦重之。

国朝

崔联芳，事见前编。

戴肇名《崔孝廉寻亲记》：

"崔君子宗者，榆关雅阀、蟾窟清流，品度端凝，市有乘羊之誉；门风雍穆，栏无斗鸭之嬉。赋鹦鹉于垂髫，文斤斫玉；对杨梅于佩觿，笔沼含珠。执耳骚坛，甫著荷衣而浣藻；置身月府，旋离席帽以题笺。属在华龄，早娴大雅，是缘鲤庭问礼，家学本自渊源，以故陆坐怀甘，天性亦形肫挚也。然而生来利器，不逢盘错以奚彰？养就神砂，独遇汰淘而益显。挺后雕之苍鬣，独贯繁霜；耐晚节之寒香，偏支积霰。是以国非板荡，古人谁见孤忠，惟其家实危疑，尔日始成至孝。太翁则先安里食，继作旅人。鞭影迎风，听荒村之夜柝；鸡声唱月，促茅店之晨装。遵鄂渚以遄征，乡程渐远；循衡山而至止，客梦长赊。约断刀环，空倚楼头而计日；函回雁岫，频从天末以瞻云。时则慈母啼帷，忽讶天蛇之信；孝廉寝块，顿深风木之悲。念华表何归，敢辞跋涉，遂呼号以往，不惮嵚崎。万里蓬飘，遍洒秦庭之泪；一身萍泊，难招楚国之魂。尔乃刺血呼天，通精诚于奎宿；寻声抢地，昭奇示于文昌。触彭蠡之洪涛，鹢舟一叶；摩太行之峭壁，鸟道千盘。葛屦粘埃，初问临湘之驿；麻衣皎雪，亲经於菟之乡。既而转徙梁城，重过确邑，痛回肠之九折。泪渍颓颜，泛前路之双歧。炎延渴吻，无聊乞水，宛类吹箫，是处为山，遽闻埋玉。适符先兆，弥征司禄之灵；试验遗骸，不改滕公之室。于是望穷啮指，裹将丹血之衫；伏草陈哀，荐以碧鸡之供。返故人之尺素，介不伤廉；慰人子之寸衷，事能竭力。日归旧里，谨卜牛眠，爰岁丰阡，聿来鹤吊斯先雄。沈水于今直可齐茵而古初，伏棺较昔，无妨并驾也。矧复蓼莪废诵，莫扶东海之鸠；谖草忘忧，倍笃北堂之彩。尚何心于仕进？左以琴而右以书，唯决意于承欢，出必告而返必面。优游娱世，洵为锡类之完人；进退中权，不忝肯常之令子。呜呼！江河渐下，畴能俪此风规；名教斯存，自合崇诸黉校。似君至范，己可垂百世以流芳；顾我闲曹，勿克吁九重而赐绰。聊题简首，姑树风声，景慕匪遥，好续补白华之什，典型宛在，请共看黄绢之词。"

郭如柏《题寻亲记》诗：

"失怙长号问彼天，杜鹃何处叫荒烟。敢拼一死寻亲去，远涉三湘觅骨还。山水有缘知旅榇，精魂返国妥黄泉。感深风木终高隐，不愧人称真孝廉。"

李茂，字根盘，白庙庄人。为诸生时颇干外务。至三十许乃翻然自愧，折节励学，待人谦抑，论是非则懔然不可犯。同志见访，纵饮雄谈，客去仍复诵读，中乾隆庚子解元，受知于蔡葛山相国，尝试以干谒当道之语唉之，茂心不为动。相国益加器重，选授保定府新城县训导，视生徒如子侄，勤于校课。赵鹿泉学使案临谓茂曰：汝之门生文字大有家数，以故取优等者居多。茂好读书，自游庠至服官未尝一日废学。尚气节，遇事敢为。后以争添文庙佾舞忤长官意，罢归。（节王一士《李白村先生传》）

杨彩，字明霞，黑山窑人，业儒未就。因家贫，贸易吉林为商贩，而无市井习。事继母能得欢心，处兄弟宗族皆尽道，族弟其淦为之立传。

传曰："明霞兄彩者，族中诚朴人也。少读书，两应童子试。因失怙，家计艰窘，就商吉林，非本志也。粮店非斗行不行，而斗厮惯讲手法，抛撒起面飞撮滚斗，常与买主计利平分。公曰：此无义之财，吾心不安也。斗厮以此凡买卖粮石皆不会公，卖主径以粮车入店，不用斗量以瓦缶计数，相与言曰：吾信杨公不欺也。其他杂货等言无二价，钱出足文，村人趋买者云集。身居闹市而谨言慎行，不染习气。事继母孺慕，祗厥兄，友于弟，睦族姻亲有古风焉。卒之日，年五十有五。其继母哭之曰：孝子杨彩，何舍吾而去也。族中人亦无不堕泪者。其弟锡侯公好夜游，归常晚，公必秉烛以待归，无厉言，怡怡如也。其姊嫁李姓，贫，公极力赈济，助甥读书应试，为之养给葬埋。甥早卒，止遗一孤女，犹抚养以全甥妇之节。族之贫不能试者，公助之；死不能殓者，公棺之；孤与寡无依者，公养之，给之。噫！公不过环堵之室，数亩之田，而节用俭身，乐善不倦，公真可法也哉。"

杨其淦，字丽生，居石门城，训导时盛元孙也，为府学增生。好讲小学，尝自言人生处世要眼睛亮，肚子大。谓能知人，能容人也。待人诚实，亲族有过，多直言规戒，以故人爱而畏之。待长兄其温怡然蔼然，饥寒时问，颇类司马温公。年七十五时，兄年八十二，卧病年余，药必亲煎尝而后进，每夜溲溺数起，皆亲侍，至病卒不懈。其淦卒年七十八。（节王一士《杨丽生传》）

高轩，字乘安，平山营人，邑庠生，家居授徒不求仕进，其言行皆可为后学法。

马聘三，字君常，世居鲤泮庄，亦邑庠生。以舌耕为业，与高轩里居相近，为莫逆交。其人品亦相埒，人皆称高、马二先生云。

王一士《高马二先生传》：

"高先生名轩，字乘安，平山营人。性聪敏，丰裁峻厉，持身恭谨。祖、父皆庠生，善属文，公尤敏赡，少读书记诵过人，书理文法务求精密。入泮后屡试超等，皆与廪缺左，有劝其乡试者，曰：'我廪饩之分尚无，敢望孝廉乎？纵得之，我亦与仕宦途不相入也。'平生专喜小学，书曰：'不照此持身立世，非人也。'谨言慎行，虽小毋敢忽焉。有谓其持守过严，近于激者，公曰：'我恐不激，则随稍一宽纵，便顺流而下也。'待人最宽和，然长幼尊卑一毫不容假借。与人言事或论时文是非，必直言无隐，曰：'我无他长，惟生平不敢欺人而已。'交游中素最善者，惟我师马先生焉。

马先生者，名聘三，字君常。先生鲤泮庄人也，去平山营八里许。先世务农，忠厚传家。资不甚聪敏而性沈潜，心细行端，爱读小学与高先生同，然高严而宽，而先生宽而严。每半月一相会，必长谈竟日，所讲无非谨言慎行，互相切劘而已。一士十一岁，从先生教，童子五十余人，每散馆必幼者前，长者后，鱼贯而行，虽隐僻之处无敢乱者，上馆则院中砖砌，聚足成渠，未尝外半步，故凡见其生徒行路，不待问而即知其为马先生弟子也。在馆中，终日端坐，未尝见其有陂倚之象，怠惰之容，虽盛暑不频扇，不去长衣，而生徒无不肃然。先生常训学者曰：人必先器识而后文艺，不然，如唐之王、杨、卢、骆，文名震一时，而犹以浮薄见讥，况文之不逮者乎！欲广器识，先立根本，本立则道生矣。立本莫先于存心，存心必谨于言行，言忠信，行笃敬，虽蛮貊之邦行矣！未有本不立而徒务夫末者也。又曰：予之言多闻诸高先生，而高教人亦曰：自马先生得来。盖两先生居则近也，学则同也，殆《易》所谓'同声相应，同气相求'者乎！自两先生没而此风衰矣，后学未睹此等风规，其将何所崇尚欤？诗所以赋彼都人士也。"

杨汝典，字叙有，岁贡，少孤贫，廪贡刘谓奇其才，提撕之得读书。年十五入泮，有声庠序，生平厉节操，深经术，有无不营于心，惟以授读为业，老益窘。里南海滨捕鱼，利厚，人竞趋之，易致争讼。渔者每欲假其声望，饵以重酬，汝典笑曰：富而可求，早辍舌耕，垄断海市矣。吾不屑为，耻非义也，今可改节乎？因力却。

李士纲，字秉三，岁贡，少孤，善受母教，绮岁声噪黉序，事母至孝，终身孺慕。母没，士纲年已六旬，哀毁迫切，犹如孺子失恃，吊者俱为之泪下。施教以小学为初阶，授四子书必参经义，出其门者多知名之士。有弟二，友爱尤笃。子育德，有事实。

王大辅，字度三，郡廪生。少聪慧，学极博，尝谓：为文不自六经来，无本之学也。孝友兼至。兄庠生大鹏少亡，遗子甫数龄，教养成立，每举箸侄不在侧，则食不可咽。嗣因自有子孙，遂将财产多分给孀嫂与侄。

李思恭，少孤贫，佣作以养母，及长，母为议婚，思恭言娶妇若不孝反不如无。于是子代妇职，凡母一切，事必躬亲之，佣工必在近村，每日鸡鸣即起，先为母炊，然后赴佣所，两餐及歇晌必归省。母疾，祷于神，愿减己年求增母寿。庙去家十余里，来往皆一步一叩首，母果愈。后母卒，一恸昏绝，苏而不复饮食，人劝之，强少进粥，劝以荤，辄大恸曰：丧母抱憾终天，忍饮酒食肉乎？遂终身茹素。

烈女：

张氏，杨士壮妻，张士昆女，咸丰三年夫没于贾所，氏年二十七，孝翁姑，生事死葬尽礼，和睦长姒，抚五岁幼女，闺教有方，继次侄为嗣，教育如己出，守志二十六年，现年五十二岁，待旌。

潘氏，文童姚怡庆妻，职员潘光炘之女，道光二十六年夫亡，氏二十一岁，守节三十二年，现年五十三。

王氏，李师白妻，道光二十八年，氏二十三岁夫亡，守节，现年五十三。

以上补遗

志余

志所以传信，不经之事似不可登。然古籍所载，记父老所传闻，虽属细微，何堪湮没？故聊举数端，笔之于志尾，非敢记异也，亦以备邑乘之绪余焉耳。

明隆庆己巳，渔人捕一巨鱼，约十余斤，曰：此骨鳞鱼也。是时无岁不有兵警，说者谓，鱼负鳞甲，兵象也，不常有者而捕之，鲸鲵其顿息乎。自此虏不犯边者十余年。万历癸巳，渔人又捕一骨鳞，长六尺余，约重六七十斤，巨口尖尾，皮类鲨鱼，状类鲛鳛，有骨鳞五行，鳞如酒杯，脊如剑，渔人曰：此垂白之老所未睹者，较之隆庆年所获直小介耳。（见府志）

崇祯壬申三月，有大鱼长九丈，浮于县南海滨，气蒸如雾，三日而死。近海居民乘舟桴，取其骨肉，煮油，家数百斤，旬日方尽。其脊骨如栋，其胁骨如椽，至今犹有存者，然不知其为何鱼也。后又有一大鱼复至其处，土人争取之，鱼扬鬐鼓鬣，两目如双日，喷沫如雨，吐气若云，翻波卷浪，舟几为覆，而已不知何往矣。近海之人多亲睹者。（府志）

詹尚书荣，少读书角山寺，有时天晚上山，即有两灯前引，不知灯所自来。一日为邻人写出妻书，是晚灯不为导，惊不寐，顿悟有乖阴骘。次晨疾去邻家，绐以书，有讹舛，宜改正，索书焚之，并相劝解，俾谐伉俪。后登山，灯引如旧，乡人疑其贵，后果然。

康熙年间，邑多虎患，石门文游府兴明手刺一虎；蒲河宁都阃忠怀前后力戕二虎；关门满洲诸公城北射杀一虎；城西射杀一虎。近患少息，兕觥便焉。（节余一元《山海志》）

白云山庆福寺，于康熙丙寅年建普同塔，北平温奇彭记云："白云山庆福寺，永平以东之首刹也，创建于明季。国初落成于康熙癸亥，经营修缮四十余年，而功始告竣焉。盖创辟道场，僧众之集徒子法孙延绵繁衍，此普同塔之所由建也。夫塔何取于普同乎？佛法广大平等，以三千大千世界为一家，以恒河沙数大众为一身，无我相无人相，彼此不分，轸域不立，塔取普同，由此其选也。白云和尚飞锡蓝田，圆寂归山，业已建营专塔矣。专塔告成而普同继建，凡过去、现在、未来之法眷，同归于七宝层观，而开山创业者不与焉。夫山灵献瑞，佛士肇兴，可知山不变，则寺不变，而普同塔亦将峙之累叶而不变也，是为记。"

邑庠生王之宰《白云山和尚塔志铭》曰：

"白云山，荒山也，力破天荒建大法幢于上者，依山为号白云和尚也，虽历来功果多端，无暇遍及，但寿终建塔，问志情殷，不容不为和尚择举其大略也。夫和尚生而颖异，五戒本诸天性，未尝学问而妙解三乘无余蕴者，和尚之聪明过人也。接见游山贵官长者，对谈终日而应答如流，咸嘉悦者，和尚之才识动众也。工于创造经营，出人意表，遐迩助工，行行子来日见如市者，和尚之感通不招而至也。厌烦白云，飞锡蓝田，皈依无分僧俗，在彼不减在此者，和尚之德化到处皆灵也。年近八旬，虑西方约迫，亲制坐棺，预定葬期，端居而逝，盛暑仪容三日不变者，和尚之至诚前知昭然不爽也。三千里外卜葬，还山倾动，桑梓悉悬锦陈词，享赛灵次，数朝云集者，和尚之人缘广结，蔼然如生也。兹当寿塔告成，安置法座，携兄与弟暨二徒不朽者，和尚之证菩提，结善果殆不啻观自在也，由是而详思历履有险有平，亦征和尚非凡卓越寻常也。和尚为谁，法讳圆真也，因而铭之曰：开山辟荒，结宇高冈。凌霄构峙，金碧辉煌。化行两地，誉重名扬。西秦圆寂，归葬故乡。浮屠永竖，亦世流芳。（康熙二十五年）

洞隐龙湫，相传中有潜龙洞口，常闻波涛汹涌声，鲜敢入者。乾隆五十二年，程希伯偕友刁公游焉。仆刘泰从。瞩眺间，忽不见泰，遍觅无踪。在洞外疾呼，移时泰自洞中跟跄而出，目瞪口吃，问之，定神半晌言：甫入甚黯暗，行数十步，忽开朗见有石级，循而下，颇平敞，再行则大河阻路，水声彭湃。欲出，迷不得路，回旋数四，窘甚，忽一叟导之，至洞口，闻呼声得出。众惊异，泰至家颠痫，月余始愈。（节程珠船先生《识异记》）

平顶峪东北十里外，石山之上有落浮石，其大如房，一二人撼之即动，十数人撼之则不动，人愈多愈不动，论者以为神。

胜水岩，山半辄闻其下有泉声甚巨，下而寻之不见，帷山半石罅微有水流，以竹引出，饮之愈疾。

南僧，徐姓，在朝阳洞募建大士殿三楹，邑人冯祥聘肩其事，举工日，人众水远，炊汲维艰，有老妪指示灵狗石下果得水。

王别驾朴家院屋后地出雷，因自为记：古称震夷伯之庙，又白起后身遭雷劫，此雷霆下击，今人亦时有见之者矣。独纪文达公谓尝见云中横行之雷，又谓尝于途次见地出之雷（语见《槐西杂志》），亦谓荒原僻野，人迹罕到之区未闻，近在城市中也。道光辛卯七月初十日，大雨如注，有倾盆倒峡之观。余家住城中八条胡同，时方屏息小斋，坐观飞瀑，忽砰然一声，屋瓦皆震，精焰闪烁中见火柱一条，自舍北破空直上，其声初震只如军门信炮，及到半空云雾中，却辘辘旋转者久之，少顷雨渐歇，僮仆哗言后园大榆树被雷劈矣。余就视之，大树屹立固无恙，只树干西北近枝处连皮揭去一片，碎掷在地，其劈痕中间厚二寸，宽袤六寸，长共七尺，中阔，上下渐窄，亦渐薄，似有物从中一鼓破之而去者，第其劈处经雷火而不焦，又中实而坚，色白而润，决非毒虫妖蟒据为窟宅，而雷火殛之也，则亦雷之震地而出，拂树而去耳，雷出地奋意谓斯乎？或曰龙之屈伸无定时，隐见无定所，大小无定形，而其去也必以雷。今斯树也，当必有蛟龙潜其中，乘雷雨而去者，理或然欤。

罗平吏目张小珊聂偕友人游澄海楼下，流连不去，时已昏黑，忽见大星浮水面，光射城台，粉堞丹楹，历历可辨。有顷，光始灭。夕宿藏经楼，质诸老僧，僧曰：此间有大蚌，不常见，始悟为沧海明珠也。

悬阳洞前岩巅有石如观音像，少前又有石如童子拜像。

悬阳洞后山，时有山市，土人偶一见之，如海之有市也，相传山市多水景，海市多山景。

悬阳洞后，关圣帝君殿前岩边有双松对立，高几十丈，左一松有锁印，相传庙僧仙去时，锁洞中巨蛇于此。

道光二十七年丁未正月，驻防重禧宿角山栖贤寺。二十四夜闻声如笙璈，出视之见山巅一片皆白，睇视乃群鹤数百，飞集满山，窃为祥兆。是科邑人果有捷南宫者。

尤侗《澄海楼》词：

"家在芙蓉江畔住，两桨沙棠桃叶渡。天风吹我北溟来。芒羊一望无穷处。漫将秋水注，此时好读元虚赋。倚危楼，不闻呼啸满耳，惊雷雨。却怪冯夷缘底怒，白马乘潮鸣急鼓。鲛人又喜起楼台，璇宫出市珊瑚树。风鬟雾鬓女，戏弹宝瑟来迎汝。趁渔舟，一声欸乃送我蓬壶去。"（《归朝欢》）

又《塞上》词：

"天末卢龙道，看敷分、山崖耸峙，河流低绕。极望长安烟一抹，但见黄榆白草，又添得孤鸿缥缈。寒月如霜沙似雪，想当年有客伤心早，重画出，边愁稿。短衣自倚危楼啸，吊西风，一杯残酒，泪痕多少。漫说明妃出塞苦，不见玉关人老。更灭尽，英雄怀抱。剩有琵琶浑不似（昭君令工造琵琶，笑曰浑不似，今人讹为胡拨四。），倩庐儿弹出凉州调。公莫舞，乌啼了。"（《贺新郎》）

王金英《海滨观日词》：

"渺无涯，万顷洪涛荡，晓瞳陇千条赤玉光。团圞好似盘盂状，是何人捧出鲛宫涨，待与羲和揽辔恣腾骧。且立冈峦，小卓青藜杖。"（《醉扶归》）

"漫拈吟髭遐想，想蓬莱仙境，只在扶桑。有时风送御炉香，几多云拥天门仗。食非吾食，琼膏玖浆，服非吾服，霞冠雾裳。迥超于世上豪华样。"（《皂罗袍》）

"嗤彼烧丹忘，堪为避世狂。看巍巍玉宇金楼敞，有翩翩玉女金童降。更漫漫玉露金风旷，仙籍伊谁管掌，名窜其间，恐不全无倚傍。"（《江儿水》）

"悠然长往，恐神仙在无何有乡。撑开双眼云边望，渡风波，孰驾鼋梁？空闻蜃楼时露藏，纵教精卫难填攘。笑前人秦皇汉皇，更谁为刘郎阮郎？"（《玉交枝》）

"休怅望，欲乘桴碣石傍，来崖前独自彷徨。来崖前独自彷徨，

怪不得翔鸟吠庞。对沧波眺一场，向青天问一章。"（《川拨棹》）

"平生忠信意，非是畏洋洋。只为欲问明河隔霄壤，好唤张骞细忖量。"（《侥侥令》）

海滨观日兹游壮，去苍旻七千之上，且待星槎再裹粮。（尾声）

沈永迈《观海》词：

"渺矣天池，今古如斯，万里茫茫。觉雾雨迷漫，朝腾幻影，烟霞荡漾，曙发祥光。乍涌金波，几疑仙境，孰向鲛宫现宝妆。倚楼望，欲凌波竟渡，一苇难航。

登峦仁立彷徨，有玉阙金宫水一方。看岛屿沉浮，非寻汉柱，蛟龙汩没，但驾鼋梁。目注青云，追随策杖，想到蓬莱乐未央。凝眸处，已流珠赫赫，出自扶桑。"（《沁园春》）

跋

　　邑旧志讫于乾隆之初，尔来百二十年矣。郭比部廉夫早欲续修，以远宦京师，有志未果。光绪二年，邑赵侯子受奉府檄督修，爰会两学官暨诸缙绅，谋所以续旧志者，因即学宫开局，藉《畿辅通志》《永平府志》二书所采底稿，分类纂修。赵侯捐俸以资，而俾余总司其事。适河间高敷民明府来幕是邦，延之主笔，分纂之事则王少湘等四广文任之。书甫半，而敷民膺选入都，其所阙营制、团防各门，则余与郭定甫广文重为采辑，赓续以终之。四年秋八月书成，邮寄京师，付之剞劂，俾廉夫是正且校刊焉。夫古来地志之书与史传相表里，故端临马氏谓志者宪章之所系，非老与典故者不能为。陈寿、李延寿号善叙述，而所著二史俱有纪传，独不克作志，诚知其重且难也。今是书之续，其敢谓具有史裁？然而百余年文献之征于是乎在，又乌可以其重且难也而遂已哉！余以不才久官斯土，既受赵侯之诹诿，又幸此邦人士之相与以有成也，谨识于简末，以谂来者。至是书经费所出，捐资者魏观察镜余也，续捐者为张峄阳司马，皆例得附书。

　　光绪四年戊寅，临榆县儒学训导潞河高汉墀谨跋并书。